刑事司法與犯罪學研究方法

·增訂第二版·

許春金、林育昇、沈勝昂、謝文彥、曾淑萍、董旭孚、許華孚、譚子文、劉于華、陳慈幸、

呂宜芬、周愫嫻、陳玉書、黃富源、賴擁連、林明傑、黃蘭媄、陳巧雲、鄭凱寶、侯崇文、

楊士隆、鄭瑞隆、黃翠紋、戴伸峰、邱獻輝、孟維德、郭佩菜、駱宗榮、馬躍中——著

五南圖書出版公司 印行

序言
PREFACE

　　研究方法係學術專業化之重要基礎，近年刑事司法與犯罪學研究系所陸續成立，各系所雖比照歐美各國將研究方法列為必修課程，惟尚缺乏以刑事司法與犯罪學研究方法為主題之中文專書。此外，受到國內外重大治安事件之影響，犯罪相關議題之研究及犯罪防治工作之推展逐漸受到社會各界所重視，各項犯罪防治議題有待積極研擬對策因應，而優質刑事政策之擬定有賴周延完善的實證研究，始能有效達成犯罪防治之目標。

　　為此，邀集中央警察大學、國立中正大學、國立台北大學、國立成功大學、銘傳大學犯罪防治系等教授研究方法之專家學者共同執筆，就刑事司法與犯罪學研究方法之理論與方法導論、研究倫理、計畫與報告撰寫、測量、抽樣、實驗設計、各種常見之資料蒐集及分析方式及刑事司法特定議題等，提供精闢論述。

　　本書自2016年正式出版之後，不僅促使華人社會犯罪防治研究更臻於專業，更有助於碩博士研究生之研習。本書之付梓主要係由國立中正大學犯罪防治學系楊士隆特聘教授提出合作撰寫之構想與規劃執行，及博士研究生巫梓豪、許俊龍協助編修，使得本書得以順利完成。本書業經2022年各作者更新修訂與撰寫完成，惟疏漏之處在所難免，尚祈先進予以匡正指教。

刑事司法與犯罪學研究方法編輯小組　敬上

2022.09.10

撰稿者簡介
PROFILE

（依章節順序）

許春金　美國紐約州立大學（SUNY-Albany）刑事司法博士
　　　　前國立台北大學犯罪學研究所特聘教授兼社科院院長

呂宜芬　美國聖休士頓州立大學刑事司法博士

楊士隆　美國紐約州立大學（SUNY-Albany）刑事司法博士
　　　　國立中正大學犯罪防治學系暨研究所特聘教授兼犯罪研究中心主任

林育聖　美國華盛頓州立大學刑事司法學系博士
　　　　國立台北大學犯罪學研究所副教授兼所長

周愫嫻　美國紐約州立大學（SUNY-Buffalo）社會學博士
　　　　國立台北大學犯罪學研究所特聘教授

鄭瑞隆　美國伊利諾大學香檳分校社會工作博士
　　　　國立中正大學犯罪防治學系暨研究所教授兼教育學院院長

沈勝昂　美國喬治亞州Emory大學心理學博士
　　　　中央警察大學犯罪防治系暨研究所教授

陳玉書　美國杜克大學社會心理學博士
　　　　中央警察大學犯罪防治研究所副教授

黃翠紋　中央警察大學犯罪防治研究所博士
　　　　中央警察大學行政警察學系教授

謝文彥　中央警察大學犯罪防治研究所博士
　　　　中央警察大學犯罪防治系暨研究所副教授

黃富源　美國聖休士頓大學刑事司法博士
　　　　銘傳大學犯罪防治系講座教授兼社科院院長

戴伸峰　日本東北大學文學研究科博士
　　　　國立中正大學犯罪防治學系暨研究所教授

曾淑萍　美國紐約州立大學（SUNY-Albany）刑事司法博士
　　　　國立中正大學犯罪防治學系暨研究所副教授

賴擁連　美國聖休士頓大學刑事司法博士
　　　　中央警察大學犯罪防治系教授兼系主任、研究所所長

邱獻輝　國立台灣師範大學教育心理與輔導研究所諮商心理學組博士
　　　　國立中正大學犯罪防治學系暨研究所教授

董旭英　美國密西西比州立大學社會學博士
　　　　國立成功大學教育研究所教授兼所長

林明傑　美國密西根州立大學刑事司法博士
　　　　國立中正大學犯罪防治學系暨研究所教授

孟維德　中央警察大學犯罪防治研究所博士
　　　　中央警察大學外事警察學系暨研究所教授兼圖書館館長

許華孚　英國Essex大學社會學博士
　　　　國立中正大學犯罪防治學系暨研究所教授兼國際事務處處長

黃蘭媖　英國曼徹斯特大學博士
　　　　國立台北大學犯罪學研究所副教授

郭佩棻　美國德州農工大學土木工程研究所博士
　　　　成功大學測量及空間資訊學系助理教授

譚子文　國立中正大學犯罪防治研究所博士

陳巧雲　國立陽明大學神經科學研究所博士
　　　　國立中正大學犯罪防治學系暨研究所教授

鄭凱寶　國立中正大學犯罪防治研究所博士
　　　　內政部警政署專員

馬躍中　德國杜賓根大學法學博士
　　　　國立中正大學犯罪防治學系暨研究所教授、系主任、研究所所長

陳慈幸　日本中央大學法學博士
　　　　國立中正大學犯罪防治學系暨研究所教授

侯崇文　美國Bowling Green州立大學社會學博士
　　　　國立台北大學犯罪學研究所兼任教授、前國立台北大學校長

目錄
CONTENTS

許春金、呂宜芬

前言：爲何研讀「研究法」及其態度

　　「研究方法」課程往往是研究生的罩門──就像是一位等待看牙醫的病人一樣，不得不研習卻又心中帶著未知的恐懼與不安。其實這是沒有必要的。你如果要成爲一位專業的犯罪學與刑事司法人員或研究者，熟悉研究法是必備的條件。因爲只有熟悉研究方法，你才有閱讀研究報告、評估研究領域的發展方向之能力。而研究方法也提供你超越非科學或常識性的了解，讓你能從較嚴謹的科學觀點來探討或進行有關犯罪學與刑事司法的議題或研究。因此，即使你將來不會成爲專業的犯罪學或刑事司法研究者，但你仍難免會閱讀有關此方面的專業文獻或研究發現、或自己進行某種研究，而研究方法則提供你一個判斷或執行研究的基礎和準則；因此，在爭取專業地位的過程中，犯罪學與刑事司法的學者、和實務從業人員，均能具備基礎的研究方法知識是非常有必要的。

　　研究方法強調我們「如何知道和認識某些事物」，而非我們認識什麼。現實生活中，通常有兩種獲得知識或常識的途徑：經驗（experiential reality）和共識（agreement reality）。例如，當你碰到爐灶上的熱鍋時，你不需要別人來告訴你這鍋子是熱的，這是經驗知識；但是有些事情，則是由別人來告訴你，並且幾乎每個人都同意這項訊息爲眞，這是共識知識。例如，天文學家告訴你，地球不是宇宙的中心，地球是繞著太陽公轉，若是你認眞地質疑這樣的論述，你會很快地發現你是社會中的異類。事實上，生活在社會裡有很大的一部分是去接受我們周遭的人「知道」是眞的事情，然而，傳統的認知─或共識─有可能誤導。科學研究──或實證研究（empirical research）──則是一種有別於個人經驗和第二手資料求取知識的方式。基於科學研究的法則，知識的產生必須經由有系統的觀察、有邏輯的論述、與不斷地小心驗證，避免僅憑印象、以偏概全、意識型態、或選擇性的觀察等一般人求取知識時容易犯下的錯誤。

　　在本書探討的各種研究法並非犯罪學與刑事司法所獨有；而是所有社會科學所共有，引用至犯罪學與刑事司法研究。因此，研究方法可以應用到許多領域。就此點而言，它也是非常好、應用非常廣的研究技術。

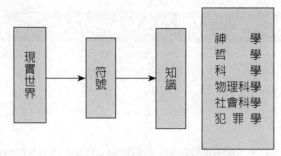

圖1-1　科學的發生與演進

其次，在科學發展史上，犯罪學的誕生可說是較晚的，因此，我們更需要嚴謹的犯罪學研究以加速該學科的進步。我們可以圖1-1來說明科學進展的過程。

人類藉著符號的創立，或抽象的概念（如語言），而能夠發展知識並傳遞知識。但知識雖是人類所創造用以代表現實世界，另一方面知識卻也代表吾人無知的程度。因為我們實在沒有辦法保證，現在被認為是正確的知識，到了下一代，是否會隨即被認為是一種錯誤。例如，一百年前，人們認為身體的外表長相會導致犯罪，但現在人們卻不如此認為。

知識的進展是由神學或超自然解釋，進展為哲學的解釋，最後為科學的方法。神學的解釋是利用超自然力量的說法來說明塵世的現象，哲學的解釋則是以哲理性和邏輯推演為主，科學的解釋則強調觀察、測量、重複實驗，以及證明等。科學方法的使用使得人類知識得以大大地發展。由於科學方法的應用使人類得以解釋並控制自然；因此社會科學以及犯罪學乃希冀引進此等方法以解釋、研究並進而控制犯罪現象。但奇怪地是，科學方法使吾人得以掌握大自然，然卻仍無法令我們掌握、解釋並控制犯罪現象。這說明犯罪現象之複雜與多變化，以及犯罪學仍有諸多須努力之處。

由於對科學方法的強調，使得兩位著名的犯罪學家蘇哲蘭和克雷西（Sutherland, Edwin & Donald Cressey, 1978: 3）對犯罪學有以下最古典的定義：

> 犯罪學是以犯罪為社會現象的一集體知識。在其範圍內包括了立法和違法的過程，以及對違法的反應措施。……犯罪學的目的是要發展一套廣泛且經過驗證的原理原則，以及有關法律程序、犯罪和矯治等有關的知識。

　　在此，蘇哲蘭和克雷西是以「經過驗證的原理原則」來說明科學方法在犯罪學裡的重要性。有許多人探討犯罪問題卻未使用科學方法。嚴格而言，他們不能稱之為犯罪學家。所謂犯罪學家必須以科學的方法提出問題（及假設）、蒐集資料、分析資料及構造理論等。他們可以使用社會科學任何的一種研究方法來探討犯罪問題：現有資料的分析、實驗法、問卷調查法、參與觀察法及歷史分析法等。就是這種遵守嚴謹的科學方法和程序才使專業的犯罪學家與一般僅對犯罪有興趣的門外漢有所不同。

　　但是科學研究亦應有其正確的態度。Hirschi與Selvin（1973）提出了進行研究或批評他人研究之三項合適態度：客觀（objective）、機警（vigilant）及同情或同理（sympathetic）。所謂客觀是指「價值中立」，或對某一項研究議題不要有個人的偏見。所謂機警是指注重研究的正確性，或消除錯誤的努力。研究均會有錯誤存在。唯一完美的研究就是沒有研究，因此，同理心就有必要。批評他人的研究時，了解他人的研究條件和角色是很重要的。但是學生也不能因此而害怕做研究，因為錯誤是會一直存在的。研究者應盡合理的努力去承認或消除明顯的錯誤。只有當錯誤明顯地干擾了研究發現及結論的正確性，才應較嚴格地批判研究。

第一節　研究的目的

　　刑事司法研究具有很多的目的，解釋兩個或多個變項間的關係是一例，其他的像是探索、描述、和應用目的等。雖然一個研究可以同時具有幾個不同的目的，但是，各別地檢驗每一個研究目的具有較高的效益，因為每一研究目的在研究設計，其實具有不同的意涵。

一、探索（exploration）

　　很多刑事司法研究是為了探索一特定的問題。學者或實務工作者或許會對某些未知的犯罪或刑事司法政策感到興趣；或者，學者希望知道施行在某些地區的警察機關、法院組織、或矯治機關的某些革新政策是否也普遍地施行在其他地區。探索性的計畫也許會蒐集某些指標資料以建立一與將來的改變作比較的基礎。

　　舉例來說，對於毒品的高度關注也許會促進評估毒品濫用情況，每年有多少人因販賣或持有毒品而被逮捕？有多少高中生承認上週或上個月有吸食過大麻？販毒者每天平均工作幾小時？和他們每天平均賺多少錢等？這些研究問題都是用來探索不同面向的毒品問題。探索性的問題也可以是針對刑事司法政策對於毒品問題的回應，例如：有多少城市採行特別的偵查策略打擊毒品販賣？毒販和吸毒者有如何不同的刑罰？每年花多少錢在治療毒品成癮者？以及有什麼針對不同成癮者的治療方法等？

　　當考量改變政策時，亦適宜採行探索性研究。例如，毒品犯重刑化是近十年來普遍的刑事政策，因而監獄很快地擠滿了新逮捕和新判刑的毒品犯罪者，這促成尋找監禁毒品犯以外的替代方案，如治療性轉介，當政府官員考慮新的政策時，其中一個他們常問的問題就是：別的地方是如何處理這個問題？

　　探索性研究於刑事司法學上可簡單亦可複雜。例如，當市長想知道在他的城市中毒品的逮捕情形時，他可以簡單地打電話給警察局長要求一份報告，然而，評估多少高中生吸食大麻就需要較為複雜的調查方法。

二、描述（description）

　　許多刑事司法研究的一個重要目的是去描述犯罪問題的範圍或是對於犯罪問題的政策回應。學者或實務工作者進行觀察後，描述觀察到的現象，相較於民眾對於犯罪問題的隨意觀察，基於社會科學的刑事司法觀察和描述更為正確。描述性研究經常是數據化或記錄觀察到的事物；探索性的研究則是強調對於新的或罕見的問題建構初步了解。

　　描述性研究經常應用於刑事司法學。警政署每年會定期地公布各項犯罪數據，而這些數據普遍被認為正確地呈現台灣的犯罪情況。例如，2014年警政署犯罪統計資料顯示，受理之刑事案件中以竊盜案件最多（7萬6,330件），次為公共危險罪（7萬3,098件）和違反毒品危害防制條例案件（3萬8,369件）。

　　再者，因為政府制定實施台灣的刑事司法政策，很多描述性研究蒐集與概述來自於政府機關的資料，例如，自1973年，法務部「犯罪研究中心」每年編印「犯罪狀況及其分析」乙書，彙整政府處理犯罪案件之各項重要統計資料並附加文字說明。

　　描述性研究在刑事司法學有其他的用途。學者也許參與社區打擊犯罪團體的會議，對於其如何組織每一區域的守望相助成員做了觀察，這些觀察將作為描述鄰里打擊犯罪團體專題研究的基礎，其他城市的官員或居民也能利用這些

描述性研究所呈現的資訊來鼓勵成立他們自己的社區守望相助組織。或者，如Bruce Jacobs及共同作者於一研究中，描述犯罪者劫車的動機，他們如何選擇目標，及劫車如何有別於其他的搶劫案件（Jocobs et al., 2003）。

三、解釋（explanation）

第三個刑事司法研究的目的是解釋現象，例如，嘗試解釋檢察官的個性與求刑長短間的關係。公布都市居民一般對於警察有正面的看法，這是一種描述性論述；公布為什麼有些人認為警察做得好，有些人卻不如此認為，則是一種解釋性的論述。以此類推。學者若是想知道為什麼14歲大的青少年加入幫派組織越來越多，他的研究就是有解釋性目的，相對於簡單地描述幫派組織成員的年齡變化。

四、應用（application）

研究人員亦從事具有應用性質的刑事司法研究。應用研究來自於對政策意涵的特定事實或發現的需求，因此，另一刑事司法研究的目的是其對於公共政策的應用性。應用研究可以區分為兩種：評估研究（evaluation research）及問題分析（problem analysis）。

首先，應用研究（applied research）經常運用於檢驗一特定刑事司法計畫的成效，例如，決定減少住宅竊盜計畫是否事實上達到最初預期達到的成效就是一評估研究的例子。評估研究的最基本形式就是比較計畫的目標與其成果，例如，如果增加徒步巡邏警力的目標是增加民眾報案意願，那麼，徒步巡邏警力成效的評估研究可以是比較增加徒步巡邏警察數量前後的報案情形。在多數情況下，評估研究運用社會科學研究方法檢驗改變某些方案或政策的成效，因為犯罪問題持續存在，但似乎經常改變，所以政府官員必須不斷地尋找新的方法，因而政府官員或研究人員對於新政策的評估研究亦趨普遍。

第二種應用研究類型是問題分析。如果我們指定特定的法官和檢察官處理毒品交易案件，法院案件積壓情況會發生如何的變化？如果警察機關採行夜間巡邏，每輛警車必須備有兩個警員政策，那麼必須招募多少新警員？問題分析可用於解決這類「如果」（what if）問題。回答這類問題似有點背道於計畫評估研究，但問題分析有別於其他刑事司法研究，其著重未來事件，是不同於觀察與分析目前或過去的行為，問題分析嘗試預測替代行為的未來結果。

　　同樣地，司法機構越來越常運用問題分析技術研究案件型態和設計適宜的回應方式。問題導向的警政研究或許是最為人所知的例子，犯罪分析研究人員與警察和其他機構共同合作檢驗不斷發生的犯罪問題。

　　在這節中，不同研究目的的簡短討論並非指研究目的是相互排斥，很多刑事司法研究具有一個以上的研究目的。假設你想要評估在你的大學校園裡減少腳踏車竊盜的一項新計畫，首先，你需要校園裡腳踏車竊盜問題的描述性資料。其次，讓我們假設你的評估結果發現，在校園裡其他區域的腳踏車偷竊案件減少，停在宿舍外的腳踏車架而被偷竊的腳踏車卻增加，你也許會解釋這發現是因為停在宿舍外的腳踏車可能較長的時間未使用，而停在教室外的腳踏車則因較多人的來來往往，以至於比較不容易被竊。進一步減少腳踏車被竊的其中一個方法可以是安裝多些上鎖的腳踏車架。至於政策評估分析，可以比較安裝上鎖的腳踏車架的費用及減少腳踏車偷竊案件預期將省下的費用。

第二節　理論與方法

　　理論（theory）是「現實」（reality）的可能解釋。在我們的研究領域中，就是對犯罪現象與刑事司法體系運作的解釋。理論是要分類並組織事件（犯罪行為），解釋事件的原因，預測事件未來的可能發展方向。它代表對事物的合理解釋，並對其本質和意義提出了解的方向。缺少了理論，學科（discipline）幾近於知識上的破產，它只是一堆事實（件）的集合而已。該學門將無法摘要、解釋其研究對象的本質。理論試圖回答兩個問題：事物為何是這樣？有何意義？

　　在孔恩（Thomas Kuhn, 1990）的「科學革命的結構」（The Structure of Scientific Revolution）一書裡，孔恩描述了新知識的發現而產生的「典範轉移」（paradigm shift）。典範是一種對理論和方法的信念或準則，而讓你能夠選擇、評估或批判其他理論。新的典範代表對現實世界的新解釋或新認識。當現有的科學傳統無法解釋新發現的一些異常現象時，新的典範代表一種突破，讓我們能以嶄新的觀點組織並解說現實。舊的典範（所謂的正規科學，normal science）透過革命創新的過程，逐漸被新的典範所取代，最終成為「過時」（obsolete）。而新現象的發覺，往往是具發覺新事物之稟賦者，在原本「不期待」（unanticipated）和「驚奇」（surprising）之情況下發現。他／她們往往

是在針對某項主題的研究過程中，發現了某些異常現象而針對這些現象又深入探討。

　　蘇哲蘭（Edwin Sutherland）的「白領犯罪」（White-Collar Crime）之概念可以稱之為是犯罪學上的一項典範革命，因為它讓我們對犯罪性（criminality）有一個重新的認識——犯罪不再是只有低階級者的表現。哥白尼（Copernicuo）的天文理論也取代了先前的典範。這些均是典範轉移的例子。因此我們可以說並沒有永久的真理。典範均會有其時、空之限制。科學會不斷的前進，我們無法預測未來的科學革命，以及某些科學假設（assumption）是否及何時會被推翻，終究產生了典範轉移。

　　相對於理論，方法則是正確資料的蒐集和組織。簡單來說，理論探討的是「為什麼」（why），方法則是探討「是什麼」（what is）。在犯罪學與刑事司法界，理論家常被比喻為類似「哲學家」，而方法學家則被比喻為類似「技術人員」。好的研究者應是兩者兼備。而沒有方法的理論——缺少正確、可以支持理論的資料——就如同光有方法而沒有理論，都會走入學術死胡同。前者類似搖椅上的冥想，後者類似無益的會計操作。方法是達到理論的途徑；但兩者的目的均是為建立良好的犯罪學與刑事司法之知識。

第三節　不同類型之研究

一、純粹研究與應用研究（含評估研究）

　　純粹研究（pure research）是指為了科學知識或領域的發展而進行的研究；而應用研究（applied research）則是指為了解決某項立即的政策問題而進行的實務研究。純粹研究和應用研究在犯罪學與刑事司法裡的分野是非常明顯的：在刑事司法第一線的實務工作者較有興趣於應用研究，這些研究也能夠直接觸及政策議題。但學術機構的人員則較關心純粹研究，這些研究往往對該領域的科學發展和知識基礎有貢獻，但卻缺少立即的實務應用性。實務工作者可能認為純粹的學術研究者，是生活在象牙塔內，不知外在世界的現況；但純粹的學術研究者也可能認為許多應用研究之政策建議有如巫師或庸臣一般，是缺少合適嚴謹的理論和方法學支持。缺少成熟理論支持的政策建議，就有如餅乾尚未烤熟就吃下它，是容易生病的。

　　在現實上，我們可能很少有「純粹的」純粹研究，或「純粹的」應用研

究。大部分的研究均擺盪在兩者之間，只是所占份量不同。例如，有些明顯的純粹研究計畫，可是卻也產生日後可以對政策產生重大影響的研究發現，其貢獻較許多應用研究有過之而無不及。另一方面，許多應用研究是在探求對政策決定有用的資訊，雖不完整或缺乏理論基礎，卻也是在當前情況下吾人所能做的最佳選擇。

許多古代和當代的重要科學發現往往並非由具有特定研究目的之研究人員所發掘，而是由堪稱不具特定研究目的的人員所發現，如哥白尼、愛因斯坦等。而在一個世代被認為是純粹研究的發現，到了另一個世代可能是應用研究的重要基礎。因此，無論是純粹研究或應用研究均有其存在的價值。

最後，評估研究（evaluation research）是應用研究的一個分支，主要目的在於檢驗政策和計畫。是否有效？有效性又如何？如何使其更有效率，均是評估研究所要回答的問題。

二、量化與質化研究

在量化研究（quantitative research）中，概念（concepts）可以被測量，並賦予不同的數字；在質化研究（亦有稱為質性研究，qualitative research）中，概念往往不賦予數字，而是能提升我們對某現象之了解的有感名詞（sensitizing terms）或想法。簡單地區分，量化研究利用數據化資料，質化研究則是利用文字、語言、或基於視覺的資料。社會科學研究方法遵循兩種根本的哲學傳統，第一種傳統認為社會科學和物理科學是兩個不同的實體，應以歷史的、直覺的、或觀察的方法進行研究，因此強調以質化方法來探討現實世界。該傳統所強調的是「理解」（understanding）或「同理」（empathy），是研究者沉浸在所研究的現實世界中，並發展「有感概念」（sensitizing concepts）以便能提升我們對現實世界的理解和解釋。田野研究法或參與觀察法等讓研究者與受研究者，共同生活或經驗他們的生活，就是其中的例子。質化研究法事實上也提供研究法另外一種蒐集資料的方法。這是一種紮根理論（Grounded Theory）的研究法，往往使用至某項尚未為他人所探討的議題上。

第二種傳統是一種所謂的「實證主義」（Positivism）或自然科學研究法。該傳統強調，運用在自然科學的研究法同樣地可以應用在社會科學研究上。因此，該傳統強調應對犯罪現象或刑事司法現象加以測量，然後說明概念間的關係。若僅抱持一種純粹或經典的量化或質化研究，而排除另一種研究傳統，可能對犯罪學或刑事司法研究的進步相當不利。我們既不能否認人類行

為或社會事件有其共通原則，也不能強烈主張「你不能測量它，就不值得研究它」。

犯罪學與刑事司法研究均是在不斷發展的科學領域，我們需要量化及質化研究法，純粹及應用研究，一針見血的理論及方法嚴謹的研究，以便能獲取學術上更大的尊嚴和認同。

第四節　研究的語言

研究語言（the language of research）是國際間同一領域的研究人員用以溝通研究成果，了解研究發現的工具或方式。缺少了研究語言，不同的研究者將很難溝通，科學的進步也將受到阻礙。因此，科學社群間擁有共同的研究語言是很重要的。科學探索的最重要目的是「原因論」（causality）。其做法往往是先界定現實（reality）的範疇，然後找出影響因子，再加以解釋。科學就是要找出原因理論的原理，以便能了解、控制、改變現實。而這個過程以各種不同的命名為開端。

一、概念

概念（concepts）是所有科學探討的開端，是對現實所賦予的抽象名稱。概念是人類所創造的一個符號（symbols）以便能精準地描述或理解現實的狀況。犯罪學的概念包括：隔代遺傳、社會控制、自我控制、古典理論、犯罪副文化、犯罪再犯、假釋風險等。而年齡、性別、族群、宗教及社會階級等亦均是我們所熟悉的概念。概念是全球化、共同使用的語言，而且可以透過「操作化」（operationalization）轉化成「變項」（variables）。

二、操作化

操作化（operationalization）是說明概念如何被測量，而能界定概念。有時是使用「工作定義」（working definition）或「操作性定義」（operational definition）來說明這種過程。例如，我們可以「以偷竊與否測量犯罪」。犯罪的概念就被操作化成「偷竊與否」。而「犯罪」的概念也被量化（轉化成數目字），同時從一個抽象的實體轉化成一變項。

三、變項與屬性

屬性（attributes）指用來形容一件事物的特徵或性質，例如，我們可以形容一個人是固執、落伍、已婚、失業、或爛醉如泥。任何用來形容一件事，一個物品，或一個人的特性皆可視為屬性。

變項（variables）是各屬性的合理聯集，例如，男性與女性是屬性，性別是變項。簡單地說，變項是經過操作化的概念，用以描述事物的屬性，同時以不同的數值代表之。變項可以說是科學研究的磚塊和粘土，用以堆砌理論。理論上，變項也可以是質性的（qualitative）。例如，一個人的年齡可以是年老或年輕的，但量化的年齡測量（如：1歲、2歲……等）是較為精準的。犯罪也可以被操作化成是官方犯罪統計，犯罪被害調查或自陳報告偏差行為的測量。所得到的結果可能會有些許的差異，因此，需要加以界定。

四、依變項與自變項

依變項（dependent variable）亦稱結果變項（outcome variable），是要被解釋和預測的變項，一般均以Y表示之。犯罪學和刑事司法的依變項包括犯罪與再犯等。依變項是研究的主題（subject），經常是某種行為或態度。自變項（independent variable）亦稱預測變項（predictor）是導致、促使依變項變化的變項，且其發生時間是在依變項之前，一般均以X表示之。例如，年齡與犯罪的關係研究中，年齡是自變項，犯罪則是依變項。實驗或處遇變項（treatment variable）均是自變項，人口變項（如：年齡、性別、族群等）亦均是自變項。

五、理論／假設

理論是對現實世界之可能解釋。它們經常是變項間之關係的一般性敘述。而假設則是有關變項間明確（specific）關係之敘述，而且經常是由理論推演而來。理論是透過演繹的操作化而推演出研究假設，說明兩個變項間應有的關係。例如，假設貧窮導致犯罪。虛無假設（null hypothesis）則是貧窮與犯罪沒有關係，而該假設則是真正接受統計檢測的假設。一般研究的過程均包括了假設形成、變項的測量或操作化，以及假設的檢驗等。

第五節　研究的過程

　　科學的過程是由五個訊息要素（information components）和藉著六套方法（methods）得以互相轉換而構成（見圖1-2）。

　　從個人的觀察開始往往是相當特殊而獨特的訊息，透過衡量、樣本摘要和母數估量而形成較具一般性的實證概化（empirical generalization）。實證概化則是訊息項目，裡面包含有許多有關某種現象之訊息。實證概化又透過概念形成（concept formation）、定理形成（proposition formation）及定理安排（proposition arrangement）而可以整合為理論（theory）。理論是訊息的最為概化（most generalized）形式，透過演繹（deduction）可被轉化成新的假設（hypothesis）。新的實證假設是訊息項目，透過對假設的解釋成可觀察的工具（instrument）、指標（scale）和抽樣（sample）以便能對假設加以檢證。這些新的觀察又可透過衡量、樣本摘要（sample summary）及母數估量（parameter estimation）而轉換成實證的概化。而引發這一番過程的假設則可受到考驗是否與實證資料相吻合。而這樣的驗證可能會產生新的資訊結果：接受或否定所欲驗證的假設。最後，透過所測試的假設，我們可以肯定、修訂或拒絕理論。

　　在此，我們必須要了解，這種過程的發生一、有時甚為迅速，有時甚慢；二、有時相當地嚴謹和正式，有時則相當地非自我意識，非正式而直覺地；三、有時是透過不同角色之數個科學家的互動（如理論家、訪談者、方法學家、抽樣專家或統計學家等），有時則是單一科學家努力的結果；四、有時是單一科學家的想像，有時則是真實的事實。

　　每一個科學的副程序（如概念形成、或研究工具的設計等）幾乎都包括了一系列的基本嘗試（trial）。有時候，這些嘗試完全是科學家的想像；亦即，科學家在腦中操縱感官所未觸及的實體。他可能認為，「假使我有這一種研究工具，或許我可達到這些觀察；而實證概化、理論和假設等均可應運而生。」或者，「假使我有另外一套理論，我可推演不同的假設──一個與實證概化更能吻合的假設。」當這些想像的嘗試在一次事件中完成，這位科學家的表現可說相當具有「洞察力」（insight）。這時，「直覺」（intuition）、「高智能的推測」或「啟發性的設計」在科學中就找到真正的用途。

　　但為了獲得科學社區的廣大支持其為一真理敘述，嘗試不能僅止於想像，必須要成為事實。科學過程的實踐能增加嘗試的正式化（formalization）、嚴謹（rigor）和速度，因為它迫使整個嘗試過程受到現實世界的考驗。而實踐嘗

試之科學家的角色分化亦有可能因而產生。

但是，我們亦應注意到，上述的過程亦有可能朝相反的方向運作。例如，第一次從理論演繹而來的假設可能是模糊不清的、不正確的，甚至是錯誤的、無法測試的或令人無法滿意的，而必須要經過多次的修改才會令人滿意。而在這樣的過程中，不僅原來演繹的假設已改變，而原來的理論可能也因為每次嘗試所暴露出來的更多訊息而受到修正。

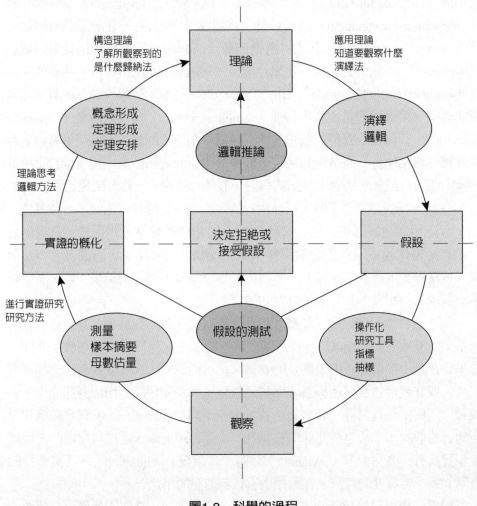

圖1-2　科學的過程

註：長方形為訊息，橢圓型為方法。
資料來源：Wallace, W. L. (1971). The logic of science in sociology. Chicago, IL: Aldine Publishing, p. 18.

　　相同地，將假設轉化爲觀察，也會經歷多次的解釋之嘗試、多次的指標嘗試（導致新指標的設計）、及抽樣的嘗試。在每一次的嘗試當中〔在此科學過程中，嘗試常被稱之爲「預試」或「先導研究」（Pilot Study）〕，至少均有想像或眞實的新觀察；而研究者均據此判斷與其假設和實證概化相符的情形如何；更據此了解其假設的合適性又如何。他亦可能據此而判別其方法的合適性。因此，新的指標、研究工具、抽樣或解釋方法，往往亦會產生新的假設，而非如上圖所示的標準過程。

　　然而，儘管有這些相反的過程，主要的程序還是如下圖所示。因此，反過程可以解釋爲是一個背景準備，以利更新的進步。因此，雖然新的觀察工具可產生新的假設，但利用新的研究工具而獲得的新觀察都因此與假設更加符合，而不再是科學上的異數（curiosities）。

　　最後，再探討一下，理論和方法之間的關係。下圖的左半部代表自「觀察」而來的了解，是運用歸納法而構造理論的過程；右半部則代表應用理論而推演至觀察的過程。上半部代表運用演繹和歸納法而思考的歷程；下半部則代表利用研究方法而進行所謂「實證研究」的歷程。大部分的研究者均在進行下半部分的工作。

第六節　研究的步驟

　　雖然不同的研究在研究範疇、程序上均有差異，但大部分的研究（尤其是量化研究）均有其共通的步驟：

一、問題形成：這是要回顧文獻、選擇並明確化你所要探討的領域。

二、研究設計：這是指導研究進行的綱領（guidelines），包括了研究的概念架構、資料蒐集方法（問卷調查法、訪談法或實驗法等）、測量工具、樣本來源及分析方法等。

三、資料的分析與呈現：摘要或統計分析所獲得的研究發現等。

四、結論、解釋及研究限制等：說明研究者認爲「該研究說明了何事」。

　　一般的研究或期刊論文等大體上均依照上述的步驟。然而也有一些探索性（exploration）或紮根性研究的步驟並不是如此的清晰。然而，上述的研究步驟仍是相當有用的設計，以說明研究的不同階段。其中，尤以研究問題的形成與明確化最爲重要。

　　研究問題的形成是研究最重要的階段，也是研究者需要花最多時間和工夫的階段。研究問題也可以來自個人的經驗或感受。每個人均會有獨特的經驗，可以化成嚴肅的研究議題而加以探討。但研究也有務實的考量，如資料及研究經費是否可得、機構的需求、議題不宜太廣泛及研究期間是否太長等均是要考慮的因素。尤其研究期間當然是碩博士論文該要考慮的重要因素。

　　理論和目前研究間的差距、研究的可行性、文獻的衝突或不清晰、研究的政治意涵等亦均是研究應考慮的因素。而在大型研究中研究經費及贊助也是重要的考量因素。研究者可上網查閱各贊助機構的研究需求即可了解。

　　其他可以影響研究問題的因素包括：科學的興趣或對冀望能減少犯罪與不公義的企圖等。研究者應與同學、指導教授等共同不斷討論研究問題，並且瀏覽相關文獻。

　　光是選擇所要探討的主題只是研究的開端。研究者現在要形成假設、界定重要概念、操作化過程或決定採用何種質化方法、決定研究策略以及最後將研究問題與犯罪學或刑事司法議題連結起來。文獻探討與研讀是研究問題明確化的一個重要方法。許多研究新手往往急著著手進行研究，往往視問題形成及文獻探討為浪費寶貴的時間或是一個痛苦的過程。但在實際上，這是研究最重要的工作。它可以明確化研究問題，也將研究問題與當前或過往的相關探討連結起來，因此可以避免研究走向死胡同。當然，文獻探討包括了碩博士論文及各犯罪學與刑事司法期刊的搜索與閱讀等。研究者也可以自網站或學校圖書館內搜尋許多學術性的電子期刊。有時，甚至可以全文下載。

第七節　結論

　　研究方法的研讀是要了解犯罪學與刑事司法之晚近發展不可或缺的工具。有別於一般生活中求取知識的方式，犯罪學與刑事司法研究必須要有嚴謹的科學方法為依據才可逐步登上科學的殿堂。在進行研究時，研究者應避免方法崇拜（特別喜愛一種研究法，或為研究法而研究）。研究者亦應保持客觀、警覺（是否有錯誤）及同情（因為所有的研究均會有錯誤）。犯罪學與刑事司法研究的目的主要包括探索、描述、解釋、及應用。理論是對現實的可能解釋，而方法則是蒐集正確資料的過程。兩者對提供良好的犯罪學與刑事司法知識均是不可或缺。由於典範的轉移，新的知識會逐漸取代傳統的知識。而所謂的典範

就是了解現實的一種途徑或模式。純粹研究主要是爲獲取新知識，應用研究則是爲解決現存的問題。量化研究是以科學方法測量研究概念或犯罪現象。研究的語言包括了概念（描述現實的標籤）、操作化（描述概念如何被測量的過程）、理論（說明不同變項間的關係之一般性敘述）及假設（變項間關係之特別敘述）。變項則有自變項（預測變項）和依變項（結果變項）。

　　研究的過程是一個從理論→假設→研究設計→資料蒐集→研究發現→理論檢驗等之循環過程。而研究的步驟則包括：問題形成→研究設計→資料蒐集方法→資料分析與呈現→結論、解釋及研究限制等。而其中最重要的是問題的形成，是研究者應多費心思的重要工作。

參考文獻

Hagan, F. E. (2018). Research methods in criminal justice and criminology (10th ed.). Upper Saddle River, NJ: Prentice Hall.

Hirschi, T. & Selvin, H. C. (1973). Principles of survey analysis: Delinquency research. New York: Free Press.

Jacobs, B. Topalli, V., & Wright, R. (2003). "Carjacking, streetlife and offender motivation." British Journal of Criminology, 43, 673-688.

Kraska, P. B. & Neuman, W. L. (2012). Criminal justice and criminology research methods (2nd ed.). Upper Saddle River, NJ: Prentice Hall.

Kuhn, T. (1990). The Structure of scientific revolution. Chicago: The University of Chicago Press.

Lanier, M. M. & Briggs, L. T. (2014). Research methods in criminal justice and criminology: A mixed methods approach. New York, NY: Oxford University Press.

Maxfield, M. G. & Babbie, E. R. (2015). Research methods for criminal justice and criminology (6th ed.). Belmont, CA: Wadsworth Publishing.

Smith, H. W. (1991). Strategies of social research (3rd ed.). Chicago, IL: Harcourt School.

Sutherland, E. & Cressey, D. (1978). Criminology (10th ed.). Lippincott: Philadelphia.

Wallace, W. L. (1971). The logic of science in sociology. Chicago, IL: Aldine Publishing.

楊士隆

前 言

在刑事司法與犯罪學研究領域中，研究倫理議題（ethical issue）在近年日益受到重視。根據韋氏大字典，倫理係指道德原則或價值（moral principles or values），管理個人或一個專業領域之品性原則（principles of conduct governing an individual or a profession）。Binder與Geis（1983）認為其涉及某種程度之「對」（right）與「錯」（wrong），以及某些事情應如何做（how things ought to be done）。而學者Bogdan與Biklen（2001）則指出，「倫理一字就跟『性』和『蛇』一樣充滿情緒意涵，具有喚起潛在意識的能力。對一個專業的指控，沒有比指出其實務不符合倫理還要來得嚴重。倫理讓人聯想到一個最高權威和絕對的意象，但研究中的倫理則是指一個特定團體在一個特定時間內接受正確與錯誤的原則。」（黃光雄主編，2001：61）根據Vito（1998）之撰述，「當前幾乎所有之研究均涉特定倫理議題，雖然倫理議題為從事科學研究不可避免之一部分，但直到第二次世界大戰始受到較明顯之關注，例如納粹對戰俘缺乏人道之實驗，以及核子彈爆炸後之相關研究，引發了學者與民眾對倫理議題之重視。」在此之前。科學被認為是客觀的（objective）、價值中立（value free）之過程。此二事件讓世人了解部分對人之研究以科學之名加以掩飾，而這些研究可能對研究對象（如人類）造成極大之傷害。也因此使得當代研究人員體會到研究可能不全然是價值中立的，而必須遵循部分倫理道德原則（p. 39），以茲規範。

Vito（1998）另提及，「在社會與行為科學研究中，倫理基本上係一個特殊之考量，就像醫學經常利用人類從事研究一樣，研究者必須將對人類之處遇與研究之成果等量齊觀，同等重視。」例如，學者Longmire指出某些並不太出名之犯罪學學者的研究的確充滿許多研究倫理之問題。雖然與一般社會與行為科學研究大致相同，面臨許多倫理道德之爭議，但因犯罪學研究主題是具特殊性，而使得倫理議題更加尖端（more acute）。其中尤以偏差或犯罪行為個案

為最，概許多偏差或犯罪資料必須從其本身自陳報告或相關機關取得，而使得研究更棘手，且充滿倫理爭議。

Triola（2021）指出，刑事司法是一個根深蒂固的倫理領域。刑事司法研究也受到倫理的約束。研究人員必須確保以遵循可靠的循證實踐並遵守研究倫理的方式進行研究。

儘管如此，學者Rhineberger（2006）在回顧美國之刑事司法與犯罪學教科書中，指出研究方法與倫理議題並未深入被探討與正視。即使頗獲刑事司法與犯罪學學生閱讀之教科書如Siegel（2018）亦僅不到二頁之介紹，國內刑事司法與犯罪學相關犯罪學教科書亦同，因此，在當前刑事司法與犯罪研究臻於蓬勃發展之際，更應對此議題加以探討與關注，俾提升犯罪學研究之專業倫理。

第一節　衍生嚴重研究倫理之重大個案探討

在各國中不乏有部分違反研究倫理之個案發生。侷限於篇幅，本研究臚列以下四個個案供參考：

一、第二次世界大戰納粹之實驗

在第二次世界大戰期間，納粹醫師Josef Mengele（戲稱死亡天使），對於被擄之戰俘進行恐怖之非人性化實驗亦為違反研究倫理之重大案例，其對人犯以醫學之研究加以凌虐並殺害，這些戰俘被依帶有傳染病而須以藥物（毒藥）加以實驗治療，而終究導致死亡。此項罪行在戰後之紐倫堡大審判（Nuremberg Trial）中被界定為戰爭犯罪（war crime）及違反人性之犯罪（crimes against humanity）。根據學者Wexler（1990）之撰述，紐倫堡法案訂定從事人類行為相關研究之「自願參與」（voluntarily consent）原則，要求所有研究人員遵循此項原則。

二、史丹福大學Zimbardo之模擬監獄管理研究

在1972年間，美國學者Zimbardo以男性自願參與之大學生為研究對象，充扮受刑人與管理者之角色，在美國史丹福大學之一棟建築物之地下室進行模擬監獄管理之研究，在此項研究中，擔任管理者著正式之制服與服勤配備，而受刑人則著囚衣並以號碼稱呼。依計畫此項模擬情境需進行至少兩星期，擔任管理者之角色變得蠻橫無理、濫權缺乏人性關懷，並產生專橫之行為，而受刑人

則表現出消極、無助、憂鬱與充滿敵意，在其中之大學生遭遇潛在傷害之同時，Zimbardo教授在第六天實驗中取消模擬監獄管理研究（Zimbardo, 1973；引自 Maxfield & Babbie, 2005；另參閱林茂榮、楊士隆，2021：155）。

三、Humphreys（1975）的「茶坊交易」（tearoom trade）

「在研究生韓福瑞（Laud Humphreys）之『茶坊交易』研究中（有關男同性戀在公共洗手間接觸的研究），其佯裝成窺淫者與把風下，觀察了約100位男性的性行為。受試者的汽車被跟縱、牌照號碼被祕密地記下。他們的姓名與住址也被假扮成市場研究員的韓福瑞從警察紀錄中取得。一年之後，透過喬裝，韓福瑞運用一個關於健康調查的動人說詞到家裡訪問受試者。韓福瑞小心翼翼地將名單藏在保險箱中，並將受試者的辨識註記銷毀掉。他大幅地增進我們對常在茶室出入之同性戀的認識，扭轉了之前對他們錯誤的看法。這個研究也一直受到爭議：受試者從不曾答應、也用了欺騙、名單可能被用來勒索受試者結束婚姻、或是提出犯罪檢舉」（引自王佳煌等人譯，2002：173；另參閱Maxfield & Babbie, 2005及陳文俊譯，2006）。

四、台灣于〇〇對陳〇〇進行「諮商」並對媒體發布訪談內容

1998年7月，于〇〇女士將其對國內重大犯罪被告陳〇〇之心理諮商輔導內容與紀錄，交付獨家報導出版社發行《瘋〇──陳〇〇》一書亦屬違反專業諮商與研究倫理之重要國內案例。該事件引起社會各界之質疑。包括各專業學會以及許多諮商輔導學者專家都質疑于〇〇利用知名犯罪人行銷的做法，認為她的行為明顯違背專業倫理。蓋接受心理諮商服務的當事人，其權益應被尊重與保障，而提供此等服務的諮商師、心理師或其他專業助人工作者，則應善盡專業責任並遵守倫理規範，包括遵守保密原則、客戶隱私權等（王智弘，1998）及不應違背客戶（陳〇〇）對他專業的信任（葉匡時，1999）。顯然于〇〇之「諮商」做法，成為「瘋〇」一書之行銷策略與手法，屬違反專業研究倫理之個案。

第二節　刑事司法與犯罪學研究人員面臨之研究倫理議題

根據Diener（1978）之析見，刑事司法研究人員從事研究可能面臨之倫理道德爭議可區分為以下四項（引自Vito, 1998: 40-46；另參見Adamitis &

Haghghi, 1989）：

一、潛在之傷害（potential harm）

任何一項研究均可能帶來潛在之危害，包括研究結果之危害以及對參與研究人員之傷害等。分述如下：

（一）研究結果之危害

基本上研究之結果並不必然對整體之社會有益，甚至部分研究可能在偏見或無意間導致潛在之巨大傷害。例如，從事監獄受刑人非法行為之研究結果，可能促使監獄當局下令緊縮受刑人之接見權利，而行政責任亦必須承擔。針對此項發展，研究帶來之行政衝擊或對受刑人權益之傷害係巨大且影響深遠的。

研究人員必須注意前述研究之潛在後遺症，而遵守研究倫理原則為減少前述傷害之不二法門。

（二）對接受研究者之傷害

如同前述，受試者倘因研究坦露其他罪行而為研究人員所利用，極可能面臨更多之矯治處遇，如心理測驗、電擊或戒治，或遭受更嚴重之刑罰處分，如發現更多之犯罪型態。

受試者基本上有避免遭受這些傷害之權利，不應為研究之名而讓研究人員肆無忌憚、為所欲為。

二、訪談同意（informed consent）

在從事刑事司法與犯罪研究中另一值得關注之議題為受試（訪）者之訪談同意，此意味著受試者係自願的（voluntarily）參與研究且了解其參與研究面臨之風險（risk），同時在研究期間倘覺不適可自由地退出研究。一般而言，在從事研究時，對象為小孩、受刑人或精神病患，其較容易因身分（status）關係而受剝削或無法拒絕，因此從事相關研究時宜予特別說明與考量。倘未徵得受訪對象之同意，而逕予研究調查或施予非法手段取得資料並予發布研究內容，均屬嚴重違反學術倫理案例。

三、欺瞞（deception）

在研究中亦可能有意無意涉及欺瞞而衍生倫理議題。例如，研究人員可能對男性與女性警察人員在處理家暴反應之差異有興趣，為使研究臻於真實現況，其可能未將此項重點予以告知參與研究之警察人員，而在研究結果後，再

予發布研究之重點，而令參與者錯愕。

　　欺瞞之手段在田野調查（field study）中常被使用，例如未告知對方而混入幫派、毒品圈、應召站、同性戀或其他特殊群體中，予以記錄。雖可獲得珍貴資料，但亦可能在曝光後，造成嚴重後果，顯然未能誠實與眞誠獲取資訊，涉及倫理問題。

四、隱私權（privacy）

　　在現代文明社會中，個人擁有一定程度之隱私權是重要指標，但在刑事司法與犯罪學研究中卻常碰觸此項倫理議題，蓋受試者被調查之資料多數是極具敏感性的資訊。例如：受試者從事之犯罪活動、被害型態、次數、是否有貪污、買春、行賄、參與幫派、吸毒不法或遊走法律邊緣之行爲，均涉及極度敏感之隱私權議題，亟待研究人員重視與小心謹愼處理。倘未能匿名保密，逕自對外公布，將造成受試者個人、團體組織、機關之重大傷害，而使得未來之刑事司法與犯罪學研究更臻於困難而無法開展。

　　此外，熊博安（2007）在學術倫理（Academic Honesty）一文中另指出論文抄襲（plagiarism）亦爲違反學術倫理之常見案例。抄襲主要係指「沒有適當的引用他人的文字與構想據爲己有」，抄襲主要之型態有下列六項（部分修改自http：//depts.washington.edu/grading/issuel/honesty.htm）：

（一）沒有適當的引註使用他人撰寫的文字，例如雖有引註來源但卻沒有給予加註記號。
（二）竊用別人的構想沒有適當的引註。
（三）借用他人撰寫文句之結構而未註明原作者之貢獻。
（四）借用他人全部或一部分撰寫的報告，或者使用他人撰寫的大綱成爲自己的文章。
（五）借用他人撰寫的文章成爲自己的報告或者委託他人代寫報告。
（六）從電腦中複製或盜取他人撰寫的論文報告，未引註而抄襲據爲己有。

　　熊博安引述陽明大學神經科學研究所教授洪裕宏之見解，「嚴格來說，只要引用別人的文句卻未註明出處，都算是抄襲；以自然科學雜誌來說，他們規定只要一個句子內有七個英文字來自別人，就必須註明出處，代表『一個英文句子中超過七個字與別人相同就是抄襲』，但國內學術界經常逾越這個尺度。」至於圖表抄襲的標準爲何，洪裕宏表示「根據國外學術界慣例，只要是引用他人圖表一律要註明出處，且需要取得當事人同意，或者取得擁有該

圖表版權的出版社或期刊同意，在圖表下方標明『本圖表已經徵得某某人同意刊登』等文字，因為圖表還涉及個人智慧財產權」（資料來源：http：//www.epochtimes.com/b5/5/2/3/n802270.htm）。

為防止學術抄襲，目前許多大學購置「原創性比對系統」如Turnitin等檢測工具比對系統。根據Turnitin之簡介，「Turnitin是一種防止學術抄襲的檢查工具，可幫助教學人員評估學生作業及論文的原創性。其做法是以提交的文件為依據，透過與網路文獻資源及Turnitin本身所擁有的數據庫來進行檢查。可自動計算出與本文有相似文字（片段）的百分比率，挑出該段內容及可能的原始出處，提供作者在論文發表前再確認一次文獻內容品質，檢視引用文獻是否有所遺漏，有助於提升本校學術論文的產出品質」（引自https://www.lib.ntnu.edu.tw/eresource/turnitin.jsp）。智泉國際事業有限公司（iTaiwan）指出「Turnitin、iThenticate及iG Publishing等為文字相似度比對系統，報告的相似百分比僅代表文章與系統收錄內容（網際網路、期刊出版品、或學生文稿）的相似程度，不能作為『抄襲』判定的絕對指標。學科領域和文章性質不同，相似比例的標準與原創性報告的解讀就有所不同，因此，一般使用者判讀文章是否有抄襲疑慮時，建議投稿／發表之前皆需與該領域專業人士（例如：指導教授）個案討論文章是否需要進一步檢視與修正」（引自https://www.igroup.com.tw）。

雖有前述之資訊科技比對，如仍發生研究生學位論文違反學術倫理情事，教育部認為指導教授負有監督不周之責任，指導教授應「敬業盡責，多花些時間與心思在指導學生的學位論文之上，……確保論文之誠信與品質」（周倩，2022：11）。研究生則應「了解自我抄襲的定義與規範、適時揭露著作之性質與先前發表情形、遵守學術引註格式、力求研究成果之完整呈現及利用原創性比對工具自我檢測、留意著作權議題等，避免自我抄襲」（周倩、潘璿，2020；教育部臺灣學術倫理教育資源中心，https://ethics.moe.edu.tw/resource/poster2/）。

第三節　刑事司法與犯罪學研究倫理規範：以美國為例

在研究倫理規範方面，強調民主與科學研究蓬勃發展之美國有著健全之發展可供參考（引自Hagan, 2003: 44-49）。例如，在發展上，美國研究倫理守則最重要之文件為1971年之健康教育與社會福利部門（The Department of Health,

Education and Welfare's, HEW）之保護人類主體（human subject）之機構守則，在其後之修訂中，其主要要求「訪談同意書」（Informed consent）之簽署及「機構審查委員會」（Institutional Review Board, IRBs）之預先審查。並為聯邦及相關研究所普遍援用。在獲取訪談同意書之簽署上，HEW之規定有下列六項（Code of Federal Regulations, 1975, 11854-11858）：

一、非常清楚的描述解釋應遵循之程序及研究目的，包括任何實驗程序之認可。

二、描述參與者參與研究任何可能發生之不舒服及風險。

三、描述研究可被期待之任何好處。

四、透露任何可能對研究者合適之替代程序。

五、須提供回答研究程序之任何問題。

六、告知任何人可在任何時間自由退出及終止同意研究，而且免於遭到歧視。

　　1974年美國通過「國家研究法案」（National Research Act），並成立了保護人類主體之國家委員會（National Commission for the Protection of Human Subject, NCPHS），其在評量HEW準則後，發展出修正之準則，稱為貝爾蒙報告（The Belmont Report），主要內容包括研究人員須遵循以下三項原則（National Commission for the Protection of Human Subjects, 1978），包括：

一、尊重個人原則（the principle of respect for persons）。

二、有益原則（the principle of beneficence）。

三、公平正義原則（the principles of justice）。

　　依據戴正德（2012）之詮釋，此三原則簡述重點如下：

一、尊重個人（自主原則）：包括每個人應以具有自主能力的原則為前提，加以對待及對自主能力有所欠缺的人應極力保護。

二、善待受試者（為善原則）：待人如待己及傷害降至最低。

三、公平正義（正義原則）：對風險與可能得到的好處與需要的人，即可能得到利益的人中，公平分配之。

　　此外，心理學、刑事司法與犯罪學研究相關之專業學會亦訂定研究倫理規範，要求研究人員遵循（Hagan, 2003: 52-61）：

一、美國心理學會

　　美國心理學會（American Psychological Association）除在學術論文寫作格式廣受援用外，在研究倫理的規範上，也被學術界所遵循。依照林天

祐（2000）之撰述，1992年修訂的「心理學家倫理信條與守則」（Ethical Principle of Psychologists and Code of Conduct）6.11～6.19、6.21～6.26等條文的內容（原文內容請參閱：American Psychological Association, 1992），其中6.11～6.19等條文是有關以人作為研究對象時應遵守的規範，6.21～6.26等條文是有關結果報導以及出版方面的專業信條（引自林天祐，2000：3-5）。限於篇幅，摘要如下：

（一）以人作為研究對象的研究規範

美國心理學會主張，以人作為研究對象必須以下列兩項作為最高的指導原則：其一是研究目的必須對研究對象有直接或間接的助益，其二是研究的進行必須無條件的尊重研究對象的尊嚴。在這兩個原則之下，共有多項必須遵守的具體規範。

6.11研究者應讓研究對象充分了解研究的目的及過程之後，再徵求研究對象的書面同意，如當事人尚未成年，除徵求當事人的同意外，還須徵求法定監護人的同意，獲得同意之後始得進行研究。

6.13研究者要進行拍照或錄影時，要先獲得被拍照或錄影者的同意，但如係觀察、記錄公共大眾的行為，不涉及個人隱私或權益，則可不必事先徵求同意。

6.14研究者在告知預期研究成果的學術及實用價值，以獲取研究對象的參與意願，在說明時要清楚敘述這些預期成果所帶來的好處與壞處。研究者不宜用過量的金錢或其他不當誘因，爭取或勉強研究對象參與。

6.15除非確實有科學上、教育上、或實用上的價值，而且沒有其他可行的方法，否則研究者不得透過欺瞞的方式蒐集當事人的資料，但足以影響研究對象參與意願的欺瞞行為是絕對不容許的。當欺瞞的途徑無法避免時，研究者最好在資料蒐集完後，立即向研究對象說明，最遲不得晚於研究結束之前。

6.17研究者要確實依照研究設計的程序，並以科學研究的態度，向研究對象蒐集資料。

6.18研究者應讓研究對象知道，他們事後可以立即向研究者詢問研究結果以及結論。研究者也有向研究對象解釋其內容大要的義務，以避免誤解。如無法立即提供研究對象這些訊息，或基於研究設計的限制不能提供這些訊息，研究者應想盡辦法向研究對象說明，以減少副作用。

6.19研究者要充分尊重並遵守對於研究對象的一切承諾。

（二）結果報導及出版的規範

　　美國心理學會在結果報導與出版方面，也有相當具體的規範，以確保學術的正確性以及尊重智慧財產權，包括以下六項條文：

　　6.21真實並正確報導研究結果：不得製造假資料，或爲了支持預期的假設而修改資料；出版後如發現有誤，必須公開更正。

　　6.22正確引註他人資料：如使用「引號」引述他人詞句或資料，引號內的字句及標點符號要與原文一模一樣，如係摘述或整理自他人的詞句或資料，則必須註明出處。

　　6.23列出研究小組的所有名字，並予適當排名：包括撰寫者及所有協同研究人員，如研定研究主題、參與決定研究設計、進行統計分析、詮釋研究結果、以及各章節撰搞人。所有作者共享研究成果，也共同負責研究責任。其他有助於研究進行及完成的人員或單位，則可於謝辭中註明，但不論要列爲作者或於謝辭中列名，都須事先徵得當事人的同意。至於排名則以貢獻的大小依據，貢獻越大者排名在前，最小者排名最後。博碩士學位論文修改後所發表的文章，如作者超過一位時，學生本人應排名第一。

　　6.24原始資料及稿件不重複出版：已經發表過的資料不得重複發表，以免讓讀者誤以爲新的資訊。同時一稿不能多投，但投稿被拒之後可以另投其他刊物。

　　6.25原始資料的保存及分享：研究報告發表之後，所使用的原始資料應因應要求，隨時提供期刊查考，同時要保存五年以上，以便其他有興趣的學者可以重新驗證或分析，但必須遵守匿名原則及智慧財產權等相關規定。

　　6.26審稿人員的專業倫理：審稿人員應尊重原作者的智慧財產，不得洩露或公開稿件的研究結果，更不可以順手牽羊，未經原作者的同意擅自引用或剽竊其內容。

　　2002年8月美國心理學會理事會（APA Council of Representatives）復通過倫理原則及心理學者之倫理守則，於2003年6月實施。其後2010年6月進一步修訂實施新的守則。2016年3月1日另對APA倫理委員會之規則與程序進行修訂，以回應來自各界之抱怨（引自APA網站）。美國心理學會2010年新修訂之心理學者之倫理原則與行爲守則主要內容簡述如下（引自台灣學術倫理教育資源中心，2015/09/15，http://140.113.75.28/Ethics103/contents/preview/u02/p06.html；http://www.apa.org）：

1. 正直（integrity）：研究者要尊重所有人之權利，包括人權、隱私、自主、

保密等權利。

2. 公正（justice）：研究者要保護共同工作者的權利與福祉，不可造成傷害。

3. 尊重人權與人類尊嚴（respect for people's rights and dignity）：研究者應該要進行正確、誠實、可信的學術活動。

4. 善行與不傷害（beneficence and non-maleficence）：研究者應公平對待所接觸到的所有人。

5. 忠誠與責任（fidelity and responsibility）：研究者應該與共同工作者建立互信關係，並了解自己應負起的專業責任。

二、刑事司法科學研究協會

　　美國刑事司法科學研究協會（Academy of Criminal Justice Science）於2000年3月21日採美國社會學協會（the American Sociological Association）之倫理守則，修訂其倫理守則，其特別強調研究人員應該努力去維持研究之客觀性（objectively）與統整性（integrity）。在研究規範上ACJS列出22項重點，扼要敘述如下：

（一）成員（members of the academy）於研究過程中應盡一切可能遵守法律規範。

（二）基於成員之間研究方法、技術與經驗迥異，故成員應對會影響研究發現效度之限制性有所告知。

（三）研究成果應完整呈現，不應有扭曲研究發現或故意遺漏資訊之情事。研究報告也應詳加說明使用之理論、研究方法、與研究設計。

（四）研究報告應完整報告所有研究經費來源與贊助單位。

（五）非有充分目的與能力，成員不應對贊助者、個人、團體或組織有所承諾。

（六）完成研究分析後，成員應於合理的狀況下要公開其研究之原始資料與相關資訊，除非有祕密性之需求、個案之要求或研究人員認為有必要保留工作筆記者之考量可不予公開予其他人分享。

（七）研究過程所採用之量表或其他測量規範，成員應提供相關之適當資訊、文件、及引證。

（八）成員不應該接受明顯可能違反倫理規範之補助、契約或研究；若發現有違反之可能且無法修正時，應拒絕繼續研究。

（九）獲得研究經費後，成員應以各種合理方式及時完成研究。

（十）所領團隊內之工作人員，學生亦然，應於起始階段即明確界定職責內容、津貼、資料之可接近性（access to data）、著作權、及其他相關之權利與義務。

（十一）除會傷害到研究對象、共同研究者、及其他研究參與者、違反機密性之規範或承諾、或研究發現之所有權於正式或非正式之同意下（those which are proprietary under a formal or informal agreement），成員有權利公開其研究發現。

（十二）成員不應以欺騙為目的濫用其專業、或以個人、團體、組織或政府為藉口而獲取研究所需資料。

（十三）研究對象（human subjects，研究對象為人時）有了解研究意圖、提出質疑請求解疑、與了解研究之未來利用等之權利。

（十四）研究對象均被賦予保有個人資料機密之權利，除非研究對象自動放棄該權利。

（十五）公開從研究對象所取得之研究資料，不受個人隱私或祕密性之主張保護。

（十六）執行刑事司法研究之過程中不應曝露被告，且亦要盡可能保護被告與研究人員之安全。參與研究過程中，若需承受比日常更高之風險時，應先知後同意（informed consent）。

（十七）成員應以文化地適合步驟（culturally appropriate steps）獲取研究對象之知後同意與避免侵害他人隱私。此外，當研究對象為文盲、受刑人與羈押被告、未成年、低社會階層、接受司法監督者、被限制權利者、不熟悉社會研究者、或者與研究者一起共事但是擔任其他不等職務者等各類情形出現時，應視各別狀況採取特定因應行為。

（十八）成員應事先預期與因應可能威脅研究祕密性之潛在狀況，如刪除可直接辨識之個人資料、隨機挑選受試者、以及其他統計上之方法等方式處理隱私性之疑慮。另也應仔細考量資料保存安全性之問題。

（十九）不僅是成員應做到對資料機密性有所尊重，其同一研究團隊之工作人員也應保持相同態度，無論該資料有否受法律或特權之保障。是故只要能獲取資料之研究參與者，如會談者、編碼者、或書記，均應對資料機密性有所尊重。

（二十）研究報告所提及對研究有所貢獻者時，應尊重有共同研究者之匿名性之需求，避免因公開而帶來傷害。

（二一）研究對象之需求應予以滿足，因應方式可藉由教育機構或經費來源達成。

（二二）執行研究期間，成員應遵守聯邦政府與學會之合理要求（federal and institutional requirements）。

三、美國犯罪學學會

美國犯罪學學會（American Society of Criminology）亦強調犯罪學學家（criminologists）應該努力去維持實施刑事司法研究之客觀性（objectively）與統整性（integrity）。其亦採美國社會學協會（The American Sociological Association）之倫理守則，提出其倫理守則，包括一般準則及倫理守則合計40條，摘要重點如下（完整之研究倫理詳見http://www.ACJS.ORG與www.ASC41.com）：

（一）研究執行期間，犯罪學家應盡可能地堅持最佳之技術標準。

（二）犯罪學家間因研究方法、技術與經驗迥異，故犯罪學家應對學識範圍、有可能影響其研究成果之訓練與個人有限性有所預期。

（三）發表研究成果時，犯罪學家有義務報告完整之研究發現。犯罪學家不應扭曲研究發現或遺漏重要資料。另須詳細報告支持其研究發現之理論、方法與研究設計等細節。

（四）犯罪學家須於報告中詳列所有經費與其他贊助來源。

（五）犯罪學家不應接受明顯可能違反本倫理規範之補助、契約或研究；若發現有違反之可能且無法修正時，應拒絕繼續研究。

（六）研究之執行若是與他人共同合作，含學生、研究助理與受僱人員，應於起始階段即明確界定職責內容、津貼、資料之可接近性（access to data）、著作權、及其他相關之權利與義務。當計畫內容變更時，原分派內容也須加以變動。研究成果或產品之著作權利應反映研究過程中，如資料蒐集、分析、正文編撰、起始工作等階段以及其他非專業但有貢獻者（authorship of a completed article or product should reflect the relative contribution of authors in terms of data gathering, analysis, text, original work and not relative professional status of the authors.），研究內容本質上若大部分屬於學生之碩、博士論文，則學生通常被列為主要作者。

（七）排除可能傷害個案（clients）、共同研究者、及其他研究參與者、違反機密性之規範或承諾、或研究發現之所有權於正式或非正式之同意下

　　（those which are proprietary under a formal or informal agreement），犯罪學家有權利公開其研究發現。

（八）基於科學的要求、大眾信賴與公共政策要求，犯罪學家被要求與他人分享研究資料與文件。研究成果經公開後，除個人資料等具機密性資訊不得公開外，主要作者有義務使研究資料能一再被分析。

（九）一般研究成果之作者排列順序須依研究之貢獻度，對於研究無貢獻者不應納入。

（十）犯罪學家進行學術審查時，應拒絕與自己利益相關人員之請求。

（十一）研究過程中，犯罪學家不應濫用權勢對任何人包括學生有金錢上之強索或性霸凌之要求。

（十二）ASC會員必須謹慎地引述他人已出版或未出版之著作、講話之內容及研究工具、量表及統計軟體。

第四節　刑事司法與犯罪學研究應遵循之倫理原則

　　林天祐在「認識研究倫理」一文中引述文獻指出，從事教育研究應遵守包括尊重個人的意願、確保個人隱私、不危害研究對象之身心、遵守誠信原則、以及客觀分析及報告等（http://www.socialwork.com.hk/article/educate/gf15.htm）。學者Hagan（2003）則認為犯罪學學者應負起之倫理規範包括：避免可能會傷害受試者（respondents）之程序、對受試者誠實與尊重對等性（reciprocity）、執行與報告研究成果時保持客觀與專業完整性、保護受試者之機密性與隱私權。分述如下（pp. 56-59）：

一、應迴避可能會傷害受試者之研究

　　通常，以科學之名義，研究者不應對受試者造成傷害，特別是沒有先對其解釋可能存在之風險以及未徵得知後同意下。故The National Advisory Committee on Criminal Justice Standards and Goals建議讓受試者在了解整個過程後填寫同意書（National Advisory Committee, 1976: 38）。

　　研究進行中若有可能會對受試者造成傷害，研究者應擔負此一責任。假若，在考量研究倫理之後，仍有所疑慮，研究人員應徵詢大學、專業人員、或管理委員之意見以確保合適的處理方法。無法獲得知後同意或公開完整之研究

內容都將增加機密性之需求。因此當研究需要對受試者隱瞞時，使受試者避免受傷害更是責無旁貸，另研究完成後也勢必須對受試者做到保密、再保證與解釋（Homan, 1991; Lee, 1993）。

知後同意是一複雜的議題，特別是在矯治研究（correctional research），一項實驗必須包含不對等或不同處理之實驗組與對照組，然而以研究或科學的目的執行不對等的處理方式是否就是具備正當理由？Geis（1976）就監獄研究之知後同意議題指出一些主要的困難。有些研究指出，隱藏研究目的有時不會引起受試者之焦慮。

Erez（1986）在回顧矯治研究之法律與道德議題，說明大部分隨機抽樣實驗均為合法與符合倫理，然而在自願者之研究中則顯現出潛在的偏誤與類推時將可能會有困難產生。

保護個案之準則也被視為風險／利益比例（risk/benefit ratio），意即如何使個案有利比讓個案受傷害更重要。Douglas（1979: 30）的說明，也許就已明確地指出，在科學的氛圍下，對成本利益分析之合理化研究如同將整體過度簡化（perhaps correctly suggests that in the final analysis the attempt to rationalize a cost-benefit analysis of research borders on the simplistic in that the conclusion is almost always going to be ruled in favor of science.）。像這樣的決策過程，讓研究者成為「道德管理者」（moral administrator），其假定以科學為名將傷害加諸於研究對象上，狂熱的科學家令人困擾的問題將再次發生（Reiman, 1979: 45）。雖然一個有趣的哲學爭論，這問題的事實僅是大部分刑事司法研究者沒興趣成為Dr. Frankenstein（科學怪人之故事）。很明顯地，任何有可能會長時間將傷害加諸於參與者上之研究，以調查研究之倫理觀點上來看是一種詛咒。以研究為名，實不應該支持對正常人做出不適宜的行為，由HHS準則回顧所看到大部分社會科學研究所排除的是幾乎沒有證明與這樣的研究有關傷害之坦白承認（the exclusion of most social science research from review by HHS guidelines was a frank recognition that there has been little documented harm associated with such studies.）。

二、對研究對象之名譽保證與尊重對等性

於研究期間與結束後，研究者在道德上均有責任與個案維持期間任何曾應允之承諾或協定。對等性（reciprocity）包含互信、研究者與研究對象間的義務。如果研究者讓參與者有感受到所提供之資料可能會被不適當之利用、可能

會受傷害、或會感覺到羞愧等情況之下是無法獲取資料。Klockars就感受到簡單研究者與研究對象模式（simple researcher-subject models），如以生物醫學研究為例，在這領域中就無法捕捉到相互性義務的複雜性。

Vincent不僅是我的實驗對象也是我的老師、學生、保護者、朋友，也是我的嚮導。同樣地對Vincent而言，我不僅是個研究者，也是個傳記作家、知己、消費者、朋友、也是個學生。這些角色，大部分包括多重義務、責任與期待，在研究者—研究對象中不僅有潛在性的衝突，在其他角色裡也存在，值得一提，在生活歷史學家與他的研究對象之間的工作關係，如研究者—研究對象關係，只不過是發生在生活歷史脈絡的一個誤會。對待其朋友像個案的研究者將很快的發現他兩個都不是。

三、在施行與報告研究時均要做到客觀性與專業的誠實

誠實（honesty）、正直統整（integrity）、與客觀性（objectivity）是執行倫理專業之基本期待。研究者應該企圖維持價值中立（value-free）與無政黨偏好。個人與主觀性之感受應與所欲研究之對象分離。研究者最重要的身分是一個調查研究者，不是騙子、吹擂推銷的小販、推銷員、或政客。研究者應要約束自己不要對研究對象或主題有主觀操控之行為或者有偏好而偏離客觀之立場。

執行研究期間，研究者之坦白與誠實態度有其重要性。研究者不應虛稱其研究能力或扭曲所得之資訊，除了正確性之外，研究者應要避免對研究成果做任何統計上的虛構或扭曲，或有目的性的選擇技術以故意獲取想要的結果。不合倫理的執行或企圖控制研究結果的贊助者也應避免。最後，研究者有責任與相關之專業者交流所得之研究發現請其對研究發現做適當的評價，而調查研究者也應該要對協助計畫執行者所執行的狀況做適當確認。

四、保護研究對象之機密性與隱私性

Erickson建議在執行刑事司法研究時應採取一嚴格標準。當要進入研究對象之私領域而有預期可能會被拒絕時，也應避免蓄意隱瞞研究身分。其認為隱匿身分而進行研究是不合倫理（Erickson, 1978: 244），雖然這樣的標準不一定都適用在任何研究情況，然大多數研究下仍有其適用性。以下是以身分隱匿而進行研究為例。

針對馬里蘭哥倫比亞郡新市鎮之早期發展之生活研究裡，作者開始進行許多社區座談以獲得資料。在當地的報紙發布座談會的訊息「非正式討論團體」

（informal discussion group），座談會之標題說明為「新市鎮之經濟」，而在與指導教授討論後，研究者以座談會參與者身分加入。而就如標題所說的「非正式」，參與者也少於10人，而且討論的內容也不是都圍繞在主題。討論的重點都圍繞在住民覺得自己生活在玻璃碗裡，假日來的觀光客帶來交通擁塞，全國的新聞雜誌都來採訪。最壞的，有一個人抱怨著他聽到開發者帶著行為科學家來看是否我們如走迷津之老鼠（see if "us rats are running the maze properly"）。聽到這裡，研究者開始感覺到不舒服，因為沒有事前先說明研究目的，或徵得同意。最後，因為只剩下研究者沒有發表自己的意見，而且其中一名參與者發現並且指出研究者沒發言，而研究者之後隨即就向在場參與者表明自己是研究生，要透過這次座談來進行研究，其中一名參與者記下我的名字。並不讓人意外，座談會立即就結束，即使研究者想要再多做解釋，說明自己並非要對成員造成傷害或者是想要獲取祕密的間諜。我很後悔為何不在一開始就表明自己的身分，而且侵犯參與者的感覺始終鮮明。而非常不一樣的隔天，一名開發者之出席（很明顯地有從那位出席者得知狀況），請求希望可以與研究者與其指導教授會面，並且說明要贊助該研究，只要研究進行過程能避免直接參與觀察（direct participant observation）。而這樣的研究程序就不會像之前那樣冒失了。

上述所舉之例，即是沒有讓研究對象先行了解之情形。不過祕密觀察是如何？（Menges, 1978）Erickson的例子（1978）是排除許多研究對象，Roth（1962）建議，以上述為例，大部分社會科學之研究設計包括了欺騙的層次，因為研究的本質時常是被掩蓋，真實目的的揭露不是造成結果的偏誤或是排除研究的可能性（Henslin, 1972: 48），所以為了在本章節一開始詢問的問題，刑事司法不應該限制其對自願參與者之研究標的（criminal justice should not restrict its research targets to volunteers）。

五、機密性

所有社會科學研究者，包括刑事司法調查者，有一特別的義務在於要保護資料之機密性。

如之前所提及，政府機關贊助之研究之機密性有受到1973年the Omnibus Crime Control Act第524(a)條所保障，所以在獲取政府之機密性資料時，刑事司法研究者一般而言是放在抽樣與之後的程序上。

研究者很少需要登錄個人或組織之身分資料，即使在一開始有記錄但之後

也會加以消除或者銷毀，或者要將這些可辨識之個人資料存放於不容易取得且能確保安全性之處（National Advisory Committee, 1976: 42-43）。

　　政府贊助之研究顯露出對資料機密性之確保安全性之重要，但對於一般私人的研究者而言又應是如何？

第五節　刑事司法與犯罪學研究之倫理審查申請

　　目前各大學為妥善執行人類研究，依據「人體研究法」與「教育部人體研究倫理審查委員會查核作業要點」，設置許多人類研究倫理審查委員會，2015年1月教育部公告合格之人體研究倫理審查委員會總計有中正、政治、台灣師範、台北市立、中國醫藥、成功、交通、陽明、清華、彰化師範、台大及輔仁等校。以國立中正大學為例，其於2015年11月23日通過人類研究倫理治理架構設置要點，設立人類研究倫理諮議委員會、人類研究倫理審查委員會，以及人類研究倫理中心等。涵蓋之研究審查範圍包括：

一、人體研究指從事取得、調查、分析、運用人體檢體或個人之生物行為、生理、心理、遺傳、醫學等有關資訊之研究。但不包含「人體試驗管理辦法」所界定之人體試驗研究計畫。

二、人類研究指行為科學研究以個人或群體為對象，使用介入、互動之方法、或是使用可資識別特定當事人之資料，而進行與該個人或群體有關之系統性調查或專業學科的知識性探索活動者。

　　進行前述研究前應送人類研究倫理審查委員會審查，申請審查之流程圖詳圖2-1：

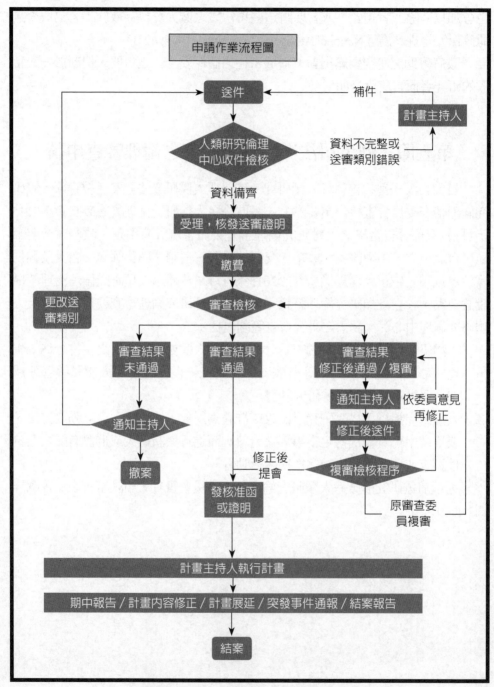

圖2-1　人體、人類研究申請作業流程圖

資料來源：國立中正大學人類研究倫理中心，http://rec.ccu.edu.tw/?page_i=70。

第六節　結論

　　與其他社會與行為科學領域相較，刑事司法與犯罪學研究領域面臨更多之研究倫理議題。包括研究進行與產出後之可能抄襲、欺瞞、詐騙與各項潛在衝擊與傷害等。這些缺失均有待正視與關注。學者早期曾指出台灣缺乏「專業研究倫理守則的訂定與執行」（葉匡時，1999），目前台灣在經過多年之努力，已於2011年12月28日公布施行人體研究法，而政府機關與醫療機構陸續設立審查委員會（Institutional Review Board, IRB）及各學術機構紛紛成立研究倫理委員會（Research Ethic Committee, REC），以審查涉及倫理議題之相關研究，而國外專業學會如APA、ASC、ACJS等亦訂定專業之標準以求研究人員遵循。台灣亦於2012年通過犯罪學學會研究倫理規範（詳附錄），顯見刑事司法與犯罪學研究倫理議題已倍受重視。目前教育部台灣學術倫理教育資源中心已於2014年成立，致力於提升台灣高等教育學術倫理知能與涵養。該線上平台課程適用於大學生、專科生、研究生、教師及研究人員之學習與教育訓練，已有超過100間大專校院將該課程納入學生指定課程，超過250個醫療與科研機構將其列為研究人員教育訓練平台之一（https://ethics.moe.edu.tw/intro_zhtw/），可提供重要之參考。

　　刑事司法與犯罪研究人員與其他研究領域相同，於從事研究時均應尊重當事人（受試者）個人的意願、確保個人隱私、不危害研究對象、誠實與尊重受試者、以及客觀分析報告與發布研究成果時保持客觀與專業完整性等。或在蒐集資料時盡可能尋找替代之方案，以減少倫理之爭議（廖秀娟，2015）。這些原則均有待研究人員採納與遵循，落實「負責任的研究行為」（Responsible conduct of Research, RCR）（台灣學術倫理教育資源中心，2015：3），如嚴重違反研究倫理，其對研究者與受試者均將構成鉅大傷害且影響深遠，從事研究宜嚴謹慎重處理，不可輕忽。

附錄

中華民國犯罪學學會研究倫理規範
（Code of Ethics, Taiwan Society of Criminology）

2012年11月23日第九屆第三次理監事會議審議
2012年11月23日第九屆第一次會員大會通過
2012年12月1日公布於學會網站
2013年1月1日開始實施

前　言

　　犯罪學研究之開創與發展，將影響人類生活、社會秩序與國家政策，研究者於馳騁學術自由之際，應確切省察研究執行與產出，係嚴守尊重個體權益與維護社會公義等目的。中華民國犯罪學學會（以下簡稱「本學會」）爲增進犯罪學研究尊重人性尊嚴與價值、恪守社會責任、砥礪研究者專業自律、實踐社會公平正義，以達成犯罪學知識傳播與學術誠信之核心信念，制定「中華民國犯罪學學會研究倫理規範」（以下簡稱「本規範」）作爲研究者在從事犯罪學研究時之倫理判準參考。

　　本規範之組成共40條，包括「總則」、「研究者之責任」、「研究者對研究對象之保護」、「研究者與同儕、贊助者與組織機構之關係」、「倫理實踐」、「罰則」與「附則」等七章，第三章「研究者對研究對象之保護」類分爲「保護」、「保密」及「告知後同意」三節，第四章「研究者與同儕、贊助者與組織機構之關係」分爲「研究者與同儕之關係」、「研究者與贊助者、組織機構之關係」。由於犯罪學研究者可能來自不同領域背景－犯罪防治、法學、社會學、生物學、心理學、醫學、精神醫學、刑事司法、社會工作、輔導諮商、教育學、人類學、經濟學、政治學等，故研究者於本規範之外，亦應遵循所屬其他學門與組織之倫理相關規定，共同作爲遵行研究倫理及涉及研究倫理議題時之判斷準據。

第一章　總則

第一條（規範目的）

爲促進研究者於從事犯罪學研究時，能遵守研究倫理，避免違背學術研究之良知，確保研究對象之權益，並提供研究者於涉及倫理議題之抉擇時，有原則性參考標準，特制定本規範。

本學會會員從事犯罪學研究時，應遵循相關法律、本規範、所屬學門或組織之倫理規範，以作爲共同遵行或倫理抉擇時之判斷依據。

第二條（名詞定義）

本規範用語之定義如下：

一、犯罪學研究：指從事犯罪成因、犯罪現象、犯罪問題、犯罪防治、犯罪人與被害人等相關議題之研究。

二、研究者：凡從事犯罪學研究之計畫擬定、參與執行過程、研究報告撰寫及研究發表等人員。

三、研究對象：指接受或提供問卷施測、訪談、實驗、觀察或其他資料等之個人、組織、團體、機構、機關、動物等。

四、同儕：指共同從事犯罪學相關研究之人員。

五、贊助者：指提供資金，並委託犯罪學研究之個人、團體、機構或機關。

六、組織機構：指協助研究者進行犯罪學研究之公私立單位或機構。

七、次級資料：指相對於研究者第一手直接獲得之初級資料，係對個人或單位之第一手資料再次使用於研究用途，包含各類記錄、報告、文件資料、數據、出版物、資料庫、傳記著作等。

本規範各項名詞適用如有疑義時，應由本學會學術研究倫理委員會進行解釋與判定。

第三條（尊重人性尊嚴與價值）

研究者應尊重研究對象之基本權利、尊嚴與價值，不得因研究對象之年齡、性別、種族、民族、國籍、宗教、社經地位、性取向與司法記錄而有所歧視或差別待遇。

研究者應加強對個人、文化、角色差異敏感度，以避免犯罪學研究上之偏見、標籤與汙名化問題產生。

第四條（恪守社會責任）

研究者於從事犯罪學研究時，應善盡增進社會福祉、維護社會公平公義之責任。

研究者應了解犯罪學研究中潛藏之傷害，不得故意讓自己或他人福祉受到損害，且應設法避免傷害。

當研究對象是弱勢個人、團體或族群時，研究者應設法充分保障其相關權益。

第五條（專業與自律）

研究者於從事犯罪學研究時，應妥當運用專業知識和研究技術，並力求研究過程與結果之真實性、邏輯性與完整性。

研究者應了解己身在教育背景、訓練與經驗上之限制，在專業能力上自我鞭策，並向他人虛心請教。

研究者於從事研究時，應與研究對象、同儕、贊助者、組織機構等，維持良好互動關係。

第六條（知識公開與學術誠信）

研究者了解犯罪學知識傳播之重要性，應以坦誠開放之態度分享研究發現和成果。

研究者應以客觀、公正、嚴謹之態度從事犯罪學研究，禁止任何虛偽、隱瞞、誤導、圖利自己或他人之行為。

他人對研究過程或結果有誤解或不實陳述時，研究者得加以澄清說明。

第七條（與時俱變）

犯罪學研究涉及研究者、研究對象、社會大眾、政府政策與時空環境等不同層面，本規範各項原則與規定應依時空情境等考量，斟酌各種情況予以調整，彈性適用。

第二章　研究者之責任

第八條（專業責任）

研究者應持續增進與犯罪學議題相關之知識，掌握個人專長領域中倫理規範與研究方法現況，以便能在從事犯罪學研究時，妥當運用專業知識與研究技術。

研究者應了解個人專業能力限制，尋求適當進修管道或教育訓練方案加以改善。

研究者對於犯罪學知識領域應審慎主張，善盡查證責任；當他人對研究者學歷、能力與觀點有所誤解或扭曲時，研究者得加以澄清說明。

第九條（法律責任）

研究者應遵守相關法律、本規範、所屬學門／機構／組織之各項規定，包括智慧財產權、隱私權、保密、資料保護、人權維護等。

研究者從事與網路媒體相關研究時，應確認資訊來源、可信度、正確性、法律上的權利義務關係、網路服務供應者之規範等，並於引用時確實註明。

研究者從事跨國比較研究時，應注意司法管轄權相關問題。

第十條（社會責任）

研究者應遵守下列規定：

一、不得濫用其影響力和權威。

二、應採取適當方法避免對他人產生不利結果或傷害。

三、不得濫用學者專家地位，為任何國內外組織、政府蒐集情報或圖謀自己之不正利益。

研究者應避免在犯罪學研究時，可能發生之歧視、偏見或刻板印象等問題，並隨時檢視及積極消除這些問題，以促進人類各方面之平等。

第十一條（學術責任）

研究者有增進犯罪學知識開創與傳播之責任，應提供研究方法、數據資料及研究發現接受公開討論及檢視，並受到同儕評議。但涉及國家安全、社會秩序、公共利益、研究對象之利益及特殊重要性議題時，得基於合理的損益權衡，明定公開發表之適當期日。

研究發表時，研究者應遵守下列規定：

一、充分報告研究過程與發現，不得虛偽陳述或省略重要數據。對於數據資料之引用或省略，應在方法論上清楚報告並述明理由。

二、應於研究執行和報告中，清楚說明所有研究經費支持來源和贊助者。

三、不得一稿多投。但該期刊有明文同意可一稿多投時，不在此限。

第三章　研究者對研究對象之保護

第一節　保護

第十二條（利益衝突之禁止）

研究者進行犯罪學研究時，應確認研究主題、研究設計與執行、選擇研究對象、研究發表與出版等，不得與研究對象之利益衝突，且應盡最大能力去保護研究對象，使其相關權益不受傷害。

第十三條（身心福祉保護責任）

研究者應確保研究對象身體、心理、家庭與社會關係，不因參與研究而受到不利影響。

前項規定，研究者有責任告知研究對象，可能影響其身體風險、不舒服、不悅之情緒經驗，或其他社會人際關係之潛在風險。

第十四條（權益保護）

研究者應盡力保護研究對象之權利、利益、隱私等基本權益。

對於因為年齡、社會地位、權力不對等等因素，而容易受到傷害之研究對象，例如兒童及少年、新移民家庭之受暴者、監所受刑人或收容人、接受福利補助者等，研究者應設法使干擾最小化。

對於第二項規定，研究者也應評估是否需對研究對象提供適當的資源、轉介、諮詢之服務或資訊；對於特殊的案件（例：性侵害、家暴、兒虐、人權受侵害等），得協助通報相關之權責單位。

第十五條（網路研究、人體與動物實驗保護）

研究者從事與網路有關研究時，應注意公私領域界線，如可能損及研究對象權益時，研究者應得到正式同意。但有第二十四條之情形者，不在此限。

前項規定，對於未成年人和容易受到傷害者，研究者應給予特別保護，並斟酌是否依第十四條第三項之規定採取適當措施。

研究者於從事人體或動物實驗之研究，應嚴格遵守已被公認之原則與規範。

第十六條（意見反應）

研究者有義務提供研究對象申訴或意見反應管道，在適當時機或文件上告知下列資訊：

一、於匿名問卷上應註明研究者之聯絡方式（電話、任職單位、e-mail等）。

二、於訪談、實地觀察或其他實驗研究時，應製作告知同意書一式二份（分別由研究對象、研究者個別存查），並註明研究者之聯絡方式（電話、任職單位、e-mail等）。

第二節　保密

第十七條（匿名及保密）

研究對象有權利主張匿名，但如其放棄匿名之結果有違反公序良俗或相關法律規定之虞時，研究者仍應遵守匿名或保密之原則。

即使研究對象未曾主張匿名或隱私權保密等要求，研究者亦應基於研究對象之權益或法律規定，遵守匿名或保密之原則。

第十八條（個人資訊保密）

研究者應持續確認研究對象個人資訊、隱私、敏感訊息等保密需求，使其能夠獲得完整性保障。

前項規定，對於未成年人、弱勢人口、權力不對等、認知理解能力受限者，研究者應特別維護其權益，並以研究對象能夠理解之方式說明。

研究者應設法排除侵害秘密之潛在威脅，如將可直接或間接識別之個人資訊移除、隨機選取研究對象、運用統計方法等。

對於敏感性資料，研究者應有確保其安全儲存方式或設備。

第十九條（資料保密）

研究者不得將研究所蒐集之資料，在未經研究對象同意下，向研究團隊以外之第三人揭露。

研究者欲將自研究對象所得之資料，分享給其他研究者時，應得到研究對象之同意。但於可確保個人身分匿名或保密，或其他可資辨識資訊不致揭露之前提下，以正當程序發表之論文或報告不在此限。

研究者應告知研究對象，其所提供之資料可能被保管或存放之方式。

第二十條（法律規定）

研究者應謹守現行相關法律、所屬學門/機構/組織對智慧財產權、隱私權、資訊權及其他保護權益之相關規定。

當研究者同時具有執行法定業務之身分時，應向研究對象說明並保證，研究所得資料僅供學術研究及發表之用，但如有第二十一條第二款例外情形時，研究者仍需向權責單位或機關、機構揭露或告發。

第二十一條（例外情形）

研究者不得違反保密義務，但下列情形不在此限：

一、合法取得之公開資料。

二、當研究者遵守保密規定，有可能對研究對象、第三人、自己之生命或身體產生重大危險時。

第三節　告知後同意

第二十二條（取得同意）

研究者應以研究對象立場，充分解釋有關研究目的、執行方式、如何選定研究對象、對研究對象可能之影響或風險、研究資料如何整理及分析、贊助者、研究成果將以何種形式公開發表或傳播等資訊，並取得研究對象本人之同意。

研究對象如屬未成年人或禁治產人，研究者亦應得到其法定代理人或監護權人同意，但非屬實驗性之研究者，不在此限。

對於受到司法機關剝奪自由下之研究對象，研究者除應取得司法機關之許可外，亦應徵詢其本人參與研究之意願。

前述各項如有第二十四條第一項各款情形之一者，不適用之。

研究者應於告知同意書中簡明扼要列舉各項資訊，並於研究開始前向研究對象清楚解釋，使其充分了解後簽署同意書。

第二十三條（拒絕參與）

研究者在研究過程中，應持續確認研究對象了解下列事項：

一、研究對象有權利拒絕參與研究。

二、不論基於何種理由，研究對象可以在中途退出研究，並且不會遭受任何不利之影響。

研究對象有權利要求研究者，在研究適當階段被充分告知研究目的與用途。

第二十四條（例外情形）

研究者應確保所有研究在告知同意前提下進行，但下列情形不在此限：

一、研究主題具特殊重要性或有特殊敏感性，但取得研究對象同意有其困難，或事前取得研究對象同意有可能影響研究有效性或順利進行之情形；且經由客觀之評估，足以確信進行該研究之公共利益顯然優於研究對象應獲得告知之權益。

二、研究議題之學術價值重大，且非進行隱蔽研究，否則無法進行者。

三、對公開情境進行非介入性觀察研究，且蒐集之資料無法辨認個人資訊時。

四、於實驗性之研究，研究對象如係未成年人或禁治產人，但因無法克服之客觀上障礙，無法取得法定代理人或監護權人之告知同意時。

前項第一、二和四款情形，研究者於研究進行前，應得到專業審查機構（如本學會學術研究倫理委員會、大學院校或研究機構之倫理審查委員會）之同意，並在必要情況下提具定期性進度報告。審查前述研究計畫之專業審查機構應對該項計畫之進行予以保密。

第四章　研究者與同儕、贊助者及組織機構之關係

第一節　研究者與同儕之關係

第二十五條（整合型研究計畫）

研究者與同儕共同參與整合型研究計畫時，應遵守下列規定：

一、充分認同同儕之研究貢獻，於研究成果發表時應予以肯認或表彰，並避免剝削或侵犯其權益。

二、對於分工和權利責任應清楚明確，當事人並應基於自願製作書面協議書。

三、安排適當培訓、給予支持、避免使其接觸有害身心環境。

四、促進其他有利於犯罪學研究人員專業發展之行動。

第二十六條（文章作者序位）

研究報告或各種形式發表之研究論文作者排序，應以研究構想及設計、資料或數據蒐集、資料分析、研究報告或論文撰寫、研究執行等投入及時間比例等，反應協同研究人員或作者們相對貢獻程度，而非以協同研究人員或作者們專業性地位或學術資歷來排序。

學生學位論文（碩、博士論文）發表，原則上應以學生為主要作者，但學生同意更動排序時，不在此限，但需有自願同意之書面協議書。學位論文（碩、博士論文）資料經改寫而發表之期刊或研討會論文，共同發表之作者須獲得學位論文之作者同意，其作者排序並應有書面協議書為依據。

第二十七條（禁止抄襲）

研究者不可將他人研究成果宣稱為自己所有；直接使用他人專業或研究創意、想法、研究資料等，應得到該他人之同意並註明出處。

研究者撰寫學術論文時，正當引用他人之學術研究結果或發現、專業論述見解，可不用事先徵得該他人之同意，但不得違反正當引用、文字改寫且註明來源出處之相關學術規定。如有原文照錄之情形，應特別標示註明，且篇幅不宜過大。

第二十八條（知識分享）

研究者應透過正當管道或方式與同儕分享犯罪學研究知識，並提供平等交流之機會。

第二節　研究者與贊助者、組織機構之關係

第二十九條（合作關係及遵守管理規範）

研究者應與贊助者、組織機構維持良好合作及平等互惠關係，避免損害贊助者、組織機構之情事發生。但第三十一條後段之情形，不在此限。

研究者使用次級資料時，應遵守該資料持有或保管單位之管理規範。

第三十條（書面協議或契約內容之簽訂）

研究者接受委託研究或贊助時，應以簽訂書面協議或契約之方式和贊助者、委託機構確認彼此之權利義務。

前項書面協議或契約之內容，當事人之一方如認有變更之必要時，應主動告知他方，經由協議之後，將變更內容載明於書面協議或契約中，或另行製作書面協議或契約。

第三十一條（違反情事之因應）

研究者不得接受可能違反本規範之贊助或委託研究，如研究者於研究過程中，發現有違反倫理規範之虞而無法迴避時，應即時告知贊助或委託研究單位，終止研究協議或契約。

第三十二條（研究經費之使用）

研究者對於研究經費應正當使用，嚴守會計規範及研究協議或契約。

第三十三條（負擔禁止）

研究者在研究過程中，應避免對組織機構造成不必要負擔。

第三十四條（履行承諾）

研究者對於研究對象或組織機構主動要求提供研究成果時，應予以尊重並依協議履行。

第五章　倫理實踐

第三十五條（研究者應熟悉本規範）

研究者於從事犯罪學研究時，應熟悉本規範並遵守之；研究者不得以缺乏警覺、不了解或誤解本規範爲由，作爲被控告違反倫理行爲時之答辯理由。

研究者應避免輕率地提出違反倫理規範之檢舉。

第三十六條（諮詢義務）

研究者對特定情境或行動有倫理上之疑義，或對本規範之適用遭遇問題時，應諮詢其他熟悉研究倫理議題專業人士、本學會學術研究倫理委員會或其他性質相近之機構審查委員會，並應注意及遵守個人資訊保密原則。

第三十七條（諮詢與教育宣導）

本學會對於本規範之宣導、闡明與修訂，有持續進行資訊公開、教育培訓、宣導、修訂及監督落實之責任。

第三十八條（倫理委員會之設立）

本學會應設置學術研究倫理委員會，針對本規範之適用與疑義提供正式之解釋、說明和諮詢，並對違反本規範事件進行審議與裁定。

前項學術研究倫理委員會之設置要點，另訂之。

第六章　罰則

第三十九條（罰則）

研究者違反本規範時，由本學會學術研究倫理委員會審議，並視情節輕重依下列方法處置：

一、書面勸告。

二、限制會籍身分與相關權益（以年度爲單位）。

三、情節重大者，得終止會籍並移送相關機構處理。

四、如有涉及違法之行爲者，依相關之法律規定處理。

第七章　附則

第四十條（施行日期）

本規範經本學會理監事會議審議，並經會員大會通過後施行，修正時亦同。

參考文獻

一、中文

王智弘（1998）。現代人的心靈大師：心理醫生。消費者報導，11月號。

王佳煌、潘中道、郭俊賢、黃瑋瑩譯（2002）。當代社會研究法──質化與量化途徑。台北：學富文化。（原作：W. Lawrence Neuman, Social Research Methods: Qualitative and Quantitative Approaches.）

台灣學術倫理教育資源中心（2015年9月）。研究倫理的專業規範與個人責任。教育部校園學術倫理教育與機制發展計畫。

林天祐（2005）。教育研究倫理準則。教育研究月刊，132。

林茂榮、楊士隆（2021）。監獄學：犯罪矯正原理與實務（第十版）。台北：五南圖書。

周倩（2022）。指導教授看過來──論學位論文指導教授之責任。教育部學術倫理電子報，第8期，5月號。

周倩、潘璿安（2020）。學術寫作之新倫理議題「自我抄襲」：內涵演進、真實案例、現行規範與預防之道。圖書資訊學刊，18（2），43-72。

黃光雄主編，李奉儒、高淑清、林麗菊、吳芝儀、鄭瑞隆、洪志成、蔡清田等譯（2001）。質性教育研究：理論與方法。嘉義：濤石出版社。（原作：Robert C. Bogdan & Sari Knopp Biklen. Qualitative Research For Education: an Introduction to Theory and Methods.）

熊博安（2007）。學術倫理（Academic Honesty）。國立中正大學教師發展中心。

陳文俊譯（2005）。社會科學研究法。台北：湯姆生出版。（原作：Earl R. Babbie. The practice of Social Research (10th ed.). Wadsworth.）

葉匡時（1999）。論專業倫理。發表於現代化與實踐倫理研討會，暨南國際大學，1998年9月。

廖秀娟（2015）。刑事司法研究之倫理困境。2015犯罪防治學術研討會，中央警察大學犯罪防治學系暨研究所主辦。

戴正德（2012）。研究倫理之理念與實踐。文載於戴正德、李明濱主編，人體試驗：研究倫理之理論與實踐。台北：教育部編印。

二、外文

Adamitis, James A. & Bahram Haghghi (1989). Ethical issues confronting criminal justice researchers in the United States, pp. 235-242.

Binder, Arnold & Gilbert Geis (1983). Methods of Research in Criminology and Criminal Justice.

Criminal Justice Ethics (2006). Institute for Criminal Justice. John Jay College of Criminal Justice.

Diener, Edward & Rick Crandall (1978). Ethics in Social and Behavioral Research. Chicago: University of Chicago Press.

Hagan, Frank E. (2003). Research Methods in Criminal Justice and Criminology. Pearson Education, Inc.

Humphreys, Laud (1975). The Tearoom Trade. Enlarged edition with perspectives on ethical issues. Chicago: Aldine.

Rhineberger, Gayle M. (2006). "Research Methods and Research Ethics Coverage in Criminal Justice and Criminology Textbooks." Journal of Criminal Justice Education, 17(2).

Maxfield, Michael G. & Earl Babbie, E. (2005). Research Methods for Criminal Justice and Criminology (4th ed.). Belmont, CA: Wadsworth.

Siegel, Larry J. (2018). Criminology (13th ed.). West Publishing Company.

Triola, Vincent (2021). Understanding the Importance of Ethicsin Criminal Justice Research.

Vito, Gennaro F., Edward J. Latessa, & Deborah G. Wtlson (1998). Introduction to Criminal Justice Research Methods.

Zimbardo, Philip G. (1972). "Pathology of imprisonment." Society, 90676, 4-8.

三、網路資料

林天祐（1996；2002）。認識研究倫理，研究論文與報告手冊，http://www.socialwork. com.hk/article/educate/gf15.htm。台北市立師範學院學生輔導中心編印。

國立台灣師範大學圖書館，Turnitin學術論文原創性比對系統，https://www.lib.ntnu.edu. tw/eresource/turnitin.jsp。

教育部臺灣學術倫理教育資源中心，https://ethics.moe.edu.tw/intro_zhtw/。

智泉國際事業有限公司（iTaiwan），https://www.igroup.com.tw；https://vincenttriola. com/blogs/ten-years-of-academic-writing/understanding-the-importance-of-ethics-in- criminal-justice-research。

林育聖

前　言

　　如果你是為了準備考試而讀這本書的話，這個章節可以直接跳過！本章節談到的內容任何考試都不會考，但卻是研究進行的過程中一定要具備的能力。本章內容只談兩個重點：如何找文獻與如何讀文獻。

　　在研究進行的過程中的每個階段，文獻扮演著不同的角色但都是不可或缺的。閱讀文獻讓我們了解相關理論以及目前研究的發展，過去研究者在討論此研究議題時所使用的研究方法，同時也可發現新的研究題目。文獻協助研究者了解相關議題目前已經累積的發現，讓研究者「站在巨人的肩膀上」看得更遠。如果沒有先閱讀相關研究主題的文獻，研究者很可能重複進行過去早已完整研究的議題，而落入「reinvent the wheel」的窘境；或是犯下前人早已提出可簡單解決的錯誤。至於重複別人已經做過的研究是否就完全沒有意義？其實不然，藉由閱讀過去相同議題的文獻，若能明確指出目前研究與過去的差異，並補足其不足之處，即能彰顯研究之價值。

　　此外，設計研究方法的過程，研究者可從文獻的閱讀了解過去研究此議題所使用的研究方法與測量工具，進而設計出適合當前研究主題之方法與工具。最後，在撰寫研究報告的階段，文獻協助研究者建構目前研究的重要性與價值；同時也協助研究者反思，研究結果是否有其他可能的解釋。在了解文獻的重要後，接下來要回答許多研究新手常提出關於文獻的兩大疑問：怎麼找？如何讀？

第一節　蒐集文獻

　　在遙遠的上個世紀，蒐集文獻是個漫長且沒有效率的過程，圖書館、書卡、期刊合訂本是研究者的好朋友，同時也是無法擺脫的夢魘。漫長費時並不

是最令人挫折的，最令人挫折的是永遠無法知道是不是漏了世界上的某個角落那篇重要的文獻。此外，找到文獻的基本資料後，還要到圖書館影印。在圖書館找不到的，運氣好還能花費鉅資透過館際合作取得文獻的全文；運氣不好可能就只能放棄。好不容易到手的文獻，還可能讀過之後發現一點用處都沒有。這些問題對於網路時代的研究者已經都不再是問題了，因為線上資料庫與電子全文的發達與普及，簡化文獻蒐集的過程而效率之高更是前所未有。

一、免費且功能強大的Google學術搜尋

　　Google學術搜尋（https://scholar.google.com.tw/）是由Google所提供的學術文獻搜尋引擎，使用方法與一般搜尋引擎並無二致。Google學術搜尋非常強大，所搜尋的資料庫應屬目前所有學術文獻搜尋引擎中涵蓋範圍最廣的。因其涵蓋範圍廣大，所以需要善用搜尋功能篩選出正確的結果。除了基本搜尋功能以外，也可以在Google學術搜尋頁面左上角點擊「≡」後，開啟「進階搜尋」視窗，即可進一步篩選出有興趣的文獻（見圖3-1）。此外，Google學術搜尋的結果也可以直接匯入書目管理軟體（例如：Endnote、BibTex、Zotero等）。匯入書目管理軟體的方法有兩種：一種是在瀏覽器安裝該軟體的擴充功能（例如：Zotero、Endnote等）；另一種方法是在Google學術搜尋的「設定-參考書目管理程式」中，選擇「顯示導入xxx的鏈接」中選擇所使用的軟體，這項功能支援的軟體有：BibTex、Endnote、RefMan、RefWorks。Google學術搜尋同時也提供了電子全文連結的功能，雖然有些作者可以透過非營利的學術社群平台（例如：Researchgate）分享所發表的電子全文，但是多數的電子全文都必須透過付費的出版商網頁下載。因此，電子全文連結的結果取決於使用的網域。在學校或研究機構，透過學術網路使用Google學術搜尋，結果中電子全文連結也會同時顯示圖書館所購買資料庫中包含的電子全文。如果在家中網路或個人手機Google學術搜尋所顯示的全文連結就會相對少很多。

二、付費資料庫

　　除了免費的Google學術搜尋外，許多學校與研究機構的圖書館也會耗費鉅資購買線上資料庫（例如：Criminal Justice Abstracts with Full Text、ProQuest Criminal Justice Periodicals Index等）。這些付費資料庫的使用方式與Google學術搜尋幾乎一樣，且功能也差不多，但各有強項。付費資料庫的強項在於可直接下載電子全文；此外，雖然Google學術搜尋也有提供匯入書目管理軟

圖3-1　Google學術搜尋開啓進階搜尋功能

體的連結，但付費資料庫所匯出的資料通常較爲完整。然而，付費資料庫通常無法跨資料庫進行搜尋。雖然目前有跨資料庫搜尋介面（例如：ProQuest-Summon），但並不是每個圖書館都有購買。

三、書目管理軟體

　　文獻蒐集是一件漫長的旅程，蒐集到的文獻必須要有系統、有組織的儲存，才能有效率的讓每一篇文獻發揮其應有的價值。書目管理軟體就是用來協助研究者有系統的建立個人文獻的小資料庫，並且在撰寫研究論文時正確且快速完成所需符合的引用格式。強烈建議研究者至少熟悉一套書目管理軟體，並且在文獻蒐集一開始，就將所蒐集的文獻藉由書目管理軟體建立個人文獻的資料庫。這樣在後續研究階段節省很多寶貴的時間。

　　目前書目管理軟體種類眾多，每個軟體都有其強項與不足之處。通常學校或機關的圖書館都有購買相關的軟體，即使研究者所屬學校或機構未購買任何書目管理軟體供讀者使用，網路上仍有不少免費且功能強大的軟體可供選擇（例如：Zotero、Mendeley等）。許多圖書館網頁上都有提供主流軟體（例

如：Endnote、Zotero）的教學資源（例如：台大圖書館，http://tul.blog.ntu.edu.tw/）。此外，網路上亦有不少教學影片可以自行學習（例如：恁老師的教學影片https://youtu.be/AF7yWhnqGPk）。因此，本章節對此不深入討論各軟體的使用方法。

四、文獻的形式

以學術研究為目標搜尋文獻，與一般網路搜尋資料有所不同。雖然都是在網路世界中找尋有關的資訊，但是不同形式的文獻對於學術研究有不同的價值，有些形式的文獻就是為了學術研究而生；另外有些形式的文獻就不適合在學術論文中被引用。接下來將從最沒有問題的文獻形式開始介紹，並以最不建議使用的文獻形式結束。

（一）可以使用，只是品質不同

第一類屬於為學術而生的文獻，期刊論文、編輯書籍與專書都屬於這一類。這類文獻的差異在於審查機制嚴謹於否，審查機制越嚴謹的文獻其學術品質越能受到保障。

期刊論文是多數學術領域中最常被使用的一種文獻形式。藉由閱讀期刊論文可得知該領域目前最新的發展與趨勢，也可從別人的文章中了解其他研究者所使用的研究設計與工具。「同儕匿名審查機制」是期刊論文用來確保研究論文學術品質的主要方法，研究論文出版前需要經過二位至三位（甚至更多）在該領域學有專精的學者，以匿名方式進行審查其學術品質。作者無法知道審查者是誰，因此無法進行關說；審查者無法得知作者是誰，也就不會因為人情壓力或個人恩怨影響審查的公平性。

學術論文被引用的次數可以作為這篇論文重要性的指標之一，在Google學術搜尋結果就會提供該篇文獻的被引用次數。此外，也可透過引文索引資料庫（Science Citation Index [SCI]、Social Science Citation Index [SSCI]）搜尋該篇文獻自出版後在該資料庫所收錄的文獻中被引用的次數。雖然SCI與SSCI收錄大量的期刊，但仍有不少具一定品質的期刊未被收錄。引用次數多並不必然與其品質劃上等號。有時候只是因為這篇論文是最先討論該議題的文章，所以之後研究這個議題的文章都會引用它。甚至有時期刊編輯或論文審查者會暗示或強烈「建議」投稿者引用自己的文章，藉此增加引用數。而投稿者為了能夠通過審查，往往不會拒絕。另一方面，有些論文因為議題冷僻，即使品質很好，仍

無法累積耀眼的引用數。當然，不同領域研究者數量不同，其引用數也就不能放在同一個基準點上比較。另外，近一兩年出版的論文因為出版時間尚短，該篇論文的引用數就顯得較無意義。此時可以參考該論文所發表期刊的impact factor來作為文章是否重要的間接指標。Impact factor是指在這個期刊特定年分或時期所發表文章被引用的頻率，數值越高代表發表於該期刊的文章被引用的頻率越高。

　　編輯書籍中的文章也有經過審查過程，但不是匿名審查。編輯書籍通常是由編輯針對某特定主題進行邀稿，雖然多數受邀稿的研究這在該領域都有一定程度的聲望，但僅由編輯或編輯群進行審查，編輯書籍中的文章間品質就有較大的落差。在犯罪學與刑事司法研究領域，期刊論文多為實證研究。另一方面，編輯書籍中的文章屬實證研究之比例就較低，多數文章內容為針對某主題整理當前研究進展或研究方法進行深入討論。研究者可藉由閱讀編輯書籍的文章有效率的吸收該議題的基礎知識。編輯書籍或其所收錄之單一文章在Google學術搜尋結果中也會呈現被引用次數，可作為該文獻重要性的指標之一。另外，編輯書籍的出版商也可作為審視編輯書籍品質的線索之一。

　　專書的審查機制就更為薄弱，過去書籍出版成本高，必須出版商認為該作品具有商業或學術價值，才有出版、銷售的可能。反觀現今我們身處的網路時代，個人可不經出版商自行出版電子書、申請ISBN，甚至透過網路平台販賣。如何在書海中篩選有品質的書籍進行閱讀就顯得格外重要。許多學術期刊都會刊登書評（book review）。在閱讀專書前，可嘗試先找尋該書的書評，藉由書評可快速了解該書的內容結構以及其他研究者對該書的評價，藉此評估是否要入手此書並深入閱讀。

（二）灰色文獻

　　有些文獻沒有正式出版，而是經由政府、學術單位或商業公司所提供半公開發行的文獻則屬「灰色文獻」。學位論文、研討會論文、政府出版品、專案報告等就屬於此類型之文獻。灰色文獻並沒有統一且易得的指標可用來審視該文獻的品質。接下來將對這幾類文獻進行介紹，並提出研究者在閱讀、使用該類文章時需注意之事項。

　　學位論文是許多研究生撰寫論文時的重要文獻來源之一，但並不建議作為主要文獻來源。學位論文通常篇幅很長，好處在於多數的學位論文中的文獻回顧非常完整；篇幅長也造就了另一個缺點「投報率極低」，閱讀一篇學位論文

花費的時間可以看完好幾篇期刊論文。另一方面，因爲學位論文的把關是由指導教授以及幾位口委負責。因爲學校、教授、口委的不同，使得學位論文間的品質落差很大。品質很好的學位論文不少，但濫竽充數的論文也很常見。必須隨時抱著懷疑的態度來閱讀學位論文。

許多研究生在論文進行初期，會以一本或數本學位論文作爲論文寫作的學習對象。這是個可接受的策略，但強烈建議研究生先與有經驗的研究者或指導教授確認該論文的品質是否可作爲學習之範本。

過去要搜尋學位論文必須透過特別的資料庫進行查詢，例如：美加博碩士論文可透過ProQuest Dissertations & Theses（PQDT）搜尋；台灣的博碩士則可透過國家圖書館的「臺灣博碩士論文知識加值系統（https://ndltd.ncl.edu.tw/）」進行查詢。Google學術搜尋的強大功能簡化文獻搜尋過程，現在可以簡單透過Google學術搜尋就可以搜尋全世界的學術文獻，其中當然也包含了學位論文。

近年來多數的學位論文都可以透過網路下載電子全文，越來越多的大學已將該校畢業生之學位論文以電子全文的方式提供給有需要之研究者。此外，若學校或機構圖書館有加入「數位化論文典藏聯盟」（Digital Dissertations Consortium，https://pqdd.sinica.edu.tw/），亦可由此平台下載ProQuest資料庫中的電子全文。至於台灣的博碩士論文電子全文，多數可從「臺灣博碩士論文知識加值系統」中下載，但有少數論文因爲某些原因爲公開電子全文，則需前往國家圖書館複印，或以其他管道取得。然而，學位論文的不可取代性很低，若作者未提供電子全文，絕大多數的時候不需大費周章取得該論文。

有時候學術研討會會編印論文集，但通常都不是正式出版，所收錄的論文也未經過嚴謹的審查過程。許多研討會論文的發表者會認爲其論文尚不成熟，期待在研討會中聽取評論人及與會者不同意見後，修正後發表。因此有些發表者會在研討會論文中敘明「本論文僅供會中討論，請勿引用」。雖然引用此論文並不會因此違反著作權法。但違反作者意見而逕自引用除了對作者不尊重外，更可能因爲引用未完善之論文而影響自身研究論文的品質與可信度。

政府出版品或商業公司所出版的專案報告，除了缺乏完善的審查機制爲其學術品質把關外，更嚴重的是這類文獻之發現的論述可能會有是否客觀的疑慮。因此，在引用這類文獻的時候，需要特別注意對於此類文獻中的研究結果解釋上需更爲保守。

（三）盡量不要使用的文獻

許多初次接觸學術研究的新手，會使用一些不建議使用在學術文章中的文獻。這類型甚至不能稱為文獻，其主要原因是這些資料的所包含的訊息不是根據科學方法得來，也未經任何審查機制以確保其資訊的正確性、合理性。這類型的文獻包含：新聞報導、網路資料、上課講義與筆記。

新聞報導在某些研究領域常被作為研究素材，在犯罪學與刑事司法研究中也有不少研究者對新聞報導進行研究，像是Slakoff與Brennan（2019）分析美國新聞報導故事中如何呈現不同種族的女性被害人。然而，新聞報導的內容並非正規學術研究中可用來呈現過去研究結果的文獻。舉例來說，東森健康雲在標題為「研究：喜歡黑咖啡的人有『精神變態』傾向」的新聞報導中，提到喜歡喝黑咖啡的人，可能有虐待狂或心理變態的傾向（謝佳君，2018）。如果在正規學術文章想要提到這個資訊的話，應該找到報導中所提及Sagioglou與Greitemeyer（2016）於Appetite期刊論文，將這篇論文讀完後，引用Sagioglou與Greitemeyer（2016）的研究，而非引用新聞報導。

網路資料的可信度比新聞報導的品質更為參差不齊，除了新聞報導可能有的潛在問題外，許多網路資料根本不知道的作者是誰。網路資料中容易讓學生與學術研究新手感到不解的就是，為什麼不能引用「維基百科」？維基百科中的資訊是由網路使用者共同編寫完成，雖然維基百科要求協助編寫者，每個資訊都要提供來源，但所引用的資訊來源多為新聞報導或其他的網頁資訊。因此，維基百科的內容不建議在學術研究中作為文獻來源，但是作為研究者對相關議題的初步閱讀素材並無傷大雅。

上課講義與筆記不適合作為學術研究的文獻來源，但偶而還是會在研究生的論文初稿中看到引用文獻為「xxx老師上課筆記」。舉例來說：統計老師在上迴歸模型的應用時可能會提到，如果要檢驗A變項對於C變項的影響是透過影響B變項的中介效果，有幾個條件必須滿足：1.A要能顯著預測B；2.B要能顯著預測C；3.A要能顯著預測C；4.A與B同時預測C時，B要顯著而且A的迴歸係數要變為不顯著或者比條件3中A的迴歸係數顯著減少。這時不可直接引用統計老師的上課講義或上課抄的筆記。正確的做法應該是引用提出這個方法的原始文獻：Baron, R. M. & Kenny, D. A. (1986). "The moderator–mediator variable distinction in social psychological research: Conceptual, strategic, and statistical considerations." Journal of Personality and Social Psychology, 51(6), 1173-1182.

第二節　閱讀文獻

在研究的不同階段文獻閱讀的目的不同，自然方式也會有所不同。有時候研究者僅專注文獻的某個部分，例如：了解該研究所使用的研究方法；有時候則需要將整篇論文仔細閱讀以了解整個研究的脈絡、發現與其不足之處。如何仔細閱讀研究報告與一般讀課本有不同的關注重點。Bachman與Schutt（2020）建議在閱讀研究論文時，研究者可以藉由嘗試回答以下問題來確定自己是否完全了解這篇研究輪文（pp. 897-898）：

一、基礎研究問題或議題是什麼？試著用一句話說出來。

二、研究的目的是解釋？評估？探索？還是描述？這個研究有多個目的嗎？

三、是否提出了理論架構？有的話，是什麼？是否合乎研究問題？有不同理論架構可以用嗎？

四、文獻如何回顧？與研究問題有關嗎？與理論架構符合嗎？文獻回顧是否足夠？是否缺漏任何重要研究？

五、研究是否合乎科學標準？是否提供足夠資訊讓其他研究者評估及複製該研究？

六、該研究是否與當前的道德標準一致？是否在不同的道德準則之間做出了任何權衡？在遵守道德標準和使用最嚴格的科學實踐之間取得了適當的平衡嗎？

七、研究中的主要概念是什麼？如何定義？有清楚定義嗎？這個概念是單向度或多向度？

八、是否提出任何假設？這些假設是否在理論架構上得到充分支持？是否可在先前研究基礎上提出？

九、假設中的獨變項和依變項是什麼？這些變項是否反映理論概念？假設的方向是什麼？是否有任何重要的變項沒有提到？

十、使用什麼測量工具（變項的測量）？是否具有信效度？作者是如何確保工具的信效度？是否還有其他方法可以確定測量的信效度？

十一、分析單位是什麼？是否適合研究問題？推論是否有邏輯上的謬誤？

十二、是橫斷性還是縱貫性的資料蒐集方式？還是都使用了？如果是縱貫性的，那麼它的資料蒐集是什麼類型的？能否以任何方式加以改善？（例如：縱橫資料（penal data）或趨勢資料（trend data）？減少樣本流失？如果使用橫斷性數據，是否比使用縱貫性數據更有效率？

十三、是否討論因果關係？因果效應是用什麼方法證明？建立因果關係的三個標準是否都滿足？在分析中控制了哪些變項（如果有的話）以降低虛假相關的風險？是否應測量和控制其他變項？您對結論的內容效度是否滿意？

十四、研究中是使用樣本還是母群？用什麼方法取樣？是用機率抽樣嗎？作者是否認為樣本能代表他想要討論的母群？你是否這麼認為？

十五、有沒有報告回覆率或參與率？那些沒有回應或參與的人是否有不同？為什麼？作者是否充分討論了這個議題？

十六、作者用了什麼研究方法？實驗？調查？參與觀察？還是其他研究設計？這種設計與研究問題與假設是否適合？你認為作者為什麼選擇了這樣的設計？有沒有研究限制？如果有的話要如何修改研究來處理這些限制？

十七、是否是評估研究？它是何種類型？評估的主要目的為何？

十八、是否使用了多種方法？這些不同方法得到的結果是否互補？

十九、研究是否處理社會脈絡？生物（生理）因素？如果沒有的話，如果處理這些因素的話，可以讓研究更好嗎？

二十、摘要研究發現。統計分析結果或質性資料是否清楚呈現與如何被討論？結果是否具有實質意義？

二一、作者是否在討論／結論部分充分呈現研究結果？結論是否建立在研究發現之上？還有沒有其他可能的解釋？

二二、和其他同樣研究問題的研究相比，你是否得到什麼不同的見解？這個研究的研究設計和之前的研究相比，是否較為合適？

二三、研究結果可以延伸出後續的研究問題和假設？這個研究對理論與社會政策有何啟示？

　　剛閱讀完一篇研究論文的時候，記憶一定是很清楚，但是不要以為自己是萬中選一的天才，能夠過目不忘。因此，在閱讀過程中順便摘要所閱讀的論文，可確保在幾個月或一兩年後再次看到這篇文章時，不是一篇完全陌生的文章；而有清楚且客製化的摘要協助研究者快速恢復記憶。摘要的內容應該包含以下這些資訊：

一、文獻基本資訊。

二、簡介。

三、研究目的與方法。

四、研究發現。

五、厲害或有問題的地方。

六、其他對你研究有用的資訊（例如：可參考的研究架構、文獻回顧鋪陳都手法等）。

第三節　不同階段的文獻蒐集與閱讀策略

　　在研究進行的每個階段都有可能需要搜尋與閱讀文獻，但每個階段文獻所扮演的角色不盡相同，因此搜尋與閱讀的策略也就不盡相同。研究大體可分為「研究準備、研究初期、研究設計、研究執行或資料蒐集、報告撰寫」五個階段。除了研究執行或資料蒐集階段以外，各個階段都可能會需要蒐集閱讀文獻。以下將介紹不同階段可能使用的文獻搜尋技巧與閱讀策略。

一、研究準備階段

　　只有很少數研究者在一開始就有明確的研究問題，通常只是對一個或數個廣泛研究議題有興趣（例如：毒品、修復式正義）。研究主題還未明確前屬於研究準備階段，在這個階段最重要的目標就是將廣泛的研究議題聚焦為有價值、可進行之研究題目。閱讀文獻在這個階段將提供研究者對於此議題的基礎知識，以及目前相關議題的研究進展。

　　把課本翻出來重新閱讀相關章節可以作為文獻閱讀的起點，課本內容就是此議題的重要基本知識的整理，有時候也會提到近期的研究發展方向。而課本所引用的文獻，通常也會是研究議題該議題的經典文獻。雖然研究者關於該研究議題的基礎知識最初都是從課本中讀到，但是書寫正式研究論文時不建議直接引用課本。而是找出課本所提到的經典文獻，閱讀後引用原著。舉例來說，犯罪學課本控制理論的章節中一定介紹一般化犯罪理論（A General Theory of Crime），你對於這個理論的認識也是從課本中吸收而來，但是在談到一般化犯罪理論時應該要引用的是Gottfredson與Hirschi（1990）的著作，而不是犯罪學課本。編輯書籍的章節所扮演的角色與課本類似，但是所提供的資訊會比課本更深入。除了課本以外，這時可以透過線上資料庫以關鍵字搜尋最新的期刊論文，從近兩年所發表的論文中，選幾篇感興趣的出來閱讀。在這個階段閱讀期刊論文可以相對隨性，並不一定需要在讀完論文後可以完整回答Bachman與Schutt（2020）所提出的23個問題。只需要在閱讀的過程中，尋找研究的可

能性。另外，期刊論文最後通常會提到該研究的「研究限制」與「未來研究方向」，這也是指引研究者找到研究方向的明燈之一。在這個階段閱讀學位論文的價值不高，主要的原因是學位論文的篇幅都很長，讀一本學位論文的時間可以看完好幾篇期刊論文。而在明確研究方向確定前，應在有興趣的議題中多讀些最新的研究，而非投注大量時間在單一一本學位論文上。

二、研究初期

研究主題已確定後之研究初期階段，搜尋與閱讀就必須聚焦在與研究主題直接相關的文獻上。在這個階段閱讀文獻的目的在於深入了解研究主題，因此並沒有節省時間、快速閱讀的策略。反而應該仔細閱讀每篇文獻，並且製作摘要。在此階段所閱讀的文獻量應該是整個研究過程最多的。文獻搜尋的主要工作也會在這個階段大致完成。文獻搜尋過程中遇到不同的狀況有不同的策略可以解決，文獻搜尋的策略如下：

（一）關鍵字很重要

在資料庫搜尋文獻使用正確的關鍵字，是快速找到目標文章的重要關鍵之一。當確定研究主題後，除了研究主題是一定要搜尋的關鍵字外，研究中會使用的概念、理論、特殊樣本都是重要的關鍵字。

1. 以這些關鍵字的同義字進行搜尋，除了查詢字典外找到同義字外，也需要在已經找到的文獻中尋找，在類似研究主題中會被使用的關鍵字。

2. 搜尋英文文獻時要注意，有些字在英式英文與與美式英文有不同的拼法，這些不同的拼法都需要試試。同樣地，中文也有類似的狀況，例如：「修復式司法」與「修復式正義」。

3. 縮寫或簡寫也不可忽略。例如：「低自我控制」與「低自控」，

（二）善用 AND、OR、NOT、" "、*、() 進行搜尋

1. AND：搜尋時將關鍵字一一列出的時候，搜尋引擎會預設搜尋結果是這些關鍵字的交集。例如，要搜尋霸凌與低自控的交集，可以直接以「霸凌低自控」進行搜尋，或者以「霸凌AND低自控」。

2. OR：如果要搜尋兩個關鍵字的聯集，就需要使用「OR」將兩個關鍵字連接。例如，「修復式司法OR修復式正義」。

3. " "：如果希望關鍵字依照一定順序才出現在搜尋結果，可以使用雙引號將那些字標著起來，例如，以「"aggressive driving"」進行搜尋，這兩的字必

須要以aggressive driving這樣的順序出現，才會出現在搜尋結果。

4. *：通常以英文或其他拼音文字搜尋時才會使用到「*」這個功能。如果我們要搜尋以rehabilit開頭的單詞，就可以使用rehabilit*作為關鍵字進行搜尋，這樣只要包含rehabilitate或rehabilitation或rehabilitative，都會出現在搜尋結果。

5. ()：刮號可以用來釐清搜尋的組合。例如，（古典犯罪學理論or理性選擇理論）AND（家暴OR兒虐OR親密關係暴力）AND（新冠肺炎OR武漢肺炎ORCOVID-19）。

（三）文獻太多或文獻很少

因為研究主題的熱門、新舊會造成文獻搜尋的難易度不同。找到的文獻太多或太少都會造成困擾，但困擾的點不同，可使用的策略也就跟著不同。

1. 文獻太多

對於熱門且已經被關注一段時間的研究主題，搜尋的結果通常都非常多，多到不是努力消化的量。這時可增加關鍵字，將搜尋目標聚焦在直接相關的文獻。如果直接相關的文獻還是很多的話，可以將目標限縮為最新及經典的直接相關的文獻。最新的文獻可以透過限定時間範圍找到。比較這些最新直接相關文獻中所引用的文獻，通常會發現有幾篇幾乎是每個討論這個議題的論文都會引用的文章。這些常被引用的文章就很可能是所謂的經典文獻。

2. 文獻太少

冷門或很新的研究主題文獻量就是另一個極端：文獻很少。如果可以找到一兩篇直接相關的文獻，這幾篇文章的「參考文獻」就是一個很好的起點。如果沒有直接相關的文獻或還是很少的話，這時就必須將文獻搜尋範圍從直接相關擴大到間接相關的文獻，甚至是可類比的文獻。例如，在2000年初期，Axon公司發表新型的電擊槍Taser，可以透過特殊的電流干擾運動神經的傳導，達到短暫癱瘓運動肌肉的目的。Taser發表後快速的受到美國執法單位的青睞。雖然實驗室的研究數據顯示Taser並不會造成嚴重且長遠的傷害，但是在實務上相關研究卻付之闕如。Lin與Jones（2010）在撰寫其研究論文時，以警察使用武力（間接相關，Taser為警察使用武力的一種）與辣椒噴霧（類比文獻，辣椒噴霧在1990年代剛上市時，也受到很多執法人員的青睞，宣傳的訴求也是非致命性武器，可有效制止嫌犯的反抗）來解決文獻不足的困境。

三、研究設計階段

研究設計階段通常不需要大量搜尋與閱讀文獻，這時所需要的文獻主要是協助研究者研究方法的選擇與設計、尋找或發展合適的測量工具。這時文獻搜尋的範圍就不會侷限於研究主題，甚至建議研究者嘗試在不同領域（例如：心理學、經濟學、醫學、資訊等）找尋過去在犯罪學研究中未被使用的方法。參考不同領域所使用的研究方法，可以讓研究者找到新的研究方法而有突破性的發現。在這階段的文獻閱讀不需要將文獻從頭到尾仔細讀完，只需關注研究方法的部分即可。

四、報告撰寫

研究發現需要撰寫成研究論文發表才能將成果與他人共享發揮其影響力，在研究報告中必須交代研究的重要性、合理性、有效性。在文章中適時引用文獻，可以協助研究者說明該研究在學術上、實務上的貢獻、研究架構的理論基礎、變項選擇的合理性、測量工具的合理性與有效性。在前幾階段所閱讀的文獻應該可以滿足大部分報告撰寫過程中所需的文獻，但是要有效率的引用就必須仰賴之前閱讀時所完成的摘要，並善加運用書目管理軟體。如果還搜尋文獻的需求時，目標應該非常明顯（例如，要找文獻支持在研究情境中使用A工具會比其他工具還適合），而文獻也不需要完整閱讀，僅需快速確認該文獻適合用於支持所要陳述的論點即可。

第四節　結論

很多學術研究的新手心中都會有「要讀多少文獻才算夠？」的疑惑。關於這個問題這裡無法辦法給出一個確切的數字，但是可提供一些基本原則。首先，必須認清文獻永遠讀不完；因此，不要被「我是不是漏掉什麼重要的文獻」的恐懼所淹沒。經典文獻讀完，近兩年的文獻讀完應該就差不多可以開始設計你的研究。而論文撰寫只要每個需要文獻支持的論述都有文獻可以引用而且不是同一篇，那麼文獻量應該就在可接受的範圍。

另外，關於中英文文獻的問題也在此說明一下。做本土研究一定要有本土文獻（中文文獻），但不能閉門造車。閱讀外文文獻在犯罪學與刑事司法研究中還是有必要性的。至於，中國發表的簡體中文文獻算不算本土研究？能不能

用？需不需要？這沒有一定的答案，重點還是該篇文獻的學術品質如何。

最後，可以決定你是否畢業（指導教授、口試委員）、論文是否可以順利發表的人（期刊主編、審查委員），如果他們說不夠的時候就一定不夠！依照他們的建議增加文獻才是上策！

參考文獻

一、中文

謝佳君（2018）。研究：喜歡黑咖啡的人有「精神變態」傾向。ETtoday健康雲，https://health.ettoday.net/news/1337148。

二、外文

Bachman, R. & Schutt, R. K. (2020). The practice of research in criminology and criminal justice (7th ed.). SAGE.

Gottfredson, M. R. & Hirschi, T. (1990). A General Theory of Crime. Stanford University Press.

Lin, Y. S. & Jones, T. R. (2010). "Electronic control devices and use of force outcomesIncidence and severity of use of force, and frequency of injuries to arrestees and police officers." Policing: An International Journal, 33(1), 152-178. https://doi.org/doi:10.1108/13639511011020647.

Sagioglou, C. & Greitemeyer, T. (2016). "Individual differences in bitter taste preferences are associated with antisocial personality traits." Appetite, 96, 299-308. https://doi.org/https://doi.org/10.1016/j.appet.2015.09.031.

Slakoff, D. C. & Brennan, P. K. (2019). "The Differential Representation of Latina and Black Female Victims in Front-Page News Stories: A Qualitative Document Analysis." Feminist Criminology, 14(4), 488-516. https://doi.org/10.1177/1557085117747031.

周愫嫻

前 言

　　如同社會科學一樣，要使用統計進行犯罪學與刑事司法研究，需要取得實證資料，而取得資料方法之一，是使用標準化的問卷、測驗、評估工具、編碼表或其他測量方法。這些標準化的測量方法最重要的課題之一，是需先將抽象概念轉化為可測量的工具。舉例而言，在台灣最常被引用的犯罪學理論之一是「自我控制理論」（Hirschi, 1990），研究者若用資料、統計來驗證這個理論與犯罪的關係，首先必須定義何謂「自我控制」，然後定義所謂的「犯罪」或「偏差行為」或特定的犯罪類型，兩概念定義清楚了，才可能開始設計測量方法。所謂的「測量方法」（measurement），在犯罪學或刑事司法研究中，可能是問卷、量表、測驗卷，也可能是深度訪談的內容，或內容分析法中的項目編碼，甚至是準實驗法中的變項等。不論研究者採用的研究方法為哪一種，測量方法需具有穩定性（信度）、精準性（效度），前者是不同時間或環境均可以同樣的測量方法得到一樣的結果，後者則是符合概念的原意程度。兩者是研究成果是否可經得起同行認可的重要準則。本章主旨是闡明概念的操作化定義，以及如何設計具有信度、效度的測量方法。第一節先說明概念與定義，第二節說明測量方法設計時，應該注意的原則，第三節說明哪些方法可以確保測量方法的信度與效度。每一節均以犯罪學與刑事司法過去實證研究為案例，輔佐說明。

第一節　概念與定義

　　如同其他社會科學研究一樣，犯罪學與刑事司法理論中充滿了各種抽象概念，以及概念與概念之間的關係。有的概念比較清楚，有的概念則非常抽象，從字義上不容易體會其意義。不論是字面上很清楚的概念，或是極其抽象模糊的概念，在進行實證研究時，都需要被精確的定義。

一、概念與定義的關係

「概念」其實是用來描述我們心中對某些現象之印象的語言或文字。譬如，當媒體、一般人或犯罪學者提出「台灣的再犯率越來越嚴重」時，這裡所指的「再犯率」就是一個抽象概念，代表這些人心中對於曾經違法，又再度違法者的印象。但是若我們仔細追問每一個人，問問他們所謂的「再犯率」到底所指為何時，我們可能會發現，大家心中想的可能不是同一回事。最簡單的答案可能是「曾經違法，又再度違法」，但是這裡所謂的「違法」，指的是所有違反法令規範的行為？還是違反刑事法相關規定？是否需要經過司法審判確定的違法行為才算是違法行為？第一次與第二次違法行為是否需要為同一種類型或任一種違法行為，才算是「再犯」？（如：毒品犯再度施用毒品？或先為毒品犯，後為竊盜犯？）而所謂「再度」，指的是第一次犯罪後的「一年內」、「三年內」、「五年內」或「一生中」的違法行為？但這些細部問題被提出來後，每個人可能都會皺著眉頭，認為是故意雞蛋裡挑骨頭。但是這些細部問題，不先定義清楚，其產生的後果是解讀錯誤或比較基礎不同，誤導閱聽者或民眾，甚至導致錯誤結論或政策。以台北市警察局所做的統計為例，該局所定義的再犯率有兩種，一種是「具前科者／該年逮捕之嫌疑犯」，另一種是「具前科且犯同罪者／該年逮捕之嫌疑犯」[1]，兩種定義下，數字自然不同。此外，警察局統計再犯率時，係以向未經過司法審判確定的「嫌疑犯」為主；但若根據法務部設定的文字定義，再犯指具有犯罪前科者，但若根據刑法第47條第1項規定之「累犯」定義是：「受徒刑之執行完畢，或一部之執行而經赦免後，五年以內故意再犯有期徒刑以上之罪者，為累犯。」刑法並無對「再犯」之規定。又在行刑累進處遇條例實施細則第8條規定：「調查人員對於適用累進處遇之受刑人，應依據有關資料，分別初犯、再犯、累犯……。前項稱初犯者，只無犯罪前科者而言。稱再犯者，指有犯罪前科，但不合刑法第四十七條之規定者而言。稱累犯者，指合於刑法第四十七條之規定者。」簡單而言，法規上，累犯是在有限期間內再次犯罪，而前科是終生的犯罪紀錄。但不論那一個定義，均無是否觸犯同一類犯罪之法規。

至於犯罪學或刑事司法研究，因為重視前科次數的罪質、數量、第一次犯罪時間、犯罪之間的頻率，所以通常不完全採用法律的定義。比較常見的是嚴重性的犯罪，因為數量較少，會以「一生」的犯罪次數為測量方法，若為輕

---

[1]　請參閱台北市政府警察局公務統計月報表（台北市政府警察局統計室，2020）。

表4-1　2004至2018年我國監獄新入監受刑人前科情況（%）

	2004	2005	2006	2007	2008	2009	2010	2011	20121	2013	2014	2015	2016	2017	2018
無前科	14,552 (43)	13,481 (39)	13,841 (37)	12,186 (35)	15,735 (33)	13,835 (35)	11,949 (33)	11,134 (31)	9,882 (28)	9,122 (26)	8,303 (24)	7,604 (24)	7,401 (22)	7,586 (21)	7,287 (20)
有前科	18,794 (57)	19,712 (61)	23,766 (63)	22,805 (65)	32,499 (67)	28,501 (65)	25,210 (67)	25,325 (69)	25,447 (72)	25,045 (74)	26,082 (76)	26,260 (78)	27,091 (79)	28,613 (79)	28,685 (80)
假釋再犯	6,271 (19)	6,693 (20)	8,197 (22)	7,996 (21)	10,643 (22)	9,256 (20)	8,322 (22)	8,829 (24)	9,517 (27)	9,429 (28)	9,497 (28)	9,179 (27)	8,780 (26)	9,106 (25)	9,181 (26)
累犯	12,523 (38)	13,019 (39)	15,569 (41)	14,809 (42)	21,856 (45)	19,245 (45)	16,888 (45)	16,496 (45)	15,930 (45)	15,616 (46)	16,585 (48)	17,081 (50)	18,311 (53)	19,507 (54)	19,504 (54)
總數	33,346	33,193	37,607	34,991	48,234	42,336	37,159	36,459	35,329	34,157	34,385	33,864	34,492	36,199	35,971

資料來源：林順昌（2020）。回顧臺灣假釋制度併論其問題與展望。全國律師月刊，3月號，57-75。

微或經常發生的犯罪或偏差行為，則常用「過去一年、半年、三個月或一個月內」之相關行為次數為測量方法。

二、概念定義與操作型定義

即使有了文字上的定義，法務部在實際統計時，仍因各種困難，也僅以當年在監之受刑人的累、假釋再犯為計算對象，並未納入「經法院判決確定，卻不需服刑之犯罪人」的累、再犯情況，也未納入「徒刑執行完畢或經赦免而出獄者之累再犯情況」。換言之，法務部每年公布的「再犯率」統計，其真正的操作型定義，應該是「該年在監新收受刑人具有犯罪前科者」，而其「累犯率」統計的操作型定義則為「該年在監新收受刑人，犯罪時間距離其前一次前科不到五年者」。依照操作型定義，如表4-1所示，法務部自2004年起至2018年內公布新收受刑人的假釋後再犯率分別為從兩成升到三成；累犯率則從四成升高到五成，若以具有前科者新收受刑人而言，從六成升到了七成[2]。再犯、累犯、有前科之新收受刑人，可以從三成變動到七成，所以概念定義及測量方法的清楚說明，決定了分析結果。若讀者不謹慎地依照各法規、機關（構）或研究所定義的內容加以解讀，當然就會產生誤解或誤導。

我們在此所舉的例子，至少說明兩件事，一是任何一個概念，在進行實證研究或溝通時，均需要加以定義；二是所謂「定義」，至少可以分為兩種：「概念定義」（conceptual definition）與「操作型定義」（operational definition）。概念定義係指研究者或計算者依照概念的內容、理論或文義加以

2　資料來源請參閱表4-1林順昌論文。

界定，又被稱為文義定義；操作型定義則指研究者或計算者依照「實際」上用來測量概念的步驟加以界定。

　　進行一個犯罪學或刑事司法研究前，研究人員必須清楚的將研究內容中的各種概念加以定義，除了給予理論或文義上的定義外，更重要的是界定概念的操作型定義。有了操作型定義，才能接著設計測量方法。

三、項度與指標

　　如果遇到一個比較複雜的概念，研究者應如何找出一個比較周延的操作型定義？本文建議可以先將概念依照理論的解釋，分解為各種「項度」（dimensions），確定各個項度可以涵蓋該概念後，再針對每一個項度設計足夠代表各項度之具體「指標」（indicators）。舉例來說，想要了解每個國家的「犯罪與治安」狀況，首先必須先就「犯罪與治安」的概念加以分析。犯罪與治安概念範圍甚廣，各國的定義均不同，以歐盟為例，其所屬國家發展情況不同，他們首先認為人類生活應達到的具有「生活品質」、「社會和諧」以及「永續經營」的目標，在評估並觀測各國生活品質發展程度時，應從客觀生活條件面與主觀社會福利面加以衡量；在社會和諧方面，應從社會排除性（如歧視、不平等）與包容性（與社會關係、凝聚力）兩方面加以衡量；在永續經營方面，主要展現在保護各種社會的資本，如：物理資本、社會資本、人力資本、自然資本，因此衛生、教育、自然資源保護等就是重要指標可能思考的方向；在社會變遷方面，應該要能反映各國人口結構、社會經濟結構，以及觀念與態度的變遷。

　　歐盟確定了概念應該包含的內容或達成的目標後，等於是為概念定性。然後，他們在經濟與人身安全項度，以「警方受理之殺人罪案件」、「主觀認定一般犯罪、暴力、財務毀損等之被害可能性」、等客觀與主觀方法來測量[3]。依照這樣的一致的測量方法，才能比較出在2008到2018年間，波羅地海三小國是殺人犯罪率最高的歐盟國家，但自認被害可能性最高的國家是英國（當時仍屬於歐盟）或保加利亞。讀者可以很輕易的發現，一旦有了操作型定義，該概念之抽象性已經被具體化，幾乎可以直接被測量了，以總體犯罪率為例，若要測量，研究者只需要取得各地或各國的人口數，加上警方每年統計的刑案發生數，即可以換算得知。

3　參閱歐盟，https://ec.europa.eu/eurostat/statistics-explained/index.php?title=Category:Quality_of_life（瀏覽日期：2022年7月10日）。

　　一個看似簡單的概念，卻需要使用到多重可操作的指標來代表，且所有指標還未必能夠全然展現該概念，足見概念透過操作型定義轉化為實際的測量方法時，過程其實很複雜。

　　另外一個治安滿意度調查研究，研究者（周愫嫻等人，2010）對依變項「治安滿意度」的概念定義是「民眾對警察的整體滿意度以及民眾對警察在各方面的表現滿意程度。」根據這個定義後，設計的操作型定義，又分為「民眾對警察整體滿意度」、「對警察行為舉止、廉潔、公正、效率等項度之滿意度」。該研究的測量方法，舉例說明如下：

（一）民眾對警察整體滿意度

　　民眾對於警察的整體滿意程度由下述的問題來測量：

1. 您對【居住的行政區或鄉鎮市】警察的整體表現是滿意或不滿意。
2. 您對【居住的市或縣】警察的整體表現是滿意或不滿意。
3. 您對【台灣地區】警察的整體表現是滿意或不滿意。
4. 請問您對【居住的行政區或鄉鎮市】過去一年裡的整體治安狀況滿意或不滿意。
5. 請問您對【居住的市或縣】過去一年裡的整體治安狀況滿意或不滿意。
6. 請問您對【台灣地區】過去一年裡的整體治安狀況滿意或不滿意。

（二）民眾對警察在各方面表現的滿意度

　　民眾對警察在各方面表現的滿意度，則從民眾對警察之行為舉止、廉潔、公正與效率等四方面之滿意度進行調查。測量方式如下：

1. 行為舉止
(1)警察是友善的。
(2)警察不給民眾解釋說明的機會。
(3)一般來說，警察面對民眾詢問時，是不耐煩、或不關心的。

2. 廉潔
警察有嚴重的風紀問題。

3. 公正
(1)警察處理案件或服務民眾時，有錢人和貧窮人會有不同待遇。
(2)警察會公平公正地處理民眾糾紛。

4. 效率
(1)警察會快速處理民眾報案或求助電話。

(2)警察在打擊犯罪方面表現良好。

(3)警察在執法、取締違規的表現良好。

以上所舉例子目的，是具體說明爲了測量一個抽象概念，需要先給予文字定義、操作型定義。設計測量方法時，若有必要，建議先將概念分爲次項度，再根據次項度設計適當的題目測量之。

第二節　設計測量方法

在確定研究主題的主要概念與其操作型定義，接下來的工作就是根據操作型定義設法蒐集資料或設計測量方法。不論是蒐集資料或測量方法，都是廣義的「測量」。若需要給予「測量」一個「概念定義」，我們可將之定義爲「將概念轉化爲一組數字或給予標示的過程」。以上一節的「總體犯罪率」爲例，若研究者可蒐集到所屬各國的人口數以及警方登錄的刑案發生數，就可以根據這些數字計算出各國的「總體犯罪率」。每一個國家都有一組數字代表其總體犯罪率，根據這一組數字，就可以直接進行各國比較、跨時間比較，或再進行其他分析（譬如：分析各國失業率與總體犯罪率的關係，或分析各國警察人數與總體犯罪率的關係等）。

因爲總體犯罪率給予的操作型定義均可以數字取代，因此只要能夠取得各國資料，轉化爲數字的過程，比較沒有問題。但並非所有的測量都如此簡易。譬如：歐盟主觀「被害可能性」，其操作型定義爲侷限在受訪者之「住家附近」，理由是每個人「主觀感受」，且至少有生活經驗爲根據，因爲「全國犯罪被害可能性」的測量方法，遠遠不及「住家附近被害可能性」精確。所以在調查訪問之前，當然就是需要設計一份問卷，用以測量每個人的想法。

自陳問卷是犯罪學、刑事司法研究最常使用的測量方法之一。一份自陳問卷內通常有數個題目或數十個題目，甚至數百個題目，用來測量所有研究者想要知道的概念。問卷內的每一個題目除了題目外，答案也需要精心設計，因爲每一個答案都等於正在數字化或標示「某個想法」。試問讀者，如果有人問你一個問題：「你獨自走在住家附近會不會覺得害怕？」，你可能有的答案是什麼？「不會」、「還好」、「有點會」、「一直都會」、「有時會，有時不會」、「看情形」、「沒想過」、「白天不會，晚上會」、「冬天會，夏天不會」、「穿球鞋不會，穿高跟鞋會」、「帶著手機不會，沒帶手機會」、「常

常不自覺東張西望」、「常覺得有人跟蹤自己」、「非常不安全」……每個人答案可能相同，也可能不同，但彙整數百人或數千人的答案，可能會出乎意料之外的難以計數與千奇百怪。作爲研究者，我們需要觀察每一種答案，然後分類這些答案，給予編號（也就是數字化或量化），這樣才能進行分析。

一、問卷題目答案需窮盡與互斥

　　一個問卷題目的答案，可能如前所說千奇百怪，難以數計。這時候，研究者如何知道自己的設計答案之好壞呢？判斷一個答案設計的優劣，至少可以根據兩個基本原則：「窮盡」（exhaustive）與「互斥」（exclusive）。好的題目答案，具有窮盡性，能夠把所有可能的答案包容在內，不會讓受訪者面臨無答案可選的窘境；好的題目答案，也同時具有互斥性，每一個選項的意義都是獨立的，不會讓選項與選項之間具有重疊性的情況發生。舉例來說：問受訪者現在幾歲？你可以將答案設計爲1.「20歲以下」；2.「20-30歲」；3.「30-40歲」；4.「40-50歲」；5.「50-60歲」等五種，將年齡標示成不同類別，同時給予編號1.到5.，這是將受訪者年齡數字化的過程，也就是測量受訪者年齡的過程。若受訪者選擇了答案3.，就代表受訪者的年齡是介於30到40歲之間。但是目前設計的五種答案可能通過窮盡與互斥兩個原則的考驗嗎？如果受訪者是71歲，他可能面臨無答案可選的窘境，因此目前的答案中未達到窮盡的原則；如果受訪者是20歲，他／她有兩個答案可選1.或2.，因此，目前的答案也沒有達到互斥的原則，所以要修正此類不窮盡也不互斥的答案選項設計。

二、考量答案量尺的數學特性

　　概念在數字化的過程中，研究者通常需要考慮到數字的品質，因爲不是所有的數值都有一樣的數學特性[4]，因此我們可以根據數值的數學特性將測量分爲不同的量尺，不管我們選擇哪一種量尺，都會影響到隨後適用的統計方法。

　　測量量尺分爲四種：名義或類別量尺（nominal measure）、順序或等級量尺（ordinal measure）、等距量尺（interval measure）、等比量尺（ratio measure）。

（一）類別或名義量尺

　　類別或名義量尺的數值是具有最低數學特定的類型，也就是把事物進行

---

[4]　所謂數學特性，是指諸如數值是否具有可比較大小？是否可以進行加減乘除等計算？小數值是否具有意義等。

最簡單的分類，變項的每一個值都構成一個類別。例如，測量性別時，在台灣通常將人們分為「女性、男性」，現在性別主流化後，有人提議分類為「生理男、生理女、其他」，其他可能包括跨性別或不想填寫者等。不論是如何分類，均需要使用數字1、2、3……等來代表各個類別。但這些數值只有類別的差異，並沒有數量上的差異。1加2不能等於3（即生理女＋跨性別不等於女性）。其他類似例子如測量宗教信仰、黨派、婚姻狀況等亦然。名義或類別量尺的數值與其所代表的類別沒有任何必然大小、高低、多寡的關係，完全由研究人員決定，且也不需要依照特定順序編號。在類別變項中，答案編號2不代表大於編號1。

（二）順序或等級量尺

第二種測量量尺則可用來分類有順序的事物。在犯罪學研究中，很多概念都是用這個方法來分類和測量的。例如：測量社會經濟地位時，可以把受訪者分類為上、中、下三個階層。這個順序是固定的，不能隨意更改。居上層社會經濟地位者的社會地位必然高於中層，中層又必然高於低層，三者之間有順序的關係。如果想了解青少年在學校的學業表現，可以把他們的成績排名為第一名、第二名、第三名……。

順序量尺也常常用來測量態度與感覺。例如：前述的例子中欲測量民眾被害恐懼感而詢問受訪者是否覺得獨自在住家附近走動不安全，可以用「從來不會、有一點會、常常會、總是會」等具有順序的方法來分類。或是測量受訪者對警察的信心，可以「沒信心、有點沒信心、有點信心、非常有信心」來分類。以上所舉的例子中，研究者可以透過順序層次的分類，測量到特定感覺或態度的順序差異，但每一個類別之間雖有順序之別，卻無法知道距離是否相等，不同類別間的距離涉及受訪者的主觀感受，並沒有任何客觀標準，所以很難知道每個受訪者的差別，也很難知道受訪者與受訪者之間的差別。舉例而言，我們僅僅知道一般來說「非常恐懼」大於「恐懼」，「恐懼」大於「不恐懼」，但無法知道「非常恐懼」與「恐懼」之間的差異，也無法知道這個差異是否等於「恐懼」與「不恐懼」之間的差異。同理，我們知道「第一名」表現比「第二名」好，「第二名」比「第三名」好，但不知道第一名與第二名之間的分數差異，也不知道第二名與第三名的差異，更不知道第一名與第二名之間的分數差異是否大於、小於或等於第二名與第三名之間的分數差異。

（三）等距量尺

第三個測量量尺是等距量尺。它除了同時具有類別與順序衡量的特質外，還有另一個特質：每個類別之間的距離是相等的。例如：西元時間（西元2003年比西元2002年後一年，2004年比2003年後一年，兩者間的差距是相等的）、溫度（一度小於兩度，兩度小於三度，且一度與兩度的差距等於兩度與三度的差距）、或智商分數。有的學者將態度測量也視爲等距變項。例如：李克特（Likert）量表中，從「非常同意」、「同意」、「不同意」到「非常不同意」之間，也被當作每一個類別也是等距的。這樣做的目的是便於統計分析。不過李克特量表是否爲等距量尺，尚有爭議。

等距量尺的另一個特質是它沒有絕對零點，所有的值都是相對的。例如，智商100分、101分、102分之間的距離雖然相等，但智商的起點分數是人爲的標準，如果研究者以200分作爲起點，前述三種分數，可能變成300分、301分、302分，三種分數之間的相對距離還是相等的，但絕對分數卻改變了。

（四）等比量尺

最後一種數值衡量是等比量尺，這也是最具有數學特性的數值。其基本特質與等距量尺相同，但差異在於等比量尺的起點計算有絕對零這個值。換言之，在等比量尺中，「零」這個值是有意義的，代表了該測量對象缺乏某種性質，或某種性質的不存在。例如：測量年齡時，零歲表示未出生的胚胎，一歲表示出生後的一年；再如測量刑期長短，未被判處徒刑與徒刑一年、二年之間不但有順序、距離，「零個月」刑期也是有意義的。其他諸如：前科次數、血液中的酒精含量等都是等比層次的測量量尺。

（五）各種測量量尺的比較

從類別到等比四種測量量尺中，每個層次中的數學特性都高於前一個層次，且每個測量的分類層級都具有前一種分類法的全部特質，同時，還要加上更便於數學運算的特質。在多數社會科學、犯罪學、刑事司法的實證研究中，等距與等比量尺之間的差別對統計分析方法的選擇影響較小，幾乎所有的統計方法均可以使用；而等距、順序、類別之間的差異則對統計分析方法的影響較大，其中類別量尺的測量結果，可以使用的統計方法比較有限（周愫嫻、曹立群，2007）。

有的概念只能使用一種測量方法，譬如：性別只能使用類別或名義測量量尺，但有的概念可能有超過一種以上的測量方法，譬如：Wolfgand等人

（1985）進行的犯罪嚴重性研究，就曾經試用過各種不同的測量方法（參見表4-2）。他們請受訪者就表4-2第一欄的各種犯罪類型，進行四種不同的評估。第一種是以各種犯罪類型的被害對象來分類，可以分爲社會、公司行號、住宅、個人四類，受訪者分別評估該項犯罪類型的被害對象，這是一種典型的類別或名義測量量尺的例子。第二種則是請受訪者根據自己的看法給每種犯罪類型的嚴重度打分數，分數從最不嚴重的0.6分（未經許可進入他人住宅），到最嚴重的35.7分（故意殺人），這種測量方法是一種等距量尺，因爲分數之間的距離是相等的，譬如受賄（9分）與汽機車竊盜（8分）兩者當中一分之差，與妨害公務（10分）與受賄之間的一分之差是一樣的。但因爲這種測量方法沒有絕對的零分，故不算是等比量尺。譬如：發生三次妨害公務案件的嚴重性（10分），並不等於發生一件造成被害人受傷的性侵害案件（30分）。

表4-2　各種犯罪嚴重性的答案量尺示範

犯罪類型	以被害對象來分	以嚴重度之得分來分	以嚴重度之排序來分	以平均財產損失（美金）來分
收賄	國家	9.0	9	0
放火	個人	12.7	6	10,000
汽機車竊盜	個人	8.0	10	12,000
一般竊盜	個人	15.5	5	100,000
住宅竊盜	個人	9.6	8	1,000
贓物	社會	5.0	12	0
販賣一級毒品	社會	20.6	4	0
使用一級毒品	社會	6.5	11	0
故意殺人	個人	35.7	1	0
妨礙公務	社會	10.0	7	0
酒醉鬧事違反社會秩序	社會	0.8	15	0
性侵害致人受傷	個人	30.0	2	0
搶奪致人受傷	個人	21.0	3	1,000
搶奪未遂	個人	3.3	13	0
強盜未致人受傷	個人	8.0	10	1,000
商店偷竊	個人	2.2	14	10
未經許可進入他人住宅	個人	0.6	16	0

資料來源：Wolfgang et al. (1985).

第三種測量量尺，是依照受訪者主觀比較17種犯罪類型嚴重性後，給予排序或排名，是一種等級量尺。在表4-2的第四欄中，受訪者認爲故意殺人是最嚴重的犯罪，排名第一，造成被害人受傷的性侵害是第二嚴重的犯罪，排名第二，依此類推。等級量尺，只能顯示各種犯罪類型的順序，但各排名之間的差異則不必然有相同距離。

第四種測量量尺是依照受訪者估計每種犯罪類型可能造成的財產損失，價值從零到10萬美金不等，這種就是等比量尺，因爲若答案爲零，代表該種犯罪不會造成任何財產損失，故零分在此是有意義的數值，且發生10次侵入住宅竊盜造成的財產損失（每案有美金1,000元的損失），等於一次縱火案件造成的財產損失（每案有美金10,000元的損失）。

最後，本章想以犯罪學的社會鍵理論（social bonding）爲例，說明學者如何測量社會鍵概念。Hirschi（1969）提出依附（attachment）、承諾（commitment）、參與（involvment）、信念（belief）四種社會鍵時，給予的概念定義分別爲「依附是指個人對家人、親友、師長等重要他人產生的感情聯繫；承諾指個人對傳統活動的投資；參與指個人花在正當活動上時間的多寡；信念指個人是否相信社會的中心價值」（周愫嫻、曹立群，2007）。至於操作型定義爲何，並未明確說明。後來的學者爲了測量這四種社會鍵，便各自努力尋找適當的工具。其中，Wiatrowski、Griswold、Roberts（1981）曾經使用過美國青少年期調查資料庫中的各種問卷題目，試圖全面性測量四種社會鍵，他們設計的測量方法如下（周愫嫻、曹立群，2007），讀者可以評斷這些題目是否能夠代表Hirschi的四種社會鍵概念。

（一）依附：分爲與母親、父親、朋友、學校、學業表現、老師等九項度。

1.與母親親近度指數

(1)你跟母親有多親近？

(2)你想成爲像你母親（或主要女性照顧者）一樣的人嗎？

2.與父親親近度指數

(1)你跟父親有多親近？

(2)你想成爲像你父親（或主要男性照顧者）一樣的人嗎？

3.對朋友的依附：朋友在你的生活中有多重要？

4.和朋友在一起的時間：和朋友在一起對你有多重要？

5.肯定學校指數

(1)你對學校很滿意，因爲可從中學到想學的東西。

(2)你相信學校能幫你成為一個成熟的大人。

6.否定學校指數

(1)你覺得上學很無聊，沒學到什麼重要的東西。

(2)上學等於浪費時間，還不如在校外學得多。

7.學校表現指數

(1)不斷學習，可成為有教養的人。

(2)好好學習，可獲得好成績。

8.學習能力自我評量：跟同學比起來，你覺得自己的學習能力如何？

9.老師關注度：老師常關心你在學校的表現嗎？

(二) 承諾：分為以下八題

1.清楚的生涯規劃：你覺得不能實現自己生涯規劃可能性有多高？

2.職業訓練：你參加職業訓練課程可能性有多高？

3.高中畢業：你高中畢業的可能性有多高？

4.從軍：你從軍的可能性有多高？

5.讀大專院校：你讀大學的可能性有多高？

6.讀大專院校之規劃：你有讀大學的具體規劃嗎？

7.約會的規劃

(1)在學期間，你平均每週幾個晚上會出去玩？

(2)你平均多久出去約會一次？

(三) 參與：由以下三題來代表

1.做功課時間：你每週平均花多少時間做功課（包括上學時與放學後）？

2.你每週平均花多少時間和同學討論功課：除了自己做功課外，你常和同學討論課業內容嗎？

3.你每週平均花多少時間做課外作業：除了學校要求的作業外，你常閱讀課外讀物嗎？

(四) 信念：分誠實與罪惡感兩項度，共四題：

1. 誠實指數

(1)你從不騙人，即使是為了朋友也決不騙人。

(2)你會為了幫好友度過難關，而扭曲真相。

2. 罪惡感指數

(1)我常常會做讓自己後悔的事。

(2)你會爲做錯的事受到良心譴責。

第三節　檢驗測量方法的信度與效度

設計測量方法時，還必須考慮其信度（reliability）和效度（validity）。

一、信度

信度指的是測量方法是否每次都能測量到相同的結果，也就是測量方法反覆使用後，是否能測到一致、穩定的結果。如果用相同的方法重複測量變項所得的資料都是一致的，就表示該變項的測量信度很高。例如，我們可以在不同的研究中問同一個問題：「你多久使用一次笑氣？」可供選擇的答項有：「只在重要節日或活動才使用、每週使用一次、每天使用」。如果在不同研究中，受訪者回答每天使用、每週使用一次或只有重要節日才使用的比例差不多，那麼對這個問題的回答結果的信度就比較高。

若一位研究者自誇自己的研究過程與資料具有高度「客觀性」，所謂「客觀性」的評價標準之一就是其「信度」。換言之，任何人用同一測量方法均測到相似的結果，這個測量方法就是符合「客觀」的標準。反之，如果研究過程與資料蒐集含有偏見，那麼其測量方法的信度低，也就不具有客觀性。

測量方法的信度可以通過「折半法」（split half method）、「重測法」（test-retest method）或「評分者信度」（inter-rater method）的統計技術來評量。「折半信度」是將同問卷之同一系列問題，隨機分爲兩部分，然後分別計算兩部分的折半信度係數，若結果仍高度相關，表示這些題目之間具有一致性或穩定性。「重測信度」是指用同一份問卷，在間隔一段時間後，對同一受訪者重新施測一遍，若兩次施測題目所獲得的答案相關係數（皮爾森積差相關係數，r）高時，則表示該題具有穩定性，也就是信度高。另外，「評分者信度」是請不同的計分員或訪員，針對同一受訪者再計分一次，然後觀察獨立評分者之間評分結果是否相關，若相關度高，表示具有高信度，這種信度評估方法用在內容分析法或觀察法上的機會較大。

信度分數（Cronbach's α係數）通常用來檢視一系列相似題目間的一致性，此值介於0至1之間，分數越高，答案之間的一致性越高。其公式爲Rxx = σ^2T/σ^2X，亦即期望分數的平方差（σ^2T）除以實際分數的平分差（σ^2X），得分

越接近1，表示期望分數與實際分數相近。讀者從現在一般統計套裝軟體上，均可以直接套用這項統計功能，不必親自用手計算。一般而言，量表的信度分數必須至少不低於0.7，題目之間才具有比較可信的一致性或穩定性。

二、效度

至於「你多久使用一次笑氣？」這個問題是否可以準確地測量到受訪者的吸毒習慣，這就是「效度」的問題。效度是指所得的資料是否與測量的目標吻合，也就是測量方法是否能正確、準確的代表概念的程度。如果我們想要了解受訪者之吸毒習慣，卻只問了使用笑氣一個問題，不知道是否為普遍使用之毒品類型，如果使用人口稀少，可能低估毒品問題，所測到的受訪者吸毒準確度就很低。換言之，效度就是操作化的定義是否準確地符合被測量的概念。

在社會科學研究中，測量方法之效度（例如「犯罪」）永遠也不可能像測量距離和年齡來得精確。在研究中，無論是採用官方的資料還是採用抽樣調查的資料，都不可能完全反映一個人、一個城市、或是一個國家的犯罪全貌。概念和變項之間總有差異，因此，效度的評估至關重要。效度的評估又可分為表面或內容效度、效標效度、建構效度，或依照測量方法的準確度分為內在效度和外在效度。

（一）表面或內容效度

表面或內容效度（face validity）是指從外表直接地觀察測量題目與測量目標的一致程度，可從其內容是否已經涵蓋概念的所有內涵或符合邏輯來判斷。譬如：要衡量一個人吸毒習慣，可以設計多重題目來測量，如：「你多久使用一次笑氣？或其他類型毒品？」、「每次使用量？」、「使用前項毒品之場合、場所？」、「如何取得前項毒品？」等，至於這個題目是否可以代表一個人吸毒的習慣，首先可以從其表面效度來評量。研究者可以請其他有經驗的學者專家協助，請他們檢視這個問題是否可以準確地、全面地代表受訪者的吸毒習慣？或者是否為台灣目前普遍的使用毒品種類？或者請他們主觀的評斷這個問題與受訪者的吸毒習慣之間相關是否很高？若相關度高，則表示表面或內容效度高。

（二）效標效度

效標效度（criterion-related validity）是指測量結果與外在客觀指標獲得的結果一致。譬如：我們可以觀察其他研究估計的吸毒行為，若他人設計的測量工具所獲得的吸毒比例與我們的研究相同，表示我們設計的測量方法具有效標

效度。譬如，高中學校成績是否重要？可以完成學業後十年或二十年後，追蹤其薪資、職務、家庭成就、人生快樂程度等為效標。

（三）建構效度

建構效度（construct validity）是指測量題目是否能測量到理論的概念或特質，也被稱為理論效度。若測量方法與理論概念吻合度高，表示具有高度建構效度。要了解測量題目的建構效度高低，通常可以使用因素分析法來檢測。

我們用一個實際的例子來說明建構效度如何協助我們發展出精確的測量方法。Gotffredson與Hirschi（1990）提出通用犯罪學理論（a general theory of crime），其中最關鍵的概念是自我控制，他們認為自我控制低，加上犯罪機會的引誘，是造成所有犯罪類型的主要原因。在書中，他們將理論中「低自我控制」的概念定義為具有六種特性：第一，「對於當下發生之刺激有立即反應，且明顯有現場馬上解決的傾向」（1990: 89-91）[5]；第二，「行動缺乏勤奮持續度」[6]；第三，「冒險性」[7]；第四，「偏愛體能活動更甚於認知或心靈活動」[8]；第五，「自我中心、對他人的困境或需求冷淡或粗心」[9]；第六，「挫折容忍力低、不善用言語解決衝突」[10]。兩人雖然提出自我控制之概念定義，但沒有具體設計出測量方法。一直到1993年，Grasmick等人才設計了一系列的問題，設法測量自我控制（Grasmick et al., 1993）。Grasmick等人的測量方法是第一個，也幾乎是後來所有驗證自我控制理論與各種偏差或犯罪行為根據的典範。Grasmick等人在設計自我控制概念的量表時，也曾經使用了因素分析法來檢驗其效度。

Grasmick等人一開始自「加州心理測驗手冊」（California Psychology Inventory）的「自我控制量表」中，廣泛蒐集可能符合自我控制概念的題目，他們總共找到38題可能與自我控制有關的題目，但也發現該手冊中缺乏測量「喜歡簡單工作」、「偏愛體能活動」相關的題目。經過Grasmick等人仔細揀

---

[5]　原文為：Low self-control includes a "tendency to respond to tangible stimuli in the immediate environment, to have a concret 'here and now' orientation" (Gottfreson & Hirschi, 1990: 89).

[6]　原文為：A tendency to "lack diligence, tenacity, or persistence in the course of action" (Gottfreson & Hirschi, 1990: 89).

[7]　原文為：A tendency to be "adventuresome" rather than "cautious" (Gottfreson & Hirschi, 1990: 89).

[8]　原文為：A preference for physical activity rather "cognitive" or "mental" activity (Gottfreson & Hirschi, 1990: 89).

[9]　原文為："People with low self-control tend to be self-centered, indifference, or insensitive to the suffering and needs of others" (Gottfreson & Hirschi, 1990:89).

[10]　原文為："People with low self-control tend to have minimal tolerance for frustration and little ability to respond to conflict through verbal rather than physical means" (Gottfreson & Hirschi, 1990: 90).

選、刪除、修正、補充後，他們發展了24個測量自我概念的題目，並且對應當時Gotffredson與Hirschi提出的六種特性，分別命名為衝動（impulsivity）、偏好簡易工作（simple tasks）、愛冒險（risk-seeking）、偏好體能活動（physical activity）、自我中心（self-centered）、愛發脾氣（temper）等六個項度，每個項度下均有四題來代表（Grasmick et al., 1993: 14-15），每題的答案都是四點量尺：1.「非常不同意」；2.「有點不同意」；3.「有點同意」；4.「非常同意」。每題得分越高，自我控制越低。

Grasmick等人將這些題目經過因素分析後，取得逐題的因素分數（factor loadings），並且發現可以淬取出六個eigenvalue值大於1的因素（Grasmick et al., 1993: 16），再經過比較因素分數後，他們發現「衝動」與「偏好簡易工作」兩大題內的題目常常互有重疊，若將衝動概念下的4題全數刪除，則其餘的20題分別都可以歸屬在自我控制的五大特性內。此外，觀察前述24題的因素分數，若從大題來看，「偏好體能活動」下的四題因素分數都很低，可能表示體能活動是自我控制概念中最弱的一大項；若逐題來看，24題中因素分數最低的是冒險性中的第9題，表示建構效度不佳，可能無法準確的代表自我控制中的冒險性，因此未來可能需要設計更好的題目來替代這一題。

最後，Grasmick等人也從信度係數來分析，他們發現24題的信度係數可達0.805，若刪除體能活動中的第16題「我的活力比起跟我同齡者更為旺盛」，信度可提高到0.812，信度更高。於是他們決定採用23題的問卷量表，重新經過因素分析後，獲得了如下每一題括弧中的因素分數。

1. 衝動

(1)我做事總是不經思考。（因素分數＝0.470）

(2)我很少為自己的未來事前計畫或準備。（因素分數＝0.383）

(3)即使要付出代價，我也要滿足眼前快樂。（因素分數＝0.616）

(4)我的眼光通常看近不看遠。（因素分數＝0.580）

2. 偏好簡易工作

(5)我會儘量避開困難的工作。（因素分數＝0.415）

(6)當事情演變得越來越複雜時，我總想放棄退出。（因素分數＝0.420）

(7)生命中簡單的事情最讓我感覺快樂。（因素分數＝0.397）

(8)不喜歡挑戰我能力極限的工作。（因素分數＝0.472）

3. 愛冒險

(9)我凡事都想冒險測試自己的能耐。（因素分數＝0.288）

(10)我冒險只為了好玩。（因素分數＝0.429）

(11)做惹麻煩的事時，我會覺得很興奮。（因素分數＝0.523）

(12)我覺得冒險刺激比安全更重要。（因素分數＝0.500）

4. 偏好體能活動

(13)我寧願從事體能活動，也不願意從事用腦活動。（因素分數＝0.341）

(14)我喜歡不停的動來動去，靜坐思考讓我不舒服。（因素分數＝0.349）

(15)我喜歡出外到處走走，不喜歡靜坐冥想。（因素分數＝0.361）

(16)我的活力比起跟我同齡者更為旺盛。（本題最後刪除，故無因素分數）

5. 自我中心

(17)我通常會先考量自己利益，即使犧牲他人的，也在所不惜。（因素分數＝0.602）

(18)當別人遇到困難時，我不會同情他們。（因素分數＝0.392）

(19)如果我做了讓別人不高興的事，那是別人的問題，跟我無關。（因素分數＝0.395）

(20)只要我想要，不管會不會造成別人的困擾，我都要得到。（因素分數＝0.489）

6. 愛發脾氣

(21)我很容易發脾氣。（因素分數＝0.418）

(22)如果有人惹我生氣，我不想跟他們談，只想報復。（因素分數＝0.498）

(23)當我很生氣時，大家最好離我遠一點。（因素分數＝0.407）

(24)當我與別人意見不同時，很難平心靜氣的繼續談下去。（因素分數＝0.416）

後來許多學者以Grasmick等人設計的問題出發，考驗自我控制與各種犯罪或偏差行為的關係。有的學者也批評了他們原始的23題量表效度不夠好，最新的研究是Higgins（2007）將Grasmick等人的24題使用了一種Rasch Model分析法重新分析，結果發現去除當中的八題後，剩下的16題（臚列如下）已經具備了良好的建構效度。

1. 衝動

(1)我做事總是不經思考。

(2)即使要付出代價，我也要滿足眼前快樂。

(3)我眼光通常看近不看遠。

2. 簡單工作

(4)我會儘量避開困難的事。

(5)生命中簡單的事情最讓我感覺快樂。

(6)不喜歡挑戰我能力極限的工作。

3. 冒險性

(7)我冒險只爲了好玩。

(8)做會惹麻煩的事時，我會覺得很興奮。

4. 體能活動

(9)我喜歡不停的動來動去，靜坐思考很不舒服。

(10)我喜歡出外到處走走，不喜歡靜坐冥想。

(11)我的活力比起跟我同齡者更爲旺盛。

5. 自我中心

(12)我通常會先考量自己利益，即使犧牲他人的，也在所不惜。

(13)當別人遇到困難時，我不會同情他們。

6. 脾氣

(14)我很容易發脾氣。

(15)當我很生氣時，大家最好離我遠一點。

(16)當我與別人意見不同時，很難平心靜氣的繼續談下去。

　　有關自我控制概念提出已經二十多年了，想要發展測量自我控制方法的學者不計其數，從Grasmick等人設計的六大項度24題開始，一直到現在，想嘗試改看量表者，均會使用因素分析來證明量表的建構效度。當然，統計方法越來越進步，有的學者也曾經使用過結構方程式模型（SEM）來考驗自我控制量表的效度（如：Longshore et al., 1996; Piquero & Rosay, 1998），一直到前述Higgins使用Rasch Model來考驗Grasmick等人量表的建構效度。這些研究成果，都證明了量表、問卷題目等測量方法要能準確的代表概念，均必須經過嚴格的效度考驗，其中考驗建構效度最常被使用、也最簡易的方法是採用因素分析法。

　　Hay、Forrest兩位學者（2006）對「自我控制」概念的測量又提出一個新的想法。他們認爲過去有關自我控制測量，多半僅捕捉到「態度」，未能納

表4-3　Hay and Forrest測量自我控制增列的問題行為項度題組及其因素分數

題項	1986	1988	1990	1992	1994	1996	1998	2000	2002	平均因素分數
高神經質	.45	.54	.54	.55	.60	.58	.58	.58	.57	.56
說謊	.51	.52	.57	.58	.60	.60	.63	.62	.63	.58
高焦慮	.47	.48	.46	.49	.46	.45	.50	.43	.46	.47
愛爭執	.55	.53	.59	.58	.58	.59	.62	.61	.62	.59
低專注	.57	.60	.60	.60	.62	.62	.66	.61	.64	.61
常放空	.49	.50	.54	.53	.54	.52	.56	.51	.57	.53
霸凌他人	.64	.56	.64	.65	.61	.61	.64	.61	.70	.63
不聽話	.61	.58	.57	.59	.61	.62	.61	.64	.69	.61
做錯事無悔意	.38	.44	.46	.52	.50	.49	.55	.57	.60	.50
無法與友相處	.56	.58	.63	.64	.62	.61	.62	.66	.67	.62
做事衝動	.57	.60	.65	.64	.67	.67	.69	.66	.65	.65
沒朋友	.37	.49	.44	.47	.45	.47	.53	.49	.53	.47
執著	.51	.56	.49	.54	.52	.52	.55	.53	.64	.54
愛動	.56	.57	.59	.58	.59	.56	.62	.62	.59	.59
易怒固執	.63	.64	.64	.63	.64	.64	.64	.63	.69	.64
愛發脾氣	.62	.59	.66	.65	.65	.65	.66	.68	.67	.65
破壞東西	.53	.53	.55	.54	.56	.55	.58	.56	.55	.55
在校不聽話	.53	.51	.50	.58	.55	.56	.60	.62	.63	.56
無法與師相處	.46	.45	.44	.53	.51	.55	.58	.60	.60	.53
Cronback's alpha	.85	.87	.88	.88	.89	.88	.90	.90	.91	.88

資料來源：Hay, C. & W. Forrest (2006). "The development of self-control: Examining self-control theory's stability thesis." Criminology, 44(4), 773.

入「行為」。在他們的研究中，除了態度外，也採用了19項行為項度，意圖測量7到15歲受試者的「自我控制」能力。如表4-3所示，他們的研究結果顯示這19項目在1986到2002年間，九波測試中，均得到了很好的信度與效度測試結果（九波測試平均Cronback's alpha值是.88，平均因素分數介於.47至.65之間）。這個測量方法，不論在信度與效度上，均比Grasmick等人1993年設計量表好很多。

（四）內在與外在效度

另外一種分類效度的方法是內在相對於外在效度。內在效度（internal

validity）是指測量方法的準確度是否排除了其他變項的干擾或影響。干擾越少，內在效度就越高。而外在效度（external validity）則是研究結果是否能夠被推論到其他情境，亦即其普遍化或可被應用性有多高。譬如：研究對象為某一地區國中學生，係以「多久使用一次笑氣？」來測量100位少年的吸毒行為，研究結果30%受訪少年表示一週使用一次，我們若可將此研究結果準確推估到其他不同年齡、性別、地區、學籍的少年，那麼這個問卷問題，就具有高度的外在效度。

三、信度與效度的關係

　　信度高不等於效度高，因為重複地測量到的資料，即使結果很一致或很穩定（信度高），但也可能是「重複地」測到「錯誤」的概念（效度底）。若用圖4-1來顯示信度與效度的關係，則更為具體清楚。

　　測量一個概念如同打靶，如果能夠次次正中靶心，此人可稱為「神射手」。通常神射手的要件有兩個，一是「正中靶心」，二是「次次」能正中靶心。一個好的研究者，其所設計的測量方法若能正中概念的核心，且每一項或每一次測量均能正中概念核心，表示其測量方法精準而穩定，精準度就是本章所強調的「效度」，而穩定度則是「信度」。觀察圖4-1的五個圖像，我們會發現圖E已經具備了神射手的條件，此人所設計的每項測量方法或每次測量結果都能夠幾乎正中概念的核心，因此是理想測量方法中，既具有效度，也具有信度的最佳測量方法。圖A則是另一個極端，不論射擊多少次，均無法靠近靶

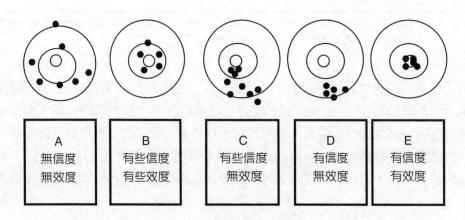

A 無信度 無效度	B 有些信度 有些效度	C 有些信度 無效度	D 有信度 無效度	E 有信度 有效度

圖4-1　信度與效度的關係

資料來源：作者改寫自Maxfield與Babbie（2006）及Babbie（2021）。

心區域，是一種既無信度也無效度的測量方法。圖D則是一個具有信度，但無效度的表現，因為多數射擊均集中在下方偏右區域，雖然射擊的穩定度夠，但偏離靶心甚遠。就一個測量方法而言，不論信度多高，只要沒有效度，就沒有測量到想要測量的概念，因此也是無用的設計。圖C比圖D而言，信度較差，但效度較佳，因為其射擊仍大致集中在下方偏右區域，雖分散度較圖D大，但已經部分可以靠近靶心區域。最後一個圖B，其射擊均以圓形方式接近靶心，已經具有部分信度與效度。如果就測量概念而言，研究人員不能達到圖E的理想境界，至少應該設計出接近圖B的測量方法，然後逐步修正，直到最接近核心為止。

至於如何檢驗、修正、調整測量方法呢？比較節省成本的做法，是借用他人已經設計好、且經過信度與效度考驗過的測量方法，但本做法需要徵求原先設計者的書面同意授權；如果他人的測量方法，不能符合自己的研究需求，需要自己設計測量方法時，研究人員就應該採用前述的信度與效度考驗方法，並在正式進行施測前，經過前測，再行修正、調整，才能使用。目前社會科學家、犯罪學家、刑事司法研究人員最常採用檢驗信度的方法是計算測量方法的信度係數，因為此法較之其他的如折半法、重測法等，成本更小、所需時間少、且因為電腦套裝軟體的發達，計算簡易，且容易判斷結果。至於檢驗效度方面，最常被使用的是請一批專家就測量方法的內容進行表面效度的主觀判斷，然後刪修問卷內容；其次，則是採用統計上的因素分析法來檢驗建構效度，觀察分析結果，比較設計的問卷與理論概念之間的吻合度，如果吻合度高，表示建構效度高，如果吻合度不佳，則繼續修正題目，直到與理論或概念的吻合度可接受為止。

就犯罪學與刑事司法研究而言，信度與效度之間也有關係，通常一個測量方法若信度低，效度絕對不會高，因為每次測量的結果如果不同，或者題目之間的關係不穩定，當然不可能準確地測量到想要研究的概念。

第二種情況是，若信度高，效度一定會高嗎？答案是不一定，因為如果可以每次測量的結果相同，或題目之間的關係很穩定，但不一定使用了正確的方法，準確地的測量到概念。就如同圖E與圖D一樣，兩圖的信度均很高，但圖D的效度卻很差。

第三種情況是效度低，信度仍可能很高。測量方法不能準確地代表想要測量的概念，還是有可能在每次測量結果上，獲得一致的結果，典型的例子就是圖D或圖C。

　　最後一種情況是若效度高，信度通常也很高，因爲測量方法若能準確地代表想要測量的概念，通常每次測出來的結果也需要是類似的，如同圖E與圖B的例子。

　　總之，每個概念的測量方法都應受到信度與效度的檢驗，若無法通過，表示測量方法的品質不佳。測量方法品質不佳，測量出來的結果自然不正確，研究結果也不可信。由此可見，設計測量方法、檢驗其信度與效度，其舉證、論證之結果才符合科學性。

參考文獻

一、中文

周愫嫻、曹立群（2007）。犯罪學理論及其實證。台北：五南圖書。

周愫嫻、孫懿賢、侯崇文、張耀中、翁涵棣（2010）。警察形象與治安滿意度研究。行政院研考會專題研究研究報告。

林順昌（2020）。回顧臺灣假釋制度併論其問題與展望。全國律師月刊，3月號，57-75。

二、英文

Babbie, E. R. (2021). The Practice of Social Research. Boston, MA: Cengage.

Grasmick, H., C. R. Tittle, R. J. Bursik, & B. J. Arneklev (1993). "Testing the core empirical implications of Gottfredson and Hirschi's general theory of crime." Journal of Research in Crime and Delinquency, 30(1), 5-29.

Haggins, G. (2007). "Examining the original Grasmick Scale: A Rasch Model approach." Criminal Justice and Behavior, 34(2), 157-178.

Hay, C. & W. Forrest (2006). "The development of self-control: Examining self-control theory's stability thesis." Criminology, 44(4), 739-774.

Longshore, D., S. Turner, & J. A. Stein (1996). "Self-control in a criminal sample: An examination of construct validity." Criminology, 23, 209-228.

Maxfield, M. G. & E. Babbie (2006). Basics of Research Methods for Criminal Justice and Criminology. CA: Thomson Wadsworth.

Piquero, A. R. & A. B. Rosay (1998). The reliability, & validity of Grasmick et al.'s.

Wolfgang, M. E., R. M. Figlio, P. E. Tracy, & S. I. Singer (1985). The National Survey of Crime Severity. Washington, DC.: U.S. Department of Justice, Office of Justice Programs, Bureau of Justice Statistics. NCJ- 96017.

第 5 章 抽樣

鄭瑞隆

前　言

　　如何獲得具有代表性的樣本（representative sample）與資料（data/
information），提供研究者進行正確可靠的研究分析，是研究者在研究設計與
實施過程中最重要的課題之一。研究是否成功且深具價值，要看研究之資料
如何獲得，是否具有足以反映研究問題之充分代表（representativeness）？能
否達成研究目的？可否讓研究者獲得可信與正確的資料？分析的發現是否具
有可推論性（generalizability），也要從資料之性質加以判斷，故研究之抽樣
（sampling），可以說是研究成功與否的關鍵。本章將解釋抽樣的基本邏輯與
基本原則，介紹抽樣的基本概念、各種抽樣的類型、抽樣的原理，以及抽樣的
操作技術。

第一節　抽樣的邏輯與基本原則

一、抽樣的理念

　　抽樣（sampling）是進行研究資料蒐集最常使用的策略，也是研究過程中
最重要的步驟之一（Royse, 1995）。抽樣有許多好處，適當的抽樣是研究順利
進行，並且達成研究目的與提升信度（reliability）與效度（validity）的最佳保
證。換句話說，抽取具有代表性（representativeness）的樣本進行分析，可以讓
研究獲得更正確、更可信賴的研究結果，其研究結論之價值性與可推論性就會
更高。對於刑事司法研究而言，如何抽取具有代表性的樣本，是一項最重要的
課程。因為良好的抽樣需要仰賴研究者對研究目的的清晰描繪，根據正確的邏
輯觀念進行研究設計，選擇最適當的資料蒐集與研究對象確認與招募的過程。
研究的資料蒐集也與研究測量（measurement）息息相關，在決定如何抽樣之
前，也應該思考如何對研究對象進行測量或觀察。

　　為何需要進行抽樣？最大的理由是研究者通常無法將所有的研究對象全部含括進入研究的觀察行列中，基於有限的時間、人力與經費限制之下，抽樣是一項符合經濟效益的做法。另外，如果抽樣能夠適當地操作實施，則觀察或測量全體的研究對象也是不必要的，因為從具有代表性的樣本所獲得的研究結果，幾乎與對整體對象所做的觀察是極為相近的，因此，也就不需要叨擾全部的對象都接受研究。換句話說，一項理想的抽樣觀察或測量，所得到的統計量（statistics）應該與母群體的參數或母數（parameters）相當接近，誤差甚小、在可以容許的範圍，故對研究者而言，能獲得好的統計量就已經足夠，而且夠具有母群的代表性了。所以，機率抽樣是一種有效率的研究技術。不過理論上而言，具代表性的樣本數越大，則抽樣研究的誤差就越小（陳玉樹、姜雅玲，2013）。

　　抽樣的種類眾多，理想上的抽樣必須根據研究目的嚴格執行（Nueman, 1997）；不過，在社會行為科學及刑事司法研究中，由於研究對象經常是特殊或特定的人員，例如：性侵害犯罪人、吸毒犯，少年幫派分子，在接觸此類人員原本就有相當的困難，加上研究問題常屬於個人隱私（privacy）或社會禁忌敏感的話題，例如：性侵害被害、曾經從事的犯罪行為，所以，理想上的抽樣或完全的機率原則就很難徹底適用，因此，刑事司法研究人員在執行抽樣過程中，常常遭遇到需要學習去妥協（compromises）的狀況，以確保研究仍然有繼續進行的可能性。

　　抽樣可以分為機率抽樣（probability sampling）與非機率抽樣（non-probability sampling）兩大類。機率抽樣又稱為隨機抽樣，可以讓研究者將研究所觀察到的結果推論到那些沒有被觀察到的對象上（或整體母群），而非機率抽樣的研究觀察結果則無法像機率抽樣研究一樣的推論，其類推能力薄弱，甚至不能進行研究的推論。

二、抽樣架構

　　抽樣架構（sampling frame）指研究者進行隨機抽樣之前必須準備擬抽樣的母群體的名冊，例如要對一所學校全校的1,500名學生進行隨機抽樣，則研究者需先能掌握全體學生之名冊或學號表列，然後依照簡單隨機或其他隨機抽樣法（例如系統隨機抽樣）的原理及操作技術加以抽樣。如果欲抽樣的對象無法被列出一份全體母群的名單，例如正在社會上從事性交易的人或正在從事犯罪行為的人，則無法對此類對象進行母群表列（獲得抽樣架構），故要進行隨機

抽樣是不可能的事（Nueman, 1997; Maxfield & Babbie, 2015），因為研究者無法事先獲得一份能涵蓋全體社會上正在從事性交易者或正在犯罪者的名單。

三、抽樣的偏誤（sampling bias）

對於研究方法不夠熟悉的人或未學習過研究方法的人，經常不清楚隨機抽樣真正的意涵，甚至有人以為隨機抽樣就是隨便抽樣。例如有大眾媒體記者在車站前面隨意攔下旅客進行街頭採訪，詢問他們對於新通車高速鐵路的觀感。由於他們都是興沖沖想去體驗時速300公里快感的人，所以對於高鐵抱持非常好奇與正向的心態。結果連續訪問的10名旅客都是肯定高鐵的通車，於是該名記者就向外推論宣稱，民眾對於高速鐵路通車都是高度肯定與支持。其實，可能有部分民眾對於高鐵在無法確保行車安全無瑕疵或營運準備周全狀況下強行通車，抱持有所疑慮或批評的態度，記者可能忘了他在車站前的任意訪問，並不符合嚴謹的隨機抽樣原理，只是一種方便取樣或隨意取樣，樣本的偏誤頗大，因為無法真正代表一般民眾的完整意向，且無法進行一般性的推論。

有些研究人員或教授為了方便起見，將調查問卷隨意帶到自己開課的班級，要求修課的學生幫忙填答，事先並未進行抽樣的規劃，故該項調查的抽樣絕對不是隨機抽樣，而是隨便或任意抽樣，樣本之代表性與可推論性都是問題。學生由於要賣教授的面子，故通常也不會拒絕。這樣的問卷調查十分常見，部分研究人員也不以為意，可能對於研究之品質影響甚鉅。不過，如果只是進行問卷之預試用途，用來修正問卷的信效度及語意，且當研究對象性質與學生相近時，則是可以接受。再次提醒研究人員，千萬不要將隨便抽樣當成隨機抽樣，也不要以為要有隨機抽樣的操作過程，該研究才有價值，這都是一種迷思。

四、信心水準與信賴區間

機率抽樣的分配（分布）結果，告訴我們理論上所有的抽樣分配的估計值（統計量）有68%將落於真正的母群參數（母數）正負一個標準誤（standard error）之間。有95%將落於真正的母群參數（母數）正負二個標準誤之間。這是抽樣分配之信心水準（confidence levels），亦即研究者有68%的信心說，母群個體的分布情形在平均數上下一個標準誤之間；有95%的信心可以說，母群個體的分布情形在平均數上下二個標準誤之間（Bernard, 2000; Maxfield & Babbie, 2015）。

　　標準差（standard deviation）是樣本原始分數的分配情形與平均數之間的差距大小。標準差越大表示該抽樣分數的分配情形越分散，樣本元素或個體之間的異質性越高、同質性越低。通常在統計學上母群體的平均數以希臘字小寫的μ（讀成myoo）來表示，母群體的標準差以希臘字小寫的σ（讀成sigma）來表示。樣本的平均數以M來表示，樣本的標準差以SD來表示。抽樣分配平均數的標準差通常稱為標準誤，以SE（standard error）表示（Bernard, 2000; Maxfield & Babbie, 2015）。當樣本數以n表示時，抽樣分配平均數標準誤（SE）的計算方式是$SE = SD \div \sqrt{n}$。例如，有一個抽樣的研究樣本數為100位大學畢業之社會新鮮人，每月薪資平均為34,500元，月薪標準差為3,000元，則此次抽樣研究的標準誤（SE）為$34,500 \pm 3,000 \div \sqrt{100} = 34,500 \pm 300$元。在95%的信心水準下，經查閱統計書籍的常態分配圖表，發現其標準誤大約為±2，Z分數大約為±1.96，計算其信賴區間（confidence intervals）的做法是：34,500 ± 2SE，故可知，在95%信心水準之下，本抽樣研究之信賴區間介於34,500－2×300與34,500＋2×300之間，即33,900元至35,100元之間，研究者可以宣稱，根據本研究的發現，有95%的信心可以說大學畢業社會新鮮人每月薪資在33,900元至35,100元之間。如果要將信心水準提升到99%，則需要採±3SE，其計算即是34,500 ± 3SE，故可知，在99%信心水準之下，本抽樣研究之信賴區間介於34,500－3×300與34,500＋3×300之間，即33,600元至35,400元之間，研究者可以宣稱，根據本研究的發現，有99%的信心可以說大學畢業社會新鮮人每月薪資在33,600元至35,400元之間。信心水準和信賴區間之意涵與關聯意義就如上述。

五、樣本數的大小問題

　　許多學生或新的研究者經常會問到：「到底我的樣本要多大才可以？」這樣的問題其實沒有特別的標準答案，應該是根據研究問題、研究目的、要推論的精確性、樣本或研究對象本身的性質、研究者本身可用的金錢資源與時間資源、可用的研究人力來加以考慮（Neuman, 1997; Royse, 1995），研究者需要把研究的目的與問題釐清，並確認自己所要的研究精確性及研究結果論述的信心程度，方能決定明確的研究樣本大小。通常研究對象的異質性越高時，所需要的樣本數越多，同質性越高時，樣本數則可以不必太多。對於母群體人數較小的研究，隨機抽樣的比例可能要稍高，對於母群體人數較多的研究，隨機抽樣的比例則可以稍小。例如：如果母群體人數只有1,000人，隨機抽樣300人是較能獲得較正確的結果（抽樣比例為30%）；如果母群體人數有1萬人，則隨機

抽樣比例可以只有10%，即隨機抽樣1,000人左右即可獲得正確的結果；如果母群體的人數達15萬人，則1%（即1,500人）的隨機抽樣比例就可以得到正確的結果（Neuman, 1997: 222）。對於樣本數較少（例如100人）的研究而言，增加100個樣本，就可以讓其正確性提高很多，意義非常重要；但是，對於一份已經有1,500份樣本數的研究而言，增加100份樣本到1,600人，其增加的正確性是相當些微的，並不具有太多意義。一個研究即使有很大的樣本數，但是沒有真正的隨機抽樣或好的抽樣架構，則其樣本的代表性也不會很好，不如有好的抽樣架構、真正隨機抽樣的稍小樣本的研究。

有人說樣本數應該要達到母群體的10%，但是這並非定則，如果是全國性的調查，例如2,300萬人口的十分之一就是230萬人，一般研究絕對無法達成。其實，與其硬是追求某一個固定母群比例的樣本數，不如實際去考慮如何抽取適量的真正具代表性的樣本。在考慮樣本數時，研究者不能忽略可以忍受的誤差值或誤差範圍（margin of error）。例如一般的社會及行為科學研究者都可以接受正負5%的抽樣誤差範圍，也就是說樣本經統計後所得之統計數值（統計量）與母群真正的數值（母群參數或母數）之間的誤差維持在正負5%以內。以民眾對治安滿意度之調查為例，如果受調查民眾對於某一治安措施之滿意度比例為65%，則我們可以說全體民眾之真正滿意度，依統計法則及誤差值推估，可能是在60%至70%之間，有可能低至60%（65 − 5），也有可能高至70%（65 + 5），這樣的可能性都會發生。如果研究者想要讓研究的誤差更縮小，則其抽樣的樣本數就必須增加。根據美國教育學會（National Edtucation Association）的標準，在母群體約50萬人及50萬人以上的研究中，誤差值5%之樣本抽樣數應達384人，誤差值2%之樣本抽樣數應達2,390人（Royse, 1995:166）。不過也有社會科學者提及，在美國全國性的調查研究中，隨機抽樣的樣本數只要能達到2,000人以上至2,500人，就可以具有相當好的代表性（Neuman, l997）。而在台灣2,300萬人口的地區規模中，幾乎所有的全國性電話民意調查都是以獲得1,000份左右的有效樣本為原則，其誤差範圍都可控制在5%以內，甚至是3.5%以內，只要是確實依照隨機的機率原則進行抽樣，都應該算是相當準確的調查。

第二節　抽樣的類型

　　抽樣可以分成機率抽樣（或隨機抽樣）及非機率抽樣。隨機抽樣經常被使用在量化研究（quantitative research）中，其優點是有強大的可推論性與信度檢驗能力；非隨機抽樣雖然也在量化研究中使用，不過如果研究者進行質性研究（qualitative research），則非隨機抽樣就更合適。

　　機率抽樣最基本且最重要的原理，是要讓母群體（population）中每一個元素（elements）（例如：個人、班級、群體、物件、學校、組織、機構）都有相等的機率被抽取成為樣本。因此，要達到能夠進行機率抽樣的前提，是研究者需要掌握母群體的大小，並最好能夠取得母群體的全體名冊，即所謂的抽樣架構（sampling frame），決定要抽取多少樣本、抽樣比例多少，並以符合機率原則的隨機方式決定樣本，方能確保母群體中的每一個元素都有均等的機率被抽取成為樣本，這樣方能符合機率抽樣或隨機抽樣的原則，也使得樣本研究的結果可以用來預測或估計母群體的特徵或特質。

　　如果母群體中每一個元素都是完全相同特質或特徵，換句話說，其同質性（homogeneity）達到100%，則機率抽樣的原理告訴我們，只要抽取一位加以研究或觀察分析，即可獲得對整體母群加以描述的結果（陳文俊譯，2005）。但是現實的狀況是，在人文現象、人類行為或社會現象幾乎都充滿相當大的異質性，社會及行為科學研究的對象，不論是人、群體、組織、行為、態度、知覺、經驗、事件現象、犯罪行為等，都有相當的複雜性與變異性，所以可以理解的情形是，抽樣的元素特徵可能差距甚大，因此，很難以單一或少量的樣本代表整體母群體的狀況。因此，在研究中抽取適量的代表性樣本，是社會行為科學研究或刑事司法研究所必須慎重執行的，除非是單一個案研究（single-case study）或多個案研究（multi-case study）。不過其研究的深度，就不是一般的抽樣調查研究所能比擬，可能需要搭配質性研究的深度訪談、深入觀察分析，方能獲得所需要的足夠資訊，對個案有深度豐富的描述（Maxfield & Babbie, 2015）。

　　社會及行為科學研究，特別是刑事司法研究，經常遭遇到對於某一特殊類型研究對象無法以隨機抽樣的方式來獲得樣本，在機率抽樣不可行的情況下，研究者可以採取非機率抽樣的方法去取得研究樣本（王佳煌、潘中道等譯，2002）。使用非機率抽樣時，研究者就應該知道其目的不在於將研究的結果推論到母群體，因為非機率抽樣的研究結果的類比及推論能力較弱，可信度也可

能較弱，研究樣本的特殊性可能與其他相類似的樣本有不小的差距。因此，在闡述或討論非機率抽樣研究之結果時，研究者必須十分審慎，切勿過度推論，以免造成謬誤或誤導。

　　不過，在刑事司法研究中，非機率抽樣的研究價值及研究結果的重要性與實務上之參考價值，都不會比機率抽樣差。例如，刑事司法研究者針對特殊的犯罪人或被害人進行少數個案（甚至單一個案）深度的研究，不論有無涉及使用統計分析，從他（她）們幼年的成長史、家庭背景與家人互動關係、社會人際互動與社會關係、學校學習歷程與人際關係、特殊生命事件、犯案或被害的歷程與結果、個人對某一問題的特殊見解和認知等去深入挖掘探索，可能是透過一系列的深度訪談、近距離的深入觀察、相當完整的資料蒐集與分析等，其所獲得的研究發現與結果應當是具有極高的參考價值，對於犯罪矯正、犯罪預防，或者是一般的兒童少年保護輔導、家庭教育等專業人士，都將有重要的意義，甚至對於政府在研擬相關犯罪防治政策時，都可能產生間接的影響。因此，當研究無法或不適合進行隨機抽樣時，研究者切勿過於焦慮，導致部分研究明明不是執行了機率抽樣的抽樣過程，卻要在研究報告中假稱自己的研究是機率抽樣，熟悉研究方法的人士一看便知道那是一個錯誤的想法或寫法，因為該研究的母群體根本無法事先被掌握或事先明列名冊以供機率抽樣。

第三節　機率抽樣

　　本節將介紹數種「機率抽樣」（隨機抽樣）的類型，包括簡單隨機抽樣、系統隨機抽樣、分層隨機抽樣、多階段叢集隨機抽樣、多階段叢集分層隨機抽樣等（Maxfield & Babbie, 2015）。

一、簡單隨機抽樣

　　簡單隨機抽樣（simple probability sampling）是最基礎、最基本、最簡單的隨機抽樣方法。研究者先取得所有母群體元素的名單，或是整理出一份完整的抽樣架構，給予每一個元素一個名義上的編號，然後根據數學上的隨機原理（指每一個元素都有一樣的機率獲選）從抽樣架構或母群中抽出所需要的樣本，達到所需要的樣本數量即停止。傳統的抽獎或摸彩活動，經常使用簡單隨機抽樣的方法，從一箱大小、質量相等的號碼彩球中，隨機摸出預定數量的幸

運中獎者，在摸彩的過程中，箱中所有的號碼彩球都有相同的被抽中機率。

　　進行簡單隨機抽樣，社會行為科學或刑事司法研究者一般使用由統計學家完全依照隨機數學原理發展出來的亂數表（random-number table）（幾乎每一本統計學或研究方法教科書附錄中皆有），或根據電腦產生出來的亂數來進行抽樣。例如，有一研究者欲從1,000名收容少年中隨機抽取200人接受生活狀況的問卷調查，作為改善生活條件的決策參考。研究者首先賦予每一位收容少年一個流水編號，假設從0001至1000。由於極端值有兩個，分別是0001與1000，其餘998個元素都是三位數，為了抽樣的效率，故研究者決定以抽取三位數的號碼為主。此時先在亂數表上隨意決定一點，往右看三位數，獲得一個數字，例如是387，此數字就是被抽中成為樣本的第一位少年收容人。繼續依照往右及往下的原則，研究者持續獲得的數字如下：021、583、740、811、245、980、626、439……，這些編號的少年就依序成為樣本對象。研究者持續抽樣至200個樣本數為止。另外，如果研究者根本不想去除極端值，也可以在亂數表上看四位數的數字作為抽樣的對象，例如，研究者抽中的四位數號碼分別如下：4075、2497、6188、0741、1299、5830、8649、1572、0894、1027、7325、0058、4809、2781、3596、0412……，其中能成為本研究樣本的個數只有千位數為0或1的數字，當千位數為1時，其百十個位數都必須是0，即1000，當然此機率是很小的。在此，成為合格樣本的號碼分別是：0741、0894、0058、0412，其餘抽中的號碼都必須捨棄，因為並無那些編號的少年在該收容機構。此時研究者必須保持耐心持續隨機抽樣下去，一直到滿足條件的200個樣本數皆出現為止。總而言之，以亂數表進行簡單隨機抽樣時，研究者必須非常有耐心，仔細確實抽樣，方能獲得足量正確的樣本數。

二、系統抽樣法

　　系統抽樣（systematic sampling）是本於簡單隨機抽樣的原理，經過改良調整使得抽樣的過程更有效率、更簡便。欲進行系統抽樣時，研究者根據母群體或抽樣架構元素的數量及所欲抽取的樣本數作為計算抽樣間隔的依據，先算出抽樣間隔的大小，然後也是使用亂數表為抽樣工具，先隨意決定第一個樣本號碼，接下來則每間隔多少樣本抽取一個樣本，持續抽至滿足的樣本數為止。如果母群數有1,000，而欲抽取200個樣本，則平均是每間隔5號抽取1個樣本（1000÷200＝5），所以，研究者首先賦予每一位母群元素一個流水編號，假設從0001至1000，然後以亂數表隨意決定第一個樣本的號碼，假設為425

號，則下一個樣本就是430，然後為435、440、445、450……，依此原則往下抽取，一直抽到1000號然後跳回前面去循環，例如1000號之後就是005、010、015、020……，直到最後抽到滿足200個樣本數為止。這樣的做法遠比單純的簡單隨機抽樣更有效率，可以節省不少時間與精神。

　　不過，系統抽樣法有其固有的問題需要研究者多加留意，以避免出現所謂的系統偏誤（systematic errors）。研究者需要特別注意，其母群體或抽樣架構裡的元素之排列方式，是隨機排列或具有某種循環性質的週期性或次序性（periodicity）。如果元素的排列具有週期性或次序性，有可能會發生所抽取的樣本出現系統性的偏誤（Maxfield & Babbie, 2015）。例如，某一班級依照學生的成績分組排列座號，全班40人共分成五組，每一組均從1號排至8號，例如第一組第一名是101，第二名是102，其餘依序編號至108；第二組第一名是201，第二名是202，其餘依序編號至208；依照此方式，其餘學生還有301至308，401至408，501至508。有一研究者欲從全班抽取五人進行學科能力測驗，在不知導師分組編號的原則之下，使用系統抽樣法，先決定了第一位樣本為全班的1號，即101，然後從各組均抽出該組的1號，結果所抽取的樣本五名是101、20l、301、401與501，此五人正好是全班最優秀的前五名，此研究者之測驗結果宣稱全班都非常傑出，不需要補救教學。真實的情形是，研究者在不清楚母群編號原則的情形下，為了省事使用系統抽樣法，不慎產生了樣本性質的系統化偏誤，其研究結果當然不能代表全班真實情形，研究發現之誤差甚大。因此，使用系統抽樣法進行抽樣的研究者，必須在進行抽樣動作之前先檢視或了解母群或抽樣架構中元素排列有無週期性或次序性，如果有的話，就不宜繼續使用，必須等週期性或次序性被消除，或者確認元素排列無週期性或次序性，方能使用系統抽樣。

三、分層抽樣法

　　分層抽樣（stratified sampling）指研究者對於研究母群體或抽樣架構裡的元素，在進行抽樣動作之前先對其特徵進行分類，通常是人口學變項之個人特徵，例如：性別、年齡、族群、教育程度、職業、主修領域或學校、婚姻狀態、居住地區……，然後再依照抽樣的原理從各分層（類別）中抽出所需要的樣本數。分層抽樣可以和其他抽樣法結合使用，例如研究者可以使用叢集分層抽樣法（cluster sampling with stratification）。關於叢集抽樣法，將於下文加以介紹。

使用分層抽樣法的目的是為了讓研究者能抽到重要或關鍵的研究對象，特別是少數族群或稀少研究對象，如果只以簡單隨機抽樣或系統抽樣可能無法抽到，導致「遺珠之憾」，故研究者先依照研究目的或問題，將「不想錯失」或重要的少數族群歸成一類（分層），例如，要在一個人口40萬的城市進行隨機抽樣500人，有可能抽不到原住民，為了確保原住民一定能夠在隨機抽樣的過程中被抽中。該城市的居民中，一般福佬人有19萬8,000人，外省人有15萬人，客家人有5萬人，外國人有1,200人，原住民有800人。研究者先將該城市的800名原住民歸成一類，並將其他居民依照其族裔類別進行分層，例如一般福佬人、客家人、外省籍、外國人等，總計居民（母群體）的族裔被分成五個分層，研究者從這五個分層中各隨機抽取100人接受問卷調查，如此操作方式可以確保每一不同族裔的人都能夠有相當的人數在隨機抽樣的樣本中，雖然每一個分層的元素與其他分層元素被抽中的機率不同，例如外國人和原住民被抽樣的比例高於一般福佬人，但是在自己分層中的元素被抽中的機率是相等的，因此，仍然是隨機抽樣。

通常被社會行為科學或刑事司法研究者用來對抽樣母群進行分層的變項，有族裔、性別、年齡、教育程度、社經地位、前科狀態、居住地區、政治傾向、信仰類別……，目的是要提升每一分層內的元素間之同質性，擴大化區隔每一分層間元素的異質性（maximizing the between-group variance and minimizing the within-group variance）（Bernard, 2000: 15l; Maxfield & Babbie, 2015），使得研究目的更容易達成或研究樣本的代表性能夠更佳。

分層抽樣可以再分為比例分層抽樣法（proportionate stratified probability sampling）及不等比例分層抽樣法（disproportionate stratified probability sampling）。當所有分層內的元素被隨機抽取的機率是相等時，叫作比例分層抽樣法，此時數量較多的分層當然可以有更多的元素成為樣本，最後占樣本數的比例也會較高。例如，以前述的例子而言，如果一般福佬人、客家人、外省籍、原住民、外國人等這些族裔分層被抽取的比例都定為八百分之一，則最後可以獲得總樣本數是500人。不過，因為各分層的抽樣比例完全一樣，故最後可能獲得的各族裔人數是一般福佬人247或248人，客家人62或63人，外省籍187或188人，外國人一或二人，而原住民只抽中一人。這樣的做法顧及每一分層抽樣比例的均等性，但是卻讓整體500個樣本中原住民與外國人所占人數太少，研究的結論容易受質疑，不易去推論原住民及外國人的狀況。

另一種做法是不等比例分層抽樣，目的是要讓少數元素的分層與多數元

素的分層有相同或比較相近的元素數量成爲研究的樣本。就像前述研究者把五類族裔的居民各隨機抽取100人參加研究調查，則一般福佬人被抽中的機率是萬分之5.05，外省人被抽中機率是萬分之6.67，客家人被抽中的機率是萬分之二十，外國人被抽中的機率是萬分之八百三十三，原住民被抽中的機率則高達萬分之一千二百五十。爲了使少數族裔（外國人及原住民）有更多人能夠成爲樣本接受研究，研究者設定了每一族裔相同的樣本數，結果其抽樣的比例變成差異甚大，不等比例自不待言。

　　研究者要使用相等比例分層抽樣或不等比例分層抽樣，需要考慮其研究問題性質與研究目的，也要考慮其研究結論欲推估或推論的程度，並沒有絕對好或絕對不好的判斷，端視其適合與否。

四、多階段叢集抽樣法

　　有一些抽樣過程無法事先將所有的母群元素列出，要事先掌握抽樣架構實際上並不可行，此時多階段叢集抽樣法（multistage cluster sampling）就顯得相當好用。此方法讓研究者對於研究對象所在的區域或所居住的地方，從較大的行政區域範圍開始進行叢集抽樣，進入到中等大小的區域，然後進入到較小的行政區域或社區，而在最後抽得的較小區域裡將所有研究對象列出，依照簡單隨機或系統抽樣法進行最小分析單位的抽樣，以獲得事先設定的樣本數。多階段叢集抽樣法可以讓研究者不需事先列出所有母群或抽樣架構名單，但經過數個階段，由較大區域趨近於較小區域或社區，最後再使用簡單隨機抽樣或系統抽樣以抽取適量的樣本。例如：某一研究者欲研究台灣民眾人身安全觀念與被害預防的相關性，他先將台灣所有直轄市及縣市分爲北、中、南、東四個區域，從每一個區域中隨機抽出二個縣市，從這八個縣市各隨機抽出二個鄉鎮市，從這16個鄉鎮市隨機抽出一個村里，將16個村里的成年居民名冊製成抽樣架構，依照十分之一的抽樣比例隨機抽取受測樣本接受問卷調查，共計獲得有效樣本2,500人接受調查，並將研究結果推論至台灣地區民眾對於人身安全觀念與被害預防作爲。此研究至少經歷了三個階段的行政區域抽樣，由大至小，最後隨機抽取村里成年民眾作爲研究對象（分析單位），稱爲多階段叢集抽樣。多階段叢集抽樣法在刑事司法研究中應用時機甚多，屬於經常被考慮使用的抽樣方法。

五、多階段叢集分層隨機抽樣法

　　叢集抽樣法強調從受試者（樣本）之所在地理區位由大而小、由廣域至明確的居住位置，最後確認受試者所在的家戶、學校、班級、教區、舍房、街區等。在多階段叢集分層隨機抽樣法（multistage cluster sampling with stratification）的操作過程中，首先，研究者可以先進行分層，再從各層中進行多階段叢集抽樣，也可以先進行多階段叢集抽樣操作，然後再分層抽樣。總而言之，抽樣方法可以相當具有創意，研究者需依照其研究問題與研究目的選擇最適當的抽樣方法。

　　以下以一個實例說明之：某研究者欲研究台灣地區城鄉警察人員對於警械使用時機的看法，其抽樣的設計：研究者首先將台灣地區分為北、中、南、東四大區域，從每一區域抽取一個縣市，每一縣市抽取一個警察分局，再從每一分局中抽取兩個分駐所或派出所，最後對被抽出之分駐所或派出所全體警官進行問卷調查，從受試者所屬單位位於鄉村或城市去進行其意見的比較分析。研究者也可以先對台灣地區各縣市進行分類（分層），挑出城市、鄉村不同屬性之縣市，再進行多階段叢集抽樣。首先，研究者可以將台灣地區各縣市依照其都市化程度之高低，分成兩大類，即城市與鄉村。例如台北市、高雄市、台中市、台南市、新竹市、新北市、桃園市可以被分類為都市，而其他以農林漁牧業活動居多的縣可以被分類為鄉村，如苗栗縣、彰化縣、雲林縣、嘉義縣、屏東縣、台東縣、花蓮縣、澎湖縣……等。研究者從都市區域抽出三個城市，從鄉村區域抽出三個縣，再從各縣市抽出三個區或三個鄉鎮市，調查各該行政區裡的分局，進行警官的問卷調查，用以分析城市與鄉村的警察人員對於警械使用時機的看法。

　　不論是研究者先進行研究區域的叢集抽樣再進行分層，或者先進行分層再對研究行政區域進行叢集抽樣，都可以稱為多階段叢集分層隨機抽樣法，重點在於抽樣之最後階段對於分析單位的抽取必須是採取隨機抽樣而獲得。研究者可以依照研究屬性、研究目的、研究問題，以及研究實際操作過程的可行性與方便性，進行本抽樣方法之設計，研究者應該保有創意。

第四節　非機率抽樣

　　當研究的問題特殊，或實際的狀況使得研究者無法或不可能進行隨機抽樣時，或者隨機抽樣是沒有意義時，則非機率抽樣（non-probability sampling）就必須考慮使用。例如，研究者要研究汽車竊盜犯罪，如果不使用監獄或看守所裡已經發監執行或被逮捕羈押的犯罪人，社會上應該無法去掌握到一份名單叫作「汽車竊盜者名錄」，因此，要對此類的人進行隨機抽樣，實在是不可能的事。相同的情形還有研究社會上從事性交易者、買春者、販毒者、吸毒者、賭博者、性侵犯行者、性侵害被害人、家暴加害人、家暴被害人、非法外籍勞工、逃家的新移民配偶、臥底警調人員、線民……，通常這樣身分的人具有社會污名化、禁忌性或違法性，他（她）會盡可能掩飾自己的身分或極少承認自己的行為，故研究者要去事先掌握一份抽樣架構或母群體名冊，幾乎不可能。雖然少數治安或犯罪偵查機關能掌握一部分名單，不過那是為了犯罪偵查或維護社會治安的目的，在職業倫理的考量及法律規定之下，應該不可能對一般的研究者揭露或交付。因此，在刑事司法方面的研究，非隨機抽樣使用的頻率相當高，甚至會超過隨機抽樣。故研究者對於此類的抽樣技術與原理，必須切實掌握。

　　以下介紹四種非隨機抽樣的方法供研究人員參考。由於研究者無法從現存的名單中隨機抽樣，故在非隨機抽樣的方法使用時，也可以稱為「取樣」，而不用抽樣，以區隔其無法隨機抽樣的特徵。

一、配額取樣

　　配額取樣（quota sampling）能夠解決樣本代表性的問題。進行配額取樣時，研究者要先繪製一份能夠清楚完整表述目標母群體（target population）特徵的矩陣圖表（matrix），以便隨後在實際進行取樣時能夠明確無誤，獲得該研究所需要數量與特徵的樣本。例如，研究者欲以配額取樣法抽取警察人員接受研究訪問，他（她）應先知道全體警察人員的性別比例，教育程度分布比例、官等分布比例、職務分布比例、年資分布比例等，然後依照這些母群體特徵的比例設定其所抽取樣本數量與樣本特徵的配額比例，在「配額取樣表」中定出各種特徵警察人員的人數及比例。假設欲取樣1,000人，而警察人員母群體的性別比例是男女9：1，則研究者應該配給樣本男性警察人員900人，女性警察人員100人。如果教育程度是研究所與大學（專科）1.5：8.5，則應該取樣

研究所學歷之警察人員150人，大學或專科850人。如果官等是警監、警正、警佐1：10：100的話，則應配額警監九人，警正90人，警佐901人。這樣的特徵於配額表出現時會在每一個細格（cell）中出現某一數字，就是研究者應抽取符合該細格特徵的樣本人數。

　　配額取樣有一些問題需要研究者去留意。首先研究者必須能夠掌握最新的、正確的配額取樣架構（即配額取樣表中的正確數字），通常這個表格不是現存的，是研究者根據研究目的與需要自行蒐集相關資訊製成的，其正確性是最重要的，但是研究者在掌握最新的正確訊息方面常會遇到困難。因為這些訊息常需要官方或相關機構來協助提供，否則研究者就需要查閱相關文件、資料，或在電腦網路裡痛苦掙扎很久，方能獲得。不過，事實上有些資料連官方或相關機構也沒有，例如，社會上正在從事汽車竊盜者的母群特徵，根本任何人、任何機關都無法掌握，這也是配額取樣研究者必須面對的難題。其次是，即使研究者正確掌握到符合配額特徵或數量的研究樣本，他（她）仍然有可能出現選樣的偏誤，因為研究者有可能有意無意地選擇看起來比較友善（面善不兇惡或家裡沒有惡狗），或比較容易接觸到的對象（不用長途跋涉或上山下海）去加以研究。因此，要完全讓配額取樣研究做到完美無瑕，確實有其困難，不過研究者仍須儘量去努力。在研究實務上，配額取樣法與立意取樣法經常互相搭配使用，讓所抽取的樣本更具代表性。

二、立意取樣或判斷取樣

　　立意取樣或判斷取樣（purposive/judgmental sampling），顧名思義，是根據研究者對於該研究問題的認識、研究對象性質與特徵的了解，依照研究問題、研究目的與研究者自己的判斷，去選取合適的研究樣本。研究對象及樣本的數量由研究者自行決定，或與專家討論後決定。許多研究者都想對大量的研究母群體去進行隨機抽樣，不過當遇到大量隨機抽樣不可行或不可能時，研究者事實上在過程中已經掌握了相當數量的適合對象，且對那些對象進行研究也可以發現相當接近結果時，此時研究者可以考慮採用立意取樣或判斷取樣。

　　例如，研究者想要研究社區巡守隊之建制與運作情形，發現要對全國眾多的社區巡守隊進行隨機抽樣似乎不可能、也不可行，特別是其研究目的是要去處理某些特定社區巡守隊的問題時，進行大規模的隨機抽樣也沒有實際上的需要，所以，研究者就鎖定某一特定社區的巡守隊，或某些社區的巡守隊進行研究，並說明其取樣的理由與其研究目的之間的契合度，此時，運用立意取樣就

顯得十分適合。假設研究者目的要比較城市與鄉村社區巡守隊運作上的差異，則其立意取樣的對象就必須考慮能提供研究進行城鄉比較的需求，一定要抽取真正位於城市某些典型的社區巡守隊，以及位於鄉村典型的社區巡守隊，才能讓其研究達成目的，獲得有意義、有效度的研究發現。

　　刑事司法研究中研究者經常需要去比較不同地區、不同行政單位對於犯罪防治措施執行的差異，研究者經常會使用立意取樣去選取呈現出某些特徵的地區或單位，因為那些單位或地區的特徵或性質符合其研究設定要去觀察的目的。例如，研究者發現某些地方法院少年及家事法庭在裁定家暴加害人接受鑑定與處遇的比例偏低，但也有其他地方法院少年及家事法庭在裁定家暴加害人接受鑑定與處遇的比例明顯地高於前述地院，研究者為了了解兩類地院裁定比例差距甚大的原因，故根據研究目的與企圖，鎖定他（她）認為適合用來比較研究的六個地方法院，其中三個是裁定比例較高的，另三個是裁定比例偏低、甚至幾乎是不裁定的地院，經過相關文件之蒐集分析、對兩類少年及家事法庭法官、司法事務官或法官助理進行研究訪談，結果發現了重要的原因，提出建議供司法單位及家暴防治單位參考。此時，使用立意取樣是最恰當不過的選擇了。

　　最具代表性的立意取樣研究之一，是選舉投票日之「出口調查」（exit polls）（Maxfield & Babbie, 2015）。許多媒體的民調專家會選擇與本次選舉全區性質相似、選民結構相似的少數投開票所，進行選民投票後的出口民調，研究者係清楚掌握了全體選民結構與屬性，根據這些訊息選擇特定的投開票所，在選民投票之後立即詢問其投票內容，在充分匿名或保密處理之下，許多選民願意配合說出他（她）們剛才投票的意向。如果研究者對於全區及該投票所選民結構與性質正確掌握，且注意拒絕調查民眾的性質，進行適當的加權處理與修正，受訪的民眾也充分理性與誠實，則出口民調雖然未有全區隨機抽樣的過程，仍然可以在短時間之內對選舉投票的結果做出非常精確的預估。

　　立意取樣法也常被用來進行問卷編製過程中的預試（trial）（Maxfield & Babbie, 2015），幫助研究者修正其問卷，使其研究有更好信效度。例如，有研究者欲編製一份犯罪被害者對於補償制度觀點的研究問卷，研究者不需要對一般的民眾進行大規模的隨機抽樣問卷預試，他（她）可以根據研究目的直接選定某些犯罪被害者進行問卷調查，以其分析的結果進行問卷的修訂。

　　立意取樣有一些問題需要研究者多加注意。立意取樣研究通常有特定的對象、特定的研究問題，要去達成研究者特定的研究目的，因此，研究者需注

意，不要將立意取樣研究的結果當成隨機抽樣的研究結果，特別是在研究的討論或推論時，不要過度推論或過於自信，以免不慎犯下謬誤。再者，進行立意取樣研究的研究者，在看待自己的研究結果時，本來就不需要有想要擴大延伸其解釋性的想法，因為立意取樣的研究目的既然已經達成，那就滿足了，多想無益。至於研究報告的閱讀者本身要如何從該研究報告獲得啟示或想法，則非立意取樣研究者能去控制的。

三、方便取樣

方便取樣（convenient / haphazard sampling）是根據研究者的方便，由研究者任意自行決定要以誰為研究的受訪對象；或者，有誰願意接受研究的訪問、問卷調查或觀察，就由誰來接受研究（reliance on available subjects）。例如，有部分的記者在人潮眾多的公共場所隨意挑選受訪對象，詢問他（她）們對於某一治安政策的觀點，在隨意訪談幾名民眾之後，便對民眾的回答或反應做下結論，提供電視新聞台播出民眾對於政府治安政策的看法。記者也許自稱隨機抽取受訪者，但因為缺乏隨機抽樣過程所需要的機率確認及抽樣架構的安排，故此處的隨機其實是隨意或任意的意思。隨意取樣就是方便取樣的另一名稱，這種做法容易造成抽樣誤差，許多未受有關研究方法良好專業訓練的研究者或觀察者常會使用此種方法，一般較為嚴謹的社會科學研究，研究者極少使用這種方法。

在大學裡大型班級的教室裡常有教授或研究生帶來問卷填寫的請求，授課教師通常也會鼓勵同學盡可能幫忙，因為其容易性、方便性、經濟性，故這樣的做法相當普遍。由於這樣的問卷調查並未經過隨機抽樣，只要該班級的學生願意幫忙填寫，就可以填寫，故算是一種方便取樣。此類方便取樣的做法通常是用來進行問卷或量表題目的修訂或預試，比較少用在正式的研究資料蒐集當中，因為其研究的結果有相當大的偏誤，樣本誤差可能會導致整個研究失去價值。

四、滾雪球取樣法

在刑事司法或其他社會行為科學研究中，由於許多研究議題的研究對象不易尋找且數量較少，或因為研究對象涉及敏感問題、禁忌問題或具有社會非議性質的情事或經驗，故研究者很難從一般人群中去找到適合的研究對象。甚至，該類研究對象本身會盡量減少讓自己曝光，隱藏在茫茫人海當中，避免讓

他人知道自己的身分或過去的經驗，經常難以接受研究，故需要透過特殊的取樣方式去接觸，方能達成研究的目的。

　　滾雪球法（snowball sampling）允許研究者根據其特定的研究目的去找尋符合其研究問題需求之研究對象，通常一開始先找到一、兩位符合條件的受訪者，研究者與他（她）們進行研究訪談，並培養彼此正向的關係，訪談後請受訪者協助介紹他（她）的同儕或有相同經驗的朋友給研究者，甚至可以請該受訪者協助穿針引線、協助引見其他符合條件的研究對象，透過這樣逐漸擴大受訪樣本的歷程，經過一段時間，研究者可以獲得相當數量的受訪樣本。這個過程類似一傳二、二傳四、四傳八這樣的逐步擴大樣本數過程，有點像高山頂上一開始有一粒小雪球往山下滾，越往山下越滾越大，最終成為一顆大雪球，故名為滾雪球法。滾雪球法常用在需要實地觀察（field observation）或特殊訪談（special interview）的研究中。不過，研究者最好能以圖或表說明其進行滾雪球尋找受訪對象的關係脈絡。

　　例如，研究者欲研究從事援助交際的大學生對於金錢與身體價值的認知，此研究絕不可能進行隨機抽樣或典型的立意取樣，透過滾雪球法來獲取研究樣本，似乎是較可行的方式。此研究需要與研究對象進行深度訪談、近距離觀察，甚至需要在其工作的過程中進行觀察記錄。從事援助交際的大學生不太可能公開承認其行為，平時也無法從一般性的接觸或邀約獲得樣本，故研究者想辦法（可能是以金錢購買時間）先找到一位從事援助交際的大學生，與其建立關係並進行深度訪談。研究過程中研究者與受訪者的互動良好、產生信任的關係，當然研究者必須提供充分的保密承諾與嚴謹的研究倫理，請求該受訪大學生介紹其他熟悉或認識的同儕給研究者認識，並說服他（她）們願意接受研究訪談或研究觀察。此時可能開始進入滾雪球的階段，一位介紹另一位或兩位，下一次的觀察或訪談後又可獲得另兩位或三、四位適合的受訪者。持續這樣的歷程一段時間，研究者就能獲得相當量的研究訪談或觀察資料，達到某一設定的量或飽和點，足以提供較為充分與客觀的分析。當然此類研究的文字資料、聲音或圖片、影片資料必須有機密的處理，不應造成研究對象的困擾或傷害，研究者也可以充分保護自己，免遭困擾。

　　使用滾雪球法的研究，由於通常無法在短時間內獲得大量的樣本與資料，故研究者需要有耐心與毅力，可能也要花費相當的時間、精神、體力與金錢，也需要良好的人際關係互動能力，部分研究者很容易中途放棄。因此，要進行此類研究的研究者必須有堅強的心理建設與謹守研究倫理的原則，否則不易成

功，且研究的價值性與嚴謹性將受質疑。

　　滾雪球法之實施過程需要研究者對整個過程及相關的人際關係脈絡，進行詳細且清楚的記錄或圖示，方能提升研究之信度。特別是在研究的報告中，研究者必須能清楚地繪製或說明研究樣本是如何進入其研究中，透過什麼管道或人際脈絡介紹，接觸的過程與結果如何，如果能夠繪製出「滾雪球脈絡圖」則更佳。

　　滾雪球法既不是機率抽樣，也不是一般的非機率抽樣，算是特殊的非機率抽樣，其使用時機與適合性，需要研究者事先深思熟慮，並最好與專家進行磋商，謀定而後動。其研究結果之論述與結論之抽離，需要研究者適當的鋪陳，勿過度引伸或推論。

第五節　結論

　　抽樣是社會行為科學與刑事司法實證研究幾乎必要的過程，是研究者獲取資料關鍵的途徑，關係到資料品質的好壞，以及研究的信度與效度。因此，一個研究是否能達成其目的、解決其問題，擁有被肯定、被信賴的價值，端視其抽樣是否符合社會行為科學的共通原則。一位好的社會行為科學與刑事司法研究人員，必須熟悉研究抽樣的原理，並時時刻刻追求正確、忠實及合適的抽樣過程，熟練抽樣的技術，知道什麼研究採用哪一種抽樣方法最好。

　　抽樣大體上可以分為隨機（機率）抽樣與非隨機（非機率）抽樣兩大方面，其各自有一些原理、原則，並有多種抽樣或取樣的方法或技術可供參考使用，研究者要清楚每一種抽樣或取樣技術的優點與缺點，知道其適用時機，才能做出最明智與正確的抉擇。

　　基本上，沒有哪一種抽樣或取樣技術是最好的，只有對於該研究的問題及目的是否是最合適的。在抽樣時研究者也要清楚知道自己的研究有何限制或有何資源可用，因為並非每一種抽樣技術與方法在每一個研究及研究者身上都能被順利使用。研究者也不需要抱持迷思，以為只有隨機抽樣的研究才有價值，才會被肯定。甚至常誤將隨便抽樣當成隨機抽樣。其實在刑事司法研究，以及許多不同領域的社會行為科學研究（例如：教育、社會工作、心理諮商與輔導、新聞與大眾傳播）中，非隨機抽樣反而適用且正確，其重要性與價值同樣受到肯定，研究者應該忠於正確的專業判斷。

參考文獻

一、中文

王佳煌、潘中道等譯（2002）。當代社會研究法：質化與量化途徑。台北：學富文化。（原作：Nueman, W. L. (2000). Social research methods: Qualitative and quantitative approaches. Boston: Allyn & Bacon.）

陳文俊譯（2005）。社會科學研究方法。台北：雙葉書廊。（原作：Babbie, E. (2004). The practice of social research (10th ed.). Belmont, CA: Wadsworth Thomson Learning.）

陳玉樹、姜雅玲（2013）。問卷調查法。見於蔡清田主編，社會科學研究方法新論。台北：五南圖書。

二、外文

Bernard, H. R. (2000). Social research methods: Qualitative and quantitative Approaches. Thousand Oaks, CA: Sage.

Maxfield, M. G. & Babbie, E. (2015). Research methods for criminal justice and criminology (7th ed.). Belmont, CA: Wadsworth Thomson Learning.

Nueman, W. L. (1997). Social research methods: Qualitative and quantitative approaches (3rd ed.). Boston: Allyn & Bacon.

Royse, D. (1995). Research method in social work (2nd ed.). Chicago, IL: Nelson-Hall Publishers.

沈勝昂

前　言

　　學術研究的主要目標無非在探索現象界裡許多複雜變項間可能存在的「因果關係」（casual-effect relationships）。而探討「因果關係」的方法則有諸多不同的取向，常使用的研究方法如：個案研究（case study）、自然觀察法（observation）、相關法（correlation method）、實驗法（experimental method）。然而，相對而言，實驗法的設計可說是所有方法中最能夠決定變項間之因果關係的研究取向。

　　不過，嚴謹的實驗設計絕對不是爲了「實驗」而「實驗」。每一個實驗都是探究一個自然界的議題。而研究議題的範圍相當廣泛，從日常生活觀察所得乃至由高度抽象理論而來的都涵蓋裡面。

　　而在犯罪學的研究當中，以實驗法的取向來探討犯罪（犯罪行爲）發生之原因的研究非常之少，主要的理由可能是眞正的犯罪行爲實際上根本無法在「實驗中」透過人爲設計的操作而發生，也就是實驗者可能無法眼睜睜地坐視「犯罪行爲」發生。甚至只是退而求其次，透過「模擬」引發犯罪行爲，都會牽涉到「倫理」（ethic）的考量，譬如：以模擬挫折產生攻擊行爲發生爲例，有一說法認爲暴力攻擊的發生是經由對「施暴者」受挫後攻擊的模仿（modeling），於是以兒童爲樣本，讓實驗組的兒童多看「暴力內容的電視節目」（即挫折後以攻擊作爲回應方式），以檢驗事後這群小孩「攻擊行爲」（攻擊行爲以兒童在玩具遊戲中，受挫後對布偶的行爲表現爲指標），比較他們與「對照組」兒童沒有觀看「暴力內容的電視節目」在攻擊行爲表現的差異。

　　這類極具實驗性質的設計在近代的研究當中，大多因爲考量「對受試者（兒童）身心發展有不良影響」之類的倫理問題而不再被允許操作了。況且，只是模式的情況操作，如何能夠推論在實際生活情境中，個人面對因應挫折的影響也有效度的顧慮。因此，以實驗法操弄「獨變項」使得犯罪行爲的依變項

發生的研究幾乎不可能實際的操作。

　　不過，儘管探討犯罪行為發生之實驗取向的研究有直接檢驗的難題，有研究則間接的利用特定的心理學概念進行實驗式的操作，然後透過理論的推論，說明犯罪行為的成因與歷程，譬如犯罪人因具有特定認知上的扭曲致使其注意力偏誤（attention bias），進而引發後續的暴力攻擊行為，這一類的實驗研究沒有直接檢驗「注意力偏誤」或「認知扭曲」如何引發攻擊行為，而是以理論假設為基礎，透過實驗設計的方式，檢驗假設的效果，進而推論特定概念與犯罪行為的關聯。過去這類的研究曾用在檢驗性侵害犯罪加害人可能因「認知扭曲」（如女生其實也很享受男生的搭訕）而誤認女性的本意，因此忽略或誤解女生說不（「拒絕」或「抗拒」）的反應，以至於採取不當的性暴力行為，這類的研究是以傳統認知心理學的訊息處理模式作為推論暴力行為（成因）發生的理論模式。

　　然而，犯罪現象除了由成因（發展）來解釋外，由於犯罪人都有復歸社會的需要與要求，司法矯正機關當然都致力於犯罪人的矯正處遇，協助他們能夠透過處遇的介入（intervention），去除其犯罪的個人成因，因此實驗取向研究犯罪成因的探討也可藉由另一個角度，也就是從犯罪處遇計畫或矯治教育的介入，來檢驗「犯罪行為」減少或「再犯」降低的效果，以確認在處遇計畫或矯治教育中「獨變項」的操作，譬如：衝動控制（impulsive control）、自我控制力（self-control）訓練，是否改善不良青少年「暴力行為」或「暴力犯罪」的發生。由其成效的改善程度，反過去推論「犯罪成因」可能的因素，進而建構可能的理論模式。

第一節　實驗的基本組成要素

　　前述的實驗雖然都與犯罪議題有關，但所屬的範疇卻不盡相同，但從實驗的構成而言，它們都有共同的實驗基本組成要素。

一、背景思考

　　無論進行任何類型的研究，研究者進行研究一定有他們自己的根據與想法，如前述所言嚴謹的實驗研究不是為了「實驗」而「實驗」。每一個實驗都是探究一個自然界的議題。而研究議題的範圍相當的廣泛，從日常生活觀察所

得乃至由高度抽象理論而來的都涵蓋在內。例如網路遊戲如此的普及，我們如果想了解特定類別網路遊戲對兒童行為的影響，那麼我們就必須想到是什麼樣的行為呢？是所有可能發生的行為嗎？當然不是，而是研究者透過觀察、背景研究而擬定出他們認為最容易受網路遊戲影響的行為（如暴力電玩與攻擊行為）。他們可以把這些行為列為實驗研究的假設，譬如攻擊性行為的增加，利他行為減少，藉此過程而產生研究者欲探討的研究議題。

二、基本的實驗設計

　　本質上，使用實驗取向的研究是將實驗定義成一種程序，對受試者進行不同的「實驗操作（處理）」，並測量其對某特定行為的不同影響，作為實驗效果的檢驗指標，因此，研究可以就研究的需要或限制，選擇基本的實驗設計，基本的實驗設計有下列幾種類型：（一）獨立組設計：在這類的設計中，一組受試者給予一種實驗（操作）處理，不同組有不同的處理。原則上，有幾種處理，就有幾組受試者；（二）受試者內設計：在這類的設計和獨立組設計不同，主要差別在每一位受試者都接受實驗中的每一種（操作）處理，換言之，此一設計中只有一組受試者，而每一種處理，受試者都要嘗試；（三）自然組設計：這種實驗的受試者是依據某種自然發展過程中形成的差異特徵來分組，研究所要探究的問題是，在實驗的測量行為上是否各組有不同的表現；（四）混合設計：混合設計的特質就是在實驗中同時操作一個以上的實驗（操作）處理，而其中一個實驗（操作）處理設計可能是獨立組設計，另一個可能是在受試者內設計的實驗（操作）處理。

三、獨變項與依變項

　　在決定實驗設計後，實驗操作就是所謂的獨變項（independent variable），實驗結果的指標就是指稱的依變項（dependent variable），前者是實驗者所操弄的處理（如網路遊戲的時間長短與內容），後者則是針對反應行為的測量（如攻擊行為的頻率與強度）。本質上，受試者對實驗處理（操作）所做出的反應，若如假設所預期一樣地產生一致性的變化，也就是依變項因著實驗處理（操作）而改變，則我們可以說這是一個相關的獨變項，反之，就是無關的獨變項。

四、資料的化約與分析

基本上，由於實驗處理（如兩種或以上的操作）、受試樣本（如100位受試者）都有一定的數量，所以會得到相當筆數的實驗操作結果，直接檢定如此龐大筆數的資料並推論出獨變項與依變項之間的關係是有些困難，因此這些數據必須壓縮、綜合或化約（data reduction），使研究者可以透過簡約的資料理解（或解釋）實驗操作所得到的結果。原則上，常用的資料化約就是利用統計的分析，透過統計分析所得結果（如平均值、t分數）能提供研究者判斷實驗的差異程度、可解釋程度，以及結果是否可靠（信）度，這些統計概念對於討論有關實驗設計及結果詮釋的諸多問題時，即便不一定非必要不可，但卻可以幫助研究者釐清可能的問題與爭議。

五、解釋

最後，針對實驗的結果，研究者會提出「合理的」解釋，研究結果的解釋通常需與在緒論中的「背景思考（前述一）」緊密的契合，這部分的目的是希望能對實驗結果提出一些看法，讓複雜的背景思考、實驗設計、實驗結果可以清楚的呈現以及容易被理解。基本上，對於實驗結果的解釋與討論，必須能針對其主要（核心）的結果做一個完整的整理，同時對於和背景思考中，所整理之過去研究結果的差異，需要嘗試給予解釋，使「背景思考」的想法因著本實驗而有進一步的延伸與擴展。

第二節　實驗法取向的基本特徵

那麼什麼是實驗法呢？基本上，典型實驗法取向的設計有五個核心要素：
一、隨機分配（random assignment）。
二、至少兩組或兩組以上之實驗與控制的分組（experiment and control group）。
三、對實驗組進行獨變項的操作（the manipulation of independent variable）。
四、對實驗與控制組同時進行依變項的測量（the measurement of dependent variable）。
五、「實驗效果」（experimental effect）即是實驗組與控制組間依變項的差異。

　　在經過上述的實驗操作之後，測量實驗組與控制組間之依變項所產生的差異就是所謂的實驗效果。

　　其中隨機分配的控制設計是為了避免因為樣本選擇偏差（sample selection bias）而影響實驗操作真正的效果。而控制組的設計與事後同時進行（實驗組與控制組）依變項的測量是因為其他非實驗操作的因素，也就是其他可能之干擾變項（contamination variable），可能干擾操作獨變項的效果，亦或是可能會使得控制組受到與操作在實驗組中之獨變項類似的影響，使得實驗組與控制組間之依變項的差異，不單純只是操作獨變項發生的變化，譬如：實驗樣本長大成熟（maturation，如變老）、實驗樣本在實驗操作期間，自然產生的變化（naturally occurring experiences）。實驗法同時要求客觀以避免測量偏誤（measurement bias）與實驗者偏誤（experimenter bias），並運用統計方法的分析以確認實驗後測量實驗組與控制組間之依變項是否產生「顯著」差異，藉此才可以判斷實驗操作是否達到「有效」的影響，也就是可將「顯著差異」歸功於「獨變項的操作」，這樣一來，就能夠確定所謂的「因果關係」。

　　為方便說明以下各個概念，在此舉一個由Michael Chandler（1973）所做的一個典型實驗設計的例子作為參考。Chandler曾評估一個設計用來教導非行少年角色扮演技巧的治療計畫（treatment plan）。他認為某些偏差行為者沒有辦法採取他人的觀點是因為個體在社會化過程中的缺失，因而這自我中心主義（ego centric）導致社會的衝突。

　　有45個年齡11至13歲的偏差男孩，隨機分配到三種條件情境中（控制樣本的選擇）。實驗條件由不同的治療介入所組成。第一組治療內容是由研究所學生訓練這些偏差男孩寫下跟真實生活社會情境影片的短文。目的是為了要鼓勵這些行為偏差者去思考這些短文中各個角色的不同觀點。實驗樣本的短文會被記錄且評論，並由研究生引導他們做他人觀點的討論。

　　第二組也同樣寫下短文，但是這些短文會被以跟他們的鄰居有關或是卡通的形式記錄且在過程中沒有觀點取替的（perspective taking）鼓勵。這個控制組是要傾向控制可能會接收治療者特別注意力的可能效果（例如研究生）。第三組則是未接受任何處遇。

　　這些偏差行為者在任何介入進行前做了一項角色扮演能力的測試。這三組在他們的觀點取替的測驗上並沒有得分上的顯著差異。前測在測試隨機分配過程中，也就是讓實驗組與控制組在前測當時的相關變數是相等的。在這個研究中，隨機分配讓在自我中心得分的統計上沒有差別的分組是有效的。

在後測（十週之後），實驗組的平均得分是5.5分，注意組是8.6分，控制組是8.0分（得分越低，越不自我中心）。統計得分顯示實驗組的較低得分並非機會的結果。

然而我們可以將自我中心測量中較低的得分歸因某些特殊經驗或是成熟的影響嗎？實際上並不盡然，因為我們已經預期其他兩組中會有相類似的影響。在這個研究中，我們也可以在無關於干預的內容，減少給予實驗組注意可能性的因子。單就觀點取替技巧訓練這三組樣本的差異看來，我們可以合理推論這個訓練直接影響自我中心的得分（例如功能性的效度，functional validity）。

最後，我們必須要問的是改變觀點取替的技巧是否與犯罪行為相關。Chandler追蹤這些偏差行為者在處遇後十八個月後的研究。

在警察與法庭記錄的追蹤研究發現注意組的犯行平均數是2.1件；沒有處遇的組別是1.8件。這些差異並非統計的可靠。然而，實驗組卻是顯著的不同，他們的平均犯行是1件。相較於處遇前的平均犯行（1.9件），有明顯的減少，而這些減少沒有在其他組別中發現。

Chandler證明了觀點取替的技巧對犯罪行為有功能性的效力，也就是藉由有目的與系統性的介入（intervention）（例如提供治療），減少自我中心與偏差行為。Chandler確認矯治處遇的出路。事實上某些矯治處遇計畫是有作用的，而我們也可以實驗設計的方式證明本文的某一主題。

第三節　內在效度

關於「實驗顯著效果」是否可歸因於「實驗操作」的確定，就是所謂的內在效度（internal validity）。以性侵害犯罪處遇計畫的治療介入為例，實驗者（或研究者）欲證實心理治療有助於降低性侵害再犯的發生，除了實驗組接受心理治療操作介入之外，如果要能夠具備內在效度，那麼實驗者（或研究者）在操作此一研究時，就必須同時至少要有一組沒有接受心理治療之控制組作為對照，以確定心理治療的「效果」。換句話說，就是性侵害再犯的降低是因為實驗（治療）的操作而改變，也就是接受心理治療的結果。

有控制（對照）組雖然可以促進內在效度的提升，不過即使有，控制（對照）組也不能完全保證實驗結果一定具有100%的「內在效度」。一般而言，接受研究操作的實驗組與控制組間在向未正式進行實驗前，組間樣本本身所有

的條件都與要犯完全一樣，譬如：暴力犯罪受刑人的「低自我控制力」在尚未進行「心理治療」前，實驗組與控制組樣本間的「自我控制力」「程度」必須要求一致「相等」，而由於「心理構念」絕對的「相等」不容易要求，這裡指稱的「相等」乃是至少在「統計的」（statistical）差異比較上「沒有達到顯著差異」（significant difference）。

　　不過那些被挑選出來參與研究的樣本，雖然沒有「實驗操作」，但是可能出現所謂「安慰劑」（placebo）效果或「假藥效果」的現象。換句話說，儘管只有實驗組接受專業的「心理治療」，而控制組則在同樣的情況，只有經由一般人進行不具治療內涵的「聊天」，但由於控制組的樣本可能對「心理治療」有所期待，因此雖然「沒有專業治療」，卻也出現類似實驗的「效果」，也就是所謂安慰劑效果（placebo effect）。然而，一般來說，因為「安慰劑」出現的實驗效果通常不會持續太久。

　　而在正式的實驗設計中，為避免安慰劑效果的干擾，操作時通常會採取「雙盲程序」（double-blind procedure）的操作，也就是讓「研究操作者」與「受試者」兩者都不知道「真正的實驗操作」到底是「治療」或是「假藥」，以降低實驗後，不論是由「研究操作者」在進行「評估」，亦或由「受試者」自我評估，其「實驗結果」可能產生的偏見。

第四節　外在效度

　　除「實驗顯著效果」可否歸因於「實驗操作」的內在效度外，畢竟實驗結果是在一個「經過設計」的「人工環境」而發生的狀況，這樣產生的實驗效果是否可以類推到實驗情境外的一般環境呢？關於是否可類推到研究以外的程度，就是實驗研究所謂的外在效度（external validity）。譬如：受刑人在監獄服刑期間進行的「矯治治療」效果，在「沒有服刑」的環境當中（如緩刑或假釋期間），同樣由專業的治療人員進行「矯治治療」的計畫，是否會產生同樣的效果。

　　在犯罪矯治的研究或實務的討論裡，「矯治的療效」經常受到質疑，因為許多的受刑人經常是重複「再犯」的個案，可是在監所內的紀錄通常是「表現良好，悔悟有據」，然後才能提報假釋審核，必須通過嚴格的假釋，再回到「一般社會」生活。因此，理論上，「矯治」在監所內是有療效的，但為何再

犯的情況卻無法有效地下降呢？所以，外在效度攸關實驗設計操作「效果」實際的作用，如果「實驗設計」的結果只能在「人造的情境」才能發揮效果，那麼所有的真相，就只是表現的「假象」罷了，只能活在象牙塔當中。

不過，如何確定結果的「外在效度」，實際上相當困難。譬如：參與實驗的受試者（樣本）都是「被挑選的」（雖然是隨機取樣），所以可能在實驗操作的過程中，就自然地表現出某種特定的行為方式，因此，在「自然情境」中就可能不會自然流露如此的行為方式，這種情況「外在效度」就會倍受質疑。

另外，由於多數的實驗都是在某一族群、特定團體中執行，譬如：大學生樣本、白種人，這樣的結果所產生的「外在效度」，當然在推論上也顯得相當的困難。特別是牽涉到人類行為的研究，在台灣的情況「外在效度」更需要小心翼翼，因為過去的許多研究都是「外國的樣本」、「外國的量表」，過去歐、美的犯罪學理論都是累積「外國的樣本」、「外國的量表」、「國外概念」的結果而來，在台灣的「外在效度」經常都是大家討論的焦點。因此，如何「本土化」過去許許多多的「外國實驗」，對於「外在效度」的提升就顯得刻不容緩。

第五節　類比研究

雖然運用「實驗設計」的研究可能提供嚴謹的「因果關係」檢驗，但是在很多情況卻無法使用「實驗設計法」的操作（譬如：考量實驗倫理的因素），尤其是操弄實驗變項檢驗「犯罪行為」的變化。

譬如：研究者假設父母對小孩幼年的成長發展中，依附關係的不安全感與疏忽（negligence）會導致小孩暴力行為的表現（如打架），如何利用實驗設計驗證這樣的說法呢？按照前述關於實驗設計的要求，首先將小孩樣本隨機分成兩組（或以上），其中實驗組小孩的媽媽必須先接受密集的專業訓練，以確認實驗組小孩的媽媽們能夠與小孩建立較佳的依附關係（提供安全與照顧）。而控制（對照）組的媽媽則必須依原來的教養方式，一直到小孩成年後，才評鑑兩組小孩在不同依附關係的教養方式後，其暴力行為的表現情況。

這樣研究操作除了實驗設計原有的困難外（譬如：如何確定媽媽的教養能力、如何確定孩子沒有其他教養的介入），最大的關鍵應該是研究倫理問題（ethical problems）的考量。其實很多的偏差（犯罪）行為發生都很難「真

實」的操作，因爲透過實驗操弄偏差行爲在「人」的身上發生與否就是不被期待的，更何況透過「實驗操作」（譬如：明知媽媽的教養方式忽略了依附關係的建立，爲了作爲對照組卻忍痛不介入改善），讓樣本（如孩子）「表現出」犯罪行爲更是不被允許。

　　因此，爲兼顧實驗設計法在「因果關係」檢驗的優勢，於是研究者有時會採用所謂的「類比研究」（analogue experiment），來探索研究者感興趣的類似（相關）現象。具體而言，類比研究可以眞正的進入「實驗設計」的操作，那麼「內在效度」的疑慮就可以相對的得到「保證」。然而，也由於是「類比研究」，非眞正的現象、眞正的樣本，那麼「外在效度」的問題，自然就變成研究者「無法逃避」的困難，畢竟這就是類似的「類比研究」。

　　類比研究大致有三大類，第一種「類比研究」是利用實驗操作使得「暫時性的結果」產生，譬如：讓受試者受到「挫折（如：實驗中作業嘗試有意的刁難，使受試者不斷失敗無法通過）」引發其攻擊行爲（如罵人）的產生，這種實驗的操作背後的想法是「如果小小的攻擊可以透過實驗操作（失敗挫折）而引發，那麼眞正生活中的挫折可能就會引起更嚴重的攻擊行爲」。

　　第二種「類比研究」是選擇與原有樣本相同狀態的「樣本」。譬如：大多數的研究都以「大學生」爲樣本，以此研究結果推論到其他的樣本上。以「低自我控制」與犯罪關係爲例，利用「低自我控制量表」的得分篩選出自我控制較低的學生，再以「校園的違規行爲」作爲犯罪情況的指標，探討「低自我控制」對發生「違規行爲」的影響。由此結果推論「低自我控制」與「犯罪」可能的關係。

　　第三種「類比研究」是使用「其他動物」來了解「人類的犯罪行爲」。譬如：以「猴子」作爲實驗樣本，觀察「猴子」早年與母親的分離（或可概念化成不良的依附關係），可能造成「猴子」爾後的情緒穩定與行爲問題（如：被動、不合群、攻擊的表現程度）。由此動物實驗的結果，來推論「人類」在相同情況可能產生類似的行爲表現。

　　然而，不論是採取何種「類比研究」方式，對其（類比）研究結果的解釋終究還是要回到「類比研究」類化到（generalize）「眞正研究」的程度，換言之，就是「外在效度」的疑慮，譬如：實驗中作業嘗試有意的刁難，使受試者不斷失敗無法通過的挫折，是否與眞正生活中的挫敗一樣？「動物」與「人類」間可類比的程度爲何？

　　儘管這樣的問題可能沒有滿意的答案，但相較於「個案研究」、「相關

法」，「類比研究」在「實驗設計」上確實可以得到更「嚴謹」、「客觀」的控制，因此它的結果在「因果關係」的探索上可能相對的較爲精準、可靠，故此在利用「類比研究」的同時，不妨同時「搭配」其他研究法（譬如：相關法的研究）的結果，作爲推論的基礎。

第六節　單一研究參與者（單一受試者）的實驗設計

　　雖然我們之前已討論了針對多位研究參與者的實驗設計，然而想要確認「實驗操作」的效果，並不一定非得所有的實驗都需要有多位研究參與者（樣本）才能進行，在實驗設計中，有一種針對只有「單一樣本」設計的研究方式，用以檢驗實驗操作的效果，也就是所謂的在「單一研究參與者的實驗設計」。

　　在「單一研究參與者的實驗設計」中，研究者想要知道：在獨變項的操弄之下，單一研究參與者的反應究竟爲何。不同於之前所提的傳統個案研究（case studies），單一研究參與者的實驗設計能有較高的內在效度（internal validity）。

　　在此我們舉一研究範例說明單一研究參與者的研究如何能夠提供較被穩定控制的資料（well-controlled data）。這是一位19歲曾因單獨在回家的路上被陌生人性侵害伴隨被害「恐慌症」（a phobia）的女孩Janny，也因此Janny幾乎無法在沒有熟人（親友）的陪伴下單獨上街（如：上學、公園散步、逛街買東西、搭乘捷運等）。Janny表示，她有時（即使有人相伴）會處於極度害怕的狀態、心跳加速、胸口疼痛、頭昏眼花，而讓她最害怕的，就是單獨出外逛街（如搭公共運輸交通工具），特別是陌生的地方。

　　基於暴露法的原則，他們爲Janny設計了一個行爲治療。在治療一開始的前兩週，Janny必須記錄所有她外出（上街）的「停留時間」，並在「主觀受苦感量表」（subjective units of distress scale, SUDS）上，評定她上街（外出）時（含各類外出）當下不舒服的程度，由0-9分，分數越高表示越不舒服，而此階段稱爲基準線的評定期（baseline ratings）。圖6-1顯示了她SUDS的評分與「上街情況」隨著時間的行爲表現。在第三週一開始時，她被要求開始試一些較不會讓她害怕的外出環境——到住家的街道與巷口，每天三次、每次四分鐘。治療者希望讓她漸漸學習暴露在原本讓她害怕的「外出（逛街）」上，能

降低她的焦慮，而此種方法也常被用來治療焦慮症的個案。

　　然而，這個暴露方法的介入，並沒有讓Janny之SUDS的評分與外出停留時間有所改善。當治療師與個案的父母詢問時，治療師發現Janny的外出停留時間只符合被要求的最低標準（譬如：走到巷口馬上跑回家），換言之，Janny並沒有暴露在足夠讓她害怕的刺激物上。為了增加她對外出（上街）害怕的暴露程度，治療師在療程中放入了增強物——古典音樂CD，治療師指示她的父母，只要Janny在當天的外出（上街）中，有吃下至少三種治療所規定的食物，在當天結束前，她的父母就要給Janny古典音樂CD。而就在同一週，女孩表示她能單獨到住家的街道與巷口而沒有任何痛苦的感受。漸漸地，她被要求開始外出到更遠讓她害怕的地方逛街。一週後，她被要求開始到較安全的7-11超商、住家附近公園。接下來的一週是辦公室、校園，再接下來的一週是遊樂場、百貨公司與較陌生的車站。如圖6-1所示，隨著每一種新外出（街上）的出現，女孩在當週的SUDS評分也會跟著下降，這樣的效果無法單純歸因於時間或女孩成熟的因素，因為女孩焦慮的下降是緊跟在新外出場景的暴露後出現，而此種重複下降的焦慮呈現，也很難不用「因治療的介入」這個原因來說明之。而這樣的成果也持續了十九個月之久。

　　此種單一個案實驗設計的形式，通常稱為reversal design或ABAB設計。研究參與者的行為，必須小心仔細地透過下列的步驟測量：
一、剛開始的初始期，又稱基線期（A1）
二、實驗處理階段（B1）
三、撤回到基準線階段（A2）
四、實驗再處理階段（B2）

　　如果行為在實驗處理階段（B1）不同於基線期（A1），而且在B1階段撤回實驗處理、或在B2階段再撤回實驗處理，均會產生這樣的改變，我們很難不去懷疑這樣的改變不是操弄本身，而是偶然或其他的非控制因素。因此，即便這樣的流程中沒有控制組，我們也可以透過時間上先後的不同，來比較實驗操弄間的差異。

　　然而，這種撤回實驗操弄的處理並不能適用於所有情況，因為研究參與者的初始期不一定能恢復。值得注意的是：大部分治療的目標在產生持續性的改變，因此撤回原本的治療介入，不一定能讓個體回到治療前的狀態。因此，這種研究設計大部分是應用在：當研究者相信其操弄的效果只是暫時性的狀態。

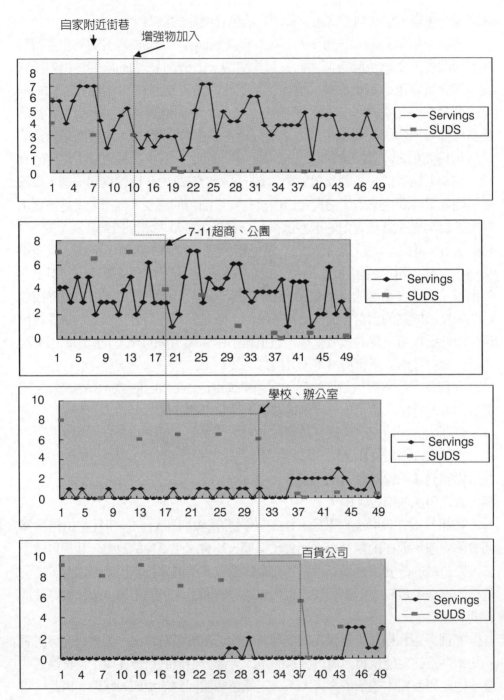

圖6-1　單一研究參與者（單一受試者）的實驗設計

　　然而，這種單一研究參與者實驗設計的最大缺點在於缺乏外在效度，亦即該治療適用此單一研究參與者，未必在其他的個案身上也有相同的治療效果。而結果的呈現也可能與研究參與者在某個行為上，已出現了某種程度的改變有關。因此，研究者常會以呈現多個個案的資料，來支持其呈現的結果。不過，即便如此，我們也要很小心的考慮是否這樣的結果能類推到其他人的身上。此外，單一研究參與者實驗設計的結果，也可幫助研究者去決定：該研究是否能保證在其他人身上也有效果。

第七節　結論：實驗的結果與限制

　　如同前言，學術研究的主要目標在探索現象界裡許多複雜變項間可能的「因果關係」。而相對於其他探討「因果關係」的諸多方法，如自然觀察法、相關法，實驗法的設計可說是所有方法中最能夠決定變項間之因果關係的研究取向。因此，實驗主要的貢獻在於它可以使研究者得知自然界的因果關係。然而，每個實驗畢竟是簡化自然現象的研究設計，多少意味著對一種對自然界的抽象化歷程，對於人們想研究的行為總是有些變項是我們無法完全掌控的。另外，研究者有時也會使用一些與真實生活不同的實驗操作（作業），譬如用考試或噪音作為壓力程度的操控，這和真實的壓力是否能完全對等是值得深思的問題。再者，除了對獨變項的操作之外，其他的變項都必須維持完全的恆定，這也與自然發生的情境完全不同，在真實的情況中，許多潛在的變項時時刻刻都在變化，所以實驗所得的結果能否應用在日常所觀察的行為中也是另一個必須注意的問題。總而言之，實驗法的設計有其探究因果關係的優勢，但自然界複雜變項的多元與變動是其結果推論的主要限制。

參考文獻

Andrews, D. A. & Bonta, J. (2003). The Psychology of Criminal Conduct. Matthew Bender & Company, Inc., New Providence, NJ.

Chow, S. L. (2002). Experimentation in Psychology—Rationale, Concepts, and Issues. In Methods in Psychological Research, In Encyclopedia of Life Support Systems (EOLSS), Eolss Publishers, Oxford, UK, retrieved from http://www.eolss.net.

Kendra, C. (2016).What is experiment method, retrieved from http://psychology.about.com/od/eindex/g/experimental.htm.

Kendra, C. (2016). Psychology Research Methods Study Guide, retrieved from http://psychology.about.com/od/eindex/g/experimental.htm.

陳玉書

前　言

　　長久以來，調查研究法為刑事司法與犯罪研究蒐集資料的主要途徑；本章將介紹和討論有關調查研究的重要議題，如調查研究的發展與盛行原因、意義、特性、型態與限制、實施步驟、資料蒐集途徑、主要蒐集方法的比較和做好調查研究的建議等。

第一節　調查研究的發展與意義

一、調查研究的崛起與盛行

　　調查研究法為社會與行為科學最常用以蒐集事實資料方法，許多質化和量化研究均藉由調查來觀察現象；本章所要介紹的是有關量化研究（quantitative research）的調查研究方法。誠如調查專家Groves所言：「調查為量化的巨獸，其所取得的資訊是自然統計所得。」（Neuman, 2000；參見王佳煌、潘中道等譯，2002：428）而探索性、解釋性或應用性的刑事司法與犯罪問題研究，亦經常運用調查研究方法來蒐集受訪者過去和現在的特性、經驗、意見和態度等問題。

　　追溯調查研究的崛起，1085至1086年間英格蘭威廉一世主導的Domesday Book為早期以普查形式所進行的調查研究，19世紀中期以後，由於社會改革運動和專業服務的需求，在英國、美國和加拿大等歐美國家，調查研究被廣泛運用於了解貧窮、勞動、社區和各類以政治與社會改革為目標的調查中（Kraska & Neuman, 2008: 266-267）。

　　20世紀初期，統計方法、抽樣技術和測量量表的發展等，使量化的抽樣調查更廣泛的運用於不同的領域；對於犯罪與偏差問題的研究，當然也不例外。如布爾傑斯（Burgess, 1928）在伊利諾州對矯治機關犯罪人實施假釋前之

生活經歷調查，而格魯克夫婦（Glueck & Glueck, 1930）於1919至1920年間，動用許多專門調查人員，對麻省州矯治機構男性犯罪者進行調查；德國犯罪研究者希德（Schiedt, 1935）於1931年也進行相似研究（參見簡惠露、陳玉書，2000）。20世紀中期以後，調查研究法逐漸取代傳統犯罪學對於官方統計的依賴，成為刑事司法與犯罪學實證研究的主流。

在英國，自1958年內政部（Home Office）即展開有關刑事司法政策的調查，而Cambridge Study in Delinquent Development有關少年偏差行為的調查在早期縱貫性研究中亦扮演重要角色（West, 1969; 1982）；其後如Hough與Mayhew（1983; 1985）的British Crime Survey，以及Jones、MacLean與Young（1986）的Islington Crime Survey則為運用犯罪被害調查來了解被害現象和推估犯罪黑數的重要研究（Jupp, 1989: 35）。

而調查研究法在美國的犯罪問題研究更是蓬勃發展，Hirschi（1969）著名的社會鍵理論（Social Bond Theory）即以調查研究法蒐集所分析的樣本資料，1970年代以後，美國許多國家型的重要犯罪資料庫亦藉由調查研究方式建立，如由政府部門所支持的犯罪調查、被害調查、執法調查和矯正機關受刑人調查等，而由個人和研究機構所進行的調查更是不計其數（參見表7-1）。

表7-1　美國司法統計局相關調查資料庫

調查名稱	時間
Monitoring the Future: Restricted-Use Panel Data, United States (ICPSR 37072)	1976-2019
National CrimeVictimization Survey (NCVS)	1973迄今
National Survey on Drug Use and Health	1979迄今
Survey of Prison Inmates (SPI)	2016
National Survey of Youth in Custody Alternate, Supplemental Survey on Drug and Alcohol Use	2008-2009
National Survey of Children's Exposure to Violence II	1993-2012
The Pittsburgh Youth Study (PYS)	1987-2001
Annual Probation Survey	2017

資料來源：the National Archive of Criminal Justice Data (NACJD), https://www.icpsr.umich.edu/web/pages/NACJD/index.html.

　　與歐美國家相同，我國早期的犯罪研究大都以官方犯罪統計為主，自1966年起由張甘妹等受法務部委託所進行一連串犯罪預測研究，為早期較有系統的調查研究（張甘妹，1966；1975；1987），1980年代以後由於政府行政機關逐漸重視以犯罪問題為核心的調查，其中又以法務部、內政部、科技部和國發會等為研究的主要支持者，與犯罪有關的各項調查研究如雨後春筍；由於這些研究的進行，國內刑事司法與犯罪領域相關知識逐漸建立起來。

　　睽諸國內外刑事司法與犯罪調查研究的崛起以至盛行，有五股力量為促使調查研究法廣泛被使用（Jupp, 1989; Maxfield & Babbie, 1995；許春金，2013；蔡德輝、楊士隆，2019）；首先，受孔德實證犯罪學的影響，19世紀末的犯罪學實證學派倡導以實證（empirical）客觀的科學研究方法來分析生物、心理和社會因素如何對犯罪產生影響，奠定實證科學在犯罪研究的基礎和理由；其次，20世紀中葉以後，以自陳報告犯罪調查（self-reported crime survey）和犯罪被害調查（crime victimization survey）觀察犯罪現象，使調查研究超越官方犯罪統計，成為研究者觀察犯罪與被害特性，以及原因論探討和理論檢驗的主要途徑；當然，方法論和研究法的逐漸成熟和系統化，提高實證研究的可信賴度和有效性；而電腦和各種統計套裝軟體的發展和推廣，讓研究者對於調查研究法的運用更加得心應手；最後，研究的組織化（如：專責研究機構的成立、經費的編列和調查資料庫的建立等）則將調查研究推至普及化。

二、調查研究的意義與特性

　　儘管許多研究者已經相當熟悉調查研究法，甚至用之於各類犯罪研究中，但何謂調查研究法？仍應賦予更為明確的意義；Champion認為調查研究為藉由蒐集一部分受訪者來觀察母群體訊息的過程（2006: 111）；王文科與王智弘彙整Mills與Airasian（2006）、Kerlinger與Lee（2000）、McMillan與Schumacher（2006）、Wiersma與Jurs（2005）等人對於調查研究法的看法，將之界定為：「採運問卷、面訪或觀察等技術，從母群體成員中蒐集所需資料，以決定母群體在一個或多個社會變項或心理變項上的現況，或諸變項之間的關係」（Champion, 2006: 268）。因此，我們可將調查研究法視為：

（一）以觀察和研究一般普遍性的社會事實為目的

　　儘管研究過程中僅接觸一部分研究個體，但整體的群體特性和社會事實才是研究者最重要的關注，尤其是探討觀察現象的特性與變數之間的關係。

（二）將研究所得推論至所觀察的母群體

調查研究法可運用於各種群體，例如，某地區或全國的成年、矯正機構收容人、各類犯罪被害者、在校就學的學生和社區成員，經常為各項刑事司法與犯罪研究分析推論的母群體。

（三）以抽樣調查為主

普查或抽樣均為調查研究形式的一種，但抽樣調查又較普查更廣泛被使用；而調查的客觀性和系統性為調查研究者所堅持，為避免研究的偏誤，各類隨機抽樣法經常被運用於調查研究中，由母群體中選取具有代表性樣本予以研究。

（四）藉由與研究對象實質接觸蒐集資料

調查研究法屬介入性研究方法，必須透過郵寄、訪談、電話、網路等途徑，與受訪者直接接觸或溝通，以蒐集相關原始資料。

（五）以測量工具記錄受訪者（respondents）的反應

藉由各種概念的操作化技術，編製測量工具，具體測量受訪者的特性、態度或經驗等變項；因此，研究資料的品質依賴受訪者的合作程度、能力及意願。

根據前述定義，一般而言，調查研究法具有下列六項特性：

（一）以最具有解釋力之概念和關係，來解釋人的行為和社會現象

因此，大多為律則式解釋（homothetic explanation，觀察有效解釋變項，大多為量化研究），而非表意式解釋（idiographic explanation，觀察所有可能因素，大多為質化研究）。

（二）強調理論與假設的可驗證性

在進行調查研究時，研究者通常在設定好研究主題後，會廣泛閱讀相關文獻資料，或決定研究的理論取向，並根據這些文獻或理論，建立研究架構以引導研究方向；而整個研究資料蒐集的主要目的，即在檢驗研究架構中理論和假設存在的可能性，並將結論推論至母群體，因此，實證的可驗證性為調查研究法的重要特性之一。

（三）由邏輯演繹進入歸納的過程

邏輯學家Beveridge（1950）將推理區分為演繹式邏輯（deductive logic）和

歸納式邏輯（inductive logic）（參見Maxfield & Babbie, 2006）。演繹式邏輯係從通則推到特定情況，即將理論或假設推論到事實情況；而歸納式邏輯是從特定的情況推到通則，即由觀察結果推論通則。通常調查研究法實施的過程，開始時係以文獻、理論或假設建立通則（如：社會控制可有效降低犯罪），並經由實證的操作將通則推論到特定的事實（如：家庭控制高的少年，有較少的犯罪行為）；而在實證操作過程中，研究者必須設計測量工具和各種資料蒐集途徑，來蒐集事實特性，將之歸納分析以證明這些通則存在的可能性。因此調查研究法實施的過程，係由邏輯演繹進入歸納的循環過程。

（四）係對一群人的觀察而非一個人的觀察

調查研究法屬量化研究法的一種，其所蒐集的資料為數量化的資料，再將這些資料集合起來做分析；因此，在調查研究報告中，我們所看到的是以一群人整體或分組數據為基礎的資料，而非某些具有個人特徵的資料。

（五）為解釋多數人最有可能的行為或現象，重視機率性的推論

調查研究的目的在將觀察樣本或群體的特性或變數關係規則化，因此常會藉由各種統計方法，來描述研究現象的分布，或檢驗研究假設是否被支持。因此，調查研究結果通常為機率性的推論，其結果在解釋多數人最有可能的行為或現象，因此，非完美的科學，會因概念的選擇和人的個別差異，分析結果有其誤差，同時允許容忍一部分的誤差。亦即我們可以找到與研究結果不同的例外個案，但這並不表示調查研究結果沒有意義或不具解釋力。

（六）以概念、變項和統計語言表達

調查研究法分析的結果，通常是以概念化（如：自我概念、標的吸引、理性選擇、差別接觸等）或理論化語言呈現，而各種變項名稱亦經常直接引用（如：自變項、中介變項、依變項、內衍變項、虛擬變項等）；而以數據化和統計性專有語言和名詞溝通（如：平均數、變異數、關聯性、顯著差異、迴歸係數等），在調查研究報告相當普遍。而這一項特性有時候成為未受研究方法與統計訓練者，在理解調查研究報告的障礙。

第二節　調查研究的型態與限制

一、調查研究的型態

　　調查研究的型態依研究目的、範圍、觀察分析單位和時間面向等不同而會以不同型態來進行，以下就各類型調查研究的特性，簡要介紹如下：

（一）依研究目的區分

　　刑事司法與犯罪學的研究固然可以滿足多元的目的，四個最基本的目的為描述、解釋、評估、預測，而調查研究有時可以達到單一的目的，有時兼具二種以上的目的。根據研究目的，我們可以將調查研究區分為不同的類型：

1. 描述性調查（descriptive survey）

　　許多刑事司法與犯罪學研究在描述事實的現況或特性，典型的描述性調查研究通常會將研究重點放在描述現象：(1)犯罪行為的特性（如：類型、手法、人數、工具、損失、是否報案等）；(2)犯罪者特性（如：性別、年齡、職業、教育程度、家庭結構或婚姻狀況等）；(3)犯罪情境的描述（如：時間、地點、交通狀況、互動等）；(4)被害標的特性（如：標的類型與特徵）；(5)犯罪之處理與處遇狀況。

　　2005年的犯罪被害調查（許春金、陳玉書、孟維德、蔡田木等，2005）就是一個例子，該項研究以電話調查1萬8,046位民眾和面訪2,025位住宅竊盜、強盜搶奪和汽車、機車竊盜等犯罪之被害人，以了解台灣地區主要犯罪類型之特性分布與被害者特性，以及警察機關對於犯罪處理的狀況。

2. 解釋性調查（explanatory survey）

　　解釋性調查主要用以觀察現象產生的原因，如社會階層是否會影響犯罪？家庭結構還是家庭功能對於犯罪較具影響力？生活壓力是否為導致偏差的主要原因？增加刑罰的嚴厲程度是否可以有效降低犯罪？什麼樣的住宅特性容易成為具有吸引力的犯罪標的？要回答這些問題，通常在進行調查研究之前，研究者即須根據適當的理論觀點針對核心概念予以測量，以檢驗理論中各概念間的因果關係是否存在。

　　由於犯罪學與刑罰學的理論越來越成熟，近年國內以理論檢驗為目的的解釋性調查相當多，如：許春金等人（1999）對台北縣（現已升格為新北市）兒童和少年進行三年的追蹤調查，其研究結果顯示，無論對兒童或少年，早期的被虐待經驗，明顯的提高其後生活事件發生的機會，並使之與較多非行朋友交往，間接的促使其從事較多的犯罪和偏差行為，因此，家庭虐待對個人未來發

展的影響是多元的。侯崇文（2000）調查1,808位國（高）中學生之偏差行為，發現低自我控制與少年偏差行為有顯著關聯性，越具有衝動性與投機心理者其偏差與犯罪行為問題越嚴重。

3. 預測性調查（predictive survey）

　　預測性調查主要是對同一群受訪者進行二次以上的調查，以建立其犯罪或再犯的預測量表，作為控制犯罪或處遇犯罪者的依據；自1920年代起許多的犯罪研究者即以矯正機構的犯罪人或犯罪少年為對象進行調查，早期研究中最具代表性者為Burgess（1928）、Glueck與Glueck（1930）的研究、張甘妹等（1966）晚進的研究又如Clarke等人（1988）對2萬1,789名18歲以上受觀護處分男性和女性各類型成人犯罪進行的三年追蹤調查；1989年美國統計局對10萬8,580名男性和女性出獄人所從事的三年追蹤調查研究。早期的預測性調查較重視犯罪處理實務上的需求，近年預測性研究大都結合犯罪學理論，一方面檢驗理論，另一方面將其研究結果提供實務界參考；例如：1993年法務部減刑出獄人之再犯預測研究，即以Hirschi與Gottfredson的自我控制理論、Hirschi的社會控制理論和Sutherland的差別接觸理論等為基礎進行調查；這些研究都是預測性調查的典型。

4. 評估性調查（evaluative survey）

　　以評估性調查來了解各種犯罪預防對策和刑事政策的功能，在國內越來越受重視；評估性調查研究會因評估目的不同而會有不同的設計，其主要型態包括：(1)檢驗理論在政策執行上之功能（如：評估對抗貧窮計畫效能以檢驗Merton的緊張理論）；(2)評估政策執行之可行性（如：矯正機構是否能夠民營化）；(3)分析政策執行之效益（如：酒醉駕車之取締、毒品戒治處遇成效）；(4)不同政策效能的評估比較（如：二種少年矯正制度效能的比較、性侵害犯罪減少重複陳述處理程序與一般處理程序的比較）；(5)建構社會或治安指標。

（二）依研究範圍區分

　　如依調查研究對象的範圍來區分，調查研究的類型可以區分為普查（censuses）或樣本調查（sample survey）兩類：

1. 普查（censuses）

　　當研究者對於整個觀察母群體的特性感到興趣，即可以普查的方式進行調查，由於普查的實施必須母群體中所有觀察的基本元素（最小單位）已知且具有可及性才能夠實施；在刑事司法與犯罪學研究中，除了有限的群體（如：警政或司法人員）、收容於封閉性的處遇或收容機構者等較有可能進行普查，許

多的犯罪現象母群體未知，不易實施普查（如：幫派、色情、毒品、非法移民等）。

2.抽樣調查（sampling survey）

即對於母群體中的一部分樣本進行調查，這是最常被運用的調查方式，因為抽樣調查較普查經濟且容易實施，大部分犯罪研究屬於抽樣調查；又根據母群體結構的可及性和抽樣機率的公平性，又可分為隨機抽樣調查和非隨機抽樣調查，儘管隨機抽樣調查的結果在推論至母群體時較具代表性（如：許春金等人，2005），但因為許多觀察母群體結構難以知悉，其樣本取得不易（如：性侵害或家庭暴力被害人），非隨機的抽樣調查在犯罪學研究中亦常被使用。

（三）依觀察分析單位區分

調查研究過程中對於什麼或是誰被研究並沒有限制，因此分析單位（unit of analysis）可以是個人、家戶、團體／組織、或社會事實；根據分析單位不同，調查工具測量的變數特性也會有所不同，但在調查過程中則須有一位代表人物來回答問題，以利資訊蒐集。

1.以個人（individual）為單位的調查

在犯罪問題研究中，個人經常被當作研究分析的單位，研究者可以透過調查了解刑事司法體系中執法者的態度和意見，或者觀察個體的特性（如：犯罪者或被害者的性別、年齡或犯罪經驗的分布），也可以解釋個人為什麼會從事或不從事犯罪與偏差行為，以及預測哪些因素會影響個人未來再從事犯罪的機率；尤其是以犯罪生物學、心理學和微觀犯罪社會學為基礎的研究，基本上是以個人為觀察分析單位。

2.以家戶（house hood）為單位的調查

無論從犯罪或被害的觀點，家庭都是很重要的觀察單位，傳統的犯罪學研究，更將家庭結構、家庭社會經濟地位或家庭氣氛視為解釋犯罪的重要因素，所以在測量時係以家庭為單位；此外，有些犯罪的標的以家庭為單位較以個人為單位更為適宜，如犯罪被害調查中，住宅竊盜通常是以家庭為單位，而英國的犯罪被害調查在蒐集和分析汽車、機車和腳踏車竊盜，亦以家庭為分析單位。

3.以團體或組織（group or organization）為單位的調查

正式或非正式的團體或組織也可能是犯罪學研究的單位，例如公司犯罪、幫派犯罪、環境犯罪、社區與犯罪等議題，其調查對象即以團體或組織為主。孟維德（2000）有關公司犯罪影響因素及其防制對策之實證研究，以及范國

勇、張平吾等（2004）提升企業對政府防制組織犯罪滿意度調查，均係以公司為單位的調查研究。

4. 以事件（event）為單位的調查

實證犯罪理論係建立在對犯罪人的研究上，但犯罪古典學派、情境犯罪預防或日常活動理論等，似乎對於犯罪事件的描述、產生的原因和預防對策更有興趣；在這些研究中，事件常為調查的主要單位。

（四）依時間面向區分

時間面向在調查研究中扮演重要角色，但往往被研究者所忽略；無論是犯罪現象的因果關係，亦或是研究目的的性質，均與時間面向關係密切，不當的時間面向設計，將成為調查研究限制的來源。Maxfield與Babbie（2006）以時間面向將研究區分為橫斷性研究（cross-sectional study）和縱貫性研究（longitudinal study）（包括：趨勢研究、跨世代研究和定群研究）（如圖7-1），以下就不同時間面向的設計介紹如後：

1. 橫斷性調查（cross-sectional survey）

許多調查研究係藉由橫斷性調查來進行資料蒐集，尤其是在描述研究中更為常見，例如許春金等人2005年的犯罪被害調查即是屬於橫斷性調查；橫斷性調查有時也會在解釋性研究中出現，但以自變項的特性或理論主張認為不會或不易隨時間變動者為宜，如自變項為性別、族群或低自我控制等；如果自變項很容易隨時間而有變化或不易控制，則橫斷性調查往往會成為重要研究限制。

2. 趨勢調查（trend survey）

趨勢調查是研究某些特定對象在不同時間上的改變，例如：警政署自2003年第三季開始每年四次的治安滿意度調查，可以比較不同時期各縣（市）民眾對治安滿意度的看法有什麼變動。而由中央研究院社會學研究所自1985年迄今所執行的社會變遷基本調查，生活感受、宗教行為與態度、政治態度和經濟態度等在不同時期的調查中重複調查，以比較現象的變化。

3. 跨世代調查（cross-generational survey）

世代調查通常是對於同一特定年齡層的樣本，進行二次以上的調查，其主要目地在觀察比較同一世代在不同時間產生哪些變化，因此，在不同時間的調查中，只要樣本特性相同即可，而非對同一樣本重複做調查。例如：調查在1990年和2000年間同一年齡層的樣本其生活型態與犯罪類型有何不同。

4. 定群調查（panel survey）

與世代調查相比較，除了調查對象必須是同一樣本外，大致上相當類似；

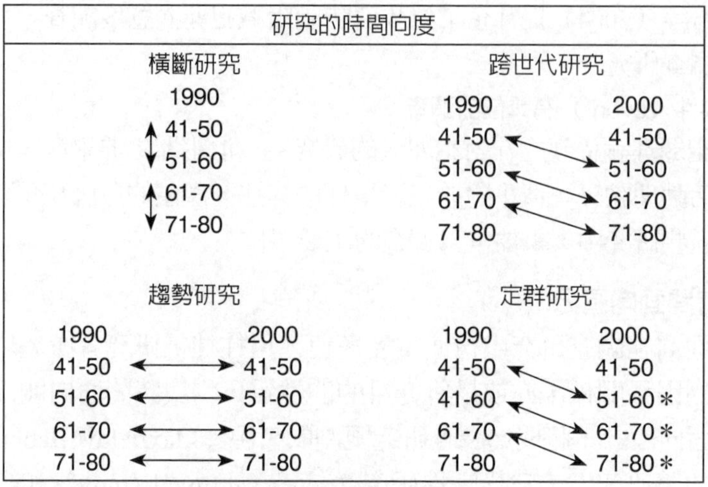

研究的時間向度

橫斷研究		跨世代研究	
1990		1990	2000
41-50		41-50	41-50
51-60		51-60	51-60
61-70		61-70	61-70
71-80		71-80	71-80

趨勢研究		定群研究	
1990	2000	1990	2000
41-50	41-50	41-50	41-50
51-60	51-60	41-60	51-60＊
61-70	61-70	61-70	61-70＊
71-80	71-80	71-80	71-80＊

註：←→ 代表比較；＊代表相同研究對象。

圖7-1　研究的時間面向

資料來源：修正自Maxfield, Michael G. & Babbie, Earl (2006). Basic Research Methods for Criminal Justice and Criminology. Belmont, California: Wadsworth Publishing Company.

在許多解釋性和預測性研究中，同一樣本的多次調查是一種理想的設計，因為這樣可以較有效控制變數發生的時間和因果關係，但要對同一群樣本進行追蹤調查，研究成本和困難度也會相對的提高。格魯克夫婦（Sheldon Glueck & Elean Glueck）1939年開始在美國麻州進行的縱貫性研究，於1949年和1963年期間，在樣本於25歲和32歲時進行兩次追蹤調查，即為有名的例子（參見Sampson & Laub, 1993: 25-46）。而許春金、馬傳鎮等1997至1999年間於接受青輔會委託所進行的「少年偏差行為早年預測之研究」中，對於同一群國小三年級、國中二年級和保護管束少年進行三年的追蹤調查，以了解哪些因素是影響少年偏差行為產生的原因。這兩項研究均屬同一樣本多次調查的型態。

二、調查研究的限制

　　儘管調查研究法已經相當普遍被運用於刑事司法與犯罪學研究中，我們仍然要謹慎考量可能存在的研究限制，這些研究限制有時候是因為犯罪現象的特性所造成，有時候則是因為不當的調查設計所致，也有可能是來自於不當的調查實施過程。而提出這些研究限制來討論，並不表示以調查研究法所得的研究結果不具科學性和客觀性，而是提醒研究者在進行調查研究時，盡可能避免因為這些限制所造成的問題，以及在研究中應適當的討論這些限制對於研究在結

果推論上所造成的影響。

（一）犯罪本質所造成的限制

在從事刑事司法與犯罪研究，往往會受到現象本質所影響，相對於調查研究一般人口，犯罪行爲與犯罪人口在本質上有隱密性、稀少性和分布不均等特性，而這些特性很容易成爲測量、抽樣和調查時的限制。

1.隱密性

犯罪人在從事犯罪行爲，爲逃避偵查，在沒有被發現以前他們會隱藏身分或避免被發現；而犯罪被害人有時爲了避免再次受傷害或造成生活上的干擾，會拒絕接受調查或隱瞞被害經驗。此外，在完成犯罪處理或處遇後，如欲對研究對象進行追蹤調查或評估研究，許多犯罪人或被害人會留下不正確訊息而無法再找到，造成嚴重的流失。隱密性也會使研究者無法得到母群體的結構特性，被迫採取非隨機抽樣方法抽取樣本進行調查，造成樣本代表性不足的問題。最後，隱密性使研究者難以找到研究對象，使研究者和政府無法正確估計實際犯罪和被害人數。因此，隱密性可以說是導致刑事司法與犯罪研究困難的最大原因。

2.稀少性

在一定時間內，大部分人從事合法活動，犯罪人口僅占總人口的一小部分，例如：根據2020年中華民國刑案統計，每十萬人的犯罪率爲907.74，每十萬人的犯罪人口率爲1,195.02；因此，如欲直接藉由調查研究方法對一般民眾進行調查，以估計犯罪或被害的數量，或描述分布與特性，爲避免誤差干擾，隨機抽樣的大量與代表性樣本有其必要性；但對於許多研究者而言，這是很難做到的。

3.不平均分布

根據日常活動理論、犯罪區位學和核心犯罪人等相關研究，犯罪與被害現象有集中在某些特殊的時間和空間，有時城市內的差異遠高於城市間的差異；而有關慢性犯罪人（chronic criminal）研究和主張選擇性監禁（selective incapacitation）者，均認爲少數犯罪人犯了大量的犯罪；因此，犯罪現象、犯罪人與被害人有集中或分布不均的現象。

以隨機抽樣方式由人口中抽取樣本，顯然很容易錯過他們，如果採用一般的抽樣調查技術，則明顯須花費很大的工夫、很多的經費，卻只能研究一個小團體。而抽樣和測量誤差更會使推論產生問題。拒答或沒有回答（non-response）常與其犯罪活動有關；因此，除了大樣本的人口調查外，有些研究

以特定群體為調查對象（如：矯正機關監禁樣本或官方紀錄中的犯罪人或被害人），對於現象的了解和推論往往是有侷限性的，但這也是所有犯罪學與刑事司法研究共同的問題。

（二）不當研究設計所造成的限制

好的調查研究在設計時必須考量研究目的、抽樣設計、觀察單位特性和概念測量等因素，而這些因素也是造成調查研究限制的來源。

1. 推論的謬誤

刑事司法與犯罪研究中，推論謬誤的產生主要來自於變項因果關係控制不易和推論單位的問題。

在解釋性和預測性研究中，變項間的因果關係和時間順序是很重要的，如果不能有效予以控制，則易產生因果推論的謬誤，理論上實驗設計和同一樣本多次調查，是較為理想的設計，但在刑事司法與犯罪學研究中，由於研究倫理和現象本質（如：研究對象無法處於實驗情境，實驗組與對照組取得不易，或被長期追蹤），易造成因果關係的掌握不易而形成推論上的謬誤。

另一個推論謬誤則為觀察分析與推論單位的不一致所產生的謬誤，典型的例子為區位的謬誤（ecological fallacy），區位謬誤係指以區位為單位所獲得的研究結果，推論到區位中的個體；例如，根據犯罪區位學分析發現，一個城市中人口流動和異質性越高的區域，其犯罪率也就越高；因此推論這個地區的犯罪主要是由居住不穩定者或少數族群所犯。同樣的現象也可能會發生在以家戶、組織為單位所發現的調查研究結果，推論到與家戶或組織有關的個人。為了避免類似區位謬誤的產生，分析單位與推論單位應該是要一致的。

2. 不適當的抽樣設計

調查研究中所抽取的樣本應該要能夠有效或有能力回答研究的問題；這牽涉到針對不同觀察分析單位，誰是適當且有能力回答問題的人，以及分析的樣本在自變項或依變項的分布上是否有變異量，而足以進行各項可能的統計假設檢定。例如：在進行住宅竊盜的被害調查時，如抽取家庭中未成年子女就不是一個好的選擇；又如觀察一群重複竊盜犯罪者，分析家庭因素對他們為什麼會重複竊盜的影響，可能會因為這一群樣本在自變項和依變項同質性太高，而找不出因果關係。

3. 不適當的概念測量

調查研究屬於律則性研究，研究者必須有效掌握研究現象的關鍵概念，如果所測量的概念無法呈現研究單位的特性，或者重要理論概念未涵蓋在調查

中，則無法達到研究所欲調查的目的。此外，調查研究架構中所有的概念均須被操作化和測量，才能編製研究工具和蒐集資料；但許多樣本特性或理論概念並無法直接測量（如：低自我控制、差別接觸、緊張、標的吸引、理性選擇等），而是透過操作化所建構的量表予以測量，如未能以適當的統計方法來檢驗測量的信度和效度，均將成為研究上的限制。

（三）不當的實施過程所造成的限制

電話調查、面訪、郵寄問卷或網路調查等均為調查研究法蒐集資料的途徑，這些途徑各有其適用時機和優、缺點；針對不同研究樣本，哪一種途徑較為適宜，要如何進行可以獲得品質好又可靠的資料，都是研究者所要考量的，以許春金等人（2005）所從事的犯罪被害調查研究為例，該研究以電話調查蒐集1萬8,000多位一般樣本來推估犯罪黑數，另以面訪調查2,025名犯罪被害者來了解犯罪被害特性，如果將這兩者資料蒐集途徑對調，則不但提高研究成本，同時亦無法達成研究目的。

此外，即使調查途徑選擇適當，但不當執行亦有可能造成調查資料品質無法控制，例如：電話調查與面訪調查中，訪員和調查員未受過應有的訓練，或訪員選擇不當，團體調查或郵寄問卷調查未能清楚說明調查實施方式，以及控制調查情境，這些都是調查會產生問題的關鍵。

第三節　調查研究的步驟

在對調查研究的意義、特性、型態和限制有初步了解後，下一個問題是如何進行調查研究？其主要的步驟有哪些？在楊國樞等人（1985：241-245）、王文科、王智弘（2006：274-279）、Kraska與Neuman（2008）和Maxfield與Babbie（2006）均曾經討論過；綜合這些研究者的看法，將調查研究分為以下六個主要步驟：

一、確立研究目的與理論取向

在選定研究議題後，為了增進對議題的了解和確定研究方向，研究者通常會蒐集與議題有關之文獻和研究報告，透過研究報告的閱讀可以知道過去已經完成哪些研究，主要的發現事實是什麼，規劃中的研究是否有其意義和重要性，以及研究進行中可能會面臨哪些問題。

表7-2　不同型態調查研究之目的與規劃重點

研究類型	研究目的	規劃重點
描述性調查	描述觀察現象特性和分布	決定分析單位與時間面向 確定所欲描述現象之特性
解釋性調查	解釋觀察現象產生的原因	決定分析單位與時間面向 確定理論取向、建構解釋模式
預測性調查	預測觀察現象產生變化的機率	決定分析單位與縱貫性時間面向 確定理論取向、建構預測模式 選定預測因子與預測效標
評估性調查	評估政策或方案等之效能與執行問題	決定分析單位與時間面向 確定評估項目與評估指標

　　研究議題選定後的下一個工作是：思考進行這一項研究的目的為何？觀察分析的研究單位是什麼？要採取什麼樣的時間面向設計來蒐集資料？而這些思考將會影響調查研究的型態；不同類型的調查研究其所能達成的研究目的會有所不同，在研究初期的規劃重點也會有很大的差異（參見表7-2），例如：在各類型調查研究中決定分析單位與時間面向是必須的，研究者可以從前述單位和時間面向中選擇適宜調查類型。然而即便同屬評估性研究，從不同研究單位（如：犯罪人、被害人或執行政策機構）的觀點來進行評估，以不同的時間設計（如：在前測與後測實驗進行中調查、定群調查、橫斷性調查等），將會看到很不一樣的現象和結果。

　　此外，不同類型的調查須要規劃和蒐集的資訊也不一樣，例如：在描述性調查中分析單位特性的測量是很重要的，而解釋性調查中理論取向和解釋模式才是關鍵，而預測性研究則側重預測因子的篩選和預測效標的測量（如：以自陳量表或官方資料來測量），但評估性調查則以評估項目和評估指標的建立為核心。在研究初期，如果能夠好好思考這些問題，將會使研究更加的明確和避免許多設計不當的問題。

二、決定概念與建立假設

（一）決定概念（concept）

　　在刑事司法與犯罪學研究中，研究議題通常與各類犯罪和偏差行為、行為人和被害人的特性、產生原因、如何處理（如：預防、偵查、追訴、審判或處遇等）和處理效果的評估等問題有關。而研究核心概念的形成，通常來自於所

欲調查分析單位特性、研究理論基礎和測量指標。

　　楊國樞認為所謂的概念是：「從類似的個例中抽離出共同屬性的活動，稱為抽象化歷程，而經由這種歷程所獲得的共同屬性便是概念（concept）。」並將概念區分物體概念、事件概念和關係概念（參見楊國樞等人，1985：12-14）。其中物體概念又分為：物體（如：犯罪人、被害人、警察、法官、犯罪工具等）和物體屬性（如：男的、少年的、原住民的、資深的等，各種用以形容物體特性的概念）。而事件概念則包括：事件（如：犯罪、被害、判刑、監禁等）和事件屬性（如：暴力性、財產性、嚴重性、連續性等）。關係概念，係指物體、事件及其屬性間關係所形成的概念，例如：親子關係、家庭氣氛、緊張、低自我控制、滿意度等。

　　在描述性調查和評估性調查中，物體和事件概念是很重要的，但在解釋性和預測性調查，事件概念常常是被解釋或預測的依變項，而物體和關係概念則可能是原因或預測因子，但有時事件也可能是原因（如：壓力事件）。

　　由於調查研究屬律則式研究，與研究有關的重要概念才會被置於調查中，在我們的研究中到處充滿概念，應該如何建立概念呢？相關文獻的閱讀和歸納，以及由理論中演繹出核心概念是主要的方法，例如：以Gottfredson與Hirschi（1990）的犯罪共通性理論為基礎來解釋犯罪，則須涵蓋犯罪與犯罪性兩個概念，其中以日常活動理論來解釋犯罪發生的機會（包括標的吸引和監控缺乏）；而犯罪性係以低自我控制為核心，Grasmick等人（1993）以衝動性、投機性、冒險性、體力活動、自我中心和低挫折容忍力等六個次概念來測量低自我控制；因此，研究者在進行調查時則須將犯罪和與犯罪有關的標的吸引、監控缺乏，以及低自我控制的六個次概念等涵蓋在研究中予以調查，才能有效解釋和回答研究問題。

（二）建立假設（hypothesis）

　　以調查研究法來觀察刑事司法與犯罪現象，通常會涉及假設檢驗的問題，對於一些描述性的研究，有時假設檢驗為進一步建構或解釋理論的基礎；例如：日常活動理論強調犯罪的時、空分布是非隨機的，亦即對於不同犯罪類型而言，其時間和空間的分布有集中的現象；因此，我們可以透過調查來觀察各種犯罪被害事件的時、空分布為非隨機的假設是否存在。如果這項假設成立，則下一個問題是：為什麼在這樣的時空聚合時容易發生犯罪？是標的物容易暴露於犯罪情境？抑或缺乏監控？則須進一步檢驗在不同時空聚合下，標的吸引

和監控缺乏與犯罪被害的因果關係。

三、概念測量與抽樣設計

（一）概念測量

　　藉由操作化過程來測量抽象概念爲社會科學實證研究一項重要的突破，而這些測量則被適當的安排在調查工具中，由受訪者直接來回答他們的狀況和經驗；有時研究者爲了解調查工具的可行性、受訪者的反應、調查群體的變異性和調查時可能會面臨的問題，在正式調查前實施前測會有許多幫助，同時經過操作化測量所得的概念因素或量表的信度和效度亦須經過嚴謹的實證檢驗。圖7-2爲概念化與操作化過程。

（二）抽樣設計

　　母群體和抽樣過程爲調查研究設計重點之一，研究範圍的界定會影響哪些對象將會被涵蓋在觀察中，而抽樣設計時則須審慎估計研究所需的樣本數，以及考量抽樣方法、抽樣過程、樣本代表性和抽樣誤差等問題。

四、蒐集調查資料

　　實地調查資料蒐集是調查研究的主要階段，分析資料品質的好壞則取決於資料蒐集過程的控管。藉由調查蒐集資料有許多不同的途徑，如：集體調查、電話調查、面訪調查、郵寄調查、網路調查等（相關問題將於下單元討論），而研究主題、分析單位、時間面向、抽樣方法、樣本分布狀況、研究工具設計

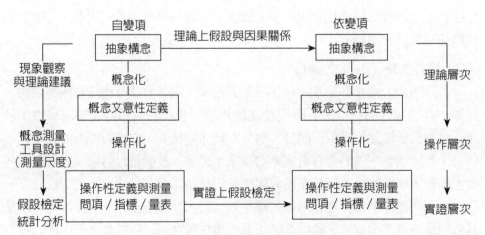

圖7-2　概念化與操作化過程

和研究能力等因素，均會影響調查方法的選定。

　　例如：研究對象受過高等教育，研究議題與其關係密切而不涉及隱私，則採郵寄調查即能達到研究目的。而調查問題單純且具時效性，受訪者分散各縣市，僅做一次橫斷性觀察，則以電話調查爲宜。當研究議題與網路活動有關，而受訪者爲網路使用者，則大都是以網路來進行調查。如果想要深入探討研究議題，研究工具設計較複雜且問項較多，研究預算充裕，又有足夠的研究時間，則可以選擇由訪員與受訪者面對面進行調查。

五、資料處理與分析

　　當所有的調查資料都回收以後，即展開調查資料的處理、輸入和分析，由於這項工作是調查研究的一部分，因此，在擬定調查計畫時必須先作考量；例如：如何將調查工具中的測量變項數碼化，決定剔除無效問卷的標準，如何輸入資料、進行資料的清理和檢核，採用哪些統計方法來進行分析等。當然，對於大多數從事調查研究的研究者而言，是否能夠以適當的統計方法來進行分析，並對分析結果予以解釋和討論，則是另一項考驗。

六、實證概化與結果討論

　　調查研究過程的最後階段，研究者必須思考：如何描述、解釋所觀察的現象，研究結果能否有效推論至母群體，研究理論與假設是否被支持，如何將實證調查結果概化，以及結果如何被應用於相關研究和實務領域等。如屬預測性調查，則調查結果呈現何種程度的預測效果；如爲政策或方案評估性調查，則調查結果是否顯示政策或方案的有效性或問題，以及政策或方案是否必須修正或推廣的可能性。總之，調查結果的討論與實證概化爲調查的最終目標，亦爲顯現調查研究重要性的關鍵。

第四節　調查研究資料蒐集途徑

一、自填問卷調查（個別或集體）

（一）實施方式

　　自填問卷調查方式很多，可以是將受訪者集合起來，在控制的情境下集體調查（如：利用集合時間由學生自行填答問卷），也可以由訪員將問卷送交受

訪者家中、工作場所或指定地點，再由受訪者自行填答；而郵寄調查為無法控制調查情境下，由受訪者自填問卷的一種型態，將在下一單元中另行介紹。

自填問卷調查如採集體的方式實施，受訪者必須在一定的時間和地點聚集在一起，才有機會進行調查，因此，以叢集取樣法抽取的樣本較適合以此方式蒐集資料；如研究對象為：在學學生、執法人員、矯治機構之收容人、服役者和收容於收容所之非法移民等。如果調查對象為單一受訪者，則必須預先規劃明確的受訪對象，在約定的時間和場所進行調查；如許春金等人2000年進行的犯罪被害調查，即是訪員與預先抽取的樣本聯繫，約定調查的時間和地點見面，再將須由受訪者自行填答的問卷交付受訪者，填答完畢後則將問卷置於預先準備的信封中彌封，以確保受訪者個人隱私。但有時候以判斷、配額取樣法等非隨機方式抽樣，在公共場所或街道對一般民眾進行調查，也可採取個別自填問卷調查的方式蒐集資料。

(二) 優點與限制

1. 優點

第一，無論是以個別或集體的方式與受訪者接觸，在自填問卷調查進行時，研究者均有機會對受訪者說明調查的目的和內容，並選擇適當的地點和時間進行調查，因此較能控制調查的情境。第二，當受訪者填寫問卷發現任何疑問，訪員能夠當場說明測量問項的意義，以避免不知道、無意見或空白的現象，或因誤解、猜測造成測量上的錯誤；第三，由於上述的優點，研究者在設計問卷時，問項可以較長，而設計的方式可以比較複雜（如：跳答題）；第四，自填問卷通常為無記名調查，匿名性高，受訪者較願意配合回答具爭議性或隱密性問題。最後，通常受訪者填答完畢後，訪員會要求受訪者再一次檢查有無漏答或任何問題，同時回收已完成的問卷，因此回收率高，回收時間較短，成本較低；一般而言，有較好的執行效率。

2. 限制

自填問卷調查主要的限制來自於樣本及其代表性的問題，自填問卷調查對象必須是接受相當程度教育的受訪者，通常不識字和國小以下教育程度者會被排除；此外，僅有特殊研究對象適宜集體調查，而以集體調查所得的樣本較集中，須注意其樣本代表性問題。為提高受訪者的意願，許多自填問卷調查以匿名方式進行，如欲進行二次以上的追蹤調查，則無法明確辨識受訪者。

二、郵寄調查

（一）實施方式

在網際網路和電話尚未普及的年代，郵政系統是許多人互相傳遞訊息的重要管道；而在刑事司法與犯罪學研究中，郵寄調查常被用以蒐集資料；「郵寄調查」顧名思義就是透過郵政將調查表寄給受訪者，受訪者接到郵寄問卷後一段時間，在無研究者和訪員的協助下自行填答再寄回。調查時除寄送問卷外，大多數的研究者會隨件附上已填寫好地址和貼上郵票的回郵信封，以便受訪者寄回，提高回收率。雖然郵寄調查實施起來很簡便，但研究者在進行調查前，必須有整體性的規劃，如：調查實施期間、問卷的內容和形式、樣本名單（含通訊地址）、資料回收的方式、如何進行催收、回收率的估計與替代樣本等，以提高調查品質。

（二）優點與限制

1. 優點

郵寄調查最大的優點為費用上較經濟，其次由於郵政系統服務的便利性，使郵寄調查的範圍可以擴及所有的地方；匿名性為郵寄調查的另一項優點，匿名性使受訪者願意回答個人的態度和生活經驗，而受訪者在接獲郵件後，可以選擇在方便填答的時間完成調查，較具彈性，且不會受到訪員偏見或在場的影響造成偏誤。

2. 限制

回收率低，回收時間較長是郵寄調查最嚴重的限制，在無任何輔助作為的情況下，郵寄調查的回收率低於10%是很可能發生的事，一般而言回收率在20%至30%之間，只有少數經由妥善規劃的郵寄調查，才能使回收率超過50%以上。如何提升回收率為郵寄調查主要克服的問題，楊國樞等人（1985: 239-240）和Kraska與Neuman（2008: 290）均曾對此問題提出可行的建議，而這些提高回收率的方法，對於以郵寄從事調查者有很大的幫助（參見表7-3）。無論回收率如何，均須作樣本代表性檢定，具有代表性樣本和沒有偏誤的回收問卷，比高回收率來得重要。

除了低回收率外，郵寄調查尚存在其他限制，如：(1)無法確認受訪者是否自己填答；(2)垃圾和廣告郵件太多，使受訪者填答意見降低；(3)調查對象須有明確的對象和正確地址；(4)受訪者如誤解題意、漏答、拒答則無法補救；(5)無法控制填答情境（如：受訪者在聊天或看電視時填答）；(6)不適用於敏感性或嚴重涉及個人隱私的主題（如：性侵害、家庭暴力、再犯追蹤調查等）。

表7-3　提高郵寄調查回收率的方法

1. 事前規劃調查與資料回收的形式。
2. 郵寄信封明確標明受訪者，而非「貴住戶」，並以限時郵件寄出。
3. 如知悉受訪者電話或e-mail帳號，則調查前事先告知本次調查目的，並確認受訪者姓名和地址是否正確。
4. 調查表第一頁填寫「指導語」中詳細說明：調查目的、受訪者回答的重要性、內容匿名性和保密的保證、填答問卷方式、請求和感謝受訪者合作、調查回收日期、研究者姓名和聯絡電話等訊息。
5. 如為官方機構所委託研究或研究機構所執行的調查，則在「指導語」中標明該機構名稱，以顯示調查的重要性。
6. 以正式的信封郵寄問卷，並附上填妥研究者姓名的回郵信封。
7. 提供誘因，如隨郵件附上輕便的禮品。
8. 調查問卷格式設計和用語要簡潔、吸引人、長度適中。
9. 避免跳答或複雜填答方式，問項與答項須在同一頁。
10. 調查問卷印刷精細、填答方式簡單、說明清楚。
11. 選擇適當的調查或郵遞的時機，除非研究議題相關，避免在重要節慶或考試期間進行調查。
12. 注意調查資料的追蹤與管理，對未回收者郵寄第二次或第三次催收信件，禮貌性的說明尚未接獲回收問卷，請受訪者配合填答。

三、面訪調查

（一）實施方式

　　面訪調查為蒐集調查資料主要途徑之一，大部分的面訪調查是由經過訓練的訪員協助進行，由訪員以面對面的方式口述問題，並記錄受訪者的回答；為使調查情境和實施方式標準化，研究者會篩選適當訪員人選，編製訪員手冊或注意事項，對訪員實施訓練和預試；然後才進行正式的面訪調查。

　　以「2000年台灣地區犯罪被害調查」為例（許春金等人，2000），該項調查屬全國性的隨機抽樣調查，由30位碩、博士生擔任督導員，431位大學在學學生和教師擔任訪員，所有參與調查的督導員和訪員均受過調查訓練，共計完成1萬375位12歲以上受訪者的面訪調查。由於該研究樣本數眾多，調查範圍包括23個縣（市），因此，整個調查事前的規劃顯得格外重要，包括：1.計畫擬定（各國被害調查實施狀況了解）；2.調查工具的編製與修訂；3.訪員手冊的編製；4.督導員與訪員訓練；5.抽樣與預試；6.實施面訪調查；7.調查資料回收；8.回收資料清理、輸入與檢核；9.調查結果分析與討論等步驟。

　　為使調查實施過程盡可能標準化，訪員訓練很重要；訪員訓練主要的內容包括：研究目的與調查任務說明、調查工具練習、調查工具內容說明與討論、

調查樣本說明、一般面訪原則、訪談流程與相關規定等。在面訪調查過程中，訪員角色是接觸受訪者、依規定適當提問和做記錄，不宜對調查內容表示個人意見或看法，以避免影響受訪者對題意的知覺或意見。在正式督導員和訪員訓練之後，可運用「預試」來訓練訪員，模擬在眞實情境中如何進行面訪調查，使其了解如何使用樣本名冊、接觸受訪者、辨識有效與無效樣本、調查問卷內容和可能的問題、正確提問、熟悉調查的程序、了解訪員手冊功能和如何結束調查。

　　此外，在大型的面訪調查中，由於訪員人數較多，且調查內容較爲複雜，大都會編製訪員手冊，訪員在調查過程中有任何問題，可以翻閱訪員手冊中相關規定或與督導員聯繫，以解決其所面臨的問題。

（二）優點與限制

　　面訪調查常被運用於各種型態的犯罪研究中，與其他調查方式最大的差別是面訪調查可以直接接觸受訪者，面對面藉由語言與其產生雙向溝通；此種調查資料蒐集方法有下列的優點：

1. 訪員可以重複接觸受訪者，說明調查目的，增加受訪者意願，提高回收率，Maxfield與Babbie（2006）認爲有效接觸受訪者的調查其回收率可高達80%以上；而美國的犯罪被害調查回收率在家戶部分爲91.3%，個人部分爲85.5%（許春金等人，2005：27）。除受訪者特性以外，面訪調查回收率也會受調查範圍和受訪者人數影響，如2000年台灣地區犯罪被害調查的成功樣本爲10,375，回收率爲83.6%；而2005年的成功樣本爲2,025；回收率則爲98.2%。

2. 可根據抽樣設計找到正確的受訪者，或以預先規劃的替代樣本取代失敗樣本，提高樣本代表性。

3. 受訪者較具彈性，如幼童、低教育程度者、年長者均可透過訪員訓練，以口頭問答蒐集資料

4. 可控制面訪情境，和觀察受訪者反應，評鑑受訪者配合度和答案的眞實性。

5. 調查問卷設計可以複雜或問項較多，深入了解問題的核心，並掌握和控制問項塡答順序，容易取得完整資料。

6. 對於受訪者不清楚的問項和答項可以做標準化說明或澄清，避免誤解；並減少不知道、沒有、無意見或遺漏值，取得較完整的資料。

7. 可評鑑訪談結果的眞實性，面訪調查訪員與受訪者直接接觸，可觀察受訪者回答時的態度和反應；以2000年台灣地區犯罪被害調查爲例，該項調查爲確保調查資料品質，每一位受訪者訪談結束時，訪員塡須寫訪員紀錄表，詳實記載受訪者受訪時的態度、合作程度和資料可靠度，以評鑑訪談結果的眞實性。

儘管面訪調查有許多的優點，但仍有一些限制是研究者在選擇此項調查方法時必須考量的。第一，好品質的面訪調查須有較周詳的規劃，而其調查所需的成本也最高，因此，以面訪調查進行資料蒐集通常必須有相關機構支持研究經費。第二，訪員是調查資料蒐集的媒介，在直接與受訪者接觸過程中必須考量訪員的安全問題，保險金的支出增加研究負擔。第三，以隨機抽樣爲基礎的面訪調查必須有明確的母群體名冊（如：受訪者姓名和地址），而刑事司法和犯罪學研究中，母群體的資訊可能來自警察、檢察機關、法院、矯正機關或其他收容／庇護機構等，需審慎處理個人資料保護和研究倫理的問題；第四，透過訪員與受訪者面對面的互相溝通是面訪調查優點之一，但如訪員無法扮演適當角色，如不當的提問或暗示會造成錯誤資訊；而對於態度和滿意度的調查，有時也會因爲訪員的效應，而使受訪者提供較正向回答（例如：對警察是否滿意？）。

四、網路調查

（一）實施方式

在個人電腦普及化後，各種電腦輔助調查紛紛出籠，例如電腦輔助資訊蒐集調查法（Computer-assisted Survey Information Collection, CASIC）、電腦輔助面訪（Computer Assisted Personal Interviewing, CAPI）、郵寄磁片調查法（Disk-by-Mail, DBM）等。而本單元所謂的網路調查，係以電腦製作調查工具，同時藉由電子郵件或網路系統快速傳送至大量受訪者的個人電腦中，以蒐集資料和對結果加以分析與推估的調查方式。網路的普及、便利、快速、大量、存取、蒐集資料的特性，使網路調查逐漸取代郵寄問卷，成爲蒐集調查資料的主要途徑之一（如：同電子賀卡取代郵寄賀卡一般）。

目前研究者較常運用的網路媒介包括：1.透過全球資訊網（World Wide Web, WWW）調查，如：台灣網路資訊中心、蕃薯藤網路調查、FIND（Focus On Internet News & Data）、創市際市場研究顧問等在網路上所進行的各項調查；2.透過電子郵件（e-mail）調查；3.透過網路論壇（News Group）調查；

4.透過電子布告欄調查（Bulletin Board System, BBS）。這些網路媒介可以獨立進行調查，亦可互相連結；例如以電子郵件方式告知受訪者有關調查的資訊，再透過全球資訊網填答網路問卷。

　　調查的對象可以是預先抽取的特定樣本，也可以是不特定的網路使用者。調查規劃者對網路須有相當程度的認知：除問卷內容的設計之外，調查者對於網路問卷的設計和傳輸方法，問卷回收的檢查與統計流程，都必須相當的了解，所以某種程度的程式語言撰寫能力，對於使用網際網路進行調查之研究規劃人員是必須的。例如：黃讚松（2000）以情境犯罪預防理論爲基礎，探討網路犯罪預防對策之研究，即以北部大專院校資訊管理相關系所學生爲研究對象，透過問卷和電子郵件進行調查。

（二）優點與限制

　　網路調查具有低成本、高效率、設計彈性化、不受時空限制、調查視覺化、具隱密性、減少人工編碼輸入錯誤、避免訪員干擾的優點，針對這些優點說明如下：

1. 低成本：電子郵件和網路使用的成本低廉，因此在大量蒐集資料的能力上，網路調查遠勝於傳統的郵件及電話調查。

2. 高效率：包括高回收率和快速回收兩項優勢，在回收率方面，一般的電子郵件問卷在品質良好的受訪者名單以及適當的問卷設計下，平均三天的回收率也有在20%至45%之間。再輔以二次以上的提醒受訪者填答，則可提高回收率至80%左右。在回收速度方面，網路調查可能不如電話調查快速，但相較於面訪和郵寄調查，網路調查的回收速度則提高許多。

3. 設計彈性化：網路具有互動性高、多元化、傳遞快速等特性，在調查設計上可以發揮的空間很大，例如：在受訪者方面，如無特定調查對象，可用網路滾雪球法快速將調查工具傳遞給廣大的網路使用者，在短期間內蒐集到大量樣本。在調查工具的設計上亦較有彈性，可以透過 ASP、Java script 等語法來進行跳題、鎖題、分支（branching）等作業設計網路問卷，受訪者不會看冗長的問項而降低填答意願；而鎖題、跳題的方式來進行填答，可避免填答錯誤並提高效度。

4. 不受時空限制：在時間上，傳統的面訪調查、自填調查或電話調查均需配合受訪者的生活習慣和作息時間，在特定或約定的時間進行調查，增加調查樣本的流失、偏誤（如：年輕族群不易被調查）和調查的困難度，透過

網路調查，無論何時，受訪者都能藉由電子郵件或網際網路上進行填答。在空間上，利用網路無國界的性質，以網路進行國際間的比較研究，或對跨國或跨區域的受訪者進行調查（如：同時對兩岸犯罪學者或刑事司法研究者進行調查），相當的便利且快速。

5. 調查視覺化：網路調查工具可以配合影、音效果來提高受訪者對於調查的興趣，或達到調查所欲測量的目的，例如：對於兒童或少年族群的調查，可以藉由影片的播放，來測量受訪者對於某些情境或偏差行為的看法，而了解受訪者的特性。

6. 具隱密性：網路調查問卷通常簡單易懂且具隱密性，受訪者在接觸到網路調查問卷時避免面訪或電訪情境之尷尬，可提高其接受調查意願。填答完畢後僅需按送出選項即完成調查。

7. 減少人工編碼輸入工作和錯誤：在傳統調查作業中，人工的編碼和輸入相當耗時，同時還容易因為人為因素造成錯誤。利用網路問卷調查，結果可以直接透過ASP寫入資料庫中，受訪者填答時即完成輸入作業，節省人力和避免錯誤。

8. 避免訪員干擾：無論是電話調查或面訪調查均需透過訪員來進行，而訪員的角色和功能、調查時的態度和語調，往往會影響到受訪者的回答意願以及作答結果。透過網路調查，所有受訪者均面對同一格式的調查問卷，而標準化、系統化的問卷設計，可以避免訪員干擾所造成的問題。

　　網路調查主要的限制為樣本代表性問題，網路調查屬於被動調查方式，受訪者須擁有上網所需的設備與服務，有基本的電腦使用經驗，和願意參與網路調查等，方可順利完成調查。而網路人口特質及網路調查媒介限制，樣本之隨機性、全面性與完整性往往受限，例如，非網路使用者、非調查使用網路媒介之族群、調查期間未使用網路者，均可能被排除在調查樣本之外，而影響樣本代表性。為降低抽樣誤差，提高網路問卷曝光率、鼓勵受訪者填答和大樣本，為常用的因應方式，表7-4為提高網路調查樣本代表性的方法。當然研究者如欲以網路調查蒐集資料，須確定主題是否適宜網路調查，研究結果之解釋亦須相當謹慎。

表7-4 提高網路調查樣本代表性的方法

1. 在傳統媒體（包括電視、報紙、雜誌公布此項活動）或熱門網站公布調查訊息，到網路相關討論群張貼，鼓勵各網站連結等；運用可能的宣傳方法，傳遞調查訊息。
2. 調查中明確說明研究執行者（或委託機構），以昭公信。
3. 清楚陳述與調查有關之重要訊息，如調查目的、調查期間、受訪者條件和問題查詢e-mail或網站等。
4. 在完成調查後，對參與之受訪者提供紀念品或進行抽獎活動，提供刺激受訪誘因，一方面可增加上網填寫人數，另方面可蒐集受訪者基本資料。
5. 做好適當過濾動作，以免受訪者重複填寫問卷，或將填寫的資料重複傳送。
6. 調查問卷用語須簡單易懂，容易點選，長度適中。
7. 如須跳頁，設計提醒受訪者已回答的百分比，並鼓勵繼續填答，將個人基本資料置於問卷最後，以提高完成率。

五、德菲法

德菲法（Delphi）為調查研究法的應用，早在1950年代由Helmer與Dalkey在美國蘭德公司所倡導（王文科、王智弘，2020），這項調查技術通常被運用於調查對某一主題，尤其是特定政策有關的專家、學者或有豐富經驗者的意見，表達他們對問題的看法、判斷或建議；由於調查的目的在了解和凝聚受訪者對調查主題的共識，因此並不需要太大的樣本，一般而言樣本數在10至20左右。調查時可透過郵寄問卷、電話、傳真、網路或面訪等方式進行，重複二次以上的調查；在第二次調查時，研究者會將第一次調查結果提供受訪者參考，並重複調查每一個問項受訪者的看法。

雖然凝聚受訪者對政策、現象意見的共識為德菲法的主要目標，但有時要達到一致的看法還是相當不容易，至少可以藉由重複調查，了解受訪者對主題看法的範圍和分布狀況，或將問題釐清，對於研究者而言仍然是很有用的。此外，即便無法達成一致共識，亦可根據大多數受訪者的意見來做決定，這種方法稱之為「對抗德菲法」（adversary Delphi）。

以德菲法進行研究主要步驟包括：（一）根據研究目的編製第一次德菲調查問卷；（二）選定一組專家或德菲小組為受訪者；（三）透過電訪、網路調查、面訪等途徑實施調查；（四）歸納整理第一次調查結果，修正調查問卷（可將開放式問卷修正為結構式或半結構式問卷）；（五）進行第二次調查（或更多次調查），調查時提供受訪者前次調查結果，以凝聚共識；（六）藉由多次反覆與分享回饋蒐集調查資料，促使專家意見趨向一致。

近年德菲法已被運用於不同的刑事司法和犯罪學研究議題中，運用開放式

質性調查或結構式問卷調查方式進行；例如，謝文彥、許春金等（2005）接受刑事局委託所完成的「台灣地區犯罪未來趨向研究」，即採用質性的德菲研究法，對12位犯罪問題相當精熟的學者專家進行兩次開放式問卷調查，內容包括其對殺人、性侵害、搶奪、強盜、一般竊盜、住宅竊盜、汽機車竊盜、詐欺、毒品、賭博、公共危險等犯罪類型，在數量上與犯案手法上的未來趨勢與影響因素，以及預防暴力犯罪、財產犯罪與無被害者犯罪之對策等，匯集受訪者意見和建立在犯罪問題上的共識，以作為研究者建議政府相關機構擬訂重要抗制犯罪政策上的參考。

　　另一項以德菲法進行調查的是2006至2007年間，中央研究院接受研考會委託執行的「社會發展政策統計與調查資料庫研究」，該研究「治安與犯罪」組係由周愫嫻負責主持，研究者根據美國、日本、大陸、德國、加拿大和新加坡等六國之治安與犯罪指標，設計結合結構式和開放式的專家調查問卷，對15位國內犯罪、治安和刑事司法專家進行兩次網路調查；有14位受訪者完成第一次德菲專家調查，根據第一次調查結果和建議增刪第二次調查問卷；並再一次對14位完成第一次調查的受訪者進行第二次調查，回收有效問卷12份（約85.71%）。藉由網路德菲法調查和焦點團體該研究建立九大項55小項有關警政、檢察、法院、矯正保護、刑事司法資源、犯罪率、高風險人口、犯罪被害率和被害恐懼感指標。

第五節　各類調查研究法之比較

　　除電話調查外，在前一單元中介紹各類調查研究法之實施方式、優點和限制；如欲以調查法進行資料蒐集，則如何選擇一項或多項方式來蒐集資料，為研究者必須審慎考量的。調查研究方法的選擇，首先要思考的是研究目的為何？研究屬於何種類型性質？有多少的研究能力（含時間、預算、人力等）？當然對於各種調查研究法的了解也是很重要的。表7-5從調查工具、溝通、訪員效應、樣本、調查資料、回收、事後追蹤和研究成本等八個面向，對各類調查研究法進行比較，研究者可考量各種方法之優點、限制與研究能力，從中選擇一種或多種較為適當的方式來進行研究。

表7-5　各類調查研究法之比較

比較項目		自填	面訪	電話	郵寄	網路
調查工具	處理「問卷複雜度」的能力	優	優	好	差	好
	問題的多變性	非常多變化	非常多變化	高標準化	普通	高標準化
	問卷長度	可長	可長	普通	視研究動機和對象而定	視研究動機和對象而定
溝通	模式	一對一（多）	一對一	一對一	一對一	一對多
	方式	單向同步	雙向同步	雙向同步	單向非同步	可雙向同步
	內容	文字影像	文字影像聲音	聲音	文字影像	文字影像
訪員效應	引導程度	中	高	普通	無	無
	受訪者誤解	低	低	普通	高	高
樣本	控制	優	優	優	低	普通
	分布	集中	集中／廣	廣	廣	全球性
資料	品質、正確性	好	好	好	普通	好
	完成問卷時間	中	中	快速	普通	快速
回收	速度	快	中／慢	快	慢	快
	回收率	高	高	高	低	高
事後追蹤		視設計而定	容易	容易	困難	困難
研究成本		低	高	中	低	最低

第六節　結論：做好調查研究的建議

　　從本章的討論中可以發現，以調查研究法來進行刑事司法與犯罪研究已有相當長的歷史，同時也是最普遍運用的資料蒐集方法；半個世紀以來，無論在現象描述、理論解釋和驗證、政策評估和犯罪預測，以調查研究方式所獲得的研究結果，對於刑事司法和犯罪學產生重大影響。

　　對研究者而言，如何從事好的調查研究相當重要，以下就如何做好調查研究提出建議供研究者參考：

一、找一個好的研究題目

可以激發研究者興趣和熱忱，對研究領域提出新的看法和發現，或者研究結果能夠產生有效的具體建議，都是好的研究題目。這樣的研究題目如何找到？有意義的研究題目可能來自於：（一）社會上發生的問題或民眾所關注的議題；（二）生活與工作上的困擾或重點議題；（三）研究領域重要理論的發展和驗證；（四）現行政策或法制的討論與分析；以及（五）研究方法與分析技術的改良。

二、具有現象與理論解釋基礎

在前面討論調查研究法特性時曾提到，調查研究法為律則式解釋，以最具有解釋力之概念和關係，來解釋人的行為和社會現象；因此調查內容不可能涵蓋所欲研究的所有特性，僅能包括關鍵性測量，透過文獻或資料閱讀來了解研究議題和現象，為從事調查研究的基礎功課。而具有現象與理論解釋為基礎的調查，往往比較能夠把握研究問題的核心。

三、發展具體、清楚、簡約的研究架構

無論是哪一種型態的調查研究，調查之前如能有具體、清楚、簡約的研究架構為引導，對樣本選取、工具測量和資料分析都會有很大的幫助。從研究架構中，亦可了解研究者的研究取向、主要概念和可能的假設為何。

四、審慎設計測量工具

在設計調查工具（如：問卷）時，應考量研究目的、類型、樣本來源和資料蒐集方式，在各類調查資料蒐集途徑的比較中，測量工具為重要比較項目；有效的測量比複雜冗長的測量更為重要，而好的測量工具不但能夠回答研究問題，亦能使資料統計分析更有效率。

五、可考慮多元化的研究設計

對於比較複雜或重大的研究議題，可考慮採取兩種以上的研究方法或調查研究途徑，以2000年和2005年台灣地區犯罪被害調查為例，前者係以面訪為主，受訪者自填問卷為輔；而在2005年的調查中，則同時以電話調查和面訪調查來蒐集一般民眾和被害者資料。

六、仔細規劃抽樣與蒐集過程

　　調查研究屬量化研究方法，其研究對象有時涉及數百或數萬研究樣本，仔細而周延的抽樣和調查規劃，可使研究更為順利，並獲得好品質的調查資料。這些規劃包括研究單位的確立、母群體結構的了解、樣本的分布、資料蒐集的途徑、可資運用的行政資源、蒐集過程可能面臨的問題等。

七、選擇適當的統計分析方法進行分析

　　一項好的調查，除了高回收率和樣本代表性，蒐集到好品質的調查資料外，如何有效的分析調查所得資料，並做適當的分析和解釋也很重要，好的分析往往能夠清楚有效的呈現資料，並對研究結果給予合理的解釋。對於許多調查研究者而言，迅速而方便的統計套裝軟體使調查研究如虎添翼，但不符研究目的、理論假設和概念測量尺度的分析，反而減弱了研究的意義和結果現象。

八、提出具參考意義的建議與未來研究方向

　　對於研究議題的關注是觸動研究者從事研究的動力，根據不同的研究目的所從事的調查，均能增加人們對於研究領域的了解，無論研究發現為何，研究者對於研究結果所進行的討論和思考，如能提出理論上或實務上具體的建議，則更能突顯研究的意義。此外，根據過去的研究對於未來研究方向提出建言，有助於研究經驗與知識的累積。

　　最後，與其將調查研究不僅是一種資料蒐集的方法，更是研究歷程中重要一環，好的調查研究應考量整體歷程的運作和連結，研究設計和結果呈現須前後一致，以達到研究目的和回答研究問題；當然也能夠滿足研究者的動機。

參考文獻

一、中文

王文科、王智弘（2020）。教育研究法。台北：五南圖書。

王佳煌、潘中道等譯（2002）。當代社會研究法：質化與量化途徑。台北：學富文化。（原作：Neuman, W. Lawrence (2000). Social Research Methods: Qualitative and Quantitative Approaches. Boston, MA: Allyn and Bacon.）

周愫嫻、張耀中、張祥儀等（2007）。建構台灣治安與犯罪指標芻議，論文發表於公

務人力發展中心、中央研究院人文社會科學研究中心等主辦之「社會指標及社會發展」國際研討會。

孟維德（2000）。公司犯罪影響因素及其防制對策之實證研究：以美國無線電公司（RCA）污染犯罪為例。中央警察大學犯罪防治研究所博士論文。

林維國（2001）。數位時代中的數位競選策略工具：網路調查法及電話調查法之比較分析。決策季刊，2。

法務部（1993）。犯罪理論與再犯預測──八十年減刑出獄人所做的貫時性研究。台北：法務部犯罪研究中心。

侯崇文（2000）。青少年偏差行為──社會控制理論與社會學習理論的整合。犯罪學期刊，6，35-62。

范國勇、張平吾等（2004）。提升企業對政府防制組織犯罪滿意度調查。刑事警察局委託研究。

張甘妹（1966）。再犯之社會原因的研究。社會科學論叢，16，149-212。

張甘妹（1975）。出獄人再犯之研究。社會科學論叢，23，199-260。

張甘妹（1987）。再犯預測之研究。法務部。

許春金（2013）。犯罪學。台北：三民書局。

許春金、馬傳鎮、陳玉書等（1999）。少年偏差行為早年預測之研究。台北：行政院青年輔導委員會委託研究報告（總結報告）。

許春金、莫季雍、陳玉書等（2000）。台灣地區犯罪被害經驗調查研究。法務部、內政部警政署委託研究。

許春金、陳玉書、孟維德、蔡田木等（2005）。94台灣地區犯罪被害調查。內政部警政署委託研究。

黃讚松（2000）。從情境犯罪預防理論探討網路犯罪預防對策之研究。桃園：中央警察大學犯罪防治研究所碩士論文。

楊國樞、文崇一、吳聰賢、李亦園編（1985）。社會及行為科學研究法。台北：東華書局。

蔡德輝、楊士隆（2019）。犯罪學。台北：五南圖書。

謝文彥、許春金等（2005）。台灣地區犯罪未來趨向之研究。刑事警察局委託研究案。

簡惠霯、陳玉書（2000）。假釋再犯預測之研究。犯罪防治學報，1，237-264。

二、英文

Babbie, Earl (2020). The practice of social research. Belmont, California: Wadsworth Publishing Company.

Beck, Allen & Bernard E. Shipley (1989). Recidivism of prisoners released in 1983. Bureau of Justice Statistics Special Report.

Burgess, E. (1928). Factors determining success or failure on parole. In A. Bruce & A. Harno et al. (eds.). The workings of the indeterminate sentence law and the parole system in Illinois. Springfield: Illinois State Board of Parole.

Champion, Dean John (2006). Research methods for criminal Justice and criminology. New Jersey: Pearson Education, Inc.

Clarke, H. Stevens, Lin, Yuan-huei W., & Wallace, W. LeAnn (1988). Probationer recidivism in North Carolina: Measurement and classification if risk. Institute of Government University of North Carolina at Chapel Hill.

Glueck, S. & Glueck, E. T. (1930). Five hundred criminal career. New York: Knopf.

Gottfredson, M. R. & Hirschi, T. (1990). A General Theory of Crime. Stanford: Stanford University Press.

Grasmick, Harold G., Charles R. Tittle, Robert J. Bursik Jr., & Bruce J. Arneklev (1993). "Testing the core empirical implications of Gottfredson and Hirschi's General Theory of Crime." Journal of Research in Crime and Delinquency, 30, 5-29.

Hagan, Frank E. (2006). Research methods in criminal justice and criminology. Boston, MA: Allyn and Bacon.

Hirschi, Travis (1969). Causes of delinquency. Los Angeles, California: University of California Press.

Jupp, Victor (1989). Methods of criminological research. Boston, MA: Unwin Hyman.

Maxfield, Michael G. & Babbie, Earl (2006). Basic Research methods for criminal justice and criminology. Belmont, California: Wadsworth Publishing Company.

Kraska, Peter B. & Neuman, W. Lawrence (2008). Criminal Justice and Criminology Research Methods. Boston, MA: Pearson Education.

Sampson, Robert J. & Laub, Hohn (1993). Crime in the making: Pathways and turning points through life. Cambridge, Mass: Harvard University Press.

Senese, Jeffrey D. (1998). Applied research methods in criminal justice. Chicago, Illinois: Nelson-Hall Publishers.

Vito, Gennaro F., Latessa, E. J., & Wilson, D. G. (1988). Introduction to criminal justice research methods. Springfield, Illinois: Charles C. Thomas.

West, Donald J. (1969). Present conduct and future delinquency. London: Heinemann Educational Books.

West, Donald J. (1982). Delinquency: Its roots, careers and prospects. London: Heinemann Educational Books.

黃翠紋

前 言

調查法在社會科學研究領域中，往往占了舉足輕重的地位。此種方法是運用統計原理與方法，依預期目標，進行普查或抽樣調查，並透過問卷與派員面訪、郵寄、電話或網路訪問等方式，蒐集各種經濟、社會活動等群體特性的資料。藉以反應社會結構變遷、相關影響及發展情勢，作為各種施政決策的依據。在一個自由開放的民主社會中，政府的一切施政必須以民意為依歸，以實現主權在民的理想，達成為民服務的目標。然而人民意見的表達與呈現，通常是紛歧而不彰顯的，因此必須透過蒐集或引導的方式，才能有效加以整合，進而形成多數民意，受到政府的重視。雖然民意表達的方式甚多，但以使用民意調查方法探測民眾意見，最能直接、客觀、廣泛及精確地反映民意。

使用調查法探求民意是直接徵詢部分民眾的意見，再根據這些意見推估所有民眾的意見為何。因此，是一種測量與表達民意的社會調查活動。近年來，台灣地區由於社會變遷快速，為能迅速、適時反應社經現象的變遷，機動性的尋求決策方向，調查統計的功能對於政府機關及企業皆越顯重要。因此，民意調查興起是這幾年的事情，現在舉凡商業、政治活動皆無法脫離民意調查。在民意調查的實施方式上，可以使用郵寄問卷法、電話訪問法、面對面訪問法、集體施測及網路訪問法等五種資料蒐集方法。在這五種方法中，郵寄問卷法具備可匿名的特性，往往作為訪問敏感問題的工具，或是考量經費的限制時，郵寄問卷調查法有其適用的地方。但由於郵寄問卷調查法的聯繫率、回應率通常偏低，蒐集所得的資料缺乏代表性，適於作正式研究之前了解概況的前測，或是純粹將資料引為參考，而不適於推論、估計、預測或是做決策的調查。面對面訪問法則特別適用於電話不夠普及的地區，或是題目太長、太多，題意很複雜的調查。不過，此種方法所需的人力、物力規模也最大。尤其如果想擴大樣本的分散性，在實務上很不容易實施。集體施測雖然具有很多優點，但僅能侷限在同一時間可以讓大量樣本聚集在一起進行問卷施測的情境下，才能使用。

網路訪問調查的優缺點和郵寄問卷很接近，但因目前網路仍待普及，合格的網路使用者更少，使得網路訪問的樣本代表性比郵寄問卷更不足。甚至以小團體爲範圍的母群，其成員都可能沒有網路帳戶，使得清冊取得困難，因此目前網路訪問仍不普及。然而由於網路訪問是在電腦上執行，在處理複式問題，如：需要依據受訪者選項而跳到不同題目時，可以自動化處理，避免人爲錯誤，遠優於郵寄問卷調查。由於成本低與作業資源需求少，網路訪問依然是作非科學性調查時的一項簡易工具（王佳煌等人譯，2003；陳義彥等人，2001；謝邦昌，2000；吳統雄，1990）。由於各種調查方法皆有其優缺點，並沒有一個方法特別好，故在運用上必須考量實際狀況與各調查方法的特性後，再選擇一種或多種調查方法同時執行，如：採用郵寄問卷法並輔以電話或網路催收樣本；或在電話可及的區域採電話調查法、沒有電話的地區採人員訪問法等方式配合。但同時採用多種調查方法時必須考慮其一致性，以免造成事後無法合併分析的窘境。五種調查方式的特色比較見表8-1。

　　由於電話訪問調查最容易接觸到受訪者，使得聯繫與回應率都較其他方法高。加以隨著電腦運算能力的加強，以及網路對於資訊運載能力的提高，以往的紙筆式問卷調查方式逐漸被電腦輔助電話調查法（computer-assisted telephone interview, CATI）所取代。此外，此法也比較容易防弊，更可快速知道研究結果，尤其適於與電腦連線處理資料的作業方式。因此，電話訪問非常適合於商品市場調查、廣告效力調查、制訂公共政策的民意調查、以及需要長期追蹤受訪者以探討變異情形的各種調查。當政策的制訂或是對某一項議題的了解有其急迫性，或是需要快速且大量的回收樣本時，相信採用電話訪問調查法就變成首要之選了。本章將分別從電話訪問調查法的性質與優缺點、電訪人員應該具備的認知與能力、電話訪問調查的程序與技巧，最後則舉過去筆者所進行之民眾對警察處理案件滿意度調查實例等部分來介紹，藉以讓讀者諸君對電話訪問調查的特性與實施狀況有所了解。

表8-1　五種調查方式的比較

	郵寄問卷	電話訪問	面對面訪問	集體施測	網路訪問
單位成本	較低	較低	最高	較低	較低
彈性	必須有郵遞地址	只能訪問有電話的人	最具彈性	必須針對特殊研究對象	只能訪問有網路的人
調查範圍	適合全國性或大地區範圍的調查	適合全國性或大地區範圍的調查	全國性或大地區範圍的調查較難執行	全國性或大地區範圍的調查較難執行	適合全國性或大地區範圍的調查
問卷長度	問卷不宜太長	問卷不宜太長	可蒐集最多的資訊	可蒐集最多的資訊	問卷不宜太長
徵集大量資料能力	中等	佳	較低	佳	佳
資訊正確性	通常較低	中等	通常較正確	通常較正確	通常較低
調查的深度	不適合太深入或太複雜的問卷	不適合太深入或太複雜的問卷	適合深入或複雜的問卷	適合深入或複雜的問卷	不適合太深入或太複雜的問卷
聯繫率	劣	佳	可	佳	劣
無反應率	劣	佳	佳	佳	可
資料填答正確性	可	佳	佳	佳	可
敏感性問題（匿名性）	佳	可	可	可	劣
訪問員影響	無	較低	高	高	無
訪員品質管控	無	佳	較差	可	無
速度	最慢	最快	如地區遼闊或樣本很大時，也很費時	可	較快

第一節　電話訪問調查法的性質與優缺點

　　不論是使用傳統的電話訪問調查，或是使用電腦輔助式電話訪問調查都只是調查的輔助工具，而不是調查工作的萬靈丹。當研究者能夠正確而適當地使用此項調查工具時，應該就能夠改善所蒐集資料的品質。因此，在本部分將先行介紹電話訪問調查的性質，再就其優缺點加以探討。

一、電話訪問調查的性質

　　電話訪問調查法係利用電話直接詢問受訪者有關問題，並立即回答所詢問之意見。故能在最短時間內獲得所需資訊，過程較為機動、直接而簡便。傳統的電話訪問調查方式，是由訪員撥打電話機，並依據紙本問卷進行對受訪者的訪問工作，所有訪問結果亦以紙筆方式記錄。此種方式雖然較諸面對面訪談及郵寄問卷快速，但卻難以避免下列幾種狀況：

（一）由訪員自行撥打電話號碼，容易發生訪員無意或有意的撥打錯誤號碼，而影響樣本的代表性。

（二）雖然訪員能夠集中管理，但督導方式只能透過督導員在電訪室中巡迴督導，不論是效率或是督導成效皆不佳。

（三）訪問的進行，是由訪員依據紙本問卷進行訪問工作，當問卷比較複雜或是需要特別處理時，容易出現錯誤。

（四）訪問後的資料，必須額外由輸入員進行資料建檔工作，不僅容易出現錯誤，亦需增加額外的調查經費與時間。

　　隨著科技的發達，電話訪問調查可以透過電腦的輔助來提高調查效率及調查品質。透過電腦自動抽樣及撥號，再由訪員依照電腦畫面的提示進行訪問工作，或是利用語音系統進行調查，免除建檔時所可能發生的錯誤。不僅可以大幅縮短調查所需時間，而且此系統具有統計分析功能，故可立即知道調查結果。目前電話訪問的技術可以分為二大類，第一類是透過電腦隨機撥號，各調查問項會顯示在電腦螢幕上，訪員戴著耳機與麥克風坐在電腦前面，只需依據螢幕所顯示的問題訪問受訪者，並記錄反應，稱之為電腦輔助電話訪談（Computer-assisted Telephone Interview, CATI），是結合電腦、電話設備及通訊科技於一體的電話訪問調查系統。另一類是利用語音系統進行調查工作，由電腦自行撥號，再將受訪者的反應透過按鍵建立檔案，稱之為電腦管理電話調查（Computer-administered Telephone Survey, CATS），此方式被拒絕的比率較高。在一些重要議題的調查上係以前者為主，故在本文中乃聚焦於前者的介紹。

　　目前坊間較常使用的CATI系統，有的是使用WINDOWS版本，有的則使用DOS版本，各有其特殊功能。但一般性的常備功能則包括（謝邦昌，2000; Catlin & Ingram, 1988）：

（一）電腦抽樣

依據系統內所建置的電話母體名冊進行分層隨機抽樣，再產生電話樣本資料庫。由於目前國內電話號碼簿登記率仍偏低，故大部分的系統會有二步驟的抽樣，第一步驟，電腦會依據研究者所設定的某鄉鎮市區人口比例，隨機抽出適當數量的電話前三碼或前四碼（例如：台北市信義區前四碼有2723、2758、2729……），第二步驟再將所有抽出之電話前三碼或前四碼，以隨機亂碼方式產生後四碼。隨機選取撥號乃是一組機率抽樣的技巧，對於在某個抽樣範圍中，擁有一條電話線路的任何家庭來說，不論這個電話號碼是否有登錄，都可以提供一種非零機率的聯繫。調查人員只要知道在抽樣範圍中的電話號碼前幾碼，就可以將隨機的後幾碼數字加入，而產生電話號碼。當然，透過此種方式抽樣，可能產生有效，也可能無效的電話號碼。

（二）電腦撥號

所欲進行訪問的電話是由主機資料庫產生後進行撥號，訪員無須手動撥號，可避免訪員撥號的誤差。

（三）線上訪問

調查問卷在執行調查前，會由研究人員先行設定好，當訪員在執行訪問時會直接出現在電腦螢光幕，訪員只需根據問卷所引導的題目進行訪問工作，直接於電腦上勾選答案，可省去調查後資料輸入與檢誤的工作。

在CATI系統的適用性上，除了部分非常複雜而超出電腦邏輯控制能力的調查問卷外，一般適用於電話訪問的問卷皆適用於此系統。使用CATI系統進行電話訪問調查，最適合需要立即知道結果的調查，如選舉期間候選人的支持度，或是政府遇有緊急性的政策，需要在最短時間內得到答案並做出決策時，運用CATI進行電話訪問將會是最好的選擇。在調查問卷的問項數方面，只要問項在40題以內的問卷，皆能利用電話訪問順利完成，但最好以不超過20題為原則。在調查對象方面，不複雜，受訪對象容易接觸的調查，皆可利用CATI電話訪問在最短時間內得到結果。

如果CATI系統能夠被正確地使用，將可達成以下具體效益（Catlin & Ingram, 1988）：

1. 有效降低某個抽樣體所存在的潛在未涵蓋範圍的誤差以及未獲回應的誤差。
2. 降低與問卷調查表中問項用語和排序有所關聯的潛在測量方法上的誤差。

3. 降低和訪員言詞行為有所關聯的潛在測量方法上的誤差。
4. 降低資料處理有所關聯的潛在測量方法上的誤差。

二、電話訪問調查的優缺點

　　本章必須再次強調：要達到同樣的研究目的，可能有好幾種調查方法可以運用。誠如表8-1所示，每一種調查方法都有其優缺點，例如：雖然很多人利用電話訪問來進行調查，它可以稱得上是一種相當方便又快速的調查方法，但是當問卷的長度比較長，或是調查人員必須出示一些測試產品給受訪者看，再探詢他們的意見時，電話訪問便不適合。同時，也不是所有的對象皆適合進行電話訪問，例如要探詢專業人員的意見時，就不適合使用電話進行訪問工作。

　　一般在執行量化研究時，可依研究者的研究目的，將量化研究設計區分為意向調查法、相關法與實驗研究法。意向調查法係為了在短時間內蒐集大樣本的資料，問卷內容多為具體、客觀的問題，或是與態度或意見有關的問題，屬事實性的資料（如宗教信仰、教育程度、政黨支持度……），而非構念性的資料，只要受訪者願意真實的回應，研究者就可以獲得真實的數據與資料。有關三種主要的量化研究設計間的區別，請參閱表8-2。

表8-2　主要的量化研究設計

	意向調查法	相關法	實驗法
主要目的	由樣本推論母群 對於母體的描述與解釋	探討變項間關係 建立通則與系統知識	探討因果關係 建立通則與系統知識
樣本特性	大樣本 具母群體代表性	中型樣本 立意或配額抽樣	小樣本 隨機樣本、隨機分派
研究工具	結構化問卷	測驗或量表	實驗設備、測驗量表
測量題項	事實性問題 態度性問題 行為頻率	態度性問題 心理屬性的測量	反應時間 行為頻率 心理屬性的測量
研究程序 （學理基礎）	抽樣與調查 （抽樣理論）	測驗編製與實施 （測驗理論與技術）	實驗操弄 （實驗設計）
測量尺度	類別變項為主	連續變項為主	類別自變項 連續依變項

資料來源：邱皓政（2011）。量化研究與統計分析：SPSS資料分析範例。台北：五南圖書，頁1-17。

　　具體而言，電話訪問調查有以下幾項優點（王佳煌等，2003；謝邦昌，2000; Fowler & Mangione, 1990; Groves, 1989）：

（一）現場監控提升調查品質

　　電話調查訪問最大的優點，是在整體資料蒐集過程中，有比較良好的品質控管流程。尤其電話調查是採取集中電話訪談作業，不僅可以增加調查效率，還可以防止調查弊端，而當訪問遇到困難時，主持人可在場適時協助解決。此外，還可以利用電話監聽系統，在現場就可以即時控制，防止不同訪員的訪問偏差。如果訪員遇有困難，他們可以馬上問現場的主持計畫人或督導員，即時解決訪問過程所發生的問題。

（二）較佳的成本效益

　　由於電話訪問調查是在極短的時間內與受訪者接觸，因此使用電話進行訪問最大的效益大概是在於成本的節約上，不僅可以縮短調查時間，還可以節省人力與經費。例如：根據Groves（1989）的估計，在使用相同的問卷調查表情況下，藉由電話訪問調查所花費的時間與面對面訪談方式相較之下，大約可以減少10%至20%的成本。而雖然電話訪問調查會比郵寄問卷的費用高，但由於其具有較低的調查誤差，使得其整體的成本效益仍是比較高的。此外，電話調查還可以與受訪者有多次的重複接觸機會，對於不清楚的答案可再打一次電話來釐清正確的選項。

（三）較短的資料蒐集時間

　　通常研究者使用面對面訪談蒐集所需資料，必須花上一個月，甚至更長的時間進行；若是使用郵寄問卷的方式蒐集資料，則需要使用更長的時間。至於研究者若是透過電話訪問調查方式則只需在一個星期，甚至更短的時間就可以蒐集所需的研究資料。因此，可立即回答研究問題，並可機動性配合行政措施。

（四）跨越地域限制

　　電話調查因受訪者可以立即回答問題，因此可以機動性配合行政措施。同時，在電話普及的地區，所抽取出來的樣本代表性較高。

（五）可互動溝通並充分表達意見及情感

　　藉由電話訪談，訪員可以穿著任何自己喜歡的服裝而不會影響受訪者的回答。而且針對具有隱私性或敏感性的議題，由於訪員與受訪者並非面對面的接觸，受訪者將會以較誠實的態度來回答不贊同的答案。同樣地，就訪員而言也

將較能夠觸及敏感的問題。

(六) 確保訪員的安全

為配合受訪者的作息時間，有越來越多的訪問必須在夜間與受訪者進行接觸。但如此一來，若是進行面訪調查，將可能危及訪員的人身安全。相對地，電話訪問調查則可確保訪員的安全。

雖然使用電話進行訪問調查存在著上述潛在的優點，但就像其他調查研究方式一樣，仍存在許多缺點。主要包括以下幾點（謝邦昌，2000; Fowler & Mangione, 1990; Groves, 1989; Dillman & Tarnai, 1988）：

(一) 不適合單獨使用於電話欠普及的地區

電話訪問調查法對一般民眾做調查時，電話簿是最容易獲得的一種母體名冊，因此電話簿是最常被應用的工具。但正因為如此，使其存在著無法接觸到某些特定群體的缺點。基本上，它存在著兩個先天上的缺點：1.電話簿名冊欠完整：雖然目前電話普及率已相當高，但是並非所有人皆將電話號碼登記在電話簿上，特別是在大都市裡電話未登記率，有越來越多的趨勢。2.電話簿資料欠新穎：由於電腦系統所建置的名冊常會有過期未更新的情形，因此在抽樣時自然會把新居民漏掉，這缺點在不同地區會有不同程度的影響。其次，也可能發生民眾雖有登記但卻變更號碼，或記載不正確，一般為克服此種情況可改「隨機撥號」加以克服。

(二) 問卷設計型式與長度受到限制

相較於派員面訪，採用電話訪問法不適合使用複雜的問卷題項，不但必須限制打電話的時間，在問卷的型式上也有所限制。通常電話訪問調查在問卷設計必須注意下列兩點：1.問卷題數：通常面對面訪談的時間都會長達三十分鐘以上，然而若是使用電話訪談方式，訪談時間長達二十、三十分鐘以上，便會讓受訪者感到不耐煩。因此，一般電話訪問調查問卷的題數，應較面訪精簡一半為宜。越簡短的問卷內容較易使受訪者接受，太冗長的問卷內容，容易招致受訪者的不耐煩，可能中途停頓，甚至拒絕繼續接受訪問的情形發生。2.命題型式：電話訪問調查的問項內容必須力求簡明。受訪者的反應必須是可以透過電話表達，不能展現輔助道具。通常須出示圖片或輔助工具等視覺性訪問方式，無法用電話達成，故應該避免與視覺（看圖形）有關之型式。若採用開放式問題，必須用錄音記錄。

　　由於各種調查法皆存在著某些特定的限制，因此不應該以一種相互競爭的觀點來看待它們。研究人員在選擇調查方式時，不應該將任何的調查方式視為唯一的決策方式，而應該尋找各種可能的途徑，將不同的調查方式作出最具創意與最符合調查目的的組合。若是能夠使用混合模式的調查設計，或許便可以發揮每一種調查方法的潛在優點，同時得以避免其潛在難以克服的缺點。因此，研究者在規劃一項調查研究案時，最需考慮的是：在實行該項計畫所能取得的既有資源下，如何藉著不同抽樣模式與資料蒐集方式的運用，降低各種可能的抽樣誤差。

第二節　電訪人員應該具備的認知與能力

　　任何的調查方法均可能產生誤差。電話訪問調查過程中，除了因抽樣而產生的抽樣誤差外，還有因訪員訓練、問卷設計、受訪者素質……等非抽樣因素所造成的非抽樣誤差。抽樣誤差是可以事先測量的，但非抽樣誤差則無法測量，只有透過調查流程中各個環節的控制來降低，而訪員就是其中最重要的一環。在調查過程中，訪員素質的良莠關係著調查結果的正確度，也是極易產生非抽樣誤差的一環。由於訪員是民調過程中與受訪者溝通的第一線，是研究的傳達者，亦是受訪者的代言人，因此訪員可以說是電話訪問調查成敗的最重要關鍵。因訪員而產生的非抽樣誤差包含以下幾種情形（Frey, 1989; Groves, 1989; Oksenberg & Cannell, 1988; Collins et al., 1988; Lavrakas & Maier, 1979）：

一、訪員的溝通能力

　　當訪員的溝通能力不足時，易誤會受訪者所傳達的訊息，導致記錄錯誤的情形發生。而訪員因語言能力不足，則可能衍生必須放棄某些訪問機會，而影響樣本的隨機性。當然，在訪談過程中也可能由於受訪者表達意見的能力不同，而產生溝通上的誤差，諸如：對問題的理解能力不一、對答案的理解能力不一，以及對問卷解讀能力不一等現象。為避免產生這些誤差，通常需要事先準備好「填表說明書」，並進行訪員訓練，讓訪員完全依照問卷內容提問（含台語、客語的翻譯）。

二、訪員的表達能力

　　當訪員的表達能力不足時，容易傳遞錯誤的訊息給受訪者，而導致答非

所問的情形發生。當發現受訪者答案文不對題時，可能是受訪者不了解題意，此時訪員反覆重複相同內容並無助益，應嘗試說明題意。而當訪員的表達態度不適合時，則易引起受訪者反感，進而拒答或是謊編答案的情形發生。訪員不可以因為急於進行訪問，忽略受訪者的疑慮，讓受訪者有被逼問的感覺。訪員在聆聽受訪者答案時的用語，必須讓受訪者感覺訪員專心在聆聽，且了解受訪者的想法。可以使用以下口語：「是的」、「我了解」、輕聲說「嗯」、「喔」，或是重複受訪者說的重要詞彙。同時，為避免訪員表達受訪者答案的能力不同而引起的誤差，訪員必須完全依照實際訪談內容加以記錄。

三、訪員的訪問技巧

當訪員的訪問技巧不夠純熟時，不僅會導致中途拒訪或項目無反應比例增高，而且當需要繼續追問受訪者的答案時，將無法繼續追問受訪者的答案，而導致受訪者回答「不知道」選項的比例增高。

四、訪員的社會經驗

當訪員社會經驗不足時，將無法判斷受訪者所回答答案的真實性。構成電話訪問調查有效性的基本假設是：受訪者會向訪員陳述其真實的感受或認知。因此，訪員應該具備足夠的社會經驗，當在聆聽受訪者的語調及交談內容的時候，能夠正確地感覺到對方陳述內容的真實性。當然，此種狀況亦可能出現在其他調查方式中。例如：受到各種視覺上的暗示所影響，使得面對面訪談更容易受到受訪者的欺騙。但就常理而言，受訪者會做出不實陳述的可能性並不高，因為一般人可能採取的行動是不會浪費自己寶貴的時間，通常他們若是對調查內容沒有興趣時，最經常採取的行動是直接拒絕訪問，而不是作出不實的陳述。

五、訪員的聲音與音調

過去研究顯示：訪員的聲音與音調，會影響到受訪者拒答的比率。例如：Oksenberg與Cannell（1988）的研究發現，通常說話語調較具有支配性的訪員，具有較低的拒訪率，他們不會表現得過度友善、逢迎。在語調上，這些人的說話速度較快、音量較大、充滿較高的自信心，而且使用類似質問式的語調與受訪者對談。而Collins等人（1988）的研究也發現，拒訪率比較高的訪員在遭遇到問題時，常會表現出缺乏信心以及慌張的傾向，而一副未對問題的回應

作好準備的窘態，因此很容易在訪談遭遇到問題時就輕易放棄。

六、訪員的修養

　　理論上，電話訪問調查的一項優點是：在交談過程中，交談時間的長短是由來話者所決定。訪員在撥打出電話後，會依著已經設定的目的，並且禮貌地陳述在結束此通電話前，能夠完成他所預期的此項目標。然而並不是所有的人在接聽電話時，都會表現出相對的禮節。在電話訪問過程中，可能會因為受訪者自身的涵養或是受訪者對該議題反感，而發生惡言相向的情形。因此，訪員必須有遇到任何狀況都不發怒的修養。當遇到受訪者因其過去不愉快的經驗而發怒時，訪員可表達抱歉之意，適度安慰，以設法讓受訪者停止回憶不愉快的經驗，並表示若需要，會代為轉達。受訪者亦可能因根深蒂固的社會倫常議題而發怒，此時訪員可表示僅為統計研究，並無他意，在言語中表達對該項議題的寬廣態度。

七、訪員的立場

　　一般而言，當碰到受訪者因其個人的政治或社會立場而惡言相向時，訪員必須強調本身的中立立場，讓受訪者知道我們理解他的立場，告知對方訪員的工作及權限。當訪員的立場不夠中立時，不僅可能引導受訪者回答，甚至可能故意誤解，或未經調查而謊編答案。因此，電訪人員必須嚴守誠實與中立原則。在誠實原則方面，訪員不可以未經訪問而捏造數據、不擅改受訪者的答案、不可以自行縮減詢問的項目，也不可以對受訪者做不實的承諾。在中立原則方面，訪員進行訪問時，必須嚴守「發問→聆聽→勾選答案」的分際，不要和受訪者討論自身的想法，也不可以對受訪者的答案加以評論，更不可以用言語或音調影響受訪者的答案。

　　由於訪員可能產生以上調查誤差，因此訪員必須有清楚的認知：首先，必須要有使命感，一拿起電話，必須告訴自己：我代表的是所屬研究單位或是委託單位而不是我自己。其次，由於是我們主動撥電話給受訪者的，若有任何讓受訪者不愉快的事件發生（無論對方是否有理），都必須有事端是因我們而起的認知。最後，訪員必須要有榮譽感，電話訪問調查工作是一項很神聖的工作，調查結果不論對國家或是社會都很重要的認知。

　　由於訪員的認知與能力是調查成敗的關鍵，加強對於訪員的篩選與訓練，就成為提升調查品質最為重要的工作。因此，對於訪員的訪談技巧訓練不能僅

侷限在閱讀及示範性訪談的訓練，還必須加上受到監督的練習才足夠。為了要將與調查程序及題材有關的足夠資訊與經驗，提供給所有訪員（也必須包括督導人員）知悉，必須在每項新的調查案開始進行前，針對訪員與督導員實施訓練。在訓練課程內容方面，應該包括：（一）與標準化工作策略及各種要領有關的一般性調查資訊；（二）與該項調查有關的特別資訊。至於在訪員的訓練程序上，可依循以下階段來進行：（一）先進行簡報說明調查內容：告知受訓的訪員該研究的內容及目的、訪問的時間及訪談內容、酬勞計算方式等問題；（二）閱讀問卷：在了解調查內容後，由研究人員帶領訪員閱讀整份問卷，並說明答題的次序，及跳題回答應如何處理等問題；（三）示範訪談過程：由有電話調查訪問經驗的研究者示範並告知訪員，於正式訪問時使用的用語及在輔佐受訪者回答問題時應注意的事項；（四）訪員實習：在示範後，必須有一段時間讓所有訪員練習訪談，並由研究人員與督導人員在旁邊指導；（五）討論會：在完成上述程序後，必須再召集所有訪員進行討論，以確保所有訪員皆了解所有相關調查細節（Fowler & Mangione, 1990）。

第三節　電話訪問調查的程序與技巧

　　近年來，在電話訪問調查過程中所經歷的拒訪情形，有逐漸增加的現象。若歸納其可能的原因，則包括以下幾種情形：首先，是受到部分不肖的電話行銷人員，利用一種假冒的調查方式，試圖吸引受話者上鉤，此種以電話調查之名而行推銷之實的做法，讓社會大眾開始學習到如何對於打進來的電話一口回絕的態度。第二，受到電話詐欺案件的影響，使得社會大眾對於來路不明的電話，會經由來電顯示的方式過濾電話，或是在接起電話後馬上回絕。第三，隨著越來越多的市場電話調查，的確也讓許多民眾對於電話訪問越來越不感興趣。第四，電話訪問另一個潛在的問題，是越來越多的電話答錄機與來電顯示器，許多使用者有時會使用電話答錄機或是來電顯示器來過濾不想接聽的來電。因此，目前拒訪率有逐漸上升的現象。為提升受訪者的回應率，以下本章將針對電話訪問調查的基本程序以及作業注意事項加以探討。

一、電話訪問調查的基本程序

　　為確保調查資料的品質，在進行任何一項電話訪問調查前，應該先發展出

一份周詳的管理計畫，其內容包括：必須完成的任務以及每項任務執行人員的工作內容界定清楚（Lyber, 1988）。而若是執行一項書面紀錄式的電話訪問調查時，還必須要嚴守一些調查的基本程序，包括：

（一）決定一份抽樣計畫：其內容應該包括對於抽樣結構的確認，以及選取抽樣單位中受訪者的方法，以便由抽樣結構中產生電話號碼的群集。

（二）針對抽樣中的每一個電話號碼製作訪談表格。

（三）發展格式化的問卷調查表。

（四）建構調查簡介、選項表單，以及訪談結束時的感謝語，以供訪員於訪談時使用。

（五）制定訪談時程表。

（六）僱用訪員與監督人員。

（七）進行預測工作，並修正調查問卷的內容以及調查程序與方法。

（八）印製最後定稿的問卷調查表以及其他相關的表格。

（九）訓練訪員及監督人員。

（十）進行正式訪談工作。

（十一）針對已完成的問卷調查表進行校正與編碼工作，再將所有的資料轉換成電腦可以判讀的格式。

（十二）進行資料分析與報告撰寫工作。

至於透過電腦輔助電話調查，其程序雖然有所簡化，但仍必須遵循調查工作前置作業、訓練訪員與督導員、進行電話訪問、資料清理與檢誤，以及撰寫研究報告等基本步驟。而就訪員部分，其正式調查程序則包括：

（一）準備相關資料及紙筆。

（二）瀏覽問卷內容，確認題意及注意事項。

（三）確認每一題的國台語表示方式。

（四）稍微整理服裝儀容及心情。

（五）撥接電話號碼。但經常可能會遇到以下狀況而無法一次就接通，包括：空號、公司行號、無人接聽、無受訪者、傳真機、忙線，此時就必須重新撥號。

（六）接通後必須說出已設定的開場白（篩選受訪者的開場白）。在用語上，首先要以對方的招呼語決定自己所使用的語言，接著介紹自己所代表的調查單位、簡介調查的主題或目的，並說明合格受訪者的條件。

（七）確認合格受訪者後請其合作的開場白，此時必須注意：1.完整、清晰有

禮貌的開場白，較易取得對方的合作；2.訪問時勿以害羞或膽怯的語氣，否則極易遭受訪者拒絕。必須使用自信的語調讓受訪者產生良好的印象，以提升受訪率。

（八）進行正式訪問。

（九）結束時不要忘記感謝語。

（十）記錄調查過程，並結束該樣本的訪談工作。

二、電話訪問調查法作業注意事項

　　由於調查方法的目標是要對某些感興趣變數的普及性提供精確的估計，為達成此目標便需要許多技巧的配合。除了考量可能的抽樣誤差外，更需注意未獲回應所導致的誤差。甚且過多的拒訪將會擴大抽樣誤差，嚴重影響調查資料的品質（Groves, 1989）。因此，如何降低拒訪率已成為電話訪問調查最需克服的問題。而根據Groves與Lyberg（1988）的估計，若是能夠對於拒訪的可能原因加以改善，將可以提高20%至40%的回答率。為有效降低拒訪率，以下將分別針對調查工作的各個階段加以論述（謝邦昌，2000; Fowler, 1993; Fowler & Mangione, 1990; Groves, 1989; Groves & Lyberg, 1988）：

（一）調查前的準備階段

1. 與受訪者預約訪談時間：電話調查若是針對特定對象進行訪問工作，為降低受訪者的拒訪率，在正式訪問之前，先給受訪者打一通簡短的電話，或是寄一封簡短的信函，預約訪談時間。而若是研究經費許可，則可允諾送一份紀念品或獎金將會更理想。

2. 使用信函追蹤：當電話訪問遭到特定調查樣本拒訪時，可送一封解釋信函，再打電話訪問時將會大為改善。

3. 編製好訪問用語：在電話訪問調查開始前，所有調查過程中所需使用的介紹詞，以及可能的談話內容要事先編製好，而所有的問卷用語也要有統一的定義。以避免訪談過程中，訪員解釋不清楚，造成受訪者的反感而拒訪或是扭曲調查內容。通常任何一項電話訪談所可能的介紹詞包括：(1)介紹訪員的身分、所屬單位，以及該項調查的贊助者等資訊；(2)簡短說明該項調查的目的，以及調查區域；(3)設定某些可以激勵受訪者合作的正面用語；以及(4)對於訪員所撥接的樣本進行確認工作。

4. 訪問場所集中管理：調查進行過程中，隨時可能有突發狀況，研究主持人要時時在旁協助解決。

5. 若是電話訪問樣本已有事先設定時，常會發生受訪者不在家的狀況。由於不能由其他接話者代答，因此必須嘗試接觸幾次才能可能接觸上，通常必須嘗試在不同時間重複接觸三次以上才可放棄。

（二）開始訪問工作階段

　　在開始訪問時，訪員必須先有以下幾點基本的認知：首先，在訪員所使用的語言上，必須使用受訪者熟悉的語言進行訪問，而且訪員與受訪者交談時，必須語氣堅定，使用肯定句，以減少受訪者拒訪的比率。因此，不要問受訪者「願不願意」接受訪問之類的話語。其次，由於目前電話詐財案件頻傳，使得許多民眾有資訊外洩的恐懼，在接到電話訪問電話時，他們可能會有「你怎麼會有我家電話？」、「你怎麼知道我的名字？」、「你怎麼知道我有打過報案電話？」等疑慮。此時，訪員必須要很清楚的告訴受訪者：自己的調查單位、本次調查的目的、本次調查對象是如何取樣、提出對受訪者個人資料保密的保證，而且在必要時還要提供調查單位的電話以供受訪者事後查詢。訪員必須切記：一定要確定受訪者完全沒有疑慮才可以開始進行訪問工作，否則訪問內容將可能出現誤差。

　　與面對面訪問不同的是，電話訪問調查中受訪者拒絕回答最有可能的情形，是發生在訪員撥出電話聯絡上對方的時候。而在正式開始進行訪談後，被拒絕的可能性就沒有那麼高了。例如，根據Oksenberg與Cannell（1988）的研究發現，有大約40%的拒訪案例是發生在進行簡介的頭幾句話，有50%是發生在稍後進行簡介時，而只有10%（甚至更低的比率）是發生在訪員開始進行該問卷調查表的正式訪談之後。無疑地，若要將未獲回應的誤差減至最低，則在電話接通後的三十至六十秒之內，往往是受訪者決定是否接受訪談的關鍵時刻。通常在電話接通後，可能會以下列理由拒絕訪問：

1. 「我對這個問題沒有興趣，你去問別人。」此時，訪員可以使用下列用語請其接受訪問：「對不起打擾您，但因為您是我們經由抽樣抽選出來的，您的意見對我們而言非常寶貴，請您撥一點時間接受我們訪問。」

2. 「我對這個問題沒有意見（或都不懂），你去問別人。」此時，訪員可以使用下列用語請其接受訪問：「沒關係，沒有意見也是一種意見」，或是「沒關係，我們的問題很簡單，我會慢慢唸給您聽聽看」。

3. 「我現在很忙，沒有時間。」此時，訪員可以使用下列用語請其接受訪問：「我們的問題很短，只會打擾您兩、三分鐘。」如果受訪者確實正忙

於其他事，可向其要求約定其他時間進行訪問工作。

4. 「我現在身體不好。」此時，訪員可以使用下列用語請其接受訪問：「很抱歉，能不能在您感到舒服一點再訪問您。請問您什麼時間比較方便呢？」

5. 「我太老了！」此時，訪員可以使用下列用語請其接受訪問：「您的意見和別人一樣重要，您的經驗和閱歷可能比其他人更豐富，為了使結果更有代表性，我們非常需要您的意見。」

6. 「自己沒什麼知識。」此時，訪員可以使用下列用語請其接受訪問：「沒關係，題目很簡單，我們只是想知道您的感覺，之前也有人和您一樣，可是他們後來也發現問題很簡單，您可以試試看。」

7. 「我沒有興趣。」此時，訪員可以使用下列用語請其接受訪問：「對不起，我們真的需要知道每一個被抽中人的意見，否則調查結果就沒意義了。」

8. 「我不想讓別人知道我的想法。」此時，訪員可以使用下列用語請其接受訪問：「我了解，請您放心，您的答案我們會保密，結果公布時不會出現受訪者的資料，我們也不會提起訪問過誰。」

9. 「調查沒有意義。」此時，訪員可以使用下列用語請其接受訪問：「我了解，但是我們認為這次的調查很重要，因為大家都很關心這次的調查結果，所以我們也很希望聽聽您的意見。」

10. 「電話訪問問不出來東西。」此時，訪員可以使用下列用語請其接受訪問：「因為這個問題很重要，我們希望早點知道結果，所以我們用電話來進行訪問。」

　　訪員必須抱持著鍥而不捨的精神，對於拒訪者要設法針對其拒訪的原因加以排除，不要輕易放棄，而對於未訪問成功者則要持續進行聯繫工作。由於在電話訪問調查中，未獲回應的樣本主要是來自於受訪者拒絕回答使然，因此在調查過程中，必須減低各種可能造成受訪者拒答的潛在問題。然而另一方面，若是勉強受訪者作答，則可能造成其作虛偽的陳述，而提高測量誤差的機率，以致抵銷了研究者在回覆率上所作的努力。因此，訪員在經過努力後，如果受訪者仍然堅決不願接受訪問，就不要勉強受訪者，此時訪員必須很有禮貌的致謝後掛斷電話，繼續訪問下位受訪人。切記不要跟受訪者發生爭執，或是評論他們的行為（Groves & Lyberg, 1988）。

（三）訪問過程階段

即使受訪者在剛開始時接受訪問，但在訪問途中也可能會出現以下狀況：

1. 受訪者可能會在訪問中途掛斷電話，此時訪員應該以「線路問題」爲理由，重新撥回電話。

2. 有時訪問中途，可能會發生第三人代答的情形。由於受訪中途換人，需視同一個新樣本，因此應該避免發生此種情形。如果碰到這種情形，應向受訪者表示我們這份問卷需要由同一個人回答，若您的○○對這個問題有研究（或有興趣），以後我們有機會再來訪問他。

3. 可能會發生受訪者情緒失控或無理要求的情形，此時訪員應向受訪者表示：「我們只是訪員，如果有任何意見可代爲轉達，但我們沒有決定或回答的權限。」如果在溝通之後，受訪者仍然無法控制情緒，那麼訪員就必須禮貌地答謝後，結束訪問。

4. 如果覺得受訪者的答案可疑，則可迂迴的套問答案的眞實性，如果受訪者仍然堅持，請必須依照受訪者的回答勾選答案，切記不要代爲勾選答案。

5. 若是受訪者不清楚訪問的題項，訪員可不斷重複相同內容，當再重複一次內容後，受訪者仍然無法了解或作答時，則必須改以填表說明的內容解釋。訪談過程中，要鼓勵受訪者：「沒關係，您想想看」，如果受訪者仍然無法即時回答，訪員必須有耐心，不要讓受訪者有罪惡感或不舒服（逼問）的感覺。

6. 在各種題型的訪問技巧上，必須注意以下幾點要領：

   (1) 當碰到單選題出現有兩個以上答案時，要特別提示受訪者：「因爲這一題是單選題，請問這兩個（幾個）答案中，哪一個對您來說是最重要的？」後，再請受訪者選擇最重要的答案。若追問幾次後仍無法選擇，受訪者有說不知道的權利，不能代爲決定，應勾選「不知道／無意見」之類的選項。

   (2) 當碰到複選題有限制選項數的狀況，如果受訪者所提供的答案有超過限定的答案數時，請受訪者選擇最重要的幾個答案。而當尚未到達答案數可嘗試詢問「還有沒有其他答案？」，但不能主動告知可以答幾個答案，更不要逼問受訪者一定要答出幾個答案。而當複選題沒有限制選項數時，訪員要嘗試詢問受訪者：「還有沒有其他答案？」一直要等受訪者表示：「沒有其他答案了。」才可以接續下一題。

   (3) 當碰到答案選項具有不同程度的選項時（如：非常滿意、滿意、普通、

不滿意、非常不滿意等問項），許多受訪者最常有的反應方式是：「還好啦！」。爲避免出現此種狀況，此類型問題的詢問方式，要先問方向（即滿意或不滿意），再問強度（如果是滿意，則追問是非常滿意，還是滿意）。

(4) 在背景資料中，有關受訪者性別的記錄，通常以所聽到的聲音填答。但當碰到受訪者的聲音不容易辨識時，訪員必須要很有禮貌的找一個理由詢問對方的性別。一個可以使用的理由，是告知對方：「不好意思，因爲我們的線路不大清楚，可以請問一下，您是先生還是小姐嗎？」

第四節　民衆對警察處理案件滿意度調查實例

在社會科學及許多其他科學學門的研究中，廣泛地蒐集資料進而藉由對資料的分析來探索研究及掌握問題的眞象，是最普遍的研究手法。當然，刑事司法相關的研究也不例外，近年來在國內、外被廣泛使用的所謂「民意調查」即是最明顯的例證。如果追溯現代科學民意調查起源，則可導因於1930年代所興起的抽樣調查理論，以及態度測量技術兩者的發展。在1936年，Gallup與Crossley等兩家民意調查機構於美國總統大選期間，以爲數約1,500個樣本成功的預測了當年的總統選舉結果，促成科學民意調查的興起。二次大戰後，隨著美國強權的建立，使得源自於美國的民意調查方式經由軍事政治，以及經濟霸權進而擴散到全球，於是形成現在一般人對於民意調查的認知（賴世培，1999; Price, 1992）。至於在CATI系統的使用上，則直到1980年早期美國才有較突破性的發展。目前CATI系統研發是朝向簡單化，電訪員只要帶著耳機式電話坐在電腦終端機或個人電腦前，調查的問題會顯示在電腦螢幕上，電訪員就依電腦螢幕上的問題讀給受訪者，並將受訪者的答案藉著電腦鍵盤輸入（Weeks, 1988）。

而在台灣地區，近年來國內的民意調查與市場調查的報告如雨後春筍般的出現，目前除了各大傳播媒體之外，許多學校及其他學術單位也紛紛成立民意調查中心[1]。在政治全面走向民主化後，從位居最高領導階層的總統，到代表各地區民意的民意代表、縣市長，乃至於最基層的村里長，各項公職選舉次數

---

[1] 目前國內大學及學術研究機構設置有CATI系統者，包括：國立台北大學、國立中正大學、國立政治大學、國立成功大學、中央研究院調查研究工作室、輔仁大學、世新大學、佛光大學……。

非常頻繁，也興起了民意調查的風潮。由於正確而有效的民意調查，能夠提供各公職候選人們以及政黨重要的決策支援依據，並發揮選情風向球的作用，因而廣受重視。

而就警察機關而言，雖然社會因犯罪問題而使警察存在具有合理性與正當性，傳統警察亦以專業執法者自居。但在現今強調民意為上、服務優先的社會，民眾對警察的要求已不同以往，僅侷限於「秩序維護者」或「執法者」的角色。轉而代之，更需以「服務提供者」的角色為滿足。另一方面，民眾對警察活動的關注，則從民眾協助警察勤務執行，更進而至民眾主動參與警察政策，以及強調夥伴關係。在警察議題上，由於警察工作與人民生活息息相關，過去亦有新聞媒體對民眾有關治安（或警察）滿意度等問題作民意調查，並將數據透過報導公布於大眾。而為了解民眾之需求、對警察政策與警察機關之觀感，內政部警政署自2000年開始亦透過委外方式，針對警察滿意度等警政議題作民意調查。自2000年起，內政部警政署與許多警察局陸續以委外或自行辦理方式，調查轄內民眾對治安、交通以及警察服務滿意度等警政議題之意向。

警察的主要功能為維護社會之安寧與秩序，此一功能得否有效發揮，則有賴民眾對警察之支持。警察機關若無民眾的支持，將無法有效的運作，維持良好的警民關係，則成為民主社會中警察必須遵循的大原則。同時，民眾對警察之支持也將使警察機關在提供服務時更具信心，更富奉獻與敬業的精神。因此，一個好的警察組織形象除可拉近警察與民眾的距離，得到民眾高度的信賴感，進而可以提供諸多附加價值，諸如：促進警民合作、提升警察社會地位，以及吸收更多優秀青年加入警察工作行列等。為達成此一目標，則需成立警政民意調查中心，一方面可以精確了解與掌握民眾的需求；另一方面亦可作為治安政策制訂的參考。但值得注意的是，由於民意調查需要客觀事實、公正立場、科學方法相結合。因此，調查中心如果要真正了解民意，就必須脫離政府，遠離商業，否則其中立性就難以保障。為提升警政民意調查之品質，中央警察大學於2001年底在蔡德輝先生擔任校長時，於行政警察學系暨警察政策研究所下設立「警政民意調查中心」，希望集合校內對警政議題關心與有研究之學者，以更超然之立場進行民意調查工作，期望將所得結果提供給警察機關參考，作為民眾與警察實務界之橋樑[2]。本中心自成立後，除於成立第一年（2002年）以學校名義進行二次民意調查外，其餘將每年進行一次治安滿意度

---

[2]　本中心除設有執行秘書一人負責中心業務之推動、訪問調查之進行與研究報告之撰寫外，另設有由校內老師所組成之諮詢委員會，參與調查工具與研究報告之審議並提出具體修改意見。

調查。此外，亦接受行政機關委託進行調查。以下將針對本中心過去接受台北市政府警察局及桃園市政府之委託，進行三次有向警察機關報案民眾，對警察機關處理案件滿意度之調查。由於此三次調查之問卷內容有相似之處，可以加以比較，並對警察政策具有啟發作用。值得一提的是，本部分的調查樣本取樣方式與傳統民意調查的抽樣有所不同。由於本類型調查是針對特定樣本進行電話訪問工作，因此在抽樣方式上，係先將所有調查樣本的電話鍵入電腦中，再由電腦進行抽樣工作。

一、第一次調查資料

第一次電話訪問調查資料係針對有向台北市政府警察局110報案系統報案的民眾，進行訪談工作所得資料。自2002年9月1日至9月30日為止，台北市110報案系統共計受理1萬8,154通民眾報案電話，其中扣除掉315通非台北市轄內的案件，以及有2,251通係119轉報的案件後，共計有1萬5,588通來自於台北市民眾的報案電話。因此，乃以此1萬5,588個樣本作為調查母體。本次調查期間為2002年10月1日至7日止，共抽取1,916個電話號碼，成功訪問1,069位受訪者。

經過電話訪問調查後獲致以下幾點發現：

（一）在滿意度分析方面

本次調查共有二個滿意度調查問項，分別為民眾對於警察受理案件態度的滿意度，以及民眾對於警察處理案件專業能力的滿意度。從民眾對於警察受理案件態度的滿意度分析可以發現，有報案經驗民眾以對於警察受理案件態度感到滿意者所占比率最高，而以感到非常不滿意者所占比率最低，整體受理案件態度的滿意度評分為72.42分。另從民眾對於警察處理案件專業能力的滿意度分析則可發現，有報案經驗民眾以對於警察處理案件專業能力感到滿意者所占比率最高，而以感到非常不滿意者所占比率最低，整體處理案件專業能力的滿意度評分為66.93分。因此，在滿意度評分方面，民眾以對於警察受理案件的態度高於處理案件專業能力的滿意度。

（二）民眾對於警察受理案件態度的滿意度與各問項的相關性方面

民眾對於警察受理案件態度的滿意度與「案件類型」、「所受到的傷害型態」、「被害人損失金額」、「警察反應時間」、「處理案件專業能力的滿意度」、「吃案問題的認知」，以及「年齡」等變項的差異分析均達統計上的顯著水準。同時，本研究亦發現，警察於受理案件後，若能越迅速到達現場處

理，則民眾將對於警察受理案件的態度越感到滿意；當民眾對於警察處理案件專業能力的滿意度越高時，則其對於警察受理案件的滿意度將越高；以及，當民眾認為警察吃案問題越嚴重時，則其對於警察受理案件的滿意度將越低；而當認為警察吃案問題越不嚴重時，則其對於警察受理案件的滿意度將越高。因此，警察機關若欲提升民眾對於警察受理案件態度的滿意度，則應從縮短警察反應時間、改善警察匿報刑案的形象，以及提升警察處理案件的專業能力等方向著手。

（三）民眾對於警察處理案件專業能力的滿意度與各問項的相關性方面

民眾對於警察處理案件專業能力的滿意度則與「案件類型」、「民眾與案件關係」、「所受到的傷害型態」、「被害人損失金額」、「警察反應時間」、「吃案問題的認知」，以及「職業」等變項的差異均達統計上的顯著水準。同時，本研究亦發現，當警察於受理案件後，若越能夠迅速到達現場處理，則民眾將對於警察處理案件的專業能力越感到滿意；當民眾認為警察吃案問題越嚴重時，則其對於警察處理案件專業能力的滿意度將越低；而當認為警察吃案問題越不嚴重時，則其對於警察處理案件專業能力的滿意度將越高。因此，警察機關若欲提升民眾對於警察處理案件專業能力的滿意度，則應從縮短警察反應時間，以及改善警察匿報刑案的形象等方向著手。

二、第二次調查資料

第二次電話訪問調查資料，係針對有向桃園市政府警察局110報案系統報案的民眾進行訪談工作所得資料。其中自2004年7月1日至10月31日為止，桃園市政府警察局110報案系統共計受理4萬6,212通民眾報案電話。本次資料所取得的調查期間為2004年11月15日至19日，及11月22日至26日止，共抽取2,104個電話號碼，成功訪問1,070位受訪者。

經過電話訪問調查後獲致以下幾點發現：

（一）滿意度分析方面

本次調查在滿意度狀況調查上共有五個問項，分別為對警察受理報案態度的滿意度、報案後警察到達現場處理案件態度的滿意度、報案後警察到達現場處理案件專業能力的滿意度、警察後續辦理案件情形（品質）的滿意度，以及對員警在處理案件時的整體服務品質滿意度等五項。調查結果以第一項「報案民眾對警察受理報案的態度是否感到滿意」分數最高，為74.22分；其次依

序為第二項「報案後警察到達現場處理案件的態度是否滿意」，為73.88分；第三項「報案後警察到達現場處理案件的專業能力是否滿意」，為71.53分；第五項「報案民眾對員警在處理案件時的整體服務品質是否感到滿意」，為70.32分；最後為第四項「警察後續辦理案件的情形（品質）是否滿意」，為69.21分。同時，從本調查亦發現：五項滿意度調查指標彼此間之相關聯程度相當高。

（二）民眾對於警察各項作為滿意度與各影響因素的相關性方面

各因素與五項滿意度調查指標之相關程度方面，以「報案後多久警察來處理」、「目前住家所屬的派出所警察吃案問題是否嚴重」、「過去一年內向警察機關報案的次數有幾次」，以及「受訪者教育程度」等四項因素與五項指標皆有非常顯著的相關性。其次，「報案人與所報案件的關係」此一因素，分別與警察到達現場處理案件的態度、警察到達現場處理案件的專業能力、對警察後續辦理案件的情形，以及處理案件整體服務品質等四項滿意度指標有關。「案件類型」此一因素，分別與對警察受理報案的態度、警察到達現場處理案件的專業能力，以及對警察後續辦理案件的情形等三項滿意度指標有關。「本次報案與上次報案的間隔時間」此一因素，分別與對警察受理報案的態度，以及對員警處理案件的整體服務品質等二項滿意度指標有關。「受訪者的年齡」此一因素，分別與警察到達現場處理案件的態度，以及對警察後續辦理案件的情形等二項滿意度指標有關。最後，「受訪者的職業」此一因素，與對警察後續辦理案件的情形此項滿意度指標有關。

（三）民眾對警察後續辦理案件情形不滿意的影響因素

當進一步分析受訪民眾對警察後續辦理案件情形不滿意因素時，在七項可能影響民眾對於警察後續辦理案件情形不滿意的因素中，依所占比率之高低順序為「報案未受重視或處理結果未獲告知」、「受理、處理效率不佳或破案效率差」、「處理結果無法讓人接受」、「態度不佳」、「警察企圖吃案」、「處理作業不公，有特權存在」，以及「區分管區，不受理報案」等因素。

綜合對於各項滿意度指標相關因素之調查可以發現，報案後警察反應時間、民眾對於警察吃案之觀感、過去一年內向警察機關報案的次數，以及民眾的教育程度等四項因素是影響民眾對於警察處理案件滿意度的最重要因素。同時，從本研究之資料亦顯示出：當警察於受理案件後，若越能夠迅速到達現場處理，則民眾對於警察處理案件的各項滿意度將會越高；當民眾認為警察吃案

問題越嚴重時，則其對於警察處理案件的各項滿意度將越低；而當認為警察吃案問題越不嚴重時，則其對於警察處理案件的各項滿意度將越高。當一年內報案次數越多者，其對於警察處理案件的各項滿意度皆越低。以及，教育程度越高的民眾，則其對於警察處理案件的各項滿意度皆越低。最後，從民眾對於警察機關處理案件品質所提供之建議事項亦可發現，若欲改善民眾對於警察匿報刑案之觀感，則除應告知民眾警察受理報案的流程外，若能告知民眾案件之後續處理情形，亦可免除民眾之疑慮。因此，警察機關若欲提升民眾對於警察處理案件的滿意度，則應從縮短警察反應時間、改善警察匿報刑案的形象，以及向民眾解說警察對於案件的處理流程等方向著手。此外，從案件類型而言，為提升民眾滿意度，警察最需加強處理之能力為對於竊盜案件，以及為民服務案件之處理，而警察機關亦應加強員警處理這些案件的專業訓練。

三、第三次調查資料

　　第三次電話訪問調查資料，亦係針對有向桃園市政府警察局110報案系統報案的民眾進行訪談工作所得資料。自2004年12月1日至2005年3月31日為止，桃園市110報案系統共計受理4萬8,331通民眾報案電話。本次資料所取得的調查期間為2005年4月18日至22日，及4月25日至27日止，共抽取2,104個電話號碼，成功訪問1,080位受訪者。

　　經過電話訪問調查後獲致以下幾點發現：

（一）滿意度分析方面

　　本次調查在滿意度狀況調查上共有五個問項，分別為對警察受理報案態度的滿意度、報案後警察到達現場處理案件態度的滿意度、報案後警察到達現場處理案件專業能力的滿意度、警察後續辦理案件情形（品質）的滿意度，以及對員警在處理案件時的整體服務品質滿意度等五項。調查結果以第一項「報案民眾對警察受理報案的態度是否感到滿意」分數最高，為74.35分；其次依序為第二項「報案後警察到達現場處理案件的態度是否滿意」，為74.23分；第五項「報案民眾對員警在處理案件時的整體服務品質是否感到滿意」，為72.15分；第三項「報案後警察到達現場處理案件的專業能力是否滿意」，為72.13分；最後為第四項「警察後續辦理案件的情形（品質）是否滿意」，為69.15分。同時，從本調查亦發現：五項滿意度調查指標彼此間之相關聯程度相當高。

（二）民眾對於警察各項作為滿意度與各影響因素的相關性方面

　　各因素與五項滿意度調查指標之相關程度方面，以「報案後多久警察來處理」、「目前住家所屬的派出所警察吃案問題是否嚴重」，以及「過去一年內向警察機關報案的次數有幾次」等三項因素與五項指標皆有非常顯著的相關性。其次，「案件類型」此一因素，與對於警察受理案件態度的滿意度、對於警察到達現場處理專業能力的滿意度，以及對於警察後續處理案件的滿意度等三項滿意度指標有關；「報案人與所報案件的關係」此一因素與對於警察到達現場處理專業能力的滿意度，以及對於警察後續處理案件的滿意度等二項滿意度指標有關；「受訪者性別」此一因素與對於警察受理案件態度的滿意度，以及對於警察到達現場處理案件態度的滿意度等二項滿意度指標有關；「受訪者的教育程度」此一因素，與對於警察後續處理案件的滿意度，以及對於警察處理案件整體服務品質的滿意度等二項滿意度指標有關。最後，「受訪者的年齡」此一因素，則與對於警察後續處理案件的滿意度指標有關。

（三）民眾對警察後續辦理案件情形不滿意的影響因素

　　當進一步分析受訪民眾對警察後續辦理案件情形不滿意因素時，在七項可能影響民眾對於警察後續辦理案件情形不滿意因素中，依所占比率之高低順序為：「報案未受重視或處理結果未獲告知」、「受理、處理效率不佳或破案效率差」、「處理結果無法讓人接受」與「態度不佳」（此二項因素所占比率皆為13.78%）、「警察企圖吃案」、「處理作業不公，有特權存在」，以及「區分管區，不受理報案」等因素。

　　綜合對於各項滿意度指標相關因素之調查可以發現，報案後警察反應時間、民眾對於警察吃案之觀感，以及過去一年內向警察機關報案的次數等三項因素是影響民眾對於警察處理案件滿意度的最重要因素。同時，從本研究之資料亦顯示出：當警察於受理案件後，若越能夠迅速到達現場處理，則民眾對於警察處理案件的各項滿意度將會越高；當民眾認為警察吃案問題越嚴重時，則其對於警察處理案件的各項滿意度將越低；而當認為警察吃案問題越不嚴重時，則其對於警察處理案件的各項滿意度將越高。以及，當一年內報案次數越多者，其對於警察處理案件的各項滿意度皆越低。最後，從民眾對於警察機關處理案件品質所提供之建議事項亦可發現，許多民眾除期待警察能夠公平執法，與多體諒民眾被害的心情不要造成二度傷害之外，若欲改善民眾對於警察匿報刑案之觀感，則受理員警除應告知民眾警察受理報案的流程，亦應告知民

眾警察對於該案件後續處理之情形，將可免除民眾對於警察吃案的疑慮。因此，警察機關若欲提升民眾對於警察處理案件的滿意度，則應從縮短警察反應時間、改善警察匿報刑案的形象，以及向民眾解說警察對於案件的處理流程和後續處理情形等方向著手。此外，從案件類型而言，為提升民眾滿意度，警察最需加強處理之能力為對於竊盜案件，以及刑事案件之處理，而警察機關亦應加強員警處理這些案件的專業訓練。同時，綜合民眾對於警察機關處理案件品質所提供之建議事項則可發現，警察機關亦應加強員警對於被害人心理創傷感受之訓練，以避免員警於處理案件過程中對被害人及其家屬造成二度傷害。

四、綜合分析

本三次調查資料雖然在調查時間上有所不同，而在調查問項上第一次與第二及第三次亦有些許不同，但透過這些資料仍然可以歸納出以下幾點共同的研究發現：

（一）對於警察受理案件滿意度方面

有報案經驗民眾對於警察受理案件以及到達案發現場處理案件態度的滿意度，高於對警察在案發現場對案件處理品質與專業能力的滿意度。可知：若欲提升民眾對於警察處理案件的滿意度，應該從加強警察對於案件處理的專業能力，以及後續對於案件處理的品質等方面著手。

（二）對於民眾滿意度影響因素分析方面

在諸多影響因素中，與警察作為較為有關的二項因素：報案後警察反應時間，以及民眾對於警察吃案之觀感皆是影響民眾對於警察處理案件滿意度的最重要因素。因此，當警察於受理案件後，若越能夠迅速到達現場處理，則民眾將對於警察處理案件的各項滿意度將會越高；當民眾認為警察吃案問題越嚴重時，則其對於警察處理案件的各項滿意度將越低；而當認為警察吃案問題越不嚴重時，則其對於警察處理案件的各項滿意度將越高。

（三）民眾對警察後續辦理案件情形不滿意的影響因素

在分析報案民眾對警察後續辦理案件情形不滿意因素後，可以發現：最主要的因素係「報案未受重視或處理結果未獲告知」。雖然部分民眾會在意對所報案件警察是否能夠破案，但是警察若能夠認真而公正的處理，不要讓民眾有「警察企圖吃案」的觀感，相信可以大為提升民眾對於警察處理案件的滿意度。

　　綜合前述三項研究發現，可以獲致以下結論：許多民眾除期待警察處理案件時，能夠具有專業處理能力、公平執法的態度，以及多體諒民眾被害的心情不要造成二度傷害之外，最需努力者，是要讓民眾感受到警察重視其所報案件，不要有警察匿報案件的觀感。而若欲改善民眾對於警察匿報案件之觀感，則受理員警除應告知民眾警察受理報案的流程，亦應告知民眾警察對於該案件後續處理之情形，將可免除民眾對於警察吃案的疑慮。而就警察管理者而言，則應破除破大案的迷思，不要將治安責任過度強壓在警察身上。

第五節　結論

　　調查法是透過嚴格的抽樣設計來詢問並記錄受訪者的反應，以探討社會現象諸變數之間的關係。在其中，研究者將研究問題透過問卷傳達，而後透過受訪者來創造資料。從答案中，研究者創造出量化的資料來分析，以解答研究問題。在調查過程中，研究者可透過郵寄問卷、面對面訪問、電話訪問調查或是網路訪問的方式探求受訪者的反應。由於電話訪問調查具有比較良好的品質控管流程、較佳的成本效益、較短的資料蒐集時間、跨越地域限制可互動溝通並充分表達意見及情感、以及確保訪員的安全等優點，因此近年來逐漸受到重視。但由於電話訪問調查並不適合單獨使用於電話欠普及的地區，而且問卷設計型式與長度亦受到限制，使得許多研究無法單獨使用電話訪問調查方式蒐集資料。其次，在電話訪問調查中，訪員扮演著相當關鍵的角色，他們要與受訪者建立關係並取得合作，也要維持中立、客觀的角色。一個適任的訪員必須具備一些特質與訪問技巧，這些不僅需要經過訓練，甚且有些是與生俱來的一些個人特質。當訪員無法適切地扮演其角色時，可能會因而產生非抽樣誤差，而影響調查資料的品質。這些都是在規劃一項電話調查訪問研究時必須留意的問題。

　　民意可以反映社會和時勢，也是社會心理和社會思潮的公開表露。民意在民主政治的社會中，不但於政治運作體系中扮演了極為重要的角色，甚且隨著社會的日益進步，民眾參與公共政策的要求亦逐漸高漲。使得在公共政策制定與執行過程中，民意具有決定性的影響力，而民意調查則成為落實民主政治最有力的科學方法。政策制定者往往為了把握民意趨向，了解民眾偏好因而經常進行各種民意調查，以免公共政策的推行產生許多窒礙難行之處（蘇義雄，

1992）。期望經由運用社會科學領域中的調查研究法，來探測民意取向。民意調查對決策者與行政官員而言，具有多種價值與用途，除可發現人民的想法外，亦可透過問卷議題設定並型塑民意，對政府政策態度改變。但值得注意的是，民意調查雖已是社會大眾習以為常的事，但卻往往不是一些特別政策議題的決定性因素。甚且往往由於不正確的民意調查，而極易發生許多惡劣的後果。倘若民意調查不幸成為政策合理化工具或政治鬥爭的犧牲品，必然影響民意調查的立場。

　　近年來，不僅針對商品需求、品質和性能的市場調查逐步走向成熟。而與此同時，隨著政治民主化越趨成熟，針對社會問題和政府政策的民意調查亦如火如荼的展開。由於這些調查不僅講求時效，而且所規劃的問項往往不會太複雜，使得電話訪問調查已成為民意調查最常使用的方式。同樣地，民意調查對於刑事司法機關亦有相當程度的重要性。以警察機關為例，透過民意調查不但可以協助警察機構做出正確的決策、評估刑事和犯罪預防政策的成效，更可以作為探討治安問題或犯罪原因的參考。而由於電話訪問調查具有較佳的成本效益、較短的資料蒐集時間、跨越地域限制，以及可互動溝通並充分表達意見及情感等優點，因此就比其他調查研究法更適合於調查需要立即知道調查結果的議題。展望未來，治安議題的民意調查關鍵，應朝向以下幾點方向努力：專業性的規劃團隊、適當的調查問卷、持續或定期的進行調查、建設性的運用調查發現、建立系統性的資料庫。

參考文獻

一、中文

王佳煌、潘中道、郭俊賢、黃瑋瑩、邱怡薇譯（2003）。當代社會研究法：質化與量化途徑。台北：學富文化。（原作：W. Lawrence Neuman, Social Research Methods: Qualitative and Quantitative Approaches.）

古永嘉譯（2004）。企業研究方法。台北：華泰書局。（原作：Cooper, D. R. & Schindler, P. S., Business Research Methods.）

吳統雄（1990）。電話調查理論與方法。台北：聯經出版社。

邱皓政（2011）。量化研究與統計分析：SPSS資料分析範例。台北：五南圖書。

陳義彥、洪永泰、盛杏湲、游清鑫、鄭夙芬、陳陸輝（2001）。民意調查。台北：五南圖書。

賴世培（1998）。問卷設計中常見錯誤及其辨正之探討。空大行政學報，8，169-
　　188。

賴世培（1999）。三合一選後政治發展的民意調查：Answer Tree之應用。空大行政學
　　報，9，77-172。

賴世培、丁庭宇、莫季雍（2000）。民意調查。國立空中大學。

謝邦昌（2000）。電腦輔助電話調查之探析。台北：曉園出版社。

羅文輝（1991）。精確新聞報導。台北：正中書局。

蘇義雄（1992）。公共政策與民意調查：建立民意測驗評估體系雛議。民意月刊，
　　175，1-20。

二、外文

Catlin, G. & Ingram, S. (1988). The effects of CATI on costs and data quality: A comparison
　　of CATI and paper methods in centralized interview. In R. M. Groves, P. P. Biemer, L. E.
　　Lyberg, J. T. Massey, W. L. Nicholls, & J. Waksberg (eds.). Telephone survey methodology.
　　New York: John Wiley, pp. 437-452.

Collins, M. Sykes, W., Wilson, P., & Blackshaw, N. (1988). Nonresponse: The UK experience.
　　In R. M. Groves, P. P. Biemer, L. E. Lyberg, J. T. Massey, W. L. Nicholls, & J. Waksberg
　　(eds.). Telephone survey methodology. New York: John Wiley, pp. 453-456.

Dillman, D. A. & Tarnai, J. (1988). Administrative issue in mixed mode surveys. In R. M.
　　Groves, P. P. Biemer, L. E. Lyberg, J. T. Massey, W. L. Nicholls, & J. Waksberg (eds.).
　　Telephone survey methodology. New York: John Wiley, pp. 509-528.

Fowler, F. J. (1993). Survey research methods (2nd ed.). CA: Sage.

Fowler, F. J. & Mangione, T. W. (1990). Standardized survey interview. CA: Sage.

Frey, L. H. (1989). Survey research by telephone (2nd ed.). CA: Sage.

Groves, R. M. (1989). Survey errors and survey coasts. New York: John Wiley.

Groves, R. M. & Lyberg, L. E. (1988). An overview of nonresponse issues in telephone survey.
　　In R. M. Groves, P. P. Biemer, L. E. Lyberg, J. T. Massey, W. L. Nicholls, & J. Waksberg
　　(eds.). Telephone survey methodology. New York: John Wiley, pp. 191-212.

Lavrakas, P. J. & Maier, R. A. (1979). "Differences in human ability to judge veracity from the
　　audio medium." Journal of Research in Personality, 13, 139-153.

Lyber, L. E. (1988). Introduction: The administration of telephone surveys. In R. M. Groves, P. P.
　　Biemer, L. E. Lyberg, J. T. Massey, W. L. Nicholls, & J. Waksberg (eds.). Telephone survey
　　methodology. New York: John Wiley, pp. 453-456.

Oksenberg, L. & Cannell, C. (1988). Effects of interviewer vocal characteristics on non-
　　response. In R. M. Groves, P. P. Biemer, L. E. Lyberg, J. T. Massey, W. L. Nicholls, & J.
　　Waksberg (eds.). Telephone survey methodology. New York: John Wiley, pp. 257-272.

Price, V. (1992). Public Opinion. CA: Sage.

Weeks, M. F. (1988). Call scheduling with CATI: Current capabilities and methods. In R. M. Groves, P. P. Biemer, L. E. Lyberg, J. T. Massey, W. L. Nicholls, & J. Waksberg (eds.). Telephone survey methodology. New York: John Wiley, pp. 403-420.

謝文彥

前　言

　　在日常生活中，我們常用觀察與判斷的方式來認識周遭的環境，觀察的過程並不只是透過視覺直接知覺事物而已，我們的大腦也積極進行思考、了解與賦予周遭世界意義，並根據這些意義與他人進行各種互動。然而，日常生活中的觀察可說是一種較無特定目的、不借重科學儀器、較無系統嚴謹的觀察與思考。社會科學研究的觀察法則是一種有目的、有計畫的研究活動，研究者透過感官知覺眼睛去觀察事物，藉著各種感覺器官去傾聽、感受與覺察周遭環境，對研究對象、行為或事件進行有系統的觀察與記錄，並忠實地呈現其所觀察到的結果與意義。本章將分別描述參與觀察法的意義與特質，參與觀察法的類型與適用情形，參與觀察法運用於犯罪問題研究之情形，並進一步地描述參與觀察的研究步驟。

第一節　參與觀察法的意義與特質

一、參與觀察法的意義

　　Lindemann（1924）依觀察者是否直接進入研究對象的生活領域而將觀察法區分為「非參與觀察法」及「參與觀察法」兩種（引自王昭正、朱瑞淵譯，1999）。非參與觀察法是指研究者不需要直接進入被研究者的日常活動領域，他置身於被觀察的生活世界外，站在客觀的觀察者（objective observer）的角色或透過圈外人（outsider）的觀點，由外部來了解社會現象或被研究者行為的行動意義。例如，年輕的人類學者Vesperi（1985）由於本身年輕，對老年人及其生活型態的了解相當有限，無法成為老年人的圈內人，於是他搬到佛羅里達州St. Petersburg鎮上居住，分別以一般市民、朋友、人類學研究者等不同圈外者之角色，對貧窮、靠社會福利維生的老年人進行非參與觀察式的研究。Peshkin

（1986）對基督教基本教義派的教會學校所進行的研究，同樣是以圈外人的身分進行參與。他僅和學校的行政人員建立良好信賴關係，此種僅限圈外的關係限制其接觸教師及學生的次級文化之機會，因此不得不藉著兩位直接和學生進行訪談的助理而成功取得資料。可見非參與觀察法的優點是研究者與被觀察現象保持一定距離，以便對研究對象進行比較客觀的觀察，且讓實際操作過程更容易；但主要缺點則在於其所觀察的情境爲非自然情境，研究者有時難以對研究對象進行較深入的了解，且其觀察過程可能受到某些情境或條件所限制，導致無法眞正觀察到發生的現象或事件（潘淑滿，2003）。

Lindemann（1924）認爲研究者僅扮演著客觀的觀察者角色或用非參與式的觀察是難以眞正觀察到發生的現象或事件的，研究者應深入被研究的生活世界中，站在參與觀察者（participant observer）的角色或透過圈內人（insider）的觀點，由內部來了解人類社會現象或被研究者的行動意義（引自Bogdewic, 1992）。除了採取圈內人之觀點外，研究者還必須了解與注意他們在某些特殊情境下所使用的文字或行爲反應，因爲在特殊的情境下，圈內人會使用或安排各種文字意義，他們也可能有意或無意地對圈外人隱瞞這些意義。

Lofland與Lofland（1984）認爲參與觀察法是一種田野觀察或是直接觀察，研究者爲了對一個團體進行了解，而與該團體建立和維持多面向和長期性關係。「參與」該團體是參與觀察中最低的要件之一，參與本身並非目的，在參與觀察過程中也會使用密集的引導式訪談，企圖從研究對象的豐富資料中獲取可以分析的素材，以便了解其對特定事件的想法或觀點。

Denzin（1989）以採取較廣義的定義，認爲參與觀察法是一種包含文件分析、對受訪者與報導人的訪談、直接參與和觀察，並進行反思的一種田野策略。在研究過程中，並不是研究者需事事全部參與，才算是參與觀察法，只要是使用各種參與觀察進行研究，應均可稱爲參與觀察法；而研究者參與其研究對象的程度，可說是一種從完全參與到完全觀察的光譜連續現象，也因此參與觀察依研究者參與研究對象的程度不同，而有不同的名稱與定位。例如，Babbie（1989）認爲由於觀察者對於所欲觀察的事情並不是事事參與，因此應該以「田野研究」（field research）來取代。

總而言之，許多質性研究者爲了解圈內人所認識的行爲內在意義，離開其實驗室，直接進入被研究者的生活領域，觀察及參與被研究者之社會生活，蒐集田野的各種相關資料，透過圈內人的觀點去觀察與思考，期能眞正了解或揭露被研究的社會現象及行動的內在意義，並對研究現象進行詳細的描述與

分析。

二、參與觀察法的特質

　　從上述的定義可知，參與觀察法是一種頗適於探究人類日常生活情境的方法，它強調研究者必須以圈內人的觀點探究人類日常生活中各種互動行為的意義，並經由意義的詮釋發展出理論建構的基礎。Jorgensen（1989）甚至認為，凡具有圈內人觀點、開放式求知過程、一種深度個案研究方法、研究者直接參與訊息者的生活，及直接觀察為蒐集資料方法等特性者，均可稱為參與觀察法。由此可見，參與觀察法具有下列七項的特性（王昭正等人譯，1999）：

（一）圈內人的觀點

　　以特定情境和環境的圈內人的角色，對人文意義和互動關係所表現的特殊關心。例如，Latour與Woolgar（1979）使用參與觀察法研究實驗室的社會世界是如何產生論文與著作，並描述實驗科學圈內人的文化。

（二）在日常生活情境中

　　研究的場域並非以實驗室或其他特定的場所，而是以日常生活的情境和環境，作為研究本身和研究方法的基礎。例如，Mandell（1988）以「最小的成人」（least-adult）的角色，參與兩個日間托兒中心，並在遊戲場、教室、走廊、洗手間及餐廳中和小孩玩在一起同時進行日常活動的觀察。

（三）著重了解與解釋

　　參與觀察的目的在提供生活現況的事實，強調解釋和理解人類存在的理論及理論推衍形式。例如，Emerson（1969）對少年犯罪所進行之參與觀察研究，他觀察到當少年法院對已經使用各種治療方式，仍然無法對那些毫無希望、社會病態、毫無悔意的少年產生作用時，不得不使用道德制裁或決定性反應來作「最後手段」（last resorts），此一結論可說是少年法院對少年犯罪行為的處置所做唯一替代方案的理解與解釋（Emerson, 1969）。Irwin（1970）對囚犯所進行兩年的深度訪談與參與觀察研究，描述重罪罪犯的生涯途徑，從犯罪人的觀點深入了解犯罪人的早期環境、到其日後的犯罪、到入獄監禁、到假釋的整個生涯歷程，並因此產生了重罪罪犯的類型學，以及對當代監獄的理論批判。

（四）強調開放、彈性與邏輯

　　參與觀察強調觀察者應持開放、彈性和機會主義的態度，開放自己的各種感官去覺察各種所見所聞，隨著研究的進展彈性的修整對觀察對象的理解，同

時需要持續根據人們存在現實環境中的事實，不斷地重新定義問題的研究邏輯和方法。例如，Scott（1968）對賽馬活動進行參與觀察研究時，對其所觀察的飼馬者、馴馬師、賽馬師、賭注、縮短時間等重要概念、其間相關性及其他研究問題等議題均保留開放性，以便持續根據田野資料重新定義研究問題。

（五）深入的研究設計

為了深入理解社會現象，研究者常以案例研究的形式設計與實施其參與觀察研究，包括對案例的詳細描述和分析。例如，Gans（1969）曾以居住在「都市村民」（the urban villagers）為案例，進行不同社會階層與不同族裔的比較研究，對工人階級文化以及影響它的政治家、規劃者和其他外部專業人士進行了系統而敏感的分析。Ellis（1986）曾以Chesapeake Bay的Fishneck和CrabReef兩個捕魚社區為案例進行參與觀察研究，她居住到社區中，觀察他們家庭圈子中的人，並記錄他們在社區和教堂中的活動，描述及比較這兩個社區居民的生活，發現兩個社區發展出不同的社會組織模式。Hochschild（1983）選擇達美航空公司作為案例，運用參與觀察法針對「情緒運作」（emotion work）進行一項深入性的案例研究，發現「情緒運作」對服務性的公司極為重要，當社會地位不算低的空服員常會做尊榮的比較，尤其是男性，當他們覺得所從事的工作比其他行業更低階的工作要求時，他們的情緒運作特別明顯。

（六）參與者角色的表現

參與者在田野研究中，須積極地建立並維繫與當地民眾的關係。參與者的角色為我們提供了由成員或圈內人的角度進入日常生活世界的途徑，並藉以探討人類的意義和互動行為。研究者在獲得參與的許可後，要持續且積極地參與，並與研究對象維繫良好的關係。Hayano（1982）在他對於撲克牌玩家所做參與觀察研究中，自己成為一位專業的撲克牌玩家，與其他的撲克牌玩家成為好友，藉以獲得正確與真實的資料，他將撲克牌玩家的角色區分為四種類型：全職的專業玩家、外界支持的專業玩家、為生存的專業玩家，及生涯的專業玩家。

（七）運用觀察和其他資料蒐集方法

運用參與觀察法來蒐集資料時，參與是一種策略，讓我們得以進入以其他方式均無法進入的人類生活和經驗範疇。而觀察則是蒐集的主要方法，包括直接觀察法及經驗法，但研究者也可以輔以其他研究方法，如：深度訪談、非正式訪談、正式的結構式訪談、蒐集生活史、文件、問卷或其他儀器設備（如

錄音、錄影、電腦）等，來進行相關資料之蒐集。例如，Spradley（1970）使用直接觀察、正式與非正式訪談、生活歷史等方法，向研究對象中的資料提供者取得有關都市酗酒者之資料。儘管參與觀察法特別適合探索性及描述性的研究目的，其卻仍然可用於產生歸納結果，進而用來形成新理論或檢驗既存理論（Jorgensen, 1989）。

第二節　參與觀察法的類型

當研究者使用參與觀察法進行研究時，通常是直接以參與者的身分涉入觀察對象的日常生活，並進一步地透過思考與解釋，闡述其所觀察與接觸的真實世界。參與者的角色提供了圈內人的角度及進入某社會文化中日常生活世界的途徑。Gold（1958）依研究者不同的參與程度與觀察角色，將參與觀察法分為四種類型：完全參與者、參與者即觀察者、觀察者即參與者及完全觀察者。

一、完全參與者（Completeparticipant）

在進行參與觀察時，研究者不但加入、而且積極投入團體活動，但隱藏其觀察目的；被觀察的人不知道觀察者真實的身分，更不知道他是研究者，所以觀察者可以很自然地和被觀察者互動。例如，Marquart（1986）擔任監獄管理員十九個月，以便蒐集監獄生活之情況，他蒐集到管理人員工作中更敏感的部分，他曾因有一次成功地防衛自己免於受到受刑人的攻擊，而獲得管理人員更深的信賴。Nash（1975）每天乘公車去突沙市的大學，這引發他從事巴士乘客的民族誌研究，於是開始對這項日常活動做系統性觀察。兩年後，Nash（1977）又利用長程跑步的完全參與方式，進行另一項巴士乘客的研究。Becker（1963）利用完全參與的角色進行爵士樂研究：「我對這些音樂家的工作和閒暇中的各樣情境進行參與觀察，在我做這研究的同時，我專業地演奏鋼琴了幾年並且活躍於芝加哥的音樂界中。」研究者以完全參與者的角色進行研究時，往往面對很多困難的問題，包括違反研究倫理的問題。

二、參與者即觀察者（Participant-as-observer）

研究者剛開始是以「參與者」的角色進入場域，於參與的過程中也進行觀察，或高度涉入參與觀察。他需要對被研究對象表明身分，只是擔心身分的表明可能會影響互動過程與失真。例如，前述Nash（1975; 1977）、Becker

（1963）的研究。Hayano（1982）也由一位加州Gardena撲克牌客廳裡的參與觀察者，轉成一個撲克店的參與者，他花了數千小時在玩撲克牌，去聽人們的對話並觀察他們運用何種策略來控制遊戲（引自Spradley, 1980）。

三、觀察者即參與者（Observer-as-participant）

在公共場所的參與者觀察某些現場發生的事件，但他並不參與或不與其他人有高度的互動，一開始沒有人知道研究者的身分和他在做什麼，最後才由被動逐漸轉為積極主動，他如同一個旁觀者去發現可供觀察和記錄發生的事情。他從被動觀察者的有利位置中，可記錄並歸納出人們所遵循的文化規則。研究者剛開始是以觀察者的角色進入場域，僅在被邀請或必要情況下被動地參與觀察對象的活動。他如同記者一般，不但表明自己的身分，同時和被研究者在互動過程中不斷互動交流，不需要任何的藉口就可以完全參與。Whyte（1943）為了研究Boston社區中貧窮的CornerVille街角幫派及其他社會組織，整整花了四年多的時間參與社區各種活動，設法讓社區居民接納他，並將他視為好夥伴，在此種角色下，進行深入的觀察研究。Hall（1976）得到在六間芭蕾舞蹈室的觀察許可，以被動觀察者的角色研究某個芭蕾舞班級的活動，最後並選定三個班級進行為期二個月的觀察，她只在界線外觀察與記錄，最後訪問了高級班中的10位成員來補充其所做的觀察活動。

四、完全觀察者（Completeobserver）

若研究者個性非常害羞、不想涉入，但又想要進行田野研究，或是當某種特殊的社會情境並不容許任何人進入，而該社會情境仍然保有被研究的可能性時，完全觀察者的角色就十分適合。此種型態的研究者並不參與研究場域，僅透過完全旁觀者的角度去觀察被研究的現象或對象。例如，Miller（1999）在她研究社區警政問題中即採用完全觀察者的角色，她特別對性別如何影響社區警民關係的態度與行為的議題有興趣，密集地訪談許多警察人員，並觀察這些警察人員日常生活的勤務變化，包括採步巡方式或車巡方式巡邏，以及社區居民對警察所提供的服務之反應等。此外，電視節目提供了許多機會讓「非參與的觀察者」進行觀察，例如，足球比賽分次播出的節目類型，提供研究者藉由觀看一些電視轉播比賽，去發現比賽中的各種有形與無形的規則，包括穿著制服、演出方式、非口語溝通、對別隊敵人示威方式，甚至是如何表現得像是個稱職的體育播報員等心照不宣的規則。

　　然而，研究者在觀察者或參與者這兩種角色中，如何得到平衡或如何決定其位置，這往往與其個人特性、學術訓練背景、社會政治環境，以及研究倫理要求等因素有關。Atkinson與Hammersley（1998）認為，可依照下列四個指標來決定研究者參與的程度：一、研究者是否知道自己是一位研究者；二、被研究情境可以被了解的程度；三、研究者在研究情境中能不能從事一些活動；四、研究者是採用圈內或圈外人的觀點。此外，也可以隨不同階段來調整研究角色，例如在研究初期，採多少參與的角色；而隨著對研究場域的熟識，逐漸參與較多活動；到研究後期，又採退出的角色，以免因過度參與而迷失研究的意圖（黃瑞琴，2021）。

第三節　適用使用參與觀察法的情形

　　參與觀察方法幾乎適用於所有關於人類社會行為或現象的研究，經由參與觀察法，我們可以對發生的事件、人物，或事件的時地與歷程及其在特殊情境上發生的原因等進行探究與描述。對於有關過程、人群及事件的關係、人群與事件的組織、長期間的連續現象或模式，或短期性社會文化環境之研究，參與觀察法不但是適當的選擇，它還具有深入文化、厚實描述及對非預先安排的行為或事件接觸機會等優勢。

一、適合使用參與觀察法的情形

　　有些研究問題特別適合使用參與觀察法，根據Jorgensen（1989）的看法，下列情形適合運用參與觀察法：

（一）研究者對於研究現象（例如，修復式司法會議中可能產生的情形）所知有限，但可以透過參與觀察法對現象產生初步的了解時，例如，可在訪談之前進行一次預備性的觀察，讓訪談的內容更有針對性。所以參與觀察法特別適用於探索性或敘述性研究。

（二）該現象對圈外人為晦澀不明時（例如，Whyte對社區中的幫派組織與活動不了解、青少年性行為），或該現象非為公眾可見時（例如，同性戀行為），參與觀察法比其他的研究方法更能順利地進入研究場域，並獲得真實的資訊及圈內人的觀點。因研究者長時間在田野接觸，常表現對被觀察對象的認同、支持甚至協助，久而久之便取得其信賴，主動提供資料給研究者。

（三）當研究者進入研究領域時，被觀察對象不會因爲研究者的出現而改變行爲。研究者是被包容，不會成爲好奇或感興趣的對象。

（四）當眞實行爲與語言之間有明顯的差異時，或圈外人與圈內人對同一事物的看法十分不同時，如果研究者運用訪談或問卷調查方式，無法了解眞實的行爲，那麼就比較適合運用參與觀察法。

（五）當研究現象、事件或行爲具有連續性或行爲的動態過程時，參與觀察法的運用有助於研究者從整體脈絡觀點來了解現象的意義。例如，如果想要了解職場一連串的勞資互動關係，參與觀察應是適當的選擇。

（六）當研究現象並不是日常生活中尋常現象，或該現象被視爲違反社會規範的行爲時（例如，吸毒行爲、偏差行爲及犯罪行爲、幫派或祕密組織），參與觀察法便是適用的研究方法。

參與觀察法特別適用於探索性研究、敘述性研究及目的在取得理論性解釋的一般性研究，經由少許研究的有用的理論檢測，參與觀察研究的結果確實也適合於作爲理論及其他論點的檢驗。

二、不適合使用參與觀察法的情形

雖然參與觀察法的適用情境相當廣泛，但不表示參與觀察法就適用於所有類型的學術研究，參與觀察法的優勢並不見得適用所有的主題。Jorgensen（1989）認爲，不適合使用的情形包括：不適合進行大人口群或多樣本的研究，有限變項的因果關係研究，某些更適合使用調查法或實驗法的數量測量。

此外，有些學者認爲某些情形較不適合使用參與觀察法來進行相關的資料蒐集（潘淑滿，2003）：

（一）研究的場域是完全祕密的，參與觀察對被觀察者而言是一種禁忌時。

（二）團體成員和外來者的觀點顯著不同時，也不適合使用參與觀察法。

（三）參與觀察法較不適用運用在大範圍（田野範圍太廣）的研究現象之觀察，大範圍短時間不易掌握研究主題，不確定哪一項資料和研究相關。

除此之外，有些學者批評參與觀察法過於主觀，因爲人類的觀察是主觀的，且有選擇性的，參與觀察法不夠客觀，違背科學的精神和原則。參與觀察者融入太多，可能而失去「中立」的地位，不夠客觀。

針對上述參與觀察法不夠客觀的批評，Patton（1986）則提出反駁，認爲研究者之所以會有不正確的觀察結果，是因爲研究者沒有嚴格的訓練和足夠的準備所致，如要獲得正確的觀察結果，就需強化嚴格訓練及足夠的準備。所謂

嚴格的訓練是指依科學求知的觀察方法和準備，其訓練包括學習如何撰寫描述性的文章，練習記田野的筆記，如何區別詳細和瑣碎的事項，以及嚴格驗證觀察等；而足夠的準備則是指心智的準備，其中專心最為重要。

第四節　參與觀察法運用於犯罪問題之研究

在犯罪問題的研究中，社會大眾、被害者、犯罪者及刑事司法體系都是合適的研究對象，但犯罪的研究絕大多數都是使用量化的研究方式。然而從1920年代開始，美國芝加哥社會學派也使用質性研究方法來進行犯罪問題的研究。Robert Park於1916年擬了一個對芝加哥市的社會調查研究計畫，因著其記者的背景，他認為社會研究者應該離開實驗室，藉由直接觀察和在街角、酒吧、豪華旅館大廳的對話去「弄髒其手」、「弄髒褲管」、「穿著髒鞋攜筆入田野」。早期的研究如Anderson（1923）研究「遊民」（the hobo）及Thrasher（1927）研究「幫派」（the gang）都是芝加哥學派所建構，是一種對街角社會描述性的研究（王佳煌、潘中道譯，2003）。

在幫派的研究方面，Whyte（1943）以參與觀察法對Boston的CornerVille社區的一個貧民區進行研究，該地區主要居住著來自義大利的第一代和第二代移民，該社區犯罪活動相當普遍，被認為是危險的地區。Whyte在那個地區住了三年半，包括住在一個義大利家庭十八個月，Whyte透過這項參與觀察研究完成其「街角社會」（Street Corner Society）著作，描述了當地幫派是如何形成和組織的，包括區分「街角男孩」和「大學男孩」，前者的生活圍繞在特定的街角和附近的商店，而後者則較有興起追求良好的教育和提升社會地位的動機。

1950年代後期，一位筆名為James Patrick的研究者在Marhill區以參與觀察方式觀察Glasgow幫派四個月，他由幫派成員Tim把他帶進幫派並保護他。但當暴力對他來說已變得太不可接受且讓他感到威脅時，James Patrick迅速離開了Glasgow Gang。通過事件發生後的紀錄，他獲得了關於該幫派的言論和行為方式的豐富資料。由於James Patrick一方面害怕這個幫派的傷害；另一方面也為了保護此幫派的成員，他到1973年才出版名為「觀察到的格拉斯哥幫派」（A Glasgow Gang Observed）的專書[1]來呈現其研究成果。

---

[1]　https://www.historylearningsite.co.uk/sociology/crime-and-deviance/participant-observation-and-crime/。

　　Sullivan（1989）花超過四年的時間研究Brooklyn郡的Projectville、La Variada、Hamilton Park等三個鄰里的街頭幫派，發現社會、文化、經濟等因素與幫派之間有密切關係。社會經濟條件不同，其犯罪型態也不同；在三個鄰里中，Hamilton Park的暴力犯罪比例最低，La Variada次之，Projectville最高。由於La Variada與Projectville等兩個鄰里有最高的貧窮率、最高的單親家庭、最高的租屋率、最高的中輟率，以及最低的勞動參與率，所以犯罪率最高。而Hamilton Park鄰里的青少年有比較多的空閒時間，在15歲左右時，透過親友及雇主等管道加入勞力市場打工，這些接觸經驗有助於其未來獲得更安全及更高收入的工作。

　　Jankowski（1991）花了超過十年的時間研究三個城市的幫派，發現幫派的特徵，如領導權、社會規範、計畫、犯罪行為、暴力行為等，是深受經濟環境的影響，個人經由理性選擇的思考過程而參加幫派；那些有正式階層的幫派會追求最大的經濟收穫，對幫派而言，犯罪可說是經濟導向的行為，並確保其組織內的安全、忠誠及持續的手段。Hopper與Moore（1983）也對違法的機車幫派進行觀察研究，發現此種幫派逐漸由追求享樂型態轉變為經濟企業的型態；而女性在該種幫派中因失去地位而扮演性服務對象及賺錢者兩種角色。Miller（1986）對Milwaukee的64位街頭娼妓進行田野訪談研究，發現有三種途徑使得這些女性進入偏差的街頭網絡，包括毒品使用、家庭成員網絡及逃離或被趕出家門。

　　Venkatesh（1997）為了解貧民社區中幫派角色的特殊性與複雜性，在Blackstone社區進行參與觀察研究，他分析街頭幫派與其更廣泛社區之間不斷變化的關係，這些街頭幫派嘗試藉著累積地下經濟所得的資金來讓幫派「公司化」。Venkatesh說：「我成為社區幫派成員的朋友，搬進社區和他們同住，親臨他們所進行的非法交易、成員訓練及街頭擴張勢力等活動的現場。」他藉此種半田野研究方式，作為觀察實際社會生活的方法。

　　除幫派的相關研究外，有許多學者也以參與觀察法進行偏差行為的研究。例如，在毒品行為的研究上，Becker（1963）採用完全參與的角色進行爵士樂的研究，並在1950年代撰寫了大量關於吸毒行為的文章，但他將其出版延遲了十多年（直到1963年美國的政治氣氛有所改善），因為他不想將所有爵士音樂家定型為吸毒者。他用批判的觀點寫道：「偏差行為不是該人所犯行為的本質，而是其他人對『犯罪者』應用規範和制裁的結果。偏差行為者是標籤已被成功應用的人；偏差行為是人們如此貼上標籤的行為。」Adler（1985）針

對古柯鹼與大麻的上層販毒與走私者社群進行為期六年的訪談與觀察，她冒了極大的研究風險，完成了其「輪轉與交易」（Wheeling and Dealing）的專著。書中深入描繪享樂副文化所產生的犯罪動機與誘惑，也描述對偏差生涯犯罪者與毒品世界及一般社區的互動情形，分析他們在毒品世界的歲月對他們以後生活的社會和職業影響。對於毒販而言，其職業生涯大致遵循上升、高峰和下降的模式演變，重新融入傳統社會及合法經濟體系是他們偏差職業生涯的最後階段。

　　Humphreys（1970）還是一位研究生時，即進行一項對公共廁所中匿名男性與男性性接觸的「茶室交易」（tearoom trade，在美國同性戀俚語中稱為茶室）之參與觀察研究。Humphreys開始在公共廁所出入，並在適當的時機表示願意擔任把風者，借此機會觀察其同性性活動情形，並進一步地讓他得以進行一連串的田野觀察。Humphreys認為參與此類活動的男性來自不同的社會背景，尋求同性戀接觸的動機不同，他們有私人自我和社會自我之間的知覺不一致情形，試圖掩蓋其偏差行為，並防止被暴露為偏差行為者。Humphreys的此項研究不免受到許多學者研究倫理的批評，因為他未有告知同意，通過偽裝成偷窺者來觀察同性戀行為，且盡可能記下參與者的車牌號碼，然後透過警方追蹤到他們的姓名和地址，並親自登門造訪，這樣的方法讓他成功地蒐集到在茶室中無法蒐集到的個人資料，不過也引發很多違反研究倫理的爭議。

　　Polsky（1967）在其「騙子、混混與他者」（Hustlers, Beats and Others）一書中描述他本身如何成功地以參與觀察法，研究那些在機構外未被逮捕的組織犯罪份分子、賭徒、娼妓、毒販及小偷，從招聘到退休的工作情況和職業生涯，並發展出「犯罪兼職」（crime as moonlighting）的觀點。他認為過去學者們太依賴到監獄等非自然的環境中研究犯罪者，也太過依賴官方的犯罪統計，以致難以對犯罪者及犯罪行為獲得正確的見解。事實上，要在自然環境中研究犯罪人並非不可能，亦非不適當。同樣地，Wright與Decker（1997）也認為，大多數關於竊賊的研究都集中在監獄中的囚犯身上，此種研究是有問題的，因為那些竊賊不僅是失敗的犯罪者，而且他們可能也會擔心對研究者所說的話會影響他們的假釋，所以Wright與Decker研究的對象是從街上選擇，而非在監獄中服刑的罪犯，其「持械搶劫犯的行動」（Armed Robbers in Action）及「竊賊上工」（Burglars on the Job）（1994）研究都是針對未被逮捕、活躍的夜盜者與持械搶劫者進行田野觀察訪談，他們的研究讓讀者了解街頭罪犯的想法及如何對待生活，這些竊賊總是在尋找賺錢的機會，只要有機會，幾乎

所有竊賊都會犯下其他罪行。此外，Taylor（1984）在其「在黑社會」（In the Underworld）中描述，他是如何在倫敦針對未被逮捕的專業犯罪者，進行一項為期兩年的研究。他訪談一位曾被監禁在監獄並在獄中獲得社會學學位的專業罪犯，並使用滾雪球選樣技術研究犯罪人的生活方式。在研究過程中，他與罪犯保持距離，僅少數幾次與他們一起喝酒聊天，並未參與其他活動。

　　參與觀察的研究者，不但可能有受到傷害威脅的危險，甚至在參與觀察中可能有被逮捕的危險，Pearson的研究就是其例。Pearson（2009）是曼徹斯特大學刑法資深講師，且是曼聯支持者信託基金的委員會成員，他對足球賽後何以常會產生暴動行為的原因感到興趣。他為了替自己的博士論文獲得合適的資料，原本想要對足球隊的粉絲進行訪談研究，但他覺得當時採訪粉絲的嘗試被證明是不可靠的，因為「通常非暴力的粉絲會誇大他們對混亂的參與，而嚴重的流氓則往往會淡化他們的犯行以免被報案」，因此決定進行一項非公開的研究。於是，他決定使用直接觀察方式，將自己融入足球俱樂部的球迷團體中，試圖了解法律變化對足球人群暴力的影響。在此研究期間，Pearson曾被組織成員要求參與犯罪，為了能順利地進行研究，他讓自己成為一位足球流氓（researcher as a hooligan），闖入球場和對抗對手的粉絲進行打鬥，而這輕微的犯行似乎起到了作用，讓他在該領域取得某一程度的地位，好在後來他並未捲入更多的犯行，也未曾被逮捕。

　　除了對犯罪問題與犯罪者進行研究外，參與觀察法也被使用於執法工作的研究上，例如，Albini（1971）以參與觀察法研究在美國與加拿大進行一項名為「守護天使」的兩年研究，他本身接受訓練，成為治安維持會之成員，擔負維護治安的工作，巡邏每一轄區。Marquart（1986a）本身成為監獄管理員，參與觀察Texas監獄中管理員的日常生活，他認為作為一位監獄管理員，以局內者的角色參與在監獄中進行研究是一種可行且必要的參與觀察形式，此方式能使研究者蒐集到其他田野工作者經常隱瞞的行為資料；然而，他也指出作為完全參與研究角色的優勢、劣勢和道德困境。此外，Marquart（1986b）也觀察監獄管理員使用非官方武力的狀態，發現監獄管理員對身體脅迫的使用不是零星的發生，而是高度結構化的，並且在管理員的次文化中根深蒂固，資深管理員擔任導師指導新手管理員，將使用身體脅迫的手段社會化到其工作過程中，此外，使用武力的警衛會因為其行為而獲得職務改善與晉升的獎勵。Kirkhan（1975）從教授化為一位警察以研究警察人員的生活，這項研究讓他意外的發現，自己在擔任此一職務後，不論在態度或行為上越來越不像原本的自己，越

來越具懲罰性、憤世嫉俗、不眞誠、易怒、敵意及種族歧視。Reiss（1971）參與觀察社區中警民互動的情形，觀察36位陪同警察一起值勤八小時的社區居民之互動，包含逮捕、巡邏、日常生活、勤務裁量等資料，也包含警察違法與其如何受社區副文化的影響而違法等情境，發現社區居民的道德觀與警察的道德觀二者之間密不可分。Skolnick（1966）是加州大學柏克萊法律與社會研究中心的社會學家，本身雖非警察人員，但他將自己置身於警察工作環境超過兩年的時間，藉著回顧相關文獻、田野觀察和訪談實務專家與學者，並進行社區觀察與方式，以便了解警察行政與勤務是如何運作及爲何如此運作。其研究結果發現，警察勤務的運作不僅是依照警察勤務相關規範及訓練要求而行，也受到其執勤所在地的社會環境的影響，而社會環境中最主要的因素乃是對危險行爲的敏感度（sensitization）覺察，也就是當警察覺得偏差行爲是一項危險徵候，就會視所有的偏差行爲是危險的，並且對此做立即性的反應。

第五節　參與觀察法的研究步驟

　　雖然參與觀察法並無一固定的實施方法，但其進行過程大致可分爲：觀察前的準備工作階段、進行觀察階段、觀察記錄階段及觀察結果的推論階段（陳向明，2002）等四個階段。

一、觀察前的準備工作階段

　　進入研究場域之前，做好預備工作是相當重要的事情，對不同類型的研究對象宜發展出不同，但各自明確的研究問題；而且，研究者也應考量服裝穿著與從事活動的適當性，並思考以何種身分、角色與進入場域的策略爲當。

（一）確定觀察的問題

　　觀察的問題與研究的問題層次不同，研究的問題是研究者在所要研究的研究對象中提煉出來的、學術界或實務界尚有疑問的問題，是比較抽象的問題；而觀察的問題則是研究者根據觀察的需要而設計，且需要通過觀察活動來回答的問題，應是比較具體。因此，觀察的問題儘可能具體且可操作，研究者才容易設計出自己的觀察計畫和觀察提綱。

（二）思考與制訂觀察計畫

　　觀察計畫通常包括下列諸項：

1. 觀察的內容、對象與範圍（觀察提綱）：想要觀察什麼？對什麼人進行觀察？觀察的具體內容是什麼？

2. 觀察的地點（決定研究場域）：打算在哪裡研究？爲何要在這個地點進行研究？決定研究的範圍有多大？這些地點有何特色？

3. 觀察的時刻、時間長度與次數：打算研究多久？一次觀察多長？何以選擇這個時間、長度和次數？

4. 觀察的方法與策略：用何種方式進行觀察？公開或隱藏的策略？參與或非參與的方法？是否進行錄音或錄影？如果不能進行筆錄，那該怎麼辦？

5. 效度的處理：觀察中哪些因素會影響效度的問題？打算如何處理這些問題？採取什麼措施可獲得比較準確的觀察資料？

6. 倫理道德問題：觀察中可能出現什麼倫理道德問題？如何處理這些問題？如何使自己的研究不影響被研究者的生活？

（三）設計具體的觀察提綱

　　觀察提綱可讓研究者更聚焦其觀察的項目，並對某些具體且有意義的事情進行觀察，包括下列6W（Goetz & LeCompte, 1984）：

1. Who（誰）：有誰在場？是什麼人？有多少人？他們的角色爲何？

2. What（什麼）：發生了什麼事？他們做了什麼事？他們說了什麼話？他們有什麼特殊的行爲表現？彼此的行爲有什麼不同？

3. When（何時）：事情或行爲是何時發生的？此事情持續了多久？事件或行爲的頻率是多少？

4. Where（何地）：事件或行爲發生於何地？此地點有何特色？其他地點是否也發生過類似的行爲或事件？這與發生在其他地點，有何不同？

5. How（如何）：此事件是如何發生的？事情的各方面相互之間有何關係？相關的法規是如何規範？

6. Why（爲什麼）：爲什麼這件事情會發生？人們對發生這件事情有何看法？人們行爲的目的、動機和態度是什麼？上述研究提綱只是一個大致的框架，爲觀察活動提供一個方向。研究者在進行田野觀察時，仍應根據當時當地的具體情況，對提提綱進行修改。

二、進行觀察階段

　　在做好參與觀察的準備工作之後，即可進行參與觀察工作。參與觀察研究的步驟如下（胡幼慧，1996；陳向明，2008；王昭正、朱瑞淵譯，1999）。

（一）選擇研究場域

　　進入場域是參與觀察研究中最重要的階段，所謂場域是指事件或活動發生的系列脈絡，是某種界線會移動的領域。選擇研究場域除以研究主題爲基礎外，也可特別聚焦在某一特別的概念上。例如，幫派分子可能在某個固定的根據地活動，但也會到網咖等遊樂場所、廟會活動場所，甚至學校附近閒晃。又如Whyte在決定研究貧民窟的主題後，立即選擇Boston北區作爲其田野觀察的研究場域。選擇場域與選擇個案是不同的，個案的社會關係與活動可以超出田野的界線，而和其他社會場域相連結。

　　進行參與觀察通常的做法是研究者先選擇場域，再從場域中挑選所欲研究的個案。例如，研究監獄中管理人員與受刑人的互動關係時，先要決定從哪種男監或女監，少年監或成人監，重刑監或普通監，高度安全管理監獄或低度安全管理監獄，再從這些監獄中選擇某些特定的監獄，並從該監獄中挑選適合的研究對象進行研究。在決定研究場域前，應先評估該場域對研究主題可能的限制，研究者對環境的了解越深，就越容易決定是否對該環境進行目標主題的研究。例如，要研究青少年懷孕的問題，只能到少部分適當的環境。因此，爲了評估進入研究場域的可能性，參與觀察者通常會先對數個可能的環境進行非正式的觀察研究，以決定該環境是否適合目標研究問題。

（二）進入場域的策略

　　研究場域可分爲公開場域和封閉場域，任何人都可在公開的場域中進行觀察與記錄，但封閉的場域則需獲得同意才能進入。某些環境甚至可能是圈內人極力保護的祕密，例如，幫派組織或神祕主義者的活動，而監獄也是屬於封閉場域，都有其守門人，若守門人推脫或拒絕，研究者將不得其門而入。因此，進入研究場域的基本策略有兩種：公開性策略與隱密性策略。公開性策略係指研究者以開放的方式尋求觀察的許可，進入研究場域進行觀察，它較少有道德上的問題，也較易進入研究場域（Douglas, 1976）。例如，Warner（1959）對於研究洋基城的進入途徑即是在社區領袖的幫助下取得，其所研究的洋基城系列描繪了典型小鎮中典型的美國生活是如何受到社會、宗教、種族和工作關係的影響。Whyte（1955）和Anderson（1978）分別在重要資訊提供者的幫助下，進入街角活動和杰力酒吧進行研究。

　　隱密性策略則是研究者在未告知研究對象群眾其所欲進行研究的情況下，即對研究對象進行觀察研究。這不僅未尊重研究對象群眾的權利，且嚴重違反

了誠實及告知後同意的研究倫理。因為，此種觀察常有道德上的爭議性，所以，在研究目的被發現時，就須中止該參與觀察。然而，在許多情況下，研究者剛開始是因為個人的興趣而涉入某些情境或環境，後來才決定正式進行參與觀察研究，並對其遇到的每一個人提出告知，但仍無法避免至少部分的無意欺瞞。例如，身為第三代的日裔美國人利用自己的身分以接觸日本文化，他先以美國人的身分介紹自己，一旦他的圈外人身分受到接納後，便便轉換成另一個較傾向日本人的身分，取得圈內人的身分進行研究（王昭正、朱瑞淵譯，1999）。

任何研究都需取得守門人與受訪者的同意，才能實施問卷調查或取得資料使用，所以在選定研究場域後，必須獲得研究場域的守門人同意，才可以進入研究場域進行研究。守門人有著正式與非正式的權力足以控制人們進入某個場域，有可能是醫院警衛、角頭老大、企業老闆、警察局長、監獄調查分類科科員。在研究的整個過程中，「取得同意」是研究得以順利進行的關鍵。進入研究場域的成功與否，常取決於研究者的人際關係、創意和常識性的決策。某些關係是取得機關或團體同意的重要助力，有良好關係，不僅可以容易取得進入，而且能獲得其他研究上的便利。Backer（1963）認為，如果研究者用以前的身分就能進入研究場域，那就繼續使用。如果缺乏此種管道，則可從目前被監禁於監獄中的受刑人開始。此外，如果你曾提供服務給他們（例如，曾對賣淫者進行諮商），也可利用此機會取得進入研究的機會。如果尚有其他人可以幫助研究者取得同意的機會，則要儘量地運用；同樣地，如果能先獲得守門人的同意，進入研究場域的可能性就會大增。例如，想要在監獄中對受刑人或管理人員進行田野觀察，須先取得調查分類科、戒護科、秘書及典獄長等不同層級守門人的同意。想要到學校進行學童不適應行為的田野觀察，亦先取得導師、教務處與學務處、校長等不同層級守門人的同意。

（三）建立良好關係

建立良好關係的方法有很多種，有些研究者花上一段為期不短的期間參與研究對象的生活，了解其社會背景與個人興趣，讓自己盡量成為一個局內人的樣子，以獲得研究對象的信任，進而進行其觀察研究。有些研究者雖對研究對象的生活了解不多，但也可透過漸進式的對話詢問及做好保密努力來建立彼此的信任，例如，Miller（2001）在研究幫派少女時，在對話的議題上可先使用一些無侵害性的詢問（人口、居住安排、對學校的態度等問項）作為開始，再

逐漸轉變爲參加幫派、少年犯罪、被害經驗等較敏感性的問項；此外，也要盡力做好保密才能獲得幫派少女的信任。

　　參與觀察者也需要運用個人的魅力與社會技巧來建立關係與取得信任，例如親切、友善、誠實的態度及適度的自我表露均可以引發良好的溝通，並激發內在的分享。Jorgensen（1989）認爲，建立關係包括謹慎的、誠實的、不作預設、當一個反思的聽眾及願意表露自己等五個訣竅。而「知情同意」不但是研究倫理要求，也有助於建立良好關係，研究者在第一次見到研究對象或對他進行訪談時，都會先簡單、誠實地告知來意，並簡要地介紹自己。穿著的適當性也有助於進行研究，勿過度盛裝而侵犯別人或被排除在外，也不一定要模仿研究對象的衣著打扮。研究遊民的教授不需要打扮成遊民的樣子，衣著不要太正式就夠了。如果研究對象是企業總裁或高級官員，則比較正式的服裝和專業的態度就有必要（王佳煌、潘中道譯，2003）。

　　在溝通的用語上，Polsky（1969）認爲，研究者可以先學習犯罪者常使用的「黑話」，以利於和他們交談，但也勿過度使用。在互動上也可常進出他們的活動場所，或參與他們的娛樂性活動作爲接觸的開始。透過幫助對方或贈送小禮物的方式，有時也能產生不錯的效果，例如，Ellis（1986）曾以協助、小禮物及表達對研究對象及其生活方式的眞誠興趣及敬意，回報其所研究的漁夫。

　　總之，信任的關係並非取得後就永遠存在，而是一種不斷發展、維繫與重建的過程，研究者應完全依當時的互動情形而採取合適的對應方式，以維持及增進信任與合作的關係。在參與觀察角色的運用上，研究者宜先扮演觀察者而非參與者，以熟悉內幕，並妥善使用肢體語言來表達善意、尊重與關懷，同時應先告知其接受觀察後，其姓名與所提供的資料將會受到良好的保密，以取得對方的信賴與合作。在蒐集資料的過程中，任何誇大、不實與有意的欺瞞，都會造成嚴重的研究倫理問題；而當觀察者與研究對象間建立並維持信任與合作的關係時，資料的品質必然可以獲得提升（Johnson, 1975）。

（四）進行田野觀察

　　一旦進入研究場域後，參與觀察者應依研究目的仔細做架構性的觀察，才能獲得具體與系統性的觀察資料。研究者可按照Spradley（1980）依研究發展將參與觀察方式明確做描述的觀察（descriptive observation）、聚焦的觀察（focused observation）及選擇的觀察（selective observation）等三階段的觀察方

式來進行。

1. 描述的觀察（descriptive observation）

研究初期開始進行描述的觀察，觀察者可依已準備階段所設計的研究提綱或觀察紀錄的概要表，進行一般性活動的觀察，包括：(1)空間（space）：地點的實際位置與場所。(2)行動者（actor）：在情境與空間中的人。(3)活動（activity）：情境中成員的相關系列行為。(4)物體（object）：情境中呈現的實際事物，如布置與裝置。(5)行動（act）：情境中每個成員的單一行動。(6)事件（event）：情境中成員實踐的相關活動。(7)時間（time）：隨時間進展中發生或完成的事情。(8)目標（goal）：成員想達成的事物。(9)感受（feeling）：事件發生過程中，情境中人物情緒的感受和表達（Spradley, 1980）。在進行描述的觀察時，亦可依前所述Goetz與LeCompte（1984）所列的6W：who、what、when、where、why及how逐項觀察，使參與觀察能更具體、更聚焦。

研究環境的觀察描述是開始進行記錄的最佳起點，藉著描述周遭的物理環境、人物特徵及活動，例如，研究環境的物理位置為何？地板、牆壁與天花板是什麼顏色？房間有多大？家具如何擺設？人們如何使用這個空間？該空間中一共有多少人？這些人的人口與社會特徵（年齡、性別、種族、身材）為何？他們在做什麼？他們的裝扮與表情各為何？他們的關係與互動情形如何？透過這些詳細的紀錄，研究者可以逐漸意識到環境最明顯的特徵。例如，在Hayano（1982）對撲克玩家的參與觀察研究中，他常花數個小時的時間進出撲克牌賽的研究情境，並做規律性、廣泛性、系統性的錄音田野筆記；在一天參與觀察之後，他會聽自己的錄音內容，並記下任何當時看來重要的事情。

2. 聚焦的觀察（focused observation）

參與觀察是一個理解事件或情境真實意義的過程，參與觀察者應有意識、有目地、有進展地進行觀察。在焦點觀察階段，研究者已漸融入研究情境，此時須將研究的觀點由一般性活動的觀察逐漸窄化到最重要的研究問題或觀察範圍之中。雖然聚焦程度受研究的問題、具體的觀察對象及研究的情境等因素之影響，但主要的觀察重點可包括：(1)研究者的興趣：初步分析觀察資料呈現的各個領域，檢視哪個看起來是有趣的，閱讀文獻也可能指引哪些是有興趣探究的焦點。(2)參與者的建議：研究參與者有時也會提出其覺得重要的事情，研究者可照他們的建議選擇進一步觀察的焦點，研究者亦可直接詢問他們認為最重要的部分，或觀察現場人們經常重複的話題或行為。(3)理論的議題：初步

觀察資料呈現的各個領域有些可能涉及社會科學的理論議題，例如一般化緊張理論，此時即可開始聚焦於觀察其緊張的來源、緊張形成的情緒與行為反應。(4)社會的問題：初步觀察資料呈現的某個領域如果是當今社會上人們關心的問題，例如，少年轟趴嗑藥行為，也可形成觀察的焦點。(5)資料的領域：初步觀察資料呈現的各個領域似乎能組織和聯繫其他多數的領域，此一領域即可能是最重要的觀察焦點（引自黃瑞琴，2021）。

3. 選擇的觀察（selective observation）

選擇的觀察如同漏斗縮得最小的下端，集中於某特定的觀察焦點，因此研究者在短期的田野工作後，即可開始發展一套研究目標的優先順序，來引導後續的研究和觀察。在任何時間點上，研究者都應該找出特定的研究目標主題或問題，例如，「我打算觀察什麼？什麼內容對我比較重要？」；例如，Hayano（1982）在大量觀察過職業撲克玩家後，即開始把注意力放在觀察及記錄田野研究環境的特徵上。他開始把撲克玩家如何選擇賭場和牌桌、如何定義其他玩家、玩牌的策略、幸運和不幸的徵兆等主題，當作研究的中心問題。

為了增進參與觀察的品質，研究者在進行參與觀察時宜注意以下事項（鈕文英，2014）：(1)留意研究者個人因素對觀察可能帶來的影響，例如，服裝和打扮是否符合觀察的情境。(2)追蹤研究參與者的表現是否異於平常，或研究參與者個別和研究者接觸時，與非個別接觸時的表現有無不同。(3)保持觀察過程、內容和方式的彈性，不要期待在一次觀察中就得蒐集很多資料，而應視研究參與者的反思、觀察情境和過程等做彈性調整。(4)保持專注而中立的態度，研究者宜保持專注的態度，注意觀看、聆聽與感受；且若在面對觀察場域中行動者間有衝突之情況時，研究者最好能保持中立的態度來因應，不宜評斷。(5)能夠投入其中站在研究參與者的角度了解他們的觀點，同時也能保持距離地觀察、追蹤與反思研究參與者之觀點。(6)離開研究場域時，要注意是否帶走隨身的物品，尤其是不要掉落田野筆記於觀察場域中。

三、觀察記錄（筆記）階段

由於人類記憶容量有限，研究者不可能將所有在研究場域中所看和所聽到的事情全部都回憶起來，因此需要透過密集與詳細的觀察記錄，幫助研究者記憶研究過程中所觀察到的各種事件與經驗，澄清某些事實，並重新組織其思考經驗。研究者在參與觀察的初期由於對該文化相當陌生，難以理解該團體的文化，此時製作完整的團體筆記顯得特別重要，即便是那些看起來瑣碎或看似不

重要的細節，未來在研究的進展與結果的發現也可能是相當寶貴的資料。當記得「最模糊的墨水仍比記憶清晰」的道理，研究者除應在進行觀察時仔細觀察各活動細節，並應在觀察現象後，立即詳實地記下研究場域中所見到的每個事件，越早記錄觀察結果，意識中遺忘的部分就越少。

（一）參與觀察筆記的種類

　　參與觀察筆記有許多不同形式，田野筆記和記錄的形式可以是事件的時間表、事件日誌、私人日記、田野工作結果紀錄、或研究發現的初步草稿等，研究者所作的筆記宜偏向使用圈內人的一般用語來描述這些活動範疇及活動本身（王昭正、朱瑞淵譯，1999）。研究者可以單獨使用一種簡單的技術，或可使用各種技術，混合製作筆記的各種方法。Schatzman與Straus（1973）將田野觀察筆記分成田野筆記、個人筆記、方法筆記及理論筆記等四個種類。

1. 田野筆記：專門用來記錄觀察者看和聽到的事實性內容，是田野觀察最常見的形式，詳細記載或摘要式地寫下與田野發生事件相關而且可以呈現事件面貌的句子或關鍵字。

2. 個人筆記：個人筆記可用來記錄觀察者個人在進入田野前，對研究田野的假設與研究結果的期盼；亦可記錄在田野觀察時的感受、想法、想像，或記錄其所回憶目睹的事件，並記錄自己主觀的反省思考。

3. 方法筆記：用來記錄觀察者所使用的具體方法、建立關係的過程、特殊事件或倫理兩難的處理方式；研究者亦可使用事件時間表，將整個研究過程和時間做完整的記錄。

4. 理論筆記：用來紀錄觀察者對觀察資料進行的初步理論分析、概念範疇的形成、各範疇彼此間的關係，以及故事線串連的過程與結果。

　　此外，Spradley（1980）則依參與觀察的不同階段而發展出濃縮型觀察筆記、擴張型觀察筆記、參與觀察日誌及分析與闡釋型觀察筆記等四種有效製作參與觀察筆記的型態。

1.濃縮型的參與觀察筆記

　　濃縮型的參與觀察筆記，因其不可能對於每位資料提供者所說的每一件事、或田野調查中所發生的大大小小事情加以記錄，故其經常會包括以下之內容：慣用句（成語），簡單的單字，未連結之句子等。例如，研究者跟著警察坐在警察巡邏車上做四小時的巡邏實務之觀察，其記錄內容可能是：警察所處理之案件、所巡邏經過之地方、從勤務指揮中心所傳來的呼叫，以及他所使用

之慣用行話及專門用語。研究者在每一個階段的田野觀察之後，最好立刻就做一個濃縮型的精簡筆記。如果研究者未在田野調查情境中進行田野筆記，則應在每次觀察之後，尋找一處靠近上述觀察情境之方便地點，從事精簡型田野筆記。在結束田野調查後，如能夠儘量在越短之時間內進行田野的筆記，則研究者所記載之內容，會更加清晰，貼近於田野調查之實況，也越加詳實。

2. 擴張型的參與觀察筆記

在每次田野觀察之後，研究者應對於在田野調查現場未加以記錄部分，再做補強與回憶。在從事擴張型的參與觀察筆記時，研究者常容易略過之前所看過的或曾被記錄之現象，並認為不必再記錄這些重複的事件。然而，如果研究者對於重覆發生之現象能夠重覆地加以記錄，並將其視為是「文化的最好線索」，他將可獲得極寶貴的事件內涵，並可克服「冰山頂端假設」的現象。

3. 參與觀察日誌

除了田野筆記之外，研究者應經常撰寫參與觀察日誌，其內容包括：經驗與想法之紀錄、恐懼害怕之情緒、錯誤與混淆的發現、研究之突破以及研究中出現的問題等。參與觀察調查日誌代表研究者個人感受及對報導人的反應部分，它的屬性是較偏向屬於研究者個人之部分，此種日誌的功能在於喚起研究者的回憶。參與觀察日誌應標示日期，以便於回憶與查閱，同時也讓研究者思考是否存在著個人的偏見與不當影響。

4. 分析及闡釋型的參與觀察筆紀

分析及闡釋型的參與觀察筆記常是研究者腦力激盪的結果，其腦中的「概念」可能源自於過去的閱讀、特殊的理論觀察、報導人的評論，以及與某位朋友討論您的計畫之後所得之想法，藉由此種思考，思考所研究之文化內涵。所以，分析及闡釋型的參與觀察筆記提供了一種連結，藉此研究者分析文化之意涵，闡釋所研究之文化意義。

（二）參與觀察筆記製作應注意事項

1. 建立或使用多種的筆記

觀察筆記的種類、形式與內容，根據個人的喜好及風格、研究主題、觀察的環境與情境、所用的技術及製作觀察筆記的方式與種類而有所不同。例如，Hochschild（1983）在研究情緒運作時，便曾使用問卷、多種形式的訪談以及直接觀察等各種方式，其研究結果讓她發現，擁有感覺的能力，並不一定意味著一個人的情緒是真實的，空服員經過培訓後即使對其乘客感到憤怒、沮喪或疲憊，也會表現出愉悅和平靜的外表，這些空服員已將個人感情系統轉化

至其工作中，他們被訓練成從為了得到報酬而必須對顧客保持微笑。Spradley（1970）則是使用直接觀察、正式和非正式的訪談、生活歷史等，向研究對象中的資料提供者取得有關都市酗酒者的各種田野資料。筆記和檔案可以是手稿紀錄、打字紀錄、照片、錄影帶或錄音帶，建立越完整，整理與分析資料就越可靠。

2.客觀性筆記與主觀性筆記宜清楚界分

由於研究情境往往不很單純，研究者在製作田野筆記時，必須將自己的語言與資料提供者的語言做區分與協調，更必須依照自己的傾向對資料加以翻譯、簡單化、具體化。在製作觀察筆記時，研究者應清楚地記錄觀察或訪談的日期、時間、地點，重要參與者的地位、角色和行為，以及主要的活動和事件。此外，研究者也應將個人的感覺、預感、猜測和懷疑等記錄下來。

3.遵循「確認、逐字、具體」的原則

要製作良好的觀察筆記，可遵循Spradley（1980）提出語言確認、逐字記錄、具體等三原則，以便完成更精準的田野觀察記錄，據以進行厚實的描述分析。

(1)語言確認原則：是指研究者必須使用一些確認的語言與方法，包括了使用「括弧」、「引用標籤」，使真實的調查情境與語言之使用能相符；亦即研究者所使用之語言，能真實反應出當初所調查之情境。

(2)逐字記錄原則：是指研究者必須對人們所說的內容逐字加以記錄，不論是記錄人們隨口說出的話語或是正式的訪談，研究者都應將訪談內容詳加記錄。Spradley指出，即便觀察情境不適用於完整的「逐字記錄」，但「部分的逐字記錄」仍然是優於「摘要式」之記錄。

(3)具體原則：是指研究者在作觀察記錄時必須盡可能地使用具體的詞彙去擴張、豐富、增加與記下特殊的細節，亦可製作未來可加以擴張之「動詞」及「名詞」一覽表，使文字的描述更為具體化。例如，在描述站立現象時可列「動詞」清單，如站立、變更、往上看、往下看、搜找口袋中之物品、搖動頭部、點頭、抓癢、瞪眼、揚起眉毛、走路等。描述公園溜狗現象時可列出「名詞」清單，如狗鏈皮帶、很髒的道路、人行道、鑲邊石、瀝青道路、樹葉、草地、消防栓、樹木、樹枝、錢包、外套等。研究者並應儘量避免使用抽象的社會科學之專門術語，代之以將其所看、聽、嚐、嗅及各種感覺的現象，以具體語言加以記錄。

四、觀察結果的分析與推論

（一）觀察結果的分析

所謂分析乃是分離或分解研究材料，使其成為片段或單元，以便研究者對其進行分類及篩選，找出種類、族群、順序、流程或模式，並進一步的把所有資料用具有意義或全面性的方式組合或重組，即能在尋找資料的意義時，進行意義模式的建構及事實的整理。在進行資料的分析時，研究者需對研究材料進行編碼及標記（分類、篩選、建構及重建材料），而分析的策略包括尋找必要的特徵、模式、關係、流程及順序，比較及對比，以及形成種類和類型。此種分析可以直接造成田野資料的解釋或理論的推衍。

近年來，電腦已經逐漸成為一種新的工具，用來記錄、建檔或是執行其他得以協助研究者整理及分析研究素材的工作。研究者可將文字資料或影像輸入文書與影音處理程式中，之後可快搜尋某些字句作為編碼的資料，並將這些編碼連結到各種分析筆記或備忘錄中，也隨時將編碼及資料片段移至田野筆記中。時至今日，相關業者已發展出很多的質性資料分析程式，可做文字搜尋、復原、文本管理、編碼、概念網路建構與理論建構等工作，使選取多數研究對象而形成的大量文字等相關資料得以更快速有效的分析與處理。

（二）觀察結果的推論

任何觀察活動都須經過觀察者的思考、推論與反思，才能獲得真實的現象內涵。參與觀察法透過系統化的觀察與分析，可以產生概念和歸納結果，進而成為釋義性理論。這些概念和歸納結果可用來檢驗既存的假設和理論。Chenitz與Swansob（1986）認為，由參與觀察法所產生的概念、歸納及釋義，可以用來進行實用的決策（Chenitz & Swansob, 1986）。解釋性理論是由邏輯上密切相關的主張構成，它含有類似定律的主張，提供因果關係的解釋。解釋性之理論推衍方法強調檢驗預言概念之間關係的主張或假設（Wallace,1971）。Emerson（1969）對幫派分子所進行之參與觀察研究，以「最後手段」（last resorts）的概念作為少年法院對少年犯罪行為的道德制裁或處置所做的唯一替代方案作結論（Emerson, 1969）。Irwin（1970）對受刑人所進行之參與觀察研究，不但詳盡地解釋犯罪人的犯罪生涯歷程，也產生了重罪罪犯的類型學，並以此對現代監獄的理論提出批判。Fox（1987）對「龐克族」所進行之參與觀察研究，提出了龐克身分的類型學，並對這種反現狀次文化非正式階層的形成，提供了粗略的概念。

　　與深度訪談法相同，研究者可以從參與觀察法所獲得的資料產生概念和歸納結果，進而進行結果的推論。在研究過程中，觀察者在進行資料的分析與整理時，必須使用自己的理性思考，才可能觀察自己所見事物，對任何觀察活動所做的思考，也必須經過觀察者推論上的過濾。在進行觀察活動和做觀察記錄時，要對自己的推論進行反思，盡量將自己所做的推論與所觀察察到的事情分開。除了推論之外，觀察者個人的心情也可能會影響到觀察的效果或內容，也應該在反思部分進行反省。一般認為，在田野筆記中，研究者應該保持一種第三人稱的角度，對「客觀」事實進行如實地記載，如果有疑惑或猜測時，應該放到個人的筆記部分，不應該放在田野筆記部分，否則容易讓讀者有種錯覺，好像這也是觀察者所看的「事實」（陳向明，2008）。

第六節　結論

　　參與觀察法適用許多關於人類存在的各種學術研究中，其重點乃在於圈內人在日常生活的情境和環境中，所看到的人類互動行為和其意義，其目標在於要找出實用及理論性的事實，進而形成釋義性理論。參與觀察法主要是根據來自於田野研究的經驗和觀察，以案例研究的形式實施，專注於現象或現象組的深入描述及分析，並持續不斷地修飾研究主題。研究者除了以直接觀察法及經驗法來蒐集資料外，也可以使用訪談法、蒐集文件及其他蒐集資訊的方法來獲取所需資料。

　　參與觀察法依研究者觀察參與的程度，而可分為完全的觀察者、觀察者就是參與者、參與者就是觀察者及完全的參與者等四個類型。參與觀察法特別適合於探索性及描述性的研究目的，其仍可使用於產生歸納結果，進而用來形成新理論或檢驗既存理論。參與觀察法並非人人皆可適用之方法，進行的過程費時、費力也費神，研究結果也不一定能獲得具體結果，而且還得特別注意研究倫理。然而，參與觀察法卻適用於研究許多有關人類社會的種種問題，尤其將研究重點置於人類日常生活環境中，並企圖找出人們在日常生活環境進行互動中所用的意義時。從1920年代開始社會學家與犯罪學家已開始使用參與觀察法對犯罪問題及偏差行為者進行研究，藉由「弄髒雙手」、「弄髒褲管」、「穿著髒鞋」，親自到街角、酒吧、豪華旅館大廳，參與研究對象的生活，並直接觀察及親自對話去理解社會事實，他們的努力不但引發相關學者對犯罪研究進

行田野研究的興趣，也讓人們對犯罪現象有更深入的了解。

　　參與觀察研究進行的步驟可以分爲參與準備階段、進行觀察階段、製作紀錄階段及觀察結果推論等四個階段，在觀察階段中，宜經由一個過程逐漸讓研究的議題具體化與聚焦化。爲了讓觀察內容被詳實記載與呈現，參與觀察者應進行有系統、立即且詳實地記錄，以便對觀察資料進行有意義的歸納與了解，甚至可進行觀察者的推論。爲了增進參與觀察研究之品質，在進行參與觀察過程中，研究者的參與觀察應盡可能做到「精準性、全面性、具體性、持久性、開放性及反思性」等六個標準，才容易揭露研究對象日常生活中的現實狀態與行爲意義。

參考文獻

一、中文

王昭正、朱瑞淵譯（1999）。參與觀察法。台北：弘智文化。

王佳煌、潘中道譯（2003）。當代社會研究法：質化與量化途徑。台北：學富。

胡幼慧（1996）。質性研究：理論、方法及本土女性研究實例。台北：巨流。

陳向明（2002）。社會科學質的研究。台北：五南圖書。

黃瑞琴（2021）。質性教育研究方法。台北：心理。

潘淑滿（2003）。質性研究：理論與應用。台北：心理。

謝臥龍（2005）。質性研究。台北：心理。

鈕文英（2014）。質性研究方法與論文寫作。台北：雙葉書廊。

二、外文

Abini, J. L. (1971). The American mafia: Genesis of a legend. New York: Irvington.

Adler, P. A. (1993). Wheeling and dealing.: An ethnography of and upper-level drug dealing and smuggling community. Columbia University Press.

Anderson, E. (1978). A place on the corner. University of Chicago Press.

Atkinson, P. & Hammersley, M. (1998). "Ethnography and participant observation." In Denzin, N. K. & Lincoln, Y. S. (eds.). Strategies of Qualitative Inquiry. London: Sage Publications.

Babbie, E. (1989). The practice of social research (5th ed.). Belmont, CA: Wadsworth.

Becker, H. S. (1963). Outsiders. New York. Free Press.

Bernard, H. R. (1998). Handbook of methods in cultural anthropology. London: Sage Publications.

Bogdewic, S. P. (1992). "Participant observation." In Crabtree, B. F. & Miller, W. L. (eds.). Doing Qualitative Research. London: Sage Publications.

Chenitz, W. C. & Swanson, J. M. (1986). From practice to grounded theory. Menlo Park, CA: Addison-Wesley.

Conrad, P. & Reinhartz, S. (1984). "Computers and qualitative data: Editors' introductory essay." Qualitative Sociology, 7, 3-15.

Denzin, N. K. (1989) The research act: A theoretical introduction to sociological methods. Prentice Hall.

Douglas, J. D. (1976). Investigative social research: Individual and team field research. Sage.

Ellis, C. (1986). Fisher folk: Two communities on Chesapeake Bay. Lexington: University of Kentucky.

Emerson, R. M. (1969). "On last results." American Journal of Sociology, 87, 1-22.

Flick, U. (2002). An introduction to qualitative research. London: Sage Publications.

Fox, K. J. (1987). "Real punks and pretenders." Journal of Contemporary Ethnography, 16 (3), 344-370.

Gans, H. J. (1968). "The participant observer as a human being: Observations on the personal aspects of field work." In Becker, H. S. Greer, B. Riesman, D. and Weiss, R. S. (eds.). Institutions and the person: Essays presented to Everett. C. Hughes. Chicago: Aldine, pp. 300-317.

Gold, R. L. (1958). "Roles in sociological field observations." Social Forces, 36, 217-223.

Hagan, F. E. (2013). Research methods in criminal justice and criminology. Allyn and Bacon.

Hall, E. T. (1976). Beyond culture. New York: Anchor Press/Double day.

Hamabata, M. (1986). "Ethnographic Boundaries: Culture, class, and sexuality in Tokyo." Qualitative Sociology, 9, 354-371.

Hayano, D. M. (1982). Poker faces: The life and work of professional card players. University of California Press.

Hochschild, A. R. (1983). The managed heart: The commercialization of human being. Berkeley, CA: University California Press.

Hopper, C. B. & Moore, J. (1983). "Hell on Wheels; The Outlaw Motorcycle Gangs." Journal of American Culture, 6 (2), 58-59.

Humphreys, L. (1975). The tearoom trade. Enlarged edition with perspectives on ethical issues. Chicago: Aldine.

Irwin, J. (1970). The felon. Berkeley, LA: University of California Press.

Jenkowski, M. S. (1991). Islands in the street: Gang and American urban society. University of California Press.

Johnson, J. M. (1975). Doing field research. Free Press.

Jorgenson, D. L. (1989). Participant observation: A methodology for human studies. London: Sage Publications.

Kirkham, G. L. (1975). "Doc cop." Human Behavior, 4, 16-23.

Latour, B. & Woolgar, S. (1979). Laboratory life: The social construction of science facts. Sabe Publications.

Lofland, J. & Lofland, L. (1984). Analyzing social settings: A guide to qualitative observation an analysis. Belmont, CA.: Wadsworht.

Marquart, J. (1986a). "Doing research in prison: The strengths and weaknesses of full participation as a guard." Justice Quarterly, 3, 1532.

Marquart, J. (1986b). "Prison guards and the use of physical coercion as a mechanism of prisoner control." Criminology, 24, 347-366.

Mandell, N. (1988). "The least-adult role in studying children." Journal of Applied Developmental Psychology, 21(4), 403-427.

Miller, E. (1986). Street woman. Philadelphia, PA: Temple University Press.

Miller, J. (2001). One of the guys: Girls, gangs, and gender. New York: NY: Oxford University Press.

Miller, S. (1999). Gender and community policing: Walking the Talk. Boston: Northern University Press.

Nash, J. (1975). "Bus Riding: Community on Wheels." Urban Life, 4(1), 99-124.

Nash, H. L. (1977). "Decoding the runner's wardrobe." In: J. Spaulding & D. McCurdy (eds.). Conflict and conformity. Boston, MA: Little and Brown, pp. 172-185.

Nelson, R. K. 1969. Hunters of the northern ice. Chicago: University of Chicago Press.

Patton, M. Q. (1986). How to use qualitative methods in evaluation. Newbury Park, CA: Sage.

Pearson, G. (2009). "The researcher as hooligan: where 'participant' observation means breaking the law." International Journal of Social Research Methodology, 12(3), 243-255.

Peshkin, A. (1986). God's choice: The total world of a Christian fundamentalist school. Chicago: University of Chicago Press.

Polsky, N. (1969). Hustlers, beats, and others. Garden City, NY: Anchor Books.

Reiss, A. J. (1971). The police and the public. New Haven, Yale University Press.

Schatzman, L. & Strauss, A. L. (1973). Field research. Englewood Cliffs, NJ: Prentice-Hall.

Scott, M. B. (1968). The racing game. Chicago: Aldine Publishing.

Skolnick, J. H. (1966). Justice without trial: Law enforcement in democratic society. New York: John Wiley & Sons.

Spradley, J. C. (1970). You owe yourself a drunk. Boston: Little, Brown.

Spradley, J. C. (1980). Participant observation. New York: Holtm Rineheavt & Winston.

Sullivan, M. I. (1989). Getting paid: Youth crime and work in the inner city. Ithaca NK: Cornell

University Press.

Tylor, L. (1984). In the underworld. Oxford England: Basil Blackwell.

Venkatesh, S. A. (1997). "The social organization of street gang activity in an urban ghetto." American Journal of Sociology, 103, 82-102.

Vesperi, M. (1985). City of green benches: Growing old in a new downtown. Ithaca NY: Cornell University Press.

Wallace, W. (1971). The logic of science in sociology. Chicago: Aldine.

Warner, W. L. (1959). The living and the dead: A study of the symbolic life of Americans. [Yankee City Series]. Yale University Press.

Whyte, W. F. (1943). Street corner society. Chicago: University of Chicago Press.

Wright, R. T. & Decker, S. H. (1997). Armed Robbers In Action: Stickups and Street Culture. University Press of England.

黃富源

前 言

科學的發現與發展，對人類社會的進步有著不可磨滅的貢獻，科學知識的累積必然是經過各種嚴格的步驟所建構而成的；研究方法便是人類在進行科學知識驗證與累積過程中，最為重要的程序與過程。這個過程中，實證實為達成人類科學發現與累積的最關鍵要素。

為了滿足實證的要求，人類發明了各種取得資料、驗證資料，與提高信、效度的研究方法，諸如問卷調查法、訪談法、測驗法、觀察法與實驗法等，這些與被研究者互動，直接從被研究者第一手取得資料的方法。這些研究方法，久經學者專家的使用與改進，的確協助人類獲得了更為真確、實用與合理的資料與素材，非侵入性研究（unobtrusive research），也是在眾多研究方法中的一種，尤其是此種研究方法的研究態度與哲學思想，以不干擾被研究者為前提，嚴格保護被研究對象，在眾多研究方法中獨樹一幟，非常值得吾人深入了解（Bachman et al., 2017）。

第一節　非侵入性研究的定義

非侵入性研究（unobtrusive research），係指「在研究的進行過程中，以不干擾被研究者的方法，所進行的研究，稱之為非侵入性研究」。所謂的「不干擾被研究者」亦即：不是用調查（由被研究者回答問卷）、訪問（由被訪談者回答）、會議（邀請被研究者參與焦點座談），或其他非要求被研究者配合的方式（Nikolic, 2020）。嚴格而言，非侵入性研究，並不是一種單獨的研究方法，而是一種研究的進行哲學與態度，所以只要符合「不干擾被研究者」，即可算是非侵入性研究。

不過所謂的「不干擾被研究者」，在學術界的認定，則有很大的歧異，有

些學者認爲「不干擾被研究者」，係指完全地不干擾被研究者，連有一點讓被研究者有所發現的機會和警覺，都不算是非侵入性研究，有些學者的見解則較爲寬鬆，認爲只要客觀上研究者使被研究者有不干擾的感受，研究者在使用的方法上，也合乎不干擾研究者的方式與過程；主觀上研究者謹守尊重當事人，不干擾被研究者的研究態度，被研究者也沒有被侵擾的感受，這就符合所謂的非侵入性研究。

其實非侵入性研究與侵入性研究，其程度可以是一個光譜，從最嚴格的不干擾研究者，到嚴重的干擾被研究者。此點，可以藉由在觀察研究法的概念裡，即有所謂的參與觀察與非參與觀察來解釋，社會學家Gold（1958）曾將觀察從完全局外觀察到完全參與觀察，以涉入情形（主觀、同情）到分離程度（客觀、設身處地）做了程度上的劃分，而以光譜的形式，從完全局外觀察到觀察者的參與，再到參與者的觀察，再到完全參與觀察。

總而言之，侵入性與非侵入性研究的定義，依嚴謹程度，學者間雖然有不同的看法，不過研究方法旨於如何在研究倫理的要求下，使得研究的進行能夠得到最高的信度與效度，就研究者的需要與研究進行的可能性與必要性，決定研究者所需使用的研究方式，非侵入性研究與侵入性研究本身的定義，則見仁見智保留學術的空間亦無不可。

第二節　非侵入性研究的分類

大多數的研究方法學者，所認爲主流的非侵入研究法，可以包括下列幾種（Hagan, 2018）：物理痕跡分析（physical trace analysis）、檔案、現存資料和自傳（archival, existing data, and autobiographies）、單純觀察法（simple observation）、僞裝觀察法（disguised observation）、模擬法（simulation）。

在犯罪學的研究領域裡，與其他社會科學的研究一樣，也有質化研究與量化研究之分，不過以非侵入性研究而言，有時候在進行研究時，很難嚴格地將這些研究方法截然劃分爲質化研究或是量化研究，因之這裡所謂的質化或量化的研究，只是爲了讓研究者方便分類所做的大略分法。

一、質化非侵入性研究

當非侵入性研究，以質化研究的方式進行，即爲質化非侵入性研究，屬於

質化的非侵入性研究的種類因學者之觀點不同，而有所不同，惟本文僅以三種在行爲科學中較爲常見的質化非侵入性研究：個人紀錄性資料分析、歷史比較分析法與法學個案分析法爲討論範疇，這三種研究方法，在犯罪學界也常被使用，茲分述如下：

（一）個人紀錄性資料分析（personal record analysis）

犯罪學既可定義爲「犯罪學是一門研究犯罪行爲與犯罪者所產生的相關犯罪現象及其原因，進而提出一套妥適的犯罪預防對策的科學」（黃富源等人，2004），犯罪人當然是犯罪學所研究的重點之一，針對犯罪行爲中很特殊的犯罪個案，以其個人紀錄性的資料所做的分析，自是犯罪學研究中十分重要的研究方法。所謂個人紀錄性資料，指的是有關個人的可靠文書、錄音、錄影、圖像等資料。

在犯罪學中首先是以犯罪者爲對象的研究，諸如Chambliss（1984）所做的有關職業竊盜犯Harry King的研究，雖然是以訪談法爲主要的研究方法，但是其間Chambliss也曾以其他有關Harry King的個人紀錄性資料作爲研究的素材，這樣的研究過程，只要是沒有干擾到被研究者，都算是非侵入性的研究。

其次，犯罪學界的先鋒學者、專家，其個人對犯罪學的貢獻，也是近三十年來犯罪學界所重視的犯罪學課題之一，犯罪學家Laub（1983）針對犯罪學大師，以訪談法爲主所做的「犯罪學正在寫歷史」（Criminology in the making），除了以訪談九個對犯罪學界有舉足輕重影響的學者專家外，其間Laub亦將有些學者專家的各種個人紀錄性資料做了佐證性的分析，諸如分析這些學者們的自傳、別人對他們的考評，甚至於在校的成績與表現等，這些佐證性的分析，都是以質化方式、沒有干擾被研究者的方式所進行的，這些研究都屬於質化非侵入性研究的方式。

使用個人紀錄性資料分析，多半採用與訪談法對逐字稿處理相同的科學過程進行分析處理，諸如概念化過程、編碼，以及紮根理論的運用，與訪談法所不同的地方則在於訪談法所使用的資料。是研究者自行訪談得來的訪談紀錄，必須干擾到被研究者，相反地，個人紀錄性資料分析，則是使用在檔案中現存的資料，不用干擾到被研究者（Maxfield & Babbie, 2016）。

在國內對於犯罪人與被害人的研究，除了以調查、訪談等各種傳統侵入性研究方法進行的研究外，有時候也會以個人之各種紀錄、服監紀錄（黃富源等人，1999）、甚或筆錄進行三角檢測，或是將這些資料直接用於對犯罪人深入

了解的一種研究方式，只要符合「不干擾被研究者」，便是一種非侵入性的研究，楊金寶（2003）在一項有關兒童網路媒介性侵害被害歷程的研究中，除了深入的訪談法外，更以被害人的病歷摘要、自陳式日記作為研究的素材，即是一個很好的研究案例。

（二）歷史比較分析法

歷史比較分析法，是行為科學中較為特殊的一種研究方法，是歷史學家，最常使用的一種方法，在行為科學中則最常使用在對某種社會或制度的發展演變的研究，諸如對中產階級在歐洲社會的崛起，或是研究一個國家的經濟制度的發展，在社會科學中有其舉足輕重的地位，由於歷史比較研究法，所研究的對象是以現存的資料為研究的素材，不是針對被研究者個人的研究，所以也不會直接干擾被研究者。

歷史研究法，在進行過程必須有其嚴格的程序，諸如必須先有明確的主題定義，對於選擇的比較方法也須根據科學的取樣標準，在進行比較時也必須嚴格地考慮到比較標準的一致性，對於可能影響比較的其他變數，也必須有控制的方法等。

歷史比較法，在犯罪學的研究上是一種很重要的研究方法，因為犯罪現象常常受到歷史因素的影響，而犯罪者或犯罪研究者的形成，也必須追蹤其成長的歷史軌跡與整體的社會變遷。犯罪學家Laub（1983）為了證實這種看法，在他的研究中，先引用了社會學家Merton所說過的話：「科學的歷史，其理論基礎在於使用某種或某些科學的方法，以了解事物如何發展，不僅僅是按照年代先後列出科學理論的概要。」後引用了Thomas Kuhn相同的說法：「歷史如果不僅只是被視為軼聞和年表的儲藏庫，就能對今日的我們對科學抱持的印象產生決定性的改變，因此歷史可以成為一種極具影響力的分析工具。」

基於這種信念，Laub（1983）用訪談犯罪學家口述歷史的方式，來探討1930到1960年之間美國犯罪學思想的發展。雖然Laub的此一研究，係針對九位在這犯罪學薈萃發展的三十年間，犯罪學大師以訪談法為主所做的訪談研究，然而其間Laub亦將所研究的成果，在歸納分析後於序文中做了很重要的歸結，Laub（1983）指出：這些犯罪學大師之所以能夠發展成為在犯罪學界中的巨擘，可能基於他們都處於受到優待的地位，如：白人男性，大多出生在1940到1950年代，擁有博士學位，他們是某個領域中的少數專家，在選擇職業上也有很大的彈性。而導致這群學者踏入犯罪學領域的其他因素，還包括了：家庭條

件、經濟考量和教授的影響，和當時社會有利於犯罪學發展的條件和機會。

　　Laub的前段研究確是以和當事人互動的訪談法為主，多多少少會影響到當事人，但是Laub的後段研究，卻是整合多位被研究者的資料，更重要地，作者必須將歷史因素置入分析的架構，最後歸納成原本非為犯罪學家，卻最終成為犯罪學家的共同歷史背景與原因。在國內使用歷史比較法的研究，多集中在刑事司法系統組織、制度，與政策發展的研究上（洪文玲，2021），諸如：王家儉（1984），研究清末民初我國警察制度現代化的歷程，以大量史料，嚴密考證，歸納清末我國警政專家引進現代警政制度的過程與影響，黃富源與許福生（2017），以官方統計、資料，分析法務自1997年之後二十年來刑事政策之重大轉變與效應。

　　此外，郭世雅（2001）以斷代方式，使用官方統計、資料為素材，專門研究孔令晟與警政現代化的關係、警政現代化發生的前因後果，和這個時期的警察政策對往後警政的影響，由於全球化的影響，刑事司法的研究有跨國際、泛文化的新發展，國內的比較警政研究，也有了使用歷史比較法，使用非侵入性的資料，進行跨國際的警察政策或制度的比較研究（章光明，2019）。

（三）法學個案分析法（legal case study）

　　另外一種在犯罪學界很重要的非侵入性研究方法，是在刑事司法的法學研究時最常用的方法，稱之為法學個案分析法，係指對刑事法學中的個案，尤其是法律的判例，所做的分析比較研究，此種方法特別在以判例造法的英美法系國家中最為常用，此一方法發源於哈佛大學法學院，是將一個個的法律判例，尤其是最高法院的判例（因為最高法院的判例，將形成重要的法律原則對所有的法律與個案將有拘束力），依照案件特徵原由（character of the action）、個案事實（facts）、爭點（issues）、判決（decision）、意見（opinion）與理由（reason）〔分正方意見與理由（reason）；反方意見與理由（dissenting opinion）；部分同意意見與理由（concurring opinion）〕、評論（comments）、法律原則（the law of principles），最後加上參考資料（reference）等格式撰寫成一篇簡短的法學分析（Del Carmen, 2005）。

　　法學個案分析，在犯罪學界的研究很普遍，緣於法律學是與犯罪學最為接近的一門行為科學，許多的犯罪學家也都來自於法律背景，現行的犯罪學教育，對於想攻讀犯罪學學位的學生，法律訓練也是必修的課程，在某些以刑事司法（criminal justice）為名的學校研究所，對於法律訓練更是要求。法律研究

法雖然與其他社會科學研究法較不相同，但是法學個案分析，十分著重歸納與演繹，邏輯分析的科學程序（Del Carmen, 2005）。

　　研究法律個案法，對犯罪學研究者而言，更必須要注意且了解尊重到兩者之間的差異，諸如：法律靠事件法則作用，犯罪學則靠實驗法則、法律處理絕對性，犯罪學與其他行為科學則偏重處理可能性，以及法律支持對真實不同的觀點，犯罪學則企圖釐清混亂真實的觀點，如法律學者或律師必須在混亂的事實中決定兩個事實的概念哪一個是較能接受的，儘管這樣的程序有點類似一些科學的活動（一個犯罪學家可能從兩個對立的理論中提出預測），但犯罪學家是被訓練成客觀，並且對所有形式的資料都要接受，其最終目標就是整合並吸收有衝突的發現，以形成一個精鍊的觀點，而不是在兩個選項中選擇（Wrightsman, 1999）。

二、量化非侵入性研究

　　當非侵入性研究亦有以量化研究方式進行者，即為量化非侵入性研究，在行為科學中較為常見的量化非侵入性研究有：內容分析法、官方統計的二手分析與後設研究等三種，這三種研究方法，在犯罪學界也常被使用。

（一）內容分析法（content analysis）

　　內容分析法，是一種典型的非侵入性研究，最常用於大眾傳播媒介的研究中，通常是以量化研究為主的研究方法，但是內容分析法在概念化過程、編碼，以及扎根理論的運用，都大量使用了質化研究的概念與技術，其實從研究性質而言，內容分析法在處理資料的過程，著重於質化的處理，但是在分析的技術上則偏重於量化的使用。內容分析法原先用於大眾傳播內容的分析，諸如將犯罪新聞的報導，以版次、報導篇幅、報導行數、報導內容的強度、頻率與聳動性為研究的指標，逐一記載、編碼、統計，然後進行各種統計考驗，以驗證研究者的研究假設。

　　相同的方式，內容分析法可以針對各種文字記載的資料，也可以針對研究主題的不同而設計，綜合專家的看法，內容分析法可以節省研究時間與金錢、操作方便、所需控制的研究變數較單純、允許研究者選擇一段期間發生的過程為研究對象（Babbie, 2000; Hagen, 2006）。

　　犯罪學界在使用內容分析法時，多半與研究犯罪者、被害者，或犯罪學家之個案有關，諸如為了深入了解犯罪者或犯罪學家，而將犯罪者、被害者，或

犯罪學家的手記、自傳、信函、判決書、對其之報導或官方的文書性資料，列為分析的基礎材料，然後進行內容分析。鄧馨華（2006）在一項有關竊盜罪與詐欺罪犯認罪協商的研究中，即以隨機抽樣的方式，從562個竊盜罪與278個詐欺罪的判決書中抽出樣本，以內容分析的方法進行分析。

（二）官方統計二手分析（secondary analysis）

　　犯罪學研究，由於學科的特性，十分仰賴官方統計之資料，就傳統的犯罪學研究法中，即犯罪學研究將取得資料的方式，大略分為三種（許春金，2017），即：1.官方犯罪統計（official statistics）；2.自陳報告（self report）；與3.被害調查（victimization survey）。其中，官方犯罪統計，並非研究者所親自調查所得之資料，而係藉由刑事司法系統所已然彙整完成之資料，研究者直接將這些既成資料，透過各種方法進行研究（Dantzker et al., 2018），所以屬於間接的二手分析。

　　所謂的官方統計，美國犯罪學者Sellin對犯罪統計的概念，其定義如下（Sellin T, 1953）：

1. 正式的犯罪資料或以數字表示的犯罪數字。
2. 官方機構的自製紀錄，如警察機關及司法單位所出版之台閩刑案統計、司法統計及法務統計等犯罪數字紀錄。
3. 分類、圖示及分析，作為各變項及表格間相關證據者。
4. 就官方立場而言，是每年出版較合宜的紀錄。

　　根據犯罪學家的共同看法，犯罪學界所常使用的犯罪統計，因刑事司法過程的不同，應可區分如下數種（黃富源，1982）：

1. 警察所知之犯罪（crimes known to the police）：刑事案件發生之後向警方報案，而列入警察紀錄者，稱之為「警察所知之犯罪」（Sutherland & Cressey, 1974）。
2. 逮捕統計（arrest statistics）：經由警方列入紀錄，能認定為刑事案件，而經法定程序所逮捕之嫌犯統計數，稱之為逮捕統計。
3. 法院統計（court statistics）：即是法庭所製作之訴訟案件之統計，其中尚包括檢察官之起訴案件數，與既經起訴後被判有罪之定讞數。
4. 監獄統計（prison statistics）：即刑事被告，為法庭宣告有罪發監執行之統計數目。

（三）描述性分析

　　將一國或一地或某類型之犯罪作描述性的分析，以了解在該國、該地或該類型犯罪，係何種犯罪？何時犯罪？在何地犯罪？如何犯罪？對何種人犯罪？犯罪嚴重程度如何？是犯罪學研究者最基本的課題，所進行的描述性統計分析，便成了犯罪學界最常用的一種方法（Dantzker et al., 2018）。

　　這種方法多半係將現存於官方統計資料庫裡的數據，進行有意義的分析、比較與解釋。諸如國內學者蔡德輝與楊士隆（2005；2020）即將國內十年來之治安狀況，做了縱切面的分析與國際間犯罪的橫切面比較。犯罪學研究中利用官方統計資料所做的描述性分析，在分析層次上雖然不是個別性的資料（individual data），而是一種使用群聚資料（aggregate data）的分析，在分析使用時將會受到很大的限制，但是在使用官方這種群聚性資料的時候，如果能夠有犯罪學理論的引導，則將使得這些群聚性資料的分析變得十分豐富，以研究國內妨礙性自主罪的官方統計資料為例，可以發現經過統計分析後，縱使是描述性的群聚資料，也得到許多寶貴的資訊，諸如：我國刑案統計之資料顯示，從民國84年到民國91年，性侵害案件之被害者年齡狀況與以往之資料差異不大，強制性交被害者的平均年齡為18.24歲，在報案三聯單實施以前的官方統計強制性交被害人的平均年齡為18.49歲（黃富源，1997）；在報案三聯單實施以前的官方統計，發現強制性交被害人的年齡均集中於30歲以下，占所有強制性交被害者之86.81%之多，而從民國84年到民國91年的觀察也有類似的發現，強制性交被害人的年齡也均集中於30歲以下，占所有強制性交被害者87.9%之多。如以10歲為一組距，12歲以上至20歲以下組，所占比率仍是最高的一組，占所有強制性交犯罪者55%。顯示出青年層與青少年層為強制性交犯罪之主要對象，因此，12歲至30歲的女青年、少女與女童為強制性交被害者，或潛在被害者的高危險群（黃富源，2005）。

　　對於單一種犯罪的描述性統計分析，也是犯罪學界很常見的一種研究方法，特別是犯罪學研究，當進行某一種犯罪之研究時，較為正規的研究都會在進行主體研究之前，對於該種犯罪進行描述性的分析，以為該研究的鋪陳，如此也使得整個研究顯得更為完整，諸如侯友宜（2003）即以性犯罪殺人犯罪為題，在其主研究之前，對我國性犯罪、殺人犯罪與性侵害殺人罪，均做了全盤性的描述性分析；蔡俊章（2007）以擄人勒贖罪為題，在進行訪談研究與調查研究之前，也針對我國之擄人勒贖罪之發生狀況、發生時間、破獲情形與犯罪特徵做了描述性的分析。

（四）其他統計分析

以現有的官方統計資料，除了簡單的描述性分析外，犯罪學界最常將這些資料進行更高層次的統計分析（Dantzker et al., 2018），這些統計研究根據犯罪學家的專長與興趣不同而異，但是較為普遍的方法至少有：相關分析、迴歸分析、與時間系列分析三種。

1. 相關分析

所謂的相關分析（correction），係指兩個或兩個以上變數相互間的關係，是否密切的檢驗或分析。在犯罪學界，相關分析常常用在一般調查研究法在蒐集完第一手資料後，所進行的統計分析，但是由於犯罪問題，在理論層次上常常假設，可能與所研究的各種變項有所關聯，而這些變項有些已經存在官方的統計檔案中，研究者便可以官方資料進行分析，這些分析中如果是想確定：兩個或兩個以上變數相互間的關係是否密切時，便可以使用官方統計的資料進行相關分析。

法國社會學家Durkheim（1951）即以社會整合程度與自殺的關聯提出理論，認為社會整合情形較為理想者，較諸社會整合情形較差者自殺率為低[1]，並以婚姻為例，舉出以婚姻而論，結婚者為整合程度最高者，其次為結婚後夫婦之後自然死亡，而成為鰥寡者，再其次為單身未婚者，整合程度最差者則為結婚後夫婦之適應不佳而離婚者，所以Durkheim推論自殺率之高低與這些婚姻狀況有關，經Durkheim以法國社會之自殺率與結婚情形計算後，其相關程度證實Durkheim之假設。

犯罪學家Schrag（1971）亦會將Durkheim上述之自殺理論運用於犯罪發生之狀況，而假設社會整合情形較差者較諸社會整合情形佳者，犯罪可能性為高，同樣發現結婚者為整合程度最高者，犯罪可能性最低，其次為結婚後夫婦之自然死亡，而成為鰥寡者，再其次為單身未婚者，整合程度最差者則為結婚後夫婦之適應不佳而離婚者，其犯罪情形則最為嚴重，此一解釋，正與Hirschi（1969）所發展的社會控制理論相似。

2. 迴歸分析

當兩個變數之間有函數關係時，如距離與時間兩個變數，如果速度不變，

---

[1] Durkheim對自殺的看法，不但主張社會整合情形較為理想者，較諸社會整合情形較差者自殺率為低，也主張社會整合情形較為理想者，較諸社會整合情形較差過度者自殺率為低，前者因社會整合差與社會疏離，而以自我解脫為願而自殺稱之為利己性自殺（egoistic suicide），如自稱解脫世俗糾纏而自殺者，後者因社會整合強烈與社會過度緊密，而以為社會國家或團體為重，自我犧牲為願而自殺，稱之為利他性自殺（altrustic suicide），如二戰之日本自殺飛行員。

則距離為時間的函數。當兩個變數之間有相關但無函數關係時，如身高與體重，身高不一定會影響體重，不過身高較高者通常體重較重，無論是兩個變數間有函數關係或是相關關係，都可進行迴歸分析（regression）。所謂迴歸分析，是對兩個或兩個以上有相關或函數關係的變數，先行建立其變數間的關係式（迴歸方程式），再由自變數的數值去預測一低變數的數值，如先行建立經濟指數與犯罪發生數之間的迴歸方程式，再經由此一迴歸方程式去預測犯罪未來可能發生的數值。

　　犯罪學研究，因為有時會牽涉到對策的分析與釐定，所以犯罪預測便成了犯罪研究的重要領域，傳統的犯罪預測以個人的再犯預測為主題，為了協助刑事政策與反犯罪政策的釐定（章光明，2019），犯罪預測也發展到巨型層面的分析，以預測大環境的未來犯罪發展（星野周弘，1981）。諸如日本學者伊藤滋（1982），即將預測犯罪的模式，歸納出許多相關之重要因素，諸如：犯罪發生率、犯罪人口率、第一、第二與第三類產業的人口比率與各種經濟指數等。犯罪預測，就是迴歸分析的一種具體運用。

　　國內犯罪學界曾經根據犯罪預測專家的建議與相關文獻之探討，建議以下指標，可供我國犯罪預測指標選擇之參考：

(1) 經濟因素：包括國民所得毛額與基尼指數等。

(2) 人口因素：第三產業人口比、人口流動率與人口密度等。

(3) 誘惑因素：常習犯罪人口率、八大行業比率、竊盜案件未破案率與酒類、賭博、娛樂消費額等。

(4) 警力因素：每一外勤警察對犯罪人口負擔比率、每一外勤警察服務人口負擔比率、每一派出所與駐在所服務人口比率與刑案破案率等（Denq et al., 1994）。

3. 時間系列分析

　　由於犯罪學所使用的官方資料，最常以時間發生先後的順序排列，因之在以時間排序為基本要求的時間系列分析，便成了犯罪學分析官方二手資料最常用的統計方法之一。所謂的時間系列分析，係指將組成時間數列的各種成分（長期趨勢、季節變動、循環變動與偶然變動），逐一分離析出，進以檢驗各種成分對該變數的影響。犯罪學界即有學者（Denq et al., 1994），將台灣地區二十六年的官方犯罪資料予以時間系列分析的統計，進以得到竊盜犯罪的發展趨勢。長期趨勢的統計分析方法，一般較為常用的有：手描法、兩段平均法、移動平均法、最小平均法，和其他曲線配合法（Hagan, 2018）。

（五）二手資料分析的限制

　　但是很不幸的，在犯罪學所使用的重要資料之一──犯罪統計，因基於種種主客觀的不佳條件，而被認為是所有統計中最困難與最不可靠的統計（Sutherland & Cressey, 1974）。犯罪學界公認雖然官方統計是犯罪學研究重要獲得資料的方法之一，但是也都承認官方統計最大的缺點為犯罪黑數。我國學者林山田（1976）則認為，犯罪黑數可稱之犯罪未知數，乃指所有不在各種統計上出現之犯罪數。

　　根據1967年美國總統之執法與司法行政諮詢委員會（U.S. President's Commission on Law Enforcement & Administration of Justice）對美國犯罪統計狀況加以分析研究，結果發現犯罪報案數字為逮捕數字的38倍，逮捕數字又為正式起訴的4.1倍，正式起訴數又為宣判數的1.1倍，宣判數又為最後發監執行的2.5倍（黃富源，1982），此一犯罪統計的耗損現象稱為「漏斗效應」（funnel effect）。

　　另根據2000年警政署刑案統計與法務部犯罪狀況分析結果，台灣地區警政統計嫌疑犯人數為17萬9,597人，地方法院檢察署終結刑事偵查案件人數為36萬5,543人，起訴案件為14萬2,172人，起訴率約38%；確定有罪者為10萬5,900人，執行有期徒刑者為4萬235人，發監執行人數為2萬2,790人，為終結偵查人數的十六分之一，起訴人數的六分之一，約判決確定有罪的五分之一。因此，如何去探究犯罪黑數產生原因及謀求補救之道，實為當前學術研究中極待克服的課題（黃富源，2000）。

　　進行犯罪學研究的研究者，必須深刻了解犯罪黑數產生之原因，以避免犯罪黑數影響研究的結果，縱使對犯罪黑數產生所衍生的問題，至今犯罪學界仍有盲點，但是一位研究者必須在使用犯罪統計時，對犯罪統計有所了解與警覺，也因此對犯罪黑數產生之原因，必須清楚知悉，而綜合各家的說法，犯罪黑數產生的原因，可以社會大眾之態度、執行機關、加害人及其關係人、被害人與證人、犯罪事件之本質等五大因素，21點原因解釋如下（黃富源，1982）：

1. 社會大眾之態度
　(1)社會大眾對犯罪案件之冷漠態度。
　(2)社會大眾之價值與意見，不喜於刑法之充分執行。

2. 執行機關
　(3)司法程序之耗損。

(4)執法機關本身統計方式之缺陷。

(5)執法機關之隱匿。

(6)執法機關之偏見。

(7)執法機關之能力有限。

(8)檢察機關之選擇起訴。

3. 加害人及其關係人

(9)某些犯罪僅有犯罪人知道，除非經由自首，而犯罪人不可能向有關機關檢舉自己之罪行。

(10)犯罪人之親戚與朋友，基於保護犯罪人的原因，庇護犯罪人而匿報其罪行。

4. 被害人與證人

(11)缺乏法律常識。

(12)害怕窘迫及公開。

(13)怕警方之深入調查。

(14)怕報復。

(15)怕傷害加害人。

(16)對執法機關之無信心。

(17)被害人之特殊屬性。

5. 犯罪事件之本質

(18)犯罪之類別：

　　a. 不同的犯罪，將有不同之報案率。

　　b. 不同的犯罪類別亦有不同的破案率。

(19)罪行傷害之程度。

(20)犯罪之既遂或未遂。

(21)犯罪行為之本質有時候很難辨別是否確是違法。

對於這些影響官方統計分析的因素，研究者在從事犯罪學研究時要特別注意，能排除時，要儘量在研究設計、進行選樣、與變數控制時予以處理，甚至有必要且適合時可以統計控制的方式加以處理，如果已經無法處理時，則必須要誠實地在研究中做合理的交代。

（六）後設分析

後設分析（meta-analysis）是一種重要的統計方法，是將相同主題的各個研究，彙集其研究成果，以客觀的統計分析法，企圖從各個學者的研究結

果中找出共同的發現（Rosenthal, 1997）。後設分析也因為是一種找尋不同研究中的共同發現，所以也有學者名之為「整合分析法」（應立志、鍾燕宜，2000）。後設分析是一種以同一或相似主題領域的許多研究結果進行彙總的方法，後設研究不需要研究完全被複製，以平均效果大小為量化的指標，進行評估，並以效果大小的指標進行統計比較。因之後設研究，研究的對象是針對先前所蒐集到的在同一領域中所做的研究，也因此沒有傳統研究時所需面對的被研究者，也無須另行設計研究工具（Mann, 1990），自然不會干擾到被研究的個體。

　　由於國內外的犯罪學界，在所有的犯罪議題以研究少年犯罪的研究最多，材料也最豐富，即有學者以國內外之少年犯罪相關論文45篇（馬信行，2001），國內論文一篇為研究之範圍，將犯罪學理論以社會化不良、緊張論與理性抉擇等三大部分，進行後設分析，結果發現家庭因素為少年犯罪最主要的因素。

第三節　結論

　　非侵入性研究是社會與行為科學的一種重要研究方法，也是犯罪學研究中不可或缺的研究方法之一，在犯罪學界也已廣泛被採用，容或非侵入性研究在研究上仍有許多限制與缺點，但是由於其有著：經濟、安全，與不干擾被研究者等的許多優點，所以仍舊為犯罪學研究的重要研究方法，值得研究者多加運用。

　　雖然學者對非侵入性研究的定義與看法仍有歧異，但是都肯定只要在嚴格的學術規範下操作，非侵入性研究將可以提供研究者，對於資料的蒐集分析有所幫助，也因此非侵入性研究在操作時，必須嚴格遵守所有行為與社會科學的規範，諸如信、效度的控制、研究取樣的嚴謹與研究設計的講究等，所有行為與社會科學所建議的研究方法規範，也都可以在微調後適用於非侵入性研究。更有進者，由於犯罪現象與行為的日益複雜，犯罪學家的研究方法，常常不只一端，為了使研究的目的能夠更精確達成，研究者常將各種研究方法綜合使用，如前述的學者Laub和Chambliss的研究，都是結合了侵入性研究與非侵入性研究的例子。

參考文獻

一、中文

王家儉（1984）。清末民初我國警察制度現代化的歷程（1901-1928）。台北：台灣商務印書館。

林山田（1976）。犯罪問題與刑事司法。台北：台灣商務印書館，頁8。

侯友宜（2003）。台灣地區性侵害殺人犯罪之研究。中央警察大學犯罪防治研究所博士論文。桃園：中央警察大學犯罪防治研究所。

洪文玲（2021）。警察法之檢討與展望。警察法學與政策，創刊號。台北：新學林，頁17-48。

馬信行（2001）。犯罪理論之統合分析——以自陳犯罪之研究報告為樣本。教育與社會研究，2，35-66。

郭世雅（2001）。孔令晟與警政現代化。中央警察大學行政警察研究所碩士論文。桃園：中央警察大學行政警察研究。

章光明（2019）。警察政策（3版2刷）。台北：三民書局。

蔡俊章（2007）。擄人勒贖犯罪及其偵察預防策略之研究。中央警察大學犯罪防治研究所博士論文。桃園：中央警察大學犯罪防治研究所。

蔡德輝、楊士隆（2014）。犯罪學（增訂6版）。台北：五南圖書。

蔡德輝、楊士隆（2020）。犯罪學（增訂8版2刷）。台北：五南圖書。

黃富源（2000）。警察與女性被害人——警察系統回應的被害者學觀察。台北：新迪文化。

黃富源（2005）。我國性犯罪現況與防治對策之分析。國家政策季刊，4（1），66-99。

黃富源、黃徵男、廖有祿、周文勇、許福生、黃翠紋、范瓊芳、廖訓誠、藍慶煌（1999）。性侵害加害人之特質與犯罪手法之研究。內政部性侵害防治委員會委託研究。內政部性侵害防治委員會。

黃富源（1997）。強姦犯罪與對策芻議。法務部86年度犯罪問題研究研討會論文集論文。法務部犯罪研究中心，頁90-121。

黃富源（1982）。犯罪黑數之研究。警政學報，創刊號。桃園：中央警官學校，頁171-190。

黃富源、范國勇、張平吾（2004）。犯罪學概論（第4版）。台北：三民書局。

黃富源、許福生（2017）。「法務部檢討暨改進當前刑事政策」二十年來之回顧與展望。刑事法雜誌，61（1），1-52。台北：財團法人刑事法雜誌社基金會。

許春金（2017）。犯罪學（修訂8版）。台北：三民書局。

楊金寶（2003）。兒童網路媒介性侵害被害歷程之研究。中央警察大學犯罪防治研究

所博士論文。桃園：中央警察大學犯罪防治研究所。

鄧馨華（2007）。協商制度在我國實施成效之評估——以竊盜最及詐欺罪為例。台北大學犯罪學研究所碩士論文。台北：台北大學犯罪學研究所。

應立志、鍾燕宜（2000）。整合分析方法與應用。台北：華泰文化事業公司。

二、外文

（一）日文部分

星野周弘（1981）。犯罪社會學原論。東京：立花書房。

伊藤滋（1982）。都市犯罪。東京：東洋經濟新報社。

（二）英文部分

Babbie, E. (2000). The practice of social reseach (7rd ed.). CA: Wadsworth Publishin Company.

Bachman, B.D., Schutt, R.K., & Plass, P.S. (2017). Fundamentals of research in criminology and criminal justice with sesected readings. Beverly Hills, CA: Sage Publications.

Dantzker, M.L., Hunter, R.D., & Quinn, S.T. (2018). Research methods for criminology and criminal justice (4th ed.). Burlington, MA: Jones & Bartlett Learning.

Denq, F., Vaughn, M.S., & Huang, F.F.Y. (1994). "Correlates of crime in Taiwan-A time-series analysis from 1964-1990." Crime, Law & Social Change, 21, 267-285.

Del Carmen, R.V. (2005). Crimial procedure-Law and pratice (7th ed.). Belmont, CA: Wadsworth Publishing Companny.

Durkheim, E. (1951). Suicide. NY: The Free Press.

Gold, R.L. (1958). "Roles in sociological field observations." Social Forces, 36, 217-223.

Hagan, F.E. (2006). Research methods in criminal justice and criminology. NY: Person Education, Inc.

Hagan, F.E. (2018). Research methods in criminal justice and criminology (10th ed.). NY: Pearson Education, Inc.

Hirschi, T. (1969). Causes of delinqueny. Bekeley, CA: University of California Press.

King, H. & Chambliss, W.J. (1984). Harry King-A professional thief's journey. New York: John Wiley & Sons.

Laub, J.H. (1983). Criminology in the making. Boston: Northeastern University Press.

Mann, C. (1990). "Meta-analysis in the breech." Science, 249, 467-480.

Maxfield, M.G. & Babbie, E.R. (2016). Basics of research methods for criminology and criminal justice (4th ed.). Boston, MA: Cengage Learning.

Nikolic, M. (2020). Research methods in criminal justice and criminology. Oakville, Canada: Society Publishing.

Rosenthal, R. (1997). Judgment studies-Design, analysis, and meta-analysis. NY: Cambridge University Press.

Sellin, T. (1953). "The measurement of criminology in geographic areas." Proceedings of the American Philosophical Society. No 97 (April), 163.

Schrag, C. (1971). Crime and justice American Style. Washington, D.C.: Government Printing Office.

Sutherland, E. & Cressey, D. R. (1974). Criminology (9th ed.). J. B. Lippincott Company.

Wrightsman, L.S. (1999). Psychology and the legal system. (2nd ed.). Beverly Hills, CA: Sage Publications.

戴伸峰

前　言

　　從前面的章節中，我們已經了解如何運用問卷、測驗等量化的方式來針對我們有興趣的犯罪研究主題進行量化的資料蒐集以及統計分析。但是，我們如何能確定我們對於相關犯罪研究議題所蒐集到的數據是適當且穩定的呢？我們是否在測驗編製或是數據蒐集的過程中犯下了某些因為研究方法限制所造成的誤差，使得研究的有效性降低？抑或是我們的研究測量是否能夠真正測到受試者的穩定特質或是典型的行為表現？針對上述研究方法上的問題，在本章中，我們將要討論的主題有以下幾項：

一、何謂研究誤差？
二、何謂效度？效度的種類以及特性。
三、何謂信度？信度的種類以及特性。
四、影響研究的信度、效度的原因有哪些？

第一節　研究誤差以及效度、信度

　　即使是最好的研究，我們依然可以發現某些因為誤差所造成的研究有效性或是可信度的降低。Walters與White（1989）所提出「遺傳與犯罪：壞基因或是壞研究」文中提到許多在犯罪遺傳學研究上的方法學缺失。舉例來說：許多研究使用「外表的相似度」來決定受試者是否為同卵雙胞胎，但是實際上，長相略有差異的同卵雙胞胎所在多有，因此血液或是血清檢驗上的證據，才是決定受試者是否為同卵雙胞胎的有效方法。

　　從以上的例子可以知道，研究方法的有效性以及穩定性是一個十分重要的課題。首先，在量化研究方法學上用「效度」（validity）的觀念來表示研究的有效性。所謂效度所指的是：「一項測驗在測量其所欲測的特質或行為時所具

有的眞確性（葛樹人，2001）。」如果一份測驗或是研究可以很正確而且眞實的測量出研究所想要測量的特質或是行爲時，我們便可以說這份測驗或是研究具有高效度（葛樹人，2001）。舉例來說：當我們想要測量一個人是否具有反社會人格，而一份測驗眞的可以幫助我們測出受試者的反社會人格，則我們說這份測驗具有高效度。相反的，在相同的情況下，如果某份測驗無法測量出受試者的反社會人格，反而測出了受試者的空間推理能力，則我們說這份測驗是不具有效度的。

另外，何謂研究的穩定性？在量化研究方法學上用「信度」（reliability）的觀念來代表研究的穩定性。所謂的信度所指的是：「測量工具的穩定性以及一致性（Hagan, 1989）。」也就是說，當我們將研究重新操作一次，同樣的測量工具是否可以測量到穩定且一致的結果。也就是說，當我們重複使用同一份具有高信度的研究工具來測量受試者的某項犯罪親和人格，我們會得到極爲類似的測量結果。

在了解研究的穩定性之前，最重要的是要確定研究是否有有效性。一份沒有效的測量工具，即使它再穩定，也無法眞實的測量到我們想要測量的特質或是行爲。

第二節　效度驗證的方法以及證據

從本節開始，我們將要討論研究工具的有效性，也就是「效度」的驗證方法以及證據。效度的驗證方法主要可以區分爲：表面或內容效度、建構效度、實證效度（預測效度、同時效度）。以下便分別說明各種不同效度的驗證方法以及其優缺點。

一、表面效度或內容效度

表面效度（face validity）是一種最簡單也最原始的效度指標。表面效度所關心的是：至少在研究測量工具的外型上，研究工具是否可以測量到我們所欲測量的特質或是行爲。表面效度所指的是研究工具的題目或是形式等外型上給受試者的主觀印象；如果一份測驗或是研究工具從外表上看起來似乎可以適切的測量所欲測的特質或是行爲，我們便可以稱這份測驗或研究工具有表面效度（葛樹人，2001）。但是從表面效度的觀念所進行的效度檢驗證據是非常主觀

的，並且缺乏實證上的根據。所以一份測驗或是研究工具可具有很高的表面效度，但是實際上卻不具有任何更有理論根據的效度意義。表面效度雖然缺乏統計上的應用價值或是學理上的客觀證據，但一份具有高表面效度的測驗或是評量工具卻能夠讓受試者更清晰的了解測驗或評量的目的，使受試者更容易清楚且正確的做出回答。

內容效度（content validity）是一種以邏輯判斷法來決定測驗是否具有內容代表性的指標（葛樹人，2001）。其主要的驗證方式為針對測量工具中的每一個題目進行概念上是否與整份測驗的目的有關聯的主觀認定。內容效度與表面效度有類似之處，都是一種研究者的主觀邏輯認定歷程。也就是說，每一份宣稱具有內容效度的測驗或是測量工具，其開發制訂者都必須確認在這份工具中的題目都能反映出測驗或是研究的目的，並與測驗目的有高關聯性或是高涵蓋性。以下，我們舉出一個關於工作環境以及工作滿意度測驗的題組來驗證何謂表面效度以及內容效度：

（一）我將會推薦我的朋友到這家公司工作。

（二）我希望能夠在我目前的工作崗位長久的做下去。

（三）如果我有機會，我希望離開現在的工作並且嘗試其他新的機會。

（四）要我離開現在的職位必須給我相當的加薪。

（五）我與我的工作夥伴相處並不愉快。

（六）與工作夥伴相比，我比較喜歡工作本身。

（七）我的工作內容是無趣且重複的。

（八）我目前的工作需要做改變以使它變得更有趣。

（九）在我的工作內容中，有許多部分我並不喜歡。

（十）我的工作充滿挑戰性以及趣味。

從以上的簡單的題組中我們可以發現，這10個題目都有高表面效度，也就是說他們在題目的陳述以及意義上都能直接且單純的反映出測驗的目的：工作態度以及工作環境。同時每一個題目所測量的概念也都與測驗目的有高關聯。因此我們可以合理的推論：這是一份關於工作環境以及工作滿意度並具有表面以及內容效度的測量工具。

表面及內容效度的限制：從上一節的定義我們可以知道，表面或是內容效度是依據測量工具專家對於測驗的題目或是外型進行主觀上的認定。對於同樣一份測量工具，某位研究者可能宣稱它有高表面以及內容效度，但是另外的研究者卻可能在主觀上抱持著完全不同的看法。因此缺乏客觀性就成了表面以及

內容效度的第一個限制。另外一個關於表面及內容效度的重要限制就是：一份測量工具的所有題目是否已經涵蓋了測量目的的絕大部分向度。舉例來說：犯罪傾向應該包含像是人格、環境、社會、生理等非常多的向度，如果我們僅僅使用人格特質方面的題組來測量受試者的犯罪傾向，則如此的題組主觀上看起來有極高的表面及內容效度，但是卻無法真實的測量到我們所欲測量的犯罪傾向特質的全部向度。

二、建構效度

建構效度（construct validity）是一種既有邏輯推論又有統計架構支持的效度驗證方法。測量工具專家有時候也將建構效度稱為因素效度（factorial validity），從這個名稱中我們就可以知道，建構效度最重要的特色在於可以協助我們驗證一些無法經由外顯行為標準來加以測量的受試者的內在、潛在心理特質。建構效度的驗證方法是行為統計方法中「因素分析」（factor analysis）的應用。因素分析是一種用來決定測量工具的基本組成成分的統計方法。舉例來說，如果我們針對一份有50個題目，關於警察專業性認知的測量工具進行因素分析，我們可能可以得到以下的三個因素：正規警察教育表現、領導統御職能、升遷的動機。也就是說，這份測量工具的50個題目可以被分割成三個主要「歸群」，而這三個主要歸群分別測量：正規警察教育表現、領導統御職能以及升遷的動機等三個主要的因子。因此我們可以說，屬於這三個題目「歸群」的各個題目，其測量的內容都與其所屬因子有高度的相關。建構效度的驗證方法被廣泛的運用在關於態度、人格、認知等測量人類內在心理運作歷程的測量工具上。因為研究者往往無法從直接由外顯表現來測量受試者的內在心理運作，因此一份具有高建構效度的測量工具可以確保研究者能夠有效的測量到其所想要測量的內在心理運作歷程。

建構效度的第一個限制在於，如果當研究者宣稱他的測量工具是針對某一個特殊的向度進行測量，但是其因素分析結果卻顯示出複數個因子的時候，則該份測量工具的效度驗證即會受到質疑。第二個限制在於因子分析往往需要較為高深的統計運算技巧，雖然目前已經有許多統計軟體可以協助研究者，但是我們仍然要注意因為統計程式設定錯誤所造成的效度驗證危機。最後一個限制來自於建構效度的驗證邏輯本身。建構效度的驗證可以協助研究者針對受試者內在心理運作歷程來加以檢驗，但是這就代表著這一類的測量往往不是「直接」的針對該特質進行量測，而是經由一些「間接」的題目來了解受試者的真

實想法。然而，這些間接的測量題目眞的可以反映出受試者「直接」的感受或是態度嗎？就像上述的例子，警察教育正規表現是否眞正的能夠反映出警察專業性？另一個更極端的例子是，當某位研究者使用以下的題目：

　　「我假日時喜歡：1.外出踏青；2.在家看電視；3.兩者都喜歡。」

當受試者回答1.時，研究者宣稱這位受試者有「外向」的人格特質。由這個極端的例子中，我們可以發現題數過少會造成建構效度的威脅。因此爲了減少題目數量上所造成的效度威脅，建構效度的建立大多希望能有較多的題目會屬於同一個因子。

三、實證效度

在犯罪防治研究領域中被應用的最爲廣泛的效度觀念應該就是預測效度或是同時效度，這兩種效度都是屬於實證效度（pragmatic validity）的形式。實證效度所關心的有兩項：運用某份測量工具所測出來的分數是否可以有效的預測受試者未來的行爲，或是測量工具所量測出來的分數是否與受試者在另一個測量工具表現上有高相關。這兩個關心的向度就是預測效度以及同時效度的觀念。以下我們就分別討論這兩種效度的驗證方法。

預測效度（predictive validity）又被稱爲效標關聯效度（criterion validity），其驗證的方法是基於測量工具的量測結果是否可以有效的預測受試者未來或是接續的行爲表現（效標）。所謂效標所指的是測量工具所欲測特質的一種理想樣本，足以用來考驗測量工具分數眞確性的外在標準（葛樹人，2001）。舉例來說，如果我們使用某份測量工具來測量青少年對於吸食毒品的態度，則量測結果與該受試者成年後是否會出現吸食毒品行爲的關係就提供了預測效度的證據線索。如果受試者在量測結果中表現出對吸食毒品行爲有較爲正向的態度，並且在成年後出現了毒品吸食行爲，則我們便可以得到測量工具在預測效度方面的證據。相反地，如果受試者對於毒品吸食行爲抱持負面的態度，而成年後的確也沒有出現毒品吸食行爲，我們一樣可以得到測量工具的預測效度證據。預測效度是一種將測量工具所量測到的分數結果與受試者日後行爲進行一種簡單相關，當測量工具的量測結果與預測的行爲間有高相關時，我們便得到了預測效度的證據。

同時效度（concurrent validity）是一種在概念以及運算方法上都與預測效度極爲類似的效度指標。與預測效度不同的是，同時效度是在測量的同時，一起針對效標行爲進行資料蒐集。舉前面的例子，研究者使用同一份測量青少年

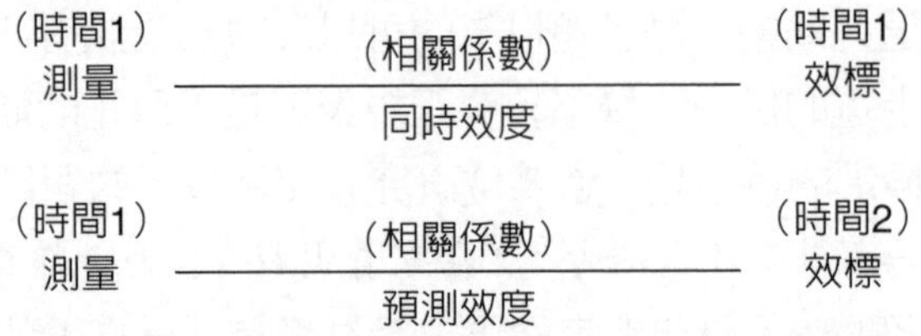

| （時間1）
測量 | —————————（相關係數）—————————
同時效度 | （時間1）
效標 |

| （時間1）
測量 | —————————（相關係數）—————————
預測效度 | （時間2）
效標 |

圖11-1　同時效度與預測效度在設計上的差異

資料來源：葛樹人（2021）。

對吸食毒品的態度問卷，並在施測的同一時間蒐集該群青少年吸食毒品的行為
證據，則量測結果與該群青少年的毒品吸食行為間的關係就稱為同時效度。
不管是預測效度還是同時效度，實證效度的驗證方法大多使用統計學中相關
（correlation）的觀念及方法。當量測結果與效標行為間有高相關時，研究者
便可以宣稱其測量工具有高實證效度。預測效度與同時效度的差別僅在於蒐集
效標的時間，其實驗設計差異，如圖11-1所示。

　　雖然實證效度使用了統計相關的方法來驗證效度證據，但是不管是預測效
度還是同時效度的驗證證據都存在著一個限制：測量工具所得到的量測結果與
效標行為之間的關係是否能夠作為正確且適當的效度證據。尤其是當我們使用
態度或是認知量表來預測或是與同時行為求相關時，即使我們可以得到很高的
相關（高效度證據），我們也沒有辦法去推論受試者的行為就是由我們所測量
的態度或是認知所塑成。另外一個問題就是，態度或是認知測量的題目往往比
較抽象或是間接，是否適合拿來與直接可測量的外顯行為效標做相關，這些問
題都會影響到實證效度的證據有效性。

第三節　信度驗證的方法以及證據

　　在了解驗證測量工具有效性的方法以後，從本節開始，我們將要討論研究
工具的可信度或是可靠度，也就是「信度」的驗證方法以及證據。在前文中我
們曾經對信度下了概念性定義，在本節開始前我們再一次將信度做簡單的定義
及描述。所謂的信度所指的是測量工具的穩定性以及一致性，也因此信度被認
為能夠代表測量穩定性。測量工具的穩定性（信度）的成立基本前提就是：人
類的各項心理運作歷程（智力、態度、認知）等都具有一定程度的穩定性，舉
例來說，一個在智力測驗上得到IQ分數112的受試者，如果半年後再用同一份

智力測驗施測，其智力表現得分應該不會距離半年前的測驗結果112分太遠。因此，一份具有穩定性的測量工具對人類的內在心理歷程的量測應該要呈現出穩定且一致的結果。

　　信度對於測量工具是十分重要的，其原因最少有以下兩項：一、信度是測量工具效度指標的必要條件。二、研究者可以從信度證據來決定自己的不同測量特質間的效果。一份優良的有效的測量工具，如果不能提供穩定的測驗結果則其測驗結果便容易遭到懷疑。舉例來說，一份測驗在星期一測得受試者患了憂鬱症，星期二則變成強迫症，到了星期三則出現精神分裂症的結果，則其可信賴程度一定大打折扣。另外，從實驗設計的角度出發，一份具有信度的測量工具可以幫助我們釐清不同測量特質間的效果。舉例來說：在對青少年實施毒品認知行為改變教育計畫前，青少年對於毒品的親和態度為50分，經過實施認知行為改變教育之後，青少年對於毒品的親和態度分數降到25分，如果研究者用來測量毒品親和態度的測量工具具有高信度的話，則我們可以得到「毒品認知行為改變教育能夠降低青少年毒品親和態度上的認知得分」這樣的教育效果。

　　信度的驗證方法主要可以區分為：再測信度、複本信度、評分者間信度、折半信度以及內部一致性指標。以下便分節說明各種不同信度的驗證方法及其優缺點。

一、再測信度

　　再測信度（test-retest reliability）的驗證方式是使用同一份測量工具對同一組受試者在不同時間進行前後兩次施測，兩次量測結果間的相關即稱為再測信度。舉例來說，當我們使用一份測量工具測量受試者的犯罪不安，如果在前後測相隔的時間內（假定一個禮拜），並沒有發生足以撼動受試者認知態度的重大治安事件或是受試者本身沒有受到犯罪侵害的情況下，前後兩次測量結果的相關便是本測量工具的再測信度。當前後測的測量結果間有高相關（相關係數指標必須要達到0.8以上的水準）時，研究者便可以宣稱這份測量工具具有高再測信度。再測信度作為表示測量工具穩定性是十分適合的指標，但是在方法學上也有一定的限制。首先，受試者對於同一份測驗第二次施測時可能會出現「測量效應」，也就是說當受測者第二次受測時，已經不是原先第一次受測時那樣的單純，受測者已經了解題目，也了解施測目的，這些都有可能會影響到受試者對題目作正確或是典型的作答判斷。另外，我們很難控制在兩次施測的

時間間隔內所發生的隨機誤差，因此再測信度容易受到時間變數的影響而產生變化。

二、複本信度

複本信度（alternate form reliability）所指的是當同一測量工具具有兩種或以上的複本時，研究者可以將此兩種複本分別實施於同一群受試者，然後以Pearson r法計算兩複本測量結果分數的相關係數，這一個相關係數數值就是複本信度（葛樹人，2001）。所謂的複本是指在無論在內容、試題、形式、編製方法、實施步驟和評分標準上皆與原測量工具一致的另一個測量工具（葛樹人，2001）。也就是說，當研究者使用幾乎一致的兩套測量工具（原工具、複本工具）來對同一群受試者進行量測，如果兩個量測結果間有高相關，研究者便可以宣稱這個測量工具具有高的複本信度。複本信度可以適度的解決再測信度容易發生的測量效應的問題，但是複本的編製非常不易，即使是高度相似的複本也會與原本出現些微的差異。複本信度的限制大多來自於複本內容與原本內容的差異，也就是所謂的內容取樣誤差。複本與原本間的微小差異可能會造成試題涵蓋度的變化，另外複本實施的時間間隔、練習效果、學習轉移或是施測順序等，都有可能成為複本信度的誤差來源（葛樹人，2001）。

三、評分者間信度

評分者間信度（scorer reliability）的建立是將同一份測量結果交給兩位獨立的評分（檢驗）者進行獨立計分。然後將每一位受試者所得到的來自於兩個不同評分者的得分依照一般的方式求取相關，用這個方法得到的相關係數就稱為評分者間信度（危芷芬，2005）。評分者間信度在犯罪防治研究領域中是一個重要的信度概念。在犯罪防治研究領域中，時常會使用到自由記述或是面談的方式來蒐集資料。舉例來說，如果我們想要了解大陸非法入境者的偷渡動機，我們可以在相關單位的協助或是合同研究下，實際與大陸非法入境者進行面談，並請他們對自己的偷渡動機儘量地描述或回答。這時候研究者若要針對受試者的自由記述內容進行進一步的分析，則研究者必須要對這些自由記述資料進行編碼（coding），也就是分類的工作。研究者如何確定自己的分類是客觀的而且與其他人的分類是一致的呢？此時，研究者可以請另外一位獨立的研究者對相同的自由記述內容重複一次進行編碼分類的工作。如果兩位評分者的編碼分類內容有高度的相關，則研究者便可以得到一份高評分者間信度的編碼工具規則。

四、折半信度以及內部一致性係數

到目前為止本書中所提到的信度指標檢驗概念都是利用兩套測量工具（複本信度）、兩位評分者（評分者間信度），或是兩段不同的施測時間（再測信度）求取其相關係數來驗證信度，接下來的信度驗證方式則是只使用一份測驗所進行的驗證。折半信度（split-half reliability）所指的是將一份測量工具運用客觀的方式，將題目區分成相等的兩個部分，然後再將這兩個部分求取相關，所得到的相關係數就是折半信度。由於這樣的信度計算方式只需要使用相同的測量工具施測一次，並沒有複本或是時間取樣上的誤差，因此也被稱為內部一致性係數（internal consistency coefficient）。將一份測量工具的題目區分成相等的兩部分的方式有非常多。最常使用的是前後折半（前半段題目以及後半段題目分段）或是奇偶折半（奇數題偶數題分段）兩種方式。折半信度雖然簡便，但是仍然受到方法學上的限制。首先，如果將測量工具前後折半，則後半段受試者的表現明顯會受到測量效應的影響而導致分數上升，如此求得的折半信度便會被低估。另外，無論如何折半，兩個測驗分別在難度、鑑別度上極難保持一致，因此內容取樣的誤差也會影響到折半信度。為了解決這樣的問題，Kuder與Richardson（1937）提出了以每一個題目的表現為基礎的內部一致性指標檢驗方式，並提出了KR20公式來計算測量工具的內部一致性。經過了方法學上的進步，Crobach（1951）從變異數的觀點出發，提出了α係數的內部一致性指標。由於其合乎學理以及實證上的需求，目前Cronbach's α已經成為最具代表性的測量工具內部一致性指標檢驗方法。

本書僅將各種不同的信度驗證方式整理如表11-1所示：

表11-1　各種信度檢驗方式的比較

信度種類	制訂邏輯觀念	計算（公式）	優點	變異來源
複本信度	利用兩本幾乎相同（複本）的測驗之間的相關來呈現測驗的穩定性	Pearson r	複本可相互替換使用、可作為治療前後差異的比較標準	內容取樣
折半信度	將一份測驗的題目依照特定方法區分成兩半，然後用複本的觀念計算這兩半測驗的相關係數	Pearson r	簡便易用	內容取樣

表11-1　各種信度檢驗方式的比較（續）

信度種類	制訂邏輯觀念	計算（公式）	優點	變異來源
α係數	利用受試者在各試題上作答的一致性為基礎所制訂的信度	Cronbach's α	利用變異量的觀念來推估	內容取樣
再測信度	利用人類心理特質的穩定趨勢加以測量的信度觀念	Pearson r		時間取樣
評分者信度	不同評分者在測驗過程中觀察、記錄、評分、計分各方面相互間的一致性	相關法、同意百分比法	主觀意識較強測驗的運用	評分者間差異

第四節　效度與信度的關係

　　在討論過研究工具的效度以及信度以後，接下來本書將針對影響效度以及信度的原因作一個總整性的回顧。首先，我們先從以下的四個現象來探討一份測量工具的信度以及效度的重要性。

一、有效的測量工具一定是可信的。

二、一份沒有效的測量工具可能是可信的也可能是不可信的。

三、可信的測量工具可能是有效的也可能是沒有效的。

四、一份不可信的測量工具一定沒有效。

　　第一個現象所指的就是當研究者真的可以確認自己的測量工具可以測到欲測的特質時，這套測量工具也將是穩定且一致的。第二個現象所指的是當測量工具無法測量到所欲測的特質時，這個測量工具可能一點用處也沒有或是他測到了其他的特質。也就是說當我們想要測量特質X，但是測量工具無法有效的測量特質X時，會發生兩種可能：這是一份完全無效的測量工具或是測量工具有可能測量到特質Y。在第一種可能的情況下，這是一份完全無效的測量工具，但是在第二種情況下，測量工具對特質X的測量並沒有效度，但是對於特質Y卻有可能有效且是可信賴的測量工具。第三個現象所指的是一份可信的測量工具不見得是有效的或是沒有效的。也就是說當我們使用一份測量工具對特質X進行測量，如果可以得到一致且穩定的結果，並非代表特質X是我們所欲測量的特質（不具備有效性）。舉例來說：我們運用某一份測量工具測量人類的犯罪親和人格得到高信度的結果，但是我們的研究目的是想要針對受試者的

智力表現來進行檢驗，因此這就是一份可信但是沒有效的測量工具。最後一種情況是一份不可信的測量工具一定是沒有效的。信度是效度的必要條件。一份沒有信度的測量工具一定沒有效度可言。一份測量工具的信度指標的意義比效度指標來得重要。我們可以這樣說：「我不知道我的測量工具測到了什麼特質，但是它的確是穩定的！」

第五節　影響效度與信度的因素

我們已經在前面各節中對測量工具的效度以及信度的概念、驗證方法以及關係做了深入淺出的介紹，在本節中我們將討論影響測量工具效度以及信度的一些因素。這些因素主要可以區分為以下各項：測量工具本身、環境因素、個人因素、研究者的解釋。以下分段記述之。

一、測量工具本身

測量工具本身的一些特質往往也會影響到其信效度。主要的影響因素有以下幾種：

（一）測驗的長度

過長的測驗可能會導致受試者的疲勞或厭煩而出現不正常、忽略或是非典型的作答反應。

（二）測驗內容的用詞遣字

由於犯罪防治量化研究領域大多採用紙筆測驗的方式來施測，因此文句陳述的品質也會影響測量工具的信度以及效度。舉例來說：在台灣的研究我們會使用雷射這個名詞，但是在中國大陸地區則需要使用激光來代表同樣的物理現象。另外，偏見性的字眼也會影響受試者的反應。舉例來說，「非行少年多來自於單親家庭」這樣的陳述句對於單親家庭的家長而言就是一種具有偏見的陳述。而這種陳述往往會使受試者感到不悅而停止作答。

（三）開放式問題或是固定答案式問題

因為開放式問題要求受試者盡可能的回答出他們的想法，因此可以得到比固定答案式問題更多的資訊；但是開放式問題卻受限於受試者的教育水準或是表達能力，如果受試者根本無法理解開放式問題的含意或是根本缺乏表達能

力，他可能無法將自己所有的想法做適當的描述。

（四）測量工具的錯誤

打字錯誤、編排不佳、行間過窄等測量工具的外型特徵也會影響到受試者對於測量工具的興趣以及耐心，使得測量工具的信效度下降。

二、環境因素

環境因素所指的是不同施測方式所造成的影響。主要有以下兩種：

（一）面談或自陳式問卷

許多研究發現，受試者在面對面訪談中所做的回答與自陳式問卷回答的內容上有極大的差異。當受試者與研究者面對面進行訪談時，往往會感受到較大的壓力而導致出現不典型反應。相反的自陳式問卷給受試者一種匿名的安全感而放心的作答。

（二）測驗指導的清晰度

當研究者本身無法明確掌控測量的進程時，則受試者便容易出現各種誤差的表現。

三、個人因素

個人因素關心的是受試者的人口屬性特性對測量工具的信效度的威脅。

（一）受試者的社經地位

受試者的社經地位是由其職業、教育程度、收入、種族等基本的人口屬性特性所決定。這些特性都會影響到受試者對於測量目的及議題的態度。在編製具文化背景因素影響的測量工具時，更需要注意到測量工具的文化公平性。

（二）受試者的年齡、性別、發展水準

與社經地位的觀念類似，這些基本的人口屬性特性也會影響到受試者的認知與態度。不同性別、年齡層或是發展階段的受試者可能會對相同的研究議題產生不同的興趣並有不同的回答。

（三）宗教以及種族背景

有別於社經地位，在宗教以及種族背景部分，研究者需特別注意測驗詞句所可能造成的偏見以及文化公平性。如何編製出一份泛文化測量工具以求得適用於各種不同宗教或是文化背景的受試者，是研究者十分重要的課題。

（四）記憶

受試者的記憶能力也會影響到測量工具的信效度。最明顯的例子就是再測信度。對於一個記憶力比較好的受試者而言，對他施以同一份測驗的第二次施測，其結果可能只是反映了該受試者對第一次測驗的記憶而非反映出該受試者真實的作答傾向。因此，時間間隔的掌控以及設計是減低記憶影響的一個重要課題。

（五）社會期望

在犯罪防治領域的相關研究中，有不少研究主題關心的是犯罪者本身或是人類較為負面的人格特質或是行為表徵。這時候受試者在面對測量時，可能因為社會期許，不願意面對自己的負向人格特質或是行為表徵，受試者依據社會期望「演出」所謂好人的、正常的、一般的回答，這種社會期望的影響對於態度或是評價式的測量工具影響最為顯著。

四、研究者的解釋

研究者的解釋是指研究者在使用測量工具時所犯的錯誤或是疏失對測量工具信效度的影響。

（一）編碼程序

研究者有權力對自己的測量工具自由的進行編碼分類。也因此這樣的編法以及分類過程常常流於過度主觀而影響測量工具的信度與效度。我們可以使用多位研究者交互評價的方式，求取高的評分者間信度來避免這樣的情形發生。

（二）對於原始數據的過度解釋

一份測量工具的原始數據在與其他數據結果比較之前，往往不包含任何意義。對測量工具的原始分數進行過度解釋，並不能提供太多有意義的訊息。尤其是在比較式的研究中，原始數據往往要經過彼此比較，才能顯現出測量工具的有效性以及可信度。

第六節　結論

在本章中，我們討論了測量工具的兩個重要評鑑指標：信度以及效度。一份可信的測量工具可以確保測量結果是有效的，因此在設計量化測量工具時，我們必須要能夠對測量工具的信度以及效度進行檢驗，以保持測量工具的可信度以及有效性。

效度是測量工具有效性（研究者是否真正測到了他想測量的特質？）的檢驗指標。效度無法被直接證明，需要透過邏輯或是統計方面的指標來檢驗。在本章中介紹了三種效度檢驗的方法，分別是一、表面或內容效度；二、建構效度；三、實證效度（預測效度、同時效度）。信度是測量工具穩定性、可信度的指標（研究者是否測到了穩定的特質）。在本章中介紹了四種信度的檢驗方法，分別是一、再測信度；二、複本信度；三、評分者間信度；四、折半信度以及內部一致性指標。信度是效度的必要條件，一份有高信度的測量工具一定有高效度。一份測量工具的信效度受到一、測量工具本身；二、環境因素；三、個人因素；四、研究者解釋的影響而發生變化。

參考文獻

一、中文

葛樹人（2001）。心理測驗學。台北：桂冠圖書。
危芷芬（2005）。心理測驗。台北：雙葉書廊。

二、外文

Cronbach, L. J. (1951). "Coefficient alpha and the internal structure of tests." Psychometrika, 16, 297-334.

Hagan, F. E.(1989). Research Methods in Criminal Justice and Criminology. New York: Macmillan.

Kuder, G. F. & Richardson, M. W. (1937). "The theory of the estimation of test reliability." Pstchometrika, 2, 151-160.

Walters, G. D. & White, T. W. (1989). "Heredity and Crime: Bad Genes or Bad Research?" Criminology, 27, 455-485.

曾淑萍

前　言

　　一聽到統計或量化分析，很多人可能會覺得很害怕，因為馬上所聯想到的是一堆的數學運算公式與統計概念之運用，以及一堆複雜的圖表。在正式進入本章主題前，請先看看以下的敘述：

　　　　近五年全般刑案發生數呈下降趨勢，自100年34萬7,674件逐年遞減至102年29萬8,967件，103年因酒醉駕車及詐欺案件增加，致全般刑案微幅上升至30萬6,300件，104年降至29萬7,676件。近五年全般刑案破獲率，100年約為八成，101年83.98%，102及103年上升至八成六，104年高達92.06%，五年間增加12.57個百分點，顯示整體治安持續改善精進（內政部警政署刑事警察局，2016）。

　　　　103年各類普通刑法犯罪發生數以竊盜案件發生罪多（占24.29%），公共危險案件其次（占23.86%），詐欺案件居第三位（占.53%）；而各類普通刑法犯罪嫌疑人數，以公共危險案件為最多（占28.18%），竊盜案件居次（占13.22%），詐欺案件居第三位（占5.93%）（法務部司法官學院，2016）。

　　　　103年經檢察官指揮入監服刑之新入監受刑人計3萬4,385人，較上年3萬4,167人，增加218人或0.6%。……103年新入監受刑人中，就其前科情形區分，屬有前科者計2萬6,082人占75.9%。就各罪名有前科比率觀之，103年毒品罪有前科比率90.2%，竊盜罪80.6%，公共危險罪80.2%，詐欺罪49.5%，妨害性自主罪40.7%（法務部，2015）。

　　以上資料來自於內政部警政署刑事警察局及法務部的相關統計資料，上述這些包含刑事案件數、刑案破獲率、新入監受刑人數、再犯率等的敘述已將各位讀者帶入統計的領域。在這一章中，將介紹一些基本的統計概念，並佐以一

些實例，讓讀者明瞭統計在上述的描述性陳述之外，是如何廣泛地被應用在刑事司法及犯罪學的研究中。另外，希望在熟悉多變項分析的基本邏輯之後，你將可進行一些簡單但很有效用的分析來描述資料與獲得研究結論，同時，也將協助你在閱讀相關的研究文獻時，對於其統計方法及結果的部分不會覺得那麼遙不可及。

這一章將介紹兩種類型的統計：描述統計（descriptive statistics）與推論統計（inferential statistics）。描述統計是一種化繁為簡的方法，以一套簡單有系統的方式來描述資料。另一方面，推論統計幫助研究者由手邊所觀察到的樣本資料來對其有興趣的母群形成結論。因為篇幅的限制，在此本章只能簡要的介紹此兩種統計類型。在描述統計的部分，包括單變項分析、雙變項及多變項分析等；在推論統計的部分，介紹推論統計的意涵、統計顯著性考驗、卡方檢定、迴歸分析、路徑分析及結構方程模型。另外，本章也將介紹量化研究的新嘗試，如資料採礦（data mining）及決策實驗室分析法（decision making trial and evaluation laboratory, DEMATEL）。

第一節　描述統計

描述統計（descriptive statistics）常牽涉數字、圖與表之運用，是一套用以組織、表達、分析、解釋資料的系統性方法（史麗珠、林莉華譯，2004；邱皓政，2005）。描述單一變項的程序，稱為「單變項分析」（univariate analysis）。要描述變項間之關聯性時，雙變項分析（bivariate analysis）用在兩個變項的情形，而多變項分析（multivariate analysis）則用以檢驗三個或多個變項間的關係。

一、單變項分析

單變項分析一次只檢驗所有個體在單一變項上之分配。在接下來的部分，介紹的主題包括：次數分配（frequency distribution）、集中趨勢（central tendency）、離散趨勢（dispersion tendency）及比率之計算（computing rates）。

（一）次數分配

量化資料的統計分析，第一個步驟即是將所蒐集之原始數據整理成次數

分配表的形式。變項的數值（values）與數值的次數是組成一個次數分配表的兩個基本欄位。次數分配表根據數值的分類與否，分成兩大類：未分組次數分配表（un-grouped frequency distribution）與分組次數分配表（grouped frequency distribution）。前者如表12-1所示，94年竊盜犯罪嫌疑人年齡之分布。在左側的數值欄位列出了竊盜犯罪嫌疑人所有可能的年紀，然後在右側之次數欄位列

表12-1　民國94年竊盜犯罪嫌疑人年齡分析

	次數	百分比（%）	有效百分比（%）	累積百分比（%）
7歲以下	11	.03	.03	.03
8歲	19	.05	.05	.08
9歲	44	.11	.11	.19
10歲	84	.21	.21	.40
11歲	149	.38	.38	.78
12歲	353	.90	.90	1.68
13歲	732	1.86	1.86	3.54
14歲	1,057	2.68	2.68	6.22
15歲	1,019	2.59	2.59	8.81
16歲	778	1.98	1.98	10.79
17歲	627	1.59	1.59	12.38
18歲	524	1.33	1.33	13.71
19歲	531	1.35	1.35	15.06
20歲	545	1.38	1.38	16.44
21歲	674	1.71	1.71	18.15
22歲	830	2.11	2.11	20.26
23歲	1,115	2.83	2.83	22.37
（略）	－	－	－	－
70歲以上	289	.73	.73	100.00
總和	39,373	100.00	100.00	
不詳	1	.00		
總和	39,374	100.00		

資料來源：內政部警政署刑事警察局出版之「中華民國94年台閩刑案統計」。

表12-2　民國94年竊盜犯罪嫌疑人年齡分析（分組後）

	次數	百分比（%）	有效百分比（%）	累積百分比（%）
12歲未滿	307	.78	.78	.03
12-18歲未滿	4,566	11.60	11.60	12.38
18-20歲未滿	1,055	2.68	2.68	15.06
20-23歲	3,164	8.04	8.04	23.10
24-29歲	8,881	22.56	22.56	45.66
30-39歲	11,171	28.37	28.37	74.03
40-49歲	6,869	17.45	17.45	91.48
50-59歲	2,376	6.03	6.03	97.51
60-64歲	405	1.03	1.03	98.54
65-69歲	290	.74	.74	99.28
70歲以上	289	.72	.72	100.00
總和	39,373	100.00	100.00	
不詳	1	.00		
總和	39,374	100.00		

資料來源：內政部警政署刑事警察局出版之「中華民國94年台閩刑案統計」。

出同屬於該年紀之竊盜犯罪嫌疑人數。雖然此表可提供完整的資訊，但因年齡變項之數值過多，次數分配表則顯得過於冗長，造成讀者閱讀之困難。表12-2所呈現的是同一組資料，將年齡變項之數值經過事先之歸類後，呈現較為簡潔的分組次數分配表。對於數值較多的連續變項，多使用此種方式呈現變項之次數分配。

（二）集中趨勢

在描述統計裡，集中趨勢測量（measures of central tendency）是用以描述一組數據或一個分配的集中點、「平均」或「典型」數值（Hagan, 2003；史麗珠、林麗華譯，2004；邱皓政，2005）。常用的三種集中趨勢測量包括眾數（mode）、中位數（median）與平均數（mean）。這三種測量有著不同的特性，其使用決定於變項的測量尺度，如表12-3所示。

表12-3　集中趨勢之測量

測量尺度	集中趨勢之測量		
	眾數	中位數	平均數
名義（nomimal）	✓		
順序（ordinal）	✓	✓	
等距／比率（interval/ratio）	✓	✓	✓

表12-4　青少年樣本之年齡分布

年齡（歲）	次數
13	3
14	5
15	7
16	9
17	6
18	3
19	2

1. 眾數

眾數（mode）係指在一組數據或一個分配中，出現次數最多的分數。眾數是測量集中趨勢最簡單的方式，可適用在各種測量尺度的變項上；但對於名義變項，眾數是唯一適合描述資料集中情形之測量。

假設一群青少年的年齡分配如表12-4所示，他們的年紀從13至19歲不等。很明顯地，這個分配的眾數是16歲。如果一個分配中，有兩個分數同時具有最高次數，亦即有兩個眾數，此分配為雙峰分配（bimodal distribution）。在Reckless（1967）所提的犯罪學理論中，認為美國犯罪的情形即為一個雙峰分配，最常集中於上階層與下階層社會中（引用自Hagan, 2003）。

2. 中位數

中位數（median）是將某一個變項或一組數據的數值由大至小或由小至大排列，然後取位居中間位置、能夠將全體觀察值對分的分數，亦即有50%的分數高於中位數，有50%低於中位數（Hagan, 2003; Maxfield & Babbie, 1998）。因中位數涉及數值大小的排列，其只適用於順序變項、等距變項與比率變項的集中趨勢之測量（Bachman & Schutt, 2003；邱皓政，2005）。

　　當分數個數爲奇數時，在分數依大小排序之後，中位數即爲中間的數值。如在表12-4的資料中，一共有35位青少年，最中間的那一位爲第18位（(35 + 1)÷2），其年紀爲16歲，中位數即爲16歲。當分數個數爲偶數時，中位數爲中間兩數值之平均。假設有36個青少年，中位數的位置落在18.5位（(36 + 1)÷2），中位數即爲第18位與第19位數值之平均數。假設第18位爲16歲，第19位爲17歲，則中位數爲16.5歲（(16 + 17)÷2）。

3. 平均數

　　平均數（mean）是一個分配中所有數值之算術平均數，亦即將分配中的所有數值加總後再除以觀察值個數所得到的值。常見平均數有「母群平均數」（population means），即母群體數值之算數平均數，由 μ 表示 i，及樣本平均數（sample means），由樣本數據求得，由 $\bar{X}$ 表示。因爲平均數涉及到分數的數學運算，所以只適用於等距變項與比率變項。

　　計算平均數的公式很簡單：

$$\text{Mean} = \frac{\sum_{i=1}^{n} X_i}{n}$$

　　以表12-4的資料爲例，平均年齡爲所有青少年的年齡總和除以35，得到15.8歲。

$$\text{Mean} = \frac{13*3 + 14*5 + 15*7 + 16*9 + 17*6 + 18*3 + 19*2}{35} = 15.8$$

（三）離散趨勢

　　兩組數據可能具有相同之平均數，但因數據的分散情形不同，此兩組數據之分配形狀可能不同。要清楚描述一個分配的特性，除了描述分配集中點的集中趨勢測量之外，還需描述資料分散情形之離散度測量（measures of dispersion）（Champion, 1993; Hagan, 2003）。在描述統計中，較常使用的離散度測量包括全距（range）、四分位差（interquartile range）、變異數（variance）與標準差（standard deviation）以及變異係數（coefficient of variation）。

1. 全距

全距（range）係指一組分數或一個分配中最高分數（X_{max}）與最低分數（X_{min}）之差，是最簡單也最粗略之離散度測量指標。如表12-4之資料，除了描述青少年樣本之平均年齡為15.8歲，還可以清楚指出他們的年齡介於13至19歲之間，全距為6。容易計算與適用性高為全距之優點，除了可應用在等距與比率變項外，也可以應用在名義變項與順序變項以求得變項當中類別的數目[1]（邱皓政，2005; Walker & Maddan, 2005）。但是，因為只用兩個極端值來計算，不精確及不穩定則為其缺點（Bachman & Schutt, 2003）。也就是說，全距只考慮一組分數或一個分配中的最大值與最小值，無法反應在此兩數值之間其他數值的離散狀況，而且全距也極易受到極端值的影響。為了降低極端值所造成之影響，可以採用四分位差來描述一組數據的離散度。

2. 四分位差

四分位差（interquartile range, IQR）為一組數據當中的第三四分位數（區隔高分端前25%的分數，簡稱Q3）與第一四分位數（區隔低分端後25%的分數，簡稱Q1）的距離，亦即在一已排序資料的中間50%樣本的數值範圍。四分位差越大，代表分數之分散情形越大。以表12-4之資料為例，第一四分位數在第9位（年齡為15歲），而第三四分位數在第27位（年齡為17歲），所以四分位差為17 – 15 = 2。因涉及一組數據之排序，四分位差只適用於順序變項、等距變項與比率變項。

就如同全距，當一組數據的離散程度越大，四分位差的數值就越大。而且，四分位差適用於不同組之間分數離散情形之比較（Agresti & Finlay, 1997）。比方說，美國殺人犯罪率之四分位差為6.4（每十萬人中發生64件謀殺案件），而加拿大謀殺犯罪率之四分位差為1.4，顯示加拿大的謀殺犯罪數據之離散程度較美國之數據小。

3. 變異數及標準差

若平均數為描述一個分配集中趨勢之良好指標，則離均差（deviation score）是測量資料離散度的良好指標。離均差反應的是一組數據中，每一個分數與平均數的距離。

---

[1] 當應用全距在名義變項與順序變項時，單純的以一個數字來代表全距會較缺乏實質意義。以教育程度為例，將個體的教育程度分成六組，1代表低於中學程度，6代表研究所以上，此時全距可表示為5（亦即6 – 1）。但這個數值並無太大意義，如果將全距陳述為「低於中學程度到研究所以上」會較容易解釋與理解。

$$\text{Deviation score} = X_i - \mu \text{（母群）}$$
$$\text{deviation score} = X_i - \overline{X} \text{（樣本）}$$

但因平均數所代表的是一組數據的重心位置，正值離均差（落於平均數右方之分數 – 平均數）與負值離均差（落在平均數左方之分數 – 平均數）會互相抵銷，亦即離均差之總和會等於零，因此無法當作整體數據離散度之指標。

$$\sum_{i=1}^{n}(X_i - \mu) = 0 \text{（母群）}$$
$$\sum_{i=1}^{n}(X_i - \overline{X}) = 0 \text{（樣本）}$$

為解決此正負值相抵銷的問題，一個常用的做法即是將離均差取平方值，得到離均差平方和（sum of squares, SS）。此即為標準差（standard deviation）與變異數（variance）作為離散度測量之計算基礎。

$$SS = \sum_{i=1}^{n}(X_i - \mu)^2 \text{（母群）}$$
$$SS = \sum_{i=1}^{n}(X_i - \overline{X})^2 \text{（樣本）}$$

若將SS除以分數的個數，得到的即為變異數（variance），以σ^2及s^2分別代表母群與樣本之變異數[2]。

$$\sigma^2 = \frac{\sum_{i=1}^{n}(X_i - \mu)^2}{N} \text{（母群）}$$
$$s^2 = \frac{\sum_{i=1}^{n}(X_i - \overline{X})^2}{n} \text{（樣本）}$$

2　在一些統計書裡，計算樣本變異數及標準差的分母為N-1而不是N，讀者可能會感到困惑，在此特別做個說明。在描述統計中，當你要描述一組分數的分配情形時，常以分母為N的公式來做計算。但在推論統計時，則常用分母為N-1的公式，因為此時的母群性質不明確，無法得知母群變異數或標準差之大小，而必須要用樣本統計量來推估母群參數。換句話說，此時的目的不在於描述一個樣本本身的分配情形，而是想對母群做推論。不過，在計算變異數（或標準差）時，若將樣本數據代入母群變異數（或標準差）之公式（分母為N），所得到的樣本變異數（或標準差）會產生低估母群變異數（或標準差）之情形，表示樣本變異數（或標準差）不是一個不偏估計量（unbiased estimator）。為改善此問題，計算樣本變異數（或標準差）時，分母為N-1而不是N（林清山，1992; Walker & Maddan, 2005）。

標準差即是將變異數開根號，以σ及s來分別代表母群與樣本之標準差。

$$\sigma = \sqrt{\frac{\sum_{i=1}^{n}(X_i - \mu)^2}{N}} \ \text{（母群）}$$

$$s = \sqrt{\frac{\sum_{i=1}^{n}(X_i - \bar{X})^2}{n}} \ \text{（樣本）}$$

以表12-4之青少年之年齡為例，之前已計算平均年齡為15.8歲，變異數為2.52，而標準差為1.59歲。

$$s^2 = \frac{3*(13-15.8)^2 + 5*(14-15.8)^2 + 7*(15-15.8)^2 + 9*(16-15.8)^2 + 6*(17-15.8)^2 + 3*(18-15.8)^2 + 2*(19-15.8)^2}{35} = 2.52$$

$$s = \sqrt{\frac{3*(13-15.8)^2 + 5*(14-15.8)^2 + 7*(15-15.8)^2 + 9*(16-15.8)^2 + 6*(17-15.8)^2 + 3*(18-15.8)^2 + 2*(19-15.8)^2}{35}} = 1.59$$

變異數或標準差越大者，表示一個分配或一組數據的離散情形越大。變異數或標準差的下限為0，而上限則無限制。當一組數據或一個分配中所有的數值都相同，則變異數或標準差會等於0。當所有的數值聚集在分配的兩端（數值聚集在最高分端及最低分端）時，此時變異數或標準差會達到最大。

變異數及標準差除了可用於描述一個分配的離散情形，在其他統計程序上也扮演重要角色。比方說，變異數是一些統計考驗的基本構成要素，如變異數分析（analysis of variance, ANOVA）。而在討論常態曲線（normal curve）及應用常態曲線於推論統計分析時，標準差則扮演一個相當關鍵的角色。

4.變異係數

變異係數（coefficient of variation, CV），通常以CV來表示，是把標準差除以平均數，又稱為「相對差」或「相對差異係數」（coefficient of relative variability）。公式如下：

$$CV = \frac{SD*100}{\text{Mean}}$$

所得的數據是個沒有單位的比值，表示標準差占平均數的百分比，亦即反應一組分數相對於平均數的變異情形。以表12-4的青少年之年齡為例，平均年

齡為15.8歲，標準差為1.59歲，CV值為10.06，表示標準差的數值約為平均數之10%。

　　在描述統計裡，有時我們需要比較不同團體在某個特質上的個別差異情形。前面所提的變異數或標準差所反應的是一組分數或一個分配的變異情形，當要比較不同分配時，若變項具有不同測量單位，或是變項具有相同測量單位但平均數差異很大時，變異數或標準差則不宜用來作為不同分配間變異性之比較（Weisburd, 1998）。比方說，要比較女大學生的身高個別差異（平均身高164公分，標準差10.3公分）與小學一年級女學生之身高個別差異（平均身高118公分，標準差7.2公分）何者較大時，若把兩個團體之標準差直接拿來比較，我們將覺得女大學生之身高個別差異情形較大，但因為兩個團體的平均數相差太大，所得之結果較不具意義。此時，分別計算兩個團體之變異係數，則是較為恰當之選擇。

$$\text{女大學生：} CV = \frac{10.3 * 100}{164} = 6.28$$

$$\text{小一女生：} CV = \frac{7.2 * 100}{118} = 6.10$$

　　當兩個團體之身高資料分別化為變異係數之後，可知女大學生的CV值為6.28%，小一女生之CV值為6.10%，兩個樣本的變異情形相近，亦即女大學生的身高個別差異與小一女生的身高個別差異差不多一樣大。在此需特別說明，變異係數僅具描述功能，不能用於推論。如果要檢驗兩個分配的變異情形是否相同，必須進行推論統計裡的變異數差異顯著性考驗。此外，變異係數最適合用於比率變項之資料，因為絕對零點使所獲得的標準差與平均數之比值具有真正之參考價值。

（四）比率之計算（Calculating Rates）

　　在犯罪學與刑事司法研究中，比率是一個相當基本的資料描述方式。大多時候，為了做比較，比率常被用來標準化某個量數（measure）。比方說，表12-5顯示103年台灣地區警察機關受理刑事案件總數最高的五個縣市——新北市、台北市、高雄市、台中市及台南市。以103年各警察機關逮捕的嫌疑犯人數來看，以台北市為最多，其次依序為高雄市、新北市、台中市及台南市。

表12-5 民國103年五縣市之刑事案件總數及嫌疑犯人數

	刑事案件總數	嫌疑犯人數
新北市	50,197	32,646
台北市	43,952	36,108
高雄市	33,884	32,955
台中市	28,512	23,354
台南市	28,356	20,984

資料來源：內政部警政署之「警政統計年報」（2015）。

表12-6 民國103年五縣市之犯罪率及犯罪人口率

	犯罪率（件／十萬人口）	犯罪人口率（人／十萬人口）
新北市	1,267.32	824.21
台北市	1,631.23	1,340.11
高雄市	1,219.10	1,185.67
台中市	1,051.81	861.53
台南市	1,505.30	1,113.95

資料來源：內政部警政署之「警政統計年報」（2015）。

　　雖然，新北市比其他縣市有較多的刑事案件，但因為各縣市的總人口數不同，使得上述資料之解釋較為困難。若將上述刑事案件總數除以各縣市之年中人口數，所得之犯罪率可使我們做更有意義之比較，如表12-6所示。在轉換之後，原本在刑案總數占第二位之台北市，其犯罪率卻居全台灣之首，每十萬人口中有1,631.23件刑案發生。若將上述嫌疑犯人數除以各縣市之年中人口數，可得犯罪人口率；在犯罪人口率，經由轉換後，犯罪嫌疑人數占第三位之新北市，在犯罪人口率反而退居到五縣市之末。

　　殺人犯罪率、逮捕率、定罪率及監禁率都是在犯罪學與刑事司法領域中常用的比率。但是，在計算比率時有一點特別值得注意，即是分母之選擇。在計算殺人犯罪發生率時，總人口數是合宜的分母。但在計算強姦或性侵害發生率時，分母的選擇可能是女性人口總數；或是在計算住宅竊盜時，選擇家戶數（households）為分母會比人口數合宜。在計算比率時，另一個較為棘手的問題即為流動人口。有些都會區（如：台北市、台中市），因辦公大樓、購物中心與娛樂場所之聚集，每天來來去去的人有大部分為居住他地之外來人口。這

些外來人口與居民同樣可能成為犯罪發生之加害人與被害人，若以該都市之人口數來計算犯罪發生率或被害率將可能造成高估之結果。

二、雙變項分析及多變項分析

單變項分析主要描述一個研究中分析的基本單位（如：個人或社區），雙變項分析之焦點則在於變項（variables）。若這些基本單元為從母群中抽取出來的樣本，則單變項分析可用以作為母群的描述性推論（Maxfield & Babbie, 1998）；而雙變項分析與多變項分析則主要用作解釋之用。

雙變項分析，如男女平均收入之比較，涉及兩個變項之分析。除了群組間之比較（sub-group comparisons），在刑事司法的研究中，雙變項分析常用以描述或解釋兩個變項之間的關係。比方說，雙變項分析可用以描述男性與女性在涉及刑事案件上之情形，或用以比較男性與女性在涉及刑事案件上之差異，抑或可用以解釋性別在觸犯刑事案件上所扮演之角色。

比方說，根據美國「一般社會調查」（General Social Survey, GSS）在2004年所做的調查，表12-7所顯示的是男性與女性對於是否應該修法以加強對槍枝限制之同意情形。從描述與比較的觀點來看，此表顯示有83.2%的女性受訪者同意增加對槍枝限制，而男性受訪者同意增加對槍枝限制的比例則為60.5%。換句話說，同意增加對槍枝限制的男性受訪者之比例較女性受訪者為低。

同時，也可由解釋分析的觀點來解讀表12-7之資料；亦即，表12-7的內容似乎顯示變項「性別」對於變項「增加對槍枝限制」有所影響。此時，變項間因果關係的邏輯被帶入此表中，「性別」為獨變項（independent variable）、「增加對槍枝限制」為依變項（dependent variable），而在某種程度上，依變項的數值取決於獨變項。

表12-7　男性與女性對於加強槍枝限制之意見

	男性	女性
同意	376（60.5%）	562（83.2%）
不同意	245（39.5%）	113（16.8%）
總計	621（100.0%）	675（100.0%）

資料來源：GSS 1972-2004 Cumulative Datafile，資料摘錄及分析自http://sda.berkeley.edu/cgi-bin/hsda?harcsda+gss04。

　　當加入變項間因果關係之邏輯於上述分析表時，在建構及閱讀表格時，很重要的一點在於決定百分比的適當方向（Maxfield & Babbie, 1998）。以表12-7為例，我們把受訪者分成兩群（男性與女性），然後去描述每一群之行為（是否同意增加對槍枝之限制），這是正確的方向。當然，我們也可以將表12-7的行與列對調，亦即將受訪者分成兩群（同意增加對槍枝限制者與不同意者），然後去描述每一群中之男女比例。不過在解釋上，這個方式所呈現的結果較無意義，因為是否同意增加對槍枝的限制並不能影響一個人的性別是男或是女。

　　如何去解讀這樣的百分比表格，又稱「列聯表」（contingency table）或交叉表（crosstabulation），是另一個困擾研究新手的問題。對於表12-7，有人會做如此解釋：以女性受訪者來說，有83.2%同意增加對槍枝的限制，另有16.8%不同意；因此，身為一個女性，會較可能同意修法以增加對槍枝之限制。然而，這不是解讀此表之正確方法。剛剛提到，表12-7的內容顯示變項「性別」對於變項「增加對槍枝限制」有所影響。因此，我們應該將表示同意之男性受訪者比例（60.5%）與女性受訪者同意之比例（83.2%）相比。也就是說，進行群體間之比較是閱讀此類解釋性的雙變項表格（explanatory bivariate table）之關鍵部分。

　　如同大家知道的，單變項或雙變項的檢驗是難以捕捉真實世界的複雜。大多數時候，犯罪學或刑事司法研究需同時檢驗數個變項間，以更能清楚描繪人類行為或犯罪的複雜現象。此即為多變項分析（multivariate analysis）之方法——檢驗兩個以上變項間的關係（Walker & Maddan, 2005）。和僅涉及一個獨變項及一個依變項之雙變項分析相比，多變項分析涉及多個獨變項，並在此多個獨變項之基礎上，解釋依變項之變異情形。

　　一般來說，因果關係推論的主要步驟包括三個：證明兩個變項間之關係存在、詳述此關係中之時間順序（time order）及排除或控制可能為此關係之真正原因的其他變項。關於第一個步驟，本文之後所介紹之卡方分析（Chi-squares analysis）及相關係數（correlation coefficients）等是用以證明兩變項間關係是否存在的分析技術的例子。關於因果關係之時間順序或方向，則在於此兩個變項何者為獨變項（預測變項）及依變項（結果變項）之確定。有關於其他競爭的原因變項的控制，研究者除了可透過研究設計來達成之外，也可透過所謂的統計控制（statistical control）之方式來達到控制其他變項之目的。而多變量統計分析則是研究者以統計的方式控制其他競爭的原因變項，以釐清因果關係的方法（Hagan, 2003）。

　　就如同其他的統計分析，多變項分析的邏輯是很明確、易懂的，但很多多變項統計分析技術的真實應用卻可以很複雜，包含多變項表格之建立及多重群體間之比較、二因子及多因子變異數分析（two-way and factorial analysis of variance）、多重相關及迴歸（multiple correlation and regression），以及其他可供研究者以統計方法控制其他變項效果之統計程序。因篇幅之限制，本文雖然無法讓讀者在短時間內充分了解複雜的多變項分析技巧，不過，本文將在下文介紹多元迴歸分析的基本概念及相關的路徑分析（path analysis）與結構方程模式（structural equation modeling），以使讀者對多變量分析在刑事司法及犯罪學研究上的廣泛應用有一番了解。

第二節　推論統計

　　很多刑事司法與犯罪學的研究所檢驗的資料是從母群中所抽取出來的樣本資料，如：隨機抽取民眾樣本以進行治安滿意度的民意調查、抽取部分的報章雜誌報導以進行內容分析、或是抽取犯罪被害者進行訪談。一般說來，研究者很少僅止於描述這個樣本的本質，大多數時候，研究者的目的在於透過樣本資料的檢驗，來對抽取出此樣本的母群做推論（邱皓政，2005; Herzog, 1996; Maxfield & Babbie, 1998）。此即為推論統計（inferential statistics）之意涵。

　　在進行推論統計時，有三個假設必須注意。第一，必須從研究者所要推論的母群體中抽取樣本。比方說，若今天要推論的是台北市民對於警方取締酒醉駕車的滿意度，則從全台灣區的電話簿中抽取樣本來進行電話訪談則是不適合的。第二，推論統計假設樣本是經由簡單隨機抽樣（simple probability sampling）的方式取得。但在實務上，要達到真正的簡單隨機抽樣是很不容易的，但這或許不是一個嚴重的問題。若能正確的實施，使用系統抽樣（systematic sampling）、分層抽樣（stratified sampling）、群集抽樣（cluster sampling）來進行研究及推論，也不會造成嚴重的問題。推論統計的第三個假設只強調抽樣誤差（sampling error），而不考慮抽樣誤差外的其他誤差（nonsampling errors）（Maxfield & Babbie, 1998）。

一、統計顯著性的考驗與邏輯

　　當自樣本資料中獲得兩個變項間具有關聯性的結果，並進一步將此結果推

論到母群之前，研究者應該去衡量此樣本證據是否顯著，且足以說服自己及他人此證據可作為對母群進行推論之依據（Herzog, 1996）。此即為在刑事司法領域文獻中常被提及的「統計顯著性考驗」（tests of statistical significance）。

當研究目的是關係時，只有兩個可能性：兩個變項在母群體中不是沒有關聯，要不然就是有關聯存在（Herzog, 1996）。在統計用語裡，表示何者在母群中為真的陳述稱為假設（hypothesis）。在統計顯著性考驗中，虛無假設（null hypothesis, H_0）說明在母群中，兩個變項間的關係不存在、兩變項間獨立，以及兩變項間沒有相關，或是任何所觀察到的差異是由隨機誤差所導致（Hagan, 2003）。如同之前的例子，虛無假設會說明性別與對於加強槍枝管制的意見無關。而陳述兩個變項在母群中有關聯或相關的假設則稱為對立假設或研究假設（alternative or research hypothesis, H_1），這也就是研究者所想要證明的結果，比方說，實施重刑化刑事政策後對於犯罪率的減低有所影響。一般說來，研究者會對虛無假設進行考驗，然後決定是否能夠拒絕虛無假設。若虛無假設被拒絕了，則研究者就可以推定其研究假設可能是正確的。

而統計顯著性考驗的基本邏輯為：（一）若虛無假設成立時，亦即當母群中兩變項間無關係存在時，研究者所預期會觀察到的資料（expected data）；（二）自母群中抽取樣本，並記錄樣本資料（observed data; actual data）；（三）比較所真實觀察到的樣本資料與虛無假設成立時所預期的資料，將兩者間的落差化為一個數字來代表，此即為檢定統計量（testing statistic）；及（四）在虛無假設成立的情況下，研究者需考量會得到這樣大的統計檢定量的機率為何，當此機率值很小時，則研究者決定去拒絕虛無假設。

但問題在於，研究者如何決定此機率為大或小，其標準為何？因此，設定一個評估機率大小的標準是必須的。在推論統計裡，這個判定的機率值稱為 α（alpha），又稱為統計顯著水準（level of statistical significance）或第一型錯誤（Type I error），是研究者設定的一個標準，顯示若當虛無假設為正確時（在母群中，兩變項間無關係存在），其願意冒多大的險來錯誤地拒絕虛無假設。一般說來，研究者會用.05的機率水準來當作統計顯著性的最低接受水準。這表示，研究者有95%的信心相信在母群中兩個變項間的關係是存在的；然而，這也表示研究者願意冒險，去接受100次中有五次出錯的可能性。也就是說，在100次中有五次所觀察到的結果是由抽樣誤差所導致，而非在母群中有真正的關係或差異存在。在刑事司法、犯罪學或其他的社會科學領域中，也有學者使用.01的統計顯著水準（Champion, 1993; Hagan, 2003; Herzog, 1996; Maxfield &

Babbie, 1998）。

二、卡方檢定

在刑事司法研究中，卡方檢定（chi-square test）是一個經常被使用的統計顯著性考驗（Maxfield & Babbie, 1998）。卡方檢定主要是用來檢測兩個名義變項或類別變項間關係的存在與否，其所關切的問題為兩個變項是否為獨立、無關係存在、或所呈現的關聯性是由隨機誤差所導致的（Walker & Madden, 2005）。

舉個例子來說明卡方檢定的實施過程，Griffin與Wooldredge（2001）針對美國俄亥俄州所通過的審判方式的改革（Ohio's Senate Bill 2）進行調查，探討此改革對於法官所產生的影響為何。結果如表12-8所示。

表12-8在最後四個縱向欄位所顯示的是對新改革持負向態度的法官（unfavorable judges，61位）與持正向態度的法官（favorable judges，68位）對於每一個訪談問題同意與否的分布情形。以第8題為例，詢問法官們是否認為認罪協商在新法實施後的審判結果中扮演更重大的角色（Plea bargaining plays a greater role in sentencing outcomes under SB 2）。其中，對新法持負面態度的法官中有52.5%同意此說法，而對新法採正向態度的法官則只有27.4%表示同意。將此數據化成一個2×2的交叉表，如表12-9所示，此即為前述實際觀察到的樣本資料（actual data or observed data）。交叉表中每一格（cell）的資料為觀察次數（f_o）。

此檢定之虛無假設（H_0）為：法官對新法所持的態度與其對認罪協商在新法中所扮演角色的看法並無關聯。若此虛無假設成立時，我們可預期在交叉表中出現的分配應如表12-10所示（expected data）。交叉表中每一格的期望次數（f_e）的算法是依據理論分配所計算出來的，以每一格所對應的欄總和（column total）乘以行總和（row total）再除以樣本大小[3]。以左上角的那一格為例，若虛無假設成立，則對新法持負面態度的法官對此說法表示同意的有(61×51)/129＝24位。以此原則計算其他格之期望次數。

---

[3]　$f_e = [(\text{Row Total})(\text{Column Total})] / N.$

表12-8　Griffin與Wooldredge（2001）的研究結果（節錄）

Survey Item	Chi-square	Gamma	1.In genera, SB 2 guidelines are good for the sentencing process			
			Untavorable Judges (n = 61)		Favorable Judges (n = 66)	
			Disagree	Agree	Disgree	Agree
General favor/disfavor of SB 2						
2.Judges are generally favoratable towars SB 2 guidelines	38.12***	.94	96.7	3.3	47.1	52.9
3.In general, prosecutors faver SB 2 guidelines	8.82**	.56	76.5	23.5	48.1	51.9
4.Defense altorneys are generally supportive of SB2 sentencing guidelines	0.77	.17	40.7	59.3	32.8	67.2
Effects on the sentencing procese						
5.Adjusting to SB 2 guidelines has been relatively east for most judges	8.61**	.49	50.8	49.2	26.0	74.0
6.The sentence persumptions of SB 2 have oliminished the suthority of the sentencing judge	26.23***	−.81	9.8	90.2	51.4	49.6
7.Judges ofteh find it necessary to depart from SB 2 guideline presumptions	25.04***	−.73	30.0	70.0	73.6	26.4
8.Plea of bargaining plays a greater role in sentencing outcomes under SB 2	8.70**	−.49	47.5	52.5	72.6	27.4
9.The presumptive guideliness of SB 2 make it more likely that legaliy relevant variables affect outcomes, compared to before SB 2	4.10*	.41	76.8	23.2	58.0	42.0
10.The race kf the offender has lass influence on sentencesunder SB 2, Compared to before SB 2	1.32	.27	85.7	14.3	77.6	22.4
11.Under SB 2 guidelines, the offender's sex is less likely to affect the sentence, compared to before SB	0.47	.13	73.7	26.3	68.1	31.9
Effects on sentence outcomes						
12.Under SB 2, it is now more likely that similar crimes will receive similar punishments	6.33*	.42	62.3	37.3	40.5	59.5
13.SB 2 is intended to make punishment of offenders the main goal of criminal sanctions	0.08	−.06	75.0	25.0	77.0	23.0
14.Under SB 2, it is now more certain that viofent or dangerous offenders will go to prison	21.57***	.70	76.7	23.3	36.5	63.5
15.Often, prison sentences presumed by SB 2 guidelines are not long enough	17.79***	−.68	23.6	76.4	61.4	38.6
16.Ultimately, most ofenders sentenced to prison under SB 2 will serve more time than similar offenders sentenced prior to SB 2	5.12*	.43	75.0	25.0	54.7	45.3

表12-8　Griffin與Wooldredge（2001）的研究結果（節錄）（續）

Survey Item			1.In genera, SB 2 guidelines are good for the sentencing process			
			Untavorable Judges (n = 61)		Favorable Judges (n = 66)	
	Chi-square	Gamma	Disagree	Agree	Disgree	Agree
17.It is quite sommon that offenders who should be incarcerated would not be under SB 2	30.39***	−.81	20.4	79.6	70.6	29.4
18.SB 2 guidelines facilitate the effective use of correctional resources	37.75***	.85	82.5	17.5	27.5	72.5
19.It is more difficult to act in the effective best interest of the offender under SB 2 guidelines	5.15*	−40	58.3	41.7	76.7	23.3
20.Sentences under SB 2 are fairer than before SB 2	40.75***	.93	94.9	5.1	41.4	58.6
Role of the Ohio Criminat Sentencing Commission						
21.The Ohio Criminat Sentencing Commission has sought the input of judges throughout the process of sentencing reform	15.42***	.64	75.4	24.6	40.6	59.4
22.The members of the Ohio Criminal Sentencing Commission understand the perspectives of judges on sentencing issues	25.82***	.84	91.5	8.5	49.2	50.8

資料來源：Griffin, T. & Wooldredge, J. (2001). "Judges' Reactions to Sentencing Reform in Ohio." Crime and Delinquency, 47(4), 502-503.

表12-9　對新法持不同態度的法官對認罪協商扮演角色之看法（樣本資料）

		法官對新法的態度		總計
		負向（unfavorable）	正向（favorable）	
認罪協商的角色加重	同意	32 （52.5%）	19 （27.4%）	51
	不同意	29 （47.5%）	49 （72.6%）	78
總計		61 （100.0%）	68 （100.0%）	129

表12-10　對新法持不同態度的法官對認罪協商扮演角色之看法（期望資料）

		法官對新法的態度		總計
		負向（unfavorable）	正向（favorable）	
認罪協商的角色加重	同意	24	27	51
	不同意	37	41	78
總計		61	68	129

在計算出所有的期望次數後，下一步驟則為比較樣本資料與期望資料，計算兩者的差異或落差，以一個檢定統計量x^2（chi-square）來表示。計算公式如下所示：

$$x^2 = \Sigma[(f_o - f_e)^2 / f_e]$$

比較表12-9及表12-10，x^2的計算如下：

$$x^2 = [(32-24)^2/24] + [(29-37)^2/37] + [(19-27)^2/27] + [(49-41)^2/41] = 8.33$$

在進一步查x^2表，求得在虛無假設成立下，獲得$x^2 = 8.33$的機率之前[4]，計算此交叉表的自由度是必要的步驟。自由度的計算方式為：（欄位數-1）（行數-1）。以此例來說，此為2×2的交叉表，自由度為$(2-1)(2-1) = 1$。

在計算出x^2值及自由度之後，下一步驟就是去查表[5]，在統計顯著水準$\alpha = .05$的情況下，在自由度為1時，x^2的關鍵值為3.841。而我們所計算出來的x^2值（8.33）大於此關鍵值，顯示在.05的機率水準上達到統計顯著性，我們可以拒絕虛無假設。這表示，若虛無假設成立時（法官對新法所持的態度與其對認罪協商在新法中所扮演角色的看法並無關聯），我們會觀察到這樣的樣本資料的機率小於.05。因此，我們可以下個結論，對新法持的正面態度的法官與持負面態度的法官，對認罪協商在新法中所扮演角色的看法有所差異。讀者可依照剛剛所示範的卡方檢定的步驟，一一檢視表12-8所呈現的其他研究結果。

三、迴歸分析

在犯罪學、刑事司法與其他社會科學的研究中，線性關係是一個很重要的概念。相關分析的目的在於描述兩個連續變項的線性關係的強度，以相關係數（correlation coefficient）作為此線性關聯強度的指標。當相關係數越大，表示兩連續變項間的線性關聯度越強；反之，相關係數越小，表示線性關聯越弱（邱皓政，2005）。而迴歸分析則是在線性關係假設成立的情況下，進一步以直線方程式來探討兩個連續變項間的解釋與預測的統計方法。

---

[4]　因進位的不同，在此所計算出來的x^2值（8.33）與表12-8中Griffin與Wooldredge（2001）所得的數值（8.70）不盡相同。

[5]　x^2表請參閱其他統計專門書籍，如Herzog（1996）、Weisburd（1998）、邱皓政（2005）等。

　　在進行迴歸分析（regression）前，我們對於兩連續變項間的關係做了一個重要的假設；那就是，我們假設其中一個變項為獨變項或預測變項（independent or predictive variable），而另一個為依變項或結果變項（dependent or outcome variable）。比方說，在探討監禁與再犯的關係時，假定監禁經驗會影響再犯而非再犯影響監禁是合理的假設（Weisburd, 1998）。

　　以迴歸分析探討兩個變項的關係時，此時是以一個獨變項去預測依變項，稱為簡單迴歸（simple regression），研究者可得到一條最具代表性的直線來表示此兩個連續變項間的線性關係。比方說，以前科紀錄的次數（X）去預測刑期的長短（月，Y），可得到 $\hat{Y} = a + bX$ 的迴歸方程式。利用此方程式所進行的統計分析，稱為Y對X的迴歸分析（邱皓政，2005）。在此方程式中，b稱為斜率或迴歸係數（regression coefficient），顯示一個變項（獨變項X）對另一個變項（依變項Y）的影響。在解釋b時，需考慮X及Y的測量單位，以前科紀錄（次）與刑期（月）的關係來說，此迴歸係數b表示「每增加一個前科紀錄，平均來說，刑期會增加b個月」。另外，在此迴歸方程式中的a為截距，表示當獨變項（X）為零時，獨變項（Y）的平均數值。以前例來說，當被告的前科紀錄為零時，其可能的刑期為a個月。

　　在之前已提過，大多數時候，犯罪學或刑事司法研究所專注的是人類行為或犯罪的複雜現象，往往所涉及的變項超過兩個。因此，採用兩個變項的模式會過於簡化，而無法清楚、正確的描繪這些複雜的人類行為。若加入多於一個獨變項於迴歸分析中，即所謂的多元迴歸（multivariate regression）或複迴歸（multiple regression）──分析兩個以上獨變項對依變項的影響，此種統計方法在很多的社會科學文獻中扮演重要角色（史麗珠、林莉華譯，2004; Weisburd, 1998）。

　　當納入多個獨變項來對依變項進行解釋與預測時，所得到的多元迴歸方程式如下：

$$\hat{Y} = a + b_1X_1 + b_2X_2 + b_3X_3 + \cdots + b_nX_n$$

　　由此一方程式可知，以n個獨變項（$X_1 \sim X_n$）去預測依變項Y的分數可得到迴歸係數$b_1 \sim b_n$，這n個迴歸係數及代表以三個變項去預測Y時的權數（邱皓政，2005）。因為多元迴歸需同時處理多個迴歸係數，且獨變項彼此間所具有的共變相關必須加以控制，因此使得多元迴歸的運作及迴歸係數計算的過程較

簡單迴歸更爲繁瑣。另外，在迴歸分析裡，R^2稱爲「迴歸可解釋變異量比」，亦即使用獨變項去預測依變項的預測解釋力；R^2也稱爲「迴歸模型的決定係數」，評估迴歸模型的整體解釋力。因文章篇幅的限制，無法就迴歸分析做深入介紹[6]，本文僅以舉例的方式說明多元迴歸分析在刑事司法及犯罪學研究的應用。

　　在以迴歸分析探討一個或多個獨變項對依變項的影響時，此時的焦點在於描述變項間關係的本質，這是屬於描述統計的部分。不過，當我們由樣本資料所觀察到的差異或關聯性等結果推到母群體時，這即屬於推論統計的範疇了（Weisburd, 1998）。在迴歸模型的顯著性考驗方面，可以F考驗來進行迴歸模型整體解釋力的統計顯著性考驗，此時虛無假設爲迴歸可解釋變異量比等於0（即$R^2 = 0$）。若無法拒絕此$R^2 = 0$的虛無假設，則不論該迴歸模型的R^2數值再高，也沒有統計上的意義。在進行迴歸模型的整理解釋力考驗之後，下一步即是利用t考驗來針對每一個迴歸係數的統計顯著力做考驗，此時之虛無假設爲$b_i = 0$。如同R^2的統計顯著性考驗，若無法拒絕$b_i = 0$的虛無假設時，即使b_i值很大，也不具有統計上的意義。

　　舉個例子來說，Lambert等人（2006）針對矯正人員在面臨不同面向的工作—家庭衝突對其工作壓力、工作滿意度及對機構奉獻的影響，結果如表12-11所示。

　　以工作壓力來說，整體模型的解釋力爲.47，表示包含控制變項（種族、性別、年紀、年資、教育程度及職位）與工作—家庭衝突等獨變項的迴歸模型，可解釋47%的工作壓力之變異量。而且結果顯示，因矯正人員緊張的工作性質對家庭生活品質所產生的衝擊（strain-based WFC）是唯一具有顯著影響的工作—家庭衝突變項。迴歸係數（.28）顯示，在控制其他背景因素及其他層面的工作—家庭衝突之後，每增加一個單位的strain-based WFC，平均說來，矯正人員所感受到的工作壓力會增加.28個單位[7]。

---

[6]　有關迴歸分析的詳細運作情形、迴歸係數及決定係數的計算過程，請讀者參照其他專門的統計書籍，如林清山（1993）、邱皓政（2006）、Agresti（1997）、Moore與McCabe（1998）、Walker與Maddan（2005）及Weisburd（1998）。

[7]　讀者可在表12-11上看到兩種迴歸係數（B及β），B即爲本文所介紹之迴歸係數b。而β稱爲「標準化迴歸係數」（standardized regression coefficient），乃是將迴歸係數透過標準化的程序轉化而成，去除掉變項測量單位的影響。

表12-11　Lambert等人（2006）的研究結果

Variable	Job stress		Job satisfaction		Organizational commitment	
	B	β	B	β	B	β
Race	.47	.04	−.01	−.01	−.02	−.01
Sex	−.92	−.10	1.44	.15*	1.09	.14
Age	.06	.14	−.03	−.07	−.01	−.03
Tenure	.04	.13*	−.03	−.08	−.01	−.04
Education	.49	.06	.87	.09	−.09	−.01
Position	1.62	.18	−2.93	−.30**	−1.57	−.19*
Time-based WFC	.00	.00	−.06	−.04	−.19	−.28*
Strain-based WFC	.28	.58**	−.17	−.35**	−.02	−.04
Behavior-based WFC	.26	.14	−.38	−.20	−.42	−.26**
Family on word	.13	−.09	−.01	.01	.22	.17*
R-squared		.47**		.40**		.27**

註：*p＜.05；** p＜.01。
資料來源：Lambert, E. G., Hogan, N. L., Camp, S. D., & Ventura, L. A. (2006). "The Impact of Work-Family Conflict on Correctional Staff: A Preliminary Study." Criminology & Criminal Justice, 6(4), 377.

　　Lambert等人（2006）又以相同模型去解釋矯正人員的工作滿意度及對機構奉獻程度，此迴歸模型分別解釋40%及27%的變異量。與工作壓力相比，在矯正人員的工作滿意度方面，除了矯正人員緊張的工作性質所產生的工作—家庭衝突（strain-based WFC），工作上的角色與家庭角色的不相容（behavior-based WFC）也對矯正人員的工作滿意度造成顯著影響。而在對機構奉獻程度上，因工作時數或工作計畫影響到家庭生活（time-based WFC）、工作上的角色與家庭角色的不相容（behavior-based WFC）及家庭問題造成工作上的影響（family on work）則扮演重要的角色。

四、路徑分析

　　在前述的多元迴歸分析中，是以多個獨變項來對依變項進行解釋與預測。雖然多個獨變項為依變項的「因」，但是獨變項與獨變項彼此間可能存在不同的順序、因果關係。在前述的多元迴歸方程式與例子中，並未考慮多個獨變項

間的順序。而路徑分析（path analysis）則考慮獨變項間的共變相關結構，並以此共變結構為基礎，將變項間的關係以模型化的方式來進行分析及推論出因果結論的一種統計技術[8]（邱皓政，2003）。

　　路徑分析在心理學、教育及或社學等社會科學領域的研究中占有相當重要的地位。傳統上，路徑分析常被用來分析多個變項對某種行為或態度的連續性影響（Champion, 1993），並以箭頭連結的數個變項（或概念）所形成的路徑圖（path diagram）來顯示理論模型（變項間的關係）以及研究的結果（Champion, 1993; Walker & Maddan, 2005）。尤其，當研究者採用路徑圖來呈現其研究結果時，他們通常會在箭頭旁標示統計分析的結果，以顯示關係的強度或顯著性。

　　路徑分析可說是由一系列的迴歸分析所組成，透過建立一個假設性的相關／因果關係模式，利用統計軟體進行多次的多元迴歸分析，並將不同的迴歸方程式予以組合成一個結構化的模式。舉個例子來說，圖12-1所顯示的是一個假設性的路徑模型。一個研究者認為個人的學業成績（Grades）會影響到對未來職業的抱負（Occupational Aspirations），而且在參酌文獻之後，研究者認為個人智力（IQ）及家中兄弟姊妹的數目（Siblings）會影響學業成績，進而影響個人對未來職業的抱負。整個模型可以圖12-1的路徑圖來描述。圖中包括四個變項間的結構關係，包括職業抱負、學業成績、智力及手足數目；另外，圖中的單箭頭代表因果方向，而雙箭頭代表相關。

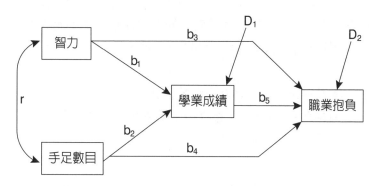

圖12-1　影響職業抱負之路徑模式圖

---

[8] 路徑分析的是以變項間的共變結構為基礎進行數學計算，雖然可用來檢驗因果關係的存在，但是何者為因、何者為果，則必須要進行更為嚴謹的檢驗，並以強而有力的理論基礎作為統計驗證的支撐（邱皓政，2003）。

　　圖12-1的結構關係，顯示出以下三個假設：（一）個人的智力及手足數目會影響學業成績；（二）個人的智力、手足數目及學業成績會影響未來職業抱負；及（三）個人智力與手足數目具有相關。其中的前兩個假設爲多元迴歸假設，可由下列兩個多元迴歸方程式來呈現：

$$\hat{Y}_1（學業成績）= a_1 + b_1 X_1（智力）+ b_2 X_2（手足數目）$$

$$\hat{Y}_2（職業抱負）= a_2 + b_3 X_1（智力）+ b_4 X_2（手足數目）+ b_5 X_3（學業成績）$$

　　對於每一個迴歸方程式，可以用R^2數值及F考驗表示獨變項對依變項的解釋力，而D_1所代表的則是殘差，表示依變項中無法被獨變項所解釋的獨特變異。這兩個多元迴歸方程式構成一套路徑模型，上述的係數b_1稱爲路徑係數（coefficients）。在路徑圖中的每一個箭頭旁所標示的即爲上述多元迴歸方程式所得之迴歸係數，不論迴歸係數的統計顯著性爲何，均需標示於箭頭旁。

　　路徑模型可使研究者去進一步探討變項間的直接效果（direct effect）與間接效果（indirect effect）。若箭頭旁所標示的迴歸係數有達到統計顯著性，表示該因果變項間具有直接效果，反之，則代表該直接效果不存在。另外，此路徑圖也顯示出兩變項間除了直接效果之外，也可能有間接效果的存在；也就是說，兩個變項之間，有一個或多個中介變項（mediated variable）存在。不過，間接效果若要成立，則需要變項間的直接效果皆達統計顯著性。一個變項對另一個變項的整體效果（total effect），可以由路徑模型中與這兩個變項間有關的所有顯著與不顯著的直接效果與間接效果的迴歸係數值加總而成[9]。

　　以圖12-1中的智力與職業抱負間的關係爲例，整體效果可拆解成兩部分：

$$直接效果 = b_3（智力 \rightarrow 職業抱負）$$
$$間接效果 = b_1 * b_5（智力 \rightarrow 學業成績 \rightarrow 職業抱負）$$
$$整體效果 = b_3 + b_1 * b_5$$

---

[9]　有關路徑分析更進一步的說明，可參考邱皓政（2003）及Kline（2005）。

圖12-1的路徑模型的結果可以整理成表12-12。

表12-12　路徑模型之各項效果分解說明

獨變項	內衍變項[10]	
	學業成績	職業抱負
智力		
直接效果	b_1	b_3
間接效果	–	$b_1 * b_5$
整體效果	b_1	$b_3 + b_1 * b_5$
手足數目		
直接效果	b_2	b_4
間接效果	–	$b_2 * b_5$
整體效果	b_2	$b_4 + b_2 * b_5$
學業成績		
直接效果		b_5
間接效果		–
整體效果		b_5

　　以一個犯罪學研究作為本部分路徑分析的實例，圖12-2所顯示的是Metcalfe等人（2015）針對美國將少年暴力犯罪視為黑人現象代表的看法，以不同的理論觀點切入，以探討少年犯罪的種族刻板印象及懲罰性的少年司法政策間的關聯性。其研究發現，傾向以種族刻板印象看待少年犯罪暴力的人，越可能把少年犯罪的發生歸因為性情的因素，較不傾向去同情少年暴力犯罪人，也較傾向去相信少年暴力犯罪人擁有如成年犯的犯罪意圖，進而提升他們對於少年暴力犯罪人的懲罰性。在前述的三個中介變項中，對少年暴力犯罪者的同情是懲罰態度最強的預測因子，也針對少年犯罪的種族刻板印象及懲罰性的少年犯罪政策間的關係做了最大部分的解釋。

---

[10] 在此路徑模型中，「學業成績」可稱為「內衍變項」（endogenous variable），因其同時具備獨變項及依變項的角色。而「智力」及「手足數目」僅扮演獨變項的角色，不受其他變項影響，稱為「外衍變項」（exogenous variable）。

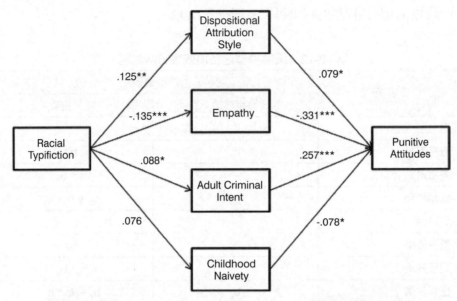

圖12-2　Metcalfe、Pickett與Mancini（2015）的路徑分析結果

資料來源：Metcalfe, C., Pickett, J., & Mancini, C. (2015). "Using Path Analysis to Explain Racialized Support for Punitive Delinquency Policies." Journal of Quantitative Criminology, 31(4), 712.

五、結構方程模式

　　之前有提到，在探討變項間關係時，要考慮到其他可能的競爭因素並加以控制，這樣的企圖促使犯罪學及刑事司法研究興起使用結構方程模式包含的潮流（Walker & Maddan, 2005）。相信讀者在翻閱很多的相關期刊時（如：Journal of Research in Crime and Delinquency、Criminal Justice and Behavior），會發現使用結構方程模式（Structural Equation Modeling, SEM）分析的文章比例逐年增加。

　　結構方程模式是一個進階的統計技術，結合因素分析及前述之路徑分析來檢驗多個變項之間的關係。在很多社會科學的研究中，研究者長期關注的焦點即為測量（measurement）與預測（prediction）；也就是，是否所使用的測量能夠適切的反應研究者想研究的構念（constructs），及所發展出來的模式能否預測及解釋複雜的社會現象（Kelloway, 1998）。而SEM整合因素分析及路徑分析的統計技術，所發展出來的測量模型（measurement model）及結構模型（structural model）可分別處理研究者所關注的這兩個焦點，甚至可以更進一

步地整合這兩個模式於一個分析步驟中，同時進行分析及估計模型中的各項參數，包括測量模型中的因素負荷量、測量殘差值及殘差間的相關，與結構模型中的結構係數及預測殘差等[11]。

在SEM模型中，有兩種基本型態的變項：測量變項或觀察變項（measured variable or observed variable）及潛在變項（latent variable）。以憂鬱量表爲例，量表中的每一個題項即爲測量變項，是研究者可觀察到並用以蒐集資料作爲SEM分析的基本元素；而「憂鬱」是個抽象、看不到的概念，是由測量變項所推估出來的變項。在SEM的路徑圖中，潛在變項以橢圓型來表示，而測量變項則以長方形表示。

圖12-3所呈現的是一個測量模型與結構模型的完整SEM模型。這是Van Gelder與De Vries（2012）的研究結果，主要探討個人特質因素（trait）及狀態因素（state）與犯罪決策之間的關係；尤其，個人特質因素與犯罪決策之關係是否會受到中介變項（狀態因素）的影響。在這個SEM模型中，包含四個潛在變項的測量模型，以及這四個潛在變項所形成的結構模型

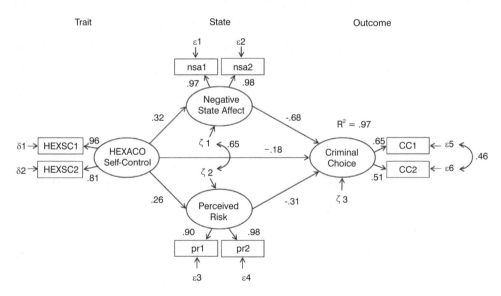

圖12-3　Van Gelder與De Vries（2012）研究之SEM模型

資料來源：Van Gelder, J.-L. & De Vries, R. E. (2012). "Traits and States: Integrating Personality and Affect into a Model of Criminal Decision Making." Criminology, 50(3), 659.

---

[11] 因篇幅限制，本文僅簡短介紹結構方程模式的意涵及在刑事司法與犯罪學領域的應用。有關結構方程模式的詳細介紹，請參閱黃芳銘（2003）、邱皓政（2003）、Byrne（2001）、Kelloway（1998）、Kline（2005）等書。

　　以犯罪決策所形成的測量模型爲例，在橢圓形中的犯罪決策（criminal choice）爲潛在變項，方形的CC1及CC2爲測量變項，箭頭由橢圓形指向方形，表示這幾個測量變項受到共同的潛在變項「犯罪決策」之影響；箭頭旁的數字爲因素負荷量，所表示的是潛在變項影響之強度。在每一個測量變項的變異量中，無法由這個共同的潛在變項所解釋的部分稱爲殘差（測量誤差）。其中，CC1及CC2兩個測量誤差間有雙向箭頭連結，表示此兩個測量變項的誤差有相關存在。讀者可用同樣的方式來解釋HEXACO自我控制（HEXACO self-control）、負向狀態之感受（negative state affect）及感受到懲罰的危險性（perceived risk）的測量模型。

　　在圖12-3的SEM路徑圖中，中間爲結構模型的部分，上述的四個潛在變項之間具有因果關係的假設，以單向箭頭來表示。這個路徑圖顯示，個人特質因素（HEXACO自我控制）對於犯罪決策有直接效果，也有透過負向狀態之感受（如：恐懼及擔憂）及感受到懲罰的危險性（對於當下情境所感受到被懲罰的危險性）所形成的間接效果。若單獨看這個結構模型，其實就是我們之前所介紹的路徑分析模型，可以用多元迴歸的概念說明變項之間的預測或因果關係。但和傳統路徑分析不同處在於，SEM取向的路徑分析可以同時估計模型中的所有參數。另外，傳統取向的路徑分析無法處理潛在變項的問題，但SEM取向的路徑分析不僅可以處理潛在變項的問題，還可同時進行路徑因果關係的檢測。SEM路徑分析取向和傳統取向另外一個不同點在於測量誤差的控制，SEM取向的路徑分析可以有效估計測量誤差，並排除在分析過程之外（邱皓政，2003）。

　　SEM的概念在1970年代初期被提出，隨著統計技術的發展、電腦的普及與功能的不斷提升，不僅SEM的發展越趨成熟，坊間也有爲數不少專門應用於SEM分析的電腦套裝軟體，如LISREL、EQS、AMOS、Mplus、RAMONA、SEPATH、Mx Graph、CALIS等（Kline, 2005）。這些電腦軟體的功能日益增進，使得研究者在進行SEM分析時更爲得心應手。也因此，在近幾年來，漸漸有越來越多的社會科學研究使用結構方程模型的統計技術，而且此種技術的應用也變得更複雜與多元。

　　比方說，SEM除了可進行因素分析及路徑分析之外，SEM分析技術可應用在縱貫性的研究設計（longitudinal research design）（如：De Kemp et al., 2006; Hoffman et al., 2013; Thornberry et al., 1994）、多樣本的假設模型比較（multi-group structural equation modeling）（如：曾淑萍，2006；Brody, 2003;

Vazsonyi & Huang, 2015; Wang et al., 1995）、成長曲線模型分析（growth curve modeling）（如：Duncan & Duncan, 1996; Reid et al., 2015）及非遞迴結構模型（nonrecursive structural models）（如：Shen & Takeuchi, 2001; Robbins, 2012）等。

另外，有關SEM的實證研究與相關論文，除了刊登在SEM的專屬期刊「結構方程模式」（Structural Equation Modeling）之外，在其他社會學、心理學、犯罪學等領域的重要期刊也刊登越來越多的相關文章與研究，如：「社會學方法」（Sociological Methodology）、「社會學方法與研究」（Sociological Methods and Research）、「心理學方法」（Psychological Methods）、「犯罪學」（Criminology）、「犯罪與少年非行研究之期刊」（Journal of Research in Crime and Delinquency）、「量化犯罪學期刊」（Journal of Quantitative Criminology）及「刑事司法與行為」（Criminal Justice and Behavior）等。

第三節　量化分析新嘗試

除了前述的量化統計分析方法，晚近也有一些新的量化分析方法逐漸發展與成熟，學者也開始應用這些新方法在社會科學相關問題的探究上。在此部分，本文簡要介紹兩種量化分析的新嘗試，資料採礦及決策實驗室分析法，供讀者參考。

一、資料採礦

隨著電腦運算演進、儲存設備與網際網路的普及，使得資料或資訊被大量產出，這些產出往往被儲存在公部門與私部門的資料庫中，然如何分析與處理這些大量的資料，Cai等人（1990）著手開始研究如何利用電腦的強大運算能力並結合專家的知識，試著從龐大的資料中找尋所需之資訊，並從裡面挖掘蘊藏的資料庫中之知識，也就是所謂的Knowledge Discovery in Databases（KDD），即從資料庫中找尋知識。

Fayyad等人（1996）指出進行KDD所需的步驟是：先理解要應用的領域、熟悉相關知識，接著建立目標資料集，並專注所選擇（selection）之資料子集；再從目的資料中作前置處理（pre-processing），去除錯誤或不一致的資料；然後作資料簡化與轉換工作（transformation）；再經由資料採礦（data mining）的技術程序成為組型（patterns）、做迴歸分析或找出分類型態；最後經過解釋評估（interpretation/evaluation）後成為有用的知識。這些程序是一個循環的關係，一直重複的步驟，最後才得到一些有用的知識。所以，KDD是一連串的程序，資料採礦是其中的一個步驟而已（Fayyad et al., 1996）。

（一）何謂資料採礦

從國內外學者對於資料採礦之詮釋，是為了發現有意義的規則或模型，以自動或半自動的方式來探勘、分析大量資料而進行的流程，藉由反覆探求、詢問，找尋隱藏在資料中的訊息，如趨勢（trend）、組型（pattern）、及相關性（relationship）的過程，也就是從資料中發掘資料或知識（Linoff & Berry, 2011; Clifton & Thuraisingham, 2001；戴穩勝等人，2004）。

（二）資料採礦的功能

資料採礦具有五種功能，分別為：集群（clustering）、分類（classification）、關聯（association）、推估（estimation）、預測（prediction）。以下針對上述模式進一步說明（Han, 1996）：

1. 集群

集群為一非監督式學習（unsupervised learning），可將有相同或類似的群體或變項分成一群，並與其他的群集做區別，如此可區隔出群組之間的差異性，在分群時，事先並不會定義各類別，而是直接根據數據自然產生的區隔，常運用於醫學影像的處理（例如，核磁共振影像結果呈現）、生物資訊、客戶型態的區隔、市場區隔等。

2. 分類

分類是一種監督式學習（supervised learning），在資料庫中的資料分別給予一個分類標籤（class label），其目的在按照分析對象的特徵、屬性，建立一個簡明的模型（model）或法則（rule）來描述事物或預測。分類是資料採礦中主要的技術之一，其建構過程係將原始資料預先分為訓練集（training data）和測試集（testing data），透過分析訓練集的樣本，產生關於類別的精確描述，這種類別通常是由分類規則所組成，可以對未知的數據（例如，測試集的資料）進行分類或預測，常見的運用銀行貸款核准與否、健保詐欺偵測、醫療診斷等。

3. 關聯

關聯分析是探討及描述大型資料庫中，某些資料屬性項目會引起其他項目

出現的關聯，也就是資料的特性規律，又稱之為規則或法則（rule）。若以網路業者想了解用戶的上網習慣來說，在瀏覽完「3C產品」的網頁後，接著有70%就會繼續瀏覽「相關配件」的網頁；這兩者間關係的描述就是一種關聯，而且很清楚的表現出一種行銷所要注意的焦點，最常被提到的就是所謂的購物籃分析。

4. 推估

根據既有連續數值之相關屬性資料，輸入某些資料，就可以運用推估的方式，來得知某一未知連續性變數的值，分類和推估通常會一起運用。例如，在醫療方面常運用在推估病患會罹患某種疾病的風險值大小，在推估前必須把病患分成有罹病或沒有罹病兩類。還有一種做法是建立一個模型，給予病患一個介於0與1之間的風險指數，再按照病患其他的情況，例如，飲食狀況、體重、年齡來推估其罹患某疾病的風險值

5. 預測

根據所要估計對象的過去觀察值來預測未來值，與推估的區別在於這種預測以變量本身過去的值（已知）來估計未來的值（未知）或是趨勢，其中迴歸（regression）就是使用一系列的現有數值來預測一個連續數值的可能值，此部分則與傳統統計分析方法亦可達成相同效果。

（三）資料採礦在犯罪學領域之應用

資料採礦應用金融、消費者、醫療、電信等領域已行之有年，較常見是具有資訊或資工領域專長的研究者，透過公部門資料庫，例如，健保局資料庫，找出健保資源濫用因素或是其他疾病之間共病現象（Shia & Chang, 2013），而實際應用於犯罪學領域且被發表於期刊中並不多見，例如，利用決策樹探討健保詐欺（林虹榕，2008）。

而國外部分，學者利用資料採礦方法應用在該國刑事司法資料庫中（Chen et al., 2004），主要應用部分為命名識別提取（named-entity extraction）、身分詐欺檢測（deceptive-identity detection）、犯罪網路分析（criminal-network analysis），命名識別提取屬於文字探勘部分，身分詐欺檢測則是利用關聯法則，找出犯罪嫌疑人真實身分，而犯罪網絡分析則是使用關聯法則、推估中的類神經網絡、預測等，找出犯罪關聯與群聚現象，讓執法者預先知道犯罪趨勢、減少人為失誤、指出細微的犯罪線索，增加偵查效率；另一篇則是利用資料採礦來探討詐欺帳戶的識別（Li et al., 2012），採用貝氏分類分析與關聯法

則，標示出詐欺帳戶與整個詐欺交易的模式，給予金融機構可以及早識別與系統設計者在設計相關金融系統之參考。

二、決策實驗室分析法

決策實驗室分析法（Decision Making Trial and Evaluation Laboratory, DEMATEL）係1971年日內瓦喬治亞大學Battelle紀念學院（Battelle Memorial Institute of Geneva）針對科學與人類事務計畫（Science and Human Affairs program），為探討種族、飢餓、環保與能源複雜的全球性議題時，所提出的研究方法（Gabus & Fontela, 1973）。此法的優點在於可將受訪者心中對於問題影響因子的因果歷程想法，以圖像化的方式呈現；換言之，當研究者面對複雜問題時，可利用DEMATEL將因果關係結構化，藉由察看元素間兩兩影響程度，並利用矩陣及相關數學理論計算出全體元素間的因果關係及影響的強度（Tzeng et al., 2007），以協助了解關鍵因素，掌握問題本質。因此，DEMATEL不僅能顯示出因素間影響關聯的存在，更能反映因素間的影響程度。此法目前已在工商管理、市場調查、交通規劃、績效評估、環保議題等領域獲得廣泛的應用與研究（Iirajpour et al., 2012; Shieh et al., 2010; Tzeng et al., 2007; Wu & Lee, 2007; Wu, 2008）。

以DEMATEL進行問題分析前，須先經由文獻回顧、專家訪談、腦力激盪等方式，釐清問題中之影響因素與分類構面（如因素A～E）。其次，須決定衡量各因素間互相影響程度之尺度。衡量尺度的決定沒有強制性的要求，目前學界常用的衡量尺度有0～3分、0～4分或0～5分，分數越大表示影響程度越大。透過問卷請專家針對各問題之影響因素兩兩進行比較（如：因素A對B的影響程度），由專家依自身的專業與實務經驗為主觀判斷，決定各構面間的影響程度為無影響、低度影響、中度影響或高度影響。其中，DEMATAL是以分數表示各問題元素間互相影響之程度，以衡量尺度0～3分為例，0為「無影響」，1為「低度影響」，2為「中度影響」，3則為「高度影響」。專家之判斷結果則以矩陣形式呈現及進行分析（relation）為縱座標，可將各元素之位置繪製於一二維平面上，所得的圖形則為因果圖。各因素在因果圖上的相對位置及數值，即可進行各元素間相互影響關係之解釋。

以Tzeng（2014）採用DEMATEL探究假釋審查決意影響因素之研究為例，根據文獻探討之結果，此研究將假釋委員審查假釋申請時之主觀考量因素歸納為「犯罪情狀」（crime characteristics）、「矯正執行情形」（performance in prison）、「再犯危險性」（risk of recidivism）、「政策輿論壓力」（concerns about policy and public opinion）等四個構面，並針對台灣北部及中部三所監獄的20位假釋審查委員進行問卷調查。經由DEMATEL分析的結果，以各構面之中心度為橫座標、原因度為縱座標，所得之因果圖，如圖12-4所示。

　　根據圖12-4，DEMATEL分析的結果顯示，在假釋委員於假釋審查時所主觀考量之「犯罪情狀」、「再犯危險性」、「政策輿論壓力」及「矯正執行情形」等四個層面中，「犯罪情狀」是受訪的假釋審查委員在判斷假釋之准駁時，主觀評估系統之樞紐。更進一步地說，分析結果顯示假釋申請人當初的犯罪情狀及再犯危險性，是假釋審查委員在假釋審查時的主要因素，其中又以犯罪情狀的重要性最高。另外，在兩兩因素間的相互影響關係中，「犯罪情狀影響矯正執行情形」、「再犯危險性影響矯正執行情形」及「犯罪情狀影響再犯危險性」等三項影響關係，為受訪的假釋審查委員在審查假釋申請時，其主觀考量因素中最具主控性的影響關係。

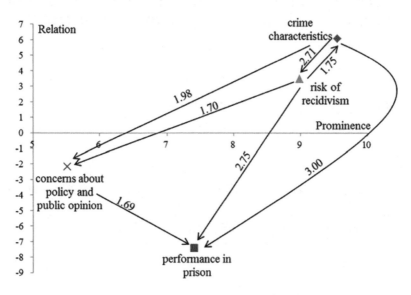

圖12-4　Tzeng（2014）研究之因果圖

資料來源：Tzeng, S.-P. (2014). "Applying DEMATEL to investigate the relationship between factors affecting parole boards' decision making in Taiwan." The Prison Journal, 94, 130.

第四節　結論

　　量化分析在刑事司法、犯罪學及其他社會科學研究的應用相當廣泛，所使用的統計技術也非常多樣。因篇幅的限制，在此僅能概要的介紹一些在研究中較常被廣為應用的統計概念與技術，以及簡要介紹資料採礦與決策實驗室分析法等新近的量化分析應用供讀者參考。若讀者對於前述所介紹的概念有興趣，可以參閱註腳中所建議的統計專書，以獲取更進一步之資訊及介紹。

　　在此特別強調一點，很多的統計書籍在介紹統計概念與運作時，常使用很多複雜的數學公式，希望讀者不要被這些數學公式嚇到，應從了解及熟悉統計概念背後的邏輯開始，會較容易理解這些看起來很複雜的統計技術。另外，熟悉統計及量化分析的不二法門即為實作及多做練習。希望藉由在本章所介紹的基本概念及技術，能讓讀者減低對於統計的恐懼，進而嘗試去閱讀相關研究及文獻、進行簡單的分析，甚至運用相關統計技術於自己的研究中。同時，本章也介紹晚近較新發展的量化分析方法，並舉其在犯罪學及刑事司法領域的應用為例，期望拓展讀者在犯罪學及刑事司法領域研究工具的選擇範疇，進行更為多樣化及深入的研究。

參考文獻

一、中文

G. Argyrous著，史麗珠、林莉華（編譯）（2004）。統計學——社會與健康科學研究。台北：學富文化。

內政部警政署刑事警察局（2006）。中華民國94年台閩刑案統計。內政部警政署刑事警察局。

林虹榕（2008）。健保詐欺型態之研究（未出版之碩士論文）。新北：國立台北大學大學。

林清山（1993）。心理及教育統計學。台北：東華書局。

邱皓政（2003）。結構方程模式：LISREL的理論、技術與應用。台北：雙葉書廊。

邱皓政（2005）。量化研究法（二）：統計原理與分析技術。台北：雙葉書廊。

曾淑萍（2006）。親子關係與青少年非行間的雙向關係：青少年男女之比較。「2006年犯罪問題與對策」國際學術研討會發表之論文，嘉義縣國立中正大學犯罪防治學系暨研究所。

黃芳銘（2003）。結構方程模式：理論與應用。台北：五南圖書。

戴穩勝、張阿蘭、謝邦昌（2004）。數據挖掘的方法、流程及應用。中國統計，7，53-54。

二、外文

Agresti, A. & Finlay, B. (1997). Statistical Methods for the Social Sciences. Upper Saddle River, NJ: Prentice-Hall.

Backman, R. & Schutt, R. K. (2003). The Practice of Research in Criminology and Criminal Justice (2nd ed.). Thousand Oaks, CA: Pine Forge Press.

Brody, G. H. (2003). "Parental monitoring: Action and reaction." In A. C. Crouter & A. Booth (eds.). Children's Influence on Family Dynamics: The Neglected Side of Family Relationships. Mahwah, NJ: Lawrence Erlbaum Associates, pp. 163-169.

Byrne, B. M. (2001). Structural Equation Modeling with AMOS: Basic Concepts, Applications, and Programming. Mahwah, NJ: Lawrence Erlbaum Associates Publishers.

Cai, Y., Cercone, N., & Han, J. (1990). "An attribute-oriented approach for learning classification rules from relational databases." Proceeding of the Sixth International Conference on Data Engineering, 281-288. doi: 10.1109/ ICDE.1990.113479.

Champion, D. J. (1993). Research Methods for Criminal Justice and Criminology. Englewood Cliffs, NJ: Regents/Prentice Hall.

Chen, H., Chung, W., Xu, J. J., Wang, G., Qin, Y., & Chau, M. (2004). "Crime data mining: A general framework and some examples." Computer, 37(4), 50-56.

Clifton, C. & Thuraisingham, B. (2001). "Emerging standards for data mining." Computer Standards & Interfaces, 23(3), 187-193.

De Kemp, R., Scholte, R., Overbeek, G., & Engels, R. (2006). "Early adolescent delinquency: The role of parents and best friends." Criminal Justice and Behavior, 33(4), 488-510.

Duncan, S. C. & Duncan, T. E. (1996). "A multivariate latent growth curve analysis of adolescent substance use." Structural Equation Modeling, 3, 323-347.

Fayyad, U., Piatetsky-Shapiro, G., & Smyth, P. (1996). "The KDD process for extracting useful knowledge from volumes of data." Communications of the ACM, 39(11), 27-34.

Gabus, A. & Fontela, E. (1973). Perceptions of the world problematique: Communication procedure. Communicating with Those Bearing Collective Responsibility. DEMATEL Report, No. 1, Battelle Geneva Research Centre, Geneva, Switzerland.

Griffin, T. & Wooldredge, J. (2001). "Judges' reactions to sentencing reform in Ohio." Crime and Delinquency, 47(4), 491-512.

Hagan, F. E. (2003). Research Methods in Criminal Justice and Criminology (6th ed.). Boston, MA: Pearson Education.

Han, J. (1996). "Data mining techniques." Proceedings of the 1996 ACM SIGMOD International Conference on Management of Data, 545. doi: 10.1145/ 233269.280351.

Herzog, Thomas. (1996). Research Methods in the Social Sciences. New York, NY: Haper Collins College Publishers.

Hoffman, J. P., Erickson, L. D., & Spence, K. R. (2013). "Modeling the association between academic achievement and delinquency: An application of interactional theory." Criminology, 51(3), 629-660.

Iirajpour, A., Hajimirza, M., Alavi, M. G., & Kazemi, S. (2012). "Identification and evaluation of the most effective factors in green supplier selection using DEMATEL method." Journal of Basic and Applied Scientific Research, 2(5), 4485-4493.

Kelloway, E. K. (1998). Using LISREL for Structural Equation Modeling: A Researcher's Guide. Thousand Oaks, CA: Sage Publications.

Kline, R. B. (2005). Principles and Practice of Structural Equation Modeling (2nd ed.). New York, NY: The Guilford Press.

Lambert, E. G., Hogan, N. L., Camp, S. D., & Ventura, L. A. (2006). "The impact of work-family conflict on correctional staff: A preliminary study." Criminology & Criminal Justice, 6(4), 371-387.

Li, S.-H., Yen, D. C., Lu, W.-H., & Wang, C. (2012). "Identifying the signs of fraudulent accounts using data mining techniques." Computers in Human Behavior, 28(3), 1002-1013.

Linoff, G. S. & Berry, M. J. (2004). Data mining techniques: for marketing, sales, and customer relationship management (3rd ed.). Hoboken, NJ: John Wiley & Sons.

Maxfield, M. G. & Babbie, E. (1998). Research Methods for Criminal Justice and Criminology. Belmont, CA: Wadsworth Publishing Company.

Metcalfe, C., Pickett, J., & Mancini, C. (2015). "Using path analysis to explain racialized support for punitive delinquency policies." Journal of Quantitative Criminology, 31(4), 699-725.

Moore, D. S. & McCabe, G. P. (1998). Introduction to the Practice of Statistics (3rd ed.). New York, NY: W. H. Freeman and Company.

Reid, J. A., Piquero, A. R., & Sullivan, C. J. (2015). "Exploring the impact of alcohol and marijuana use on commercial sexual exploitation among male youth using parallel-process latent growth curve modeling." Journal of Crime and Justice, 38(3), 377-394.

Robbins, B. G. (2012). "Institutional quality and generalized trust: A nonrecursive causal model." Social Indicators Research, 107(2), 235-258.

Shen, B.-J. & Takeuchi, D. T. (2001). "A structural model of acculturation and mental health status among Chinese Americans." American Journal of Community Psychology, 29, 387-418.

Shia, B.-C. & Chang, L.-W. (2013). "A Study of Applying Data Mining Technology to the National Health Insurance Research Database to Analyze the Death of Stroke Patients in Taiwan." Journal of Data Analysis, 8(6), 165-194.

Shieh, J.-I., Wu, H.-H., & Huang, K.-K. (2010). "A DEMATEL method in identifying key success factors of hospital service quality." Knowledge-Based Systems, 23(3), 277-282.

Thornberry, T. P., Lizotte, A. J., Krohn, M. D., Farnworth, M., & Jang, S. J. (1994). "Delinquent peers, beliefs, and delinquent behavior: A Longitudinal test of interactional theory." Criminology, 32(1), 47-83.

Tzeng, G.-H., Chiang, C.-H., & Li, C.-Wei. (2007). "Evaluating intertwined effects in e-learning programs: A novel hybrid MCDM model based on factor analysis and DEMATEL." Expert Systems with Applications, 32(4), 1028-1044.

Tzeng, S.-P. (2014). "Applying DEMATEL to investigate the relationship between factors affecting parole boards' decision making in Taiwan." The Prison Journal, 94, 118-136.

Van Gelder, J.-L. & De Vries, R. E. (2012). "Traits and States: Integrating Personality and Affect into a Model of Criminal Decision Making." Criminology, 50(3), 637-671.

Vazsonyi, A. T. & Huang, L. (2015). "Hirschi's reconceptualization of self-control: Is truth truly the daughter of time? Evidence from eleven cultures." Journal of Criminal Justice, 43(1), 59-68.

Walker, J. T. & Maddan, S. (2005). Statistics in Criminology and Criminal Justice: Analysis and Interpretation. Sudbury, MA: Jones and Barlett Publishers.

Wang, G. T., Bahr, S. J., & Marcos, A. C. (1995). "Family bonds and adolescent substance use: An ethnic group comparison." In C. K. Jacobson (ed.). American Families: Issues in Race and Ethnicity, Vol. 30. NY: Garland Publishing, Inc., pp. 463-492.

Weisburd, D. (1998). Statistics in Criminal Justice. Belmont, CA: Wadsworth Publishing Company.

Wu, W.-W. (2008). "Choosing knowledge management strategies by using a combined ANP and DEMATEL approach." Expert Systems with Applications, 38(3), 828-835.

Wu, W.-W. & Lee, Y.-T. (2007). "Developing global managers' competencies using the fuzzy DEMATEL method." Expert Systems with Applications, 32(2), 499-507.

三、網路資料

內政部警政署（2015）。警政統計年報──主要警政統計指標。民國105年3月20日，取自https://www.npa.gov.tw/NPAGip/wSite/ct?xItem=41406&ctNode=12595&mp=1。

內政部警政署（2016）。警政統計通報──105年第三週（104年整體治安趨勢）。民國105年3月20日，取自https://www.npa.gov.tw/NPAGip/wSite/lp?ctNode=12594&mp=1。

法務部（2015）。法務統計年報（103年）。民國105年3月20日，取自file:///D:/My%20
　　Documents/Downloads/P.41-60.pdf。

法務部司法官學院（2016）。中華民國103年犯罪狀況及其分析——2014犯罪趨勢關
　　鍵報告。民國105年3月20日，取自http://www.moj.gov.tw/ct.asp?xItem=392644&ctNod
　　e=35595&mp=302。

賴擁連

前　言

　　實證研究（empirical study）最重要的核心就是數據（data），如果沒有數據，基本上是無法進行一個完整的實證研究，足見數據在一個實證研究中扮演著非常重要的角色。而要如何讓讀者知道一個研究數據的樣貌，不外乎就是要呈現數據、分析數據，以展現數據與理論和政策意涵的關聯性。為達到這樣的目的，數據的蒐集與管理就非常重要。如果數據的管理不佳，例如編碼錯誤、輸入錯誤導致遺漏值過高，這些都會降低數據的正確性與客觀性，進而減損研究的品質。因此，數據管理的良善與否，攸關一篇良莠與否的實證研究。

　　如同前述，數據管理的目的，就是要呈現數據、分析數據，據以展現數據與理論和政策意涵的關聯性，特別是數據的呈現方式（data presentation），若能言簡意賅，讓讀者一目了然數據的特性與分布，也考驗著研究者對於數據呈現的能力。有些數據的呈現方法，可以運用簡單的表格，即可讓讀者清晰明瞭；但有些數據卻需利用長條圖（bar graphs）或折線圖（line charts），甚至派狀圖（pie charts），讓數據的呈現，更加活靈活現，也讓研究結果更具畫龍點睛之效。足見，數據的呈現方式，在一篇學術研究報告，也扮演著非常重要的關鍵因素。

　　在進入數據管理前，有兩件事是研究者必須準備好的工作（preparations）。第一件事是變項名單（variable list），第二件事為電腦與統計軟體（computers and statistical software）。首先，變項名單是指研究者欲研究一個主題的時，所建構或創建的變項名稱，而最好的檢定變項名單的方式，就是研究者所設計的研究架構（research framework），以及根據研究架構圖所設計的問卷或測量工具之題項（questionnaire items）。所謂研究架構，亦稱為研究模式（research model）或概念架構（conceptual framework），係指引導研究者進行一項研究計畫的架構，它可以說是研究者欲進行某一類型的研究時，相關理論與文獻概念化後的綜整框架，也是研究者欲進行的研究，所涵括的各變項間

之直接、間接、交互與因果關係的架構陳列，更是引導研究者進行相關統計分析的指南，因此，研究架構可以說是一篇研究的首腦，具有承先（承接理論與過去的實證研究）啓後（開啓引導本研究進行）之功能。有了研究架構後，研究者才可據以將相關的理論（例如，社會鍵理論）或概念（例如，依附鍵），下操作性定義（例如，與父母親情感的依附程度）後，設計成題項與選項（例如，父母親會陪我一起出去遊玩），編製於問卷或測量工具中，以方便日後進行測驗。

　　例如圖13-1，呈現一個研究者欲進行少年人口特性與家庭結構、家庭功能、低自我控制和其自陳偏差與犯罪行爲間關聯性之研究（吳奕嫻，2013）。根據此一研究架構圖，研究者可以規劃此一研究的變項名單。

　　如圖13-1研究架構，研究者可以參考相關文獻與過往研究之問卷，進行問卷之編製，編製後，將問卷所設計的變項，整理成表13-1的變項名單。首先，研究者可以研究架構中的大方框分門別類後，再根據每個大方框，細部歸納其變項與分量表內的問題。例如，根據圖13-1的研究架構中的四大框框，設計成四大類：人口特性與家庭結構變項、家庭功能變項、低自我控制變項與自陳犯

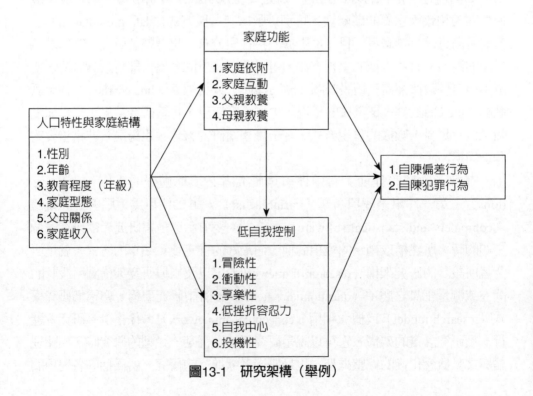

圖13-1　研究架構（舉例）

表13-1　變項名單（舉例）

1.人口特性與家庭結構變項(A)	3.低自我控制變項(C)
性別-A1，年齡-A2，教育程度-A3，家庭型態-A4，父母關係-A5，家庭收入-A6	冒險性-C1～C5，衝動性-C6～C9，享樂性-C10～C12，低挫折忍力-C13～C16，自我中心-C17～C20，投機性-C21～C23
2.家庭功能變項(B)	4.自陳偏差與犯罪行為變項(D)
家庭依附-B1～B16，家庭互動-B17～B19，父親教養-B20～B36，母親教養-B37～B52	偏差行為-D1～D15，犯罪行為-D16～D25

罪與偏差行為變項。其中，在人口特性與家庭結構變項，可以歸納並臚列性別、年齡、教育程度（年級）、家庭型態、父母關係與家庭收入，而每一個變項後面所帶的英文字與數字，均有其含意。例如英文代表此一變項群之代碼，數字則代表題項，A1則代表人口特性與家庭結構變項群中，第1道題目問的即是受試者的性別；又如B1～B16，代表家庭功能變項群（或此一分量表）第1至16題項是詢問受試者有關家庭依附的題目。透過這樣的方式，研究者可以很清楚的掌握與了解自己研究主題的變項有哪些，以及根據這些變項所設計的題項範圍（例如，從哪幾題到哪幾題），有利於日後進行因素分析與信度分析之用，十分便利。

　　其次，研究者應準備一台適切的電腦或計算機以及統計軟體，以便輸入數據，進行數據管理。在今日資訊爆炸的時代，拜科技所賜，電腦已成為當前公務辦公室與學術機構進行研究不可或缺的工具。對於研究者而言，只要將所蒐集的數據精確地輸入其中，電腦即可以提供研究者相關的運算、分析與數據結果的呈現。即便是電腦有此一便利性，需注意的是，研究者必須使用電腦可以接收的指令，才能讓其發揮運算功能，達到我們使用他進行研究之目的，因此，研究者必須將所蒐集的資訊，透過數字化的方式——編碼，輸入電腦中，這樣電腦才能夠接收、判讀，進行我們期望它所做的運用與分析工作。

　　雖然電腦可以協助吾人進行數據的接收、運算與分析，但如果有一適切的統計套裝軟體（statistical package software），在協助研究者進行數據管理與分析時，將會更加的事半功倍。目前坊間，有關統計套裝軟體包含有SAS、SPSS與M-Plus等，但本章主要聚焦於SPSS。SPSS即是Statistical Package for Social Science（社會科學統計套件）的縮寫，SPSS視窗版可以提供研究者利用個人電腦進行相關數據的儲存（分類、合併與儲存）、管理（抽樣、選樣以及記

錄）、分析（描述性統計、雙變量分析與多變量分析）與結果（長條圖、柱狀圖、圓餅圖、折線圖等）的呈現，非常方便，並廣受社會科學研究者的使用與青睞。因此，研究者在進行量化分析時，準備一套統計工具協助吾人管理與分析數據，將會非常便利。

第一節　數據管理

在吾人進行一項實證研究的過程中，數據管理（data management，或謂資料管理）是非常重要的一個環節。所謂的數據管理，係指研究者透過問卷或測量工具所蒐集到的原始資訊，轉變成數字，以達到研究分析目的的過程（Hagan, 2006）。研究者若有效率的進行數據管理，將有利於把蒐集到的原始資料轉變成數字，透過電腦與統計分析軟體，進行分析，以呈現研究的重大發現。圖13-2臚列數據管理流程的步驟，從最初的利用問卷或測量工具蒐集原始數據（raw data）開始，接著利用編碼簿（codebook），將測量工具或問卷上的題項，轉譯至編碼表（codesheet）或電腦空白表格（spreadsheet），以齊一所有樣本的原始數據後，再將這些數據輸入於計算機或電腦中，之後再將每一位樣本的所填答收回的問卷，依據編碼簿，逐一將其數據輸入計算機或電腦中的編碼表欄位，最後逐一檢視數據是否有輸入錯誤或遺漏之處，並清理數據後，建立數據檔案儲存（Hagan, 2006）。這樣的數據管理程序，將有助於吾人進行一篇優質的實證研究。

根據圖13-2，進一步地將數據管理的流程步驟，詳細說明如下。

一、編製問卷或測量工具

在輸入數據之前，研究者必須編製問卷或測量工具，以蒐集研究主題的資料。編製問卷或測量工具的一項重要原則就是，問卷或測量工具內容必須清晰易懂，能讓受訪者一目了然地理解題意後，在研究者所提供的選項中，能夠精確地完成作答，選擇出受訪者最適切的答案，嚴禁一個題項中充斥著數個概

蒐集數據問卷或測量工具 → 編碼簿 → 編碼表／電腦空白表 → 數據輸入
→ 檢視並清理數據 → 數據建檔與儲存

圖13-2　數據管理程序步驟

資料來源：Hagan (2006). Research Methods in Criminal Justice and Criminology, p. 364.

念或模稜兩可的矛盾字詞，這樣會讓受訪者陷入不知如何填答、拒絕填答或答非所問的選項，降低題項的效度。再者，問卷的設計有封閉式（closed-ended items）與開放式（open-ended items），封閉式又稱為結構式問項（structured questions），係指受訪者已經設計好諸多可能性的回答選項，提供受訪者勾選。如果屬於此種問項設計，研究者在輸入數據時，比較容易也簡單。例如，「請勾選您的性別：□1.男性；□2.女性」，受訪者可以清楚了解題意並明確地填答自己適切的性別屬性。但是，有些題目研究者可能無法提供足夠的選項時，採用開放式問項，由受訪者自行填寫答案不失為一個很好的解決方式。例如，「請勾選您的宗教信仰：□1.天主教；□2.基督教；□3.佛教；□4.道教；□5.其他：請說明：＿＿＿＿＿」。

　　雖然開放式的題項設計，提供了受訪者回覆更多答案的機會，不會受到研究者所提供選項的限制，但是也增加了研究者回收問卷後編碼的困難性。因此，針對開放式題項所設計的編碼原則，就是要等施測的問卷全部回收後，再就受訪者所填寫的意見，予以編碼，如果相類似的答案很多，並已超過整體樣本的10%，則必須額外編造一個數字，以利於日後輸入。例如，上述有關宗教的題目，研究者發現填寫「□5.其他」中，回教的受訪者很多，並超過樣本的10%，則研究者可以將「回教」，編碼為6，以利輸入。但如果數量很少，可以逕自編碼為5，標籤命名為「其他」，可於日後利用SPSS進行分析時，歸為系統遺漏值（system missing）。

二、編碼

　　編碼（coding）是指將研究者透過所設計的測量工具／問卷，從受訪者端所蒐集到的有利資訊，予以轉換成數字之工作。然而在正式從事編碼工作前，研究者必須先針對每一個問題與選項，編製號碼，而記載這些編製號碼的手冊稱為編碼簿（codebook），它是引導研究者透過測量工具或問卷所蒐集到的受訪者資訊，轉換成數字的一本指南（guide）。圖13-3是104年內政部警政署（2015）所進行全國被害調查之面訪被害者問卷內容一隅，所列為傳統設計的問卷題項，包含現址居住時間、住宅類型、被害時房屋所有權、家庭組織型態、汽機車數量以及每月家戶收入等。研究者可以根據這些問卷題項，編製編碼簿。

40b、請問您家裡設籍在現在地址總共有多少年？

- □（1）未滿 1 年　　□（2）1 年 - 未滿 3 年　　□（3）3 年 - 未滿 5 年
- □（4）5 年 - 未滿 10 年　□（5）10 年 - 未滿 20 年　□（6）20 年以上

41b、請問您住宅的類型為：

- □（1）獨棟式（獨院式）　　　□（2）併排透天厝（透天厝）
- □（3）公寓：住＿＿＿＿樓　　□（4）大廈（社區大樓）：住＿＿＿＿樓

42b、您被害時住的房子是：

- □（1）自己的（含家人的）　□（2）租的　　　　□（3）親戚的
- □（4）朋友的　　　　　　　□（5）公司的　　　□（6）政府（公家）宿舍
- □（7）其他（請註明：＿＿＿＿＿＿＿＿＿＿）

43b、您家庭的組織型態是：

- □（1）單身一人　　□（2）夫婦二人　　　□（3）單親家庭
- □（4）核心家庭　　□（5）三代家庭　　　□（6）祖孫家庭
- □（7）其他（請說明：＿＿＿＿＿＿＿＿＿＿）

44b、您全家擁有或使用機車＿＿＿＿＿輛；汽車＿＿＿＿＿輛。

45b、請問您全家每個月的所得差不多是多少？

- □（1）未滿 2 萬元　　　　　　□（2）2 萬 - 未滿 4 萬元
- □（3）4 萬 - 未滿 6 萬元　　　□（4）6 萬 - 未滿 8 萬元
- □（5）8 萬 - 未滿 10 萬元　　 □（6）10 萬 - 未滿 12 萬元
- □（7）12 萬 - 未滿 15 萬元　　□（8）15 萬 - 未滿 20 萬元
- □（9）20 萬元以上（請說明：＿＿＿＿＿＿＿＿＿＿）

圖13-3　民國104年全國被害調查面訪問卷範例

　　表13-2即是編碼簿的案例一隅。圖中的第1欄代碼代表問項題號，例如v40b代表受訪者的現址居住時間問題的題號，第2欄內的題項，即是詢問受訪者「設籍在現在地址多少年」的問題內容。第3欄欄位係指日後鍵入統計軟體視窗時，例如SPSS或Excel視窗時，所對應的欄位，共有幾位數字，例如1，代表第1欄位輸入的問題是v40b詢問受訪者現址居住時間的題項。最後，選項編碼，係指問卷上提供受訪者所選擇的數字分派，例如受訪者對於v40b題選擇1，則指在未來輸入編碼表或電腦空白表時在欄位1輸入1，代表該名受訪者受訪時居住現址未滿一年。

　　值得注意的是，如果題項的選項，研究者設計時有其他類供受訪者據實填答時，編碼簿上也應該額外提供另一欄位，於研究者在統計軟體SPSS輸入原始資料時，具有提醒輸入之效果，否則會失去原先設計其他類的美意。例如，v45b是詢問受訪者每月家戶收入，但研究者於研究伊始，在選項上設計有(9)20萬元以上（請說明：＿＿＿＿＿），請說明的部分代表請符合此一條件的受訪者填寫實際數字的意見，因此，需要額外提供一欄於日後輸入原始資料時能有

表13-2　編碼簿案例

題號	題項	欄位	選項編碼
v40b	現址居住時間	1	(1)未滿1年 (2)1年～未滿3年 (3)3年～未滿5年 (4)5年～未滿10年 (5)10年～未滿20年 (6)20年以上
v41b	住宅型態	2	(1)獨棟式（獨院式） (2)併排透天厝（透天厝） (3)公寓：住＿樓 (4)大廈：住＿樓
v41b_1	居住公寓與大樓類之樓層	3	依受訪者意見編碼
v42b	被害時房屋所有權	4	(1)自己的（含家人的） (2)租的 (3)親戚的 (4)朋友的 (5)公司的 (6)政府（公家）宿舍 (7)其他（請註明：＿＿＿）
v42b_1	被害時房屋所有權其他類	5	根據問卷填答
v43b	家庭組織型態	6	(1)單身一人 (2)夫婦二人 (3)單親家庭 (4)核心家庭 (5)三代家庭 (6)祖孫家庭 (7)其他（請說明：＿＿＿）
v44b_1	機車數量	7	依實際擁有數輛編碼
v44b_2	汽車數量	8	依實際擁有數輛編碼
v45b	每月家戶收入	9	(1)未滿2萬元 (2)2萬～未滿4萬元 (3)4萬～未滿6萬元 (4)6萬～未滿8萬元 (5)8萬～未滿10萬元 (6)10萬～未滿12萬元 (7)12萬～未滿15萬元 (8)15萬～未滿20萬元 (9)20萬元以上（請說明：＿＿＿）
v45b_1	每月家戶收入20萬元以上	10	依實際數字編碼

預留之欄位輸入此一說明。因此，研究者可以在編碼簿有關此一題項上，設計v45b，對應為SPSS介面的第10欄，提供研究者輸入數字1～9的欄位，然而，針對選擇9者，設計v45b_1，對應於SPSS介面的第11欄位，提供研究者輸入受訪者所填寫的實際數目，作為日後描述受訪者基本特性之用。值得注意的是，在SPSS的操作上，每一個數字化的題項類型，應選為數字的（numeric），才可以進行分析，至於說明欄的題項類型，因不需要進行數字分析，可選為字串（string）型態。

　　編碼的用意在於使研究者可以不用再去翻閱受訪者所填答的問卷或測量工具，透過數字，即可以摘要式的掌握與了解哪些數字代表受訪者的哪些資訊，例如受訪者的性別、年齡與教育程度，都有相對應的數字予以代表，而這些受訪者的資訊與相對應的數字，合併起來就是編碼簿。因此，編碼是指將一個問卷或測驗工具中的每一個題目，變成一個對應的數字或數碼，這就是編碼的歷程，而將許多問項所對應的數字或數碼，編撰成一本冊子，即是編碼簿。所有相關的問項要編碼之前，就必須先參考編碼簿，以它作為問項編碼的指南，然而將數字適切地分派給每一個題項或問項，詳實地記載在適切的欄位或列位上。然而，編碼表不是一成不變的，它是可以隨著研究者原始資料的變動而有所改變，例如因為增加選項或增加開放性問題（open-ended item），研究者可以進行增加欄位的修改並增加數字予以編碼。

　　編碼簿製成後，研究者應該將原始資料，根據編碼簿的引導，鍵入編碼表（codesheet）或電腦空白表格（spreadsheet）之中。過去尚未有套裝的電腦統計工具，研究者必須將原始資料輸入於編碼表上，但受惠於電腦的普及以及相關套裝軟體的便利性，將原始資料輸入編碼表已成為過去。目前都是直接將原始資料輸入於電腦空白表格，例如Excel與SPSS視窗。

　　圖13-4顯示研究者將原始資料依據編碼表的設計，輸入於SPSS電腦套裝軟體的案例。例如以受訪者1號（第1列）為例，在第1欄即為變項v40b，受試者填答6，代表其於受訪時居住於現址的時間為二十年以上；第2欄v41b填答3，表示其居住的住宅型態為公寓，第3欄v41b_1為7，則指其住在7樓；第4欄v42b填答1，代表其被害時，該房屋為其所擁有，第5欄v42b_1空白，表示其並無其他附帶說明。第6欄v43b為4，係指其家庭組織型態為單身一人。第7欄v44b_1與第8欄v44b_2均為1，代表受訪者各擁有一部機車與汽車，最後在第9欄v45b收入方面，受訪者填答3表示其每月的家戶收入為4萬～未滿6萬元。其餘受訪者（第2列～第31列）之輸入方式類推。

	w40b	w41b	w41b_1	w42b	w42b_1	w43b	w44b_1	w44b_2	w45b	w45_1
1	6.00	3.00	7.00	1.00	.	4.00	1.00	1.00	3.00	.
2	4.00	3.00	2.00	1.00	.	4.00	3.00	.0	3.00	.
3	6.00	3.00	1.00	1.00	.	7.00	.0	.0	1.00	.
4	5.00	3.00	2.00	1.00	.	4.00	2.00	1.00	5.00	.
5	5.00	4.00	1.00	1.00	.	4.00	1.00	2.00	3.00	.
6	6.00	3.00	1.00	1.00	.	4.00	1.00	1.00	4.00	.
7	6.00	1.00	.	1.00	.	4.00	2.00	.0	1.00	.
8	6.00	1.00	.	1.00	.	5.00	2.00	2.00	3.00	.
9	6.00	3.00	2.00	1.00	.	4.00	1.00	2.00	3.00	.
10	6.00	3.00	1.00	1.00	.	3.00	2.00	1.00	3.00	.
11	6.00	1.00	.	1.00	.	6.00	2.00	.0	2.00	.
12	6.00	4.00	11.00	.	.	3.00	.0	1.00	2.00	.
13	6.00	1.00	.	1.00	.	5.00	2.00	1.00	5.00	.
14	6.00	3.00	2.00	1.00	.	1.00	.0	.0	1.00	.
15	5.00	1.00	.	1.00	.	4.00	1.00	2.00	5.00	.
16	4.00	1.00	.	1.00	.	4.00	1.00	2.00	5.00	.
17	2.00	1.00	.	1.00	.	3.00	3.00	.0	4.00	.
18	6.00	1.00	.	1.00	.	5.00	3.00	1.00	2.00	.
19	6.00	3.00	4.00	1.00	.	4.00	2.00	2.00	5.00	.
20	6.00	1.00	.	2.00	.	3.00	.0	.0	1.00	.
21	5.00	3.00	1.00	2.00	.	3.00	2.00	1.00	2.00	.
22	5.00	2.00	.	1.00	.	2.00	1.00	1.00	3.00	.
23	5.00	1.00	.	1.00	.	4.00	1.00	2.00	4.00	.
24	5.00	4.00	1.00	1.00	.	4.00	1.00	2.00	5.00	.
25	6.00	3.00	5.00	1.00	.	4.00	3.00	1.00	4.00	.
26	1.00	3.00	3.00	2.00	.	5.00	4.00	2.00	5.00	.
27	4.00	4.00	11.00	1.00	.	1.00	.0	1.00	8.00	.
28	6.00	1.00	.	1.00	.	4.00	.0	.0	8.00	.
29	6.00	3.00	4.00	1.00	.	3.00	1.00	1.00	7.00	.
30	2.00	3.00	2.00	1.00	.	4.00	2.00	1.00	7.00	.
31	4.00	4.00	9.00	1.00	.	4.00	1.00	2.00	8.00	.

圖13-4　民國104年全國被害調查面訪資料SPSS輸入原始檔範例

三、輸碼者的稽核

　　對於輸碼者（coder）的稽核，主要目的在於檢驗輸碼者所輸入的原始資料是否正確。其實，對於輸碼者進行稽核，是研究者在從事一份實證研究中為確保研究品質必須進行的重要程序之一，而稽核指標就是要查證（verification）與力求一致（reconciliation），以檢視輸入的原始資料是否存在錯誤。具體的做法是，盡可能請兩位輸碼者針對同一份問卷，進行多次檢核（double-checks），做法是請另一位輸碼者隨機抽查已完成的數據，檢視是否與問卷的原始資料相一致，若有不一致之處，進行校正。雖有學者主張應該進行兩次輸碼（double-coded），亦即不同的輸碼者輸入同一份問卷，以求一致，但實務上有其困難性，例如人力浪費、耗費時間以及增加人事費用等。因此，另一種普遍做法是，當一位輸碼者於原始資料輸入完畢變成可分析的數據後，利用SPSS中分析次數分配與百分統計的功能，看看各題項以及選項，是否有呈現異常的數據或極端值（outliner），這也不失是一種稽核的方法，例如有些題項採用李克特（Likert）5點量表，卻發現出現6或55，代表輸入異常，輸碼者即可馬上調閱原始問卷，予以修正。

　　此外，輸入過程常會發現受訪者填答問卷時，填寫的數字不清楚或勾選的

格子介於兩個數字之間等模稜兩可的情況，如果有機會再接觸受訪者時，應聯絡主動詢問其原意；但無法聯絡時，輸碼者應與研究者討論，針對受訪者填答問卷的習慣性與字跡的習性，求得一致的答案後予以輸入。還有，在一些開放性填答的情況，雖然編碼簿已有指引，但也可能出現規範未殆之處，為免除不同的輸碼者有不同的見解，研究者應與輸碼者討論後，修正編碼簿，齊一輸碼標準。換言之，對於輸碼者的稽核，不僅是要將其輸入錯誤數據的可能性降到最低，更重要的是要求輸入過程的一致性與統一性，不要因為不同的輸碼者對於輸入問卷的資料與號碼，產生不同的見解或歧見，造成輸入的數據與實際資訊，有所偏誤。

因此，一份實證研究的結果會失真，可能不是因為測量工具或問卷的設計存在問題，而是因為錯誤編碼（miscoding）、輸入錯誤（data entry）以及其他人為的或機器的問題（Hagan, 2006）。如果研究者與輸碼者在輸入數據伊始，就對於數據的輸入工作抱持著精確、仔細與不掉以輕心的態度，就可以減少輸入資料失真的現象。

四、數據的檢驗

上述提到運用SPSS中分析次數分配與百分統計的功能，看看各題項以及選項，是否有呈現異常數據或極端值（outliner）的檢驗方法，在此進一步說明。數據的檢驗又稱為清理數據（cleaning data），也是屬於對於輸碼者所輸入的數據是否存在錯誤的一種普遍稽核方式。試想，一位輸碼者在輸碼的過程中，重複進行輸碼的行為，無可避免的會有分心或鍵入錯誤數字的情況。因此，不需要其他輸碼者的重複檢查，輸碼者或研究者即可運用計算機或電腦程式，檢驗所輸入的數據是否正確。以下舉一個簡單的例子，例如在一項研究中，研究者或輸碼者欲了解所輸入的樣本性別，是否正確，可以利用SPSS的次數分配功能（分析→描述統計→次數分配表），運算性別變項的次數分配分布情形。

在此案例中，數值1、2與9均有被賦予屬性的數碼，1代表男性，2代表女性，9代表未填答，但數值3、4與6是沒有被賦予屬性的數碼，換言之，它們應該是輸碼者輸入錯誤的數值。因此，當透過此一方式得知輸入錯誤的數值時，輸碼者或研究者，應該先返回SPSS介面，使用觀察數據（data view）的視窗，找出哪一個受訪者（查看流水號或ID）的原始資料輸入錯誤後，再找出其問卷，針對錯誤的題項，修正錯誤的數值。當數據逐一被檢驗與清除完畢後，研究者即可以準備做進一步的統計分析了（參表13-3）。

表13-3　次數分配表範例

性別		N
1	男性	299
2	女性	385
3		1
4		1
6		1
9	未填答	10
		697

第二節　數據呈現

一、表格的呈現

　　運用表格的呈現，是研究者呈現數據最簡單的方式，一般而言，表格的呈現內容包含總結原始數據（summarizing raw data）以及研究變項的單變量統計（univariate statistics）。而原始數據表格化的呈現，第一步即是邊際運算（marginal run）。之所以稱為邊際運算，係指運用表格的兩邊，在左邊第一欄部分，陳列欲分析的變項以及特性（屬性），在表格第一列部分，則陳列欲分析變項其特性（屬性）的次數分配與百分比統計之情形，透過這樣方式，呈現出樣本特性之描述性表格，讓研究者或讀者能一目了然受訪者的基本特性分布。表13-4即為一個標準的邊際運算後所製作的樣本描述性表格案例。

　　在表13-4中，研究者呈現研究樣本之描述性統計分析，主要是包含對於每一個變項的屬性（特性）在次數分配與百分比統計之分析，例如性別，男性有330位，在所有樣本數的44.5%，女性計有411位，在所有樣本數的55.5%。

　　此外，研究中分量表的測量說明、平均數（Mean）、標準差（Standard Deviant, SD）與測量間距（Range）也應該以邊際運算的方式，製作成表格提供讀者了解。表13-5即為一案例。

表13-4 研究樣本描述性統計（案例一）

變項	屬性	次數分配	百分比（%）
性別	男性	330	44.5
	女性	411	55.5
年級	一年級	353	47.6
	二年級	133	17.9
	三年級	141	19.0
	四年級	103	13.9
	延畢生與研究所	10	1.3
家戶收入	少於20,000元	50	6.7
	20,000~39,999元	169	22.8
	40,000~59,999元	145	19.6
	60,000~79,999元	122	16.5
	80,000~99,999元	84	11.3
	100,000~119,999元	38	5.3
	120,000元以上	54	7.3
主修學門	自然科學	313	42.2
	社會科學	428	57.8

資料來源：賴擁連（2015）。台灣大學生與警察接觸經驗和影響警察信心程度之成因探究。犯罪與刑事司法研究，23，29-65。

　　表13-5為有關分量表變項所呈現的描述性統計說明。首先，由於每一個分量表都是由幾道題項所組織而成，因此，在測量說明欄應該說明每一個變項共有幾個題項所組成，其次也應包含信度數值（Cronbach's alpha係數），有些期

表13-5 研究變項描述性統計（案例二）

變項	測量說明	間距	平均數	標準差
工作壓力	共八個題項，α = .88	1～5	4.08	0.66
工作危險性	共六個題項，α = .79	1～5	3.22	0.73
內部滿意度	共七個題項，α = .90	1～5	2.89	0.80
氣氛滿意度	共四個題項，α = .73	1～5	2.63	0.74
情感性承諾	共六個題項，α = .88	1～5	3.19	0.76
持續性承諾	共四個題項，α = .82	1～5	3.76	0.67
規範性承諾	共五個題項，α = .86	1～5	3.15	0.77
外在就業機會	共三個題項，α = .66	1～5	3.27	0.80

資料來源：賴擁連、彭士哲（2013）。台灣地區監獄規模對於戒護人員離職意向影響之探究。執法新知論衡，9（1），1-23。

刊文章也會一併要求呈現因素分析的特徵值（Eigenvalue）。第三欄應說明組成分量表的每一道題項，其提供受試者選擇的間距是李克特態度量表的幾點量表，以本表為例是5點量表，因此間距欄應標示1～5。第四欄與第五欄依序為各陳列變項的平均數與標準差。以本表為例，工作壓力的平均數為5點量表的4.08，標準差為0.66，亦即所有樣本與平均數的離差不大，但代表受訪者對於工作壓力的認知，感受到壓力很大。

　　此外，大多數的期刊文章，是將上述受訪者的基本特性之描述性統計分配與分量表所組成的描述性分配，整合於一個表格之中，詳見表13-6案例。

表13-6　研究樣本變項之描述性統計（案例三）

變項	測量說明	次數（%）	平均數	標準差	間距
依變項					
犯罪被害恐懼感	共三個題項		2.10	0.80	1-5
自變項					
性別	男性 女性	864（47.8） 942（52.2）			
年齡	18～29歲 30～39歲 40～49歲 50～59歲 60歲及以上	323（17.9） 364（20.2） 355（19.7） 353（19.5） 411（22.8）			
教育程度	國中小以下 高中職 專科 大學 研究所	269（14.9） 496（27.5） 259（14.3） 618（34.2） 163（9.0）			
婚姻狀況	單身或有單身事實 已婚或有已婚事實	631（34.9） 1,171（64.8）			
被害經驗	無被害經驗 有被害經驗	1,735（96.1） 71（3.9）			
住宅型態	傳統型態 華廈與大廈	1,213（67.2） 587（32.5）			
社區失序	共八個題項		2.08	0.47	1～4
社區融合力	共三個題項		2.94	0.78	1～4
社區警政滿意度	共五個題項		3.29	0.84	1～5

資料來源：賴擁連（2015）。大台北地區民眾犯罪恐懼感的成因分析：多層級分析的驗證。2015犯罪防治學術研討會，桃園：中央警察大學犯罪防治學系，頁127-156。

這樣的描述性統計表格，必須要包含足夠且詳細的描述讓讀者能夠了解研究者所蒐集樣本的資料以及研究程序的有效性，但是，研究者也不應該提供過多或大量的未整理之原始數據或資訊，加重讀者的負擔，嚴禁研究者將SPSS所產出的資訊未經彙整於表格，直接剪貼至文章中。整理過後的表格，透過使用比例、數字、圖形呈現、次數分配以及其他總結的方式，研究者可以將自己研究的重大發現，以一種言簡意賅、一目了然的形式，讓讀者全盤了解。附帶一提的是，根據美國心理協會（American Psychological Association, 2020）所出版的第七版「研究著作手冊」（Public Manual, 7th ed.）（俗稱APA格式）規定，研究者在製作表格時，僅留表格最上方、上方第一列下端以及表格最後一行的框（黑）線外，其餘的黑線應予以刪除（讀者亦可詳參該書Chapter 5, Displaying results）。

二、簡單數值的運算

在一份實證研究中，數據的呈現方式除簡單的次數分配外，例如男生有幾位、女生有幾位參與研究外，研究者亦可以使用一些簡單的數值運算方式，將數據以簡單、總結的方式呈現，讓讀者清楚的掌握研究的發現。例如比率（rates）、部分率（proportions）、百分比（percentages）以及（兩個事物間的）比例（ratios）等，都是一些有重要的方法讓研究者所蒐集到的數據予以標準化，有助於研究者或讀者對於受訪族群間進行比較（Hagan, 2006）。

1.比率

是指每一個單位的母群中（例如每1,000人中），符合某一標準變項（criterion variable）的案件數量有多少。這樣的測量方式能讓原始數據總結化，讓讀者清楚知道原始數據的真實意義。例如台北市民國108年底人口數為264萬5,041人，當年刑事犯罪案件數為3萬3,525件；而同一年份，新北市人口數為401萬8,696人，當年刑事犯罪案件數為3萬1,606件，詳表13-7。乍看之下，台北市與新北市的犯罪問題似乎差不多，新北市的整年刑事犯罪案件數僅少於

表13-7　台北市與新北市民國108年底人口數與整年刑事犯罪案件數

	台北市	新北市
刑事犯罪案件數	33,525	31,606
年底人口總數	2,645,041	4,018,696

資料來源：台北市政府民政局與警察局、新北市政府民政局與警察局。

台北市的整年刑事犯罪案件數約1,919件，但實際上是如此嗎？因爲各都市的人口數量並未予以考量，如何能進行比較？如果換算成犯罪率的方式呈現（即考量兩都市人口總數後），新北市的犯罪問題和台北市的犯罪問題差不多嗎？因此，採取犯罪率的方式，將兩都市犯罪案件的原始數據，轉換成一致性的比較基礎，才可進行精確比較。

犯罪率（crime rate），又稱爲刑案發生率，其計算方式是當年警察受理刑事犯罪案件數除以該城市當年人口數再乘以10萬人。亦即：

$$犯罪率 = （當事刑事犯罪案件數 \div 年底人口總數）\times 100,000$$

根據上述計算公式，台北市與新北市的犯罪率分別爲：

(1) 台北市犯罪率 = $(35,525 \div 2,645,041) \times 100,000 = 1,267$
(2) 新北市犯罪率 = $(31,606 \div 4,018,696) \times 100,000 = 786$

經過公式的換算，一種更精確的且標準化的比較方式就具體呈現了。根據上面公式換算後的結果得知，台北市的犯罪率爲每十萬人1,267件，但新北市的犯罪率爲每十萬人786件，雖然新北市與台北市的犯罪案件數差距不大，但因爲其人口數較台北市高出許多，透過犯罪率計算公式的標準化後，台北市的犯罪率較新北市爲高。這種呈現方式遠較原始資料的呈現，更精確也更具說服力。

2. 部分率

其實部分率亦翻譯成比率，即符合某一標準變項（criterion variable）的案件數量占母群的多少部分，因此，部分率是用來直接比較兩個事物數量多少或水準的高低。其與比率最大的不同在於，部分率不再乘以任何的每10萬或萬人的數值。其公式爲：

$$部分率 = 刑事犯罪案件數 \div 年底人口總數$$

以上述台北市與新北市的犯罪率爲例，犯罪部分率的計算即爲：

(1) 台北市犯罪部分率 = $33,525 \div 2,645,041 = 0.01267$

(2) 新北市犯罪部分率＝31,606÷4,018,696＝0.00786

　　部分率在一般研究計算上，算是比較少用的字詞，其實它與比率一樣，甚至大部分的研究呈現，即使是以部分率的方式呈現，也稱為比率而不稱部分率，換言之，部分率的呈現方式已被比率所取代，導致部分率一詞，甚少在期刊文章上被引用。

3. 百分比

　　百分比的計算方式就是某一個標準變項被觀察的數值或次數，除以母群或樣本數後，再乘以100的方式，予以標準化呈現。其公式為：

$$百分比＝（刑事犯罪案件數÷年底人口總數）×100$$

　　若再以上述台北市與新北市的犯罪率為例，其犯罪百分比計算方式為：

(1) 台北市犯罪百分比＝(33,525÷2,645,041)×100＝1.267
(2) 新北市犯罪百分比＝(31,606÷4,018,696)×100＝0.786

　　上述兩都市犯罪百分比的意涵是，每100位人口中，約有一件刑事犯罪案件。對於犯罪率，不採用犯罪百分比，實乃美國聯邦調查局在其所公布的統一犯罪報告書（Uniform Crime Report, UCR）中所規範之公式（Hagan, 2006），各國廣泛採納之，我國也是（許春金，2014）。

4. 比例

　　比例是指兩個次群體或組群數量上的比值，例如警民比、戒護人力比等。其公式為：

$$比例＝\frac{A}{B}$$

　　以新北市政府警察局（2019）民國108年新北市警政統計年報所載內容為例，該市108年底各分局實際員警人數（不含一般行政人員）為7,581人，平均每一員警需服務530名市民，其警民比的算法為：

$$警民比＝4,018,696÷7,581＝\frac{530}{1} 或 1：530$$

三、圖形呈現

運用圖形呈現原始資料，也是吸引讀者對於研究結果興趣或掌握研究者重大發現的另一種方式。一些電腦統計軟體，像是SPSS以及微軟的Excel，均內建多樣的圖形呈現功能，提供研究者選擇。以SPSS為例，在其上排功能鍵列，有一個項目為統計圖（GRAPHS），按下後即提供多種適切的圖形，提供研究者選擇以呈現原始資料或分析數據的結果。因為「一張圖片勝過千言萬語」（a picture is worth a thousand words）（Hagan, 2006: 375）。

一般而言，期刊文章會運用來呈現原始數據或分析結果的圖形有派狀圖（pie charts）、長條圖（bar graphs）與折線圖（frequency polygons）。以下逐次說明與舉例之。

1. 派狀圖

派狀圖，又稱為圓餅圖，是指以簡單的圓形呈現不同的族群占此一圓形的百分比。圖13-5為一派狀圖案例，該圖為民國103年台灣地區看守所新收被告所犯罪名分派圖。由該圖得知，新入所被告中，毒品罪最高，占所有新入所被告的29%，其次為竊盜罪，約占26%，而暴力犯罪為第四，約占15%。換言之，研究者欲讓讀者了解一個原始資料或分析的數據中，各組成分子的分布情形，派狀圖不失為一種好選擇。

2. 長條圖

又稱為柱狀圖，是指該圖形由數個直立長條或柱條所組織而成，其呈現的方式。研究者在製作長條圖時，應考慮以下幾點準則：(1)在橫軸方面，是呈現次序類的項目（例如年份），在縱軸方面則呈現數量或百分比；(2)適切的使用標籤來說明橫軸、縱軸以及長條所代表的意義，若在圖中沒有說明，在內文中

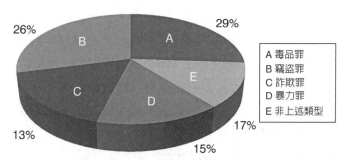

圖13-5　民國103年台灣地區看守所新收被告罪名派狀圖

資料來源：黃徵男、賴擁連（2015）。21世紀監獄學。頁91。

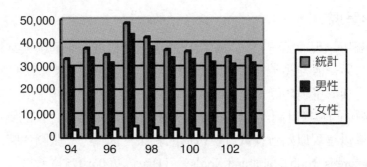

圖13-6　民國94至102年新入監受刑人與性別分布情形柱狀圖

資料來源：黃徵男、賴擁連（2015）。21世紀監獄學。頁89。

也要說明，以讓讀者明瞭；(3)0點應該從圖形的左邊（橫軸）、下方（縱軸）開始計算，循右（橫軸）與循上（縱軸）增加數值。

　　圖13-6為台灣地區民國94至102年新入監受刑人與性別分布長條圖。首先，在該圖形中，橫軸代表年份，縱軸代表人數。其次，灰色代表各年度新入監人數，黑色代表各年度男性新入監人數，白色則代表各年度女性新入監人數。詳該圖右邊圖例。根據該圖，舉例分析，例如在總計全部新入監受刑人方面，以民國97年人數最多，達到4萬8,234名，其中當年男性為4萬3,301名，女性為4,833名，男女比為9：1。

　　3. 折線圖

　　折線圖主要是運用來呈現一段長時間的某一現象的次數或百分比變化的趨勢或消長現象之圖形，與上述長條圖類似。使用此種圖形呈現時，研究者所欲分析的是，某種現象從一基準時間點後至一段時間之間，此現象消長的變化趨勢。圖13-7為民國82至102年所有矯正機關實際容額、核定容額與超收人數折線圖。以民國80年底監所總收容人數為例，該年年底收容達3萬2,932人，但同一時期的所有監所之核定容額僅2萬7,184人，超額收容21.1%，之後並持續上升。監所超額收容創有史以來最高峰者為民國82年，收容人數達5萬2,024名，核定容額僅3萬4,318名，收額收容達51.6%。民國101年，收容人數已達6萬4,864名，核定容額僅5萬4,593名，超額收容率達18.8%，雖然沒有民國82年高，但收容的人數也創歷史新高。

　　學者Tracy（1990: 76）曾經對於表格與圖形協助研究者呈現原始數據與分析結果的重要性，下過此一結論：「當研究者有一個以上的統計測量欲呈現

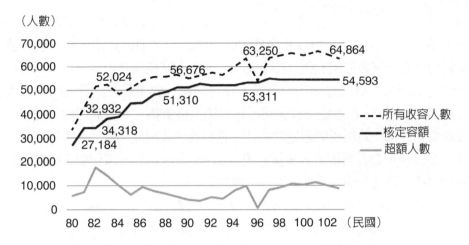

圖13-7　民國82至102年所有矯正機關實際容額、核定容額與超收人數折線圖

資料來源：黃徵男、賴擁連（2015）。21世紀監獄學。頁367。

時，或是有一套以上的分析結果要呈現時，利用表格化的方式呈現，可以讓讀者有效率的掌握該研究欲呈現的數據內容與結果分析。另一方面，當研究者特別有興趣於強調某些關聯性時，或是想要比較不同的族群間有何差異時，圖形，例如派狀圖與長條圖，就是一種很有效率的呈現方式；但當研究者欲分析群體間長期的發展趨勢或一個現象的消長時，折線圖則是一個相當不錯的選擇。」

第三節　結論

　　本章介紹數據的管理與數據呈現的方法，提供研究者在蒐集數據的開始，或是在研究的進行中，可以適切地選擇使用。根據上述內容，綜整如下：首先，在進行數據的蒐集前，研究者必須製作一張變項名單（variable list），研究者製作變項名單的依據是根據自己欲研究主題的研究架構或研究概念而來，其用意在於確定欲研究主題的各項變項，無論是自變項或依變項，都能設計於問卷或測量工具中，此一變項名單可能是一個題項就是一個變項（例如性別），也可能是數個題項（分量表）組成的一個變項（例如，工作壓力量表組成工作壓力變項），研究者必須逐一對比與檢視變項名單與問卷或測量工具內的題項，以確定所有研究之變項都已涵蓋在問卷或測量工具中。其次，

編碼（coding）工作是要將問卷中所有的題項，指定或分派一個數值予以代表，換言之，每一個題項以及題項內的選項，均必須指定或分派一個數值，並將這些數值記載於編碼簿（codebook），讓實際輸碼者可以遵行，引導渠等將問卷或測量工具所蒐集到的資料，詳實的輸入於電腦或計算機的空白表格（spreadsheet）。在電腦空白表格，每一個表格內輸入的數值，即代表每一位受訪者對於每一題項所問議題的特性、意見想法或態度。當這些數據都輸入完成，並經過研究者與輸碼者多重檢視（double-checks），確認與原始問卷的資料無誤後，研究者即可以準備進行數據的分析與呈現。

簡單的數據呈現開始於對於單一變項的次數分配（frequency distribution）與邊際運算（marginal run）的表格化呈現。例如次數分配、百分比，此外，對於分量表所組成的變項，也應該具體呈現其單變量分析結果，例如平均數、標準差與測量間距等。同一時間，運用多元的總結工具（various summarizing devices）以協助研究者呈現原始數據或分析數據的結果，亦受歡迎的。這些工具包含比率、部分率、百分比與比例等，此外，對於原始數據或分析數據結果所呈現的方式，對照表（cross tabulations）可以讓讀者有效率的掌握研究者欲呈現的數據內容與結果分析。例如都市的犯罪率，透過公式的計算，可以讓大小不一的城市，其犯罪數量與人口數，標準化後，即可以公平地進行比較，讓讀者能深入精確的了解都市間犯罪率的差異。次數分配是呈現單一變項的特性或屬性時，最重要的方法，但應該留意次數分配的呈現原則是次序的、群組的以及百分比的方式記載於表格內的方式，才能讓讀者一目了然。表格外，以圖形（graphics）的方式呈現，例如派餅圖、柱狀圖與折線圖等，也是吸引讀者聚焦或關注的方法。期盼透過本章介紹，研究者可以將所蒐集的數據，以良善的方式，管理與呈現，以提升研究的學術品質。

參考文獻

一、中文

內政部警政署（2015）。104年度台灣地區犯罪被害調查：派員實地面訪調查報告。內政部警政署。

台北市政府警察局（2019）。民國108年台北市警政統計年報。台北市政府警察局。

吳奕嫻，（2013）。家庭與青少年偏差行為之研究。中央警察大學犯罪防治研究所碩

士論文。桃園：中央警察大學。

許春金（2014）。犯罪學（7版）。台北：三民書局。

黃徵男、賴擁連（2015）。21世紀監獄學（5版）。台北：一品文化。

新北市政府警察局（2019）。民國108年新北市警政統計年報。新北市政府警察局。

賴擁連（2015）。大台北地區民眾犯罪恐懼感的成因分析：多層級分析的驗證。2015
　　犯罪防治學術研討會，桃園：中央警察大學，頁127-156。

賴擁連（2015）。台灣大學生與警察接觸經驗和影響警察信心程度之成因探究。犯罪
　　與刑事司法研究，23，29-65。

賴擁連、彭士哲（2013）。台灣地區監獄規模對於戒護人員離職意向影響之探究。執
　　法新知論衡，9（1），1-23。

二、英文

American Psychological Association (2020). Publication Manual of the American
　　Psychological Association (7th ed.). Washington, DC: American Psychological Association.

Hagan, F. E. (2006). Research Methods in Criminal Justice and Criminology (7th ed.). Boston,
　　MA: Allyn and Bacon.

邱獻輝

前　言

　　近年來質性研究頗受國內犯罪心理學研究者的青睞，質性研究的教科書與研究報告如雨後春筍般地出版；然而不少犯罪學領域的質性研究作品並未審思科學哲學的立場，往往僅就方法論（methodology）切入，即逕行資料蒐集與分析的程序，此種做法可能不易掌握質性研究的本質（Denzin & Lincoln, 1998）。為了深化質性研究的歷程與精神、導引出厚實的論述，有必要強化質性研究者的科學哲學素養，俾使在典範（paradigm）的引導下，進行適切的研究設計與計畫執行（Annells, 1996）；因此本文擬將重點將放在「如何在典範的引導下從事犯罪心理學的質性研究」的經驗分享，協助有心從事質性研究者更紮實地完成論文。

　　典範意指一套有關社會世界的假設，套用在方法學上，即指可作為研究規範的哲學與概念架構（Filstead, 1979）。基本上，典範就是一套有系統的價值信念或世界觀，得以用來引領研究者實踐科學的主張（Ponterotto, 2005），因此對世界本質秉持相同信念者，通常就會認同相同的研究典範（潘慧玲，2003）；具體來說，典範就是研究者進行研究時，對社會現象的基本假定，這些假定能夠進一步引導研究者的研究假設、選擇適當的工具、參與者、研究方法（潘淑滿，2003; Denzin & Lincoln, 1998）。

　　在典範的分類上，早期Habermas（1968）將分成三種：其一是唯物主義梯階的研究（ladder of materialistic inquiry），其主張以線性步驟探究單一實在（reality）。其二是建構者循環的研究（circle of constructivist inquiry），其主張知識是鑲嵌在情境脈絡中，故秉持多元實在的觀點。其三是批判／生態鉅觀的研究（global eye of critical/ecological inquiry），其主張研究者須透過歷史的檢視，解構社會權力的不平等，達到賦權弱勢者的目的。Lincoln等人（2017）則進一步擴展成五種研究典範，這是目前學界比較常採用的典範分類架構，包括實證主義（positivism）、後實證主義（postpositivism）、建構主義

（constructivism）、批判理論（critical theory）、參與/合作典範（participatory /cooperative paradigm）；這些不同研究典範有不同的本體論（ontology）與認識論（epistemology）的立場，因此會導引出不同的方法論。

在篇幅有限的情況下，考量筆者近年的研究主要聚焦在建構主義典範的實踐，對此典範比較熟悉，因此擬先聚焦該典範在犯罪心理學質性研究的實踐；接下來將分別從本體論、認識論、價值觀點（axiology）、修辭結構（rhetorical structure）等角度，介紹並分享實踐建構主義研究典範的可行方式，供有興趣從事質性研究的初學者參考。

第一節　從本體論的認識與澄清作爲起點

本體論主要在探討現實世界中各種現象與存有（being）的本質，因此是科學哲學內涵中最基本主張，不同的本體論會導引出不同的認識論、方法論、價值論與修辭結構。本節的內容將先說明建構主義的本體論立場，然後溯源其立論的觀點，最後再探討該本體論立場對研究設計的啓發。

一、建構主義本體論的立場與特徵

建構主義研究典範的本體論主張相對主義，秉持多元眞實的觀點，其特徵如下：

（一）強調脈絡與主動感知

建構主義主張實在（reality）的本質是主觀、受情境脈絡影響、且可被理解的，理解的管道需透過個體（knower）主動與客體（the knowed）的連結與互動，並且透過對話協商（negotiation）之後產生共識（consensus），實在方才建立；影響這種協商過程的因素很複雜，其可能涉及到價值思維、權力結構、利益關係、意識型態；因此被建構出來的知識內涵勢必受到建構者的影響，不同的建構社群就會有不同的實在內涵；所以實在不會是單一、絕對的，而是多元並存的狀態；專家學者所指稱的科學事實也就是多元的，因爲其亦是在社會建構的過程中產生出來的結果。就此角度來看，建構主義的本體論顯然是一個強調感知觀點的科學觀點（perceived view of science），此觀點主張必須透過理解現實來累積知識——相對地，一般傳統量化研究所植基的實證主義與後實證主義，則是採取接受性的觀點（received view of science），主張知識的

發現須透過序列的機率驗證或證偽（Annells, 1996）。

（二）強調個體內在的深層描繪

建構主義關注個體內在深層意涵的探究，主張每個個體的內在建構皆有其獨特性（idiographic，此字源自希臘文的idios，意指應用在個人層次），並且顯露出複雜的整體性；此恰好相對於實證主義、後實證主義探究現象時所強調的普遍性（nomothetic，此字源自希臘文的nomos，意指應用在一般人或一般模式的共通法則或陳述），其關注的探究心理與行為的一般模式，旨在掌握欲研究現象的預測和解釋（Hood & Johnson, 1997）。

（三）強調主位式的研究

此處談到主位式（emic）與客位式（etic）兩個相對的概念，其源自溝通的概念，旨在探討語言的規則；emic意指特定的語言（phonemic），etic則指一般性的語言（phonetic）（Pedersen, 1999）。基本上，建構主義採取主位式的研究立場，其關注特定個體或特定社會文化中的獨特行為與構念，不講求概推性，例如以下的命題：「認同傳統華人關係主義的親密暴力者，可能因為顧慮長輩意旨、子女撫育之需而輕忽個人情感需求，因此勉強維繫衝突不斷的婚姻，以致累積情緒、最後爆發親密暴行」（邱獻輝，2016；2018）。相對地，實證主義或後實證主義的研究典範則強調普遍性的行為規則之探究，關注的是跨越國家和文化的特性之探究，以便獲取廣泛適用於全體人類的規則，例如以下的命題：「男性親密暴力的本質可能是父權宰制的意識型態之實踐」（Dobash & Dobash, 1979; Pence & Paymar, 1993）。

二、建構主義的基礎

Ponterotto（2005）認為建構主義的本體論可溯及Kant（1881; 1966）的「純粹理性的批判」（Critique of Pure Reason）一書所談的概念。Kant認為人類知識的建構除了需要感官來知覺事物之外，還需要仰賴個體對這些事物的印象和感受；這意味著人類所認識的事物本質是無法獨立於經驗者的主觀歷程。換言之，客觀的現實與經驗者的主觀體驗是無法分割的，實在（reality）乃是在經驗者的主觀現象場中建構出來的。因此社會科學研究的目標應該是去理解人類經驗的意義——此即建構主義研究典範的核心要旨，而非像實證主義或後實證主義一樣，要將人類經驗化約成自然科學的簡約、客觀的公式（Dilthey, 1894; 1977）。

三、建構主義對研究設計的啓發與舉隅

　　建構主義的本體論觀點如何應用在犯罪心理學的研究呢？以下試就筆者前些年投入的殺妻者與親密暴力者的心理探究為例，進行說明（邱獻輝，2016；2017；2018；邱獻輝、葉光輝，2012；2013；2014）。回顧在2010年底，媒體報導一名老先生為了解除久病伴侶的痛苦，而以螺絲起子釘入妻子的額頭；此事件引起研究者相當震撼與好奇：殺死伴侶的心理歷程與機制為何？其為何會殺死（曾經）摯愛的伴侶？於是開始著手回顧相關文獻，發現幾個現象：其一，在親密暴力議題中，女性主義所主張的權力控制觀點廣泛被引用，且頗獲實徵研究的支持（例如Bui & Morash, 1999; Jin & Keat, 2010; Kim & Sung, 2000）；其二，權控觀點乃植基於庇護所受暴婦女對施暴者的描繪；其三，權控觀點是目前親密暴力者強制諮商處遇的主流理論（Dobash & Dobash, 1979; Pence & Paymar, 1993），但是成效頗受質疑（Babcock et al., 2004; Dunford, 2000; Eckhardt et al., 2013; Feder & Wilson, 2005），甚至被抨擊違反治療原則（Dutton & Corvo, 2006; 2007 Hamel 2010; Straus, 2011）。

　　面對初步文獻回顧的結果，筆者從建構主義與自身專業訓練的背景，嘗試做了以下幾點反思與批判：首先，從相對主義的多元真實之觀點來看，女性主義僅是反映受暴婦女的觀點，理應還有其他有價值觀點值得開發。其次，筆者作為諮商心理學的教學、實務工作者，關心的自然是處遇的療效；既然先前的處遇療效不明，則理應開拓新的觀點；由於諮商心理學具有濃厚的現象學思維，因此處遇的理論觀點通常會植基於案主的主觀現象場，所以就心理處遇的觀點來看，開發施暴者觀點的理論顯然具有價值——這一點也契合建構主義所主張：實在的本質是主觀的、多元的。再者，建構主義強調：實在會受情境脈絡影響。這提醒筆者：台灣的殺妻者理應會受到本地社會文化的影響，因此探究此議題有必要納入文化考量；這剛好亦可避免國內學術長期以來引用國外理論的弊端，尤有甚者是直接移植使用。

　　於是筆者當時定調研究的方向如下：其一，以殺妻者作為研究參與者，探究其殺妻的心理歷程與機制；其二，從傳統華人關係主義的價值信念系統切入；其三，初期先探究殺妻者的生命歷程，以期深度理解其人格、價值思維對伴侶互動、暴力衝突的促發作用；然後再慢慢透過個案的累積，尋找殺妻現象背後的共同意義。

第二節　從認識論思考深度對話氛圍的營造

本節擬就建構主義的認識論內涵、心理學的基礎，以及對研究設計的啓發進行論述。

一、建構主義的認識論內涵

認識論旨在探討知識與實在之間的關係，因此科學哲學的認識論即是在論述個體在研究、取得知識的過程，應與被研究者、被研究現象如何互動（Guba & Lincoln, 2005）。建構主義的認識論主張實在是透過社會建構而成的，因此研究者和受訪者之間應該是親近、密切、主觀、交流、動態、深層省思的關係，才能將潛藏在現象背後的隱含意義發掘出來、並且建構成有意義的知識（Schwandt, 2000）。雖然就傳統量化研究所植基的實證主義或後實證主義之觀點來看，研究者在此種研究關係中，將會有不當的主觀與偏見的涉入；然而不可諱言的是，其可避免實驗室式的研究設計所造成的簡化、扭曲人類複雜生活經驗之弊端（Fassinger, 2005）。

二、建構主義的認識論之心理學基礎

建構主義典範的認識論觀點可在心理學的理論與研究中找到支持，相關的理論取向主要有二，其一是個人心理建構（constructivism），其二是社會建構（social constructivism）；這兩種論述觀點主張人類認識外界的過程，都是採取主動建構經驗與知識的角色（吳芝儀，2000）。前者最具代表的理論應屬Kelly的個人建構論，其主張每個個體都會根據自己所經歷的主觀經驗建立自身的構念系統，再以此構念系統來認識、預測、組織外在的事物，並且不斷精煉、複雜化自身的構念系統，使之更加細膩、更有效地概念化出各種現象的意義；因此就人類的主觀經驗與感受而言，並沒有所謂的單一絕對眞理、亦無客觀的眞實（Larsen & Buss, 2014）。

其次，在社會建構論的理論方面，最具有代表性者之一應爲Vogotsky，其理論屬於微觀層面的「社會文化建構論」（social-cultural constructivism），主張人類知識是在社會文化脈絡中，透過人際互動而產生的；亦即個體透過語言（文化工具）、主動與情境脈絡進行辯證的過程，藉以逐漸建構出自身的知識系統（張春興，2013）。這意味著知識是知者社群之間，透過彼此澄清、對話、辯證等過程共同建構出來的，而且隨著共構的過程，知識被來回不斷地檢

證與精煉，使得知識的品質逐次遞升而上（Lincoln et al., 2017）；此種觀點恰好反映出建構主義認識論的一元論（monism）立場——研究者和受訪者乃是建構知識過程的社群互動（communal contact），兩者的關係乃是研究品質的關鍵指標（Lincoln, 1995）。

三、建構主義對研究設計的啓發與舉隅

以下仍以筆者探究台灣親密暴力者的施暴心理歷程與機制為例，分享建構主義的認識論對於筆者在研究設計上啓發。從建構主義的認識論觀點來看，筆者想探究施暴者的心理機制，顯然有必要謹慎營造出民主、尊重、互利的對話氛圍，才能使研究過程中所有參與知識建構的人員，都能在信任氣氛中表達出其觀點，對親密暴力者的主觀現象場進行表述、澄清與辯證，從而建構出施暴心理機制的意義概念。

如何透過資料分析、呈現分析結果的過程中達成此一研究目的呢？筆者閱讀相關質性研究的書籍後，再綜合自己的研究與實務經驗，彙整出四個實踐方向，藉以豐厚研究過程的對話濃度，其一是受訪者正式參與研究前，研究者必須確實實踐知情同意（informed consent），其二是在資料蒐集過程中，訪談者必須熟稔深度對話的技術，其三是在資料分析過程中，研究者須實踐共同建構知識歷程，其四是在呈現研究報告的過程中，宜善用專業社群的對話與澄清的機會。試進一步說明如下：

（一）實踐知情同意

研究者想要以誠實和尊重的態度對待受訪者，最基本的做法就是實踐知情同意。一般而言，為了能夠順利邀請潛在受訪者受訪，研究者除了以誠懇的態度表達對受訪族群的關注之外，更要清楚地向潛在受訪者說明研究的價值與預期成效、研究的歷程、匿名的處理原則、在繳交研究報告或發表前可隨時無條件退出、訪談過程可隨時暫停訪談或停止錄音、必要的轉介服務等，讓受訪者在安全、開放與尊重的氣氛下決定是否接受訪談（張芬芬，2006；鈕文英，2012; Merriam & Tisde, 2015）。

就筆者的經驗來看，知情同意不僅是一個基本的研究倫理實踐，也是營造開放互動氣氛的起始點；另外，知情同意也是一個篩選受訪者的好工具，因為自願參與受訪者，在訪談過程才比較能夠暢談內心的思緒與情感，即使被詢及敏感的話題（例如，探究夫妻互動或親密暴力關係時，可能會詢問到性關

係），其亦較能不避諱地分享；反之，一開始就擔心、猶豫是否受訪的對象，通常在受訪過程可能也會比較拘束與保留，難免在資料蒐集過程增添較多的挑戰。因此有心從事質性研究者，宜慎重且確實地實踐知情同意。

（二）熟稔深度對話的技術與作為

筆者認為訪談不僅是蒐集資料文本的過程，而且已經是進入共同建構知識的歷程。在資料蒐集過程中，研究者對於研究主題的意識型態、價值觀點，都無可避免地涉入訪談大綱，並且在訪談的提問、回應之間不斷地流露出來；倘若研究者這些個人思維的流露，有助於催化受訪者更深度、更豐厚的思考與表達，就可為後續的資料分析提供良好的素材；因此資料蒐集的過程就是一個實踐主客視野交融、互為主體性（intersubjectivity）的展現。由於訪談者的訪談技巧、專業素養、當場的即時詮釋與反應不同，所以營造出來的訪談氣氛、催化受訪者的自我整理與覺察的程度也不同，使得受訪者提供的資訊品質也會不同；倘若以料理食物來比喻，訪談文本就好像是食材，如果食材品質不佳、不新鮮，不管後續的料理功夫（資料分析）多麼熟練，也不可能做出一道好菜；因此為了維繫研究的品質，筆者自己主持的研究案都會親自訪談，不會假手研究助理。

由於筆者自身的專業背景為諮商心理學，在晤談技巧上已經累積相當的訓練與經驗，因此占有很大的優勢，不過也必須提醒自己避免讓晤談變質成諮商過程。為了要營造對話、澄清、甚至辯證的氣氛，筆者認為在晤談過程必須保持良好的傾聽態度，此可多加運用專注、簡述語意、情感反映、初層次同理、具體化、探問等技巧；一旦訪談氣氛順遂，即可針對受訪者矛盾的表達進行澄清、辯證，惟這個部分難度比較高，訪談者若能具備高層次同理心、面質、立即性的晤談技術就比較容易達到（Hill, 2014）。此外，為了提高資料的訊息濃度，筆者通常會採取深度訪談；以下試從建構主義的認識論立場出發，彙整筆者的訪談經驗與深化對話的策略如下：

1.透過邏輯性的問題進行探詢

為了避免過早侷限訪談內涵，訪談者一開始宜以開放性問句讓受訪者自發性的表達，然後再受訪者的表達內容為基礎，在研究議題範圍內，就文獻彙整所得概念、實務體驗、研究者自身的生命經驗與觀察作為對照，進一步探索受訪者的生活經驗與隱藏其中的意義（邱獻輝，2009）。此法可與Corbin與Strauss（2015）所稱之漏斗式的問法搭配使用，其做法是先從寬廣的開放問句

著手，並且緊扣研究所需進行提問，以兼顧探索、不離題的質性訪談特徵。

2.透過比較讓深層的價值思維現形

受訪者往往不易覺察默慧或習以爲常的價值信念，訪談者若遇到這種狀況，往往會只蒐集到貧乏的資料，以致相當挫折。遇到這種狀況，訪談者可讓受訪者透過比較、以利潛藏的情感與信念得以浮現。例如，筆者有一次在進行施暴者的生命敘說研究的訪談時，隱約發現受訪者的施暴與其僵化認同父親的傳統信念有關聯，但其表達卻頗爲簡短貧乏，於是就邀請受訪者比較其與父親的異同，結果不僅因而協助受訪者表達出許多寶貴的資料，其也藉此提升其自身的覺察與生命經驗的整理。

3.厚實對話的準備

既然知識是研究者與被研究者雙方透過對話而共同建構出來（Guba & Lincoln, 2005），則研究者自己在研究議題上的理解與涉入也就成了影響知識品質的關鍵之一；研究者如何自我準備好、使成爲一個好的知識建構者？至少可從以下幾個方向準備：

(1)閱讀最低限度的文獻

雖然質性研究的目的不是在做理論的驗證工作，因此通常不需要像量化研究一樣在施測、蒐集受試者資料前就完成完整文獻的閱讀，不過也需要閱讀最低限度（minimum）的文獻，讓自己對於欲探究的議題有基本的認識；然後再隨著研究的進展與發現，隨時研讀有關的文獻（陳向明，2002；Corbin & Strauss, 2015）。

基本上，很少人會跟一個不懂自己的人深談內心不爲人知的生命經驗，特別是敏感的議題；因此受訪者如果覺得訪談者不能理解其所表達的意涵、或者根本不清楚受訪者所置身的背景脈絡，則訪談者將無法蒐集到良好品質的文本。反之，訪談者若能夠令受訪者感受到被理解、雙方有共鳴之感，則訪談才能順利。舉例來說，在訪談罪犯前，就應該理解其常會有否認、淡化自身罪刑的傾向，藉以逃避法律的懲罰（Mongold & Braswell, 2007; Sun, 2008），訪談者若能熟悉此種心理機制，就不會貿然在訪談之初就草率面質、辯證，而會在彼此信任關係比較穩固、且累積足夠的訪談訊息之後，才技巧性搭配高層次同理心的回饋、進行委婉的澄清與辯證。

(2)善用已得的暫時性論點

由於質性研究通常會對未開發的新議題進行初探、並且發掘新的概念，該議題的相關文獻可能相當有限，以致訪談者無法在現有文獻中獲得訪談前的良

好準備；此時訪談者即可善用自己先前訪談後、分析所得的初步結果，作爲訪談過程中理解與回應受訪者的基礎，尤其某些特定議題的收容人或罪犯往往會有某些特殊的共同經驗（例如入珠的受刑人），但卻不足爲外人道也，倘若訪談者可以藉由先前訪談所得，精準地回饋受訪者，往往會進一步帶出更深層的寶貴資訊，爲令人感動的研究結果做出準備——沒有深度省思資訊的質性研究容易令人讀之如同嚼蠟。舉例來說，倘若在先前的訪談與分析中，發現台灣親密暴力者的施暴心理歷程中，子女關注與父母關注常是中介暴行的關鍵因素，而其深層的文化價值信念通常是涉及家族主義、家庭性別角色化的心理機制（邱獻輝，2016；2018），倘若能在適當的訪談互動中，善用這些既有的分析結果，作爲同理受訪者的基礎，將可有效深化彼此的對話內涵。

(3)實務觀察與體驗

與研究主題有關人員進行互動乃是厚植自己與受訪者對話能力的絕佳管道。舉例來說，如果想要研究青少年俱樂部用藥的議題，則可修習毒品濫用課程、參與毒品防制研討會，或者與縣市政府毒品防治工作人員、少年調查官／保護官、青少年毒品使用者或其家人、學校教官、毒品輔導者、警察等人員接觸，若能親自參與毒品防治的相關工作更佳，如此將會有機會密集地與青少年俱樂部用藥議題的專家、學者、實務工作者互動，沉浸在此一領域的專業氛圍中，掌握最新的毒品使用資訊與趨勢，實際接觸毒品使用者；如此將可熟悉受訪者所置身的背景脈絡、語言與經驗，適時協助受訪者揭露隱藏其中的意義，進而表達出具有深度覺察的資訊。

(4)自我日常的省思

質性研究者本身就是蒐集資料的重要工具，因此也需要深刻省思自己對欲探究主題的看法、需求、未完成的經驗（unfinished business），避免讓研究工作變質成爲自我未竟事宜的補償機轉；例如，倘若訪談者是一位曾遭到暴力的倖存者，如果其尚未復原、走出創傷的陰影，就投入暴力者的心理研究，則其在晤談過程中，就會比較容易將自己的偏見投射到受訪者所表達的內容，以致產生不當的解讀與回應，以致阻礙受訪者進一步的表達；反之，如果這位曾有暴力創傷訪談者已經經過自我整理與復原，則其親身經歷則可以轉化成研究該主題的資源，協助他更深度的理解受訪者的經歷。

綜而言之，訪談者必須持續性的覺察自身對欲研究主題的感受、立場、理念、行動以及意義，才能保持較佳的研究意識與自我覺察，在訪談時才能有效地催化受訪者更深入地省思欲探究的議題，才能蒐集到高品質的研究素材

（Lincoln et al., 2017; Rodwell, 1998）。

（三）共同建構知識歷程的資料分析

資料分析是知識建構過程的另一個關鍵。為了實踐「共同建構」知識的歷程，筆者不管是自己從事研究或指導研究生論文，都會儘量採取多位分析者（協同分析或以團隊方式）進行文本分析；此種模式的主要功能是將分析者視為共同建構知識的組成分子，以各自對文本的解讀為基礎，再透過討論、檢核、澄清、辯證、獲取共識的過程，實踐知識共構的精神，同時亦藉此來減少研究者獨自分析所造成的主觀偏誤。在實際操作上，筆者曾採取兩種方式，其一是找一位以上的協同分析者來搭檔分析，其二是採取團隊分析。此外，受訪者檢核與回饋也是資料分析過程中，實踐知識共同建構的一環。試說明如下：

1.協同分析

協同分析意指研究者除了自己先分析文本之外，另外再找一名以上的分析員，當研究者每分析一個段落時，就將文本與分析所得交稿協同分析者，請其檢視分析結果的概念是否立基於文本？概念之間的關聯是否符合邏輯？待協同分析者檢核完畢後再提供回饋給研究者，必要時雙方還可進行討論與澄清，藉以減少研究者獨立分析可能造成的偏誤。

過去筆者在進行罪犯生命歷程的敘說探究時，即曾採取此法，藉以進行不同性別、不同世代觀點之間的對話與辯證，該研究實施的原則如下（邱獻輝、葉光輝，2012；2013；2014）：其一，全部的分析過程皆搭配協同分析策略，並且固定時間舉行分析討論會，由筆者主持。其二，為了讓彼此的對話有實質的效益，所有分析者須各自先反覆聆聽訪談錄音、閱讀逐字稿，以便所有分析者都能熟悉文本內涵。其三，預期比較容易有共識的分析過程，例如意義單位的劃分、命名，就由一位分析者先分析，其他協同分析者再行檢視、修正；相對的，分析意見容易分歧的程序，例如概念合併，就由所有分析者直接討論。其四，如果分析者之間出現意見歧異時，就檢視文本、錄音，藉以釐清文本意旨；如果文本的意義模糊，則列入摘記，並請訪談者進行追蹤訪談以獲得澄清。其五，為了增加對話的學術意涵，可在分析期間進行讀書會，以豐厚每位分析者的專業素養與分析的敏感度。其六，如果分析者之間有不同的專業位階，則更須謹慎營造出開放的討論氣氛，並賦權資淺者的觀點表達，藉以實踐實質的對話。

2. 團隊分析

團隊分析是另外一個知識共構的優質模式。筆者在建構親密暴力者的心理機制時（邱獻輝，2016；2018），曾根據研究所需，稍加修改共識質性研究法的分析內涵（Hill et al., 2005; Hill et al., 1997），藉以實踐知識共構的精神。該研究分析團隊由六人組成，除了筆者，另有四名分析員和一名外部擔任稽核者（auditor）；試進一步說明此法實踐知識共構之道如下：其一，建立分析原則的共識：研究初期四位分析員先一起分析相同二份逐字稿，以便熟悉分析歷程、並且協調出分析原則的共識，然後才獨自分析文本。其二，分析結果的共識：獨立分析時兩個分析員為一組，同一組的分析員需要每週互相檢核分析的成果，並將有疑問、或有歧異之處在每週的討論會提出，由筆者帶領討論、澄清、求取共識。由於該研究的訪談與逐字稿校正都是筆者執行，因此筆者頗為熟悉文本，能夠透過討論過程來催化分析員對話，促其針對文本分析結果進行辯證與省思；同時筆者也可藉此採取相對超然的立場，檢核分析所得概念的邏輯與適切性。其三，該研究邀請一位目前在大學任教、家暴研究專長的犯罪學博士擔任稽核者，在完成初步研究成果之後，即敦請其檢核分析所得概念的邏輯與合理性，並且回饋意見，供筆者精煉研究結果。

筆者也鼓勵研究生論文研究過程嘗試實踐知識共構的歷程。考量研究生資源比較侷促，自己也有論文壓力，因此不容易額外找到實質投入的協同分析者；面對此挑戰，建議可以兩位研究生一組、以互助的形式來進行協同分析，一方面可以體驗知識共構的過程，一方面也可藉此互相觀摩論文、互相打氣。筆者過去有幾位助理即有此嘗試，成效頗佳；由於其已經經過研究助理的歷練，因此對分析程序、討論模式都相當熟悉，所以頗能受益於協同分析的好處，他們的做法是每分析一個段落就將分析的進度交予對方檢核、獲取回饋、並且進行必要的討論，如此不僅讓彼此的論文分析過程更加嚴謹，亦可從檢核對方的過程中得到啟發、深化自己論文的內涵，這個部分可參閱邱蘭媚（2015）、曾寶民（2015）、蘇筱柔（2016）、詹暐薇（2016）、廖翊茜（2016）、簡亦成（2016）、陳怡佩（2017）、林盈吟（2021）、江翊翎（2021）等人的論文。

3. 受訪者檢核與回饋

在完成文本分析、研究報告的初稿之後，宜將結果交付受訪者進行檢核，以確認根據訪談文本所建構的知識已經取得受訪者的認可與共識。一般而言，建構主義的檢核內容可根據信實性（trustworthiness）來設計（Guba & Lincoln,

1989; Lincoln, 1995; Lincoln & Guba, 1985），例如可請受訪者檢視被引用的段落是否確實是其所表達？有沒有被斷章取義？研究結果中的概念與文本案例是否彼此契合？

　　另外，也可根據真實性（authenticity）的內涵來設計品質檢核的項目，相關的問題包括：受訪者在參與該研究之後，其對自身的犯行是否有更清楚的覺察？是否更理解自身犯行的心理過程與機制？在參與研究之後，是否促發或提升戒除犯行的意願？對於戒除犯行是否更具有自我效能（Guba & Lincoln, 1989; Lincoln, 1995; Lincoln & Guba, 1985; Rodwell, 1998; Smith, 1993）？

　　此外，如果可以蒐集受訪者的質性回饋資料，將可更清楚其在參與研究過程的經驗。例如筆者過去在監獄探究殺妻收容人的心理歷程後，受訪者B就曾表示參與研究的感受：「不錯啦，畢竟我是做錯事的人，若我的事件可以給社會借鏡，也算是功德一件……訪問後我也多少對自己的過去有多一些了解、反省和提醒（6:420）」（邱獻輝、葉光輝，2014），另外一位F則表示：「感謝你，好久沒人跟我講這麼多話，我覺得好舒服（F6-499）」（邱獻輝、葉光輝，2012），這意味著受訪者B、F在參與研究過程中理應有感受到被聆聽、獲得心理紓解的經驗，顯示在該研究的知識建構氣氛是可被受訪者認可的；此外，其也獲得對自我生命經驗的澄清與連結，並且獲取貢獻社會的成就感；這也意味著在建構主義典範的研究過程中，研究者與受訪者雙方的知識都已經隨著知識共構歷程而逐次擴展與細緻化。

（四）專業社群的對話與澄清

　　在完成研究報告之後，學者們即可將其在研討會發表，此亦為知識建構的一環，因為研討會就是相同領域學者進行學術交流的平台，在研討會場上可以針對研究所得的概念進行提問與辯證，此恰好反映建構主義典範的主張：知識的建構是知者社群之間的對話過程所逐次累積而成的（Lincoln et al., 2017; Ponterotto, 2005）。相同的，倘若進一步將研究所得投稿期刊，則可在審查、修改、意見回覆的過程中，與審查者進行反覆、且高度嚴謹的辯證過程，這對於研究結果臻於良好學術水準具有極大的助益。

　　同理，研究生在研究歷程中，亦可透過修習獨立研究、與指導教授或同儕討論、口試等過程進行專業社群的對話，實踐專業社群之間的對話與知識共構的過程。

第三節　價值觀點與修辭結構

本節將說明建構主義對於研究者價值觀點、研究報告修辭結構的主張。

一、建構主義對研究者價值觀點的處理立場

建構主義典範的研究者本身不僅是資料蒐集的工具，也是分析的工具，此乃因為研究者必須與資料蒐集的對象、文本分析人員進行長期且緊密的互動，以便將潛藏意義從受訪者的生活經驗與脈絡中抽取出來、並且予以彙整建構；在此過程中，由研究者的價值觀點無法在研究過程被剝離開來，因此勢必涉入研究的文本、分析與結果之中。因此研究者必須隨時保持清楚的自我覺察，審視自己的價值思維、理論取向、研究立場是如何影響知識建構的歷程（Polkinghorne, 2005）。

以筆者先前研究親密暴力者的心理歷程為例，對自身價值觀的處理方式如下：首先，在研究期間，筆者一方面隨時檢視自己對施暴者的感受、想法與態度，一方面也會針對探究的議題進行自我反思，例如，在探究關係主義的認同（邱獻輝，2016；2017；2018）、華人臉面（邱獻輝、葉光輝，2014）、角色責任（邱獻輝、葉光輝，2013）、貞節思維、子女關注（邱獻輝、葉光輝，2012）等價值立場對殺妻歷程的影響機制時，筆者就會先釐清自己在這些價值觀點的認同程度，以避免將自身的價值觀強加在受訪者身上。因此除了在訪談時留意自己問題的意圖之外，也會在資料分析過程小心檢證文本、並且剔除缺乏對等、開放氛圍中所取得的資料；此外，也會善用研究筆記，記錄自己應該曾有過度主觀的研究舉止；最後，在撰寫報告、修改主文、回覆審查意見時，也會謹慎檢視、調整被筆者過度詮釋的概念，以降低筆者價值觀點不當涉入或投射自身主觀偏誤的程度。

二、建構主義研究報告的修辭結構

修辭結構（rhetorical structure）主要是涉及研究報告的語言表達方式。建構主義的研究報告有幾點特色，試說明如下：

（一）清楚交代研究者的立場

在傳統上，實證主義與後實證主義主張主客二元論，因此研究報告的撰寫口吻都是採取客觀、不顯露個人情感的表達方式（Hood & Johnson, 1997）。反之，建構主義的研究報告會反映出研究者所認同的研究典範之本體論、知識

論、價值立場的特徵，所以研究作品可能會以主觀、互動的方式來呈現研究結果；此外，研究者通常也會清楚說明自己對研究議題所持的態度、採行的理論、可能的偏誤等（Ponterotto, 2005），以便讓讀者清楚研究者建構知識的立場。

(二)豐厚的描述與文本的引用

建構主義典範由於旨在探索現象的整體性、脈絡關聯，以及潛藏在內心深層的意義，因此研究報告的體例講求豐厚的描述與文本的引用。此與建構主義主張相對主義的立場有所關聯，因為唯有透過厚實的描繪，才能將研究者內在建構完成的知識表達清楚，引發讀者的共鳴與理解；因此厚實的深描（thick description）就成了建構主義研究的嚴謹指標之一（Polkinghorne, 2005）。此種研究作品風格與實證主義與後實證主義追求單一存有、簡約結果的寫作取向有明顯的差異。

(三)論述的口吻

有些建構主義的研究報告會以第一人稱的角度進行論述，甚至直接進行個人化的表露（Ponterotto, 2005）；但是筆者在這方面的立場是：研究過程的摘記以第一人稱來撰寫，但是最後的結果報告則建議改以第三人稱進行撰寫。理由如下：以第一人稱的撰寫方式比較能夠讓研究者融入強烈的情感、觸動自己與讀者的心絃、比較容易達到共鳴的效果，進而催化知識建構者探索深層意義；因此在研究過程中以第一人稱來撰寫摘記，將可有效催化知識建構的深度與濃度。

但是在投稿或提出研究報告時，筆者則建議以第三人稱來撰寫，理由是建構主義既然強調「知識是知者共同建構而成的」（Lincoln et al., 2017），就不宜僅以研究者個人的口吻來傳達研究結果，而是應該持平地將共同建構出來的知識呈現給讀者。再者，一般專業期刊的讀者以學者、專家、研究生為主，以第三人稱的方式來呈現研究報告，目前仍是多數人比較能接受的方式。

第四節　結論

　　質性研究者應有科學哲學的素養，以便在典範的引導下有效率地進行研究設計與執行研究計畫；本文一方面介紹建構主義研究典範的要義，一方面則分享筆者近年來實踐該典範的做法。期望讀者可在理解建構主義的本體論、認識論、價值立場、書寫結構等內涵之後，亦能在方法論的層面獲得可行做法之參考。基本上，本文論述的重點在多元實在與社會建構知識歷程的實踐，以期深化對受訪者經驗的理解和深層意義的詮釋。最後也希望本文能有拋磚引玉的效果，期待相關領域的先進能夠不吝指正，俾使國內質性研究在犯罪心理學的應用能夠有更上一層樓的發展。

參考文獻

一、中文

江翊翎（2021）。專任輔導教師網路遊戲經驗對其輔導工作的影響探究。國立中正大學犯罪防治研究所。

林盈吟（2021）。女性親密暴力者生命歷程之探究。國立中正大學犯罪防治研究所。

邱獻輝（2009）。從「權威關注」到「自我關注」：遊療師的生命轉換經驗及其在專業實踐之文化考量。國立台灣師範大學教育心理與輔導研究所博士論文（未出版）。

邱獻輝（2016）。強制處遇男性親密暴力者的分類建構：關係主義的觀點。中華輔導與諮商學報，46（4），93-126。

邱獻輝（2017）。社區強制諮商團體對預防再犯親密暴力的成效探究。教育心理學報，49（2），163-192。

邱獻輝（2018）。從角色默契消失到敵意湧現的惡化歷程：認定伴侶不貞的男性親密殺人心理探究。教育心理學報，49（3），461-486。

邱獻輝、葉光輝（2012）。從傳統華人貞節觀念探討男性殺妻。本土心理學研究，38，43-100。

邱獻輝、葉光輝（2013）。失根的大樹：從文化觀點探究親密暴力殺人者的生命敘說。中華輔導與諮商學報，37，89-124。

邱獻輝、葉光輝（2014）。臉面在教唆殺妻歷程的心理意涵：華人臉面理論的應用。人文及社會集刊，26（3），483-523。

邱蘭媚（2015）。男性親密暴力者「忍」之敘事研究。國立中正大學犯罪防治研究所

碩士論文。

陳向明（2002）。教師如何做質的研究。台北：洪葉文化。

陳怡佩（2017）。醫務社工陪同性侵害被害人驗傷採證之經驗探究。國立中正大學犯罪防治研究所。

張春興（2006）。質性研究資料分析。台北：雙葉書廊。

張春興（2013）。教育心理學：三化取向的理論與實踐（2版）。台北：東華書局。

曾寶民（2015）。青少年K他命使用者心理研究。國立中正大學犯罪防治研究所碩士論文。

鈕文英（2012）。質性研究方法與論文寫作。台北：雙葉書廊。

詹瑋薇（2016）。原住民男性親密暴力者的施暴經驗探究。國立中正大學犯罪防治研究所碩士論文。

廖翊茜（2016）。牧師引領婚暴加害人的靈性教誨之敘說研究。國立中正大學犯罪防治研究所碩士論文。

潘淑滿（2003）。質性研究：理論與應用。台北：心理。

潘慧玲（2003）。社會科學研究典範的流變。教育研究資訊，11（1），115-143。

簡亦成（2016）。台灣婚姻暴力者夫妻情感之敘說探究。國立中正大學心理研究所碩士論文。

蘇筱柔（2016）。探究台越跨國婚姻男性施暴者親密關係之調適歷程。國立中正大學犯罪防治研究所。

二、英文

Annells, M. (1996). "Grounded theory method: Philosophical perspectives, paradigm of inquiry, and postmodernism." Qualitative health research, 6(3), 379-393.

Babcock, J. C., Green, C. E., & Robie, C. (2004). "Does batterer's treatment work? A metaanalyticreview of domestic violence treatment." Clinical psychology review, 23: 1023-1053.

Bui, H. N. & Morash, M. (1999). "Domestic violence in the Vietnamese immigrant community: An exploratory study." Violence against women, 5, 769-795.

Corbin, J. & Strauss, A. (2015). Basics of qualitative research: Techniques and procedures for developing grounded theory (4th ed.). Thousand Oaks, CA: Sage.

Denzin, N. K. & Lincoln, Y. S., (1998). The landscape of qualitative research: Theories and issues. London: Sage Publication.

Dobash, R. E. & Dobash, R. P. (1979). Violence against wives. New York: Free Press.

Dunford, F. (2000). "The San Diego Navy experiment: An assessment of interventions for men who assault their wives." Journal of consulting and clinical psychology, 68, 468-476.

Dutton, D. G. & Corvo, K. (2006). "Transforming a flawed policy: A call to revive psychology and science in domestic violence research and practice." Aggression and violent behavior, 11(5), 457-483.

Dutton, D. G. & Corvo, K. (2007). "The Duluth model: A data-impervious paradigm and a failed strategy." Aggression and violent behavior, 12(6), 658-667.

Eckhardt, C. I., Murphy, C. M., Whitaker, D. J., Sprunger, J., Dykstra, R., & Woodard, K. (2013). "The effectiveness of intervention programs for perpetrators and victims of intimate partner violence." Partner abuse, 4(2), 196-231.

Fassinger, R. E. (2005). "Paradigms, praxis, problems, and promise: Grounded theory in counseling psychology research." Journal of counseling psychology, 52, 156-166.

Feder, L. & Wilson, D. B. (2005). "A meta-analytic review of court-mandated batterer intervention programs: Can courts affect abusers' behavior?" Journal of Experimental Criminology, 1, 239-262.

Filstead, W. J. (1979). "Qualitative methods: A needed perspective in evaluation research." In T. D. Cook & C. S. Reichardt (eds.). Qualitative and quantitative methods in evaluation research. Beverly Hills, CA: Sage, pp. 33-48.

Guba, E. G. & Lincoln, Y. S. (1989). Forth generation evaluation. Newbury Park, CA: Sage.

Habermas, J. (1968). Knowledge and human interests. Boston: Beacon.

Hamel, J. (2010). "Do we want to be politically correct, or do we want to reduce partner violence in our communities?" Partner Abuse, 1, 82-91.

Hill, C. E. (2014). Helping skills: Facilitating exploration, insight, and action (4th ed.). Washington, DC: American psychological association.

Hill, C. E., Thompson, B. J., & Williams, E. N. (1997). "A guide to conducting consensual qualitative research." The counseling psychologist, 25, 517-572.

Hill, C. E., Knox, S., Thompson, B. J. Williams, E. N., Hess, S. A., & Ladany, N. (2005). "Consensual qualitative research: An update." Journal of counseling psychology, 52(2), 196-205.

Hood, A. B. & Johnson, R. W. (1997). Assessment in counseling: A guide to psychological assessment procedures (2nd ed.). Alexandria, VA: American Counseling Association.

Jin, X. & Keat, J. E. (2010). "The effects of change in spousal power on intimate partner violence among Chinese immigrants." Journal of interpersonal violence, 25(4), 610-625.

Kim, J. Y. & Sung, K. (2000). "Conjugal violence in Korean American families: A residue of the cultural tradition." Journal of family violence, 15, 331-345.

Larsen, R. J. & Buss, D. M. (2014). Personality psychology: Domains of knowledge about human nature. New York, NY: McGraw-Hill.

Lincoln, Y. S.(1995). "Emerging criteria for quality in qualitative and interpretive research." Qualitative Inquiry, 1(3), 275-289.

Lincoln, Y. S. & Guba, E. G. (1985). Naturalistic inquiry. Beverly Hills, CA: Sage, pp. 289-1331.

Lincoln, Y. S., Lynham, S. A., & Guba, E. G. (2017). "Paradigmatic controversies, contradictions, and emerging confluences, revisited." In N. K. Denzin & Y. S. Lincoln (eds.). The Sage handbook of qualitative research (5th ed.). Thousand Oaks, CA: Sage, pp. 107-150.

Merriam, S. B. & Tisde, E. J. (2015). Qualitative research: A guide to design and implementation (4th ed.). San Francisco, CA: Josscy-Bass.

Mongold, J. L. & Braswell, M (2007). "The function of correctional counseling and treating." In P. Van Voorhis, M. Braswell, & D. Lester (eds.). Correctional counseling and hehabilitation. Cincinnati, OH: Anderson, pp. 3-20.

Sun, K. (2008). Correctional counseling: A cognitive growth perspective. Sudbury, MA: Jones and Bartlett Publishers.

Pedersen, P. B. (1999). "Culture-centered interventions as a fourth dimension of psychology." In P. Pedersen (ed.). Multiculturalism as a fourth force. Philadelphia: Brunner/Mazel, pp. 3-18.

Pence, E. & Paymar, M. (1993). Education groups for men who batter: the Duluth model. Duluth, Minnesota: Minnesota Program Developemt Inc.

Polkinghorne, D. E. (2005). "Language and meaning: Data collection in qualitative research." Journal of counseling psychology, 52(2), 137-145.

Ponterotto, J. G. (2005). "Qualitative research in counseling psychology: A primer on research paradigms and philosophy of science." Journal of counseling psychology, 52, 126-136.

Rodwell, M. K. (1998). Social work constructivist research. New York: Garland, pp. 95-116.

Schwandt, T. A. (2000). "Three epistemological stances for qualitative inquiry: Interpretivism, hermeneutics, and social constructionism." In N. K. Denzin & Y. S. Lincoln (eds.). Handbook of qualitative research (2nd ed.). Thousand Oaks, CA: Sage, pp. 189-213.

Smith, J. K. (1993). After the demise of empiricism: The problem of judging social and education inquiry. Norwood, NJ: Ablex.

Straus, M. (2011). "Gender symmetry and mutuality in perpetration of clinical-level partner violence: Empirical evidence and implications for prevention and treatment." Aggression and Violent Behavior, 16, 279-288.

董旭英

前　言

　　偏差及犯罪行為的成因十分複雜，所以犯罪學者甚少只使用一或兩個因素探討犯罪及偏差行為的發生，主要是個人行為的發展及養成受到諸多的因素影響，不管是個人的心理及生理特質，或者是環境與社會因素都對犯罪行為發生，構成一個複雜的影響網絡。所以犯罪學者常使用數個影響因素，甚至建構解釋模組討論犯罪及偏差行為的形成過程。而巢式迴歸統計方法分析即是常被用作檢驗數個解釋因素對犯罪及偏差行為的形成的影響力與預測力，或者是驗證犯罪行為成因模型組的適合性的方法。

　　所以本章主要討論如何使用巢式迴歸模式分析與檢驗偏差及犯罪行為研究之解釋模組。在了解巢式迴歸模式分析技術的實際應用之前，有幾個相關基本概念的內涵必須先作認識，如何謂模組（model）、偏差及犯罪行為之模組類型、迴歸分析的基本假定。以下便先針對上述幾個基本概念先作陳述。

一、模組之意涵

　　簡單而言，所謂模組是指以一系列或數個解釋因素（自變項）對某一行為或事件的預測，或者是探究其因果之結構關係。Vogt（1993）更詳盡地指出模組的內涵：依據相關理論觀點及假定，建構一系列因素間的因果關係之描繪，其中包括解釋因素與結果因素，而且模組的建構需要經過實證的檢驗過程。例如依據社會鍵理論及差異接觸理論觀點，建立一個具結構層次性的青少年偏差行為發生之解釋模組，其中先指出脆弱的父母依附及學校依附，導致接觸偏差同儕，從而加強犯罪信念，最後發生偏差行為。而在本書中「模組」、「模型」、「模式」之意義相通。

二、偏差及犯罪行為之模組類型

　　簡單而言，偏差及犯罪行為之模組的建構，通常是依據相關的偏差及犯罪行為理論發展而成。有時候研究只依據單一理論建構犯罪行為發展模式，加以

考驗。但部分研究則著重在建構一個整合性的理論模式，解釋較為複雜之偏差及犯罪行為發展過程，以下就這兩者的特色稍作說明。

（一）單一理論建構模式

研究者主要依據單一偏差及犯罪行為理論發展解釋模式，其中可能是吸取理論的全部觀點，解釋犯罪行為的發生。例如，以整體社會控制理論解釋青少年暴力行為的發生，這時候四個社會鍵（依附、抱負、參與、信念）都必須被納入模式中加以分析。

另外，研究者也可能只摘取單一理論中之部分概念建構模組，藉以解釋犯罪行為發生之原因。例如只摘取社會鍵中的「參與」，討論青少年參與校外及校內課外活動，及其參與時間及次數對壓制青少年偏差行為發生的影響力。此即所謂檢驗單一理論之部分論點。

（二）整合性理論建構模式

所謂建構整合性理論模式是指：結合兩個或以上的理論觀點，解釋偏差及犯罪行為的發生或發展過程，其中可簡略分為兩類型。首先，是藉著不同的理論觀點針對某一事件或狀況解釋犯罪行為的發生。例如，探討家庭關係與青少年藥物濫用之關聯性，其中依據一般化緊張理論點出親子緊張關係的影響力，另外參照社會控制理論觀點指出家庭依附的效應，最後以差異接觸理論觀點定位父母獎罰方式與接觸偏差兄弟姊妹之影響，組合不同的理論觀點，建構多元的家庭關係模式解釋青少年藥物濫用。

其次為綜合理論模式的建構，是指犯罪學者重新整合不同的理論觀點，建立了一個綜合理論的偏差及犯罪行為解釋模式。與前者的差異主要在於綜合理論模式並非針對某一「事件」或「狀況」解釋犯罪行為的發生，而是具結構性或層次性整合不同理論觀點，建構一嶄新的綜合犯罪行為理論解釋架構。例如，Elliott（1985）的綜合理論偏差行為發展模型，主要結合緊張理論、社會控制理論及差異接觸理論等觀點，參見圖15-1。首先由於緊張因素的發生，削弱個人的社會鍵強度，導致接觸偏差同儕，最後發生偏差行為。亦即Elliott應用不同的理論觀點建立一個具次序性的綜合偏差行為理論。另一例子是

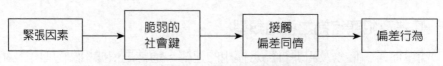

圖15-1　Elliott（1985）的綜合理論偏差行為發展模型

Thornberry（1987）所提出的互動理論，其論據主要結合社會控制、社會學習
理論等觀點發展而成，認為偏差行為的產生，受多種因素，如社會控制、學習
因素影響，這些變項可視為一個互動性的網絡，會隨著時間的變化而有不同的
發展（參見圖15-2與圖15-3）。Thornberry的互動理論建構一個典型的綜合偏差
行為模式，值得犯罪學者加以實證檢驗。

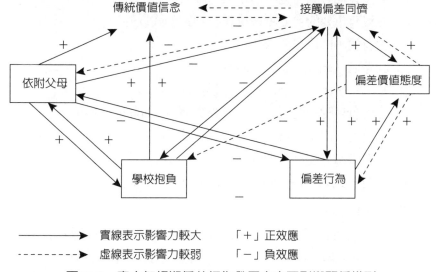

圖15-2　青少年初期偏差行為發展之交互影響關係模型

資料來源：摘錄自蔡德輝、楊士隆（2006）。

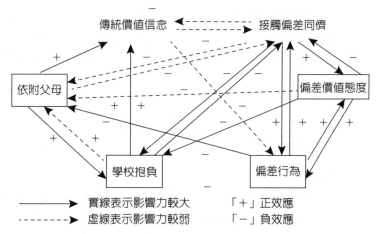

圖15-3　青少年中期偏差行為發展之交互影響關係模型

資料來源：摘錄自蔡德輝、楊士隆（2006）。

三、迴歸分析的基本假定

依據Berry（1993）對迴歸分析所提出的基本假定，包括下列各項：

（一）沒有特別的錯誤：

　　1. 依變項的觀察值應接近或趨向常態分配。

　　2. 依變項與自變項間為直線相關。

　　3. 沒有無關的自變項被納入迴歸公式之中。

　　4. 沒有重要的自變項被排斥在迴歸公式以外。

（二）沒有變項的測量錯誤。

（三）誤差值（error term）之假定：

　　1. 所有變項的觀察值都沒有誤差存在。

　　2. 所有自變項的誤差值之變異數相等（homoskedasticity）。

　　3. 所有自變項與誤差值沒有關聯性存在。

　　4. 誤差值分配為常態性。

（四）沒有多元共線性（multicolinearity）的問題存在。

（一）沒有特別的錯誤

依變項的觀察值應接近或趨向常態分配。這主要是在迴歸分析中所採用之顯著檢驗為t考驗，故假設依變項為常態分配。若依變項的分配並非接近常態時，則在迴歸分析中對自變項與依變項是否存在著統計顯著性可能發生高估或低估的現象。檢驗依變項是否趨向常態分配，通常使用偏態係數值（skewness）與峰度係數（kurtosis）。Kline（2005）指出，當偏態係數的絕對值小於3，峰度係數的絕對值小於10時，一般可視為符合常態分配的假設。若發現依變項為非常態分配，可將其取對數值（log）為10，使依變項接近常態化。

另外為配合依變項與自變項間為直線相關假定，研究者應確定理論觀點是否指出其兩者之關係為直線關聯，例如家庭氣氛越良好，青少年的暴力行為越少。男性比女性更會使用暴力行為反應人際衝突。這些都是依變項與自變項間為直線相關的陳述。

而所謂沒有無關的自變項被納入迴歸公式之中及沒有重要的自變項被排斥在迴歸公式以外，是需要經過統計顯著考驗才能決定。即沒有統計顯著的自變項不應納入迴歸預測公式中；相對地，具統計顯著的自變項則必須納入迴歸預測公式中。

（二）沒有變項的測量錯誤

測量錯誤是指所使用的量表、指標、題目並無法代表依變項與自變項的概念及內涵。換言之，測量錯誤是指所採用的代表數據不具效度與信度。要如何建立具效度及信度的測量，避免錯誤的發生，讀者可參考本書中與測量信效度的相關章節。

（三）誤差值之假定

在研究設計步驟，觀察記錄資料過程，以及問卷設計及蒐集數據程序沒有人為錯誤與疏忽時，我們都會假設變項的觀察值都沒有多大的誤差存在、自變項與誤差值沒有多大的關聯性存在、誤差值分配趨向常態性。

在此需稍作討論的，是如何檢視所有自變項的誤差值之變異數為相等（homoskedasticity）。黃俊英（2000）建議利用統計軟體所提供的迴歸圖功能（regression plots）檢視誤差項的變異數是否相等，簡言之，當發現圖形的分布情形為三角形或菱形，則可能代表自變項的誤差值之變異數不相等，違反誤差值之假定。

（四）沒有多元共線性的問題

所謂多元共線性的問題是指，在一迴歸模組中，兩個自變項的共變過度，而使其在解釋依變項的變異情形上產生扭曲現象（邱皓政，2002）。簡單而言，當在同一迴歸模組中有兩個高度相關的自變項，或者是兩個概念內涵十分接近的自變項，都會造成多元共線性的問題。例如，同時以磅為體重單位及公斤為體重單位預測高中生的跑步速度，必然產生多元共線性的問題。

最常使用變異數膨脹因素（variance inflation factor, VIF）檢視多元共線性的問題是否存在於迴歸分析中，VIF值越大代表共線性的問題越嚴重，當VIF值大於10時，表示共線性的問題已影響到自變項對依變項的預測產生扭曲現象（Myers, 1990）。處理多元共線性的問題，最簡單的方法就是將其中之一產生共線性問題的自變項從模組中刪除。若產生共線性問題的兩個自變項為量表變項，可嘗試將其組成的問題混合，用因素分析方法重新建立其構念組織。

第一節　巢式迴歸模組之應用

巢式迴歸模組（nested regression model）又可稱之為階層迴歸（hierarchical multiple regression），是指由兩個或以上的迴歸模型所構成，在每個模型中都

加入新的自變項或由不同的自變項所組成，以便觀察不同自變項與依變項關係之變化。簡言之，巢式迴歸模組是由兩個以上包含不同變項的迴歸模型所組成，但其有共同的分析目標。在此需特別強調的是，在巢式迴歸分析中的各模組為相同的分析樣本。

一、巢式迴歸分析與逐步迴歸分析之比較

巢式迴歸分析與逐步迴歸分析之間最大差異，在於前者的每一迴歸模型之自變項數目及自變項的選取順序均依據理論觀點或邏輯推論置入。後者之自變項之置入各迴歸模型的順序，則決於其解釋力之大小逐步放入模式中，以檢驗各自變項對依變項之影響力。所以巢式迴歸分析是依據理論觀點而設計，相對地，逐步迴歸分析是依照統計結果而安排。所以在進行研究分析時，應避免使用逐步迴歸分析方法，這代表我們沒有清楚理論觀點依據為何，除非是屬於探索類型之研究分析，或者是希望藉著統計分析的結果了解不同影響因素，在哪一次序安排中，對依變項之效應最大。

二、應用巢式迴歸模組之主要目的

（一）驗證理論

使用巢式迴歸模組分析可包含許多應用性目的，驗證理論是其主要功能。我們可以藉著巢式迴歸模組分析考驗單一理論或整合性理論，甚至是理論的部分觀點。從表15-1的例子可知，整體模型是考驗社會控制理論對青少年偏差之解釋力，而模型一至三是分別檢驗社會控制理論中依附於父母、依附於學校及依附於同儕的影響效應。模型四、五、六則分別考驗抱負、參與、信念的解釋力。就分析結果而言，整體模型最高解釋力（$R^2 = .380$），其次為依附於同儕（$R^2 = .350$）。當然在比較不同的決定係數（R^2）是否存在著差異性，必須考量在不同模組的自變項數量之不同，如何正確比較決定係數之差異，在本章稍後再作詳細的討論。

（二）建構或選擇理想的解釋或預測模型

犯罪學研究者可藉巢式迴歸模組分析，建構或選擇理想的解釋或預測模型，例如表15-2為家庭因素與青少年偏差行為關聯之巢式迴歸模型，主要在於了解家庭各重要因素影對青少年偏行為發生的影響情況。模型一至三主要納入家庭關係的重要因素，模型四納入家庭背景變項，觀察家庭關係因素與偏差行為之關聯性是否有所變化，最後模型五控制個人屬性變項，同樣檢驗家庭關係

因素、家庭背景變項對偏差行為的影響是否改變。表15-2所呈現的巢式迴歸模組分析，就是希望建構理想的解釋或預測青少年偏差行為模型。

表15-1　檢驗社會控制理論對青少年偏差之解釋力

	整體模型	模型一「依附於父母」	模型二「依附於學校」	模型三「依附於同儕」	模型四「抱負」	模型五「參與」	模型六「信念」
依附於父母：							
父母關懷因素	.018	.025					
父母監督因素	.042	.035					
父母依附因素	−.119**	−.211***					
家庭疏離因素	−.055	−.181***					
依附於學校：							
與教師從屬性	−.016		−.163***				
與學校從屬性	−.145***		−.254***				
在校表現與能力	−.026		−.040				
依附於同儕：							
依附同儕類型	−.330***			−.404***			
與同儕從屬性	.065			−.019			
同儕價值觀	−.221***			−.301***			
致力：							
成就抱負	−.002				−.149***		
參與：							
參與活動	−.033					−.251***	
信念：							
信仰於道德價值規範	.027						−.200***
信仰於法律	−.034						−.216***
決定係數（R^2）	.380	.094	.139	.350	.022	.063	.139

註：* $p \leqq .05$；** $p \leqq .01$；*** $p \leqq .001$；n = 823。
資料來源：摘錄自蘇尹翎（2003）。

表15-2　家庭因素與青少年偏差行為關聯之巢式迴歸模型

	變項	模型一 未標準化 係數	模型二 未標準化 係數	模型三 未標準化 係數	模型四 未標準化 係數	模型五 未標準化 係數
家庭關係	家庭氣氛	−.057***	−.030***	−.030***	−.026**	−.023**
	雙親的溺愛程度		.013*	.008	.006	.002
	雙親的暴力傾向		.017**	.010	.008	.009
	雙親的道德觀念		−.047***	−.046***	−.038***	−.033***
	手足間的關係			.010	.011	.012*
	手足的暴力傾向			.021***	.029***	.035***
家庭背景	道德觀念養成				−.012***	−.012***
	家中子女數				−.008	−.004
	父親教育程度				−.002	.001
	母親教育程度				−.001	.001
	家庭收入				−.002	−.003
	家庭居住狀況（雙親居住為參照團體）					
	單親居住				.004	.001
	其他居住				.040*	.036*
控制變項（個人屬性）	出生序（么子女為參照團體）					
	中間子女					−.020*
	獨子女					.002
	長子女					−.018*
	性別					.036***
	年級					.020***
決定係數（R^2）		.088	.258	.272	.297	.355
調整後的決定係數 （Adjusted R^2）		.087	.254	.266	.284	.338

註：* p≦.05；** p≦.01；*** p≦.001；n = 729。
資料來源：摘錄自陳羿足（2003）。

（三）檢視不同理論觀點之相融性及重疊性

　　巢式迴歸模組分析的另一特色，就是可以檢視不同理論觀點之相融性及重疊性。所謂相融性，即在不同理論觀點的自變項是否對依變項都提供了不同的解釋力，例如表15-3檢驗社會控制理論對青少年偏差之解釋力，在模型五中納入所有理論觀點的變項，而其中家庭依附、同儕依附、自我控制、同儕的偏差行為及職業機會都達到顯著水準，貢獻偏差行為發生的部分解釋力，代表社會控制理論、社會學習理論、社會緊張理論的某些解釋因素具有相融性。而重疊性表示某些理論所提出的自變項對依變項的解釋，被包含於其他理論的變項中，例如「表15-3的模型四」，納入社會學習理論及社會緊張理論因素後，社會控制理論的信念因素與偏差行為的關聯性隨之消失，這正是代表出現自變項間對依變項的解釋力具有重疊性。

（四）檢驗假性相關

　　所謂假性相關（spuriousness）是指某一自變項與依變項之關聯性是來自另一自變項的影響力。如發現食用冰淇淋的人數越多的時候，暴力行為的發生率越高，但當控制了氣溫後，食用冰淇淋的人數與暴力行為發生率的相關性隨之消失，這就表示食用冰淇淋的人數與暴力行為發生存在著假性相關，即氣溫同時影響食用冰淇淋的人數與暴力行為發生率。巢式迴歸模組分析非常適合檢驗假性相關是否存在，見表15-3之模型三，當控制了個人屬性變項後，學校依附與青少年偏差行為之相關性便消失，所以兩者間可能存在著假性相關。

（五）檢視交互作用效應

　　交互作用效應（interaction effects），是指當解釋一個自變項影響依變項時，必須考量到另一自變項的效應。例如，在討論國中不同年級對暴力行為的影響時，必須考量到性別效應，即一、二年級的男生暴力行為比女生多，但到三年級時男女生的暴力行為並沒有差異情形出現。在這種情況下，也可稱性別為年級與暴力行為之間關係的調節變項（moderator variable），亦即年級與性別對暴力行為的影響存在著交互作用效應。

　　有時候使用巢式迴歸模組分析檢視交互作用效應，比使用單一模組較容易判斷，分析方法是將其中之一的交互作用效應變項，以其類值作分組，作獨立樣本分析，通常會選擇類別變項或次序變項分組，像性別分為男、女生模型組。例如表15-4青少年性別與家庭因素交互作用效應之巢式迴歸模型，在整體模型中家庭氣氛與偏差行為存在著關聯性，但將男女生樣本分組分析時，發現

家庭氣氛只在女生模組中對偏差行為具影響力。同樣地，手足關係只在女生模組中對偏差行為存在影響效應。換言之，家庭氣氛及手足關係與性別對偏差行為的影響力，存在著在交互作用效應。

表15-3　檢驗社會控制理論對青少年偏差之解釋力

變項		模型一 迴歸係數	模型二 迴歸係數	模型三 迴歸係數	模型四 迴歸係數
控制理論	家庭依附	−.029***	−.030***	−.023***	−.016**
	學校依附	−.018**	−.014*	−.010	−.002
	同儕依附	.023***	.023***	.023***	.017***
	參與	.009	.010	.010	.003
	抱負	−.009	−.011	−.009	−.003
	信念	−.030***	−.026***	−.019***	−.006
一般化犯罪理論	自我控制		−.015*	−.015*	−.014*
個人屬性	年齡			.011***	.005**
	性別			.022***	.013**
	家庭和諧			−.011*	−.007
	兄弟姐妹的人數			−.003	−.002
	父親是否住在家裡			−.003	−.005
	母親是否住在家裡			−.004	.001
學習理論	同儕對偏差行為的態度				.008
	同儕的偏差行為				.040***
緊張理論	職業機會				.007*
	教育機會				−.003
	公平性				−.001
	發展機會				.001
常數		.259***	.281***	.108*	.013
決定係數		.230	.235	.287	.407
調整後的決定係數		.224	.228	.275	.393

註：*p < .05；**p < .01；***p < .001；n = 793。
資料來源：摘錄自張楓明（2003）。

表15-4　青少年性別與家庭因素交互作用效應之巢式迴歸模型

	變項	整體模型 未標準化係數	男生模型 未標準化係數	女生模型 未標準化係數
家庭關係	家庭氣氛	-.023*	-.022	-.025*
	雙親溺愛程度	.002	.004	-.001
	雙親暴力傾向	.009	.004	.014
	雙親道德觀念	-.033***	-.034***	-.027***
	手足間關係	.012*	.006	.017*
	手足的暴力傾向	.035***	.049***	.027*
家庭背景	道德觀念養成	-.012***	-.014***	-.011*
	家中子女數	-.004	-.012	.004
	父親教育程度	.001	.002	.001
	母親教育程度	.001	.002	-.001
	家庭收入	-.003	-.005	.001
	家庭居住情形（雙親居住為參照團體）			
	單親居住	.0008	-.008	.011
	其他居住	.036*	.026	.045*
控制變項（個人屬性）	出生序（么子女為參照團體）			
	中間子女	-.020*	-.022	-.021*
	獨子女	.002	-.010	.024
	長子女	-.018*	-.023	-.014
	年級	.020***	.027***	.011*
常數		.199	.250	.158
決定係數		.355	.371	.293
調整後的決定係數		.338	.339	.259
F值		21.710	11.647	8.707
樣本數		729	353	375

註：* p≦.05；** p≦.01；***p≦.001。
資料來源：摘錄自陳羿足（2000）。

三、巢式迴歸模組之統計應用技巧

（一）考驗決定係數

所謂決定係數（coefficient of determination, R^2）是指模組內所有自變項對依變項之變異情形的解釋力，例如表15-1在模型一中四個依附於父母變項對偏差行為是否發生的解釋力，只有9.4%。通常應用巢式迴歸模組考驗決定係數的主要目的，在於比較不同的模組對依變項變異情況之解釋力的差異情形，以選擇最優的模組；例如在表15-1中，整體模型的解釋力最高（$R^2 = .38$）。另外，巢式迴歸模組分析也可判斷當入新的自變項時，模組對依變項的解釋力是否增加。例如在表15-2中，在模型二時納入一些雙親態度的變項，決定係數從模型一的.088增加至.258。當然在判斷R^2是否達到統計顯著差異需要F考驗，許多統計軟體都會提供此一功能，如SPSS及SAS。但有時候則需要依靠下列公式，以人工計算其R^2是否達顯著差異。

$$F(K_2 - K_1)(N - K_2 - K_1) = \frac{(R_2^2 - R_1^2)/(K_2 - K_1)}{(1 - R_2^2)/(N - K_2 - K_1)}$$

公式中的K代表模式中的自變項數目，R^2是決定係數值，N是樣本數。以表15-2中計算模型二及模型三的R^2變化為例，可將相關數值代入上列公式，而得下列算式，獲得F值為7。在檢核F考驗換算表後，可知其顯著水準達.001。即代表當納入手足關係及暴力傾向後，模型對偏差行為的解釋力有所增加。

$$F(6 - 4)(729 - 6 - 4) = \frac{(.272 - .258)/(6 - 4)}{(1 - .272)/(729 - 6 - 4)} = 7$$

（二）檢視自變項之迴歸係數的改變

當加入新的自變項後，檢視原本在模型中每一個自變項之迴歸係數的改變，這是巢式迴歸模組最被常用的分析目的之一。事實上，前面提及到檢驗變項間對依變項的解釋是否具有重疊性，以及假性相關考驗都是使用此一方式。一般而言，研究者常應用巢式迴歸模組分析，加入一個自變項，檢視原本在模型中的自變項之未標準化迴歸係數是否產生改變，例如觀察表15-2之模型四及模型五，當納入出生序、性別、年級變項後，家庭氣氛變項之未標準化迴歸係數從–.026升至–.023變化不大；另外，道德觀念養成之未標準化迴歸係

數-.012則未有改變。特別的是手足的暴力傾向變項之未標準化迴歸係數從.029升至.035。由此可了解到，巢式迴歸模組分析可提供自變項在不同模組中之未標準化迴歸係數變化的圖像。在此需加以說明，在比較同一自變項在不同模組中對依變項的影響，必須觀察其未標準化迴歸係數，主要原因其保留了原來測量單位的影響力，而標準化迴歸係數是以標準差原理計算，故在同一模組比較不同自變項對依變項的影響大小時，必須檢核其標準化迴歸係數。

（三）檢驗交互作用效應的存在

　　前述曾討論過如何使用巢式迴歸模組分析檢視交互作用效應，其實也可以使用巢式迴歸模組檢驗交互作用效應是否存在，以了解自變項間對依變項預測力的複雜關係。例如在表15-2的模型五中，當加入控制變項後（出生序、性別、年級），手足間的關係對偏差行為的影響，變成達到顯著水準。這結果有兩可能性，就是手足間的關係與控制變項間存在著共線性問題，但只要檢核VIF值是否大於10，便能找出答案。另一可能是其中存在著交互作用效應，即手足間的關係與控制變項間對偏差行為的影響力，存在著在交互作用效應。最後可以運用前面曾提及過，使用巢式迴歸模組分析檢視究竟哪一個控制變項與手足間的關係對偏差行為的影響力產生交互作用效應。

（四）虛擬變項的應用

　　有時候在巢式迴歸模組分析中，應用到虛擬變項（dummy variable）技巧，比較不同類別或次序變項對依變項預測力之差異性。所謂虛擬變項是指將一個類別或次序變項，甚至是連續變項，以「0」與「1」重新編碼，劃分出數個變項。例如在測量宗教信仰時，選擇項為：1.基督教、2.天主教、3.佛教、4.道教、5回教、6.其他。研究者可將重新編碼為「基督教」變項，「1」為是，「0」為其他宗教信仰；「天主教」變項，「1」為是，「0」為其他宗教信仰；「佛教」變項，「1」為是，「0」為其他宗教信仰，以此類推建立六個虛擬變項。另外，如學生成績由連續變項60分到90分建立成虛擬變項，「低分組60-70分」變項，「1」為是，「0」為其他得分組；「中分組71-80分」變項，「1」為是，「0」為其他得分組；「高分組81-90分」變項，「1」為是，「0」為其他得分組。讀者可參閱陳正昌等人（2003）所著「多變量分析方法」一書中，其中清楚說明如何將一個類別、次序或連續變項，重新編碼建構成虛擬變項。

　　在巢式迴歸模組分析中，應用虛擬變項分析技巧，需要注意下列事項：

首先，當類別變項納入迴歸模型時，應使用虛擬變項分析。其次，當認為次序與連續變項對依變項的影響力為非直線相關的，也是適用虛擬變項分析。最後，在巢式迴歸模組分析中，應用虛擬變項技巧時，需要從新建立的虛擬變項中，選擇其中之一為參照組（reference group）與其他虛擬變項作對照比較，通常以與依變項最有密切關係的虛擬變項作為參照組。例如，表15-2的模型五中，將次序變項建立成四個虛擬變項，並以「么子女」作為參照組，因為依據理論觀點而言，么子女比其他出生序的青少年較容易發生偏差行為。從表15-2的模型五結果可知，么子女比中間及長子女出生序的青少年有較多的偏差行為。

（五）比較不同時間樣本

　　犯罪研究學者有時候希望了解社會或個人因素在影響偏差及犯罪行為發生，在不同時期是否有不一致的效應。所以利用巢式模型分析比較兩或多個不同時間樣本，檢驗自變項間與依變項關係是否隨時間不同產生變化，即謂之動態分析，像探討親子關係對青少年暴力發生的影響力，在國小與國中期間是否有所差異。例如，表15-5正是檢驗與偏差朋友交往、參與、信念、父母依附與同儕價值觀對偏差行為的影響力，是否在國中不同年級而有所差異。表15-5-1顯示與偏差朋友交往對偏差行為的影響力，二年級比一年級大；相反地，參與及信念就沒有年級差異效應。另外，表15-5-2呈現依附父母的效應，二年級比三年級大；同儕價值觀則是三年級的效應比二年級大；最後與偏差朋友交往對偏差行為的影響力，二、三年級沒有差異效應。在比較兩個時間點的未標準化迴歸係數是否存在著統計上的顯著差異，必須借用t考驗的計算方式加以驗證。見表15-5-2下方之公式，首先將兩個未標準化迴歸係數相減再除以兩個未標準化迴歸係數之標準誤平方值之總和，其自由度則是第一個樣本數加上第二個樣本數再減去二。計算出t值，再檢核t考驗換算表後，便可知是否達顯著水準。

表15-5-1　雲嘉地區國中生偏差行為

	87年一年級	88年二年級	t-test
與偏差朋友交往	.0093***	.0133***	1.694*
參與	.0213	.0151*	−0.424
信念	-.0039	−.0038**	0.044

註：1.表格中為未標準化迴歸係數（B）。
　　2.*p≦.05；**p≦.01；***p≦.001。

表15-5-2　雲嘉地區國中生偏差行為

	87年二年級	88年三年級	t-test
父母依附	-.0061***	-.0008	1.873*
同儕價值觀	-.0012	-.0088***	-2.107*
與偏差朋友交往	.0066**	.0064**	-0.071

註：1.表格中為未標準化迴歸係數（B）。

　　2. *p≦.05；**p≦.01；***p≦.001。

資料來源：摘錄自張晶惠（2003）。

$$t(n_1 + n_2 - 2) = \frac{\text{二迴歸係數相減}\ (b_1 - b_2)}{\text{二迴歸係數的標準誤平方值相加}\ (SEb_1^2 + SEb_2^2)}$$

$n_1 = $ 第一個樣本數

$n_2 = $ 第二個樣本數

註：表15-5-2補充公式。

（六）比較自變項對不同依變項效應之差異性

　　犯罪學者有時候希望了解社會及個人因素對不同類型偏差或犯罪行為成因的影響，是否存在著差異性。這可先針對不同類型偏差或犯罪行為（依變項），以一組解釋因素（依變項）建立巢式迴歸分析，再藉t考驗原理作進一步的分析比較自變項對不同類型之依變項預測力的差異性。例如，表15-6正是檢驗社會緊張源是否對不同類型之內化適應問題具不同的預測力（譚子文等人，2010），從表15-6之t考驗分析結果可知，「日常生活困擾」在對情緒困擾的預測力，比低自尊、學習焦慮、疏離感來得大；而預測學習焦慮比低自尊、疏離感大。在計算t考驗值時，可參考表15-6下方之公式，首先將兩個未標準化迴歸係數相減再除以兩個未標準化迴歸係數之標準誤平方值之總和，以及扣除兩迴歸係數共變量的倍數之平方根，其自由度則是總樣本數減去二。當計算出t值後，再檢核t考驗換算表後，便可知是否達到統計上的顯著水準。

表15-6　社會緊張源不同類型之內化適應問題的預測力比較

變項	日常生活困擾 末標準化迴歸係數 （t考驗值）	與家人負面關係 末標準化迴歸係數 （t考驗值）	經濟與目標期望落差 末標準化迴歸係數 （t考驗值）
情緒困擾／低自尊	.40***／.31*** （t = 45.00***）	沒有顯著／沒有顯著	.11***／.10*** （t = 10.00***）
情緒困擾／學習焦慮	.40***／.38*** （t = 6.67***）	沒有顯著／.06***	.11***／.13*** （t = 20.00***）
情緒困擾／疏離感	.40***／.27*** （t = 43.33**）	沒有顯著／沒有顯著	.11***／.06*** （t = 50.00***）
低自尊／學習焦慮	.31***／.38*** （t = 35.00***）	沒有顯著／-.06***	.10***／.13*** （t = 30.00***）
低自尊／疏離感	.31***／.27*** （t = 20.00***）	沒有顯著／沒有顯著	.10***／.06*** （t = 40.00***）
學習焦慮／疏離感	.38***／.27*** （t = 36.67***）	-.06***／沒有顯著	.13***／.06*** （t = 70.00***）

註：* p＜.05；**p＜.01；*** p＜.001。
資料來源：摘錄自譚子文、董旭英、葉雅馨（2010）。

$$t(n-2)=\frac{二迴歸係數相減\ (b_1-b_2)}{\sqrt{二迴歸係數的標準誤平方值相加\ (SEb_1^2+SEb_2^2)-二迴歸係數之共變量的倍數\ 2Cov(b_1b_2)}}$$

註：表15-6補充公式。

第二節　結論

　　上述已詳細討論過巢式迴歸模組之應用主要目的及其統計上的應用技巧，事實上，要有效運用巢式迴歸模組分析在偏差及犯罪行為研究上，首先，就是要精熟相關的偏差及犯罪行為理論的概念、內涵及邏輯思維。這樣才能建立一個正確的巢式迴歸模組，以及建構有效的測量指標。其次，就是要精熟相關統計軟體的指令與操作，如SPSS及SAS等。本章只是陳述一些巢式迴歸模組建立技巧，以及結果判讀的方向，由於篇幅有限未能介紹相關統計套裝軟體如何建構不同型態之巢式迴歸模組，此有待讀者再行參閱相關書籍。最後，巢式迴歸模組分析雖然屬於較複雜的統計方式，但仍要用得其所，用得合理，這就要視研究目的設定的需要，若不然，則有無病呻吟的感覺。

參考文獻

一、中文

邱皓政（2002）。社會與行為科學的量化研究與統計分析。台北：五南圖書。

張晶惠（2003）。社會控制理論與青少年偏差行為──雲嘉國中生87～88年間固定群資料分料。載於齊力、董旭英（主編），台灣青少年偏差行為之剖析。嘉義：南華大學，頁225-252。

張楓明（2003）。社會控制與青少年偏差行為──以雲嘉地區為例。載於齊力、董旭英（主編），台灣青少年偏差行為之剖析。嘉義：南華大學。頁53-80。

陳正昌、程炳林、陳新豐、劉子鍵（2003）。多變量分析方法──統計軟體應用。台北：五南圖書。

陳羿足（2000）。影響青少年偏差行為之家庭因素研究──以台中地區為例。私立南華大學教育社會學研究所碩士論文（未出版）。

陳羿足（2003）。影響青少年偏差行為之家庭因素研究。載於齊力、董旭英（主編），台灣青少年偏差行為之剖析。嘉義：南華大學。

黃俊英（2000）。多變量分析。中國經企研究所。

蔡德輝、楊士隆（2006）。犯罪學。台北：五南圖書。

蘇尹翎（2003）。社會連結與雲嘉地區少年偏差行為之研究。載於齊力、董旭英（主編），台灣青少年偏差行為之剖析。嘉義：南華大學，頁81-110。

譚子文、董旭英、葉雅馨（2010）。社會緊張因素與台灣大學生內化適應問題關聯性之研究。中華輔導與諮商學報，28，143-185。

二、英文

Berry, W. D. (1993). Understanding regression assumptions. Newbury Park, CA: Sage.

Elliott, D. S., Huizinga, D., & Ageton, S. S. (1985). Explaining delinquency and drug use. Beverly Hills, C.A.: Sage.

Kline, R. B. (2005). Principles and practice of stratural equation modeling. New York, NY: The Guiford Press.

Myers, R. (1990). Classical and modern regression with applications. Boston, MA: Duxbury Press.

Thornberry, T. P. (1987). "Toward an interactional theory of delinquency." Criminology, 25, 863-891.

Vogot, W. Paul. (1993). Dictionary of statistic and methodology. Newbury Park , CA: Sage.

林明傑

前言：什麼是危險評估

　　自從統計科學蓬勃發展且發現對犯罪的控制似乎走入胡同，西方對犯罪的控制逐漸走出一條想辦法去辨認高危險的犯罪人並給予嚴密的監控或治療，使其再犯性或危險性能夠在可控制範圍內。而這樣的努力在犯罪學或刑事司法上就是危險評估與危險管理。

一、危險評估之定義

　　在犯罪學上，危險評估（risk assessment，也有人翻譯爲風險評估，筆者認爲若是犯罪者因其曾對社會造成危害，故對其之是否再有危害或致命的風險之評估以稱爲危險評估似較佳）是指對於罪犯或精神病患，其日後是否有暴力行爲或其他偏差行爲的預測（林明傑，2011a）。一般而言，危險評估可分爲再犯危險評估、致命危險評估、傷害危險評估等三種。陳若璋（2002）在對性罪犯之評估總結表中，將之分爲三種，即危險性評估（此處應指傷害危險評估）、再犯性評估、及可治療性評估。其中可治療性係融入了臨床上之是否可改變性，如：中等智商及以上、願意負起法律責任、年齡40歲以下、有改變動機。通常性侵者會常被關注其再犯危險，而親密暴力者會常被關注其致命危險。

二、再犯危險因子及評估工具

　　罪犯之再犯危險因子可分靜態因子（static factor）及動態因子（dynamic factor），前者係指前犯行時之行爲特徵及被害者特徵之紀錄，此又稱爲歷史因子，此一部分終生無法更改（除其判刑確定之數目，若再犯則可能增加而變動）；而後者係指犯行後或處遇後行爲及想法態度之有無改變及改變程度，也包含對輔導及監督之配合程度，此一部分只要犯罪者願意且改善則有可能降低其日後之再犯率。

　　加拿大就罪犯或受刑人之評估，於1993年起即發展出如下之再犯危險評

估量表：VRAG（Violence Risk Appraisal Guide，暴力再犯危險評估指引，見Quinsey et al., 1998）、SORAG（Sex Offender Risk Appraisal Guide，性暴力者再犯危險評估指引，見Quinsey et al., 1998）、RRASOR（Rapid Risk Assessment for Sex Offender Recidivism，快速性罪犯再犯危險評估量表，見Hanson, 1997）、Static-99量表（Hanson & Harris, 1998），這些均屬於靜態因素量表。

美國則於1995年發展出對性罪犯之再犯危險評估量表MnSOST-R（Minnesota Sex Offender Screening Tool-Revised; Epperson, 1997），本量表包含靜態及動態因素。而加拿大於2000年發展出的SONAR（Sex Offender Need Assessment Rating; Hanson & Harris, 2000），美國Vermont州矯正局於2003年發展出的SOTNPS（Sex Offender Treatment Need and Progress Scale; McGrath & Cumming, 2003），均是動態因子之量表。其均運用統計之精算方法（actuarial method）以找出與再犯有關聯之因子，集合之而合成高預測準確之再犯危險評估量表。

第一節　三代之危險評估及形成量表

Bonta（1996）曾將危險評估區分為三代。臨床人員依其臨床之經驗所預測未來之可能暴力行為，此為第一代危險評估之方法，其缺點是多以臨床人員之主觀及非系統化之知識為依據；而第二、三代則均是以精算之方法作危險評估，均有研究作基礎。

第二代之危險評估，係由研究人員組合若干危險因素作為預測未來再犯之依據。如最早的危險評估研究之一Burguss（1928）即以3,000名假釋犯為樣本，找出21個再犯危險因素，並以一個再犯危險因素計一分，視每一危險因素均同等重要，未依其不同之重要性給予不同之加權分數。其發現計最高分者再犯率為76%，而計最低分者再犯率為1.5%。此後，Glueck與Glueck（1934; 1950）更發展出以效標效度（criterion validity）依各因素不同之重要性（如有無該項目其再犯之比率高低）而給予不同之分數。

大約在1935年起，德國、瑞士、芬蘭、英國、日本亦陸續發展二代之量表。我國則於1964年，由台大教授張甘妹（1974）以台北監獄200名出獄犯人為對象作出我國第一個再犯預測量表（張甘妹，1985）。然而二代量表均無理論為基礎，且也幾乎以靜態之歷史危險因子為預測因子，而未考慮到犯罪

起因需求（criminogenic need，此即指動態因素），而未使危險因子與教化矯正有關聯。因此，第二代之目的除較準確之外（見表16-1），其另一主要目的，也在能依照危險程度做犯人之分類，以作爲假釋決定之考量。Andrews與Bonta（1998）舉例說明在美國、加拿大、英國之各一個好的二代危險評估量表。美國之Salient Factor Score（SFS）由Hoffman（1994）發展而成，其有七題項，在1972至1987年間聯邦監獄局用此一量表協助假釋決定。其總分與再犯之相關係數在.27～.45間。加拿大之Statistical Information Recidivism（SIR）係由Joan Nuffield（1982）發展完成，在低分群中之假釋成功率爲84%，而高分群中之假釋成功率只有33.6%。英國之Risk of Reconviction（ROR）則由Copas等人（1996）完成（見表16-2）。

表16-1　四個後設分析中精算型危險評估之優勢

	項目	臨床之危險評估	精算之危險評估
Bonta et al. (1998)	再犯任何犯罪 再犯暴力犯罪	r = .03 r = .09	r = .39 r = .30
Hanson & Bussiere (1998)	再犯性犯罪	r = .11	r = .42
Grove, Zald, Lebow, Snitz, Nelson (1995)	就136個研究	6％之研究認為此較準確	46%之研究認為此較準確（8%之研究認為二者一樣準確）
Mossman (1994)	再犯暴力犯罪	ROC = .67	ROC = .78

資料來源：Andrews & Bonta (1998: 221).

表16-2　美國、加拿大、英國之各一好的二代危險評估量表

	SFS（美）	SIR（加）	ROR（英）
靜態因素			
犯罪類型	✓	✓	✓
犯罪史	✓	✓	✓
年齡	✓	✓	✓
假釋再犯	✓	✓	
性別			✓
戒護分級		✓	
刑期		✓	
Risk interval		✓	
藥物濫用	✓		

表16-2　美國、加拿大、英國之各一好的二代危險評估量表（續）

	SFS（美）	SIR（加）	ROR（英）
動態因素			
失業	✓	✓	
結婚與否		✓	
依其生活之人數		✓	
題項數	7	15	6

註：犯罪史，包含有無曾服徒刑逃獄、前暴行、或前性犯罪。
資料來源：整理自Andrews與Bonta（1998: 223）。

　　而第三代之危險評估則在於認出第二代危險評估之多只注重靜態因素，而認為再犯之發生，個人之動態因素亦很重要，亦應給予納入，使危險因子與教化矯正有關聯，而不只是與囚犯管理或假釋決定有關。Andrews與Bonta（1998）提出犯罪行為之社會學習論，提出整合若干重要之動態與靜態之危險因素作為未來預測再犯與提供處遇之評估工具。其並提出三個第三代之量表為例並加以介紹，即Wisconsin Risk and Needs Assessment（Baird et al., 1979）、Community Risk-Needs Management Scale（Motiuk & Porporino, 1989）、Level of Service Inventory-Revised（Andrews & Bonta, 1995）。並指出其中只有Level of Service Inventory-Revised（LSI-R）是有理論為基礎並且直接測量動態因素。LSI-R目前被加拿大聯邦監獄用來作為監獄犯人之分類處遇，且具有最好之再犯危險預測之準確度。

　　Monahan與Steadman（1994）亦呼籲危險評估須進入新生代，以符合科學預測的要求。其並發展MacArthur Risk Assessment Study，以第三代之方法發展預測精神異常病人之暴力。Monahan等人（2001）並對於相關之新方法（如引用分類樹）有所討論。

　　Andrews與Bonta（2003）的RNR原則（risk, need, responsivity）提出矯正方案規劃能根據靜態風險、動態需求、矯正方案相應性應該互相呼應以改善案主之再犯率，也期待未來方案能朝向此邁進。

　　第四代危險評估則認為在動靜態風險評估上需再加上相應的完整治療與監督策略才能使案主在評估與介入策略上併用以使矯正策略能提升效果（Andrews et al., 2006）。第四代以Level of Service/Case Management Inventory（LS/CMI; Andrews et al., 2004）為代表，其在評估後增加日後監督輔導策略（Bonta & Andrew, 2007）。

　　以性罪犯之再犯危險評估為例，Hanson與Bussiere（1998）之後設分析（meta analysis，為一整合若干之前研究之統計分析法）研究中發現，若以臨床人員之臨床判斷則對日後再犯性犯罪、其他暴力犯罪、及任何之犯罪之預測效度各只有.10、.06及.14；而若以統計方法之再犯預測量表，則各可達.46、.46及.42，因此我們可知量表評估之重要性。而美國Vermont州性罪犯方案臨床主任Robert McGrath 將所有預測高再犯危險各方法或量表之預測準度的相關係數及ROC曲線下面積之研究整理如表16-3。

表16-3　預測再犯性犯罪危險之各方法或量表之預測準度的相關係數及ROC曲線下之面積

方法	r（相關係數）	ROC曲線下之面積	樣本人數	研究樣本數
臨床判斷	.10		1,453	10
以前的性侵害次數	.19		11,294	29
RRASOR	.27	.71	2,592	8
Static-99	.33	.71	1,127	4
SONAR（動態量表）	.43	.74	409	1
MnSOST-R	.45	.76	351	2
PCL-R	.18			

註：美國Vermont州性罪犯方案臨床主任Robert McGrath 整理之資料（個人通訊，September, 21, 2001）。PCL-R原名為Psychopathy Checklist-Revision（譯為病態人格檢索表），由Robert Hare於1980年及1985年所發展出。

第二節　如何找出危險因素

一、危險評估的統計方法

　　一般而言，統計推論的方法可分為無母數統計法及母數統計法二種。無母數統計法是指一種無須特別指出所抽樣本所來自母群體參數條件的一種統計考驗法；因此進行統計分析時不必去滿足有關樣本所來自的母群體之分配型態的基本假定（如：有些統計方法有限定其母群體必須為常態分配才行，而無母數統計法則不必顧慮到母群體分配的情況）（林清山，1992：656）。母數統計法則指須特別指出所抽樣本所來自母群體參數條件的一種統計考驗法，因此，此一統計法更適合將統計結果推論到母群體以外之相似個體。林清山（1992）

指出雖然無母數統計法較簡單（多使用機率）、基本假定也較少、適合小樣本，然卻易浪費資料及統計考驗力較差之缺點。

以下則介紹此二法中常被用來找出危險因素的方法。以下各統計方法，均可在SPSS 10.0之統計套裝軟體中尋得。

（一）無母數統計法

卡方法（χ^2念做kai-square）：卡方分析是計算兩個名義變項關聯的一種統計方法。其運用兩個變項其內容所成立之表（如：甲變項為過去在假釋中有無再犯性犯行，而乙變項為有無再犯，所以是2×2表），其實際次數表及期望次數表之差轉換為一值，並查表得知該值有無達顯著之關聯。可以描述樣本在有無各個危險因子及有無再犯之關聯表現。公式與說明可詳見林清山（1992）、李沛良（1998），或相關社會科學之統計書籍。

（二）母數統計法

1.相關分析

以Pearson's r（即皮爾遜相關係數）為主，為計算兩個連續變項關聯的一種統計，其運用每一樣本在兩個變項的連續性所成立之兩直角軸（即X軸、Y軸）上是否能表現出顯著的關聯。在危險因子的找尋上，某危險因子之有無出現計1與0，而有無再犯亦計1與0，如此即可以描述樣本在各個危險因子及有無再犯之關聯表現。其值在–1至+1之間，–1表示完全負相關，0表示完全無相關，而+1表示完全正相關。公式與說明可詳見林清山（1992）及李沛良（1998）。

2.羅吉斯迴歸

此法係以當依變項為二元變項（如有無再犯）之迴歸時所用之統計預測法，其好處是能找出各自變項之迴歸係數，該係數需經過指數轉換（exponential，因為其不是直線迴歸，而是非直線迴歸，統計結果常以EXP表示之），則可知其加權上之意義，也能依此而建立出預測方程式（predictive equation）。而也可運用逐步迴歸之方式進行再確認，通常用反向淘汰逐步迴歸（backward-elimination regression）之效果會較順向選擇逐步迴歸（forward-selection regression）好。然而在做羅吉斯迴歸（logistic regression）時要先檢定所有納入考慮預測變項之間的多元共線性（multicollinearity），要選擇各預測變項的容忍度（tolerance）大於0.1，且變異膨脹係數（VIF）小於10之變項，以確定沒有嚴重的多元共線性問題。簡而言之，各個評估題項之間不會有重複，而造成多餘的預測變項產生，使每個題項有其各自的預測面向。

3.存活分析

存活分析（survival analysis）係指兩個或以上之變項間的關係可能會在不同時間之情形，而有不同之關係。如提供化學治療給不同癌症末期病人，其死亡率是否會在半年、一年及一年半而不同。其中之考氏迴歸法（Cox regression）即是當風險比會隨著時間而改變，所以在不同時間點上，共變量中的某個值（或多個數值）也會有所不同。因此，在危險因子的找尋上，可以以此找出某些因子會使某些犯人加速或延緩其再犯。

二、各危險因素是否需要加權

找出各項危險因素之後，再來就是要考慮各項危險因素對於預測再犯的準確度是否都一樣？如果不一樣，是否要加權？以下將敘述各種方法。

（一）Burgess法

Burgess（1928）之方法即在找出所有之危險因素後以不加權之方式，也就是每項危險因素以二元變項計分之。譬如：案主在該項有出現該因素則均以一分計之，無出現則計零分，相加後以之為危險總分。其中如果是連續變項以找出最高Gini值之法找出切分點（cutoff point），使之變成二元變項（見Silver et al., 2000）。

（二）Nuffield法

Nuffield（1982）之方法則先計算出「該類罪犯在所預測期間之再犯率（如妨害性自主罪之七年半再犯率為12%）」，並以之為基準線（baseline），以「有出現某項危險因素中之再犯者之比率（如曾在保護管束中再犯性犯行在七年半中之再犯率為69%，而未曾在保護管束中再犯性犯行在七年半中之再犯率6.9%）」減去「所預測期間之再犯率」（即12%），若其差為正負5%（±5%）以內則不予加權；但若是超過，則每超過正負5%則加權正負1（±1）於量表之分數。如上例，在保護管束中再犯性犯行在七年半中之再犯率其再犯量表上應加權11分〔因為(69% − 12%)/5% = 11.4〕；而未曾在保護管束中再犯性犯行在七年半中之再犯率其再犯量表上應加權−1分〔因為(6.9% − 12%)/5% = −1.02〕。此法為MnSOST於1995及1997年發展時所用，而RRASOR、Static 99也是用此方法。

（三）N-B 加權法

即是將Nuffield加權的方法與Burgess計分的方法合用在量表的計分建立上。林明傑、董子毅（2005）因為在建立性侵害犯罪加害人之危險評估靜態量

表（命名爲「台灣性罪犯靜態再犯危險評估量表」，Taiwan Sex Offender Static Risk Assessment Scale, TSOSRAS）時發現在篩選再犯危險因子時除用卡方分析、相關分析、羅吉斯迴歸外，又加上存活分析之Cox regression，而發現有些危險因素在前三者表現不佳，但在最後者表現卻很好，而這些因素用Nuffiled法卻無法達到超過正負5%之差異，因而將此些因素改用Burgess法，也就是某罪犯有該因素則計1分，沒有則計0分。經發現此種混合二種之N-B法可使預測效度提高。

三、如何計算危險評估量表的準確度

Hanson（1997）曾指出可以用兩種方法來描述危險評估量表的準確度（predictive accuracy of the risk scale），即：

（一）相關係數r（correlation coefficient，方法已概述如前）：即是將量表中各題分數相加之總分與再犯與否作一相關分析即可。一般而言，r = .10以下，表微弱或無相關；r = .10～.39，表低度相關；r = .40～.69，表中度相關；r = .70～.99，表高度相關；r = 1.00，表完全相關（邱皓政，2001）。

（二）在ROC曲線下之區域（area under the receiver operating characteristic curve）：ROC曲線最早係在無線電及放射學（radiology）偵測技術上及心理物理學中發展及運用，直到1990年代中期才開始被用來預測暴力（Quinsey et al., 1998）。ROC是一種無母數統計法，用來評估一個兩分變項中其預測的表現，而在ROC曲線下之區域大小則可用來評估其預測準度（Mossman, 1994; Rice & Harris, 1995）。ROC曲線上的每點將點繪出某測量法或某量表之每一次預測之正確率（hit rate）與錯誤率（false alarm），而該曲線下之分數則會分配在.50與1.00之間，其中，1.00表示該預測係100%之正確，而.50則表示該預測不會比猜測準確，見圖16-1[1]。Hanson與Thornton（1999）指出ROC比其他之預測方法好用，如臨床人員之共識比率或相關係數，因爲其並不受基線及選擇比率（base rates & selection ratios）之影響[2]。計算ROC可在SPSS 10.0中之統計圖（graph）下之工具列選單中尋得，而只需將危險因子點入檢定變數，而將再犯與否點入狀態變數，並將狀態變數之值設定爲1（因爲1表有再犯）即可。

---

[1]　本圖之對角線表.50，即表示其係靠機會猜測（guess by chance）。

[2]　此基線係指再犯率基線或某型罪犯之所占的比率基線；而選擇比率係指選擇某型罪犯之比率。

表16-4　預測實況分配表

		確實結果		
		確實危險 （或確實再犯）	確實不危險 （或確實不再犯）	
預測結果	預測為危險 （或預測將再犯）	Hits; true positives 猜中、（猜有實有） a	False alarm; false positives 假警報（猜有實無） b	a+b
	預測為不危險 （或預測將不再犯）	Misses; false negatives （猜無實有） c	True negatives 猜無實無（也算猜中） d	c+d
		a+c	b+d	a+b+c+b

註：a與d均為猜對區，其中a（通稱hit rate，猜中率）在a＋c之比率＝a/(a＋c)＝sensitivity（敏
　　感度，可稱為「正猜對率」）；而b（通稱false alarm rate，猜有實無（假警報）率）在b
　　＋d之比率＝b/(b＋d)＝1-specifity（specificity為特異度，其等於d在b＋d之比率，故可稱之
　　為「負猜對率」）。ROC之Y軸即為a/(a＋c)，而X軸即為b/(b+d)。

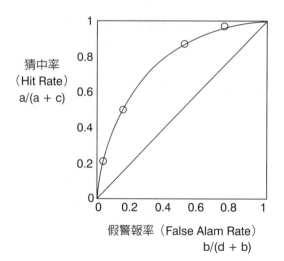

圖16-1　ROC曲線

註：1.Y軸表「hit rate」（猜中率）（即sensitivity，亦即a/ (a＋c)）；而X軸表「false alarm
　　　rate」（猜有實無（假警報）率）（即1-speicifity，亦即b/(b＋d)），圖中曲線之各點均
　　　顯示猜中率均大於假警報率。
　　2.ROC值在0與1之間，而若為.50則表示其猜對之機率與亂猜無異（guess by chance），而
　　　若為1.0則表示此預測為完全答對（perfect guess），通常在.70以上會稱之有中上之預測
　　　效度。若某ROC值為.8，其可解釋為在隨機抽取之二人中其高分者會比低分者再犯之機
　　　會為80%。

資料來源：Quinsey, V. L., Harris, G. T., Rice, M. E., & Cormier, C. A. (1998). Violent offenders:
　　　　　Appraising and managing risk. Washington, DC: American Psychological Association.

　　從發展本土化的婚姻暴力危險評估量表及性侵害加害人靜態量表中發現ROC曲線值在預測2×2表（即是猜測會否再犯及實際是否再犯之表）上似乎是敏感度及特異度之平均值（即二者相加除以二）。林明傑、董子毅（2006）經以公式及圖形之驗證，發現確如上述。並建議爾後所發展之危險評估量表均能清楚寫出再犯危險評估量表在預測2×2表（即是預測是否高再犯與實際是否有再犯）上之ROC值及其敏感度與特異度（因爲一般之ROC係表示隨機抽取之二人中其高分者會比低分者再犯之機會），而量表之使用多會將犯罪者區分爲低中高（或二級或四級）危險群，故除應提供原量表分數之ROC也應提供2×2表之ROC，俾便量表之使用者及司法決策者能對量表之準確度有進一步的正確了解。

四、如何選擇切分點（cutoff，或譯為臨界點）

　　一般而言，經歸納選擇切分點有以下三個方法：

（一）以實際需求或實際管理容量來選擇切分點。如：Static 99係以加拿大監獄體系中之高度戒護監獄實際能容納最高危險之性罪犯之人數爲何，而訂其有多少性罪犯之比率應進入高危險（或最高危險）之分類中。此法之優點在於考慮實際容量，然其缺點爲不適用於其他國家，也較沒考慮到實際危險人數及其危險管理。

（二）以一般心理計量學中之項目分析中有以指標27%或33%爲切分點。而若樣本是常態分配，則常是以最低與最高之27%至33%效標組（Anastasi & Urbina, 1996）。以此對照危險評估，選取27%或33%爲低危險群，而以最高之27%或33%（即73%與67%）爲高危險群，而中間爲中危險群。然而缺點是若樣本不呈常態分配則較不適合此做法，而一般犯人中之再犯危險率多不呈常態分配，因大多數犯人並不再犯，而只有少數犯人會再犯或多次再犯。

（三）以實際量表之各分數及其再犯率多少列表，並觀察該表中各連續分數上再犯率之差距，選出差距較大（如差距15%或以上者）之2～3個分數爲總分之切分點，以此切出三類（如低、中、高危險群）或四類（如將中危險區分爲中低危險群或中高危險群；或增一最高危險群）。此法之優點爲從實際分數中找出高中低危險群之分布，而缺點是可能每次研究會有不同之切分點。

五、如何評估分類的好壞

評估分類的好壞，有以下二種方法。第一是鑑別分析（discriminant analysis，或譯區辨分析）法，係研究如何將資料歸類成不同之組別並可計算出判斷正確分類於各組之機率與總機率。通常此分析之預測變項多須是連續變項（如年齡、教育年數等），且須依變項是常態分配。然鑑別分析的使用，其最初發展之學者Fisher在考量該方法時，並不是用在常態分配的條件下，而後人也認爲不一定要符合常態分配條件才能使用，只是在該條件下的表現會比較好（史玉山，個人通訊，2003/07/09）。

第二是分類樹法（classification tree），此一部分可以自行閱讀董子毅、林明傑（2004）之介紹。

第三節　實例

一、實例一

林明傑之論文「藥物濫用者有無繼續施用傾向量表之量化修正研究」[3]，摘要如下：

　　本研究將檢視現行使用之「有無繼續施用傾向評估記錄表」，以統計精算之方法篩選各變項與再犯毒品犯罪與否之預測力大小，以發展更有科學研究爲基礎之毒品再犯危險評估量表。本研究以台中看守所附設觀察勒戒處所於90年7月、10月及12月出所之受觀察勒戒者爲樣本，追蹤其於95年9月有無再犯情況爲依變項來檢測該表各題項之再犯預測力。研究中共蒐集476名於90年間在同處完成觀察勒戒之資料。研究發現四年內再犯毒品相關罪名之再犯率爲56.9%，而曾短期再犯、戒斷症狀、多重藥物使用、注射使用、社會功能及支持系統等六項具有預測力及正相關。本研究以Burgess法分別追蹤一年、二年、三年及四年與各所篩選顯著之因素建立量表，發現預測效度各爲$r = .156$（ROC $= .611$）、$r = .162$（ROC $= .588$）、$r = .271$（ROC $= .648$）、及$r = .391$（ROC $=.723$）。而所修改之量表以預測出所後三與四年之再犯率爲主。

3　林明傑（2008）。藥物濫用者有無繼續施用傾向量表之量化修正研究。犯罪學期刊，11（1），45-74。

　　可以從以下之表16-5至表16-9看出需依序做出釋放後追蹤各年之毒品再犯率表、各危險因子與再犯的關聯分析摘要表、Nuffield法的量表分數計算表、與量表建立如「附錄一：台灣藥物濫用者靜態再犯危險評估量表」。

表16-5　再犯毒品相關罪名人數比例

	未再犯人數（%）	再犯人數（%）	合計
一年內再犯	352（82.1%）	77（17.9%）	429
二年內再犯	260（63.6%）	149（36.4%）	409
三年內再犯	192（50.9%）	185（49.1%）	377
四年內再犯	149（43.1%）	197（56.9%）	346

註：有效樣本爲436人，七位樣本無法尋得追蹤資料。

表16-6　各危險因子與再犯的關聯分析摘要表（以四年為追蹤期）

危險因子	Pearson x^2	Somer's d	Logistic迴歸	Cox迴歸
毒品相關犯罪紀錄	x^2=12.664 p=.081	d=.165 p=.001**	B=.159 p=.171	B=.059 p=.279
非毒品相關犯罪紀錄	x^2=9.218 p=.237	d=-.010 p=.848	B=.031 p=.770	B=.045 p=.472
曾短期再犯	x^2=7.741 p=.021*	d=.107 p=.032*	B=.581 p=.006**	B=.203 p=.007**
行為觀察	x^2=3.186 p=.527	d=.024 p=.486	B=.016 p=.887	B=.000 p=.879
戒斷症狀	x^2=28.572 p=.000**	d=.268 p=.000**	B=.591 p=.001**	B=.450 p=.000**
多重藥物使用	x^2=13.332 p=.000**	d=.195 p=.000**	B=.619 p=.042*	B=.239 p=.160
注射使用	x^2=21.895 p=.000**	d=.250 p=.000**	B=.964 p=.002**	B=.368 p=.026*
使用期間	x^2=8.320 p=.016*	d=.149 p=.003**	B=.072 p=.742	B=-.009 p=.947
情緒及態度	x^2=3.390 p=.184	d=.063 p=.193	B=.005 p=.987	B=-.058 p=.722
社會功能	x^2=9.567 p=.002**	d=.167 p=.002**	B=.376 p=.128	B=.430 p=.004**
支持系統	x^2=17.647 p=.039*	d=.168 p=.000**	B=.055 p=.036*	B=.007 p=.035*

註：*p<.05；**p<.01。

　　針對該表之總分做評估，結果發現有無繼續施用傾向總分對於四年內再犯的pearson相關為.341（p = .000），ROC值為.710。有無繼續施用判定與四年內再犯之χ^2 = 38.150（p = .000），相關係數 = .316（p = .000）。顯示出總分與施用傾向判定與毒品再犯有顯著之正相關。再算出Nuffield加權值，其係根據以上之各項再犯率對照再犯基本率上每超過5%者加一分，每小於5%者減一分作為加權值（各如表16-7與表16-8）。

　　以下為根據Nuffield加權法之值與再犯率對照，再嘗試以各分數來做切分得到最高之ROC值，即為較好之切分點。

表16-7　Burgess法的靜態量表之總分與再犯率（追蹤期四年）

總分 （Burgess法）	再犯人數／ 該得分人數	再犯率 （四年內再犯）	危險類別	各危險類別再犯率
0	5/14	35.7%	低	35.9%
1	27/75	36%		
2	34/79	43.0%	中	51.3%
3	42/69	60.9%		
4	33/46	71.7%	高	82.4%
5	34/38	89.5%		
6	17/19	89.5%		
7	4/4	100%		
8	1/1	100%		

表16-8　Nuffield法的靜態量表分數計算

評估題項		再犯率	Nuffield法加權分數
1.短期再犯	無	54.6	0
	一年內再犯	56.1	0
	半年內再犯	80.7	+4
2.戒斷症狀	無	38.7	−3
	可能有	49.3	−1
	有	74.4	+3
3.多重藥物使用	無	51.5	−1
	有	74.1	+3

表16-8　Nuffield法的靜態量表分數計算（續）

評估題項		再犯率	Nuffield法加權分數
4.注射使用	無	49.8	−1
	有	78.4	+4
5.社會功能	良好	50	−1
	不良	66.6	+1
6.支持系統選項出現不良記錄次數	0	51.5	−1
	1	67.9	+2
	2次以上	72.7	+3

註：四年再犯毒品犯行之基本率（base rate）為56.9%。

表16-9　Nuffield法的靜態量表之總分與追蹤期四年再犯率

總分（Nuffield法）	再犯人數／該得分人數	再犯率（%）（四年內再犯）	危險類別	各危險類別再犯率
−7	5/17	29.4%	低	35.2%
−5	27/74	36.5%		
−4	3/6	50%	中	52.4%
−3	14/32	43.8%		
−2	9/23	39.1%		
−1	17/30	56.7%		
0	9/16	56.2%		
1	8/12	66.7%		
2	9/13	69.2%		
3	6/11	54.5%		
4	11/15	73.3%	高	81.1%
5	9/13	69.2%		
6	12/17	70.6%		
7	9/10	90%		
8	15/18	83.3%		
9	13/15	86.7%		
10	6/8	75%		
11	2/2	100%		
12	3/3	100%		
13	9/9	100%		
17	1/1	100%		

表16-10　計分方法與再犯預測相關和ROC值

計分方法	相關	ROC
Burgess法	.390	.723
Nuffield法	.387	.722

二、實例二

林明傑、董子毅合著之論文「台灣性罪犯靜態再犯危險評估量表（TSOSRAS-2004）之建立及其外在效度之研究」[4]摘要如下：

本研究之目的在於以不同之樣本建立台灣性罪犯靜態再犯危險評估量表。共分兩次研究，研究一爲建立之研究，研究二爲外部效度之研究。

在研究一，蒐集於1994年至1996年從台北及高雄監獄出獄之性罪犯共423位爲樣本，填入由RRASOR、Static-99及MnSOST-R蒐集之危險因素且依據台灣資料現況而建立之15項因素量表初稿，追蹤至2003年2月查閱刑案資料註記以了解其有無再犯，平均追蹤期爲7.6年。篩選危險因素之統計方法爲卡方、Somer's d、羅吉斯迴歸、及Cox迴歸。發現共有八個因素可以列入。此八項分別爲性犯行遭起訴加上判刑確定的次數、過去被判刑確定之任何犯行次數、在保護管束中又犯下性犯行、該次性犯行中的「非性暴力行爲」、該次性犯行被害者有13至15歲少女且小加害人5歲以上、該次性犯行被害者之性別、該次性犯行的被害者人數、及預估出獄時的年齡。以分別追蹤一年、三年、七年及各所篩選顯著之因素建立量表，發現預測效度各爲r = .238（ROC = .767）、r = .328（ROC = .811）、及r = .312（ROC = .752），均爲中度且滿意之效度。然以成人強暴犯、家外兒童性侵害犯、家內兒童性侵害犯三類性罪犯觀之，其預測效度各爲r = .231（ROC = .736）、r = .380（ROC = .765）、及r不顯著（ROC = .590）。並將此八題之量表作爲定稿。

在研究二，蒐集於1997年至1999年從台北、台中及高雄監獄出

4　林明傑、董子毅（2005）。台灣性罪犯靜態再犯危險評估量表（TSOSRAS-2004）之建立及其外在效度之研究。亞洲家庭暴力與性侵害期刊，1（1），49-110。

獄之性罪犯共421位爲樣本，填入此八題之量表，追蹤至2004年10月平均追蹤期爲7.2年。以全體樣本追蹤三年有無再犯，發現r = .232（ROC = .763）。而以1997年追蹤七年共七人再犯，r = .000（ROC = .693），其可能因爲部分樣本追蹤未達七年致樣本不夠所致。

本論文所形成之量表如「附錄二：台灣性罪犯靜態再犯危險評估量表」。

第四節　結論：從危險評估到危險管理的相應性

如同前述的Andrews與Bonta（2003）提出RNR原則（risk, need, responsivity）中強調矯正方案的規劃須能開始根據個人的靜態風險與動態需求，並使矯正方案個別化的相應性以改善案主之再犯率，眞正符合德國刑罰學家李斯特所說對犯罪人能治療者則予以治療使其能成爲社會中正面貢獻的人，不能治療也應能使與社會隔離，以減少其再犯而傷害社會，期待未來的理想國度的刑罰方案能向此邁進。

筆者也認爲國內確實應該以以上爲方向，發展各類較難控制的犯罪者之危險評估量表，如吸毒者、性侵者、家暴者、縱火者等，並應設計出能評估犯罪者的動靜態與處遇者的監督治療之相應與成效，如此才能眞正達到危險評估與危險管理的效果，也就是使負向人力經輔導監督能成爲正向人力或者至少使其危害能因有效管理而降到最低。

附錄一

台灣藥物濫用者靜態再犯危險評估量表

案主：_____ 身分證字號：_____ 評估日期：___年___月___日

評估者：_____ 入所日期：___年___月___日 出所日期：___年___月___日

評量之題項	時間	三年	四年
1.曾短期再犯	無		[ ]0
	一年內再犯		[ ]+1
	半年內再犯		[ ]+2
2.戒斷症狀	無	[ ]0	[ ]+0
	可能有	[ ]1	[ ]+1
	有	[ ]2	[ ]+2
3.多重藥物使用	無		[ ]0
	有		[ ]+1
4.注射使用	無	[ ]0	[ ]0
	有	[ ]1	[ ]+1
5.社會功能	良好		[ ]0
	不良		[ ]+1
6.支持系統之5不良選項中出現之次數(見註)	0		[ ]0
	1		[ ]+1
	2次以上		[ ]+2
該案主總分			

註：支持系統選項之不良選項包括有：家屬濫用毒品、未與家人連絡、出身破碎家庭、分居或離婚、與家人嚴重衝突。五個不良之選項，可在此打勾註記有哪幾項。

〔量表之續頁〕

台灣藥物濫用者靜態再犯危險評估量表（續）

時間		三年 （36個月）		四年 （48個月）	
平均再犯毒品之再犯率		49.1%		56.9%	
該案主總分					
量表總分之全距		0～5		0～8	
再犯危險程度的切分點與平均再犯率	低危險	[ ] 0	31.1%	[ ] 0～1	35.9%
	中危險	[ ] 1～2	46.5%	[ ] 2～3	51.3%
	高危險	[ ] 3	73.2%	[ ] 4～8	82.4%
原始分數之預測準確度	相關r	.271		.390	
	ROC	.648		.723	
切分二級後之ROC〔低—中—高〕	ROC　ROC	.591		.663	
	敏感度〔即猜有實有占實有之比率〕 sensitivity	.281		.464	
	特異度〔即猜無實無占實無之比率〕 specificity	.901		.863	

註：ROC＝.723表示在樣本中隨機抽取二位其高分者會比低分者將來（四年內）再犯之機率有
　　72.3%。ROC＝.723表有中度之預測力，ROC＝.648表有中度偏低之預測力。

附錄二

〔量表二之一〕

台灣性罪犯靜態再犯危險評估量表
（Taiwan Sex Offender Static Risk Assessment Scale, TSOSRAS-2005）

案主姓名：＿＿＿＿＿＿　　評估者姓名：＿＿＿＿＿＿

身分證字號：＿＿＿＿＿　　施測地點：〔　〕監所　　　　　〔　〕社區

受害者類型：〔　〕成人　〔　〕13-16歲（□家內□家外）　　〔　〕13歲以下（□家內□家外）

入監日期：＿＿年＿＿月＿＿日　　　　期滿日期：＿＿年＿＿月＿＿日

評估日期：＿＿年＿＿月＿＿日

〔填寫及計分方法〕：就個案在以下八題中所符合之項目框號內在三種追蹤期下打勾，並依照該框號右邊之數字計分，將三追蹤期之三總分填寫於最下一列。並三總分重複寫於下頁「分數、危險分級、再犯率轉換表」之最上第二列，之後再依據該總分在各追蹤期之再犯危險分級打勾，並可依據該表得知其平均再犯率。

評量的題項	時間	一年（12個月）	三年（36個月）	七年（84個月）
	累積平均性侵害再犯率	2.1%	5.0%	11.3%
1.性犯行遭「起訴」加上「判刑確定」的次數（含該次）	二次	[　] 0	[　] 0	[　]-1
	三至五次	[　]+1	[　]+2	[　]+3
	六次以上		[　]+6	[　]+6
2.過去被「判刑確定」之任何犯行次數（不含該次）	三次以下		[　] 0	[　] 0
	四次以上		[　]+2	[　]+2
3.在保護管束中又犯下性犯行	從未	[　] 0		
	曾經有過	[　]+2		
4.該次性犯行中的「非性之暴力行為」	從未		[　]-1	[　]-2
	曾經有過		[　] 0	[　]+1
5.該次性犯行被害者有13至15歲少女，且小加害人5歲以上	從未		[　] 0	
	曾經有過		[　]+1	
6.該次性犯行被害者之性別	只有女性	[　] 0	[　] 0	[　] 0
	包含男性	[　]+2	[　]+4	[　]+5

台灣性罪犯靜態再犯危險評估量表（續）

評量的題項	時間	一年 （12個月）	三年 （36個月）	七年 （84個月）
	累積平均 性侵害再犯率	2.1%	5.0%	11.3%
7.該次性犯行的被害者人數	一人	[ ] 0	[ ] 0	[ ] 0
	兩人以上	[ ]+1	[ ]+2	[ ]+2
8.欲評估的年齡	未滿25歲			[ ]+1
	25至40歲			[ ] 0
	超過40歲			[ ]-1
該案主之總分				

〔量表二之二〕
台灣性罪犯靜態再犯危險評估量表之「分數、危險分級、再犯率轉換表」

時間		一年 （12個月）		三年 （36個月）		七年 （84個月）	
該案主之總分							
量表總分數之全距		0～6		−1～15		−4～17	
再犯危險分級 與 平均再犯率	低危險	[ ] 0～1	0.8%	[ ] −1～3	3.3%	[ ] −4～0	5.5%
	中危險	[ ] 2～4	15.4%	[ ] 4-6	20.0%	[ ] 1～6	25.5%
	高危險	[ ] 5～6	0%	[ ] 7-15	40%	[ ] 7-17	41.7%
發展樣本	原始分數之預測準確度 相關r	.238		.328		.312	
	原始分數之預測準確度 ROC	.767		.811		.752	
	切分二級後之ROC〔低-中-高〕 ROC	.793		.665		.704	
	敏感度（sensitivity）	66.6%		38.1%		65.9%	
	特異度（specificity）	92.0%		94.5%		73.1%	

台灣性罪犯靜態再犯危險評估量表之「分數、危險分級、再犯率轉換表」（續）

外部樣本	原始分數之預測準確度	相關r		.232	不顯著
		ROC		.763	.693

註：(1)發展樣本為民國83、84、85年出獄之性罪犯，而外部樣本為民國86、87、88年出獄之性罪犯。(2)敏感度，應可稱正猜對率，即在再犯之一群中猜中其會再犯之比率；特異度，應可稱負猜對率，即在不再犯之一群中猜中其不再犯之比率。(3)外部樣本並未做一年之再犯率追蹤。

- 注意事項
  1. 本量表之定義「性侵害再犯」包括觸犯了民國88年以前的刑法第221條至第234條，包括強姦罪及準強姦罪、共同輪姦罪、強姦殺人罪、姦淫幼女罪、利用權勢姦淫猥褻罪等，或是觸犯了民國88年以後所修訂之妨害性自主章的第221條〈強制性交罪〉至第229條〈詐術性交罪〉等罪名，且起訴者，即為有再犯性侵害犯罪。
  2. 本量表適用之評估對象不包括：(1)因性侵害案件而獲判緩刑者。(2)兩小無猜型：性侵害案件雙方皆未成年（小於16歲），且加害人對被害者之性行為是合意性行為（即被害者本身同意該性行為）。
  3. 本量表可複製使用，亦可在網址：
     http://www.ccunix.ccu.edu.tw/~deptcrm/t_mcl.htm#Book下載取得，但仍建議在使用前詳細地閱讀量表操作手冊之說明。

參考文獻

一、中文

李沛良（1992）。社會研究的統計分析。台北：巨流出版社。

邱皓政（2001）。量化研究與統計分析。台北：五南圖書。

林明傑（2011a）。矯正社會工作與諮商。台北：華都。

林明傑（2011b）。男性婚姻暴力加害人之致命危險評估：DA量表與CTS量表在我國適用之再研究。犯罪學期刊，14（1），31-68。

林明傑、董子毅（2005）。台灣性罪犯靜態再犯危險評估量表（TSOSRAS）之建立及其外在效度之研究。亞洲家庭暴力與性侵害期刊，1（1），49-110。

林明傑、沈勝昂（2003）。我國婚姻暴力加害人之危險評估：DA量表在我國適用之研究。犯罪學期刊，6（2），177-216。

董子毅、林明傑（2004）。分類樹。載於林明傑、沈勝昂編，法律犯罪心理學。台北：雙葉書廊，頁390-405。

林清山（1992）。心理與教育統計學。台北：東華書局。

陳若璋（2002）。性罪犯心理學：心理治療與評估。台北：張老師。

張甘妹（1985）。犯罪學原理。台北：文明文具印刷公司。

張甘妹（1974）。出獄人再犯預測之研究。社會科學論叢，23。

危芷芬譯（1999）。心理測驗。台北：雙葉書廊。（原作：Anastasi, A. & Urbina, S. (1996). Psychological testing. New York: Prentice Hall.）

二、外文

Andrews, D. A. & Bonta, J. (1995). The Level of Service Inventory-Revised. Toronto: Multi-Health Systems.

Andrews, D. A. & Bonta, J. (1998). The psychology of criminal conduct. Cincinnati, OH: Anderson.

Andrews, D. A., Bonta, J., & Hoge, R. D. (1990). "Classification for effective rehabilitation: Rediscovering psychology." Criminal Justice and Behavior, 17, 19-52.

Andrews, D. A., Bonta, J., & Wormith, S. J. (2004). The Level of Service/Case Management Inventory (LS/CMI). Toronto: Multi-Health Systems.

Andrews, D. A., Bonta, J., & Wormith, S. J. (2006). "The recent past and near future of risk and/or need assessment." Crime and Delinquency, 52, 7-27.

Baird, S. C., Heinz, R. C., & Bemus, B. J. (1979). Project Report #14: A two year follow-up. Wisconsin: Department of Health and Social Service, Case Classification/Staff Deployment Project, Bureau of Community Corrections.

Bonta, J. (1996). "Risk-needs assessment and treatment." In A. T. Hartland (ed.). Choosing correctional options that work: Defining the demand and evaluating the supply. Thousand Oak, CA: Sage, pp. 18-32.

Bonta, J. & Andrews, D. A. (2007). Risk-need-responsivity model for offender assessment and rehabilitation. Correctional Annual Report in Public Safety Cananda.

Burgess, E. W. (1928). "Factors determining success and failure on parole." In A. A. Bruce (ed.). The working on the indeterminate sentence law and the parole system in Illinois. Springfield: Illinois State Board of Parole.

Copas, J. B., Marshall, P., & Tarling, R. (1996). Predicting reoffending for discretionary condictional release. Home Office Research Study 150. London, England.

Glueck, S. & Glueck, E. T. (1934). One thousand juvenile delinquents. Unknown.

Glueck, S. & Glueck, E. T. (1950). Unraveling juvenile delinquency. Cambridge, MA: Harvard University.

Hanson, K. & Harris, A. (2000). The Sex Offender Need Assessment Rating (SONAR): A Method for Measuring Change in risk levels (User Report 2000-1). Ottawa, ON: Deparement of the Solicitor General of Canada.

Hoffman, P. B. (1994). "Twenty years of operational use of a risk prediction instrument: The United State Parole Commission's Salient Factor Score." Journal of Criminal Justice, 22,

477-494.

Mossman, D. (1994). "Assessing predictions of violence: Being accurate about accuracy." Journal of Consulting and Clinical Psychology, 62, 783-792.

Monahan, J. & Steadman, H. J.(1994). "Toward a rejuvenation of risk assessment research." In J. Monahan & H. J. Steadman (eds.). Violence and mental disorder: Developments in risk assessment. Chicago, IL: University of Chicago Press, pp. 1-17.

Monahan, J., Steadman, H. J., Silver, E., Appelbaum, P. S., Robbins, P. C., Mulvey, E. Roth, L, H. Grisso, T., & Banks, S. (2001). Rethinking risk assessment: The MacArthur Study of mental disorder and violence. New York: Oxford.

Motiuk, L. L. & Porporino, F. J. (1989). Offender Risk/Needs Assessment: A study of Conditional Release. Report R-06. Ottawa: Correctional Service of Canada.

Nuffiled, J. (1982). Parole decesion-making in Canada: Research towards decision guidelines. Ottawa: Solicitor General Canada.

Quinsey, V. L., Harris, G. T., Rice, M. E., & Cormier, C. A. (1998). Violent offenders: Appraising and managing risk. Washington, DC: American Psychological Association.

Rice, M. E. & Harris, G. T. (1995). "Violent recidivism: Assessing predictive validity." Journal of Consulting and Clinical Psychology, 63, 737-748.

Silver, Smith, & Banks (2000). "Constructing actuarial devices for predicting recidivism: A comparison of models." Criminal Justice and Behavior, 27(6), 733-764.

Steadman, H. J., Monahan, J., Appelbaum, P. S., Grisso, T., Mulvey, E., Roth, L, H., & Robbins, P. C. (1994). "Designing a new generation of risk assessment research." In J. Monahan & H. J. Steadman (eds.). Violence and mental disorder: Developments in risk assessment. Chicago, IL: University of Chicago Press, pp. 297-317.

三、網路資料

Epperson, D. (1997). Minnesota Sex Offender Screening Tool-Revised. Minnesota Department of Corrections. Online available at http://www.iastate.edu 點選faculty，再點選Epperson，再點選MnSOST-R。

Hanson, K. & Thornton, D. (1999). Static 99: Improving actuarial risk assessments for sex offenders. Ottawa, Canada: Department of the Solicitor General Canada. Online available http://www.sgc.gc.ca/publications/corrections/199902_e.pdf.

Hanson, K. & Harris, A. (1998). Dynamic predictors of sexual recidivism. Ottawa, Canada: Department of the Solicitor General Canada. Online available at http://www.sgc.gc.ca/publications/corrections/199801b_e.pdf.

Hanson, K. (1997). The Development of a Brief Actuarial Risk Scale for Sexual Offense Recidivism. Ottawa, Canada: Department of the Solicitor General Canada. Online available at http://www.sgc.gc.ca/publications/corrections/199704_e.pdf.

Lin, M. J. (2006). "Modifying Danger Assessment (DA) Scale for better performance on predicting lethal risk among male intimate abusers through weighting procedure." Asian Journal of Domestic Violence and Sexual Offense, 2(1), 45-63. Retrieved from http://www.ccu.edu.tw/deptcrm/ajdvso/ajdvso.htm.

McGrath, R. & Cumming, G. (2003). Sex Offender Treatment Need and Progress Scale. Washington, DC: Center for Sex Offender Management, US Department of Justice. Retrieved from http://www.csom.org/pubs/SexOffTreatScale.pdf.

Risk Levels. Ottawa, Canada: Department of the Solicitor General Canada. Online available at http://www.sgc.gc.ca/publications/corrections/200001b_e.asp.

孟維德

前　言

　　提高見警率與減少反應時間，可說是警察預防犯罪的重要策略，其隱喻警力越多越好。「堪薩斯市預防巡邏實驗」（Kansas City Preventive Patrol Experiment）被公認是評估見警率及巡邏效能最著名的科學研究，也是刑事司法領域中的典範實驗。其研究方法及研究發現對後續的警政研究與政策發展影響深遠，社區警政（community policing）及問題導向警政（problem-oriented policing）的出現和發展，深受其影響。檢驗警察快速反應效能的實證研究[1]，也是受該實驗的啓示後，大規模展開。在當代警政模式的變遷潮流中，該實驗無疑是不容被忽略或錯誤解讀的重要事件。

　　過去國內警政學術文獻提及該研究者雖不在少數，但多爲片段陳述，或以說明研究發現爲重點，並無完整討論該研究的文獻。針對整個研究的內容及影響，難免有見樹不見林的缺憾。基於此，本章目的即在於詳述該實驗的研究設計、資料蒐集方法及研究發現，並提出對應的評論。

---

[1]　有關警察快速反應（rapid response）效能的研究，以W. Spelman與D. K. Brownn所完成的研究最著名。他們在美國「國家司法研究所」（National Institute of Justice）的贊助下，針對發生於美國四個城市3,300件嚴重犯罪案件的被害者、證人、目擊者進行訪談，受訪者共計4,000人，研究規模甚爲龐大。該研究的主要目的，在於檢驗警政高層長久以來所持的信條──「刑案發生後，如欲逮捕嫌犯，警察就必須快速抵達犯罪現場」。根據他們所蒐集的資料，Spelman與Brown發現在警察所受理的報案中（嚴重犯罪），約有四分之三是不需要快速反應的。面對所有報案立即反應的傳統做法，所能造成現場逮捕嫌犯的比率非常低，每1,000件案件中只有29件。就算是藉由革新方案的執行，因快速反應所造成的逮捕件數仍然增加有限，每1,000件案件中頂多增至50或60幾件，僅此而已，就不再增加了。這個研究對其後的警察政策影響深遠，例如「差別反應」（differential response）及「案件管理」（case management）等思維逐漸形成，警察實務越加理性。而該研究的動機，深受堪薩斯市預防巡邏實驗的啓發。請參見Spelman, W. & Brown, D. K. (1984). Calling the police: Citizen reporting of serious crime. Washington DC: US Government Printing Office。

第一節　堪薩斯市預防巡邏實驗的重要性

　　現代警政有兩項核心策略，一是巡邏，另一是犯罪偵查，兩項策略的目的都是爲了控制犯罪。巡邏是透過警示有犯罪動機之人抑制其犯罪，犯罪偵查則是透過逮捕及懲罰犯罪人，讓犯罪人記取教訓並提供社會大眾犯罪下場的實例來抑制犯罪（孟維德，2015）。本章主要探討巡邏。

　　根據D. H. Bayley等人的研究顯示，當代民主國家將大量警力分配到巡邏有關的事務處理上，巡邏是一項非常耗費人力資源的警察勤務（Bayley, 1998; Thibault et al., 2007）。執行巡邏的警察身著制服，開著或騎乘標有警察標誌的機動車輛在公共空間提供一種「可見的出現」（visible presence）。由於巡邏是警政中最主要的策略之一，實有必要了解這項策略是否有達成公認的目標——抑制犯罪、逮捕嫌犯以及降低犯罪被害恐懼感。美國「堪薩斯市預防巡邏實驗」被公認是評估警察巡邏效能最著名的研究，其發現對於後續的警政及刑事司法研究具有重大引導與刺激作用，因此本文乃以該研究作爲論述對象。

　　該研究發現，改變巡邏密度（見警率）並不會影響犯罪率、逮捕率、民眾的犯罪被害恐懼感。如此的結論對警政有如晴天霹靂，深深撼動傳統警政策略的思維基礎（Braga, 2010）。當實驗結果一公開，警政實務者立即批評該研究發現與基本常識相左，學者則批評該研究在研究方法上有問題（Larson, 1975; Risman, 1987）。回顧該研究公布發現至今，它對警政的衝擊始終具有許多令人迷惑之處。

　　該研究普遍被資深警政管理者及刑事司法學者所接受的主要結論是：改變巡邏密度（見警率），幾乎對犯罪率及民眾的犯罪被害恐懼感沒有影響（Kelling, 1988; Sparrow et al., 1990; Goldstein, 1990）。儘管該研究在研究設計上存有眾人皆知的瑕疵，但上述結論還是被堅定的接受。在知曉研究瑕疵及接受研究結論的同時，學界及實務界並沒有強烈企圖想重複該研究以檢定結論的真僞。當一個研究對現行的、高成本的政策產生否定甚至摧毀性論述，而且該研究發現在實質及程序層面上均具爭議，應該會很快重新複製或檢驗該研究。但從過去文獻的檢索中，只看到少數相關研究。這樣的沉默既震耳欲聾又令人感到困惑。當然，這是可以理解的，警察不願再熱情的提供研究人員協助來打擊他們慣用的控制犯罪策略。只是較令人不解的是，許多經常批評堪薩斯市研究的學者也沒有採取較優良的研究方法對該研究進行複製檢驗。

　　雖然堪薩斯市研究的結論被認定爲事實，但該研究對警察實務並沒有產生

太大的影響。機動車輛的巡邏仍舊是警察的主要策略，警察機關依然將大量警力派遣到巡邏策略上。但堪薩斯市研究卻對未來警察策略的規劃與執行產生省思作用，社區警政（community policing）的發展就深受其影響。儘管巡邏依舊是警察的核心策略之一，但堪薩斯市研究讓警察決策者越來越對過去所慣用策略的效能產生懷疑（Peak & Glensor, 2004）。因此，堪薩斯市研究的間接效果是相當重要的。

　　總之，堪薩斯市預防巡邏實驗具有底下特徵，它是非常著名的研究，它的發現普遍被認定為事實，它的研究設計被認定有瑕疵，但它卻從未被複製檢驗過，它並沒有削弱警察對巡邏勤務的依賴程度，它引發眾人對警察工作目的與方法的省思。上述這種既奇特又矛盾的組合，隱喻警政專業實務者及社會科學家都有所缺失，雙方都應該在研究結果公布後展開行動，但都沒有。

　　堪薩斯市研究曾喚起一陣短暫的研究風潮，就是「步巡研究」。理由是，汽車巡邏與堪薩斯市巡邏的不良效應有關，或許是因為車巡的距離較遠，車內警察與民眾的實質接觸較少，因而沒有產生強烈「可見的出現」效果以抑制犯罪（黃翠紋、孟維德，2014）。在這樣的假設基礎之上，徒步巡邏應該會對犯罪、逮捕及犯罪恐懼感產生較大的影響。

　　兩個具啟發性的研究檢驗了這項假設：一是由「警察基金會」（Police Foundation, 1980）在美國紐澤西州Newark進行的研究，另一是由警政學者Robert Trojanowicz（1982）在密西根州Flint的研究。在Newark的實驗發現，針對犯罪的抑制，步巡不會比車巡更有效，但步巡可以降低民眾的犯罪被害恐懼感、提升安全感，也有助於改善民眾對警察服務的觀感。但另一方面，在Flint的研究是有關警察巡邏評估研究中最特殊的研究，只有該研究發現步巡可以減少犯罪的發生。這兩項研究都可以作為研究方法及警政專業領域裡的素材，但內容頗複雜，節錄與編輯困難，所以本文不予討論。

　　有關警察巡邏的研究大致會對一些指標進行檢驗，例如犯罪率、逮捕率、民眾的犯罪被害恐懼感、民眾對警察的觀感、警察士氣、民眾預防犯罪活動等。事實上，警政工作並不是一項單純的活動，它的效應可能是多面向的。因此，通常並不會因為某研究製造出矛盾的發現而否定某一項警察實務，反而是不同研究檢驗出不同的研究結果。當要對一篇文章進行評論前，必須先界定作者的目的為何，也就是要謹慎界定研究者用以判斷警政策略效能的指標。一般研究常對多元指標進行檢驗，所以在單一項研究中可能會發現，警察策略從某一觀點來看是有效的，但從另一觀點卻無效（Weisburd & Braga, 2006）。選

擇適當指標來測量概念（警察策略的效能），就是研究方法中的「操作化」（operationalization）。

　　堪薩斯市研究之所以著名，一方面是因為它挑戰了傳統的賢智，另一方面則是該實驗在刑事司法與犯罪學研究方法上豎立了極重要的里程碑。其實，光看它的名稱——「堪薩斯市預防巡邏實驗」，就已說明了一切。研究人員在堪薩斯市操縱警察巡邏勤務，好讓巡邏密度（見警率）在該市呈現系統性的變化。在某些地區的日常巡邏被移除，在某些地區巡邏密度則顯著增加，在某些地區則維持原有巡邏密度。

　　實驗性的研究設計，在自然科學中很普遍，但社會科學卻甚為鮮見。理由很明顯、也很簡單，社會科學的研究對象經常是「人」，當人一旦知曉自己正被觀察、研究，行為往往會改變。此外，人還有「人權」的問題，無生命的物體則沒有它自己的權利。所以不能因為科學的意義與價值，而強迫人配合科學研究。儘管是自然科學中的生物學研究，不免涉及動物和其他生物體的實驗，到底是將這些實驗樣本視為無生命體（岩石、星球）？還是把他們當作人看待？至今仍有許多未定的爭議。因為社會科學家研究「人」的問題，事實上，他們較常採用的是「準實驗設計」（quasi-experimental design）。在此種研究設計下，研究者無可必免要面對自然發生的「變異」，準實驗意指所研究的變異並非全然是研究者實驗處置所造成的。在這種方法下，社會科學家必須要避免干預人的健康、權益等倫理問題（Lab, 2014）。在準實驗設計中，研究者依照自然科學的經驗去複製實驗的必要條件，社會科學家藉由準實驗來判斷某事物的改變會不會給另一事物造成影響。

　　警察巡邏對犯罪、逮捕或犯罪被害恐懼感影響甚微，有可能是因為巡邏警力數與人口數相比過於稀少。雖然，堪薩斯市研究在某些地區將巡邏密度予以增倍，但如果原先巡邏密度本來就很低，增倍後仍舊無法顯著提升見警率。這應該是有道理的說法，因為大多數民眾通常對警力分布的疏密情形並不了解。警力多寡的規模常以警力數與人口數的比值為代表，美國一般城市的警民比大約為1：400（Whisenand & Ferguson, 2005），但在任何時刻於街頭上巡邏的警力數與人口數的比值則要小了許多。警政學者David Bayley曾估計，後者的比值低於前者比值的十分之一（Bayley, 1998）。Bayley認為有幾個原因，首先約有60%的總警力分配至執行巡邏的單位，所以可見的警力數不是總警力數，總警力數要先扣除40%。其次，不是所有巡邏警力都會在任一時間執行巡邏，而是輪班巡邏。通常是分為四組警力負責巡邏，每天有三組上班，

一組輪休，上班的三組每組執行八小時巡邏。換言之，在每八小時勤務時段裡，只有15%的總警力數執行巡邏（60%除以4）。此外，警察人員不可能全年無休，扣除例假、病假、休假、訓練，Bayley估算美國警察每年約工作235天。事實上，每名巡邏警察不是提供平均每天八小時的巡邏，而是只有約64%〔(235÷365)×100% = 64%〕的工作時間。所以，15%的總警力數還要再減少至約10%。最後，觀察巡邏警察的工作實況，巡邏警察在用餐時間也要吃飯，必要時還需與主管開會，逮捕嫌犯後還要花時間處理嫌犯（如製作筆錄）。很明顯的，任何時間於街頭巡邏的警力數要低於總警力數的10%。這也就是為什麼巡邏警察不常被民眾看到的原因了。前面曾提及美國一般城市的警民比大約為1：400，但這指的是總警力數，不是實際見警率的估算基礎，若以巡邏警察出現街頭的比例（低於總警力數的10%）來估算，大概是每4,000多民眾中可以看到一名巡邏警察。Bayley的估算方式對見警率的澄析具啟示作用。

上述的數字及估算，可以解釋為什麼科學研究沒有發現增加警力或巡邏密度會對犯罪產生顯著的影響。從另一方面來看，如果見警率本來就不高，那麼針對現有警力予以一般性的增減，自然不會有顯著影響。值得深思的問題應該是，假設要增加警力到可以顯著影響見警率的程度（可能是增加5倍、10倍的警力），那麼所要支出的經費是否具經濟理性。本文接著將論述堪薩斯市預防巡邏實驗的主要發現及其研究設計。

第二節　堪薩斯市預防巡邏實驗的主要發現

大多數警察、民眾以及政府官員普遍認為，巡邏勤務可以有效抑制犯罪活動，以致政府將大量預算投資在巡邏勤務的維持與改善上。前芝加哥市警察局長同時也是著名警政學者O. W. Wilson就曾強調巡邏勤務的重要性，他表示「巡邏是達成警察任務不可或缺的勤務，扮演著舉足輕重的角色。它是警察勤務中唯一可以直接排除犯罪機會的勤務」（Wilson & Mclaren, 1977）。Wilson相信，藉由讓社會大眾感受警察遍布各個角落的印象，巡邏就可以讓潛在犯罪者體察，想要成功犯罪的機會是不存在的。

Wilson的觀點至今仍是主流觀點，在過去幾十年來，現代科技有著長足進步，諸如許多新式的交通、監控及通訊器材導入警界成為巡邏裝備，同時電腦科技的精進更大幅改善了巡邏策略的內容與執行方式，但巡邏的主要原則依然

不變。今日準備踏入警界的人員，仍舊像他們的前輩，從警校老師及教科書中學習到「巡邏是警察工作的主幹」。

不僅是警察本身，社會大眾也相信預防性巡邏是維繫警政效能不可或缺的要素。一般民眾的感覺是看到警察巡邏，以及向警察報案後警察能迅速採取行動，民眾就會有較高的安全感，也會覺得這是警察控制犯罪的基本要務。因此，在面對日益上升的犯罪率，政府官員及民眾最常想到的對策就是增派巡邏警力，把更多的警察派到街上去巡邏。官員和民眾總以為，增加見警率是面對犯罪率上升的必要作為。近來，更有民間自組巡守隊來輔助提升見警率，強化社區的居住安全。

從1960年代開始，針對巡邏效能的質疑逐漸形成。隨著犯罪率及警政預算不斷升高，刑事司法研究人員及關心治安問題的人士開始質疑巡邏與犯罪之間的關係，相關文獻逐漸浮現、累積。早期出現的文獻多為探索性，研究者時常面臨資料不全、資料不正確以及資料分析等研究方法的問題，有些問題至今仍是警政研究人員感到困擾的問題（Dunham & Alpert, 2010）。這些早期的研究發現，給過去的傳統觀念及信仰帶來了直接挑戰。有些研究指出未來需要更精準的研究以檢驗發現，但許多研究卻指出警政領域存有令人質疑的問題，特別是在警察作為的應然面與實然面之間有很大落差。

本章所論述的主要內容，為美國「警察基金會」（Police Foundation）贊助執行的一項研究，研究地點為密蘇里州堪薩斯市（Kansas City, Missouri），該研究公認是分析警察巡邏效能最完整的研究。在該研究進行前，堪薩斯市警察局及警察基金會研究團隊協商達成共識，決定研究採實驗設計，所蒐集的資料包括警察局的內部資料及實驗測量的資料。此外，雙方同意警察局及基金會互派代表針對實驗狀況加以管控。在雙方共識下，警察局承諾願意配合執行八個月的實驗，如果該期間犯罪問題並未因實驗而達無法接受的程度，那麼警察局願意將實驗再展延四個月。

簡單說，該實驗針對堪薩斯市中15個巡邏區加以操縱，改變例行性預防巡邏（routine preventive patrol）的班次數量。這15個巡邏區被隨機分為三組，每組有五個巡邏區。其中一組為「反應巡邏區」（reactive beats），在實驗期間，這一組巡邏區的例行性預防巡邏被取消，警察只有在接獲民眾報案或請求服務的情況下才進入這組巡邏區。第二組為「控制巡邏區」（control beats），在實驗期間，這一組巡邏區的例行性預防巡邏維持原狀，每一巡邏區有一輛警車巡邏。第三組「預警巡邏區」（proactive beats），在實驗期間，將反應巡邏

區多餘的警力及車輛調來本區，把例行性預防巡邏的數量增爲2至3倍。

　　基於測量上的考量，研究人員在實驗前建立如下的研究假設：

一、根據被害調查及報案資料，犯罪數量不會因爲巡邏形式的不同而改變。

二、民眾對於警察服務的感受不會因爲巡邏形式的不同而改變。

三、民眾的犯罪被害恐懼感不會因爲巡邏形式的不同而改變。

四、警察的反應時間以及民眾對反應時間的滿意度，在不同實驗區而有差異。

五、反應巡邏區的交通事故會增加。

　　實驗結果並未如社會大眾及警察平時所想像的，研究發現三種巡邏狀態並沒有影響犯罪數量、民眾對警察服務的感受以及民眾安全感。例如：

一、根據實驗期間所進行的被害調查顯示，不同形式的巡邏並沒有對家宅竊盜、汽車竊盜、強盜搶奪、毀損行爲的數量造成顯著影響。傳統上，這些犯罪被認爲是較能被巡邏勤務抑制的標的犯罪。

二、在民眾報案的犯罪率方面，不同組的巡邏區只呈現微幅的差異，而且差異缺乏一致性。

三、在警察局本身所發現的犯罪數量方面，不同組的巡邏區雖有差異，但該差異被判斷爲隨機誤差所造成。

四、在民眾對警察服務的感受方面，不同組的巡邏區只呈現極少數的顯著差異，而且這些少數的顯著差異缺乏一致性的脈絡。

五、整體而言，民眾的犯罪被害恐懼感並未受不同巡邏區的影響。

六、在民眾自行採取的防制犯罪措施方面，不論是數量或形式，不同組的巡邏區只呈現少數差異，而且這些少數的差異缺乏一致性的脈絡。

七、商業人士對於犯罪及警察服務的感受，並沒有因爲巡邏區的組別不同而受影響。

八、不同巡邏形式，並沒有顯著影響民眾對於警察的滿意度。

九、不同巡邏形式並無顯著影響警察反應時間以及民眾對警察反應時間的滿意度。

十、不同巡邏形式並無顯著影響交通事故及傷亡情形。

十一、員警約有60%的時間通常是空著（可以回應報案及服務請求），在這些時段，員警大多處理一些與警察無關的事務。

十二、員警對「預防性巡邏」勤務並無一致性的定義，也缺乏衡量預防性巡邏效能的客觀方法。員警對預防性巡邏防制犯罪的效能，在看法上呈現正反或衝突的反應。許多員警認爲預防性巡邏是警察職能的一部分，所以

預防性巡邏是重要的。

上述有些發現對傳統觀念產生直接挑戰，某些發現則指出需要未來研究來解答。另外，還有些發現指出警政工作中有許多令人質疑的問題，就是在民眾要求警察所為、民眾相信警察所為、以及警察能為與應為之間，可能有很大的落差。

在預防巡邏實驗分析中的直接性議題，就是預防巡邏對於犯罪及社區的影響。此外，該實驗還隱喻出更大的政策議題，那就是都會型警察局能否建構及維繫實驗進行所需的條件，以及實驗會不會影響正常執行預防巡邏的時間分配以及民眾的權益。事實上，堪市實驗不僅對於上述問題都提供了肯定答案，同時也是定義及釐清警察在現代社會中具有哪些實質功能的重要一步。此處需強調的，某些有關巡邏的議題，並不在堪薩斯市預防巡邏實驗所欲探討的範圍，例如雙人車巡與單人車巡的比較、組合警力（team policing）、綜合模式與分疏模式的比較（generalist-specialist model）等。該實驗發現並未證明警察無法解決犯罪問題，也沒有證實見警率無助於抑制犯罪。在另一方面，該實驗結果並無做出「警務工作應予減量」的推論，同時也沒有因為發現員警大部分的公務時間是分配在與犯罪較無關的事務上，而認定花在犯罪問題的有限時間是不重要的。

該實驗也沒有隱喻提供公共服務及執行秩序維護會排擠警察控制犯罪的效能。在該實驗中，雖然有一組巡邏區的情境是將見警率操縱至近乎零，但是一旦有治安狀況發生，民眾還是可以獲得警察立即的回應。因此，該實驗的發現不應被解釋成：將警力從轄區撤離是控制犯罪的理想答案。減少例行性的警察巡邏，只是該實驗檢驗的三種狀況之一，實驗發現的意義，應謹慎轉譯。

雖然堪薩斯市地域面積廣大，人口密度並不像一般美國都市那麼高，但堪薩斯市所面臨的許多重要問題則與其他美國都市相似。例如，堪薩斯市的傷害案件的發生率與底特律（Detroit）、舊金山（San Francisco）相近，殺人犯罪率與洛杉磯（Los Angeles）、丹佛（Denver）及辛辛那堤（Cincinnati）相近，家宅竊盜犯罪率與波士頓（Boston）及柏明翰（Birmingham）相近。此外，實驗區本身具有多元社經的人口，人口密度也高於全市的平均值，所以實驗區會比整個城市更具代表性。換言之，實驗研究的發現應該具有相當程度的外部效度。

第三節　堪薩斯市預防巡邏實驗的研究設計

預防巡邏實驗的研究動機出自堪薩斯市警察局，在1971年之前，堪市警局經歷長達十幾年的組織變革，不論是警察勤務或工作氣氛都曾獲得全美極佳評價，被公認是一個優質且精進的警察機關。

在Clarence M. Kelley局長的領導下，堪市警局成功完成高度技術導向的改革，該局有能力面對實驗性事務及更進一步的變革，同時徵募了許多年輕、積極及具專業能力的新進員警。短期及長期計畫方案都已被建構成制度，針對警務工作的方法、程序及定位有關的建設性討論，在堪市警局都是常見的事。在1972年，堪市警局約有1,300名員警，市區人口約有50萬，整個都會區人口約爲130萬，警局充滿廣納新理念、建言的組織文化，深獲市民信賴。

堪市警局於1971年10月分別在三個巡邏隊（南區、中央區及東北區）各成立一個由巡邏警員及主管人員組成的專案小組，另外也在特勤單位（包含直升機、交通、警技等事務）成立專案小組。這些專案小組，可以說是警局內部針對警政問題進行研討與改革的一種機制。設立這些專案小組的決定，主要是基於警局成員認爲各層級人員應有擬定計畫與決策的能力，組織變革的構想如果希望被廣泛接受，那麼未來可能會受變革影響的同仁，就應該讓他們在變革規劃階段能夠充分表達各自的意見。

專案小組的工作重點，就是提出各單位所面臨的重大問題以及克服這些問題的方法，四個專案小組的工作性質都一樣。其中南區巡邏隊的專案小組提出五項問題：家宅竊盜、少年犯罪、市民的犯罪被害恐懼感、有關警察角色的公共教育、警民關係。接下來，南區專案小組便要設法提出解決問題的策略。但很明顯的，當南區巡邏隊員警專注於五項問題的解決策略，他們執行巡邏勤務的時間受到嚴重影響。此時，重要狀況發生了。南區專案小組的部分成員質疑例行性的預防巡邏是否眞的有效？員警在執行預防巡邏勤務時到底做了些什麼事情？以及見警率對民眾的安全感有什麼影響？

南區專案小組針對上述問題的討論，最後導致實驗構想的提出，因爲他們認爲，只有透過實驗才能檢驗出預防巡邏實驗的眞實影響。經協商，「警察基金會」同意贊助實驗經費。但在另一方面，實驗構想也引發了一些爭議，爭議的核心問題就是，短期且立即的風險極可能超越實驗的長期利益。因爲進行實驗時，「反應巡邏區」的犯罪案件可能會激增，員警擔心實驗可能會對民眾的生命財產造成威脅。

堪市員警所表現出來的保守態度，與其他警局員警的態度並無不同。他們將巡邏視為警務工作中最重要的職能之一，與犯罪偵查的重要性相當，巡邏勤務有時還可以在緊急時刻發揮救援功能。有些員警承認巡邏在預防犯罪上的效能並不大，但在提升民眾安全感上卻是很有效的；有些員警堅信執行預防巡邏所採取的措施與行動（對車輛、路人及建築物進行臨檢）是逮捕嫌犯的重要輔助工具，而透過這些活動所顯現的見警率，可以對犯罪產生嚇阻作用。儘管員警對巡邏效能的態度是如此分歧，但他們一致認定巡邏是非常重要的警察職能。

在南區巡邏隊的轄區共分為24個巡邏區，有九個巡邏區因較無法代表堪市的社經條件而排除在外。其他15個巡邏區均納入實驗區域，共計32平方英里，包含住宅及商業區，當時（1970年）的人口計有14萬8,395人，人口密度為每平方英里4,542人，高於全市的人口密度（堪市人口密度為每平方英里1,604人，全美排名第45）。而在實驗區中的族群分布，從78%黑人的區域到99%白人的區域都有。居民的平均家庭年收入，從最低收入7,320美元的巡邏區到最高收入15,964美元的巡邏區。各巡邏區居民的平均居住時間為6.6年至10.9年。

實驗區執行巡邏的員警，是在實驗實施前就已經分派到這15個巡邏區執勤的員警，白人較多，較年輕，年資較淺。共計有101名員警在實驗區執行巡邏，員警為黑人者占9.9%，平均年齡為27歲，服務年資為3.2年。

15個巡邏區經由電腦配對，分別在犯罪資料、報案數、種族組合比例、平均收入、流動人口等五個變項上各配對三個相似的巡邏區。換言之，共配對出五群，每群有三個性質相近的巡邏區。繼而將每群中的三個巡邏區，隨機指定一個為「反應組」，隨機指定另一個為「控制組」，第三個為「預警組」，每組計有五個巡邏區。在反應組中的五個巡邏區，平時並無預防巡邏，只有當民眾報案後警察才會進入該區。平時員警只在反應區的外圍巡邏，或在鄰近的預警區巡邏。簡言之，警察的服務還是可以隨叫隨到，只是盡可能將反應區的見警率降至最低。

在控制組的五個巡邏區中，每一個巡邏區的巡邏數量保持一輛巡邏車執行巡邏。在預警組的五個巡邏區中，警察局則將巡邏數量增至2到3倍，警察局的做法是由總局增派一部分車輛及人力至此區，另一部分車輛及人力則是來自於附近的反應組巡邏區。在反應組巡邏區執勤的員警，實驗期間只能在轄區民眾報案時才可以進入反應組巡邏區，若無民眾報案，只能在反應組巡邏區的周圍巡邏或在鄰近的預警組巡邏區巡邏。除此限制外，實驗期間並無其他限制加諸

反應組巡邏區執勤的員警。而在控制組及預警組巡邏區執勤的員警，如同平時執勤方式執行預防性巡邏。有關三組巡邏區的分布，詳如圖17-1。如此安排主要是爲了避免五個反應組巡邏區聚集在一起，同時也避免與預警組巡邏區距離太遠，因爲一旦反應組巡邏區太過聚集或是離預警組巡邏區太遠，當反應組巡邏區有民眾報案時，員警趕赴反應組巡邏區的所需時間可能過長，以致延遲回應。實驗期間，研究人員在反應組及預警組巡邏區操縱的項目只有巡邏數量的多寡，除此之外，並無其他實驗處置（treatment）。在實驗前及實驗期間，特勤單位在實驗區的工作則保持不變。

　　研究人員爲降低反應組巡邏區因無警察巡邏所可能造成的治安風險，他們每週對這些轄區的犯罪率進行監測。實驗前，研究人員與堪市警局達成共識，反應組巡邏區的犯罪數量一旦明顯增加，實驗將立即中止。然而，這種情形在整個實驗過程中並沒有發生。

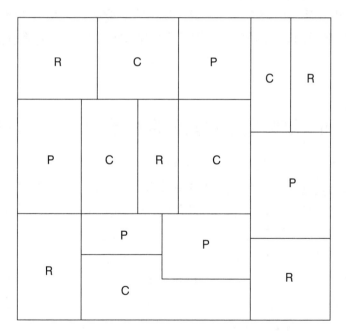

P：預警組巡邏區
C：控制組巡邏區
R：反應組巡邏區

圖17-1　堪薩斯市預防巡邏實驗15個巡邏區的分布

資料來源：Kelling, G. L., Pate, T., Dieckman, D., & Brown, C. E. (1974). The Kansas City Preventive Patrol Experiment: A Summary Report. Washington D. C.: Police Foundation.

　　1972年7月19日實驗開始進行，不過堪市警局及警察基金會代表一直到8月中旬都認爲實驗尚未進入正常狀況，期間發生了一些問題，Kelley局長因此暫停實驗來處理這些問題。其中一個問題就是出現人力不足的情況，南區巡邏隊因爲實驗而出現人力嚴重短缺的現象，警察局立即從其他部門增調警力解決問題。第二個問題是有一些違反實驗準則的情事發生（如任意進入反應組巡邏區巡邏），即時的訓練及行政獎懲化解了問題的再發生。第三個問題是在反應組巡邏區執勤的員警感到枯燥無聊，之後隨即修正實驗準則，准予他們在預警組巡邏區執勤時可以增加一些工作活動。到了1972年10月1日，實驗重新啓動，持續進行十二個月，在1973年9月30日結束。實驗目的主要在於檢驗實驗處置對五種犯罪類型的影響（家宅竊盜、汽車竊盜、一般竊盜、強盜及毀損，這些是傳統上認爲預防巡邏較能嚇阻的犯罪）、檢驗實驗處置對民衆安全感的影響、檢驗實驗處置對民衆有關警察服務滿意度的影響、檢驗實驗處置對民衆及商業人士採取防制犯罪措施數量及類型的影響、檢驗實驗處置對警察反應時間及民衆有關反應時間滿意度的影響、檢驗實驗處置對車禍事件傷亡情形的影響。有關警察執勤時的活動以及警察對預防巡邏的觀感，也包含在該實驗的資料內容。

第四節　堪薩斯市預防巡邏實驗的資料蒐集方法

　　爲了要測量實驗處置對犯罪的影響，該實驗運用了犯罪被害調查、警察局的犯罪統計（含逮捕資料）以及商業被害調查等途徑來蒐集犯罪資料。警方的犯罪統計在傳統上被認爲是評估警政績效的重要指標，該研究蒐集堪市警局近幾年的犯罪統計。考量官方資料可能存有偏誤或漏記，因此研究人員採用犯罪被害調查彌補官方資料的缺陷。之前由「美國總統執法及司法行政委員會」（President's Commission on Law Enforcement and Administration of Justice）執行的犯罪被害調查結果顯示，約有50%犯罪事件的被害者可能因爲忽略、難爲情或損害過小而沒有報案。雖然犯罪被害調查存有若干限制，但仍不失爲犯罪的重要測量方法。有關實驗處置對民衆態度及安全感的影響，該實驗採取對家戶及商業機構進行態度調查（與犯罪被害調查合併實施），另外再對曾經與警方有直接接觸經驗的民衆進行調查。最後，由研究人員透過參與觀察法記錄民衆對警察服務滿意度的資料。

綜合上述，該實驗所蒐集的資料歸納如下：

一、調查及問卷

（一）社區調查

1. 被害
2. 態度
3. 報案率

（二）商業調查

1. 被害
2. 態度
3. 報案率

（三）接觸調查：民眾

1. 態度
2. 認知

（四）接觸調查：巡邏員警

1. 態度
2. 認知

（五）接觸調查：觀察者

1. 態度
2. 認知

（六）巡邏員警如何運用執勤時間調查
（七）巡邏員警反應時間調查
　　　觀察者
（八）巡邏員警反應時間調查
　　　民眾
（九）HRD調查
（十）巡邏員警問卷調查

二、訪談與觀察

（一）參與觀察者的觀察。
（二）訪談巡邏員警。
（三）訪談參與觀察者。

（四）參與觀察者會報紀錄。

三、警察局資料

（一）犯罪數。

（二）交通事故資料。

（三）逮捕資料。

（四）巡邏員警活動分析資料。

（五）巡邏員警個人紀錄。

四、社區調查

社區調查主要是測量社區民眾的犯罪被害情形、態度及安全感，分別在實驗前及實驗後各進行一次。共計有1,200個家戶從實驗區中隨機抽出（每一巡邏區中大約抽出80個家戶）成為調查樣本，在1972年9月間接受面訪。之後，在1973年9月再次針對1,200個家戶進行調查，不過在第二次調查時，有600個家戶是原先調查中的樣本（重複樣本），另有600個家戶是從實驗區重新隨機抽選的樣本。第二次調查中11個家戶的調查資料因有過多的遺漏值，故樣本數為1,189個家戶。

五、商業調查

該實驗分別在1972年及1973年，針對實驗區中隨機抽樣的110家商業機構調查被害率、商業人士對警察服務的觀感及滿意度。

六、接觸調查（包含民眾及參與觀察者）

由於家戶調查的結果顯示，與警察有實質接觸經驗的民眾並不多，因此三組實驗區內與警察有實質接觸經驗的民眾都接受訪談。雖然研究人員設計出三種調查工具（一是測量民眾的反應，另一是調查巡邏員警，第三是調查與巡邏員警隨行執勤的觀察人員），但只有觀察人員及民眾的反應意見被予以分析。調查對象雖不同，調查問項近乎相同，共計花費四個月完成（1973年7月至10月）。計有331位民眾接受訪談，其中一部分民眾是在「警方所發動的事件」（officer-initiated incident，例如車檢、臨檢或交通違規事件）中與警方接觸，一部分則是在「民眾所發動的事件」（citizen-initiated incident，主要是民眾報案）中與警方接觸。

七、參與觀察者的紀錄

上述接觸調查的焦點在於探究警民接觸，而觀察者所做的紀錄是針對三組巡邏區中員警所做的觀察，焦點在於警民互動。此部分的資料是由隨員警巡邏的觀察者所提供，他們主要是記載民眾與警察接觸後民眾對警察的滿意度。三組共15個巡邏區全部接受觀察，共計有997件警民互動事件被有系統的記錄。

八、警方的犯罪統計

研究人員從警察局蒐集實驗進行之前（1968年10月至1972年9月）以及實驗期間（1972年10月至1973年9月）每個月的犯罪統計資料，並對這些資料進行時間系列分析。

九、交通資料

主要蒐集兩種交通事故的資料，一是無傷亡的交通事故，另一是有傷亡的交通事故。所蒐集資料的時間分兩階段，一是實驗前的交通事故資料（1970年10月至1972年9月），另一是實驗期間的交通事故資料（1972年10月至1973年9月）。

十、逮捕資料

主要蒐集的資料是各巡邏區每月的逮捕資料，所蒐集資料的時間為實驗前三年以及實驗進行期間的一年。

十一、反應時間調查

從1973年5月至9月調查實驗區的警察反應時間，資料蒐集自參與觀察者及報案民眾。所謂的警察反應時間，主要是測量警察接獲民眾報案後的反應時間，操作性定義為：線上巡邏員警接獲勤務指揮中心派遣指示後，到抵達民眾處所的時間。在測量民眾對反應時間的滿意度方面，則包含警察回應民眾報案所需要的全部時間、與勤務指揮中心員警的通話時間以及現場反應時間。

十二、外溢效應

研究人員進行該實驗時特別注意是否有外溢或移轉效應（spillover or displacement effect）的發生，也就是某巡邏區因見警率提升而犯罪減少，但卻將犯罪轉移至其他巡邏區，特別是鄰近的巡邏區。為檢測是否有此效應產生，

鄰近巡邏區的相關變項均被計算與分析，結果並無發現鄰近巡邏區的犯罪有明顯變化，即無明顯犯罪轉移現象發生。

第五節　員警巡邏時間運用的分析

巡邏警察的真實工作內容以及工作時間分配，也是很值得探究的問題。在堪市實驗中是以「觀察者調查」（observer survey）的途徑來蒐集員警如何使用工作時間的資料，並且進一步運用該資料評估實驗處置對員警分配工作時間的影響。該調查首先將員警在該時段的可能活動分為靜態的、動態的、在現場與他人接觸三個類型。每一類型再進一步分為與警察有關的、與警察無關的兩種。

經過十個星期以上的觀察（1,230個小時的觀察時間），在觀察者所觀察到員警的工作時間中，未被其他事務纏身的時間約占整體工作時間的60%，三組巡邏區略有一點差異，參閱圖17-2。三組相較之下，反應組巡邏區的巡邏員警在「與警察無關的動態及靜態事務」上花了較多時間（22.1%），例如吃東西、休息、看女生、打私人電話、兜風解悶等。預警組員警花費在該事務上的時間比率為16.6%，控制組為16.4%，參閱圖17-3。另一方面，觀察者也發現，若不考慮實驗處置，所有員警大約把25.5%的時間花在與警察無關的事務上，約把23.5%的時間花在與警察有關的動態事務上，參閱表17-1。顯然，員警並沒有把所有的時間花在積極打擊犯罪之上。

根據參與觀察者所蒐集的資料，員警在執行巡邏時所從事的活動大致可分為七種類型：

一、與警察有關的靜態活動：如填寫報表、等待拖吊車輛、監控、交通執法等。

二、與警察無關的靜態活動：如吃東西、休息、閱讀、看女生、打電話、閒聊、睡覺、觀看與電影或運動有關的事物等。

三、與警察有關的動態活動：如尋找可疑車輛、人員及贓車，處理交通違規，訓練新近巡邏人員，建築物及住宅守望等。

四、與警察無關的動態活動：開車解悶、看女生、處理個人差事等。

五、在現場與他人接觸，屬與警察有關者：如交換有關犯罪嫌疑人的情資、討論案情及警局政策等。

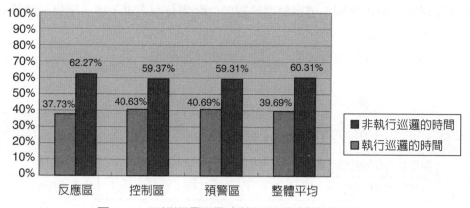

圖17-2 三組巡邏區警察執行巡邏時間的百分比

資料來源：Kelling, G. L., Pate, T., Dieckman, D., & Brown, C. E. (1974). The Kansas City Preventive Patrol Experiment: A Summary Report. Washington DC: Police Foundation.

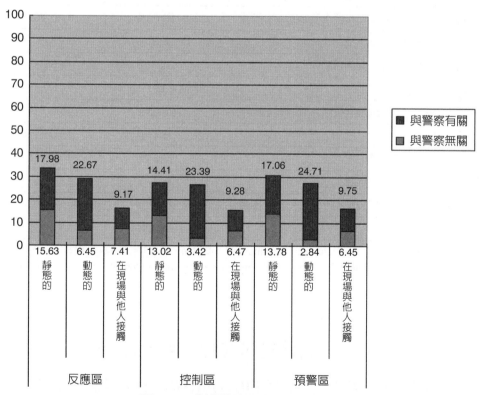

圖17-3 非巡邏時間的分配百分比

資料來源：Kelling, G. L., Pate, T., Dieckman, D., & Brown, C. E. (1974). The Kansas City Preventive Patrol Experiment: A Summary Report. Washington DC: Police Foundation.

六、在現場與他人接觸，屬與警察無關者：閒聊有關汽車、性、渡假、打獵方面的事物、講笑話等。

七、其他類：如往返警察單位、法院、汽車修理廠等。

表17-1　巡邏警察在非巡邏時段的時間運用分配

組別	花費分配	占非巡邏時間百分比	占整體時間百分比
反應區	與警察有關的動態活動	22.67%	14.11%
	與警察無關的活動	29.49%	18.36%
	靜態的活動以及與警察有關的人士接觸	27.15%	16.91%
	剩餘時間	20.69%	12.89%
控制區	與警察有關的動態活動	23.39%	13.88%
	與警察無關的活動	22.91%	13.60%
	靜態的活動以及與警察有關的人士接觸	23.69%	14.07%
	剩餘時間	30.01%	17.82%
預警區	與警察有關的動態活動	24.71%	14.66%
	與警察無關的活動	23.07%	14.69%
	靜態的活動以及與警察有關的人士接觸	26.81%	15.90%
	剩餘時間	25.41%	15.06%
整體	與警察有關的動態活動	23.54%	14.20%
	與警察無關的活動	25.47%	15.36%
	靜態的活動以及與警察有關的人士接觸	26.01%	15.69%
	剩餘時間	24.98%	15.06%

資料來源：Kelling, G. L., Pate, T., Dieckman, D., & Brown, C. E. (1974). The Kansas City Preventive Patrol Experiment: A Summary Report. Washington DC: Police Foundation.

第六節　員警對巡邏勤務觀感的分析

　　堪市實驗的主要目的，係探究例行性巡邏嚇阻犯罪的效能，即檢驗傳統的警政外勤理論。和其他警局一樣，堪市警局依賴巡邏勤務來達成控制犯罪、提供民眾服務、維繫民眾安全感等目標。在實驗進行的前階段，許多參與實驗

的員警如先前預期的不斷反映減少巡邏後犯罪將會很快地增加，民眾的犯罪被害恐懼感也會很快的升高，在實驗區以外執勤的警察人員也做了類似意見的表達。由於巡邏警察本身是執行預防性巡邏的當事人，因此他們對於巡邏的看法以及對於實驗的看法應可提供研究人員許多有價值的資訊。為順利蒐集資料，研究人員設計一份問卷來調查所有在實驗區執行巡邏的員警。此外，研究人員還對員警及參與觀察者進行訪談，同時還編擬一份「人力資源發展問卷」（Human Resources Development Questionnaire）對全警局警察施測，並與堪市警察學校訓練人員進行討論蒐集相關資料。

與堪市警察人員以及警校人員訪談和討論後，研究人員發現預防性巡邏這項傳統勤務是經由極不正式的途徑傳輸給新進警察人員。堪市警局員警最初接觸巡邏概念的地方是在警校，警校邀請警局人員來校授課，教官通常在講授相關議題時將預防巡邏的概念引入講授內容，隱喻預防性巡邏是一種逮捕嫌犯及控制犯罪的方法。除此之外，並無正式途徑教導新進人員如何評量預防性巡邏的價值、方法或效能。

堪市警局新進員警的初次巡邏經驗都是在警校教官監督下進行的，教官對新進員警的影響自然是非常重大的。當新進員警獲得一些實務經驗後，教官接著就會透過傳輸一些技巧來強化新進員警執行預防性巡邏的敏感度。然而，這樣的訓練過程並無法教導新進員警自己來評量巡邏的效能，而是將新進員警置於一種情境，也就是新進員警必須自己來體察預防性巡邏的價值，而且只有在現場執勤親自面對任務及責任時，要不然就是經由教官口述始能判斷巡邏的價值。

在這種非正式的訓練下，新進員警自然發展出所謂的「系統性的非系統」（systematically unsystematic）巡邏方法，而且別無他法。最後，員警所能選擇的只有巡邏區（即巡的地區範圍），而不是巡邏方法。這種缺乏明確指引的方法，讓基層督勤的巡佐以及巡邏員警對巡邏勤務產生許多不一致的看法。

「人力資源發展問卷」是用來蒐集員警對巡邏勤務重要性觀感的研究工具，問卷內容就是要受訪員警評量巡邏在所有勤務中的重要性等級，以及他們認為警察局應該分配多少時間資源在巡邏勤務上。75%的南區巡邏隊受訪員警同意（含非常同意及同意）巡邏是警察局最重要的勤務工作，大多數受訪員警認為巡邏、犯罪偵查及緊急事故處理，是警察局最應投注時間資源的重要活動，相關資料參閱圖17-4及圖17-5。

但研究人員與18名員警以及六名參與觀察者進行深度訪談後，發現員警有

兩種不同的觀感，也就是對巡邏的價值觀存有正反兩面的看法。一方面，許多
受訪員警表示巡邏的犯罪預防效能不及於其提升民眾安全的效能。理由可能是
巡邏警察很少遇到正在進行中的犯罪，因此直接造成破案的逮捕，很少是例行
巡邏活動所達成的。但在另一方面，也有許多員警認為針對車輛、路人及建築
物進行檢查的巡邏活動，是有助於逮捕嫌犯及嚇阻犯罪的，儘管此種檢查所導
致的逮捕頻率並不高。在美國紐奧爾良市（New Orleans）所進行的警政研究發
現，在4萬375次的檢查路人中，只有15.5%的檢查導致逮捕，堪薩斯市南區巡
邏特勤單位在1972至1973年所做的調查發現，在1,002次攔檢中只有6.1%導致逮
捕（Turman & McGarrell, 2003; Bayley, 1998）。

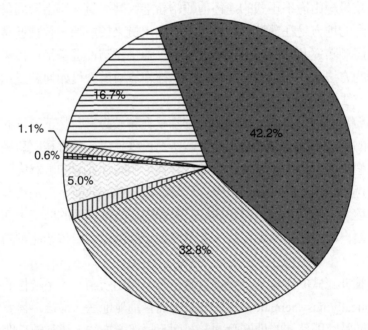

圖17-4　巡邏是最重要的勤務

資料來源：Kelling, G. L., Pate, T., Dieckman, D., & Brown, C. E. (1974). The Kansas City
　　　　　Preventive Patrol Experiment: A Summary Report. Washington DC: Police Foundation.

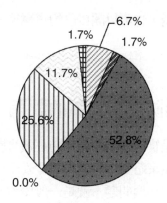

活動項目：處理緊急事故，協助民衆

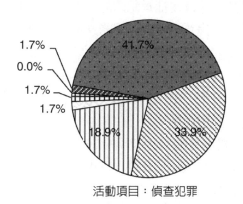

活動項目：偵查犯罪

活動項目：汽車巡邏

圖17-5　警察局應該分配多少時間在上列活動上

資料來源：Kelling, G. L., Pate, T., Dieckman, D., & Brown, C. E. (1974). The Kansas City Preventive Patrol Experiment: A Summary Report. Washington DC: Police Foundation.

　　多數受訪員警表示，唯一能夠提升巡邏威嚇犯罪效能的方法就是使用大量的「隱密式巡邏」，也就是使用未標示警徽的巡邏車以降低見警率。另一項做法是減少著制服的警察執行巡邏，增加便服警察巡邏。受訪員警認爲，穿著制服的警察在某處出現，固然可以迅速喚起當地民衆對警察權的服從，快速建構當地秩序，但受訪員警覺得警察制服也有明顯缺點，因爲制服會讓犯罪人很快辨識出警察的出現。受訪員警進一步指出，清楚標示警徽的巡邏車有助於預防交通事故的發生以及提升民衆的安全感，但也可能對逮捕嫌犯產生副作用，同樣也是因爲嫌犯可以立即辨識出警察出現的緣故。受訪員警的普遍共識是，不

僅讓他們可以開警察局的制式巡邏車執行巡邏，也可以開自己的車輛或一般民間車輛執行巡邏。

第七節　結論：堪薩斯市預防巡邏實驗的評論

　　警察資源運用與犯罪控制效能的探究，是實施堪薩斯市預防巡邏實驗背後的原動力。此外，堪市實驗除了檢視不同巡邏策略對於犯罪、民眾安全感及滿意度、警察反應時間的影響外，該實驗還觸及一個問題，就是一般警察局是否擁有足夠資源（如時間、人力）以供實驗所需，發展、檢測及評估新的勤務方式。

　　在實驗之初，研究人員根據某些特定命題擬定實驗假設。命題之一，就是作為主要社會控制機制的警察，他們預防犯罪及逮捕嫌犯的能力因某些因素影響而受到嚴重限制。限制警察的原因繁多且複雜，這些原因的共通性質包括犯罪本質的問題、民主社會在警察身上加諸的限制、可用於犯罪預防的資源受限以及整個刑事司法體系的複雜性等問題（孟維德，2009）。在上述限制的影響下，許多人士開始修正他們對警察角色的期待。由於該實驗發現具有重要的政策隱喻，筆者願意在此提出一些個人的看法與意見。

　　在實驗進行的過程中，部分早期提報出來的初步發現被許多知名媒體引用作為報導體裁，一份週刊性的新聞雜誌就曾報導該實驗已獲得明確證據，巡邏警察根本是不必要的。接著一家電視台延續該新聞週刊的陳述做更進一步報導，無形中擴大了該週刊陳述的傳播範圍。閱聽者經由這些報導而對巡邏效能產生負面反應，這應是可以預期的。不了解該實驗但對其感到興趣及敏感的人，將該實驗視為一個應該要限制或減少警察巡邏資源的理由，有些人則認為該實驗指出雙人車巡的必要性（以往都是單人車巡），還有些人不僅反對該實驗的發現，同時也不苟同前面兩種意見。

　　上述隱喻極可能產生誤導意義，因為它們隱指只要警察能夠更緊密、更有條理的與社區合作，警察就能更有效的處理治安問題。其實這樣反而導出增加警力的結論，而不是減少警力。如此的結論事實上還暗指，採取不同的方法或策略後，警力固然是增加了，但仍有可能增加預防犯罪的機會。那些根據實驗初步發現做出刪減警力推論的人士認為，如果當前犯罪預防策略是無效的，那麼沒有一項犯罪預防策略是有效的。其實，上述這些看法都不是該實驗所顯

示的意義，該實驗發現並不支持這些隱喻。警察，是社會中極重要的功能供給者，警察的存在及見警率是事實，對民眾具有重要的象徵意義。

　　該實驗對於下列方案或議題也沒有提供任何推論，例如組合警力（team policing）、綜合一分疏模式、徵募少數族群進入警界服務、警政專業化或警民關係方案等。上述這些名詞其實都是複合名詞，每一個名詞的內容都包含許多方案或要件，近年有許多研究企圖澄清這些名詞的明確性質，但仍有許多名詞的性質未明。這些方案都是處理警界中的一些特定問題，諸如警民關係的疏遠、警察工作的支離破碎、員警監督機制的不足、員警協調機制的不足、情資傳遞機制的不足、以及組織結構老化與準軍事型態導向等問題，這些都是警界存在的問題，但它們都不是堪市實驗關切的議題。

　　這些問題彼此相關，同時也是探究警察維護治安能力的核心問題，但堪市實驗的焦點並不是要解決或陳述這些問題，比較重要的是該實驗證明了警察機關具備檢驗這些問題解決方法的時間及人力資源。換言之，堪市實驗揭示的重要意義是，未來應該會運用這些資源及實驗發現來發展新的巡邏及警察策略。

參考文獻

一、中文

孟維德（2022）。犯罪分析與安全治理（增訂5版）。台北：五南圖書。

孟維德（2009）。派出所男、女警共同服勤之實證研究。執法新知論衡，5（2），1-40。

黃翠紋、孟維德（2021）。警察與犯罪預防（增訂3版）。台北：五南圖書。

二、外文

Bayley, D. H. (1998). What works in policing. New York, NY: Oxford University Press.

Braga, A. A. (2010). Problem-oriented policing and crime prevention. Boulder, CO: Lynne Rienner Publishers.

Dunham, R. G. & Alpert, G. P. (2010). Critical issue in policing. Long Grove, IL: Waveland Press.

Goldstein, H. (1990). Problem-oriented policing. Philadelphia, PA: Temple University Press.

Kelling, G. L. (1988). What works: Research and the police. Washington, D.C.: National Institute of Justice.

Kelling, G. L., Pate, T., Dieckman, D., & Brown, C. E. (1974). The Kansas City Preventive Patrol Experiment: A Summary Report. Washington DC: Police Foundation.

Lab, S. P. (2014). Crime prevention: Approaches, practice, and evaluations. Waltham, MA: Anderson Publishing.

Larson, R. C. (1975). "What happened to patrol operations in Kansas City-Review of the Kansas City Preventive Patrol Experiment." Journal of Criminal Justice, 3(4), 267-297.

Peak, K. J. & Glensor, R. W. (2004). Community policing and problem solving: Strategies and practices. Upper Saddle River, NJ: Pearson Prentice Hall.

Police Foundation (1980). The Newark foot patrol experiment. Washington, D.C.: Police Foundation.

Risman, B. J. (1987). "Kansas City preventive patrol experiment-A continuing debate." Evaluation Review, 4(6), 802-808.

Sparrow, M. K., Moore, M. H., & Kennedy, D. M. (1990). Beyond 911: A new era for policing. New York, NY: Basic Books.

Thibault, E. A., Lynch, L. M., & McBride R. B. (2007). Proactive police management. Upper Saddle River, NJ: Pearson Prentice Hall.

Trojanowicz, R. (1982). Evaluation of the neighborhood foot patrol program in Flint, Michigan. East Lansing: Michigan State University.

Turman, Q. C. & McGarrell, E. F. (2003). Community policing in rural America. Cincinnati, OH: Anderson.

Turman, Q., Zhao, J., & Giacomazzi, A. (2001). Community policing in a community era. LA, CA: Roxbury Publishing Company.

Weisburd, D. & Braga, A. A. (2006). Police innovation: Contrasting perspectives. Cambridge, UK: Cambridge University Press.

Whisenand, P. M. & Ferguson, R. F. (2005). The managing of police organization. Upper Saddle River, NJ: Pearson Prentice Hall.

Wilson, O. W. & Mclaren, R. C. (1977). Police administration. New York, NY: McGraw-Hall.

許華孚

第一節　為何需要批判性的犯罪學

　　犯罪學有許多關懷的議題，可以適合於實證性的調查，無論質性的或量化的。犯罪學者的研究致力於發現為何人們會犯罪的答案、為何社會有些時間點比其他時間點，有較高的犯罪率、為何有些似乎相類似的社會，有不同的犯罪率、以及什麼樣的策略和技術，能有效的預防或減少犯罪。

　　然而，有些其他重要的問題不能用僅透過實證性的調查方法來獲得研究結果，而是需要透過批判性的社會科學研究方法。因為犯罪和刑罰是強烈的政治的和道德的議題，有些關鍵的問題，在特定的社會和特定的時間，犯罪學回答有關於政治和道德的問題，對於關懷犯罪和刑罰的主題，某些問題或許會引起我們高度的關心，例如以下的一些例子：

一、在犯罪和其相關的社會剝奪之間的連結，犯罪學想要進一步了解的是對於高犯罪率和高的社會不平等之間，為何政府沒有做出減少社會不平等的作為呢？

二、有些犯罪學文獻強調犯罪和一些男性氣概文化價值間的關聯性，但是像是青少年犯罪人的處遇機構卻是往往重視身體健壯、戰鬥技能和其他具有男性氣概的特徵，而非重視突顯另類如女性氣質般的照顧的技能和關懷的價值呢？

三、從以往長期累積以來的研究顯示，監禁後的再犯率比於社區矯正罰更糟，為何政府說監獄是有效的政策呢？

四、像是發生在2014年震撼台灣的鄭捷台北捷運殺人犯罪，其實是極端地罕見，為什麼此事件會深刻引起社會關注少年的刑事政策呢？

五、試圖預測青少年的同伴圈中誰會成為犯罪者，以往的文獻證明沒有一個好的成功紀錄，但是為什麼預測研究仍然是犯罪學的重要理論，而且這些理論往往容易影響政治人物和政策決定者。

六、為何有一些犯罪學理論主張違法者和非違法者之間有些相似的特質，之後

卻慢慢在很大的程度上被一些理論強調罪犯和非犯罪者之間是存在極大差異所取代呢？例如標籤理論主張「初級偏差行為」的社會型塑，進而影響在1980年代中的少年刑事政策裡的告誡政策和中介的處遇。但是在1990年代之後，底層階級和社會生物學的理論反而強調罪犯的確是不同於我們的論述，進而成為了社會排除的策略和零容忍政策的基礎呢（Hudson, 2000）。

　　以上所述的其實涉及到法律和社會秩序的政治問題，而不是經驗因果或評估的實證問題。當政策決定執行時，我們更需要去了解政治社會的脈絡，也涉及反思性反省犯罪學者自身角色與社會權力的運用的關係。同時社會現象真實的本質僅相對存在於不同情境脈絡中，所以社會科學研究的任務不是去建構一個獨立於個人價值信念之外的客觀世界，而是應用對話與辯證的方式，與被研究的行動主體產生對話關係，最後透過歸納、比較與對照過程獲得一致性，而研究方法論乃涉及這些人類日常生活的社會世界中各種現象與行動的真實本質，應透過何種方法與策略才能被發現或被驗證（鈕文英，2013）。

第二節　批判犯罪學的思維

　　批判犯罪學指的是對「犯罪學的學科」、「犯罪與刑事司法之管理」所進行的批判性分析，其特性如下（Chadwick & Scraton, 2001）：

一、強調「結構」與「行動者」的脈絡關係，用「結構」與「機構」的角度，來看待每天我們生活其中的世界。

二、不以個案的「發生原因」為主軸，而是強調「犯罪」、「偏差行為」及「社會衝突」產生的決定性脈絡（determining contexts）。

三、擴展分析範圍，以傷害（harm）而非犯罪、社會正義（social justice）而非司法正義（criminal justice）、處遇（treatment）而非懲罰，以及人權的論述（discourses of human rights）而非規訓與控制為中心議題。

四、主要的決定性脈絡不僅相互有關聯，而且產生壓迫之結構性形式之相互依賴，決定性脈絡取決於：

（一）「生產」（production）與「分配」（distribution）的結構性關係。

（二）「再生產」（reproduction）與「父權社會」（patriarchy）的結構性關係。

（三）新殖民主義（neo-colonialism）的結構性關係。

　　基進犯罪學（radical Criminology）出現於1970年代早期，因強調「自由主義、多元主義與改革主義」，而與傳統而學術的犯罪學有別。英國地區在結合了學術界、實務界以及一些呼籲改革的人士後成立了「全國性偏差行為研討會」（National Deviancy Conference, NDC），企圖在主流犯罪學外，嘗試另一條基進路線（Cohen, 1996）。「全國性偏差行為研討會」發展所謂的「新犯罪學」（New Criminology），想要全面地利用社會學理論來解釋偏差行為，並藉此發展出一個具有基進色彩的面向。在其具體做法，是從理論上來連結「法律」、「國家」、「法律政治關係」及「犯罪功能」等概念；而其目標則是發展出一個強調階級關係之「政治經濟學」的馬克思觀點。這樣的觀點關心「階級」、「犯罪」與「國家」間的關係，特別是「國家」，因為它身為犯罪控制者，透過強制性的手段，來定義及規範任何可能危害現有社經秩序的威脅；也因為它透過法律途徑，來建立社會控制的正式手段。因此，國家的角色可定義為：一、對持續性的保證；二、管理衝突；三、再製主流的社經秩序。

　　對於上述犯罪學的基進路線，「經濟化約論」成為主要的批評來源，批評者認為經濟化約論將將法律的角色與關係，都化約成政治經濟功能的附屬品。在歐洲，特別是斯堪地那維亞、荷蘭及德國，基進犯罪學的發展主要在「廢除主義」方面，而這是1960年代「反叛文化」政治風潮的結果，該風潮也造就了「新犯罪學」或「批判犯罪學」中的「文化基進論」。

　　整個1980年代，我們可以看到批判犯罪學的領域也產生了重大的分歧，特別是英國。原本身為「新犯罪學」主要支持者的學者，開始把自己稱為「左派實在論者」（Left Realism），他們主張犯罪應被嚴正看待，並從政治、政策制定者及學術界等角度來審視；他們希望以「民主」及「多元機構」的方法，來看待「犯罪」、「犯罪預防」及「社會失序」等問題，以使社會資源能更平均地分配，也使得法律正義的系統能得到改革。「左派實在論」的中心思想是：定義與反駁基進犯罪學中的「理想論」與揭露「左派理想論」的「經濟化約論」及「經濟決定論」本質，及其因此衍生而來的政策及理論缺陷。

　　儘管如此，批判犯罪學不能被輕易地抹滅。Scraton與Chadwick（1991）認為批判犯罪學的發展已經進入「第二個階段」，在這個階段中，原有的理論原則雖然依然未被推翻，但卻變得更細緻、洗練與周延。新犯罪學原來「要將日常生活的世界置於較巨觀的結構關係」的主張，仍然是不變的原則，不同的是企圖在犯罪學理論中加入「批判」的元素。重要的是，「結構」與「行動者」

的關係被突顯了出來。所謂的「行動者」是指由不同的社會關係與互動所構成的「經驗的世界」或「每天的世界」；至於「結構」則包含了「機構和結構關係的世界」以及這些機構的歷史，而正是「結構」界定了一個社會內社會互動與個人機會的界線，同時也是「結構」涵蓋並規範了所有的社會關係。

　　除此之外，當批判性的分析致力於強調生產與分配的經濟分析時（如強調「階級關係」及「近代資本主義與全球化的動態與結果」），並沒有忽略「權力的互動中心及其機構化的關係」。他們的分析包括了「再製」與「依賴」的結構關係，強調對全球女性的支配，以及所相對的父權社會的複雜與普遍性。還有一件重要的事情，是新殖民主義的結構關係，這方面的研究著眼於「機構性種族主義的普遍性及其與帝國主義的歷史淵源」，企圖連結「奴隸」、「殖民」及「移民」等概念。Scraton與Chadwick（1996）把這些結構性的關係稱爲「社會行動與人類潛能的決定性脈絡」，正是這些關係使剝削、壓迫及宰制成爲可能，這些關係是「權力的」、「經濟與政治的」、「深受意識型態傳統及其當代的面貌所影響的」。

　　批判犯罪學另一個重要的面向是「權力與知識的關係」。對Foucault（1977）而言，權力不是單面向的，而是散布於社會之中的，且不屬於任何一個具有宰制權的國家、君主或階級，而且權力與知識相互指涉，另外值得注意的是，「權力知識軸」不僅滲透於官方語言中，且支撐著官方語言。對於批判理論家而言，官方語言是經由主要的決定脈絡，如階級、種族及性別等所發展與再製的。由這些脈絡所造成的「歧視」，在每天的日常生活中，都會在「行動者」的層面上，以人際互動的形式被體驗著。然而，這些脈絡也在階級主義、種族主義、性別主義及異性戀主義的機構化與壓迫結構中，擔負了一個結構性的重要角色。這些脈絡更透過機構、組織與種種專業來影響立法、政策與實際的操作。透過機構化的程序，宰制與被宰制的關係，便取得其合法性與結構性的地位。

　　在解釋與分析「法律&犯罪」及「處罰&國家」關係時，邊緣化與犯罪化的過程是核心問題。批判理論家認爲「經濟危機」與「國家的政治反應與司法」兩者間有直接的關係，而且造就了特定族群的邊緣化與犯罪化。當經濟改變帶來政治的反應時，這些透過國家立場所採的行動，當必須具有強制性，或涉及武力及暴力的使用時，必須要合法化，這是一種「強制性」與「同意性」的二分法。批判犯罪學說明了犯罪化的過程，保護、增強及再製了政治、經濟及社會利益的現有秩序。這個程序需要機構的合法性，也需要民眾認可這些國

家政策與法律的改變，而這些改變基本上是具有威權特性的。透過意識型態的運作，「民眾的邪惡力量」被轉移了，而所謂的「民眾的邪惡力量」是指負面的評價、刻板印象的形象、及集體的暴力身分。國家的機構性反應，必須靠在利用公共語言來完成意識型態的訴求時，能夠「獲得民心」。然後政治、經濟及意識型態的力量，就會複雜地連結在一起，來創造、保持及型塑犯罪化的過程。

　　批判犯罪學挑戰了管理犯罪學的知識基礎、理論傳統及權威。批判犯罪學同時也挑戰了左派理想論者的思想，認為後者受限於社會民主國家的刑事司法價值所型塑出來的定義、政策及實際操作。在嚴正看待犯罪的同時，批判犯罪學也致力於從「權力的決定性脈絡」及「這些脈絡被機構化的關係」的角度，來看待「犯罪」、「偏差」與「衝突」。

　　批判犯罪學也整合了人權的觀點，這方面的發展確認了一件事，那就是無論近代民主如何地聲稱要伸張平等與自由的原則，事實上都只不過是在強化與再製全球資本主義、父權社會及新殖民主義所帶來的結構性不平等。這些不平等被編織在國家與社會的網絡之中，與其說是意識型態的，不如說是充滿權威的，這些不平等透過Foucault所謂的「真實政權」被支持與再製著。批判性的分析，從法律的產生到處罰的管理，主要集中於刑事司法程序的結構、過程及適當性，強調其中在「展現真實」與「傳遞正義」部分長期以來所特別顯露出來的不足。至於人權的觀點，則在法律與刑事司法的管理上，提供了另一個程序上的選擇；而這個人權的部分，同時也是批判犯罪學在挑戰由國家授權的「真實政權」的脈絡與結果時，一個必須優先處理的議題。

第三節　批判性反思「犯罪」以及分析方法論

　　涉及犯罪事件的人並非一種特殊族群，他們所做的犯罪行為僅是其他一般事件的一部分。但是一旦這些事件進入了刑事司法系統（criminal justice system），他們便很容易被污名化，而這種現象在年輕人口層中更是不斷地出現（Hulsman, 1996）。

　　然而，這些事件其實並沒有什麼共通性，諸如家庭暴力、街頭滋事、強行闖入住宅、違法的交易管道……等不同型態的犯罪事件，甚至連他們之所以從事這些行為的動機亦不相同，一旦這些事件進入刑事司法系統，這機構所採取

的行動卻是一概以權威加以制裁。

　　刑事司法系統並不去探究人之所以從事這些行為的背後原因，例如婚姻關係的障礙、親子關係的不良、在工作、居住上的問題……等，刑事司法系統僅藉由痛苦的訴訟程序，對這些行為做表面的判決。其實，我們若去比較犯罪事件與其他事件，他們在本質上並無直接的不同。因此，我們應該以一種較為正面、無傷害性的角度去看待這些事件。

　　不意外地，許多事件會經由刑事司法系統的觀點，被判定為重大犯罪。但其實若將其回歸於社會或家庭脈絡觀之，這些事件並非如此的嚴重。承上所述，並沒有所謂的「犯罪本體論」（Ontology of Crime）。

一、「我們不去質疑犯罪的本質」是指什麼意思？

　　若我們不去質疑犯罪本質，意謂著我們已被固有的社會體制所侷限，根據主流的刑事司法體制之機構觀點去看待犯罪，而非以批判犯罪學的角度去透析犯罪的本質。

　　批判犯罪學揚棄了這種從固有社會體制所建構的犯罪行為，並深入研究如何解開這些錯誤的定義，而從反面的角度去檢視社會真實。因此，我們必須揚棄傳統犯罪學的想法，事實上，犯罪根本沒有本體上的真實，它只是犯罪政策下的一個產物，入罪化只是社會控制的方法之一。換句話說，當某人（某團體）從事了犯罪行為，那便暗喻著：

（一）一個令人討厭的情境正在發生。

（二）個人正遭遇了令人厭惡的事件。

（三）而因應這些特殊事件的控制方法便是「處罰」。

（四）這些處罰機制便是立基於世界上普遍學者（最後仲裁者）的觀點。這樣的觀感使得犯罪事件迥異於其他的社會事件。

（五）而處理這些犯罪事件的場域（機構）──刑事司法系統，乃是一個不去考量個人因素的嚴厲機構，與一般人的日常生活格格不入。

二、發展一個分析式的觀念

・正規的脈絡背景外，定義和處理問題

　　意思是指人們如何在情境影響下處理問題。Laura Nader對於人們處理問題有下列幾種方法：

1. 勉強接受。對於這個議題或麻煩的否定只是忽略它，且這些不同意的人彼

此間的關係仍繼續存在。

2. 迴避或離開。從某個情境中選擇某程度撤銷或削減或是離開終止關係。

3. 強迫。這包含單方面的行動。

4. 協商。兩個主要的團體派出決策者進行協調，而事情的解決是雙方同意的，不需要第三團體的幫助。他們不需要依照規則尋求解決，而是試著藉由組織雙方關係來創造規則。

5. 調解。相反地，是第三團體介入爭議，使委託人達成協議。

6. 其他的方法是企圖使用仲裁和裁判處理問題。仲裁是雙方委託人事先同意第三團體的介入並且接受其意見。當我們說到裁判，是指第三團體的參與，他是有權介入爭議，無論委託者是否希望。

這些由Nader（1980）所提出問題解決的方法並非全部。人們對於尋求幫助可以讓自己處於不同專業或非專業的背景中。他們可能進行再秩序化的儀式，不需要其他人早先也處於有問題的情況中。

對於造成他們困擾的情境，人們可能也進行選擇性的行動，帶來結構性的改變。意思是一個在情境中的人，將會影響他的做法。這個做法也會被他所能處理問題的程度所影響，換句話說，他會選擇他所能達到的程度。這個選擇的程度深受形成他環境的權力網絡的位置和他改變的實際可能性的影響。

三、正式和非正式的方法來定義問題和處理問題

定義的過程是有彈性的，隨著我們每天所發生的事而定，對每個人而言，都是相當自由的過程。換句話說，他們不會因為組織或專業角色的要求而感到勉強，和他們不會在過程中事先受到某些團體的權力關係所影響。這個彈性有許多優點，它增加了藉由在有問題的情境中達到共識的可能性，它也提供了學習的可能性。經驗可以教人們一些解釋架構的運用和專注在其生活領域中。

這個彈性的缺乏通常發生在情境已被定義和在一個高度正式的環境中處理問題。當背景越專業，定義的自由也越多，因此回應被較高階級或較專業所限制住。在這樣的例子下，它依賴機構的型態去定義或是給予答案。在這樣的環境下所提供的定義和回應是不可能與那些直接參與的人的定義和回應一致。

然而，在有問題化情境中的正式機構也有不同程度的彈性。在許多國家，我們發現部分的警察組織具有較高的彈性。可能與第一線的醫療社工系統相同。在所有正式控制系統中，刑事司法系統似乎是最不具彈性者。這個較高階級的組織背景和其內部專門解釋架構的邏輯都是不具彈性的。另外的原因是有

問題的情境中的刑事司法特別疏離，它很狹隘專注在只有某些特地事件會被認定為法律上的有罪。在特別的系統裡，建構真實性的動力是缺乏的。因此刑事司法真實性的建構與真實生活難以相似。在刑事司法中，決定真實性只存在於此系統中，但相對於外面的世界卻很難發現。

　　批判犯罪學主要的任務如下：

（一）持續描繪、解釋、和去迷思刑事司法的活動和其相反的社會反應。然而，這個活動應該比到現今系統所定義的更直接。這樣做，勢必要在人類生活的具體範疇中，比較刑事司法活動（和他們的社會回應）與其他正式控制系統。這些反映生活某些區塊的正式控制系統的活動應該與非正式處理方式比較。

（二）舉例說明，為一種舉例方式；在一個專門領域的問題情境中可以被安放於不同社會組織的層級，而不需要依賴刑事司法。

（三）學習如何去廢止刑事司法的對策；換句話說，如何去解放像警察機關和法院這些參考系統的組織，將其從多變的生活轉換出來且符合實際生活。

（四）這些對策的其中之一的任務為發展刑事司法以外的其他語言和摒除當前所謂控制的偏見，討論對於一般所稱的犯罪的公共問題。

第四節　如何研究社會對犯罪的反應——道德恐慌與犯罪的社會標籤之舉例

一、犯罪的道德恐慌（moral panic）

　　Hall等人（1978）指出，大眾媒體往往會製造出特別嚴重的名詞來譴責犯罪者，例如，在1970年代英國對所謂街上暴力襲擊者的恐慌（mugging panics），來讓社會中普遍對於犯罪感到焦慮，並將這些犯罪者歸類於某些特定族群，如加勒比海裔的黑人少年便被指責為恐怖的犯罪暴力者，這樣的名詞持續被建構著，在1980年代成為暴動者（rioter），到了1990年代被型塑成惡魔（folk devil）（Keith, 1996）。 不僅如此，在一般學術文獻上，Messerschmidt（1997）指出這些年輕人往往藉由犯罪而實現霸權式的男性氣概，這些年輕人也往往被貼上負面的標籤，如Cohen（1955: 14）所稱呼的無賴漢（rouge man）；Canaan（1991）中的酷愛喝酒、打架與滋事的人，Willis（1977）一無

可取，Miller（1958）所稱的冷峻與血氣方剛、攻擊性。

　　經典道德恐慌社會學研究來源自於Cohen（1972）對於發生在1964年騷動中來自社會反應的剖析，事件的源由是一群勞工階級的年輕人在復活節時來到英國Clacton海邊遊玩，而Clacton傳統以來是年輕人在國定節日聚會的地方，在1964年的復活節非常的冷與潮濕對於年輕人所能提供的設施與娛樂活動非常的有限，商家因為缺乏生意而感到煩躁；年輕人也感到無聊但卻聽到咖啡店經營人拒絕提供服務的謠言而激起一些行動，最後在一些年輕人族群中的打鬥爆發，窗戶也被打破，而海邊的小屋也被任意破壞，摩托車也呼嘯在海濱人行道上。但是隔天的報紙上卻在頭版上變成嚴重的暴行，標題是「驚駭的一天」（a day of terror），描述年輕人攻擊整個城鎮，一個城鎮被暴徒所破壞，突顯出有組織性的幫派分子藉由攻擊當地的居民與大量破壞公眾財物而故意挑釁，但是Cohen後來的研究中發現根本沒有任何證據顯示他們是具有組織結構的幫派分子。

　　在另一案例中也出現相似的情形，一群年輕人被描述為「攻陷馬蓋特（Margate）與布萊頓（Brighton）的沙灘」並使該處美景「染上暴力與鮮血」。這群沒有組織而只是想找點事做的勞動階級年輕人，被錯誤的扭曲為專門襲擊度假村幫派。媒體過度渲染的聳動報導之後，公眾開始依此印象發展其認知，正如Cohen（1972: 41）所提到：「象徵與標籤最後獲得了描述與解釋的能力」。在社會輿論針對「危險群體」的討論下，其危險性也逐漸形成一列細緻化、具體化及固定化的清單—儘管是與事實相差甚遠，不過是被媒體所製造、建構出來的。接著，公眾的興趣不在於討論這些人的權利，而是將其簡化作一種扁平的象徵，連接於價值危機之上——文明社會正面臨某種非道德之事物與失序現象的威脅，在公眾產生文明危機的歇斯底里之後，緊接著就是加強社會控制。Cohen（1972）指出，許多青少年的個人權利遭到侵害，並受到不合比例的嚴罰，例如一位在校優良的年輕學生，而且是初犯，只因將一個化妝箱丟向一群搖滾族，被判進青少年臨時拘留中心三個月。另外一位馬蓋特（Margate）的治安法官，將從事「威脅行為」的年輕人判處50到70英鎊的罰金，並將其中一人判入監獄服刑三個月。嚴罰的支持者運用修辭，將年輕人比喻為害蟲、病毒、空氣污染，如「本鎮的空氣已經被這些男男女女的小流氓污染了，這可不是件好事……這些長頭髮、精神不穩定、低級的小無賴，這些膽小如鼠的紙老虎，只敢成群結隊鬧事（1972: 109）」。司法體系回應公眾的恐懼方式便是判處重刑，並強調自己面對的社會危險有多麼嚴重，藉此正當化不

當的、並且過度的嚴厲懲罰（方佳俊譯，2007）。

　　Nussbaum（方佳俊譯，2007）結合了Goffman的污名研究、Cohen的道德恐慌，以及其對羞恥根源的因果假設。她認為，自戀的焦慮與攻擊可能產生一種群眾心理，當中「正常人」結黨結派來反對污名化群體，以求得替代性的安全感。也就是說「正常」屬於一種「道德的」規範性，藉由譴責「偏差」群體違道德價值的威脅，會使得這種譴責更為有效。她指出，性與犯罪乃是當代人們所恐懼的兩大標的，害怕核心道德價值受其摧毀。血氣方剛、不受約束、身強體壯的年輕罪犯特別容易引起道德恐慌，並導引致對個體採取侵犯、不尊重其權利的矯治措施。另一方面，Nassbaum（方佳俊譯，2007）也認為恐懼可能同時存在理性與非理性，但正當的恐懼要素—譬如對幫派犯罪的威脅往往可能跟種族及年齡污名化等非理性要素混合在一起，而道德恐慌就十分容易藉著膚淺的刻板印象來運作。就其對人性的剖析，她（2007: 383）論證出：「正常人」絕不可能善待弱者，因為人類心理邏輯的深處，總有著驅動污名化與密切相關的道德恐慌的力量。Nussbaum（方佳俊譯，2007）指出所有的社會均會從事污名化行為，通常是一種攻擊反應，當正常人將其他的群體污名化為道德墮落時，就會覺得自己貞潔許多，藉著將別人歸類為「跛子」、「唐氏症笨蛋」、「同性戀」，我們同時否認自己與他們共有的人性，也否認他們的個體性，如同Goffman指出（1963: 5）「這些人在我們的心目中，從一個完整的平常人降格為污穢、低劣的人。……就定義上而言，我們當然相信，有污名的人是不完全的人類，基於這樣的假設，我們施加各式各樣的歧視」。Cohen（1972）的研究顯示在社會變遷的時刻，人們為自己生活的穩定性感到恐懼，而犯罪事件就成為私人與不安的宣洩管道，在探討「道德恐慌」的現象時，偏差群體就成為警察與其他權力機關攻擊的箭靶，因為社會相信他們會對社會造成立即與嚴重的危險，但是這種危險在很大的程度上是被建構出來的，例如，英國迦勒比海裔的黑人男性往往被建構出負面形象而呈現於媒體與刑事司法系統中，Keith（1996: 276）便提到：

　　「在英國，粗糙的運作層級上，一連串連續地將迦勒比海裔的黑人男性與犯罪性串連在一起，這包括在1950年代所創造出『壞蛋』（pimp），到1960年代的黑權激進分子（black power activist）、1970年代的背後襲擊者（mugger）、1980年代的暴動者（rioter）與終極民間惡魔（folk devil），到1990年代黑社會所使用的牙買加國際犯罪組織成員（Yardie）。」

　　Platt（1996）指出藉由被害者調查顯示，雖然每個人未必會成為被害者，

但是犯罪本身以及犯罪被害恐懼感所產生的道德恐慌，早已充斥了整個社會。Chambliss（1994: 192）更寫到：「對於犯罪之道德恐慌的創造是藉由政治、法律執行和大眾傳播媒體的利益所結合而成，這解釋了犯罪企業的成長。大眾傳播媒體貢獻了它的部分在道德恐慌的創造，且特別連結於年輕人和一般的少數族群，用污名化、密集的警察監控、監禁形式來償還代價。」Hall等人（1978）指出大眾媒體往往會製造出特別嚴重的名詞來譴責犯罪者，例如在1970年代英國對所謂街上暴力襲擊者的恐慌（mugging panics），來讓社會中普遍對於犯罪感到焦慮，道德恐慌具有複雜的背景。通常，特殊的行為類型首先引起重大的關切；接下來，權力和權威機構的代表針對這樣的行為作出反應；然後大眾媒體查明事件內容，且持續地更加煽動原先的關切，而使權力及權威機構作出更多的反應，因此螺旋般地引起驚恐的道德反應。Cohen（1972）描述1960年代的英國對所謂「嬉皮」（mods）和「搖滾歌手」（rockers）的反應，就猶如道德恐慌。挪威在1970年代對於酗酒流浪漢以及在1980年代對於青年毒品使用者的反應，亦以相類似的專門用語加以描述（Mathiesen, 1974; Christie & Bruun, 1985）。這三個例子皆關注於其具有法律上的影響，如1960年代後的英國，嬉皮和搖滾歌手被警察以取代法律標準規定的方式看待；而在1970年廢止強制勞動制度之後，挪威的流浪漢不再被監禁於勞改營中，卻被迫經歷了對於幾乎重建的強制勞動制度、以及導致重新檢討現存有關「強制處遇」制度的恐懼；此外，對於毒品使用者的恐懼，就刑罰程度而言，事實上變得非常重要，因為經過幾年的時間，挪威對毒品犯罪的最高刑期，從十年增加到十五年，甚至到二十一年，雖然最高刑期適用於職業毒品販售者，但幾乎總是較不重要的使用者和小販被逮獲，並且受到非常嚴厲的判決。

　　Bauman（李培元譯，2004：21）指出安定、確定與安全等方面的弱化現象所造成的效應，甚難分辨箇中差異，同樣地令人苦惱不已的生活體驗也很少有不辯自明的理由根據，反而容易相互取代混淆。生活周遭瀰漫著的恐懼著實很難從各種徵兆中區分出究竟是源自於不夠安定、缺乏確定，抑或是安全受到威脅所致（如結構性的失業、相對剝奪感的加劇、傳統男性氣概的價值喪失、對建築空間的不安），不特定的焦慮所導致的恐懼，可能輕率地歸咎於某種錯誤的原因，也可能因此採取了顯然和真正的原因毫無關係的行動。犯罪人成為一個觸手可及的標靶，他們在模糊曖昧的恐懼對象中被揪舉出來，並被賦予成為恐懼對象所共有的具體形象，即使在撲朔迷離的情形下，也依然能夠將他們塑造成一個可以被掌握、束縛、監禁，甚至是大卸八塊的固定對象，這種情形

是屬於瀰漫散布、但滲透且流動不定的慌張感，令人難以捉摸地溢滿整個空間（李培元譯，2004：13）

　　Bauman（李培元譯，2004：11）舉出一個有趣的例子：媒體報導一個戀童症罪犯即將從監獄假釋，引起英國西部三個小鎮居民極大的恐慌，大家上街頭抗議，包圍警局，揚言要「絞死這個小雜碎」，但是這些抗議事件只因民眾各種不同的原因所造成的不安，只藉著這個戀童症罪犯的假釋的新聞而爆發出來。這種焦慮的轉移（transfer of anxiety）也造成重刑重罰刑事政策的發展，要求更多的人被送到監獄裡頭去，並強烈主張死刑，危險要犯被要求無限期的羈押在監獄，藉此將他們隔絕在街頭巷道之外。

　　Wilkins（1964）提出的偏差增強螺旋理論（deviancy amplification spiral）指出當社會存在更少的寬容時，便會有更多的行為被定義為犯罪，以至於社會會採取更多的行動對付犯罪，而這也造成更多的偏差人疏離與異化，使得更多的犯罪來自於偏差團體，最後社會的順從團體對於偏差行為者存在著更少的寬容，形成惡性循環的過程。這樣的循環的過程中，Cohen（1972）提出從偏差行為的選擇、譴責、社會輿論共識的一貫過程的理念型模式，這樣的過程有幾個階段：首先特別議題被確認及關注（identification of specific issues），例如學生的政治運動；再來這些特殊的族群被認定為偏差人或犯罪人（identification of culprits），例如破壞分子、危險分子；而後是聚合（convergence），將這些特殊議題連結到其他問題，例如青少年缺乏規訓與控制；第四階段則是建立門檻的概念（notion of threholds），一旦這些人跨越界線，一定導致更多類似行為激增，例如導致無政府狀態；第五階段則是解釋、警告以及預言（explaining,warning and prophesying），例如其他各地接連發生；最後是呼籲採越嚴厲的手段（call for firm steps），例如對於這些族群與行為進行取締並增強輿論共識。Muncie（1987）研究英國有關道德恐慌與媒體反應的關係可以區分出三個歷史階段，從分散、擴散到普遍化的演變，任何社會事件或社會問題被普遍視為社會危機的爆發，同時也被視為嚴重威脅市民價值與生活安全（見圖18-1）。

		媒體的反應
1950年	teddy boy （古惑仔或是阿飛）	分散　不連接
1960年早期	現代主義跟搖滾樂	
1960年晚期	對毒品、性開放，青少年暴力 行為，激進的貿易工會、足球流氓	擴散
1970年	搶劫（激進保守派的恐懼）、 偷竊、青少年次文化（龐克）	
1980年	男女平等主義、愛滋病（有些同性戀 者成為代罪羔羊）、虐待兒童、藥物 特別是快客	普遍化

圖18-1　道德恐慌與媒體反應關係之三階段論

二、犯罪的社會標籤

　　Hall等人（1975）指出新聞媒體並沒有真正的反應社會的現實，而是以其獨特方式影響大眾的意見與看法，在這樣的過程中，犯罪的意象是來自於官方所提供的資料在犯罪控制上有其關注的利益，和媒體的資料來源的選取為新聞的價值利益關注，其整個過程見圖18-2。

　　Quinney（1975）也曾經提過犯罪是社會構成，他也有一個犯罪的社會現實（Theory of Social Reality of Crime）架構，從犯罪之官方界定、犯罪定義之形成、犯罪定義之引用、行為類型之發展與犯罪定義之關係、犯罪概念之建立到犯罪的社會現實等六個定理說明立法、新聞媒體、執法者等在其中扮演的角色，其中犯罪的概念是透過各種不同的傳播工具建構和散布在社會上不同的角

圖18-2　犯罪的公眾知覺（public perception of crime）

資料來源：Hall et al. (1975: 2).

落，同時Ouinney延伸了衝突理論的核心，主張刑事司法系統乃是要保障社會上有權者之利益，當社會團體間有衝突時，例如窮者與富者之間，有權者將創制法律維護自我利益（許春金，1996；蔡德輝、楊士隆，2014）。

　　例如，余育斌與許華孚（2005）的研究中指出，吸毒少年與警察在社會網絡的互動過程中，可能因為被警察的標籤、否定或反面增強等，使偏差少年利用非法的方法獲得精神或物質上的滿足，繼而成為少年犯。研究的少年在被警方逮捕邀請協助調查的途中，在警車上及警察局中，分別皆有被警察恐嚇、蓄意使用暴力毆打與迫供的經驗，或是條件式釋放被捕的受訪少年，以鼓勵受訪少年交出上線毒販的資料，這不僅誤導受訪少年的法治觀念，對社會的公平性產生爭議，同時受訪少年更表示這樣的互動也會促使其下次犯案更為小心，或有機會將向警察報仇以示不滿。Mathiesen（1990）提出在社會的機構中，尤其來自於刑事司法系統如警察、法庭以及監獄，都會拒絕（rejection）犯罪人作為社會裡的成員，而犯罪人對於這種拒絕機制就是去拒絕那些拒絕他們的人，也就是拒絕他們的拒絕者。犯罪人的次文化或社會系統可以被視為一種生活的方式，這讓犯罪人心靈上可以避免經吸收同化的社會拒絕轉化成自我拒絕之踐踏與破壞，在效果上，這允許犯罪人去拒絕他們的拒絕者，而不是本身自己，此觀點提供了一個犀利的洞見，說明為何犯罪人在社會的拒絕與排除之後，為了免於自我的概念遭到破壞，而以更嚴重的犯罪行為拒絕整個社會的價值規範，社會所型塑的危險他者意象反過來加強少年暴力犯罪行為者的反叛性。

　　媒體對於少年犯罪的扭曲與誇大也直接導致少年偏差行為的增強，少年開始認定被貼上標籤後的形象，並相信自己的偏差行為而導致行為更加偏差，使自己隔離於其他社會之外，而以社會所冠上的形象表現，道德恐慌經由媒體的角色與偏差行為之擴大而成為互相增強的作用（見圖18-3）。

　　從圖18-3之犯罪的社會建構與偏差增強之運作機制，可以發現犯罪的定義與概念來自於犯罪控制機構的定義以及新聞價值的運作（新聞製造者選擇性的策略），新聞的焦點加上犯罪控制機構強調關注特別的偏差行為的類型，而導致此偏差行為在認知與事實的數量上增加，這導致犯罪成為一個被社會大眾極度關注的焦點，並進而渲染成犯罪恐慌，因此社會所恐懼對象被揪舉出來，並被賦予成為恐懼對象所共有的具體形象，進而對於犯罪人採取壓迫、較少寬容、嚴厲的方式與措施來對付犯罪。

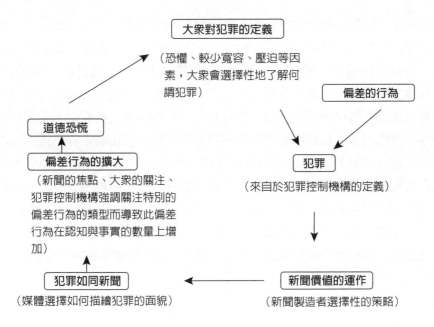

圖18-3　犯罪的社會建構與偏差增強之運作機制

第五節　結論

一、嘗試建立批判犯罪學的思維與主題

作為批判性反思的犯罪學方法論，必須提出社會世界中所呈現出刑事司法系統其實與犯罪都具有問題性（problematic），因此拒絕將犯罪與刑事司法當作本質的概念，而必須將其進行解構，並將犯罪學的學科、進行犯罪與刑事司法之管理的批判性分析，不以犯罪個案的「發生原因」為主軸，而是強調犯罪、偏差行為及社會衝突產生的決定性脈絡（determining contexts），主要的決定性脈絡不僅相互有關聯，而且產生壓迫之結構性形式之相互依賴，取決於生產與分配的結構性關係、再製（reproduction）與父權社會的結構性關係及新殖民主義（neo-colonialism）的結構性關係，所圍繞在階級、性別、族群的壓迫、宰制的權力關係中（Scraton & Chadwick, 1996）。

另一方面，對於「批判犯罪學」（critical criminology）而言，權力知識軸不僅滲透於官方語言中，且支撐著官方語言，權力是透過社會的身體來散布，

並透過規訓、監督、個性化（特殊化）及常態化而運作，最為關鍵的是，權力
—知識間的核心充滿著正式或官方的論述，他們的語言、邏輯、確認和分類的
形式、測量的技術是規訓技術和常態化過程的基本要素，因此Foucault的理論
觀點提供犀利的分析架構，當權力、規則、控制對於行動者日常例行化世界中
與社會反應之間有決定性影響時，批判性的分析追尋著包括經濟、國家和意識
型態等結構性關係，以解釋權力和知識核心間的顯著性扮演主流思維與意識型
態以獲得政治合法性基礎，可以發現階級、性別、性偏見和種族等基本的歧
視，在各種程度的態度上、在街道上、在家庭裡、在工作場所或者在社會的各
式場域上都明顯地在運作著。然而，一旦制度化（institutionalized），階級主
義、性別主義、異性戀主義和種族主義將變得系統化和結構化。他們理所當然
被視為社會演進的歷史過程並鑲嵌在當代國家的組織機構制度中、政策的形成
和實際日常運作中，以提供人與人之間歧視的合法性，透過制度化的過程，宰
制和征服的關係具體日常化。

二、賦予犯罪學人道主義的信念

　　Castoriadis（1997）曾經說過，當今現代文明處境的大麻煩在於人們已經
停止自我的質疑，傳統的犯罪學領域總是與政治和權力的機構有著強烈的連
結，因此犯罪學的旨趣變成給權威機構立即的答案而非提出問題，最大的危
機乃是我們不再去探討某些的問題。當今犯罪學已經變的越來越「正統性」
（orthodox），逐漸建立可接受的界線與可接受內容與論述，但是對於批判性
的觀點卻是以如此的「異端」（heterodox）的角度看待。當今的犯罪學屬於管
理犯罪學的世代，強調精算的概率與統計管理的科學以管理危險人口群，並預
設犯罪的動機與犯罪人可說是一常數，主張每一個社會總有某些百分比的人總
會因一些理由而犯罪，因此直接接觸暴力性犯罪的總數和分布與被害人和日常
生活型態息息相關，從這些犯罪控制的發展現象上，可以發現主流犯罪學正逐
漸朝向以管理主義為原則方向前進。同時也強調以經濟學的角度計算符合成本
效益並可以看到成果的方案與電子科技的運用，如設計超高度安全管理監獄、
酒精與毒品檢試方案、定期測謊、密集觀護監督、軍事化訓練營、在家監禁及
電子監控科技，以暴力、危險性和風險為核心的預測，也增加科學理性化之宣
稱，成為犯罪學專家所使用的語言。

　　因此批判犯罪學的知識必須從不同的思維與內容重建犯罪學，這即是
Giddens（1984）所主張社會知識「迴歸」（recursiveness）的普遍意識，那是

說，社會學家的知識，從來都不是完全的中立與超然，因爲不論什麼形式，它都爲人們所使用去詮釋，或再塑造他們的社會——而這就是社會學家所描述的社會。所以研究需要被更新，而新知識必須被回饋到社會生活等，社會學與社會生活間是無限且環扣式的互動，誠如Bauman（1992）傾向將今日的社會學視爲在一疾流中的漩渦，保留著外形，卻總是在改變著它的內容，社會學是對經驗特定的詮釋與評論，而此詮釋又被送回它自己的社會。

　　主流犯罪學強烈主張建立法律與社會秩序論述，呈現出以犯罪控制與嚴厲懲罰之意識型態，其基本的預設乃是犯罪是社會的大問題，因此藉由全面打擊犯罪、降低犯罪率，社會便會更好、更穩定，這種思維乃呈現所謂的「緊箍咒」犯罪學，當社會中犯罪的問題越大，緊箍咒便會拴的越緊，同時也將犯罪人視爲可怕的陌生人，且具有威脅的局外人，排除在我們認同之中，這即是將這些人視爲危險的他者。主流犯罪學的論述呈現出新右派犯罪學的思維，不但批評犯罪社會學毫無助益的理論化，而且強調唯意志論關於人類行動的設想以及控制理論的想法，所關注的是設計出實實在在、確實可行的策略來處理街頭犯罪與犯罪者，並主張長期監禁的刑事政策、零容忍政策才是對抗犯罪與失序的最好方法。

　　因此，批判犯罪學的發展必須秉持著犯罪學人道主義立場，眞誠磊落地尋求降低人類的苦楚與和解，重建犯罪學啓蒙意義，因此在男性氣概與監獄研究中，發現作爲人存在價值的矛盾與異化，所造成受刑人人性上深刻的影響，並進而呼籲在未來監獄人權的改革上，如何消弭威權之軍事化管理方式，以及解構重組監獄之內部存在著權力的父權運作，將男性氣概導向正向的教化措施與生活文化，才能導引更人性化之處遇，同時也解開監獄內普遍性暴力、性剝削之現象的主要癥結。對於晚近犯罪控制之策略與論述之發展，從Foucault的啓發中我們發現權力技術的建構與治理性的結合，監獄眞正成爲一個隔離的場所，Foucault對於當代社會的發展與政府管理邏輯的交互作用的解釋，讓我們能夠去思索晚近國家的犯罪控制之發展，但是犯罪控制顯著理性化的特徵底下，卻存在著對於人性疏離的最大問題，因此犯罪控制將犯罪人從其完整的個人給疏離掉，如果我們社會彼此之間沒有仁慈，沒有寬容，一味的依賴嚴厲的刑事政策，那麼犯罪控制與犯罪本身一樣，其實都是個社會問題，犯罪控制與刑罰制度必須建立在具有共識而且可以讓所有人一起參與價值標準上，才能眞正實現社會的正義。

　　因此犯罪學的未來發展必須重申並再次賦予社會正義理念新的生命，社

會正義是一個需要改造的一個理念，重新形成一個新的類似於公眾犯罪學的觀念，讓犯罪與刑罰成爲可以理性討論的公共議題，而此議題的核心必須聚焦在「社會正義和人權」的概念上，並進一步塑造公益、公正的社會與共享的價值。

參考文獻

一、中文

方佳俊譯（2007）。避人性——噁心、羞恥與法律。台北：群學出版。（原作：Nussbaum, M., Hiding from Humanity-Disgut, Shane, and The Law.）

余育斌、許華孚（2005）。藥物濫用少年與其社會網絡之互動要素分析。犯罪學期刊，8（1），65-97。

李培元譯（2004）。全球化浪潮的政治定位。台北:韋伯文化。（原作：Bauman, Z., In Search of Politics.）

許春金（1996）。犯罪學。台北：三民書局。

鈕文英（2013）。質性研究方法與論文寫作。台北：雙葉出版社。

蔡德輝、楊士隆（2001）。犯罪學。台北：五南圖書。

二、外文

Bauman, Z. (1992). Intimations of Postmodernity. London : Routledge.

Canaan, J. E. (1991). "Doing something Just Boy's Play? Integrating Feminist and Cultural Studies Perspectives on Working-Class Young Men's Masculinity." In Sarah Franklin, Celia Lury & Jackie Stancey (eds.). Off-Centre: Feminism and Cultural Studies. London: HarperCollins.

Castoriadis, C. (1997). World in Fragments: Writings on politics, Society, Psychoanalysis, and the Imagination. Stanford: Stanford University Press.

Chadwick, K & P. Scraton (2001). "Critical Criminology." In Eugene McLaughlin & John Muncie (eds.). The Sage Dictionary of Criminology. London: Sage.

Chambliss, W. J. (1994). "Policing the Ghetto Underclass: The Politics of Law and Order Enforcement." Social Problem, 41(2), 177-194.

Christie, N. & Bruun, K. (1985). The Suitable Enemy-Drug Policy in the Nordic Countries. Olso: Universitesforlaget.

Cohen, A. (1955). Delinquent Boys: The Culture of Gang. New York: Free Press.

Cohen, S. (1972). Folk Devils and Moral Panics: The Creation of Mods and Rockers. London:

MacGibbon and Kee.

Cohen, S. (1996). "Crime and Politics: Spot the Difference." British Journal of Sociology, 47(1), 1-21.

Foucault, M. (1977). "Subject and Power." In Hubert L. Dreyfus & Paul Rabinow (eds.). Michel Foucault: Beyond Structuralism and Hermeneutics. Chicago: The University of Chicago.

Giddens, A. (1984). The Constitution of Society. Cambridge: Polity.

Goffman, E. (1963). Stigma: Notes on the Management of Spoiled Identity. New York: Simon and Schuster.

Hall, S., C. Critcher, T. Jefferson, J. Clarke, & B. Roberts (1978). Policing the Crisis. London: Macmillan.

Hudson, B. (2000). "Critical Reflection as Research Methodology." In Victor Jupp, Pamela Davies, & Peter., Francis P. (eds.). Doing Criminological Research. London: Sage.

Hulsman, L. (1996). "Critical Criminology and the Concept of Crime." In John Muncie, Eugene MaLaughlin, & Mary Langan (eds.). Criminological Perspectives. London: Sage.

Keith, M. (1996). "Criminalization and Racialization." In John Muncie, Eugene MaLaughlin, & Mary Langan (eds.). Criminological Perspectives. London: Sage.

Mathiesen, T. (1974). The politics of Aboltion Essays in Political Action Theory. Oxford: Martin Robertson.

Mathiesen, T. (1990). Prison on Trial: A Critical Assessment. London: Sage.

Messerschmidt, J. W. (1997). Crime as Structured Action: Gender, Race, Class and Crime. Thousand Oaks, CA: Sage.

Miller, W. B. (1958). "Lower Class Culture as a Generating Milieu of Gang Delinquency." Journal of Social Issues, 14(3), 5-19.

Munice, J. (1987). "Much Ado About Nothing? The Sociology of Moral Panics." Social Studies Reiew, 3(2), 42-47.

Platt, T. (1996). "The Politics of Law and Order." Social Justice, 21(3), 3-13.

Quinney, R. (1975). Criminology. Boston: Little Brown.

Scraton, P. & K. Chadwick (1991). "Challenging the New Orthodoxies: The Theoretical Imperatives and Political Priorities of Critical Criminology." In K. Stenson & D. Cowell (eds.). The Politics of Crime Control. London: Sage.

Scraton, P. & K. Chadwick (1996). "The Theoretical and Political Priorities of Critical Criminology." In John Muncie, Eugene McLaughlin, & Mary Langan (eds.). Criminological Perspectives. London: Sage.

Willis, P. (1977). Learning to Labour: How Working-Class Kids Get Working-Class Jobs. Farnborough: Saxon House.

Wilkins, L. (1964). Social Deviance. London: Tavistock.

黃蘭媖

　　根據「中華民國犯罪學學會研究倫理規範」第2條之1，犯罪學研究「指從事犯罪成因、犯罪現象、犯罪問題、犯罪防治、犯罪人與『犯罪人』等相關議題之研究」。然而，過去的犯罪學研究方法文獻中大多較關注研究「犯罪人」，以「被害人」為研究主體者相對稀少，探討以質性方法研究被害人者更加鳳毛麟角。本章首先說明自被害調查的興起而開啟的被害者學研究熱潮，以及質性研究方法如何為被害者學研究注入新血；其次，說明在被害研究的不同視角當中質性方法的重要性；再其次，探討研究者如何選定研究主題及擬定策略；最後，說明蒐集質性資料的方法與注意事項。本章回顧了過去以質性方法研究犯罪被害者之相關文獻，期能幫助讀者為從事類似研究提供參考方向。

前　言

　　在犯罪學的研究當中，對被害人的關注起步較晚。政府的政策在被害者研究中扮演關鍵的角色，原因是：若沒有政府的政策關注或是立法界定被害人的範圍，犯罪被害人往往是隱而未顯的。以下即針對被害者學研究的歷史，說明早期量化研究之重要貢獻，以及質性研究的興起及其不同於量化研究的關心焦點。

一、被害調查對發展被害者學理論與政策的重要性

　　被害者學研究源自於1960年代，研究的範圍包括了犯罪被害現象、被害人與加害人的關係、被害人與刑事司法體系的關係、以及被害者與其他社會團體機關的關係（Walklate, 1989）。早期的被害者學研究源自於被害調查所建構的大量資料庫，尤其是在美國城市犯罪被害調查資料庫的分析，輔以社會發展指標後，預測地區以及個人被害風險，並發展出日常活動理論、生活型態暴露理論等重要的解釋被害原因之理論（Gottfredson & Hindelang, 1981；許春

金，2010）。其次，英國也對於英格蘭與威爾斯被害調查的長期數據加以分析而發現重複被害的現象，並據以作為犯罪預防策略規劃之理論依據（黃蘭媖，2002）。

被害調查目的在彌補官方統計的不足，描繪被害者的圖象，亦能提供國際上犯罪與刑事司法現況的比較指標（Van Dijk, 2000）。被害調查不但扭轉了以研究犯罪人為中心的犯罪學，也發展出巨觀的犯罪解釋模型，突顯了犯罪不平均地影響了不同區域及不同社會團體，故犯罪分布不均乃是常態（Van Dijk, 2003）。被害調查提升了我們對被害現象的了解，也確立了被害者的學術地位，更引起政府對被害預防與被害人服務的重視（許春金、黃蘭媖，2010）。

二、被害調查面臨之挑戰

然而，被害調查大多宥於人力物力而僅限於官方統計定義（法律定義）的重要犯罪類型，包括一般竊盜、住宅竊盜、傷害、搶奪等所謂大宗犯罪（volume crime）。其次，被害調查以面對面或家用電話調查詢問被害經驗，可能難以揭露家庭成員間的加被害，家庭暴力。被害調查可能無法觸及到在機構內或居無定所的弱勢團體。結構式的問卷調查法，雖然已較官方紀錄豐富許多，但所得訊息的深入程度有限。因此，被害調查的結果往往在描述現象更甚於提出解釋（許春金、黃蘭媖，2010）。

簡而言之，被害調查在了解被害人上面臨以下的挑戰與質疑：首先是實證主義價值中立的挑戰，其次是研究結果是否得到共鳴的挑戰。被害者學學者若假設科學研究僅僅是在描述、解釋與預測現象時，容易得出：只要一般人改變生活方式就能減少被害機率的結論。然而，此看似價值中立的結論，忽略了並非每一個人都有自由選擇居住地點與生活方式的自由。那些必須半工半讀上夜校、必須上夜班而謀生的人，可能無法選擇自己外出的時間。再者，人們是否應該為了預防被害而侷限了生活、休閒以及居住區域的選擇？仍有爭議。其次，從各國的犯罪被害調查得出相似的結論，即被害人數與件數均在降低，蘊涵著生活環境越來越少受到犯罪的威脅。然而，被害調查的發現和人們的實際經驗與感受往往相距甚遠，原因是新興的犯罪型態與犯罪威脅往往不在被害調查的項目中。舉例而言，黑心食品、環境污染、新型態網路詐騙，以及移民移工的被害問題等，均非被害調查所能得知。更甚者，許多國家的人民長久處於貪污舞弊的政治系統而成為系統性的被害人，此種特殊型態的被害難以在官方被害調查中呈現（Van Dijk, 2007）。

以下即從被害者學研究的不同視角分析質性研究方法的重要性。

第一節　被害研究的不同視角與質性方法

以質性的研究方法研究被害現象首先要確立的是：我們所關心的被害人是誰？以及要從何種視角研究之？我們關心的被害僅是在法律定義之下的被害人？或是擴展到實際上因為人為、應為而不為而造成損失傷害的個人或團體？

我在過去的研究經驗當中，時常面臨研究主題被質疑的情形。例如：認為「環境犯罪的被害人」不是「被害人」，而是「受污染者」；在環境法規尚未完備之前，得到民事賠償者「並不是」被害人等。此種將被害人僅限於由法律定義，甚至需要刑事判決確定後才賦予被害人地位的看法，僅僅代表了被害研究當中最狹義的視角。反映了被害者的研究仍是被附屬於法律、犯罪、或犯罪人的研究之下，沒有法律與犯罪人，就沒有被害人、也就沒有研究被害人的必要性之觀點。但此觀點並無法代表被害者研究之最新發展、與世界潮流背道而馳，也限制了學術與知識的進步。

若我們將被害人僅侷限在一國內法律定義的犯罪事件中的被害人，則會面臨到幾個問題：首先，犯罪的界限並非固定不變的，在不同國家之間由於法律的差異可能導致某些行為在一國成為犯罪、在另一國則不是犯罪。其次，一國之內也極可能隨著犯罪化與除罪化的過程而使得法律規範界限不停游移，而許多時候就是由於研究將被害人的處境公諸於世，才因而促進了法律與政策的革新。第三，僅重視法律定義而忽略了社會定義時，同樣的行為卻可能因為法律裁量而導致有些人是被害者、另一些人並不是。因此，被害者學的可貴之處即是將關心的焦點擴展到法律定義以外的被害人，即所謂「隱藏的被害人」（hidden victims），被害者學也因而擴展觸角到關心所謂的「社會傷害」（social harm）事件。

Mawby與Walklate（1994）從文獻回顧，歸納被害者研究的視角為：實證主義的被害者學（positivist victimology）、基進被害者學（radical victimology）與左派實在論被害者學（radical left realism victimology）以及批判主義的被害者學（critical victimology）。以下即依據Mawby與Walklate（1994）以及Hoyle（2007）的架構分別探討質性研究和不同視角的關係。

一、實證主義被害者學與質性研究

　　實證主義被害者學又稱為傳統被害者學（conventional victimology）或保守被害者學（conservative victimology），特徵是強調街頭犯罪（street crime）而忽略許多其他的被害現象，例如：發生在家庭中的暴力或虐待以及公司或白領犯罪的被害人。實證主義被害者學強調價值中立與客觀，也因此鼓吹應該將科學與人道的被害者學分開，邊緣化女性主義的被害者學（Mawby & Walklate, 1994: 9-13）。

　　實證主義被害者學與質性研究方法並非不能結合，事實上，質性研究擅長於將被害事件、被害人等進行類型化。實證主義的被害者學學者從早期之亨悌（Von Henting）到較晚近之Sparks（1981）等均相當熱衷於發展被害類型。例如：Sparks（1981）從過去的研究當中歸納出重複被害（multiple victimization）之原因：包括了促發、煽動、促進、弱點、合作、機會以及吸引性等。Sparks（1981）在探討重複被害的文章中認為，傳統調查研究受制於抽樣以及資訊不足等，無法捕捉與深入討論重複被害現象。他認為研究重複被害人應該需要蒐集更多與其生活世界相關的細節，包括個人和社會脈絡等，故最好是使用結構式的訪談法。

　　然而，實證主義被害者學最受詬病之處也是過去的學者們對於被害者的類型化（typology），不論是以被害人的人口特徵（如：性別、年齡、種族等）區分、在事件中要負的責任程度區分、或是被害人與加害人的關係區分等，均忽略了被害現象仍是在不同的時間與空間中，經由社會互動過程產生與再現的。假使我們從實證主義角度，對被害人或被害事件進行質性資料的蒐集，可以多去了解此次事件發生前的長遠互動歷史以及被害人對己身經驗的描述、認知與態度等，將能有助於詮釋所得到的資料，並發展出更具效度的類型。

二、基進被害者學、基進左派實在論被害者學與質性研究

　　實證主義的被害者學被批評為研究範圍狹隘以及其蘊涵之父權意識型態反而再次壓迫被害人，而基進被害者學的興起似乎可以解決若干實證主義被害者學遇到的難題。有鑑於實證主義下奠基於被害調查下的被害研究與被害人的主觀經驗間產生了落差，且由於資料的限制而忽略了許多不同類型的被害人為實證主義被害者學常見的缺失。基進被害者學的中心思想是「人權」，進而將研究興趣擴展到政治經濟結構下被忽略的被害人。基進被害者學認為被害定義受

到政府所制定的法律以及政府控制的刑事司法之影響。而其中的基進左派實在
論者尤其對政府抱持質疑的態度，而認為個人被害經驗受到法治與刑事司法機
構的左右。

　　基進被害者學更加強調隱藏的犯罪與隱藏的被害人，而將研究範圍擴張到
結構性的暴力、濫用權力行為或「不」行為，因而招致個人或團體受到身體或
精神上傷害、經濟損失或基本權利的損害。基進的被害者學從個人的經驗為出
發點，關心一般人也會關心的被害事件，並探尋事件對不同個人的意義。藉由
細膩地分割被害人團體以及由被害人為其經驗再定義，研究者與被研究者地位
趨於平等，而強化了被害人的自主性，增加被害人的掌控感。

　　基進主義被害者學與質性研究的結合可以謝怡暄（2011）對受性剝削少
女之研究為例[1]。過去的量化研究針對在學未成年女性進行問卷調查，以了解
受性剝削少女與非受性剝削少女在人口特徵、學業、家庭以及性觀念上有何不
同，而得出受性剝削安置少女性行為較早、對性觀念開放、學業成就低、家庭
附著低等結論。然而，多數調查未能傾聽受剝削少女自己的心聲及少女對於己
身經驗的詮釋，而是運用研究者（成年人）的主流社會價值觀看待少女的經
驗。謝怡暄（2011）長期進入安置機構參與觀察，深入訪談受性剝削少女後，
發現少女強烈反抗自己是被害人的外在標籤，也不認為自己是偏差者，而將性
剝削經驗認為是及早成熟與進入成人世界的表現。該研究也質疑過去將安置少
女與非安置少女的性態度二元化（開放vs.保守）的區別，指出當時的強制安置
措施可能在某些案例中導致偏差化、犯罪化了某些少女，而在安置的過程中又
可能會被害化了另一些少女。

三、批判被害者學與質性研究

　　批判主義被害者學提出一個根本的問題：誰有權力決定誰是被害人？從
符號互動主義與社會心理學理論擷取靈感，批判的被害者學提出「理想被害
人」的概念，而認為了解被害人除了從日常的詮釋與社會的脈絡下進行理解，
更要探討其定義形成的深層結構因素——尤其是在標籤形成過程中的政治操作
（Mawby & Walklate, 1994: 17-18）。

　　批判被害者學探討被害事件發生深層的文化、政治、經濟與制度問題，
揭發虛偽的表象、指出社會革新與前進的道路。因此，批判主義的被害者研究

---

[1]　本論文寫作期間，「兒童及少年性交易防制條例」尚未修法成為「兒童及少年性剝削防制條例」
　　（2015年2月4日修正公布名稱及全文55條），故論文題目沿用舊法名稱為性交易。

關注的範圍又更加擴展。例如：環境犯罪的被害人被視為是資本主義市場利益極大化的被害人、婚姻移民與家事移工是父權制度階級主義下的受剝削者、政治難民可能是生態破壞下的環境難民、以及受刑人是監獄工業時代下的被害人等。

　　至於批判被害者學與質性研究的關係可以Gary A. Haugen與Victor Boutros所著的「蝗蟲效應：暴力的暗影」一書（2015）為例說明。該書運用了不同國家的個案研究揭露了在發展中國家如何運用失能而腐敗的司法制度剝削與支配窮人。本書打破過去一般通念——貧窮造成暴力問題，而認為社會制度性容許暴力的盛行才是造成貧窮循環不已的真相。從印度班加羅爾的受奴役工人瑪莉亞瑪，到秘魯被性虐待致死的小女孩尤莉、到肯亞奈洛比貧民區遭受每日性暴力的蘿拉，Haugen與Boutros描述了暴力被害事件之所以一而再、再而三侵襲世界各地的窮人，其背後的元兇仍是只以維繫政權為目標、不以保護人民權益為職志的刑事司法機構，加上貪污不法的刑事司法人員。若不改變在這些地區結構性的政經腐敗與有權階級濫用司法行為，再多投注於減少貧窮的資源亦將無以為繼，而暴力將像蝗蟲一般侵蝕窮人擁有的所有資源。

四、女性主義的被害者研究

　　談到女性主義之被害者學研究當然不能忽略女權運動（feminist movement）的發展，及其對白人男性主流學者所做出的社會觀察與詮釋之批判。女性主義者要求為過去被抹煞的女性被害經驗正名及攤在陽光下。女性從被研究者（被害人）成為研究者，而認為女性的角度可以更貼切地詮釋女性經驗，尤其是女性如何對抗主流社會結構及在其中奮力求生的策略。

　　女性主義者對於女性受暴與創傷領域的研究貢獻良多，提出強暴創傷症候群、受虐婦女症候群等概念。這股研究女性被害的浪潮在美國一直到1970年代婦女解放運動興起後，才成功地讓大眾認知到創傷後壓力症候群（post-traumatic stress syndrome）普遍存在於在家庭中和日常生活上持續遭受暴力與性傷害的女性，而非只存在於上戰場的男性軍人。自此揭開了一連串的女性受暴（violence against women）研究議程，使女性被害終於可以進入公共討論而被正視。女性研究者Judith Herman即在「從創傷到復原」（Trauma and Recovery）一書中對此現象做出註解，說明了女性被害被正視諷刺地居然是由於對男性軍人戰爭創傷的研究才得以發生（2004: 65）：

　　　兩性之間一直處於戰爭狀態，強暴受害者、受虐婦女、被性虐待
的兒童就是傷兵。歇斯底里症就是兩性戰爭中的戰鬥精神官能症。

　　女性研究者Judith Herman回顧當初女性主義的研究者採用的研究策略爲：
除非讓研究對象能眞正信任研究者而在一個充滿尊重與安全的空間中，女性
被害人才有可能說出他們眞正的經歷。而這種「喚起意識」（consciousness-
raising）的研究方法與質性研究中強調的互爲主體、尊重平等的方式不謀而
合，如Judith Herman的描述：「長期而密切的個人訪談再一次成爲知識的來
源」，但女性研究者不同於她們的男性同儕的是，女性研究者常以與研究對象
之情感聯繫爲榮，而非迫不及待地逃離。同時，美國國家心理衛生研究院於
1995年設立的強暴問題研究中心也有史以來第一次有女性成爲研究者，而非被
研究對象。

　　儘管仍有許多努力的空間，從女性角度的受暴研究大幅度地改變了刑事
司法實務對被害人的實務工作，包括：反對女性受暴的立法以及被害人的援助
措施。研究除了揭露出女性被害人在刑事司法系統中長期被忽視的問題，也發
掘刑事司法內部的女性受暴問題，例如：女警遭受性騷擾（參見Huang & Cao,
2008）。

　　以女性主義角度進行之被害人研究強調討論暴力發生背後的權力、性別
與控制關係，及其如何造成暴力重複發生在女性等弱勢群體身上。例如：施伊
涵（2015）研究三名曾在親密關係中受虐伴隨寵物被虐女性的經驗，發現研究
當中同時對婦女與寵物施虐的施暴者往往有很深的性別刻板印象，其傷害寵物
時其實也是在傷害受虐女性，再次展現加害人對被害女性之權力與控制。換言
之，加害人虐待寵物爲其控制婦女手段之一，而透過傷害寵物達成孤立或威脅
被害人、控制或扭曲婦女觀點、讓婦女感到筋疲力竭，以及對婦女展現優越
權力。施伊涵（2015）的研究也發現：當男性利用虐待寵物達成控制婦女目的
時，父權社會的不加以回應其實也是默許了這樣的行爲、縱容加害人、甚至於
原本應支持被害人的團體（如：警察）反過來和加害人結盟責怪受虐婦女，使
婦女更加無法逃離被虐狀態而影響其生存與安全。

　　由以上的討論可知，不論從實證、基進、批判或女性主義的觀點，均可
以與質性研究方法與策略結合，而不同研究者因對被害者的定義與關注焦點不
同，而可能採取不同視角。實證主義的強項主要在探索法律定義下的被害，又
聚焦在街頭被害的原因，範圍可能太過狹隘。而基進主義的被害者學則強調研

究者應把研究焦點擴大到違反人權以及國際規範的被害人，特別關注制度性的暴力以及隱藏的被害人之主觀經驗及社會脈絡，擴大被害者學關心的範疇。批判的被害者學進一步強調找出被害的結構性原因與深層理由才是重點，其質疑：誰有權力界定誰是被害人蘊含了不同權力下的政治操作。女性主義的被害者學則關注被害人的正名與提升被害意識，從性別的角度重新詮釋女性被害及其對抗與奮力求生的經驗。爲了使研究符合質性研究的信效度標準，質性研究者設定的主題必須呼應其採用的方法論架構以及哲學假設，以下即探討設定研究主題的注意事項。

第二節　設定研究主題

　　被害者的研究範圍相當廣泛，若有志於從事相關研究時，主題的訂定是第一步。有了清晰的研究目的，才能發展出明確的研究問題，進而設計適當的研究方法與步驟，故研究主題的訂定牽一髮而動全身，不可不愼。

一、想研究什麼？為什麼？

　　研究者的第一步即在探討研究主題以及界定研究概念。在此指對所欲研究的被害現象以及被害者清楚地界定，是採取廣義或狹義定義決定了研究的範圍與對象。納入哪一些現象以及哪一些人的決定背後必須要有合理的解釋與說明。對入門的質性研究者而言，一般來說會從日常生活範圍當中尋找合適的研究對象。研究對象若與研究者之間完全沒有共通性，研究者也缺乏對研究對象的先前理解時，可能會影響到研究的結果。在決定了研究題目後，研究者也必須考量自己的時間、經費與資源適度限縮研究的地理範圍。

二、是否有夠強烈的動機足以克服研究的障礙？

　　研究者的動機攸關一個研究是否能順利進行，而確認自己的研究動機不僅僅是表示對自己與對受試者負責任的態度，亦影響到研究者是否能做出符合倫理的抉擇。不論是多麼努力地符合研究倫理的要求，研究者多多少少都會對參與研究的人造成影響，尤其是當研究對象是被害者時，其必須經歷再次陳述的傷害。因此，研究動機與目的正當性必須能夠支持進行這個研究的重要性。研究被害人的質性探索可能耗費極大的心力與金錢，研究的過程亦可能遭遇尋找樣本以及進入田野等障礙。其次，和研究對象的關係需要花費許多時間經營，

種種挑戰均需要研究者有過人的動機與毅力方足以克服。

三、誰會對你的研究主題有興趣？

事先預想誰會對研究成果有興趣，將有助於提出有意義的研究問題。哪一些團體會對被害者的處境特別有興趣？讀者是同文化或是異文化？未來可能發表的期刊與語言？被研究的對象希望從你的研究中看到什麼？在研究的過程中可試著從讀者的角度思考，將能有效提升研究的效度與創造共鳴。

四、你的研究將會有何貢獻？如何做出貢獻？

研究貢獻包括知識上、學術上貢獻以及政策與實務角度的貢獻。研究者除了發表研究成果以增進我們對被害者的了解以外，是否能與更深層的社會問題對話？研究結論是否可對研究範疇以外的現象有所啓示？研究的貢獻是純然理論上的，抑或是有政策寓意或能啓發實務作爲？研究的發現是否能協助我們更深入了解被害現象以及對被害現象和被害人做出更有效的回應？

五、研究想回答的問題是什麼？

剛接觸到研究對象時，往往懷著對所有事情均很好奇的想法。設定具體的待答問題可以有效地限縮研究範圍，也讓研究對象更能理解參與研究的重要性。此待答問題必須是從現象或理論的初步觀察理解而產生的。一般而言，在研究被害人時，我們想知道的包括：他們是誰？他們有何經歷？他們如何看待被害經驗？被害對生活的影響？以及被害後與正式或非正式支持系統的互動？被害的長期影響以及被害後的需求爲何？

六、想如何研究它？為什麼？

蒐集資料的方式必須要能回答研究問題且符合研究者的研究取徑（research approach）。以質性研究爲例，研究者必須說明爲何質性的取徑是較能回答研究問題與達成研究目的之方式，其與研究者的世界觀和知識論間的連結。舉例而言，羅燦煐（2002）從詮釋主義的角度出發，探索性騷擾在不同群體間以及不同的文化是如何被建構、認知與詮釋，其採用質性方法中的焦體團體以便能分析男女對於「性騷擾的界定、認定、歸因、與創傷建構」。

七、研究的方式，可以回答你的問題嗎？

在開始研究之前，研究者必須思考研究有效性的問題。研究者的個人特質、

研究的工具與方法等，是否能有效地實施以得到所需要的資料、研究者是否足以分辨所得資料的眞實與正確性，以及研究所得的資料是否能回答研究問題？例如，對於被害者的經歷除了第一手觀察以外，較佳的取得資料方式可能是透過直接訪談被害人本人，如果無法訪談被害人而透過協助被害者的社工或其家人，是否是有效的方式？是否適合於你的研究目的和研究問題？則需要進一步說明佐證。

八、研究的過程可能會遇到什麼樣的困難？如何減少研究障礙？

翻閱過去類似研究以了解可能遇到的障礙，預先思考預防田野進接（access）以及持續留在田野的較佳方式，預防或因應困難障礙的策略。例如：若受研究對象是未成年人，最好得到其監護人或所謂守門人（gatekeeper）的同意。爲了得到守門人的同意，如何透過自然的情境與守門人事先建立信任關係，可能是研究未成年的被害人必須思考的重要課題。

第三節　運用多元管道蒐集質性資料

蒐集質性資料的策略必須符合研究目的、能回答研究問題。相對於量化研究方法通常以獲得可以數字表示之研究資料爲目的（例如：調查問卷），質性資料則較重視產出可以被歸納分析的文本資料或圖片影像等（Ellsberg & Heise, 2005）。世界衛生組織出版的「研究對女性的暴力」中舉出15種質性資料蒐集的方法，包括了：個別訪談、焦點團體、觀察、自由列舉（free listing）、排序、成對排序（Pair-wise ranking）、時間線和季節線月曆、因果流分析、開放結局故事、家系圖、圖餅或文氏圖（Venn diagrams）、社區製圖、角色扮演、身體製圖、以及圖片聲音（Ellsberg & Heise, 2005）。而Glesne（2011）則將質性資料簡要分爲六類，包括較常用爲主要資料來源的訪談／對話／調查以及觀察法，以及可以作爲輔佐資料亦可以作爲獨立資料來源之文件、次級資料，以及視覺資料等（見圖19-1）。

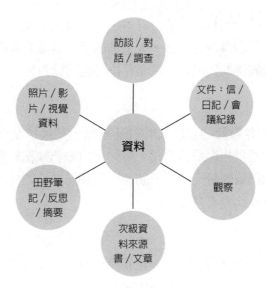

圖19-1　產出質性資料

資料來源：Glesne (2011).

以下簡介三種在質性研究當中常被作為獨立的資料來源或輔助資料來源的資料蒐集法：觀察、訪談以及焦點團體。

一、觀察

在質性研究蒐集資料的過程當中常會進接到不同的場域，又稱田野工作（fieldwork）。研究者身處田野時，最重要的即為觀察。觀察是文化人類學中重要的研究方法之一，可以協助研究者深入研究對象的生活世界。研究者可以視研究的目標進行觀察，並視情境而決定參與研究對象生活世界的程度。在非參與式的觀察中，研究者與被觀察者間保持距離且無互動，如：王曉丹（2008）對於六位地方法院法官審理的30件家暴保護令案件進行了非參與式的觀察，從法官與當事人之間的互動分析法律情境之層級結構以及法律敘事背後的權力結構，據以探討台灣當代社會中個人主體性在法律文化中實踐的可能性。觀察法也常用在探討專業人士，如：警察、法官、社工、醫療人員、諮商師、心理師等對於受暴女性或被害人的服務是否適當（Ellsberg & Heise, 2005）。而在參與式的觀察中，研究者加入了研究對象的族群，進入他們的生活世界以記錄發生的行動、互動或事件。一個極端的完全參與之例子可舉專欄作家芭芭拉艾倫瑞克（Ehrenreich, 2010）化身為低層女服務生、家事服務員以

及售貨員，實驗自己究竟有沒有憑著基本工資將收入與支出打平。純粹的非參與式觀察和完全參與觀察均是少數，大多數的研究者是在其間游移。質性研究者也常先透過參與觀察進入田野，進而尋找可能訪談對象（藍佩嘉，2008）。

二、訪談

訪談是由研究者設計的主題式的對話歷程，其通常是一對一的面對面談話。訪談法最廣為應用也最為普遍為人所知。由於訪談法的盛行，許多質性研究的初學者往往認為質性研究就等於訪談。有關訪談法的運用，在下段將進行更詳盡的解說，故在此先不贅述。

三、焦點團體

焦點團體的進行和訪談相似，但比訪談更具備結構式與分析性。所謂的焦點團體指邀請數名挑選過的個人參與由主持人領導之主題明確的團體討論。焦點團體是非常有效率的資料蒐集方法，可在短時間蒐集到大量豐富的資料，尤其適合探索人們對特定主題的態度與感受，進而了解行為背後的原因。羅燦煐（2002）對於不同地區的大學教師、職員、學生等組成的18個不同焦點團體，人數從5至12人不等，每個團體進行一個半小時到兩個小時，共產出200頁的轉謄文本資料，據以分析探討男女兩性對性騷擾的建構方式。值得注意的是，焦點團體不可跟提供支持或治療的團體混為一談，這點對於具有心理治療或是諮商背景之研究者而言更需要謹慎。

大多數的質性研究都採取兩種以上的資料蒐集策略，涵蓋自然產生的資料（naturally occurring data）與研究生產的資料（generated data）。無論使用何種資料來源，研究者均應「盡力保護研究對象之權利、利益、穩私等基本權益」[2]，尤其是研究被害者時，時常面對的均是所謂易受傷害族群（vulnerable groups），研究者更應該審慎為之，做好事前準備。研究者對於研究標的一無所知的情形下，很可能會造成無法預知的傷害，故建議研究者可先利用蒐集次級資料的方式對研究主題進行初步了解。

---

[2]　「中華民國犯罪學學會研究倫理規範」第14條第1項。

第四節　以深入訪談蒐集質性資料

　　針對某些特殊的被害現象，即便其並非大宗的犯罪，但是卻對於少數團體影響甚鉅，亟須運用質性資料蒐集的策略來加以了解，並據以擬定對策。質性研究適合用在尚未具有大量研究資料的題材，進行探索性的研究。質性研究允許研究者採用多元的資料蒐集策略，對一般人尚不熟悉的現象進行描繪。質性研究者抱持高度的開放性，且在田野研究的期間持續重新建構問題，以獲得被研究者的共鳴。無論使用何種方式蒐集資料，必須要符合研究目的與研究問題，必要時可以使用兩種以上的方式蒐集不同來源的資料。以下即以訪談被害人爲例，說明如何蒐集資料。

　　深入訪談適合的主題爲複雜度高的系統性問題，或了解過程、經驗、動機、決定、影響與結果等，故是研究被害人時常用的資料蒐集法。通常在質性研究中的訪談是面對面的訪談，目的是與受訪對象建立關係與深度的理解。建立關係從邀訪的第一通電話、第一封e-mail就已經開始，研究者必須在此過程中讓受訪者感受到平等、尊重以及安全，爲有效的訪談建立好的開始。

　　當受訪者同意訪談時，即進入到訪談的安排細節，包括：時間、地點以及準備事宜等。有經驗的研究者可以從安排訪談過程中更加了解你的受訪者，他是學生嗎？有沒有小孩以至於要趕著回家？即使是對於一名被害人的一小時訪談，也是一次的田野工作。因此，研究者應儘量利用此機會進入研究對象的生活世界，以了解從對方的身分角度可能採取的觀點，進而揭露現象或行動背後的意義。以筆者爲例，在安全無虞的前提之下，研究者在研究過程中儘量選擇受訪者所熟悉、感到安全的場所，或許是其工作場所或家中、或其指定的咖啡廳等。如此，在訪談的過程中可透過觀察而理解其生活空間、接觸到的人事物以及社會系絡。其次，在受訪者熟悉的社會情境中進行訪談也更能符合自然情境，使對話更像聊天。

　　筆者時常讓學生閱讀不同的逐字稿以分辨其是否爲好的訪談。一般而言，越是好的訪談越可以引領受訪者進行較長的敘述，訪員不需要花費太多時間在提問以及解釋問題。成功的訪談奠基於良好的事前準備，且由於訪談時間寶貴，一般而言會建議研究者在事前溝通好訪談的行政事宜，包括：訪談大綱、同意書以及訪談報酬等。若有同意書的話，可以先以電子郵件寄給受訪者閱讀。筆者常鼓勵學生進行預試，並聆聽自己的錄音檔，再根據訪談的結果修正研究問題或改進研究工具、訪談技巧。預試也可以協助研究者評估研究設計的

可行性，提升研究效度。

　　談論被害經驗可能會引發受訪者的情緒波動，因此，在訪談的開始可以先從日常寒暄對話作為開場白，包括：目前的工作與生活等，讓話題自然牽引到被害經驗。讓受訪者預先知道可能會被問到的問題可以提升其自主性，也可以在整個訪談過程中強化受訪者的控制度。由於被害經驗剝奪了個人的自主性，使個人陷入失落與失去控制度，訪談的過程中要避免讓被害人再有失去控制度的感受。若受訪者相當健談，可以讓其暢所欲言後，再針對需要補問的問題適時提問。

第五節　以質性方法研究被害者的注意事項

一、考量被害人的脆弱處境

　　被害人可能涵蓋不同社會階層、性別、年齡及社會地位，但不可諱言的是，有許多的被害人可能居於社會上較弱勢的地位。此時，研究者必須注意平衡與受訪者間的地位，以及注意到不使受訪者因參與研究而蒙受損失或提升風險。

二、研究的互惠

　　越是社會劣勢的受訪者可能因參與研究而剝奪了他們工作、休閒或與家人相處的時間，此時，研究者可能可以考慮給予適當的回饋，例如：金錢或其他適合的禮物。研究回饋應該適可提升參與者的參與意願，但又不至於高到讓受訪者為了賺取回饋金而勉強參與的地步。

三、研究者或倡議者？研究者的反身性

　　在進入田野之前，研究者可能對研究對象已有先前的理解，不論是從媒體得來的刻板印象或是過度認同被害者的處境，都有可能影響研究的結果，也可能讓研究結果被放大檢視。當研究者看見了被害人的處境後，是否要採取行動？有許多的被害研究學者也同時是政策倡議者，長期為被害者權益發聲。但研究者是否要涉入被害權益倡議？則是個人的決定。同時為倡議者與研究者可能可以藉著長期涉入與田野關係強化研究的深度，並能做出更加鞭辟入裡的分析。然而，倡議者的角色也可能影響研究者的立場，導致研究者與被害者關係

太過密切結合，使研究者的客觀性遭受質疑。然而，此並不表示研究者不能在研究結束後或事後對於所看到的社會現象有所行動，而是要提醒研究者注意研究者的身分與行動者身分的切換，避免雙重角色下的倫理議題。

四、研究對參與者的風險

考量參與者的處境是否會讓參加研究本身成爲風險的來源，研究者必須要善盡告知的義務，或者在風險太大時中止研究。例如：爲了樣本取樣的便利性而尋找在庇護所受暴婦女爲受訪者時，是否有可能會影響到其人身安全、或者因其仍處於創傷反應期而增加二次傷害的風險等，研究者必須進行周延的評估。

五、研究對研究者自身的風險

剛開始進行質性研究的研究者習慣在自己生活或工作的場域中尋找受訪者，俗稱後院研究（backyard research），其優點是可以減少建立關係的時間，但也可能承擔較高的研究風險，若研究者爲局內人（insider）時，可能有發掘危險知識（dangerous knowledge）的風險。有雙重角色的研究者與受訪者間的社會關係與互動亦可能受到研究影響，如訪問早已熟識的朋友或同事等，此爲研究者在進行研究時必須事先評估的風險。

其次，研究者自身的性別、年齡以及社經地位等，也可能導致研究過程中陷於不利的境地，而造成對自身的風險。因此，研究的設計必須要考量各種可能的風險詳予設計。例如：研究者本身爲女性，研究對象是曾經性騷擾他人的男性時，可能考量增加輔助訪員，或是採取團體討論的方式以創造更安全的環境，也能提升討論的深度。

再者，有時研究者會爲了建立和睦的研究關係而過度迎合受訪者，甚至感覺虧欠了受訪者而答應許多的額外要求。研究者也可能因爲聆聽被害者的經驗而產生了替代性的創傷。此時，研究者需要和研究夥伴或研究的導師定期討論如何維持適當的研究關係、適時退出田野，以維持必要的客觀性。

六、研究自己

近年來，我常被問到的一個問題是：「在研究論文中可否以自己爲研究對象[3]？」若自身曾爲被害人，是否可以研究自己以作爲學位論文？隨著越來越

3　此處的研究自己並不包括研究者採取行動研究參與方案的改革這類型之研究。

多的在職學生投入被害者學的研究領域，許多的新手研究者渴望能以自身經歷作爲研究素材，進行「後院研究」的誘惑大增。而實際上，以研究自己爲學術論文似乎成爲一股風潮，甚至也受到某些指導教授的青睞，甚至鼓勵。這個問題涉及相當多的層面，且不同學科之間的標準不一，似無法在此做一個明確的「是」或「否」的回答。在被害者學以及暴力的研究領域當中，尤其是女性受暴，確實有許多學者坦誠自己有性別暴力或家庭暴力的被害經驗，因而投入此領域。但以我目前所看到的有限文獻，尚無法舉出具有指標性的、代表性的著作是以自己爲研究對象者，而得到同儕的高度學術評價。

　　換言之，即使研究者投身被害者學研究的動機來自於己身曾有被害經歷，但其所研究的對象也較少是完全地倚賴回溯敘說己身被害經驗。這類型的創作通常較常見於文學領域之自傳（Kampusch, 2011），而較少出現在純學術領域。本文僅提出以下幾個可能的理由，說明學者通常會避免以自身爲研究對象，更少有獨立的學術著作完全以學者自己的被害經驗爲唯一的根據。

（一）基於研究者角色重疊，無法保密，倫理標準難以界定。

（二）基於研究者選題（以自己爲題）是否能說服學術同儕此議題的重要性，以及以此種研究方法（研究自己）比起以他人爲研究對象是更爲適合的資料蒐集法。

（三）基於研究效度難以評價，分析詮釋難以透過學術研究社群中的同儕評價機制評價。

（四）研究者回溯自己被害過程中的自我傷害與自我揭露，和研究結束後尋求出版之間可能產生衝突。

（五）在研究自己的過程中，其他利害關係人的參與（知情或不知情）可能對研究者人際網絡的傷害，涉入更多倫理議題。

（六）研究者在研究過程與書寫過程中尋求自我療癒可能複雜化研究本質。

　　從以上的討論，或可以歸納出：研究者應該在所感興趣的研究領域與主題當中，找尋最適當的方法論以及資料蒐集的方法，包括抽樣的策略也須能經由同儕檢視，而非僅爲了方便的理由，而決定以自己爲研究對象或進行後院研究。無論研究者的選擇爲何，均必須說服評論者與讀者，曾經考量過所有的選項以及已經爲了研究效度做了最大的努力。

第六節　結論

　　質性研究者的最高準則就是：進入田野、把腳弄溼，此原則也適用在研究被害人上。再多的課堂上討論也比不過身歷其境所實際看到、聽到的一切。因此，本文鼓勵更多研究者進入被害研究的領域，且在此過程中思考研究者與社會議題間的關係。其次，質性研究的信效度奠基在良好的田野關係、研究者的反身性與研究倫理上，此在研究被害人時尤其重要，不得不慎。謹慎地設計與規劃你的研究不僅僅是爲了保護研究參與者，也是研究者降低研究風險的必要策略。

參考文獻

一、中文

Ehrenreich, B.著，林家瑄譯（2010）。我在底層的生活：當專欄作家化身爲清潔婦。新北：左岸文化。

Haugen, G. A.、Boutros, V.著，楊芩雯譯（2015）。蝗蟲效應：暴力的暗影——爲何終結貧窮需要消滅暴力？台北：馬可孛羅文化。

Herman, J. L.著，施宏達、陳文琪譯（2004）。從創傷到復原（trauma and recovery）。台北：遠流出版社。

Kampusch, N.著，陳俐雯、李樸良譯（2011）。3096天：囚室少女娜塔莎坎普許。台北：商周出版。

王曉丹（2009）。當代台灣法律文化的轉化——以家暴保護令審理庭爲例。黃國昌編著，2008法學實證研究，中央研究院。

施伊涵（2015）。女性親密關係受虐伴隨寵物被虐經驗之探索性研究。國立台北大學犯罪學研究所碩士論文（未出版）。

許春金（2010）。犯罪學（修訂6版）。台北：三民書局。

許春金、黃蘭媖（2010）。台灣的犯罪被害調查：回顧與前瞻。2010年犯罪問題與對策研討會，國立台北大學。

黃蘭媖（2002）。英國防制重複被害策略之個案研究。中央警察大學犯罪防治學報，3，317-341。

謝怡暄（2011）。性交易少女性態度發展歷程。國立台北大學犯罪學研究所碩士論文（未出版）。

羅燦煐（2002）。他的性騷擾？她的性騷擾？：性騷擾的性別化建構。台灣社會研究

季刊，46，193-249。

藍佩嘉（2009）。跨國灰姑娘：當東南亞幫傭遇上台灣新富家庭。台北：行人文化實驗室。

二、外文

Ellsberg, M. & Heise, L. (2005). Researching Violence Against Women: A Practical Guide for Researchers and Activists. Washington DC: Worth Health Organization, PATH.

Glesne, C. (2011). Becoming Qualitative Researchers: An Introduction (4th ed.). Boston: Pearson.

Gottfredson, M. R. & Hindelang, M. J. (1981). "Sociological aspects of criminal victimization." Annual Review of Sociology, 7, 107-128.

Hoyle, C. (2007). "Feminism, victimology and domestic violence." In S. Walklate (ed.). Handbook of Victims and Victimology. Portland: Willan Publishing, pp. 146-174.

Huang, L. Y. & Cao, L. (2008). "Exploring sexual harassment in a police department in Taiwan." Policing: An International Journal of Police Strategies & Management, 31(2), 324-340.

Mawby, R. & Walklate, S. (1994). Critical Victimology. London: Sage.

Sparks, R. F. (1981). "Mulitiple victimization: evidence, theory, and future research." The Journal of Criminal Law and Criminology, 72(2), 762-778.

van Dijk, J. J. M. (2000). "Implications of the international crime victims survey for a victim perspective." In A. Crawford & J. Goodey (eds.). Integrating a Victim Perspective within Criminal Justice: International Debates. Hants: Ashgate, pp. 97-124.

Van Dijk, J. J. M. (2003). A Criminal Divide: The unequal of victimization across the glode Retrieved Feb. 9, 2004, from http://www.unodc.org.

Van Dijk, J. J. M. (2007). "The international crime victims survey and complementary measures of corruption and organised crime." In M. Hough & M. Maxfield (eds.). Surveying crime in the 21st century. Cullomptom, Devon: Willan Publishing, pp. 125-144.

Walklate, S. (1989). Victimology: The Victim and the Criminal Justice Process. Unwin Hyman.

郭佩菜

前　言

　　從維護公眾安全的整體角度來看，犯罪是全球公認最嚴重的社會問題之一。據世界衛生組織統計，全球每年因暴力犯罪事件至少造成160萬人死亡（WHO, 2002）。此外，犯罪亦是年輕人意外死亡之主因，導致造成國家生產力與社會成本的巨大損失。因此，各國政府均積極地發展相關研究，希望能以更創新的方式來預防犯罪發生，並改善執法績效。然而時代轉變，犯罪手法日新月異，現行犯罪案件往往牽連甚廣，小則以網路詐騙，電子訊息難以追查；重則大型恐怖攻擊，跨國聯繫牽連甚廣。也正因為目前罪犯通訊管道繁多盤雜，使用傳統研究方法分析巨量犯罪資料往往時效受限，使用資料探勘技術已勢在必行。

　　另外，台灣政府目前正推動「OPEN DATA」政策並主導多項巨量研究科技研究計畫，期與學界共同應用其完整之公務資料庫。犯罪分析師若能結合主要資料庫（如刑事警察局之犯罪資料庫、法務部之獄政矯治資料庫、健保局之精神障礙與毒癮資料庫、交通部之酒駕違規資料庫，與教育部之輟學資料等）、資料探勘技術與犯罪學理，將各資料庫整合以建立全面之犯罪風險預測模型。除上述以微觀角度進行個別罪犯之犯案預測，亦可以巨觀角度切入，結合社會經濟資料建構區域之犯罪預測模型。除了上述官方結構性的資料庫外，未來更可以結合CCTV影像、即時通訊軟體或社群網站資料，即時掌握人群活動行為，進行更有效之犯罪分析規劃。

　　然因也有學者質疑使用資料探勘於犯罪分析上是否合適，因為目前官方之犯罪與警政資料庫容量相對較小，有別於其他商業領域資料庫皆達到PB（PetaByte）等級。但另一角度來說，犯罪資料確實是蒐集全國之完整的犯罪

---

* 本章節主要改寫自筆者「2016犯罪防治學術研討會」中「犯罪資料巨量分析方法」與104年度科技部專案計畫「以資料探勘技術建立巨觀犯罪預測模型」報告書。（編號：104-2410-H-015 -006）

資料集，且在串聯了前述各部會之資料庫如法務部、交通部、移民署與交通部等外部資料後，其資料概念符合多樣之定義〔巨量資料定義依其所在領域各有異同，「3V」（量Volume、速Velocity與多樣Variety），「4V」（Veracity）與「5V」（Value）〕等。也因為資料來源多，資料類型格式不一，資料誤差與錯誤機率偏高，必須使用巨量資料分析，而非傳統統計方法與常用之誤差水準加以分析。

本章節內容架構設計以下：第一節將就上述犯罪巨量分析進行國外文獻回顧；第二節探討技術原理（分類樹、隨機森林、關聯法則）；第三節為案例說明與RATTLE操作介面介紹。第四節則是結論與建議。唯有充分了解技術原理與限制，日後方正確運用犯罪資料進行巨量分析，比對傳統統計方式結果，綜合兩者優點，以嚴謹完整的犯罪學原理探討犯罪特性成因及預估未來發展，方能研擬出可行政策方略。

第一節　文獻回顧

一、犯罪巨量分析與資料探勘技術

巨量資料分析雖然近來才快速發展，但在犯罪學各領域已有顯著研究成果，如預測犯罪熱點（Bogomolov et al., 2015; Fitterer et al., 2015）、視覺化組織犯罪人脈圖（Xiang et al., 2005）、辨識連續犯（Wang et al., 2014）、犯罪特性分群（Keyvanpour et al., 2011）、預測網路犯罪（Edwards et al., 2015）、改善鑑識成效（Adderley et al., 2014）、辦案筆錄文本分析（Helbich et al., 2013）與使用社群網路或手機資料即時預測犯罪等（Traunmueller et al., 2014）。

Chen等（2004）分析亞利桑那州的土桑（Tuson）警局之犯罪資料庫（自1970年起，共130萬筆嫌疑犯），依據對公眾造成危害程度與所需資料探勘技術難度，就不同犯罪類型提出對應技術之分析架構（圖20-1）。該研究並訪談資深警探，其建議：類神經網路對預測與實體蒐證有效；叢集分析對犯罪關聯性與預測有效；社群分析對犯罪關聯性和犯罪類型視覺呈現有效等。警方亦可依所需同時應用多項探勘技術。該研究並實際使用COPLINK進行案例分析，示範功能包括校正報案紀錄、定義偽造身分資料與繪製組織罪犯人網圖。可以快速改善警政資料品質並節省警方辦案時間，COPLINK近來亦結合疑犯相片、過去犯案紀錄與手法，並提供雲端分享功能，讓巡邏警方或相關當局可藉

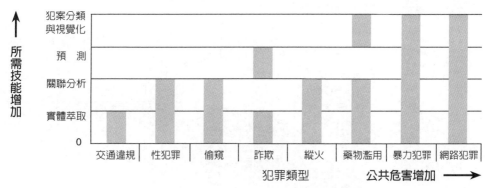

圖20-1　不同犯罪類型所需資料探勘技術

資料來源：Chen et al. (2004).

圖20-2　COPLINK系統操作頁面範例

資料來源：IBM, http://www-03.ibm.com/software/products/zh/coplink.

由手機即時查閱資料，快速掌握警政資訊，參圖20-2。詳細功能請詳其官方網站（http://www-03.ibm.com/software/products/zh/coplink）。

　　之後，Noor等人（2015）再根據Chen（2004）和Nagi（2011）與美國FBI的統一報案系統（uniform crime reporting）之內容，提出應用資料探勘於犯罪預防支援決策系統之（veracity）架構。如圖20-3所示，內圈是重要指標犯罪（index crime）包括暴力犯罪和財產犯罪，此類犯罪經常直接通報警方，且較能代表整體犯罪風險。其他非指標犯罪類型（non-index crime）可能報案率較低，且非由警方直接受理。

圖20-3　犯罪分析常用資料探勘技術

資料來源：Noor et al. (2015).

　　Noor等人之研究並彙整自2000年之後發表的44篇犯罪巨量分析成果，結果顯示：目前犯罪分析所使用的重要資料探勘技術包括：預測、分類、視覺化、迴歸、叢集分析（clustering）與偵測極端值（outlier detection）；超過半數文獻都使用於預測與叢集分析（Noor et al., 2015）。主要分析的犯罪類型則仍是財產犯罪和暴力犯罪。相關文獻實施技術與細節可參考相關文獻研究（Chen et al., 2004; Nagi et al., 2011; Noor et al., 2015）。

　　除了實體犯罪之外，亦有學者針對網路犯罪巨量分析文獻進行系統性回顧，並將相關應用資料探勘技術與對應之犯罪類型歸納整理分析。Edward等（2015）將網路犯罪分為八大類型，包括：財務犯罪（違反著作權、網路拍賣詐欺）、電腦犯罪（該研究專指罪犯網路分享與販售資訊）、騷擾或威脅（炸彈攻擊或謀殺）、警方針對特定犯罪執法（掃描新聞蒐證）、兒童性騷擾（色情拐騙與販賣人口）、恐怖攻擊（IS或種族主義）與疑犯身分辨識（透過網路文章寫作風格辨別身分）。該研究回顧206篇相關文獻，發現主要應用使用方法為：自然語言處理（natural language processing）、機器學習（machine learning）、信息抽取（information Extraction）、社群網路分析（social network analysis）與電腦視覺辨識（computer vision）等。根據篇數與發表時間，關於恐怖攻擊與兒童色情的研究占多數引用，而身分識別之研究則是穩定成長。最

主要的使用技術則是自然語言處理，尤其是文本分析部分。機器學習中的支援向量法和貝氏法也經常被使用。意外的是僅有10%的文獻使用社群網路分析犯罪。相較於其他資料探勘領域，此比例偏低或許未來可朝此部分發展。另外也僅有5%～10%的研究後續推廣到警方實際執法應用上。

　　前述之犯罪資料探勘技術多元，又因應用範圍甚廣，為使讀者對各技術有更清晰之了解。本研究綜整Chen（2004）與Nagi等人（2011）之研究提供常見定義與應用如下。

（一）實體萃取舉證（entity extraction）：從圖片、影片、文字可自動辨識可疑人犯、地址、車輛或人物特徵等有效證據，進而協助鑑識犯罪。舉例來講，於網路犯罪可利用軟體分析駭客病毒之程式碼或網路詐騙手法之相似度，來定義疑犯與集團，但此類分析技巧取決於資料的質與量。

（二）叢聚分析（clustering analysis）：將類似嫌犯歸類在一起，原理是將組間差異最大化與組內差異最小化。舉例來說，把犯案手法相似的案件，定為同一嫌犯所為；或是依特性區隔不同犯罪組織。 如財產犯罪執法機關，利用銀行交易資料，來定義洗錢或財務詐騙等犯罪。此方法可廣泛應於網路犯罪分析，但需大量與進階運算能力。

（三）關聯性法則（associate rules）：商業上主要是由顧客者的歷史消費行為，推論出未來的購買模式，著名應用案例為購物籃分析（Target零售商客製化折價卷）與交叉行銷（Walmart尿布與啤酒）。犯罪上的應用案例則是分析網路瀏覽紀錄，預測駭客攻擊風險。也可應用於受刑人犯案紀錄，分析未來再犯機率與期程，可用於假釋評估時使用。依序樣式法則（sequential pattern mining）則是分析具有時間或先後順序之資料，所需資料大、高度結構化且計算更為複雜，但可得到更準確有時效之預測結果。

（四）極端值預測（outlier detection）：與其他資料相比，定義出變異過大的極端值。可用於偵測詐欺（如轉帳金額暴增）或駭客攻擊（消費行為改變）等。但若犯罪行為不夠明顯（如小額盜刷），則可能無法完全偵測。

（五）分類樹（classification）：可用來尋找不同案件之主要特性，並將其分類。如利用口語特性或文字架構，定義出垃圾或病毒郵件。也可用來預測犯罪趨勢和定義嫌疑人，但此法需要大量的訓練與測試資料庫，以快速建立正確的分類樹。此外，遺失的資料也會影響建立犯罪預測分類樹

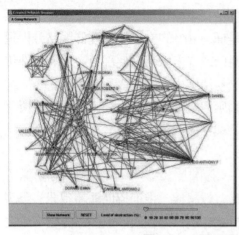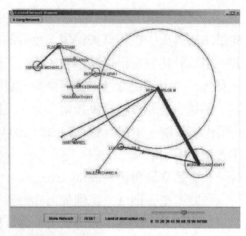

圖20-4　COPLINK組織罪犯人脈圖

的正確性。

（六）文本分析（text mining）：用來比對文字，如姓名、地址與身分證號碼。也可使用於比對警察筆錄或口供中用字之相似性與關聯性，另一應用為輸入法院判決書對各類犯案或特行定嫌犯進行分析。

（七）社交網路（social network）：用來定義嫌疑犯之人際網路與扮演角色。可觀察到實體或虛擬的貨物流動或資訊關係，更可藉此偵測出隱藏的組織犯罪領導者，但需要視覺化的技術支援。

　　由此可見資料探勘與巨量分析技巧繁多，惟有依據犯罪類型使用合適的分析技巧方能得到想要的研究結果。以下分別就犯罪預測與偵防兩部分摘述重要文獻。

二、應用資料探勘於犯罪預測之文獻

　　傳統預測犯罪熱區多半使用靜態資料，如人口普查資料或戶籍地址，無法反映真實居住狀況，更遑論人類實際日常活動情形。因此有學者主張犯罪巨量分析，應結合網路與社群資料以達到即早發現、早期預警與即時回饋等功能。傳統熱區警政，常被抱怨無法根治犯罪源頭，且巡邏造成警民關係緊張、擾民或是效率不彰。Bogomolov等人（2015）結合英國UK OPEN資料庫與智慧型手機資料，預測下個月的犯罪熱區與非熱區。結果顯示利用人口數、居民別、性別與年紀等變數來預測，可以達到70%的正確率。但是因為其熱區與否是以該區犯罪件數平均值判定，該定義與常見之犯罪熱區門檻值（平均值＋2個標準

差或95百分位數高）較不相同。若該研究將門檻值增加至常用標準時，其預測正確率可能會大幅下降。

　　Tollenaar與Heijden（2013）曾指出在預測再犯風險時，資料探勘有預測力佳但解釋度往往不盡理想的缺點。比較三類罪犯（普通再犯、暴力再犯與性犯罪）再犯率時，傳統分析方法（如羅吉斯迴歸）成效一樣或略優於資料探勘方法，預測再犯（五年內故意再犯罪者）的顯著靜態預測因子如：年紀、犯案次數，而動態預測因子包括：工作情況、教育程度等。前述資料探勘方法常見的有：拔靴法（bootstrap）、隨機森林與支援向量法等。考量犯罪研究特性，分類迴歸樹仍是最常使用之研究方法。該研究亦使用荷蘭StatRec資料庫（自2005年後共累計1萬筆犯罪資料）。資料庫內容包括罪犯之國籍、犯罪類型、再犯次數、性別與年紀等重要因子。使用AUC（Area Under Curve）來評比傳統統計模型與資料探勘模型之預估效果。一般而言，AUC大於0.7時模式尚可接受，AUC大於0.75模式為尚可，AUC大於0.8模式為佳，AUC大於0.9為優秀預測模式。除此之外還有正確率（ACC）等模式評估指標（如ACC＝正確次數／（正確次數＋負面次數總次數）。根據結果顯示：小樣本會稍影響預測資料正確性，但大樣本使用不同預測方法則無差別。

　　Wang等人（2013）亦利用犯罪歷史紀錄、社會經濟與犯罪機會變項，建立熱點最佳化工具（Hotspot Optimization Tool, HOT）來定義熱區，並將結果與使用ArcGIS定義之熱區做優劣比較。該研究主張HOT系統可調整熱區之界線且呈現較佳之視覺化效果。

三、應用資料探勘於犯罪偵防之文獻

　　資料探勘可以協助定義犯罪手法、嫌犯特性與鎖定連續犯案者（crime matching）。先前提及之COPLINK軟體為美國法務部專案補助亞利桑納州開發之警政系統，除展示搜尋疑犯之犯案紀錄外，更可進行複雜的嫌犯比對功能。如 COPLINK CONNECT 與COPLINK DETECT功能模組，即是利用相似度來定義同一嫌犯所犯案件。所使用的分群方式有KNN和類神經網路中的自組織（特徵）映射圖（Self-Organized Map, SOM）與多層感知器（Multilayer Perceptron, MLP）。因SOM與MLP所蘊含之數理公式較複雜，本文簡單說明其應用優點多為可解決非線性的多維度問題。比方說SOM可將N維的資料投影到二維空間上，方便後續視覺化呈現或求解（Keyvanpour et al., 2010）。

　　COPLINK主要應用概念為將住竊入侵案件相關的多種特性，如進入方式

（攀爬、破壞、闖入）、房屋特性（公寓、別墅）與犯案搜尋方式（翻箱倒櫃或專注特定區域）、其他與環境互動（進入後鎖門、關熄警告標誌、殺害看門犬）等濃縮成兩個或較少之特性。往後案件若符合此條件，則可視為該嫌犯之可能相關案件。此方法之優點是縮減變數維度，可增快計算與分析，並利用預測命中度來評估該演算法之績效。

相似的研究還有Wang等人（2015），該研究利用資料探勘方式，以犯罪手法相似度來找出連續犯案者之案件。研究流程分為三步驟：繪製相似度圖形，利用整數規劃原理以CPLEX軟體求最小誤差及模式最佳化，最後將疑似連續犯罪與全部犯罪比較 求得通用相似度與特殊相似度。該研究定義特性（feature）為犯罪案件之特殊手法，如住宅竊盜入侵時，若兩案位於同一社區、同月份之清晨、皆由窗戶進入，此時先不論其他特徵，我們就發生時地與手法可以定義此兩案件相似度很高，而發生之時地與手法，就是所謂的案件特性。通用相似度則是指時空較遠之案件，較不可能是同一連續犯所犯之案件。所以會依據案件彼此的時間地點來給予權重，計算其案件相似度。

另外，Helbich等人（2013）利用文本分析之技術K-mean與SOM法來定義非結構性的犯罪筆錄報告，該研究之示範案例為洛杉磯警方利用被害人資訊（共172文件與IP位置）來定義疑犯地理特性。Xiang等人（2005）也利用劍橋警局由1997到2011年共7,067筆資料（含51個手動定義連續犯），來測試資料探勘技術對犯罪事件的幫助。結果顯示有助於DNA採證，但對指紋辨識功效則需進一步驗證。

四、犯罪巨量分析常使用犯罪理論

犯罪巨量分析除上述技術層面，在解釋時仍須使用犯罪學理加以說明。若按照微觀與巨觀兩角度，可使用資料與理論如下所示：

（一）微觀分析

肇事資料與就學資料等所使用犯罪學原理為：1. Hirschi與Gottfredson（1990; 1994）之「問題行為症候群」或「自我控制理論」，主張犯罪行為在少年中期達到高峰後，會隨者年齡成長而降低甚至終止，而犯罪者之特徵為低自我控制，其外部表現為多重問題行為，包括交通違規、輟學、逃學、藥物濫用、早期飲酒、早期性經驗等，這些問題行為對未來犯罪行為具有預測力；以及2. Moffit（1993）之「兩犯罪團體理論」，認為犯罪者可區分為「僅限於青少年時期」與「終生持續」兩大類型。90%犯罪者屬於前者，後者主要是神經

心理缺陷及不利的社會環境（如貧窮、酗酒家庭等）所致。兩理論互有一致與矛盾。

（二）巨觀分析

以分析該區毒品犯、常習犯人數與未來熱區或熱時為主。除上述資料庫，亦將結合公開之外部環境資料（如內政部社會經濟資料庫）。所使用犯罪學原理為：1. 社區解組犯罪理論（Durkheim, 1965; Shaw & Mckay, 1972）主張，社區共同規範的減弱或喪失是導致犯罪的主要因素（以人口流動率、離婚率、婦女勞動參與率為衡量）；2.緊張壓力理論（Merton, 1938; Cohen, 1955; Agnew, 1992）主張，社經地位差異與壓力（以Gini指數、低收入戶人口數及失業率等為衡量）是犯罪的主要因素（許春金，2015）。

第二節　資料探勘技術

因目前國內犯罪資料庫多為數值與文字等結構性資料，故本文擬介紹的資料探勘技術為：關聯分析、決策樹分析與隨機森林分析。讀者熟悉資料探勘技術與軟體操作後，屆時可視實際資料取得與樣本特性，調整選用最適合之資料探勘技術。

一、關聯性分析

首先，關聯分析係探討巨量資料中變數間相互連結程度。三個主要概念為支持度（support）、信心可靠度（confidence）、與提升度（lift）。支持度是建立關聯性原則的第一指標，透過設定最小門檻值，篩選出頻繁組合。信心可靠度是當某先決條件（X）發生下，對應結果（Y）發生的機率。提升度為信心可靠度的互補指標，評估XY同時出現與Y出現的機率，避免高估其關聯性。其計算公式如下：

$$支持度 \quad (X \to Y) = P(Y \cap X) \tag{1}$$

$$信心度 \quad (X \to Y) = \frac{P(X \cap Y)}{P(X)} \tag{2}$$

$$提升度 \quad (X \to Y) = \frac{P(X \cup Y)}{P(X)P(Y)} \tag{3}$$

關聯性分析現多應用於商業之購物籃分析，先將顧客購買行為分類，並提出可增加銷售額的促銷方案，如同類性擺設與交叉銷售。於犯罪預防領域，可鎖定核心犯罪人。因為根據犯罪學原理：犯罪非隨機分布，而是高度集中在少數特定的人群、地點或標的（Wolfgang et al., 1972）。針對這類高犯罪風險之累犯，我們可針對其犯罪紀錄，串連刑事警察局刑案資料庫、內政部入出境資料、與法務部毒品成癮資料等相關資料庫，透過（一）犯罪行為分類與（二）計算不同犯罪類型之關聯，預測其未來可能發展之犯罪趨勢。因為不同犯罪類型彼此高度關聯（如：住宅竊盜犯亦是汽機車竊盜犯，亦是毒品犯）。如此可預先研擬案件偵防作為，以達到犯罪預防成效。於偵查部分，亦可依關聯性，鎖定轄區內可疑嫌疑人。惟此分析之結果是假設性的推論機率規則，需經由犯罪理論檢視，並小規模測試才能知道真實成效。上述法則若效果顯著，未來可再結合法務部矯正署獄政資料，建立不同犯罪類型與矯治成效之關聯，預測犯人再犯風險與項目，可預先調整其矯治方式，並監控出所犯人與假釋者。甚者，依序結合交通部個人駕駛違規紀錄、健保局個人就醫資料與教育部求學資料，藉此定義更多關聯法則，找尋早期偏差行為，即時輔導達預防犯罪之效。

二、迴歸分類樹（又稱決策樹）

決策樹與隨機森林分析也是資料探勘的兩大主要方法。特別適用在資料庫龐大、自變數目眾多，且相互作用與迴歸模式皆未知的情況，符合本研究需求。決策樹是以樹狀結構將巨量資料庫切割為同質分類。此分析現多應用於分群，選擇影響因子與建立預測模型。以下簡單介紹其主要原理與應用（Breiman et al., 1984）。

以圖20-5為例，若年紀與教育程度會影響人類是否犯罪。則利用年紀和教育程度將母體切割成t2、t4與t5，各子集合內犯罪紀錄或風險應較接近。即犯罪者與犯罪者（方形）接近，非犯罪者與非犯罪者（星型）接近。研究者通常使用Gini值來判斷子集合中的同質性（Han et al., 2006）。我們亦可以將Gini值視為一純度指標，而其計算公式如下。今舉投擲一正常與「作弊」的硬幣為例，如果投擲「作弊」的硬幣永遠都產生人頭，不會出現數字；而投擲「正常」的硬幣一半機率產生人頭，一半機率出現數字。「作弊」硬幣的Gini指數為0，遠低於正常硬幣的Gini值（1）（詳下方算式）。

$$i(p) = \sum_{i \neq j} p_i p_j = 1 - \sum_k p_j^2$$

$$(4)$$

$$i\,(p_{unfair}) = 1 - 1^2 - 0^2 = 0 < i\,(p_{fair}) = 1 - 0.5^2 - 0.5^2 = 0.5$$

當 $p_{unfair,\,head} = 1$，$p_{unfair,\,tail} = 0$，$p_{unfair,\,head} = p_{unfair,\,tail} = 0.5$。

　　因為決策樹的目的是求同一子集合的資料最相似，因此決策樹的節點會選擇能將變異數降低最多（提高純度）的變數a。IG為information gain之縮寫，i為資料庫T數值為x時的資料純度。關於詳細迴歸分類樹的細節說明，可詳Chang與Wang（2006）及Harb等人（2009）。

$$IG\,(T, a) = i(x) - i(x|a) \tag{5}$$

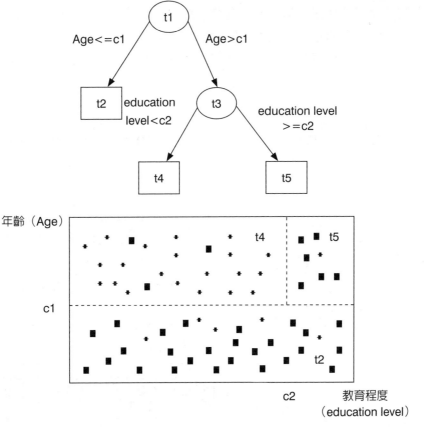

圖20-5 分類樹原理示意圖

資料來源：Chang & Chen (2006).

所謂樹狀結構則是以一筆資料從根部的節點（最上方）進入決策樹。在根部，應用一項決策（如年紀是否大於c1）來決定這筆資料該進入下一層的哪一個子節點（t2或t3）。分類過程會一直重複，直到所有資料到達葉部節點（圖形底端，如t4與t5）。此方法除建立迴歸模型外，亦可依重要性選擇預測變數。因為分類樹可以提高運算效率與正確性，並具備操作簡易、容易理解等特性，在許多領域皆有應用研究，如犯罪學家將其應用在受刑人與其在監死亡率關聯（Pamer, 2008; Berk & Bleich, 2013）。研究團隊成員先前也應用分類樹於預測交通旅次需求與建立交通肇事模型等研究（Kuo & Shen, 2015; Abdel-Aty et al., 2014）。

三、隨機森林

隨機森林以分類樹為基礎但較進階的方法，參圖20-6。森林一詞指此方法可利用抽樣的概念隨機抽取樣本與變數同時建立大量分類樹。相對於CART分類樹而言，隨機森林更有效率也更準確。舉例來說，如果CART分類樹是我們

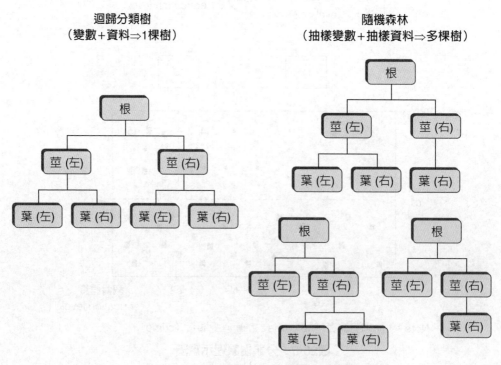

圖20-6　隨機森林與分類樹比較示意圖

向單一學者詢問犯罪的原因，隨機森林就像是同時向多位犯罪學家詢問問題，但最後綜整其看法，所以其結論較爲客觀。另外，因爲隨機森林的最後結果需要包括所有分類樹結果，所以節點變項若是連續數值：如年紀，則會以平均值爲結果。但若變數是類別變數，則會以多數決定。此處變數與資料抽樣的方式爲統計中的拔靴法（bootstrap aggregation）。因其解釋原理所需篇幅較多，有興趣讀者可詳Han等人（2006）一書。

第三節　相關案例與軟體操作步驟

一、研究案例一：預測車禍被害人家屬服務次數

本案例摘錄自作者與學生共同發表之論文「再犯機率車禍被害人特性研究－應用被害者學與巨量分析」。該研究以被害者角度及數據著手，利用資料探勘方式（隨機森林及分類樹），探討車禍被害人之（一）易被害地點；（二）個人特質；（三）被害時間；（四）被害人社會經濟背景；（五）被害人家屬的創傷；與（六）後續輔導需求。不同於過去車禍相關研究，多集中在肇事原因（肇事駕駛或不良道路環境）對交通安全之影響。此處摘錄筆者如何使用隨機森林及分類樹兩種方法，探討車禍被害人家屬的特性與其後續輔導次數與服務類型等需求。過去文獻發現，車禍被害人最普遍具有的情緒反應是憤怒、困擾、難過，尤其是車禍遺族（母親）面對子女死於車禍意外事故最難承受，在調適歷程中所出現的悲傷反應，常對被害者家庭造成重大影響（張藝馨，2007）。且車禍後續常見問題包括面對車禍被告、冗長司法歷程、判決結果的沮喪、心理修復及社會支持資源等。受害家屬情緒隨著時間有所波動，由一開始對被告違法駕駛感到憤怒，強忍內心悲痛面對現實，期待司法伸張正義到關懷其他家人支持同理心等。每一階段皆需要不同的類型支持，如心理輔導、司法協助、社交情誼支持等（張瓊月，2009）。因此該研究認爲有關當局需要確實了解被害人家庭特性及其遺屬親屬關係將如何影響其所需服務強度及類型，藉此輔導並妥適分配最適之人力資源。

所使用之研究資料爲T檢轄區內，民國98年4月起至104年4月止的所有車禍被害人數據。研究結果顯示，北部車禍事件以新店區60歲以上的老人最多。且其交通運具中，則以行人發生車禍事故致死風險最高。而家屬輔導需求部分，以中年喪子及喪偶者，最需社會支持系統。表20-1爲該研究之敘述性統計結

果，包含發生車禍發生之行政區、性別、運具、時段、車禍受害人與求償遺屬關係與輔導次數等。本處僅就親屬關係和次數簡略說明，其他變項資料請詳原論文。

統計結果顯示若將年齡層組合爲老、中、青三世代，死亡人數中仍是以老年人口占多數，60歲以上的死亡人數就有237位，占了51.1%。有關20至29歲的職業可能爲學生與服務業居多，而60歲以上老年族群，屬於退休年齡，符合職業類別的統計資料，占多數的是無業的，共有231位。被害者家屬所需的社會性支持服務次數，平均落在29次，而家屬與車禍被害者相對關係則以中年喪父與中年喪母爲最多。

表20-1　被害者一般描述性統計（n = 464）

被害地點	中正區	39	8.4%	家屬與被害者關係	其他	63	13.6%
	萬華區	40	8.6%		青喪父	8	1.7%
	大安區	45	9.7%		青喪母	3	0.6%
	中山區	56	12.1%		中喪偶	45	9.7%
	松山區	32	6.9%		中喪父	104	22.4%
	新店區	59	12.7%		中喪母	68	14.7%
	烏來區	1	0.2%		中喪子	52	11.2%
	坪林區	5	1.1%		中喪女	16	3.4%
	深坑區	5	1.1%		老喪偶	42	9.1%
	石碇區	3	0.6%		老喪子	32	6.9%
	文山區	32	6.9%		老喪女	11	2.4%
	信義區	33	7.1%		老喪父母	14	3.0%
	其他轄區轉介	114	24.6%	家屬服務次數	最小值：1次 最大值：194次 平均值：29.34		
性別	男	313	67.5%				
	女	131	32.5%				

表20-1　被害者一般描述性統計（n = 464）（續）

年齡	青年0~29	98	21.1%	被害者職業別	無業	231	49.8%
					學生	49	10.6%
	中年30~59	124	26.7%		工	30	6.5%
					商、服務業	57	12.3%
	老年60以上	237	51.1%		軍公教	6	1.3%
					其他	91	19.6%
	未記載	5	1.1%				
被害者的交通方式	行走	184	39.7%	被害時間	00:01~03:00	23	5.0%
					04:01~06:00	35	7.5%
	自行車	38	8.2%		06:01~09:00	55	11.9%
	機車	207	44.6%		09:01~12:00	64	13.8%
					12:01~15:00	52	11.2%
	汽車	25	5.4%		15:01~18:00	45	9.7%
					18:01~21:00	66	14.2%
	未記載	10	2.1%		21:01~24:00	35	7.5%

　　在資料探勘統計結果部分，首先以基本的決策樹定義影響遺屬服務需求次數高低之變項。圖20-7顯示出決策樹的結果，分節點一可以發現當受害者是遺族的兄弟姐妹或其他時，需要社會支持性系統所提供的服務次數也相對的少。圖20-7解讀方式為符合節點原則時，往決策樹左邊走。可能的原因按照法律的規定來看，當被害者死亡，而僅由兄弟姐妹關係的家屬提出被害求償難度相對較高，因為其為二等血親非直屬血親。其次對於心理創傷的程度，若是失去一等親內的親人（如子女），其心理創傷相對較高，所需的心理輔導需求也較高。值得注意的是，若受害者是遺族的父母時，需要社會支持性系統所提供的服務次數也相對的少。此處整合節點四與五說明，若是被害者年齡大於58歲或65歲，如司法上能達成和解，其家屬所需的社會性支持的服務次數也少。這與老年人因為多為無業，已不是家中的經濟來源，而其遺族年紀約在40歲以上有其一定經濟基礎且多半就業中，因此家屬所需要的經濟援助、法律協助等也相對較少。相同的情況也驗證在節點三，當遺族家屬是老年、青年或是關係為其他或兄弟姐妹時，因司法上和解或情感依附不深，所需的服務次數也少。

　　依照節點二顯示不管是被害者地區為何，被害者的年齡對於服務次數的

需求是有差異的。在地區與交通工具的兩項變項方面，當事件是發生在深坑、石碇、文山等區的事件時，因該區居民生活所得較其他同轄區低（新北市政府主計處，2012），相對的在經濟援助、協助民刑事訴訟的法律諮詢方面也因為經濟較為弱勢，因此其被害家屬所需的服務次數多於其他地區。而在中正、萬華、烏來、坪林等區域，發現被害者為汽車、機車及行人時，家屬所需的服務次數少。但是當車禍發生在上述四個地點以外的轄區時，被害者的交通工具是腳踏車、汽車、機車時，其家屬所需的服務次數少。交通工具的類別亦反映出家庭的經濟狀況，當車禍被害者使用汽車代步時，家庭的經濟情況多優於機車代步的家庭，遺族就會少需要經濟、法律等協助，而老人常以行走或是騎乘腳踏車為其交通工具，因此，被害人遇上車禍事故因年齡層及地區不同而所需的服務次數而有差異。

接下來是利用隨機森林來定義重要預測變數，並將變數依預測準確性或重要性加以排序。圖20-8的結果顯示根據預測準確性（即最小誤差，minimum square error），其遺屬與被害者關係、被害者性別，以及被害者的年紀都影響著家屬需要社會支持系統的服務次數。其他變項因分布與前三變項相差甚多在此並不考慮。

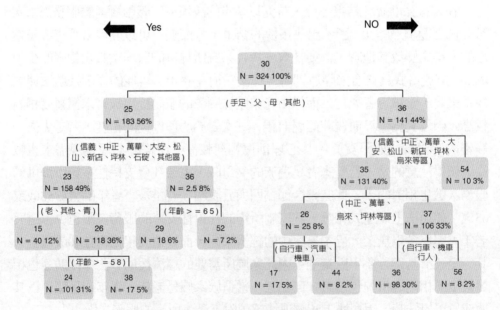

圖20-7　決策樹預測受害者家屬服務次數

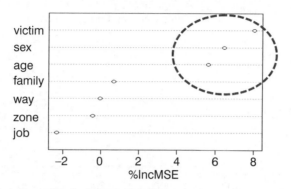

圖20-8　隨機森林：受害者家屬服務次數之重要預測變數（依最小誤差原則）

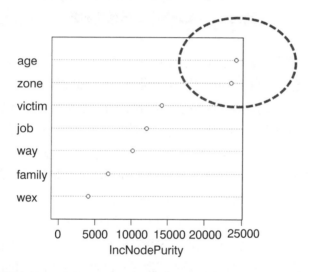

圖20-9　隨機森林：受害者家屬服務次數之重要預測變數（依最小誤差原則）

　　圖20-9則顯示隨機森林根據分類純度之結果，被害者年齡和車禍發生行政區皆影響需服務時間。比較圖20-8與圖20-9結果發現，被害者的年齡與其相對的家屬關係還有事故地點，都影響著未來家屬所需的社會支持服務次數，與文獻回顧結果相同。

　　下圖20-10顯示誤差值，誤差隨分類樹之個數遞增而減少，當分類數超過100後，分類樹的誤差趨於穩定。換言之，本研究目前使用500棵隨機森林之結果已趨穩定。後續無須再增加隨機森林樹木。

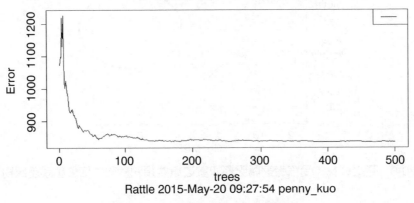

Error Rates Random Forest kuo.csv

圖20-10　預測誤差與分類樹個數

　　整體來說，資料探勘方式所得結果與理論假設結果大致相符。在受害家屬服務需求次數部分，除先前所列之親屬關係、年齡與受害者經濟條件外，也因受害者區域性不同，所需社會服務系統的服務次數也有不同，較偏遠的地區如：深坑與石碇區，對於社會服務性系統的需求較高，然而若是發生在越靠近都市型的地區，所需服務次數相對較少。再進一步討論受害家屬需要協助類型，本研究結果顯示，被害者的年齡與性別影響著後續家屬對於協助的需求度，若是死者為中年且為男性，通常所需的社會性支持系統也較高，推論應該是中年男性的人口在台灣的人口結構中屬於家庭經濟來源的角色，因此男性一旦因車禍被害身亡，對家庭所造成的傷害較大。其次，若中年人而為喪失父母者，其服務內容大部分以法律訟訴程序為主，如能達成和解，即能達成結案，提供的服務次數較少，而中年喪偶及喪子女的遺族，除面對法律程序外及心理、經濟的需求亦強，因此，提供的服務次數較多。老年人面對喪父母者，其服務內容大部分以法律訟訴程序為主，如能達成和解，即能達成結案，而老年喪偶及喪子女的遺族，除面對法律程序外及心理、經濟的需求亦強，因此，提供的服務次數較多。此部分關於車禍受害者家屬之服務需求發現，將有助於有關當局預估所需人力及規劃配套輔導措施。

二、研究案例二：關聯性分析模擬案例

　　筆者先前曾應用關聯性分析勒戒所之受戒治人資料（如用藥史、使用毒品種類）預測其再犯機率與再犯期程；唯該受戒治人資料庫變數龐雜且關於個人

用藥紀錄，並不適宜在此舉例說明。故採用虛擬資料庫模擬簡化受戒治人資料庫，依其使用毒品種類（如：古柯鹼、海洛因、K他命等）、年紀（成人犯或未成年犯）、性別（男或女）及強關聯性（符合支持和信心度門檻值），來判別是否再犯之規則。

　　常習犯特性分析為犯罪研究之重要課題，而獄政資料包含為受刑人過去判刑入獄服刑之矯正相關資料，此一歷史資料為分析常習犯不可或缺之數據，其中重要性如同廠商欲分析忠實消費者特性必須由其過去購買紀錄著手。而交通違規與輟學資料則是根據犯罪學理論中所定義出可預測犯罪風險之重要指標。如低自我控制者（low self-control）與特定人格者（交通違規次數多）或社會解組與學校負向事件（輟學）皆有可能導致較高之犯罪率，

　　其中又以Apriori 是最為著名且廣泛運用的演算法。以圖20-11來說明Apriori演算法之流程。假設原始資料庫為D而最小支持度預設為2，首先先掃描原始資料庫D，計算出不同毒品種類出現頻率。因為最小支持度計數門檻為

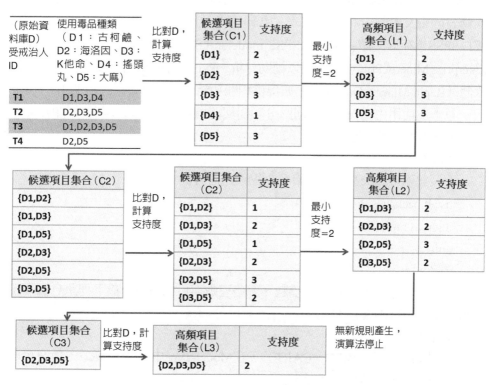

圖20-11　Apriori 演算法

2，所以刪去搖頭丸（D4）一項，並列出高頻集合（L1）。其次再以並列出高頻集合（L1）窮舉其後選項目排列組合（C2）；再次掃描原始資料庫D，計算出兩種毒品同時出現頻率。並且刪去（D1, D2）、（D1, D5），因爲其支持度小於門檻值。依此類推直到沒有新規則產生。讀者依此推論出D2：海洛因、D3：K他命與D5：大麻，受戒治人常一起使用。因商業領域多使用此規則進行交叉行銷（如依消費者購物清單判別強關聯性（符合支持和信心度門檻值），並決定麵包牛奶聯合促銷組合或商品擺放。此處戒治所亦須提防受戒治人藥癮隨年紀增加，使用藥物由D3：K他命與D5：大麻增加至D2：海洛因等，並事先預防提供相關處遇輔導。

三、分析軟體

作者過去多使用R語言進行巨量資料分析，此處將簡要說明R統計軟體中Rattle套組織操作介面（R Development Core Team, 2006）。因此模組爲圖形使用介面、操作簡單且免費下載，目前國內外學界廣泛使用。其演算法是依據「rpart」及「randomForest」R核心套組，學術使用頻繁，結果穩定可靠。惟R軟體對於中文資料分析結果稍差，若研究單位所獲資料爲大量中文文字資料或以SPSS檔存取，讀者可佐以SPSS modeler（SPSS Inc., version 14.1）、SAS Enterprise Miner或PolyAnalyst加以輔助分析。Python等開放語言或免費資料探勘軟體（Rapid Miner、Orange等）亦提供相關功能模組可供替代分析使用。

以下爲使用RATTLE進行回歸分類樹與隨機森林之建議步驟與相關介面，有興趣織讀者建議可參考。

步驟1
安裝並執行rattle套件──資料探勘使用者介面
install.packages（「rattle」）
library（rattle）
rattle

步驟2
匯入資料集，並指定輸入變數、忽略變數與目標變數。最下列訊息區顯示Rattle全部觀測值與輸入變數。

步驟3
採用Rattle建立分類樹（CART），在Model-Type中選取 CART 。所有參數設定暫先採用預設值後按執行。

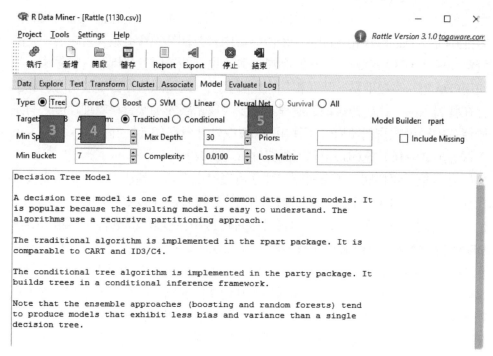

圖20-12　Rattle 操作介面

步驟 4

採用Rattle建立隨機森林（RF），在Model-Type中選取RF。所有參數設定暫先採用預設值後按執行。

步驟 5

可用 ROC curve或Error Matrix方法比較模式績效。Rattle會針對之前已完成的模型進行效益評估。Evaluate\Type:選取ROC\Model: CART，RF打勾後按執行。

第四節　結論與建議

巨量資料分析因近年在商業預測成功，受到各界重視並大量應用在各研究領域。主要貢獻是在大量、異質化及多元的資料庫中，快速找出資料關聯性或特性。特別適用在當資料庫大、自變數目大（即變數維度高）且相互作用與迴歸模式皆未知的情況。有別於傳統抽樣統計，巨量分析藉由資料探勘技術，整

合現有多元資料庫，並以證據導向進行方案建議。而此一概念正與近來政府極力推動Open Data政策相互配合。學術界可由官方網站免費下載大量圖層或空間資料。另外，執法資料電子化的發展趨勢，也有助於巨量分析的資料蒐集。如使用PDA記錄案發地點、時間和其他相關資訊，此資訊透過雲端技術可自動儲存在警局內部。比起傳統編碼過程，減少人為錯誤並加快資料處理速度。有別於傳統的結構式資料政府亦可使用CCTV或外部資料如（社群網站、悠遊卡或手機等動態資料）達即時犯罪預測與分析之功效。

　　結合犯罪資料與外部資料庫，往往可發展出全新之執法方式。以筆者先前探討美國結合肇事與犯罪熱點以設計新型巡邏路線（DDACT）的研究為例，此方式可同時降低犯罪率與肇事率並節省員警的處理時間改善工作績效等。DDACT整合交通肇事與犯罪資料庫，加強執法之特性與巨量資料分析之特性相吻合（Kuo et al., 2013）。DDACTS除了可合併歷史犯罪和肇事資料來設計巡邏路線，也可依分析需求，靈活延伸至其他相關資料。例如，某些犯罪類型與特定群體相關，如非法移民與賣淫，八大行業工作者與街頭犯罪，輟學少年和藥物使用等，治安顧慮人口精障資料與警察巡邏路線等。通過分析特定人口分布與犯罪地圖，警方能定義高風險領域，並確定可能產生影響的時空範圍。亦可比較犯罪熱點圖與民眾恐懼熱點圖，避免案件黑數問題定義潛在治安顧慮。

　　特別要注意的是，資料探勘雖然是處理大量資料快速有效，但並非是萬能的研究方法。有別於商業領域主要要求的準確預測，對於警政單位而言，該如何解釋其變項並擬定有效可行之對策方是首要考量。特別要說明的是本研究探統計與資料探勘並用，取其優點避其缺點。建議後續犯罪巨量研究可以資料探勘分析方法為主，但仍需傳統統計方法為輔。因為Tollenaar與Heijden（2013）曾指出在預測再犯風險時，資料探勘有預測力佳但解釋度往往不盡理想的缺點。分析結果也需以犯罪學理論分析判讀後，再提出經學理驗證之可信策略，精進執法效率，有效協助各項警政方案推動。犯罪巨量分析仍需仰賴巨量分析、傳統統計與犯罪學者，期望能達最佳分析結果並提出合理可行之治安改善方案。

參考文獻

Abdel-Aty, M. A., Kuo, P.-F., Jiang, X., Lee, J., Amili, Samer AI (2014). Two Level Approach to Safety Planning Incorporating the Highway Safety Manual (HSM) Network Screening, Technical Report. University of Central Florida, Orlando, FL.

Adderley, R., Townsley, M., & Bond, J. (2007). "Use of data mining techniques to model crime scene investigator performance." Knowledge-Based Systems, 20(2), 170-176.

Berk R. & Bleich, J. (2013). Statistical Procedures for Forecasting Criminal Behavior: A Comparative Assessment. National Research Council.

Bogomolov, A., Lepri, B., Staiano, J., Letouzé, E., Oliver, N., Pianesi, F., & Pentland, A. (2015). "Moves on the Street: Classifying Crime Hotspots Using Aggregated Anonymized Data on People Dynamics." Big Data, 3(3), 148-158.

Chen, H., Chung, W., Xu, J. J., Wang, G., Qin, Y., & Chau, M. (2004). "Crime data mining: a general framework and some examples." Computer, 37(4), 50-56.

Edwards, M., Rashid, A., & Rayson, P. (2015). "A systematic survey of online data mining technology intended for law enforcement." ACM Computing Surveys (CSUR), 48(1), 15.

Fitterer, J., Nelson, T. A., & Nathoo, F. (2015). "Predictive crime mapping." Police Practice and Research, 16(2), 121-135.

Helbich, M., Hagenauer, J., Leitner, M., & Edwards, R. (2013). "Exploration of unstructured narrative crime reports: an unsupervised neural network and point pattern analysis approach." Cartography and Geographic Information Science, 40(4), 326-336.

Keyvanpour, M. R., Javideh, M., & Ebrahimi, M. R. (2011). "Detecting and investigating crime by means of data mining: a general crime matching framework." Procedia Computer Science, 3, 872-880.

Noor, N. M. M., Ab Hamid, S. H., Mohemad, R., & Hitam, M. S. (2015). "A Review on a Classification Framework for Supporting Decision Making in Crime Prevention." Journal of Artificial Intelligence, 8(1), 17.

Pamer, C., Serpi, T., & Finkelstein, J. (2008). "Analysis of Maryland Poisoning Deaths Using Classification And Regression Tree (CART) Analysis." In AMIA Annual Symposium Proceedings, American Medical Informatics Association, p. 550.

Shen, C. W. & Kuo, P. F. (2015). "Variable Selection of Travel Demand Models for Paratransit Service: A Data Mining Approach." In 15th COTA International Conference of Transportation Professionals, Beijing, China. (EI).

Tollenaar, N. & Van der Heijden, P. G. M. (2013). "Which method predicts recidivism best? a comparison of statistical, machine learning and data mining predictive models." Journal of the Royal Statistical Society: Series A (Statistics in Society) , 176(2), 565-584.

Traunmueller, M., Quattrone, G., & Capra, L. (2014). "Mining mobile phone data to investigate urban crime theories at scale." In Social Informatics. Springer International Publishing, pp. 396-411.

Wang, D., Ding, W., Lo, H., Stepinski, T., Salazar, J., & Morabito, M. (2013). "Crime hotspot mapping using the crime related factors-a spatial data mining approach." Applied intelligence, 39(4), 772-781.

Wang, T., Rudin, C., Wagner, D., & Sevieri, R. (2014). "Finding patterns with a rotten core: Data mining for crime series with core sets." Big Data, 3(1), 3-21.

World Health Organization (2002). World report on violence and health: summary.

Xiang, Y., Chau, M., Atabakhsh, H., & Chen, H. (2005). "Visualizing criminal relationships: Comparison of a hyperbolic tree and a hierarchical list." Decision Support Systems, 41(1), 69-83.

譚子文

前　言

　　階層線性模型（Hierarchical Linear Model, HLM）或稱為多層次混合效果模型（Multilevel Mixed Effect Model）應用在管理學、教育學、社會學、組織理論、醫學等相關領域日益廣泛。階層線性模式主要在解決迴歸分析在面臨如果以個人作為分析的單位（disaggregation）將使估計標準誤（estimated standard errors）變得過小，而使第一類型錯誤（type one error）過於膨脹，同時也無法符合迴歸殘差之同質性假設；其次，若以組織作為分析單位（aggregation），並將各組織中個人變項的平均數作為依變項，恐導致其他以個人為單位的自變項難以納入，組織內在（within-group）的訊息均被捨棄，且易因組織的特性造成分析結果解釋上偏誤的問題。最典型的例子可以從教育學的研究來看，假設我們要檢視學生的學習成就，但是如果有很多班級的話，每個班級的老師不同，這就衍生了問題：學生的學習成就可能是受到教師或班級影響，所以我們想要解決缺乏獨立性（lack of independence）的問題。從這個例子來說，我們可以很容易就發現階層性關係。如果學生是第一層（底層）的話，班級就是第二層（上層），學校則是第三層（頂層）。由於這個層次有階層性，所以在統計時就要列入考量，這也就是階層線性模式的最主要目的。而在犯罪防治相關議題的實徵研究上，為了達到統計分析的可行性，也經常發現研究者忽略構念對應的分析層次的現象，對於縣市跨層級的問題，仍採取單一分析層次的做法，因而理論思維與實徵策略的不一致，使得我們在犯罪研究知識的累積受到層次謬誤的干擾。因此本章即在討論如何使用階層線性模式分析與檢驗偏差和犯罪行為研究之解釋模組。在探討階層線性模式分析技術的實際應用前，有幾個關於階層線性模式基本概念的內涵必須先行了解。

第一節　階層線性模型的原理與分析邏輯

　　無論是在教育學、犯罪學或社會科學領域中，資料的結構通常都具有階層性。例如，當我們在描述個體某一方面的特徵時，該個體可能又隸屬於另一個較大的團體（學生之於班級、民眾之於警察分局），而這個團體可能又隸屬於另一個層次更高的團體（班級之於學校、警察分局之於警察局），這樣的階層結構便是所謂的「內屬結構」（高新建，1997）。又如實務上在進行犯罪研究時，常需藉助犯罪類型的研究，例如犯罪類型對個人犯罪被害恐懼、單一犯罪案件之研究，如殺人、住宅竊盜、搶奪犯罪等；失業率對不同犯罪類型的影響；台灣地區或縣市治安滿意度的研究等。這些犯罪類型研究，大多以整個台灣地區的犯罪資料作爲分析的樣本，或是以單一縣市的範圍探討。但受限於傳統一般線性模式（General Liner Model, GLM）的迴歸分析或是變異數分析，僅能處理單一層次變項間的關係，而無法同時處理包含個體與總體不同層次的跨層級資料，以至於這些研究大都將背景不同的受訪者及不同縣市的受訪者視爲一個同質的群體，因此在資料分析過程中將兩者視爲同一群體，合併分析的結果會產生加總誤差（aggregation bias）的嚴重偏誤，導致許多傳統統計方法針對資料獨立性的假設被違反，只重分析技術的使用，將使知識無從累積。

　　近年來，多層模型（Multilevel Models）逐漸受到社會學、犯罪學與教育學界重視，即在試圖解決上述兩者不同資料長久存在的鴻溝。在應用上，總體層次著重於社會脈絡的解釋效果，個體層次則關注以個人背景、心理特質與認知的解釋途徑，兩者皆具一定理論背景，但在分析單位的相異下，結合兩者不同性質資料的分析則往往較不可得。而多層模型的立基便在於以個體調查資料爲前提下，進行總體效果的探索，結合了個體層次與總體層次對依變項的影響，除了具有改善個體分析單位的估計、建構與檢驗跨層次效果的影響外，也區分不同層次變異與成分的共變效果（Bryk & Raudenbush, 1992）。傳統上，當我們在建構一個實徵研究架構時，雖然在概念理論架構中涉及不同分析層次的構念，但是在設計上，爲了統計分析的可行性，往往忽略了構念對應的分析層次，從而簡化架構的建立。如個體層次的治安滿意度受到時間或空間等不同系絡效果的影響，且受研究者的忽略，仍然在特定的系絡下進行取樣與分析，則進行常見的變異數或迴歸分析時，將可能產生大部分的觀察值具有顯著的關聯性結果，使假設檢定的顯著性出現高估的結果。當然，如研究者僅只是單純地探究因果關係，則系絡效應的忽略並不會對估計造成影響。

　　在多層模型分析的基本概念上，其運用通常有三個目的（Raudenbush & Bryk, 2002）：

一、增加對個別單位內效果量的估計值（improved estimation of effects within individual units）。

二、跨層次間效果假設方程式的形成與考驗（formulation and testing of hypotheses about cross-level effects）。

三、分割各層次間的變異及共變成分（partitioning of variance and covariance components among levels）。

　　以典型的二層模型為例，第一層個體（level-1）上指的是「個人」，第二層總體（level-2）則為縣市、個人所處環境等系絡單位，如研究者欲觀察民眾的社會地位與治安滿意度的關聯性，即不能忽略身處於不同縣市的系絡背景，或許不同縣市的地區特性與治安結構，將對個人的治安滿意度造成影響，故多層模型的重要預設即第一層次的觀察值是巢套（nested）在第二層次系絡之中的。多層模型關注的是母群體的階層結構（hierarchical structure），但與當前個體資料蒐集途徑的方法觀：觀察值是獨立且相似一致的分布（independent identical distribution）是不太一致的。不論總體資料與個體資料的蒐集和解釋，學界皆重視個人基本屬性與社會系絡的重要性，如此的觀點基於個人處於相似的系絡與背景下（one nested within the other），具有類似行為與思考邏輯，而多層模型即著重於個人所屬不同層次的團體特性，對於欲估計依變項之影響，從方法論的角度而言，如此的優點在於避免研究者在僅使用單一層次資料下，不經意地犯了區位謬誤（fallacy）的推論情形。換句話說，多層模型允許研究者探索不同群體的因果異質性，在不同特徵的群體下，自變項與依變項的關聯性或許會有不同的因果關係展現，此有助於犯罪學者透過量化研究的方式，建構通則性的研究發現，因而多層模型所喻含的，實為比較研究的觀點（Steenbergen & Jones, 2002）。

　　但是階層線性模式是如何適用於具有內屬結構的資料中？假設我們想要了解影響50個鄉鎮市所抽出來班級的學童學業表現。如果只關心這50個鄉鎮市的學童學業表現是否一致，可以說我們就是在比較這50個鄉鎮市的學童是否有差異，也就是指定這50個鄉鎮市，這就是多層模型裡的固定效果。假設這50個鄉鎮市班級是從台灣地區367個鄉鎮市所隨機抽樣的結果，再根據這50個鄉鎮市班級學童的學業成績表現的平均數差異檢定，來推論母體的367個鄉鎮市班級學童的學業成績表現是否一樣，這樣的50個班級學童的學業成績表現的平均數

差異比較，就是屬於隨機效果的變異數分析，在隨機效果的單因子變異數分析中，可以計算一個組內相關係數，可用以衡量組間變異數與組內變異數的相對程度。再以Kreft（1994）的研究爲例，研究目的所要探討的是藥物防制計畫對於高中青少年是否有效。自變項是防制計畫，依變項是學生。變數則依不同的階層，在學校／班級層次與學生層次有所不同。參與研究的學校是隨機抽樣，學生所屬的班級也可以被視爲是從某一類特性的學校所隨機選擇的樣本。研究擬測量的變項包括學生的風險因子，如心理因素、學業成就、家庭經濟狀況等，在學校或班級層次的風險因子則包括一個學校藥物濫用的程度、鄰近區域藥物濫用的狀況。從過往有關藥物濫用的相關研究我們可以發現，個體風險因子與藥物防制計畫之間具有交互作用，且有許多脈絡與學生特性的假設效果。若是從多層次分析的角度觀察，這些關係可稱之爲跨層級交互作用（cross-level interaction），因爲變項的關係橫跨學校與學生層次。可以預期到某些學生（如高危險群學生）容易受到某種環境的刺激而使用藥物，但是在其他的環境下則可能減少他們使用藥物的機會。爲檢驗這些研究假設，所需要的不僅僅是巢狀的資料結構，而且要能夠估計跨層級的交互作用。相同的，在犯罪學的統計抽樣方面，我們也經常可以見到相似的問題。

第二節　階層線性模型的研究方法

　　階層線性模式與一般迴歸分析模式主要的差別在於「群組間的差異」，若是群組間的差異未達統計上的顯著效果，則多層次分析模式與一般迴歸分析模式的結果是一樣的。至於如何判定資料結構中組間的差異是否達到顯著，即在檢定依變項在各組間的差異是否不同，這樣的檢定即是單因子變異數分析的考驗。過往我們若要研究個體與總體等不層次的跨層級資料，計有兩種類型的迴歸分析可以處理：

一、將總體層次的資料使用虛擬變項或是交互作用項的模型設定來看待個體層次的系絡差異。雖然虛擬變項的設定可以解釋不同群組間的常數差異，但卻無法對於不同組別的迴歸係數進行比較與估計，對於系絡效果的理論仍無法提出充分的驗證；而如僅採交互作用項，雖然可以解決虛擬變項設定方式問題，對於不同組別的迴歸係數進行比較與估計，然而，卻忽略組間可能的殘差項存在，進而使得統計估計產生問題。

二、將個體層次的資料聚合成總體層次的變項，進行總體層次的迴歸分析。也
　　就是說若以組織作為分析單位（aggregation），並將各組織中個人變項的
　　平均數作為依變項，恐導致其他以個人為單位的自變項難以納入，組織內
　　在（within-group）的訊息均被捨棄，且易因組織的特性造成分析結果解
　　釋上偏誤的問題。這是因為忽略了相同總體層次下的個體間存在高度的相
　　關，亦即個體與總體層次的資料彼此間具有「巢套」的結構特性。

　　　　從以上的類型，可以知道階層線性模型資料的分析有別於迴歸分析的資
料來自於獨立且同質母體的假設，更有異於變異數分析的隨機分派。階層線性
模型透過隨機效果的設計，在迴歸模式引進總體層的誤差項，透過其變異數來
捕捉內屬關係的組內相關進行班數的估計與檢定，因此所得的研究結果較為正
確，而階層線性模式與一般迴歸分析模式主要的差異比較如表21-1。

　　　　雖然階層線性模型的研究取向是研究方法典範遷移的新趨勢，但是必須
注意的是，須在下列條件下，才是合適研究的議題選擇（House et al., 1995;
Kozlowski & Klein, 2000）：

一、當微觀的行為在不同脈絡下有不同的現象，或不同的層次有不一致的意
　　義，則是合適研究的現象；若是組織脈絡並沒有對低層個體行為有任何的
　　影響，則此種泛層普存的現象，不需要多層組織取向的分析。但是組織的
　　本質是階層巢套的系統，所以實際現象很少沒有受到其他層次影響的獨立
　　現象存在。
二、合適的多層理論進行的時機，是在微觀及巨觀層次皆有成熟的構念及歷程
　　的建構，也就是不同層次的理論皆具有完整的發展，因此多層理論的中間
　　典範，並非將微觀與巨觀分開描述後再一起研究，亦即「meso ≠ macro +
　　micro」。

表21-1　階層線性模式與一般迴歸分析模式差異比較表

項目	一般迴歸分析	階層線性模式
樣本組成	所有樣本相互獨立	樣本非獨立
誤差項	單一層次誤差	個體層次誤差 總體層次誤差
交互作用項	同一層級	同一層級 跨層級
模式適配指標	R square Adjusted R square	Pseudo R square Deviance

資料來源：溫福星、邱皓政（2009）。

三、應以內生來源構念（endogenous construct）為研究的主題，而非在一堆已
　　界定的構念中尋求組合；亦即從組織現象中建構內源構念（依變項），並
　　界定該構念層次與測量方式，以及層間構念關聯命題。

　　具有階層結構之資料，就理論而言，最多可以有無限多階層。但受限於
HLM目前的分析技術、模式的實用性及分析結果的可解釋性，雖然VARCL軟
體最高可分析至九個階層的資料，但是一般仍以二至三階層的資料為主要的
分析對象。而一般在階層線性模式中，最常用的次模式有以下五種（Bryk &
Raudenbush, 1992）：

一、隨機效果單因子變異數分析（one-way ANOVA with random effects）

階層一：$Y_{ij} = \beta_{0j} + r_{ij}$

階層二：$\beta_{0j} = \gamma_{00} + \mu_{0j}$

一般模式：$Y_{ij} = \gamma_{00} + \mu_{0j} + r_{ij}$

解釋力：$\rho = \tau_{00} / (\tau_{00} + \sigma^2)$ 代表組間的效果。

二、以階層一方程式之各組平均數作為階層二方程式之結果變項的迴歸（means-as-outcomes regression）

階層一：$Y_{ij} = \beta_{0j} + r_{ij}$

階層二：$\beta_{0j} = \gamma_{00} + \gamma_{01}W_j + \mu_{0j}$

一般模式：$Y_{ij} = \gamma_{00} + \gamma_{01}W_j + \mu_{0j} + r_{ij}$

解釋力：次模式二與次模式一之殘差變異數差異，代表階層二預測變項的
　　　　效果。

三、隨機效果單因子共變數分析（one-way ANCOVA with random effects）

階層一：$Y_{ij} = \beta_{0j} + \beta_{1j}\left(X_{ij} - \overline{X}..\right) + r_{ij}$

階層二：$\beta_{0j} = \gamma_{00} + \mu_{0j}, \beta_{1j} = \gamma_{10}$

一般模式：$Y_{ij} = \gamma_{00} + \gamma_{10}\left(X_{ij} - \overline{X}..\right) + \mu_{0j} + r_{ij}$

四、隨機係數的迴歸模式（random coefficients regression model）

階層一：$Y_{ij} = \beta_{0j} + \beta_{1j}\left(X_{ij} - \overline{X}._{j}\right) + r_{ij}$

階層二：$\beta_{0j} = \gamma_{00} + \mu_{0j}, \beta_{1j} = \gamma_{10} + \mu_{1j}$

一般模式：$Y_{ij} = \gamma_{00} + \gamma_{10}\left(X_{ij} - \overline{X}_{\cdot j}\right) + \mu_{0j} + \mu_{1j}\left(X_{ij} - \overline{X}_{\cdot j}\right) + r_{ij}$

解釋力：（次模式一之 r_{ij} − 次模式四之 r_{ij}）／次模式一之 r_{ij}，代表階層一
　　　　自變項的效果。

五、帶有非隨機變化之斜率的模式（a model with nonrandomly varying slopes）

階層一：$Y_{ij} = \beta_{0j} + \beta_{1j}\left(X_{ij} - \overline{X}_{\cdot j}\right) + r_{ij}$

階層二：$\beta_{0j} = \gamma_{00} + \gamma_{01}W_j + \mu_{0j}, \beta_{1j} = \gamma_{10} + \gamma_{11}W_j$

一般模式：$Y_{ij} = \gamma_{00} + \gamma_{01}W_j + \gamma_{10}\left(X_{ij} - \overline{X}_{\cdot j}\right) + \gamma_{11}W_j\left(X_{ij} - \overline{X}_{\cdot j}\right) + \mu_{0j} + r_{ij}$

　　從資料或民調分析的觀點出發，研究者永遠希望其所分析的資料能有較大
的樣本數以利更準確地推估母體特性，即減少估計值的不確定性（或誤差）。
然而，有些時候受限於研究經費或時效性，我們無法在短時間內獲得足夠的樣
本，以致無法準確地利用樣本推估母體特性。Cochran（1977）則提供了一個
在兩階段抽樣計算時必要樣本數的公式「設計效果」（design effect）：

$$\text{Design Effect} = 1 + (J - 1)\rho_1$$

　　ρ_1爲組內相關係數，而J爲第二階段要抽出的組數。Hofmann（1997）
認爲很難對HLM的樣本大小做一個很清楚的要求，但Hofmann根據Bryk與
Raudenbush（1992）的研究指出，當HLM在第二層只有一個方程式時，例如
只有截距項方程式，則10：1的原則可以適用，Hofmann進一步整理許多學者
的模擬結果發現，增加第二層的組數造比增加各組內的樣本數更能夠提升模型
第二層的檢定力，若爲了增加第一層的檢定力，則增加總樣本數就可以做到。
相對地，爲了能夠使跨層級解釋變項的交互作用有顯著效果，增加第二層的組
數是較爲有效的設計（溫福星，2006）。Snijders與Bosker（1999）則提出一個
經驗法則，取決於第二層J的數量，如果J太少（或是低於10時），則使用固定
效果的模式設定方法，如果J不會太少（或是高於10時），且每一個J內的樣本
數不少於100時，建議採用隨機效果模式。另外，Snijders與Bosker（1999）以
及Mass與Hox（2004）的模擬亦發現，當ρ_1爲0.10時，第二層的樣本數應大於
10，HLM才不會產生變異誤的問題，除非是採用固定效果模式。茲將各學者
有關樣本數的決定，彙整如表21-2。

表21-2　HLM相關學者對樣本大小建議表

學者	條件	第二層	第一層
Bassiri (1988) Leeden & Busing (1994)	若要跨層級交互作用有檢定力	≧30	≧30
Kreft & de Leeuw (1998)	若要跨層級交互作用有檢定力	≧20	夠多
Kreft (1996)		≧30	≧30
Hox (2002)	若要跨層級交互作用有檢定力	≧50	≧20
Hox (2002)	若關心隨機效果的變異數成分	≧100	≧10
Snijders (2002)			不少於20
Mass & Hox (2005)	若只關心迴歸係數的不偏性時	≧10	≧5
Mass & Hox (2005)	若關心第二層的誤差標準誤要為 不偏時	≧50	

資料來源：溫福星（2006）。

第三節　過往在犯罪學統計分析研究的疏漏

　　在犯罪學研究的領域中，大多數的資料型態都有著內屬結構的階層特性，且個體資料統計模型的建立與分析，是過去國內犯罪學研究的主要方式。例如，董旭英、譚子文（2012）以巢式迴歸分析方式，依據差別機會理論、差別接觸理論及自我控制理論之概念，以整合性理論觀點建構九個模型用以解釋青少年偏差的形成過程；譚子文、張楓明（2013）以結構方程模式分析方式，依據社會控制理論、自我控制理論及社會學習理論的觀點，探討依附關係、低自我控制、接觸偏差同儕與青少年偏差行為的影響；譚子文、張楓明（2013）依據Baron與Kenny（1986），中介變項的成立必須具有四個要件的前提，驗證一般化犯罪理論及社會控制理論，並假設依附關係對低自我控制與偏差行為具有直接效果，低自我控制對偏差行為亦有直接效果。將依附關係與低自我控制同時置入同一個迴歸模型時，低自我控制即會成為依附關係與偏差行為間的中介變項。但是值得深思的是，當研究者在分析這些資料時，往往未能對這種具階層特的性資料做妥適處理，例如嘗試以總體資料分析來對青少年進行跨層次推論；另一方面，個體層次的調查資料則是以青少年為母群體進行機率抽樣，透過統計分析的模型建構，探索理論對青少年偏差行為的背後動機、來源與思考模式，進行理論驗證，以至於易有偏誤的研究推論。此外，過去研究在涉及多

層次結構資料分析時，多囿於傳統統計分析方法上的限制，僅能針對同一變項在不同時間點的反應分數進行差異比較，而未能對個人成長變化、起始狀態與成長速率之關係，以及影響個體發展趨勢的影響因素進行深入探討。

　　再以犯罪被害恐懼及治安滿意度調查為例，既然探討的是「個人」的被害恐懼感及治安滿意度，研究的分析架構與單位以個體為出發點，便是相當理所當然的。但事實上民眾的被害恐懼感及治安滿意很可能是一種出自於團體的經驗，所處的社會環境是可能對於個人的意向決定產生影響的；此外，此二種的研究若僅關注於個體層次的差異，對於社會學的「相對位置」說並無進一步驗證的作用，最主要的問題在於，純粹的個體分析無法驗證不同社會脈絡下因果關係的差異。在組織的領域中，個人的行為與態度可能會受到組織環境的影響，組織行動亦可能會受到個人因素的作用。因此，研究者在建構與探討組織現象時，不能不注意到這個基本的前提。再就實務現象的觀察角度，若只侷限於某一特定分析層次是無法完全描繪出組織間之實貌，因此在探討個體行為或態度時，應同時納入個人層次變項（如個體特徵、人格、認知等）與脈絡層次因素（如群體結構）（Hackman, 2003）。

　　例如，Thorndike（1939）以英國著名教育心理學者Cyril Bert於1935年的論文「不良少年之研究」（The Young Delinquent）為例，Bert針對倫敦在內的29個城鄉進行青少年犯罪和家庭社經地位的研究（以城鄉為分析單位），發現貧窮和犯罪有高度關聯性，其中最高的相關係數是介於犯行次數和家庭擁擠程度兩個變項之間的0.77，因此Bert得到一個結論：從統計數字顯示，貧窮的家庭，亦即子女眾多、空間狹窄、生活仰賴政府補貼的家庭，最容易滋生青少年品行不端。但Thorndike則指出此一研究的推論是謬誤的，已落入層次誤用的陷阱，他以模擬的數字，推算12個學區學生智商和個人享受到的空間之間的關係，做了不同層次下的相關分析。第一個以學區為單位，做個人層次的分析，結果12個係數都不顯著（接近零），第二個是不論學區，所有樣本混在一起計算，這一個人層次的相關係數為0.45，第三個是以學區為分析單位，個人分數彙總成12個樣本得出的相關係數是0.90（引自林鉦棽、彭台光，2006），也就是說研究者不考量總體層次的差異效果時，將可能犯了統計檢定上的「第一型錯誤」（Goldstein, 1995）。

　　同樣的，在犯罪研究相關議題的實徵研究上，為了達到統計分析的可行性，也經常發現研究者忽略構念對應的分析層次的現象，對於縣市跨層級的問題，仍採取單一分析層次的做法，而將其他較高層次的資料打散分配給個人或

是予以捨棄；再不然就是以較高層次的單位作為分析單位（例如，鄉鎮或是縣市），而將較低層次的資料加以合併或捨棄。這類的做法反映在統計分析技術上稱為「散計」（disaggregation）及「合計」（aggregation）（de Leeuw, 1992; Draper, 1995; Kreft, 1995）。使用傳統的「散計」或「合計」研究方法，會出現三項常見的問題（Bridge, Judd & Moock, 1979; Bryk & Raudenbush, 1988, 1992; Finn, 1993; Myers, 1985）：

一、標準誤的誤估（misestimated standard errors）。

二、忽略迴歸的異質性（heterogeneity if regression）。

三、合計的偏差（aggregation bias）。

　　因而理論思維與實徵策略的不一致，使得我們在犯罪防治知識的累積受到層次謬誤的干擾。例如上述例子中，29個城鎮的青少年犯罪率相同，家庭社經地位的分布比率也相同，理論上來說也許是可以成立的，但實務上幾乎是不可能的事實。社會學家Robinson（1950）更清楚地說明分析層次誤用的嚴重性，Robinson指出高、低層次相關係數兩者在彙總程序中，研究者經常把有意義的低層次上的變異平準化（average out）後，使得高層次構念間的關係無法表示出真正的關係結構（Klein & Kozlowsk, 2000）。

　　針對前述的問題，雖然已經有犯罪學者注意到，個人的行為以及所屬的團體或環境，基本上仍是糾結在一起的，例如，影響犯罪被害者報案的因素（許春金、邱淑蘋，2006）、被害者因素理論（黃富源，2002）、生活方式暴露理論（張平吾，1996）、社會學習理論（楊士隆，2001）；但是早期對如何確認情境的效力，所知並不多。然而，研究者在進行研究設計時，卻是已注意到「分析的策略應該根據實質上的問題作調適，而不是一般常見的修改實質上的問題以配合分析的方法」（Burstein, 1980）。研究者的重要任務就是，找出一個能夠估計個人及組織等層次的隨機變異（random variation）的模式（Burstein, 1980; Rogosa, 1978）。換言之，當我們面對具有階層結構特性的多層次資料時，應當使用適當的線性模式來表述此等階層特性的資料，研究者宜使用能夠考慮到資料之階層結構的線性模式來陳述階層性的資料，以便能同時考慮個人及團體的特質。

第四節　實徵釋例

　　犯罪學研究的主要目的在於衡量、了解與控制犯罪行為。其中最為基礎的衡量犯罪行為部分，也就是在衡量犯罪發生數量、犯罪型態、發生地點以及了解相關社會因素後，提供政府有關單位擬訂犯罪預防計畫及刑事司法機構資源的規劃，並協助犯罪學家了解犯罪行為的性質及原因。以下以二個研究案就階層線性模式之應用說明。

一、縣市治安結構之層次觀察

　　犯罪類型的探討，對犯罪本質之了解，後續的研究以及預防對策的擬訂是相當重要的。因此，在進行犯罪預防實務工作時，常常要藉助於犯罪類型的研究。據此，本節即以譚子文（2007）的研究為例，說明階層線性模式在犯罪學的應用。該研究架構如圖21-1所示並提出假設：犯罪類型對各縣市治安結構之影響有顯著差異。

　　該項研究主要樣本母體為全台灣地區，並以24縣市為變項進行分析，為驗證此種跨層級數據之代表性，因此僅採HLM分析方法中的零模型進行探討，本模式主要在考驗各組之間是否有差異，估計總變異量中有多少變異是由組間的變異所造成。在HLM應用中，最多的是二階層，因此將資料結構分為二階層：第一階層為民眾階層，第二階層是縣市階層。在第一階層中以X來預測Y，意即以民眾對犯罪案件所感受的有形衝擊與無形衝擊之平均數為變項，來

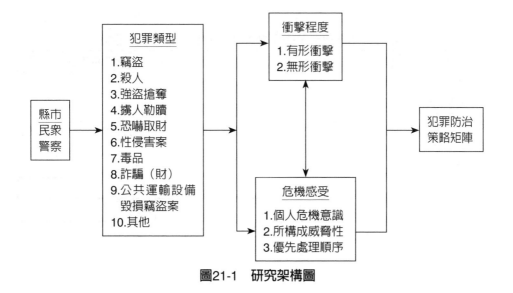

圖21-1　研究架構圖

預測犯罪案件對個人衝擊影響程度。其整體模式表示如下：

階層一：$Y_{ij} = \beta_{0j} + \beta_{1j}X_{ij} + e_{ij}, e_{ij} \sim N(0, \sigma^2)$　$j = 1, 2, 3 \dots\dots n$　　　　(1)

階層二：$\beta_{0j} = \gamma_{00} + \gamma_{01}W_j + \mu_{0j}, \beta_{1j} = \gamma_{11} + \gamma_{11}W_j + \mu_{1j}$

完整模式（full model）：

$$Y_{ij} = \gamma_{00} + \gamma_{01}W_j + \gamma_{10}(X_{ij} - \overline{X}_{.j}) + \gamma_{11}W_j(X_{ij} - \overline{X}_{.j}) + \mu_{0j} + \mu_{1j}(X_{ij} - \overline{X}_{.j}) + e_{ij}$$

然而在實際估計時，研究者常會依估計的目的而將完整模式中的某些參數限制為0，此時就會形成許多不同的次模式（submodels）。本研究以「具有隨機效果的單因子變異數分析模式」進行估計分析，假設公式(1)的$\beta_{1j} = 0$，其模式之表示為：

階層一：$Y_{ij} = \beta_{0j} + e_{ij}, e_{ij} \sim N(0, \sigma^2)$　$j = 1, 2, 3 \dots\dots n$

階層二：$\beta_{0j} = \gamma_{00} + \mu_{0j}$

分析模式為：$Y_{ij} = \gamma_{00} + \mu_{0j} + e_{ij}$

相關變數：$Var(e_{ij}) = \sigma^2, Var(\beta_{0j}) = \tau_{00}$

變數說明：

i：表組內第i個數，j：表第j組，Y_{ij}：表第j組內第i個預測項

e_{ij}：階層一的隨機誤差，表階層一的隨機效果

σ^2：階層一的變異數（組內變異）

μ_{0j}：階層二方程式中的隨機效果（random effect）

γ_{00}：階層二方程式的係數，表全體總平均，亦稱為固定效果（fixed effect）

τ_{00}：階層二的變異數（組間變異）

表21-3　隨機效果單因子變異數分析模式的結果摘要表

	零模型
固定效果	
治安衝擊得分（β_0）	
截距項（γ_{00}）	4.123**(0.045)
變異數成分	
第二層縣市間	
縣市平均（τ_{00}）	0.043**
第一層縣市內（σ^2）	0.341

註：* $p < 0.05$；** $p < 0.01$。

　　從表21-3可看出縣市間之變異τ_{00}達0.01顯著水準，代表各個縣市民眾在治安衝擊感受上有顯著的變異。藉由縣市間變異（τ_{00}）及縣市內變異（σ^2）可算出組間係數ρ_I，代表治安衝擊的總變異量中有11.2%是由縣市所造成的：

$$\hat{\rho}_I = \frac{\hat{\tau}_{00}}{\hat{\tau}_{00} + \hat{\sigma}^2} = \frac{0.043}{0.043 + 0.341} = 0.112$$

另外，各個縣市之樣本平均數之信度的計算公式為：

$$\hat{\lambda}_j = reliability\,(\hat{Y}_j) = \hat{\tau}_{00} / [\hat{\tau}_{00} + (\hat{\sigma}^2 / n_j)] = 21.295$$

整體信度指標，為各個縣市樣本平均數之信度估計值的平均數：

$$\hat{\lambda} = \sum \hat{\lambda}_j / J = 21.295 / 24 = 0.887$$

變數說明：

j：表第j組，n_j：表某一組內總數量，在此表第j縣市的問卷數

J：總組數，在此表共J個縣市

表示以各縣市的樣本平均數估計值作為真實縣市平均數的指標時，可信度非常高。

　　綜上可知，以縣市分組之跨層級數據具有足夠的代表性及解釋力。事實上，國內過去有關地區層次對治安結構的影響研究顯示，犯罪並不是均勻的散布在各個角落，反有聚集的現象，相同的地點一再發生犯罪事件，也顯示不同的犯罪類型與發生犯罪地點分布有顯著的不同。心理學家Allport（1924）指出，描述群體行為時，可把群體視為一個加總的整體，應該從組成元素去看，才能真正解釋群體行為產生的過程。因此，該研究推論，過去以一致性的治安策略統施行的方式，是無法在縣市間達到一致性的效果，因為每個縣市的犯罪類型屬性不同，其對治安結構所造成的衝擊是必須予以分別論斷。

二、比較不同分析方法的差異性

　　為進一步比較傳統迴歸分析及階層線性模式之不同分析方法差異性，茲舉譚子文、廖世義（2008）之研究為例說明驗證結果差異，該研究為驗證毒品與

犯罪間的關聯性，並非單純的因果關係，例如，從吸毒、販毒、運毒、懲罰成員到維護地盤等，或多或少都會與財產性犯罪及暴力犯罪有關係。若只是從因果關係去討論，並不能很完整的去說明，尚須考慮到毒品與其他犯罪之間的互動關係，以及縣市間的差異性。因此，以民眾在毒品對治安影響的認知程度為自變項，民眾在竊盜、殺人、強盜搶奪、擄人勒贖、恐嚇取財及性侵害等案件對治安影響的認知程度為依變項，提出十二項假設：

假設一：「民眾在毒品對治安影響的認知程度」對「民眾在竊盜對治安影響的認知程度」有正向的預測效果。

假設二：「民眾在毒品對治安影響的認知程度」對「民眾在殺人對治安影響的認知程度」有正向的預測效果。

假設三：「民眾在毒品對治安影響的認知程度」對「民眾在強盜搶奪對治安影響的認知程度」有正向的預測效果。

假設四：「民眾在毒品對治安影響的認知程度」對「民眾在擄人勒贖對治安影響的認知程度」有正向的預測效果。

假設五：「民眾在毒品對治安影響的認知程度」對「民眾在恐嚇取財對治安影響的認知程度」有正向的預測效果。

假設六：「民眾在毒品對治安影響的認知程度」對「民眾在性侵害對治安影響的認知程度」有正向的預測效果。

假設七：「民眾在毒品對治安影響的認知程度」較高的縣市，「民眾在毒品對治安影響的認知程度」對「民眾在竊盜對治安影響的認知程度」有較小的預測效果。

假設八：「民眾在毒品對治安影響的認知程度」較高的縣市，「民眾在毒品對治安影響的認知程度」對「民眾在殺人對治安影響的認知程度」有較小的預測效果。

假設九：「民眾在毒品對治安影響的認知程度」較高的縣市，「民眾在毒品對治安影響的認知程度」對「民眾在強盜搶奪對治安影響的認知程度」有較小的預測效果。

假設十：「民眾在毒品對治安影響的認知程度」較高的縣市，「民眾在毒品對治安影響的認知程度」對「民眾在擄人勒贖對治安影響的認知程度」有較小的預測效果。

假設十一：「民眾在毒品對治安影響的認知程度」較高的縣市，「民眾在毒品對治安影響的認知程度」對「民眾在恐嚇取財對治安影響的認知程度」有

較小的預測效果。

　　假設十二：「民眾在毒品對治安影響的認知程度」較高的縣市，「民眾在毒品對治安影響的認知程度」對「民眾在性侵害對治安影響的認知程度」有較小的預測效果。

　　資料分為三組進行迴歸方法，第一組為原始資料，總樣本數1,849人，以個人為分析單位，毒品與竊盜、殺人、強盜搶奪、擄人勒贖、恐嚇取財、性侵害案之各分數皆屬個體層次。第二組為具有縣市層次特質之資料，此組資料是採取解構方法（disaggregating approach），將個體層次所蒐集的毒品對治安影響分數彙總成縣市的代表分數，接著把每一縣市的代表分數作為該縣市內所有民眾的毒品對治安影響分數（總樣本數1,849人，分屬24縣市，以個人為分析單位），有著相同的毒品對治安影響的數值。第三組，則是以彙總分析法，將同一縣市的民眾在毒品對治安影響的數值予以加總平均（總樣本數24縣市，以縣市為分析單位）後進行分析。以上三組資料之分析模式，是屬於之前所討論的單層次分析，也就是傳統的迴歸分析，是一般研究者所常使用的分析策略。

　　根據Lazarsfeld與Menzel（1961）對於不同分析層次與變項形式的分類，他們認為如此的操作為反聚集（disaggregation）的方式，雖然可以由此得知個人所處社會背景與行為的關聯性，但驗證效果將僅停留在個體層次，無法比較高層次（社會團體）的差異性。然而，在本研究中則以跨層級模式，並以縣市為總體分析單位來提出解釋。假設我們預期個體層次觀察值是套疊於社會階層（hierarchy）中，常見的操作方式便是取個體測量自變項的均值，以觀察個別的觀察值與所處團體的差異性，此種操作方式在教育學界較為常見（稱為「frog pond」理論，Hox, 2002），例如我們探討智力與學業成績的關聯性，當一個智力普通的學生處於平均智力較高的學校中，可以預期的是由於跟他人的比較相對較差，因而失去追求學業成績的動力，反之，當他處於平均智力較低的學校，在成就感較高的情況下，可能在學業成績表現反而較佳，因而個人的智力與學業成績的關聯性，必須端視其所處的不同社會環境或團體而定。

　　表21-4中列出各犯罪個體層次的相關係數。觀察發現，各犯罪類型彼此之間存在著有正相關的關係，且均達顯著性水準。同樣的，在縣市層次的相關係數上，也可以發現各犯罪類型彼此之間存在著有正相關的關係。再進一步比較個體及縣市層次的相關係數，可以很清楚的發現縣市層次的相關係數高於個人層次的相關係數，已落入Thorndike所提出的層次誤用的陷阱論點。

表21-4　犯罪類型之個體層次與縣市層次描述性分析及相關係數

	平均數	標準差	1	2	3	4	5	6	7
1.竊盜	3.57	0.92		.577**	.723**	.639 **	.645**	.673**	.699**
2.殺人	3.12	1.01	.576**		.928 **	.965**	.919**	.902**	.878**
3.強盜搶奪	3.31	1.00	.649**	.761**		.928**	.905**	.879**	.903**
4.擄人勒贖	3.12	1.01	.541**	.844**	.764**		.976**	.948**	.920**
5.恐嚇取財	3.20	0.99	.563**	.755**	.753**	.801**		.946**	.906**
6.性侵害案	3.20	1.00	.551**	.784**	.724**	.807**	.806**		.882**
7.毒品	3.32	1.00	.575**	.670**	.679**	.696**	.698**	.718**	

右上角 ↑

左下角 ←

註：1.＊p＜0.05；＊＊p＜0.01。
　　2.左下角爲個體層次之相關係數；右上角爲縣市層次之相關係數。

　　　　從表21-5模式的解釋力發現，以傳統的方法檢視毒品與犯罪的R^2值分別爲，竊盜0.330、殺人0.449、強盜搶奪0.460、擄人勒贖0.484、恐嚇取財0.486、性侵害案0.516，均具有解釋力，且毒品對各犯罪類型皆有正向的預測力，顯示就個體層次之分析支持假設一至假設六之說法，卻不支持假設七至假設十二之推論。同樣的，於第二組加入縣市特質而以解構分析方法（個體層次）分析檢視毒品與各犯罪的R^2值則爲，竊盜0.026、殺人0.024、強盜搶奪0.027、擄

表21-5　犯罪類型之個體層次與縣市層次迴歸分析結果

	原始資料分析法			解構分析法			彙總分析法		
	level 1			level 1			level 2		
	β	R^2	ΔR^2	β	R^2	ΔR^2	β	R^2	ΔR^2
竊盜	.575***	.330	.330	-.160***	.026	.025	.698***	.488	.464
殺人	.670***	.449	.449	-.157***	.024	.025	.878***	.771	.761
強盜搶奪	.679***	.461	.460	-.164***	.027	.026	.902***	.814	.806
擄人勒贖	.696***	.484	.484	-.180***	.032	.032	.921***	.848	.841
恐嚇取財	.698***	.487	.486	-.151***	.023	.022	.905***	.819	.811
性侵害案	.718***	.516	.516	-.151***	.023	.022	.882***	.779	.769

註：1.＊p＜0.05；＊＊p＜0.01；＊＊＊p＜0.01。
　　2.β爲標準化後之迴歸係數。

人勒贖0.032、恐嚇取財0.023、性侵害案0.023，顯示總體預測與解釋力皆低，且係數為負數，不符合假設一至假設六推論，可是與假設七至假設十二去除前提後的說法相符，但無法清楚的解釋。最後，再檢視第三組屬縣市層次的彙總分析法所得結果，毒品與犯罪間的R²值為竊盜0.488、殺人0.771、強盜搶奪0.814、擄人勒贖0.848、恐嚇取財0.819、性侵害案0.779，顯示與第一、二組同樣支持假設一至假設六之預測力，而對假設七至假設十二同樣不具支持力。

　　整體而言，第一、三組分析方式均可解釋假設一至假設六，假設七至假設十二部分均無法解釋；而第二組呈現負向的預測力，與其他兩組不同，且解釋力極低，大部分在3%左右，顯示其仍有97%的變異無法由迴歸方程式解釋。這些不同且差異極大的結果，並無法由傳統的分析方法中，找出其差異何在。而從前所討論的過程中，可以知道眾多學者的研究都認為，毒品與其他犯罪類型間，存在有強烈的關係。但是，從以上的數值可以發現，當我們分別從民眾層次及縣市層次觀察時，其迴歸模式解釋力有著不一致的現象，尤其是以解構分析法時其解釋力更是降到最低。研究者在此很容易發生「聚集的偏誤」（aggregation bias），盲目地直接由聚集個體層次所測量的資料以表現單位層次（unit level）的構念，而未加區辨上行衍生機制是組合抑是編纂的歷程；或一「生態謬誤」（ecological fallacies），使用單位層次的測量去推論更低層次的關係，而罔顧下行歷程的特性，最後則以含糊或樣本數來源（抽樣）的方式求得自我解釋。整體而言，若以全部樣本在自變項與依變項之間關係觀察，可以發現一個很強的正相關的關係。如果再依據不同縣市來看（也就是每一個縣市為一個獨立的資料集），也得到一個正相關的關係，但是其顯示的數據卻不盡相同。理論上來說，應該是獲得一致的數值，但實務上，卻獲得一個結論與理論相左的現象。

　　為進一步驗證資料真正的型式，該研究以HLM之完整模型分析如表21-6。模型中第一層及第二層均為完整模型。在HLM應用中，最多的是二階層，因此將資料結構分為二階層：第一階層為個體階層，第二階層是縣市階層。在第一階層中以X來預測Y，其整體模式表示如下：

$$Y_{ij} = \beta_{0j} + \beta_{1j} + X_{ij} + e_{ij}$$

階層二：

$$\beta_{0j} = \gamma_{00} + \gamma_{01}W_j + \mu_{0j}$$
$$\beta_{1j} = \gamma_{10} + \gamma_{11}W_j + \mu_{1j}$$

將階層二之β_{0j}與β_{1j}公式代入階層一之公式，即得完整模式（full model）。
相關變數：

$$Var\,(e_{ij}) = \sigma^2$$
$$Var\,(\beta_{0j}) = \tau_{00}$$
$$Var\,(\beta_{1j}) = \tau_{11}$$

變數說明：

i：表組內第i個數

j：表第j組

Y_{ij}：表第j組內第i個預測項

e_{ij}：階層一隨機誤差，表階層一的隨機效果

σ^2：階層一的變異數（組內變異）

μ_{0j}：階層二方程式中的隨機效果

$\gamma_{00}, \gamma_{01}, \gamma_{10}, \gamma_{11}$：階層二方程式的係數，亦稱為固定效果（fixed effect）

τ_{00}：階層二截距之變異數（組間變異）

τ_{11}：階層二斜率之變異數

W_j：階層二的預測變數

　　也就是說，第一層的迴歸模式有個體層次的解釋變項，第二層次的結果變項為第一層迴歸模式的迴歸係數，並假設均具有隨機效果，因此在第二層除了有第二層的總體層次解釋變項外，每個第二層的迴歸模式也都帶有誤差項。從表21-6可以發現，毒品與犯罪的關係在縣市間是呈現正相關，其解釋力為正向，毒品與犯罪的直接效果達到顯著水準，但調節效果未達顯著水準且為負向。在個體層次的解釋變項：民眾在縣市毒品對治安的影響認知對各犯罪與治安的關係有顯著的影響。也就是說，民眾所知覺到的毒品對治安的影響越高，則民眾在各犯罪對治安的影響認知也就越高（γ_{10}），且「民眾所認知的毒品對

表21-6　HLM完整模型

	竊盜	殺人	強盜搶奪	擄人勒贖	恐嚇取財	性侵害案
固定效果						
縣市平均依變項得分（β_0）						
Level-1截距項（γ_{00}）	3.590*** (0.040)	3.121*** (0.042)	3.292*** (0.035)	3.120*** (0.034)	3.199*** (0.031)	3.194*** (0.037)
Level-2（直接效果）縣市毒品（γ_{01}）	0.492*** (0.100)	1.020*** (0.117)	0.923*** (0.084)	1.041*** (0.098)	0.868*** (0.086)	0.910*** (0.103)
毒品斜率模型（β_1）						
截距項（γ_{10}）	0.515*** (0.030)	0.608*** (0.041)	0.647*** (0.033)	0.648*** (0.042)	0.662*** (0.035)	0.672*** (0.046)
Level-2（調節效果）縣市毒品（γ_{11}）	−0.009 (0.098)	−0.103 (0.114)	−0.126 (0.073)	−0.141 (0.088)	−0.125 (0.097)	−0.187 (0.129)
變異數成份						
第二層縣市間						
縣市平均（τ_{00}）	0.031***	0.035***	0.022***	0.020***	0.016***	0.027***
毒品斜率（τ_{11}）	0.015***	0.031***	0.017***	0.035***	0.021***	0.044***
第一層縣市內（σ^2）	0.519	0.494	0.495	0.472	0.464	0.425
離異數-2LL	4100.152	4027.499	4016.263	3937.358	3894.086	3751.330

註：*$p < 0.05$；**$p < 0.01$；***$p < 0.01$。

治安的影響的平均」對「民眾在各犯罪對治安的影響認知的平均」均有顯著的影響（γ_{01}），支持研究假設一至假設六的說法。

在具有跨層級解釋變項的交互作用（γ_{11}）部分，總體層次的解釋變項「各縣市民眾對毒品在治安的影響認知」對「民眾在各犯罪對治安的影響認知」的影響上具有影響力且達顯著效果，但是無法調節民眾本身在毒品對治安影響認知對其他犯罪的影響，亦即「縣市民眾整體在毒品對治安的影響認知越高，與其他犯罪之間並無直接關係」。代表「民眾所認知的毒品對治安的影響的平均」較高的縣市，「民眾所認知的毒品對治安的影響」對「民眾在各犯罪對治安的影響認知」的預測力較低，此符合了假設七至假設十二的設定，同時也解

釋了第二組方法結果不同的原因。

　　經由這幾種方法的分析及比較，可以了解分析層次的考量是比較接近實務的現象。「縣市」條件對於民眾認知之毒品與犯罪的關聯具有相當一致的驅動力，這也是過去相關研究中，僅由單一個體層次分析所無法得知的解釋效果。由於以往的毒品罪研究尚無多層模型實證成果，研究所建構的多層模型論證尚須往後的研究多加以驗證，方可確定因果關係非因特定時空環境而存在。

第五節　結論

　　多層分析模式的目的在於嘗試解決總體資料與個體資料長久以來所存在的推論限制，其操作方式是以個體資料為基礎，透過模型設定的方式來結合總體層次的特性，以解釋依變項不同層次的變異，因而樣本配置將成為多層次分析的成敗關鍵因素。此外，多層模型的立基便在於以個體調查資料為前提下，進行總體效果的探索，結合了個體層次與總體層次對依變項的影響，除了具有改善個體分析單位的估計、建構與檢驗跨層次效果的影響外，也區分不同層次變異與成分的共變效果。所以，不論是在有限的資源下構思多層抽樣配置，或是以多層模型進行次級資料分析，可預期的是個體層次與總體層次的樣本分配將呈現權衡（trade-off）的關係。雖然許多學者重視總體層次的樣本數，對於模型參數與標準誤之估計有絕對性的影響。然而，一旦犧牲個體層次樣本數，可以想見的是，當個體層次模型中的自變項較多，則其係數斜率標準誤將有過大之虞，將導致原有個體層次模型估計不穩的情況；另一方面，如總體層次個數過少，也將面臨相似的問題。

　　在以往，單一層次的分析一直是犯罪學分析實驗設計、準實驗設計及其他研究設計的重要方式，但是犯罪學研究毋庸置疑地應盡可能反映犯罪實務，以探討實際的現象；不宜囿於研究方法的限制，而遷就、捨棄或忽略重要的資料。由本章節所應用的研究例子可以發現，多層次分析模式能夠根據犯罪現象的階層特性，分別建立不同層次的模式，以顯示各個層次所具有的結構，並計算其個別的效果，進一步估計各個層次的變異程度。對於研究者而言，研究方法及工具的使用是決定其研究成果品質良窳的重要因素之一，但必須注意的是再好的統計工具仍須有理論依據，以免導致知識的錯誤累積。

參考文獻

一、中文

林鉦棽、彭台光（2006）。多層次管理研究：分析層次的概念、理論和方法。管理學報，23（6），649-675。

高新建（1997）。階層線性模式的基本概念與模式。測驗統計簡訊，15，頁1-10。

許春金、邱淑蘋（2006）。住宅竊盜被害者報案決定因素與被害反應之研究。犯罪防治學報，7，65-98。

溫福星（2006）。階層線性模式。台北：雙葉書廊。

溫福星、邱皓政（2009）。多層次模型方法論：階層線性模式的關鍵議題與試解。台大管理論叢，19（2），263-293。

黃富源（2002）。被害者學理論的再建構。犯罪防治學報，3，1-24。

張平吾（1996）。被害者學。台北：三民書局。

楊士隆（2001）。犯罪心理學。台北：五南圖書。

董旭英、譚子文（2012）。運用整合性理論模式檢驗國中生偏差行為之成因。2012教育高階論壇「全球競爭力、社會正義與教育功能」學術研討會，台南大學。

譚子文（2007）。犯罪類型屬性對治安結構之影響——以危機感受及衝擊程度觀點。國立屏東科技大學企業管理研究所碩士論文。

譚子文、廖世義（2008）。多層模型在犯罪研究之應用——以毒品與犯罪的關聯性為例。警學叢刊，38（4），147-174。

譚子文、張楓明（2013）。依附關係、低自我控制及接觸偏差同儕與青少年偏差行為關係之研究。當代教育研究，21（4），89-128。

譚子文、張楓明（2013）。依附關係、低自我控制與青少年偏差行為關聯性之研究。中華輔導與諮商學報，36，67-90。

二、外文

Baron, R. M. & Kenny, D. A. (1986). "The moderator–mediator variable distinction in social psychological research: Conceptual, strategic, and statistical considerations." Journal of Personality & Social Psychology, 51(6), 1173-1182.

Bridge R. G., Judd, C. M., & Moock, P. R. (1979). The Determinants of Educational Outcomes: The Impact of Families, Peers, Teachers, and Schools. Cambridge, Ma.: Ballinger.

Bryk, A. S. & Raudenbush, S. W. (1988). "Heterogeneity of Variance in Experimental Studies: A Challenge to Conventional Interpretations." Psychological Bulletin, 104(3), 396-404.

Bryk, A. S. & Raudenbush, S. W. (1992). Hierarchical Linear Models. Newbury Park, CA: Sage.

Burstein, L. (1980). "The Analysis of Multilevel Data in Educational Research and Evaluation." Review of Research in Education, 8, 158-233.

Cochran, W. G. (1997). Sampling Techniques (3rd eds.). New York: Wiley.

De Leeuw, J. (1992). "Series Editor's Introduction to Hierarchical Linear Models." In A. S. Bryk & S. W. Raudenbush (eds.). Hierarchical Linear Models. Newbury Park, CA: Sage, pp. 12-16.

Draper, D. (1995). "Inference and Hierarchical Modeling in the Social Sciences." Journal of Educational and Behavioral Statistics, 20(2), 115-147.

Finn, J. D. (1993). School Engagement & Students at Risk. Washington, DC: NCES.

Goldstein, H. I. (1995). Multilevel Statistical Models. London: Edward Arnold.

Hackman, J. R. (2003). "Learning More by Cross Level: Evidence from Airplanes, Hospital, and Orchestras." Journal of Organizational Behavior, 24, 905-922.

Hofmann, D. A. (1997). "An Overview of the Logic and Rationale of Hierarchical Linear Models." Journal of Management, 23(6), 723-744.

House, R. J., Rousseau, D.M., & Thomas-Hunt, M. (1995). "The third paradigm: Meso organizational research comes to age." In L. L. Cummings & B. M. Staw (eds.). Research in Organizational Behavior. JAI Press, p. 17.

Hox, J. J. (2002). Multilevel Analysis: Techniques and Applications. New Jersey: Lawrence Erlbaum Associates.

Klein, K. J. & Kozlowski, S. J. (2000). "From Micro to Meso: Critical Steps in Conceptualizing and Conducting Multilevel Research." Organizational Research methods, 3(3), 211-229.

Kozlowski, S. W. J. & Klein, K. J. (2000). "A Multilevel Approach to Theory and Research in Organizations: Contextual, Temporal, and Emergent Processes." In Klein, K. J. & Kozlowski, S. W. J. (eds.). Multilevel Theory, Research, and Methods in Organizations. San Francisco: Jossey-Bass, pp. 3-90.

Kreft, I. G. G. (1994). "Multilevel Models for Hierarchically Nested Data: Potential Applications in Substance Abuse Prevention Research." In L. M. Collins & L. A. Setz (eds.). Advances in Data Analysis for Prevention Intervention Research Monograph 108. National Institute on Drug Abuse, Washington, DC.

Kreft, I. G. G. (1995). "Hierarchical Linear Models: Problems and Prospects." Journal of Educational and Behavioral Statistics, 20(2), 109-113.

Lazarsfeld, P. F. & Menzel, H. (1961). "On the Relation Between Individual and Collective Properties." In A. Etzioni (ed.). Complex Organizations: A Sociological Reader. New York: Holt, Rhinehart & Winston.

Maas, C. J. M. & Hox, J. J. (2005). "Sufficient Sample Sizes for Multilevel Modeling." Methodology, 1(3), 85-91.

Myers, D. E. (1985). "The Relationship Between School Poverty Concentration and Students' Reading and Math Achievement and Learning." In M. M. Kennedy, R. K. Jung, & M. E. Orland (1986). Poverty, Achievement, and the Distribution of Compensatory Education Services: An Interim Report form the National Assessment of Chapter 1 (pp. D-16TO D-60). Washington, DC: Government Printing Office.

Raudenbush, S. W. & Bryk, A. S. (2002). Hierarchical Linear Models: Applications and Data Analysis Methods (2nd ed.). Newbury Park, CA: Sage.

Rogosa, D. (1978). "Politics, Process, and Pyramids." Journal of Educational Statistics, 3(1), 79-86.

Snijders, T. A. B. & Bosker, R. J. (1999). Multilevel Analysis: An Introduction to Basic and Advanced Multilevel Modeling. London: Sage.

Steenbergen, M. R. & Bradford S. Jones (2002). "Modeling Multilevel Data Structures." American Journal of Political Science, 46, 218-237.

Thorndike, E. L. (1939). "On the Fallacy of Imputing the Correlations Found for Groups to the Individuals or Smaller Groups Composing Them." American Journal of Psychology, 52, 122-124.

陳巧雲、駱麟榮、劉于華

前　言

　　藥物濫用已成爲全世界健康醫療與社會治安的重大課題，藥物濫用造成社會成本（social costs）增加，占整體社會成本的20.7%（Rehm et al., 2006）。2020年的藥物濫用案件暨檢驗統計資料年報（行政院衛生福利部食品藥物管理署，2020）的資料顯示，安非他命使用率爲36.4%。藥物濫用者重複用藥所引發毒品的再犯問題，是目前藥物濫用以及犯罪防治領域上急需解決的問題，故本文探討安非他命使用者之動作衝動性（motor impulsivity）及認知衝動性（cognitive impulsivity）之神經心理處理歷程，以此評估毒品犯未來是否再次使用成癮藥物，找出未來再犯風險之預測指標，加強戒癮治療，降低未來再犯可能性，達到犯罪防治之目的。

　　人類大腦在處理訊息的時候是一個複雜的神經傳導過程，看似不同的神經連結卻環環相扣。本文以安非他命濫用爲例，探討安非他命使用者在長時間使用藥物後，可能造成大腦結構和神經生理反應之改變，導致安非他命使用者在衝動性之抑制監控能力下降。其中，衝動性係指執行和控制之缺損導致的相關行爲，例如個體做出衝動行爲或衝動選擇。衝動性包含三個層面，動作衝動性（motor impulsivity）、認知衝動性（cognitive impulsivity）、缺乏計畫（Barratt, 1994）。動作衝動性是指與未做思考的衝動行動有關，藥物成癮者可能在抑制控制的神經機制上有損傷，導致藥物成癮者的衝動行爲；認知衝動性與個體迅速地對當下的環境刺激做出決策行爲有關，衝動選擇的特徵則表示藥物成癮者在面對酬賞時，酬賞評估機制會讓他們選擇最立即的酬賞，而不是對他們最有利的；傾向風險行爲表示藥物成癮者在做決策時的風險評估機制會讓他們做出較多傾向風險的決策，例如，是否對賭局下注；缺乏計畫係指未能衡量短期和長期的後果。

　　在探討安非他命使用之衝動性及抑制監控能力之神經心理處理歷程上，進行實驗設計時，應盡量保持測驗的目標純粹性，專注在研究目的想要的特定神

經歷程。若是在一個測驗中放入多種測量目標，可能導致測量結果參雜其他不是研究目的想要的神經歷程，造成眞正的結果差異無法突顯。假若一研究想測量藥物成癮者的衝動行爲、衝動選擇以及風險決策，應設計三種不同的測驗內容，每個測驗針對目標的神經機制設計相應的操作模式或加入操弄變項。而不是將所有測量目標都放入同一個測驗，這會導致研究結果無法具有良好的解釋力。因此，本文希望藉由藥物濫用的相關神經機制了解，以及藥物濫用者之動作與認知衝動性及風險決策歷程，以提供由認知神經的角度來改善藥物濫用的研究方式。

第一節　文獻探討

在蒐集文獻時，應切合研究本身的脈絡，圍繞在相關的主題進行進一步的探討。若是爲了篇幅好看，在此篇章添加大量無關主題的文獻，反而會導致文獻探討失去重點。

一、藥物濫用與抑制控制相關的神經機制

首先，動作衝動性在藥物使用成癮者之意義，可反映個體無法有效抑制或抽離對使用藥物的行爲動作或想法。以往研究使用go / no-go作業和停止訊號作業（stop signal task），用以測量個體在行爲表現的衝動性。衝動行爲的發現可能與兩種系統有關，一是行爲抑制系統（behavioral inhibition system, BIS），二是行爲激發系統（behavioral activation system, BAS）。行爲抑制系統使個體在面對酬賞和懲罰條件同時出現的情況下，先有效抑制自身行爲，促使後續對情況的風險評估，判定目標的可取程度（Corr & McNaughton, 2008）。行爲激發系統則是與個體的動機和趨近行爲有關，受到酬賞、非懲罰、有利規避懲罰等條件線索所影響（Gary, 1990）。因此，行爲激發與抑制系統之強弱，可導致個體在抑制控制和行爲動機的變化，兩種系統的有效性將決定個體的衝動行爲決策。就藥物使用者成癮者而言，較強的行爲激發系統可能增強個體尋求藥物和用藥動機，使個體產生更高的藥物渴求（Volkow et al., 2011）；而較弱的行爲抑制系統無法有效抑制衝動，導致面對藥物刺激線索時，使個體更容易衝動用藥。

從事件相關電位（event-related potentials, ERPs）中的研究發現，與抑制

控制相關的腦波成分包含N2及P3，N2誘發自前中央電極（Beste et al., 2011; Smith, 2011; Gajewski & Falkenstein, 2013），並在抑制相關認知作業中，如go/no-go中，作為反映抑制控制相關認知活動的指標（Folstein & Van Petten, 2007）。在N2的研究上，多項研究指出成癮者在go/no-go的作業中，其抑制階段的N2振幅和相關區域的活化減少（Sokhadze et al., 2008; Dong et al., 2010; Luijten et al., 2011; Pandey et al., 2012）。此外，有研究結果指出古柯鹼成癮者出現更多的誤報（commission errors），也發現在抑制階段中N2振幅顯著較小。因此，N2的反應減少和抑制控制之缺陷與古柯鹼的使用量有關（Garavan et al., 2008; Torres et al., 2013）。在溯源分析的研究結果上，發現前運動輔助區（pre-supplementary motor area, pre-SMA）和前扣帶迴（anterior cingulatecortex）的活化（Torres et al., 2013），也有研究發現在前額葉皮質，如背側前額葉皮質（dorsal prefrontal cortex）、前外側額葉皮質（anterior lateral prefrontal cortex）、前額皮質區域，在抑制階段的N2的生成時，與前運動輔助區和前扣帶迴相互作用（Tanji & Hoshi, 2008; Zheng et al., 2008; Smith et al., 2013）。針對N2的生成和抑制反應，先前研究顯示早期的抑制作用源於BA10（Horn et al., 2003; Zheng et al., 2008）。更有研究發現，在一般控制組的抑制反應上，前額BA10區域與BA11的N2之差異，但未在古柯鹼使用者中觀察到，可推斷古柯鹼使用者的前額抑制區域功能異常（Torres et al., 2013）。

P3被認為與藥物相關線索的注意過程有關，如吸煙者（Versace et al., 2011; Versace et al., 2012）、酒精（Herrmann et al., 2000; Namkoong et al., 2004）、海洛因（Franken et al., 2003）、大麻（Nickerson et al., 2011）、古柯鹼（Van de Laar et al., 2004; Franken et al., 2004）使用者與控制組相比，成癮者受藥物相關線索影響更大，誘發更強P3振幅。P3振幅可反映個體認知資源使用量，有研究指出P3的振幅受刺激呈現的數量和強度的影響，更多的刺激和更強的刺激與更小的振幅相關。舉例來說，當個體面對熟悉和更顯著的刺激呈現時，可能需要動用較少的認知資源，因而產生較小的P3振幅。具體來說，一項以成人為參與者的n-back作業中，作業效能較高個體的P3振幅顯著較低，個體只需要使用部分認知資源便能完成目標，反映認知資源的多寡可反映在P3振幅上（Daffner et al., 2011）。此外，針對以老年人為研究對象，發現P3振幅明顯減少，老年人需要增加P3振幅才能與較年輕族群達到相似的表現，可能是認知資源減少的結果（Schneider-Garces et al., 2010）。因此，P3振幅很有可能是個體當前使用認知資源的神經反應，對應P300振幅之強弱與作業的表現之關係，可能反映認知

資源的使用效能之高低或認知資源的減少（van Dinteren et al., 2014）。多項研究指出，這些ERP成分與成癮者的自陳報告之渴望評分存在相關（Namkoong et al., 2004; Littel & Frenken, 2007; Cousijn et al., 2013）。這些研究結果可作為安非他命使用者之注意相關ERP成分異常的支持。一項研究針對安非他命使用者在戒斷前後（戒斷前、戒斷三個月後、戒斷六個月），使用Stroop作業觀察安非他命相關線索所誘發的P3之事件相關電位（ERP）之變化，以檢測戒斷與藥物渴求之關係。研究結果發現安非他命使用者在呈現藥物相關線索字詞時，左前電極P3振幅明顯增加。而在戒斷三個月和六個月後，此種P3的振幅異常下調至正常水平，即與控制組相似。除了電生理反應顯著改變，也發現在安非他命渴望的評分上，左前額P3振幅變化與戒斷前的渴求程度呈正相關（Jiang et al., 2015）。

　　而在不同的作業上P3則代表不同的意義，當個體在執行抑制控制相關作業時，P3振幅能反映認知和動作控制的程度（Smith et al., 2008）。P3涉及後期的反應抑制過程（Kok et al., 2004），可能是監測抑制過程結果的神經指標（Senderecka, 2016）。此P3溯源至前運動皮質（pre-motor cortex）和運動皮質（motor cortex）（Huster et al., 2010; Ramautar et al., 2006）。針對N2和P3的抑制控制之神經反應過程，有研究發現古柯鹼使用者的N2和P3振幅顯著低於健康控制組（Morie et al., 2014）。此外，頻譜分析發現重度酒精使用者之theta神經振盪強度顯著較低（Kamarajan et al., 2004），這種差異可能代表重度酒精使用者的前額葉——邊緣迴路之活化程度顯著下降（von Stein & Sarnthein, 2000）。綜合上述，藥物濫用者的動作衝動性在不同情境條件下，與一般健康族群相比，藥物濫用者呈現行為和電生理的差異，這些行為和電生理指標可能是藥物濫用者的尋求動機和用藥的脆弱性因子。

二、藥物濫用與衝動選擇之相關研究

　　Barratt（1994）則將衝動性區分成三個面向，分別是動作的衝動性、認知的衝動性、無計畫。動作的衝動性與未經思考而行動有關，認知的衝動性與快速做出決策有關，無計畫則是指沒有將方向指向未來。衝動性在許多精神疾病或人格障礙都會被觀察到，例如，物質使用障礙、反社會人格障礙，表現出專注立即的享樂、無法抑制不適應的行為、不考慮行為後果、缺乏計畫等（Adinoff, 2007）。衝動性可以指動作的失去抑制（衝動行為），或選擇少而立即的酬賞而非長遠而大量的酬賞（衝動選擇）（impulsive choice）。行為衝

動性通常使用go／nogo作業與停止訊號作業測量，決策衝動性則通常藉由延宕折扣作業進行測量。

有關衝動性與藥物濫用的相關性觀點，可分別從自動化歷程、反應抑制與決策來看，自動化歷程與反應抑制與衝動行為有關，而決策則與衝動選擇有關聯。

（一）自動化歷程是指行為不斷的重複練習，最終形成一種習慣的習得。行為一開始是透過制約學習的過程與酬賞產生連結，一旦這種制約學習的過程不斷重複練習，最終會形成一個自動化的機制。以自動化歷程解釋藥物成癮的機制為例，個體一開始為追求藥物帶來的酬賞而施用毒品，在不斷重複使用的情況下，最終形成使用毒品的自動化歷程（即成癮）。

（二）從反應抑制來解釋衝動行為，可以區分成兩個面向，分別是不能抑制個體的行為（動作衝動性），以及不能抑制個體的思想（思想衝動性）。以反應抑制的理論來解釋藥物濫用的衝動行為為例，個體由於不能抑制自己使用藥物的思想或動作，以致產生外在不斷使用藥物的外在行為。常見測量反應抑制的作業有go／nogo作業與停止訊號作業等。

（三）決策（decision-making）理論用於解釋衝動性時，是指個體選擇短期而言有利，長期而言卻不利的選擇。決策衝動性不同於行為或思想不抑制的衝動性，反應抑制不涉及對結果是正向或負向的評估處理，在反應抑制的作業中，選項往往是確定且可預期的，而決策相關的作業，例如，延宕折扣作業，在該作業中參與者是需要反應時間令其能夠對選項的結果評估。在決策相關的作業中，衝動的個體偏好立即較少的酬賞，而非延宕但較多的酬賞。

延宕折扣作業（delayed discounting task）中有三個電生理指標與衝動性及延宕折扣有關。過去的研究認為在決策時，N1、RewP以及P3分別反映了注意力、酬賞的編碼以及動機的評估（Polezzi et al., 2010; Blackburn et al., 2012; San Martín, 2012）。N1涉及早期的感官運作，例如選擇性注意力以及目標取向的注意力處理（Baldauf & Deubel, 2009），振幅的增加和較高程度的衝動性有關，高衝動個體對視覺刺激做反應時的N1較大，相較於低衝動個體有較高的注意力導向較高的注意力導向（Houston & Stanford, 2001）。衝動且有攻擊性的受試者對視覺刺激做反應時，有較大的N1，表示注意力的上升（Gehring & Willoughby, 2002）。第二是酬賞正波（reward positivity, RewP），一般被稱為回饋相關負波（feedback error-related negativity, FRN）（Gehring & Willoughby,

2002; Yeung & Sanfey, 2004），反映了和酬賞相關的多巴胺活動，應該重新被解釋成在正向酬賞情況下的正波，並非在負向回饋情況下的負波（Foti et al., 2011; Walsh & Anderson, 2012; Proudfit, 2015）。在延宕折扣作業中，Cherniawsky與Holroyd（2013）發現相較於延宕酬賞，立即性的酬賞會引起較大的RewP，代表有較強的衝動選擇偏好（Onoda et al., 2010; Mason et al., 2012）。除此之外，RewP也可能反映個體對於不確定性的容忍度（intolerance of uncertainty, IU）差異（Hirsh & Inzlicht, 2008; Nelson et al., 2016）。最後，P3可以被當作行為決策時個體對結果的動機強度（Yeung & Sanfey, 2004; Nieuwenhuis et al., 2005; Wu & Zhou, 2009）。有較強延宕折扣效果的個體出現較強的P3，代表對於追求立即性的酬賞有較強的動機（Li et al., 2012），而RweP和P3都是在行為決策時關於回饋處理的重要指標（San Martín, 2012）。

三、藥物濫用與風險決策之相關研究

　　風險是一種有意識地從事具有潛在不良後果行為的趨勢（Boyer, 2006），衝動決策被認為是成癮者的特色之一，同時衝動決策也可能會導致有害的長期後果（Verdejo-Garcia et al., 2018）。根據成癮疾病模型，受到藥物作用產生改變的大腦迴路致使成癮者的用藥行為從早期前額葉皮層控制的衝動性用藥，逐漸轉變成後期皮質紋狀體迴路調控的強迫性用藥（Everitt et al., 2008）。許多與決策和學習相關的大腦迴路都與成癮有關（Laird et al., 2011; Ma et al., 2015），像是成癮者在調節酬賞期望和學習的皮質紋狀體網路以及參與突顯注意力網路和認知控制的執行控制網路的功能連接皆有改變（Ma et al., 2015; Sutherland et al., 2012）。過去研究採用風險氣球作業（The Balloon Analogue Risk Task, BART），BART可測量受試者的冒險傾向，每一次給氣球打氣都是一個冒險的決定。Kohno等人（2014）發現在BART中，安非他命成癮者在右腦背外側前額葉調節風險行為的現象較低與核心酬賞網路的連接性增加有關，酬賞迴路和認知控制迴路之間更緊密的連接關係會促進風險行為的產生。Hobkirk（2018）的實驗結果也顯示，古柯鹼成癮者的酬賞迴路和認知控制迴路的功能連接性越高，破裂的氣球次數也越高。這些結果皆支持成癮者的衝動決策是由於過度活化的酬賞迴路，從而減少或將執行控制功能轉向強迫行為（Goldstein & Volkow, 2011; Volkow et al., 2010）。過去的磁振造影研究發現在BART選擇「兌現」的安全選項會活化核心酬賞網路的尾核及海馬迴（Schonberg et al., 2012）。這表示核心酬賞網路多與酬賞處理以及酬賞後學習有關，而非由認知

控制網路及長期酬賞網路主導的酬賞預期（Andréa L. Hobkirk et al., 2018）。此外，在BART中的表現可顯示涉及推理、抑制和記憶中的右側認知控制網路的活化，也與長期酬賞網路和左側的認知認知控制網路連接性有關（Laird et al., 2011）。

　　過去研究以BART氣球爆炸的次數評估受試者的冒險行為，在面對與損失金錢的負面回饋時，具有更大的反應相關的事件相關電位，包括回饋相關負波（feedback-relared negativity, FRN）及錯誤相關負波（error-related negativity, ERN）（Euser et al., 2011; Kóbor et al., 2014; Ba et al., 2016）。FRN是在得到回饋後的250至300毫秒達到峰值的負波（Miltner et al., 1997; Gehring & Willoughby, 2002）。FRN則是指回饋的性質（Valence）與大小（Magnitude）（Masaki et al., 2006; Gu et al., 2010）與酬賞有關的電生理指標。因此在酬賞相關的測驗中，負面回饋時，會有較大的腦波振幅反應（Gehring & Willoughby, 2002）。在Nieuwenhuis等人（2004）的研究也顯示，FRN及ERN在面對負面回饋時具有更大的反應。高冒險精神的男性受試者相對低冒險精神的男性受試者會有較小的FRN振幅，這代表高冒險精神的男性受試者在錯誤處理系統功能及衝突監視系統的活性反應較弱，展現了對負面回饋具有較低的敏感度（Crowley, 2009）。而Fein與Chang（2008）則以BART測試酗酒者的決策能力及衝動性，他們將作業目標定為「賺錢」，將氣球爆炸視為負面事件，因此當氣球爆炸時，這個負面事件會活化負責錯誤處理系統。在面對錯誤試驗時，ERN的振幅會大於正確的試驗，這些檢測錯誤的ERN波可能將事件的評估反映為相對有利或不利的（Holroyd et al., 2004; Hajcak et al., 2006），例如，在只提供中立和正面回饋的條件下，當作業目標是將酬賞最大化時，中立回饋會被視為是不利的。Oberg等人（2011）發現，只有在高風險決策後的回饋才會引發ERN，而Zheng等人（2015）則是發現，高風險選項會有較大的ERN振幅。

　　負面回饋的敏感性可以通過學習來產生負面回饋以避免未來重蹈覆轍。例如，Cohen與Ranganath（2007）的研究發現，FRN的振幅可以預測後續試驗的行為，並且當這些受試者在選擇其他選項後遇到負面回饋，會產生更大的FRN振幅。這顯示參與者根據先前的表現改變了他們的行為，但在接收到負面反饋之後產生了衝突。在面對期望值時，這些檢測錯誤的負波也十分的敏感。一般認為只有ERN是由酬賞預測錯誤引起的，但根據研究發現FRN也會被預期外的事件所引發（Oliveira et al., 2007; Chase et al., 2011; Talmi et al., 2013）。綜合上述，FRN及ERN不僅僅是反映回饋的性質，也能反映預期外的事件（Hauser et al., 2014）。根據強化學習理論（Reinforcement Learning theory），多巴胺神經元在面對預期結果跟預期外結果會有不同的活性，尤其是預期外結果會使多巴胺神經元活性增加，因此預期外結果可以指導未來的決策（Holroyd & Coles, 2002）。多巴胺信號可以通過與前扣帶迴皮質的溝通來影響行為的啓動和調節，通過整合酬賞相關信息以改變作業表現（Walsh & Anderson, 2012）。神經影像學研究表明當金錢損失時，前扣帶迴皮質的活化增加，但酬賞回饋會減少（O'Doherty et al., 2001; Bush et al., 2002），這支持酬賞處理與前扣帶迴皮質有關，以及FRN及ERN源自於前扣帶回皮質的觀點（Holroyd & Coles, 2002; Nieuwenhuis et al., 2004）。

　　與風險決策的另一個事件相關電位為P3，P3被定義為刺激開始後300至600毫秒之間的正波（Picton, 1992; Polich, 2007）。P3被認為是對傳入刺激與測驗相關性的評估，若P3振幅越大，則此刺激對於測驗目標更加重要或相關性更高（Nieuwenhuis et al., 2005）。刺激所帶有的情緒性質也會影響P3振幅，具有較高正向或負向情緒的刺激會比中性刺激產生更大的P3振幅（Johnston et al., 1986）。在選擇高風險選項時以及損時或獲益金額較大時，P3會有更大的振幅（Hassall et al., 2013）。當測驗的目標為盡可能獲得較多的酬賞，高風險選項有可能獲得比低風險選項更大的收益。但是，與獲得酬賞的可能性相比，個人傾向對失敗的可能性表現出更大的敏感性（Tom et al., 2007），較大的P3可能反映出對損失結果可能性的評估。在BART的測試中發現，P3面對損失時會有較大的振幅，這是因為BART在測驗的過程中段更新工作記憶，受試者知道隨著每一次充氣氣球，氣球破裂的機會就會增加（Kóbor et al., 2014），損失可能導致更大的信念更新，因此面對損失時會有較大的P3振幅。P3通常被認為與頂葉後皮質（Posterior Parietal Cortex）及右顳頂交界區（Temporoparietal Junction ,TPJ）有關。頂葉後皮質與右顳頂交界區分別與目標導向的注意力和刺激處理相關（Linden, 2005），因此與風險刺激的評估和風險決策的回饋皆有關。此外，在整合訊息已預測未來事件時，前扣帶回皮質（Anterior Cingulate Cortex, ACC）會被活化（O'Reilly et al., 2013），證實ACC的活化與P3之間的關聯性。綜合上述，P3為風險決策和評估決策回饋提供重要指標，並且P3振幅可能反映出將訊息整合至工作記憶，以形成信念更新來評估風險決策的現象（Dilushi Chandrakumar et al., 2018）。

第二節　腦波實驗設計

本文從個體抑制監控能力、認知衝動性和風險決策之歷程探討藥物濫用之成因和相關大腦神經機制，並透過腦波儀記錄參與者之腦波反應，使用三項實驗：停止訊號作業（stop-signal task, SST）、延宕折扣作業（delayed discounting ask）和氣球模擬風險作業（balloon analogue risk task, BART），以檢視參與者之行爲抑制能力及接收結果反饋後之神經性反應和風險決策傾向。

本研究之實驗（一）會分析與抑制控制、錯誤監控相關的事件相關電位N2、P3、ERN及Pe，以及實驗（二）的認知衝動選擇相關的N1、RewP、P3，實驗（三）之風險決策相關的ERN、FRN及P3電生理指標。本研究的對象包括安非他命使用者（實驗組）和一般健康成年人（控制組）。以下說明三項實驗設計：

一、衝動行為

（一）作業設計

衝動行爲之意義爲無法有效抑制或抽離對使用藥物的行爲動作或想法。多數研究使用停止訊號作業（stop signal task）來測量個體在行爲表現的衝動性，大部分都是以Logan等人（1997）之實驗方法設計作爲基礎，再加入想操弄之變項。在此測驗中會有兩種刺激，一種爲目標（Go）刺激，通常會以指向左或右的箭頭表示，另一種則是停止訊號，通常會以紅色圖示表示。操作過程十分簡單，受試者在一開始會先看到凝視點「+」500毫秒，此凝視點的用意爲幫助受試者專注注意力。接著螢幕會呈現空白刺激（Picture）500毫秒，隨後呈現目標刺激，受試者必須根據目標刺激的指向，按下相對應的按鈕。這樣一套流程稱之爲一次「Go嘗試」。然而若是在目標刺激後，延遲出現一個停止訊號的紅色圖示，受試者必須抑制自己按下按鍵的反應，這樣一套流程稱之爲一次「STOP嘗試」（見圖22-1）。整體實驗會以75%的Go嘗試以及25%的STOP嘗試的比例設計，並且嘗試會以隨機選取方式呈現，以達到停止訊號被視爲是出現頻率較低的特異刺激。此外，此研究設計會根據受試者對停止訊號的反應正確率做出些微調整，若是受試者連連答對，則停止訊號延遲出現的時間會被拉長，若受試者連連錯誤，則縮短停止訊號延遲出現的時間。

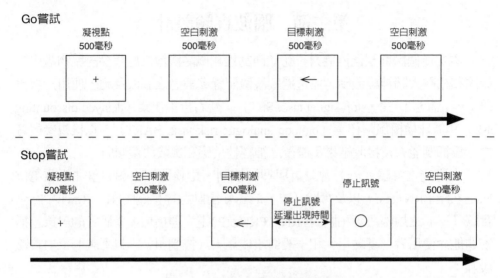

圖22-1　停止訊號作業實驗流程

註：在Go嘗試（右），螢幕中央會出現500毫秒的凝視點「＋」，接著會呈現空白刺激
　　（Picture）500毫秒，隨後呈現500毫秒的目標刺激。受試者必須根據目標刺激的指向，按
　　下相對應的按鈕。在Stop嘗試（左），螢幕中央會出現500毫秒的凝視點「＋」，接著切
　　換至500毫秒的空白刺激，然後再呈現500毫秒的目標刺激（Go）。在目標刺激後，延遲
　　出現的停止訊號（紅色圖，即圖上○）出現，受試者必須抑制自己按下按鍵的反應。

（二）分析方式

　　在停止訊號作業中常以go反應時間、go反應錯誤率作為測量指標，並以停止訊號的錯誤率及停止訊號反應時間作為反應抑制能力的指標。go反應時間是計算受試者「對目標GO刺激正確做出反應的平均反應時間」；go反應錯誤率則是將受試者對目標GO刺激的「錯誤反應數」除以「總反應數」計算。停止訊號的錯誤率的計算與go反應錯誤率大同小異，是將受試者對停止訊號的「錯誤反應數」除以「總反應數」計算；停止訊號的反應時間則是計算受試者「面對停止訊號卻無法抑制按鍵反應的平均反應時間」。go反應時間及go反應錯誤率可以看出個體對目標刺激的反應執行能力，go反應錯誤率越低或是go反應時間越短可能代表個體對目標刺激的反應執行能力越好。停止訊號的錯誤率及停止訊號反應時間可以看出個體對停止訊號的反應抑制能力，停止訊號的錯誤率越高或是停止訊號反應時間越短可能代表個體對停止訊號的反應抑制能力越差。

二、衝動選擇

（一）作業設計

　　衝動選擇之意義為個體選擇短期而言有利，長期而言卻不利的選擇。在研究衝動選擇的研究中，最常用的測驗為延宕折扣作業（delayed discountingask）。所謂的延宕折扣是指個體對酬賞的主觀價值會隨著時間延遲而大打折扣。在延宕折扣作業中，會向受試者呈現兩個不同時間點的酬賞，一個是立即就能獲得的小酬賞，另外一個則是需要時間等待才能獲得的大酬賞，並要求受試者從中做出選擇。一般認為選擇較小的立即酬賞與衝動有關，而選擇較大的延遲酬賞與自我控制有關。以下介紹的實驗設計主要參考Xia等人（2017），在一開始一樣會有凝視點「+」200至300毫秒，幫助受試者專注注意力。接著會出現提議1（proposal 1）800毫秒，內容為立即但較小的金額酬賞（今天或兩週後）。再次呈現凝視點「+」，接著呈現提議2（proposal 2）800毫秒，內容為延遲但較大的金額酬賞（兩週後或一個月後）。再一次的凝視點「+」呈現後，兩種選項會同時呈現，受試者要盡快從中做出選擇（見圖22-2）。實驗中的立即vs.延遲時間會有三種配對，第一種為今天（提議1）vs.兩週後（提議2）；第二種為今天（提議1）vs.一個月後（提議2）；第三種為兩週後（提議1）vs.一個月後（提議2），每一種配對出現的機率均等。提議1的金額酬賞會隨機從兩個固定的比率〔（50, 80）和（100, 130）〕中出現，提議2的金額會較提議1的金額多10%或50%，其比率各為50%。舉例而言，若提議1的金額為100，則提議2的金額有50%會是110，另外50%會是150。

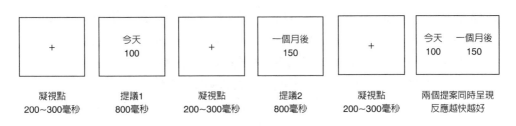

| 凝視點
200~300毫秒 | 提議1
800毫秒 | 凝視點
200~300毫秒 | 提議2
800毫秒 | 凝視點
200~300毫秒 | 兩個提案同時呈現
反應越快越好 |

時間走向（毫秒）

圖22-2 延宕折扣作業實驗流程

註：一開始，螢幕中央會出現200至300毫秒的凝視點「+」，接著呈現提議1（proposal 1）800毫秒，再次呈現凝視點「+」，接著呈現提議2（proposal 2）800毫秒。再一次呈現凝視點「+」後，兩種選項會同時呈現，受試者要盡快從中做出選擇。

（二）分析方式

延宕折扣作業中的衝動率及延宕折扣率可作為衝動選擇的認知指標。衝動率是以「選擇立即酬賞的次數」除以「全部實驗次數」的比率。延宕折扣率則可以K值作為指標。K值的計算方式如下：

在折扣的定量分析中，雙曲線模型預測主觀價值隨著時間的推移呈雙曲線函數衰減下降（Mazur, 1987; Myerson & Green, 1995）。在雙曲線模型中(1)，V表示給定延遲時間（D）下延遲大酬賞（A）的主觀價值：

$$V = A/(1 + KD) \tag{1}$$

其中參數K為一自由參數，表示在數據路徑中觀察到的折扣率，也可以說是曲線的陡度或延遲雙曲線函數衰減下降的速度。因此，參數K可以說是一個因變量K值越高也代表折扣率越高。而A值與D值是自變項，可由研究者所設計的延宕期間與酬賞價值之數額反映。V值即為受試者的無差異點。因此，具有較高折扣率者會有較大K值。在Reed等人（2012）發表的文獻中，利用Excel內建功能計算K值，可作為計算K值的工具參考。

三、風險決策

（一）作業設計

風險決策相關的測驗為氣球模擬風險作業（balloon analogue risk task, BART），其利用隨時會爆掉的氣球營造出充滿風險的情境。下述實驗設計主要參考Gu等人（2018）。在氣球模擬風險作業中，受試者被告知可以透過充氣球來賺取金額酬賞，每一回都有三次幫氣球充氣的機會，第一次充氣成功可得5元，第二次充氣成功則加10元，總累計為15元，第三次充氣成功則加20元，總累計為35元。然而氣球充氣後，有50%的機率會破裂。若是氣球破裂，則當前累計的金額將全數消失。因此受試者有兩個選擇，其中一個是幫氣球充氣賺取金額酬賞，另一個選項則是選擇兌現當前氣球累計的金額數。受試者若做出充氣選擇，會呈現1,000至1,200毫秒的回饋畫面，告知受試者汽球是充氣成功還是破裂。在實驗的最後，會呈現1,000至1,200毫秒的最終收益（見圖22-3）。

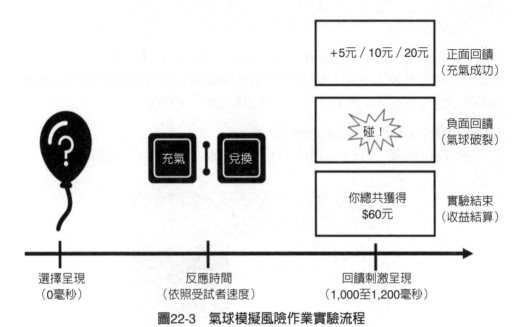

圖22-3　氣球模擬風險作業實驗流程

註：在一開始，受試者被告知可以透過充氣球來賺取金額酬賞，受試者有兩個選擇，其中一
　　個是幫氣球充氣賺取金額酬賞，另一個選項則是選擇兌現當前氣球累計的金額數。每一
　　回都有三次幫氣球充氣的機會，第一次充氣成功可得5元，第二次充氣成功則加10元，總
　　累計為15元，第三次充氣成功則加20元，總累計為35元。然而氣球充氣後，有50%的機率
　　會破裂。若是氣球破裂，則當前累計的金額將全數消失。在受試者做出選擇後，會呈現
　　1,000至1,200毫秒的回饋畫面。

（二）分析方式

　　氣球模擬風險作業可以透過分析風險比率、風險反應的反應時間（充氣）
以及保守反應（兌現）的反應時間。風險比率是以「受試者的充氣次數」除以
總決策次數；風險反應的反應時間則是以「選擇充氣的總反應時間」除以「充
氣的總次數」；保守反應時間是以「選擇兌現的總反應時間」除以「兌現的總
次數」。

第三節　腦波研究之分析方法

　　腦波分析可用之軟體眾多，舉凡WinEEG、BESA Research、EEGlab、
Nureoscan等皆可用於分析腦波訊號。筆者目前使用過Nureoscan以及EEGlab處
理腦波資訊，因此以下將簡要說明Nureoscan以及EEGlab的介面操作。

一、Nureoscan

Nureoscan是美國CompumedicsNeuroscan公司的專利分析軟體,只能分析由同公司出產的腦波設備所蒐集的資料。目前Neuroscan公司在腦波分析上有Scan 4.5和以及新改版的curry軟體,下文將介紹的是Scan 4.5軟體。

(一) 步驟一:輸入資料 (Import Data)

操作頁面點選「File」,選擇「Open data file」輸入檔案(如圖22-4)。

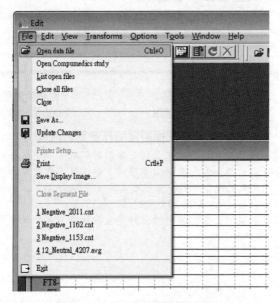

圖22-4　輸入資料之操作面板

(二) 步驟二:直流偏壓校正 (DC Offset Correction)

直流偏壓是在蒐集腦波時,腦波放大器所產生的。為了記錄EEG訊號的負電壓,放大器可能會造成整體EEG訊號偏移,造成EEG訊號逐漸向上偏轉。因此在分析時,首先要先去除掉直流偏壓帶來的偏轉。操作頁面點選「Transforms」,選擇「DC Offset Correction」(如圖22-5)。分析者可依自身分析程序更改參數。

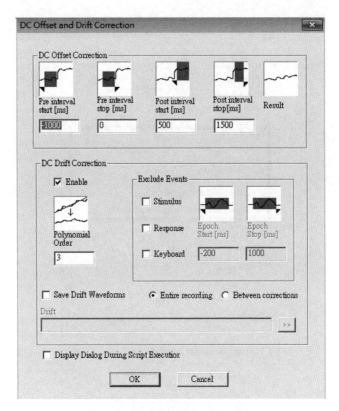

圖22-5　直流偏壓校正之操作面板

（三）步驟三：取區段（Epochs）

　　在收腦波時都是蒐集連續的腦波，但眞正出現欲分析的電位指標的時段，只有在面對事件時的前後幾百毫秒，因此取區段的意義在於「取出在反應事件時，出現腦電波段的時間段」。操作頁面點選「Transforms」，選擇「Epoch file」（如圖22-6）。在方框處，分析者可依自身分析程序更改參數，以調整區段的長短以及早晚。

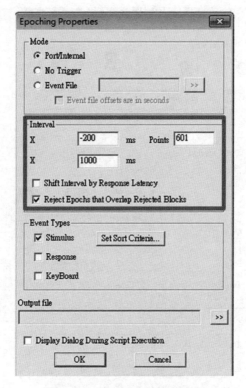

圖22-6　取區段之操作面板

（四）步驟四：過濾（Filter）

　　為了去除不需要的訊號，在分析時必須進行過濾（一）步驟。操作頁面點選「Transforms」，選擇「Filter」（如圖22-7）。在方框1可以選擇過濾的種類，Low Pass代表低於截止頻率的可通過，High Pass代表高於截止頻率的可通過，Band Pass為介於截止頻率之間的頻率可通過，Band Stop則反之，介於截止頻率之間的頻率不可通過。在方框2則是截止頻率的參數修改處，分析者可依自身分析程序更改參數。方框3則是可以選擇要對所有的電位頻道進行過濾，還是只對特定的頻道進行過濾。

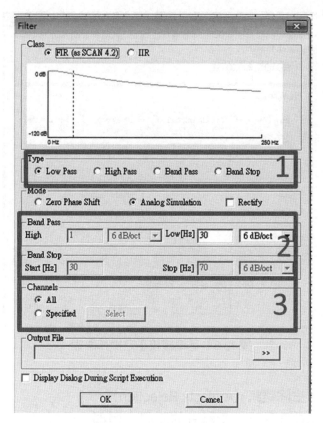

圖22-7　過濾之操作面板

（五）步驟五：基準線校正（Baseline Correction）

　　基準線校正的目的是為了將偏離基準線的EEG訊號修正回來。操作頁面點選「Transforms」，選擇「Baseline Correction」（如圖22-8）。方框處的參數可根據分析者自身的分析程序更改。

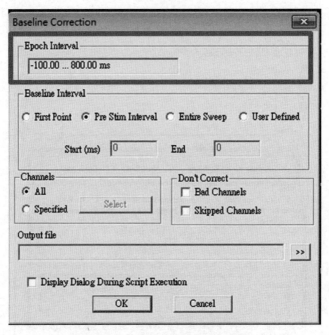

圖22-8　基準線校正之操作面板

（六）步驟六：去除雜訊（Artifacts Rejection）

　　在蒐集EEG訊號時，受試者的眨眼、頭部晃動或是大幅度的肢體晃度都會造成雜訊的出現，因此必須要把不必要的雜訊去掉。操作頁面點選「Transforms」，選擇「Artifact Rejection」（如圖22-9）。方框處的參數可根據分析者自身的分析程序更改。

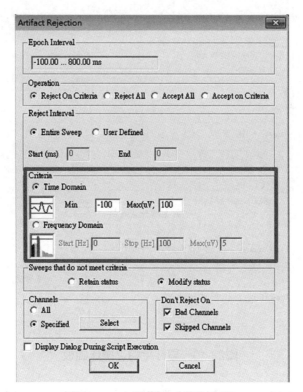

圖22-9　去除雜訊之操作面板

（七）步驟七：事件平均（Average）

　　如同在本章第一節提及的，特殊的電位指標只在面對特殊事件時出現，因此受試者在做實驗時，會同步將事件（Event or Trigger）記錄起來，以便後續分析。假若本次分析想看有關抑制控制的電位指標，則選取會引發抑制控制反應的事件標記進行個人的事件平均分析。例如，在停止訊號作業中，會引發抑制控制反應的事件為停止訊號，其編號在本實驗被定義為12，則在分析步驟進行到事件平均時，選取「12」作為分析的目標事件。

　　操作頁面點選「Transforms」，選擇「Average」（如圖22-10），點選方框的「Sort Criteria」，進入Sort Criteria頁面（如圖22-11）。在Sort Criteria頁面勾選「Type」，並在旁邊的空白處輸入欲分析的目標事件即可。

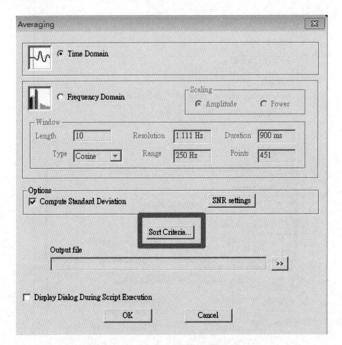

圖22-10 事件平均之操作面板

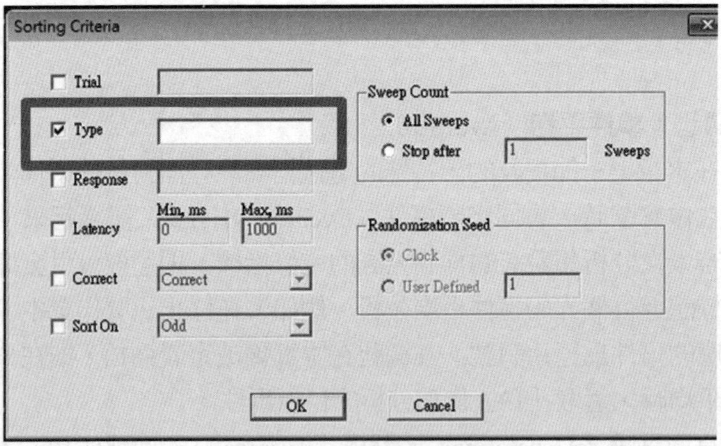

圖22-11 Sort Criteria頁面

（八）步驟八：組合平均（Group Average）

將每位受試者欲分析的目標事件個別平均後，下一步要將同組的受試者平均成一組。操作頁面點選「Transforms」，選擇「Group / Individual Average」

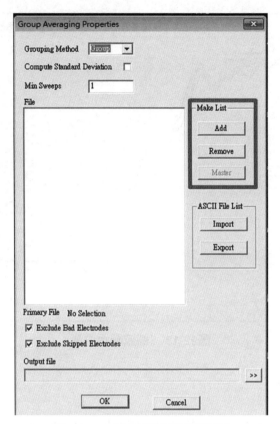

圖22-12　組合平均之操作面板

（如圖22-12）。方框處可添加或移除要平均成一組的受試者。

（九）步驟九：輸出至 Excel 做圖

操作頁面點選「File」，選擇「Save as」，將處理好的腦波資料匯出成
Excel可以開啓的dat檔，並用Excel開啓。利用Excel內建之圖表功能，就能畫出
下圖的腦波圖（圖22-13）。

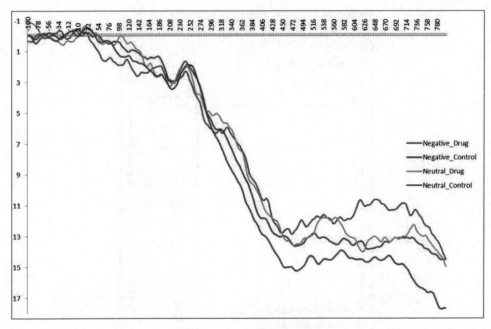

圖22-13　腦波圖示意圖

二、EEGlab

　　EEGlab是由美國加州大學Swartz Center for Computational Neuroscience團隊研發出的腦波分析工具，其本身為一個公開免費下載的軟體。但是EEGlab整體的運作必須在另一個軟體Matlab中實行。Matlab雖不是公開下載的軟體，但是可透過各大院校的校園email在Matlab的官方網站申請帳號並獲得授權，即可下載到最新版本的Matlab軟體。

（一）步驟一：開啓 Matlab，並叫出 EEGlab

　　在Matlab的Command Window中輸入指令「eeglab」，即可開啓EEGlab視窗。

（二）步驟二：輸入資料（Import Data）

　　EEGlab可以支援各種不同類型的檔案輸出，諸如CSV、EDF、TXT、BDF以及Nureoscan產的CNT檔等，都可以藉由Matlab或EEGlab開啓。開啓方式如下：

1. 若是要開啓TXT或CSV，應從Matlab的「Import Data」輸入（如圖22-14）。

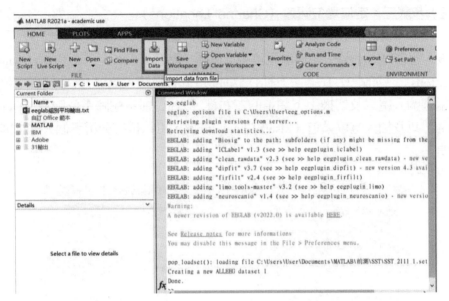

圖22-14　TXT或CSV檔案輸入之Matlab操作畫面

2. 若是要開啟EDF、BDF或CNT，應從EEGlab的「Import Data」輸入（如圖22-15）。

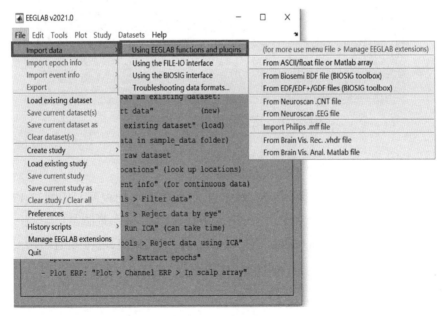

圖22-15　EDF、BDF或CNT檔案輸入之EEGlab操作畫面

（三）步驟三：定位電位頻道（Channel Locations）

　　由於不同的腦波蒐集設備，對電位頻道的編碼也不太一樣，因此在輸入資料後，應在EEGlab輸入相應的電位頻道編碼。點選「Edit」，並選擇「Channel locations」（如圖22-16）。方框1為電位頻道名稱輸入處，方框2則為電位頻道編碼輸入處以及切換上下頻道的左右鍵，方框3則是刪除電位頻道（Delete Chan）以及插入電位頻道（Insert Chan）按鍵，可以根據分析者個人需求進行編輯。

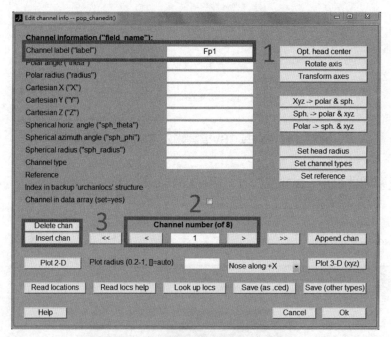

圖22-16　定位電位頻道之操作面板

（四）步驟四：選擇資料（Select Data）

　　點選「Edit」，並選擇「Select Data」，會跳出下列視窗（如圖22-17）。此面板可進行初步的資料挑選，假若欲分析的腦波要排除某個電位頻道，可勾選Channel range旁的方框，並在長方空白處輸入欲排除的電位頻道編碼，點選OK後，該頻道即被排除。若沒有勾選方框，則代表欲分析的電位頻道，只有編碼輸入在長方空白處的頻道會被分析。

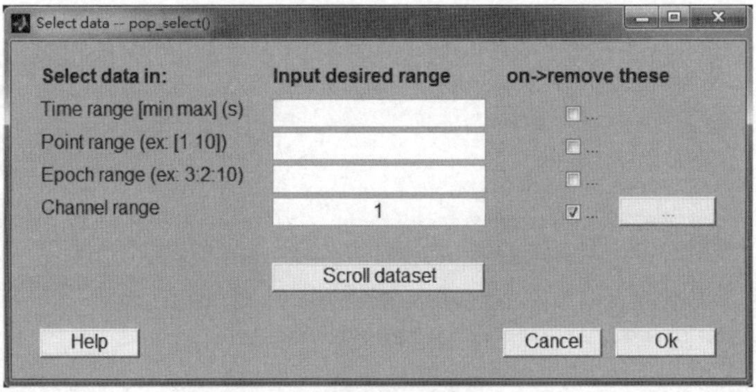

圖22-17　選擇資料之操作面板

（五）步驟五：過濾（Filter）

　　點選「Tools」，並選擇「Filter the data」，點選「Basic FIR filter」（如圖22-18）。方框中，上排代表高於此截止頻率的可通過，下排則代表低於此截止頻率的可通過。分析者可以照個人的需求填入不同參數。

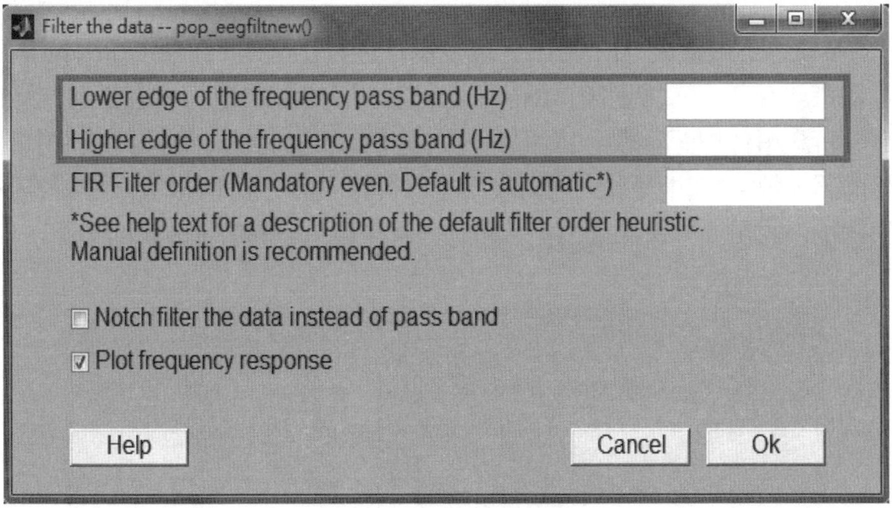

圖22-18　過濾之操作面板

（六）步驟六：去除雜訊（Artifacts Rejection）

　　點選「Tools」，並選擇「Reject data using Clean Rawdata and ASR」，彈出下列視窗（如圖22-19）。分析者可以照個人的需求勾選或填入不同參數。

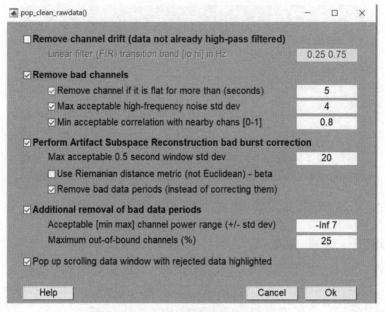

圖22-19　去除雜訊之操作面板

（七）步驟七：取區段（Epochs）以及基準線校正（Baseline Correction）

　　點選「Tools」，並選擇「Extract epochs」（如圖22-20）。在數字1處可輸入欲分析之事件標記，數字2處則輸入欲選取的區段時間，開始與結束中間以空格隔開，數字3處則是輸入取區段後的資料新名稱。按下OK後，會接著彈出基準線校正的視窗（如圖22-21），可在方框中輸入分析者欲分析的參數。

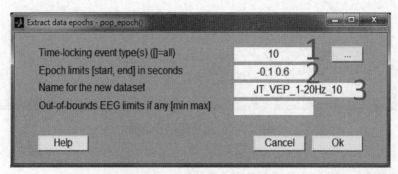

圖22-20　取區段之操作面板

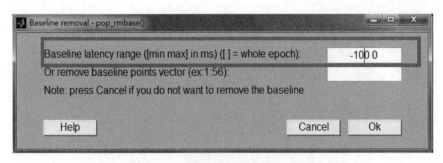

圖22-21　基準線校正之操作面板

（八）步驟八：組合平均（Group Average）

點選「Plot」，並選擇「Sum／Compare ERPs」（如圖22-22）。在方框中的第1排可輸入欲組合平均之數據編號，此數據編號為輸入EEGlab時，EEGlab給予的順序編號（如圖22-23之方框）。第2排可輸入另一組欲組合平均之數據編號，若想觀看這兩組相減後的差異波，可勾選第3排「Plot difference」的方框。若勾選avg.，則EEGlab會畫出填入空白處編碼的平均波線，勾選std.則會畫出平均波線的標準差波線（如圖22-24）。若勾選all ERPs，則會個別畫出空白處編碼的波線（如圖22-25）。

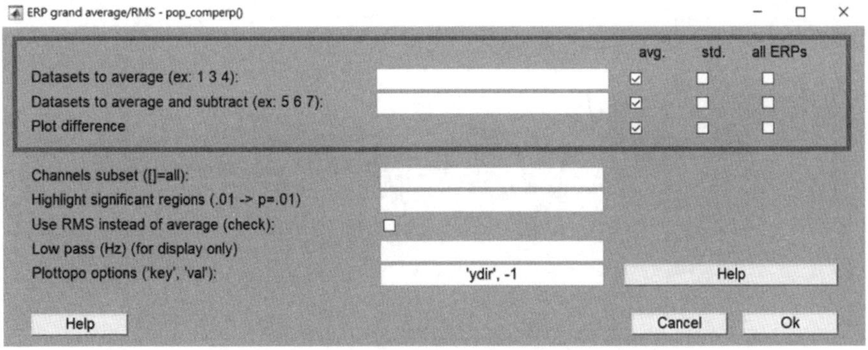

圖22-22　組合平均之操作面板

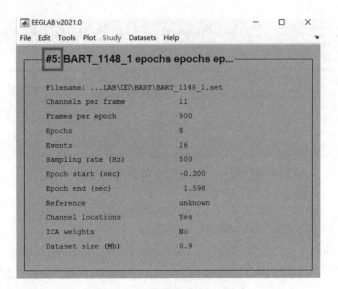

圖22-23　數據編號示意圖

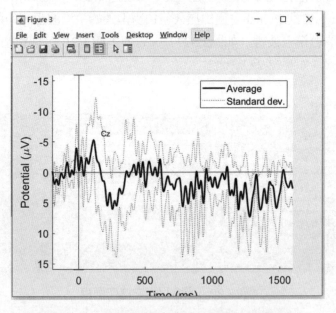

圖22-24　組合平均線及標準差線之示意圖

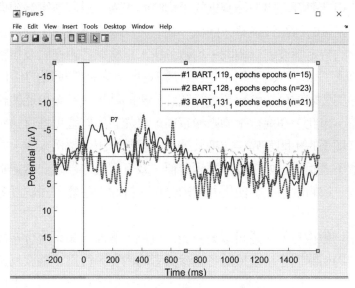

圖22-25　個別波線之示意圖

第四節　研究結果之分析

　　從研究目的與蒐集之數據，將決定使用何種分析方法。首先，在腦波反應的研究中，研究員根據實驗的分組、腦波類別、前後測等變項，提取各組的實驗數據進行整體的平均計算，以製作相關的腦波反應圖。例如，在比較成癮者與一般成人的停止訊號作業的腦波反應時，針對兩組參與者停止反應中腦波反應平均計算，得出兩組的腦波振幅的平均趨勢圖，以便截取腦波N2和P3的時間窗口（time window）和觀察各組參與者的反應樣態，以相應的時間窗口計算每位參與者自身的腦波反應之平均數值，並進行統計分析。

　　在統計分析上，為了研究實驗組與控制組的各種結果差異性，針對各組的參與者個別之行為和腦波反應的平均反應數據，進一步進行組內平均數計算。例如，研究員先把實驗組和控制組之每位參與者的個別行為及腦波數據進行平均，以取得每位參與者在該實驗中其平均行為及腦波反應資料，然後在統計軟體（如SPSS）使用各位參與者的平均數進行統計分析。使用統計分析軟體，根據研究目的所需觀察的方式進行檢定，常見為組間行為反應平均數檢定、腦波反應平均數檢定、相關性檢定等。就停止訊號作業的行為反應而言，研究員

透過檢定各組參與者之錯誤後減慢的平均時間差異，以觀察實驗組與控制組在應對自身犯錯後的適應性調整。同樣，在腦波反應也可使用平均數檢定，選取某時間窗口的特定腦波進行組間平均數分析，以檢驗各組在腦波振幅的反應上是否達到顯著差異，以了解不同組別在特定作業之神經反應的活化程度。不過，一些參與者變項可能會影響進行統計分析的結果，甚至可能使統計分析結果產生偏差。因此，在進行平均數檢定前，可先對這些變項進行檢定，確認哪些變項具有顯著的組間差異，並把其納入共變數分析。舉例來說，每位參與者的內在變項不盡相同，如年齡、菸酒習慣、教育程度等，無法透過戒斷或實驗操弄來達到一致的狀態，須使用共變數分析，排除上述變項對統計分析結果之影響。

除了平均數檢定外，還可以對量表、行為、腦波等結果進行相關性分析。研究員可透過相關性分析來檢驗各組參與者的內在、行為、腦波反應的相關程度，以了解各項表徵之間的關係。例如，記錄參與者在負面情緒調節量表得分（negative mood regulation, NMR），並以此得分與停止訊號作業的行為及腦波反應進行相關性檢定，得出負面情緒與各項反應間正相關或負相關關係，藉由此結果來說明參與者的行為或腦波反應可能受到某些內外在因素之增強或減弱。

由此可見，研究者可根據研究目的，選取對應的統計檢定方法，如平均數檢定和相關性分析。假設樣本存在無法操弄的內在變項，可透過共變數分析來排除其帶來的影響，提升統計檢定力。此外，一些實驗設計具有前後測或多階段的測試，可使用重複測量以檢定組間、組內、各階段的差異及變項效果。因此，研究員可因應不同的研究目的、實驗設計、研究數據的樣態，選取有效檢定的分析方法。

第五節　結論與建議

從神經生理的角度來探討犯罪行為，除了能夠以外顯行為表徵來觀察個體或行為人的行為傾向，也能深入至神經反應來分析不同族群在各項行為和神經反應的差異之處。就以事件相關電位為例，事件相關電位遵循時序性，針對個體在特定反應及時間點之行為和神經活動反應，以檢驗特定個體或族群的行為及神經特徵，並對該反應加以分析並說明該差異性所代表之意義，從而了解個

體在實施某行為的影響因素。雖然事件相關電位能夠以時序來針對性檢測特定行為和神經活動反應，但在非實驗室刺激或特定刺激時，無法檢測個體的特定腦波反應，難以了解某個體平常狀態下的大腦運作。因此，研究者可運用事件相關電位檢測特定刺激反應，也可以透過功能性磁振造影（functional Magnetic Resonance Imaging, fMRI）檢測個體在靜息狀態下血氧濃度之變化，以了解各個腦區間的運作。

　　研究者也可設計讓參與者接受治療或操弄的方法，來針對某疾患或腦區進行治療，並透過記錄個體接受操弄的前後差異，分析該神經生理的治療成效，達至治療和預防再復發的效果，如經顱磁刺激（Transcranial Magnetic Stimulation, TMS）和經顱直流電刺激（trans Cranial Direct Current Stimulation, tDCS）。

　　總體而言，沒有任何一種研究方法能夠完全檢測個體的神經生理功能，研究者應按研究樣本、研究目的、實驗設計、研究數據的所需，以最適合或多項的方法和儀器來檢測參與者的行為及神經活動，才能有效檢驗不同參與者的神經性差異，並透過這些功能性差異，以了解特定族群在行為，甚至犯罪上的可能誘因和影響因子，後續予以預防和治療的策略。

參考文獻

Ana Torres et al. (2013). "Emotional and non-emotional pathways to impulsive behavior and addiction." Front. Hum. Neurosci, 21.

Baldauf D. & Deubel H. (2009). "Attentional selection of multiple goal positions before rapid hand movement sequences: An event-related potential study." Journal of Cognitive Neuroscience, 21(1), 18-29.

Barratt E. S. et al. (1994). "Impulsiveness and aggression." Violence and mental disorder: Developments in risk assessment, 10, 61-79.

Beste C. et al. (2011). "On the role of fronto-striatal neural synchronization processes for response inhibition – evidence from ERP phase-synchronization analyses in pre-manifest Huntington's disease gene mutation carriers." Neuropsychologia, 49, 3484-3493.

Chandrakumar D. et al. (2018). "Event-Related Potentials in Relation to Risk-Taking: A Systematic Review." Frontiers in behavioral neuroscience, 12, 111

Cohen, M. X. &Ranganath, C. (2007). "Reinforcement learning signals predict future decisions." Journal of Neuroscience, 27(2), 371-378.

Corr P. J. & McNaughton, N. (2008). "Reinforcement Sensitivity Theory and personality." In P. J. Corr (ed.). The reinforcement sensitivity theory of personality, pp. 155-187.

Daffner K.R. et al. (2011). "Mechanisms underlying age- and performance-related differences in working memory." J CognNeurosci, 23, 1298-1314.

Dong, G. et al. (2010). "Impulse inhibition in people with Internet addiction disorder: electrophysiological evidence from a Go/NoGo study." Neurosci. Lett., 485, 138-142.

Euser A. S. et al. (2011). "Acute effects of alcohol on feedback processing and outcome evaluation during risky decision-making: an ERP study." Psychopharmacology, 217, 111-125

Everitt B. J. & Robbins T. W. (2000). "Second-order schedules of drug reinforcement in rats and monkeys: measurement of reinforcing efficacy and drug-seeking behaviour." Psychopharmacology, 153, 17-30

F. Versace et al. (2011). "Brain reactivity to emotional, neutral and cigarette related stimuli in smokers." Addict. Biol., 16, 296-307.

F. Versace et al. (2012). "Beyond cue reactivity: blunted brain responses to pleasant stimuli predict long term smoking abstinence." Addict. Biol., 17, 991-1000.

Folstein J. R. & Van Petten C. (2007). "Influence of cognitive control and mismatch on the N2 component of the ERP: a review." Psychophysiology, 45, 152-170.

Gajewski PD, Falkenstein M. (2013). "Effects of task complexity on ERP components in Go/Nogo tasks." Int J Psychophysiol, 87(3), 273-278.

Garavan, H., Kaufman, J. N., & Hester, R. (2008). "Acute effects of cocaine on the neurobiology of cognitive control." Philos. Trans. R. Soc. Lond. B Biol. Sci., 363, 3267-3276.

Gary J.A. (1990). "Brain systems that mediate both emotion and cognition." Cogn Emotion, 4, 269-288.

Gehring W.J. & Willoughby A.R. (2002). "The medial frontal cortex and the rapid processing of monetary gains and losses." Science, 295, 2279-2282.

Goldstein R.Z. & Volkow ND. (2011). "Dysfunction of the prefrontal cortex in addiction: neuroimaging findings and clinical implications." Nat Rev Neurosci, 12, 652-669.

Gu R. et al. (2010). "Anxiety and feedback negativity." Psychophysiology, 47, 961-967.

Gu, R., Zhang, D., Luo, Y., Wang, H., & Broster, L. S. (2018). "Predicting risk decisions in a modified Balloon Analogue Risk Task: Conventional and single-trial ERP analyses." Cognitive, affective & behavioral neuroscience, 18(1), 99-116.

Hassall C. D. et al. (2013). "What do I do now? An electroencephalographic investigation of the explore/exploit dilemma." Neuroscience, 228, 361-370

Hirsh J. B. & Inzlicht M. (2008). "The devil you know: Neuroticism predicts neural response to uncertainty." Psychological Science, 19(10), 962-967

Holroyd C. B. et al. (2003). "Errors in reward prediction are reflected in the event-related brain potential." Neuroreport, 14, 2481-2484.

Holroyd C. B. & Coles MGH. (2002). "The neural basis of human error processing: reinforcement learning, dopamine, and the error-related negativity." Psychol Rev., 109, 679-709.

Horn N. R. et al. (2003). "Response inhibition and impulsivity: an fMRI study." Neuropsychologia, 41, 1959-1966.

Houston R.J. & Stanford M.S. (2001). "Mid-latency evoked potentials in self-reported impulsive aggression." International Journal of Psychophysiology, 40(1), 1-15.

Huster R. J. et al. (2010). "The role of the cingulate cortex as neural generator of the N200 and P300 in a tactile response inhibition task." Human brain mapping, 31(8), 1260-1271.

I.H. Franken et al. (2003). "Neurophysiological evidence for abnormal cognitive processing of drug cues in heroin dependence." Psychopharmacology, 170, 205-212.

I.H. Franken et al. (2004). "Two new neurophysiological indices of cocaine craving: evoked brain potentials and cue modulated startle reflex." J. Psychopharmacol., 18, 544-552.

J. Cousijn et al. (2013). "Cannabis dependence, cognitive control and attentional bias for cannabis words." Addict. Behav., 38, 2825-2832.

Jiang Haifeng et al. (2015). "P300 event-related potential in abstinent methamphetamine-dependent patients." Physiology & Behavior, 149, 142-148.

Johnston V.S. et al. (1986). "Multiple P3s to emotional stimuli and their theoretical significance." Psychophysiology, 23, 684-694.

K. Namkoong et al. (2004). "Increased P3 amplitudes induced by alcohol related pictures in patients with alcohol dependence." Alcohol. Clin. Exp. Res., 28, 1317-1323.

Kamarajan C. et al. (2004). "The role of brain oscillations as functional correlates of cognitive systems: a study of frontal inhibitory control in alcoholism." International Journal of Psychophysiology, 51(2), 155-180.

Kóbor A. et al. (2014). "Different strategies underlying uncertain decision making: higher executive performance is associated with enhanced feedback-related negativity." Psychophysiology, 52, 367-377.

Kohno M. et al. (2014). "Risky decision making, prefrontal cortex, and mesocorticolimbic functional connectivity in methamphetamine dependence." JAMA psychiatry, 71(7), 812-820.

Kok A. et al. (2004). "ERP components associated with successful and unsuccessful stopping in a stop signal task." Psychophysiology, 41(1), 9-20.

Koob G. F. & Volkow N. D. (2010). "Neurocircuitry of addiction." Neuropsychopharmacology,

35, 217-238.

L. D. Nickerson et al. (2011). "Cue reactivity in cannabis-dependent adolescents." Psychol. Addict. Behav., 25, 168.

Logan G. D. et al. (1997). "Impulsivity and Inhibitory Control." Psychological Science, 8(1), 60-64.

Luijten M. et al. (2014). "Systematic review of ERP and fMRI studies investigating inhibitory control and error processing in people with substance dependence and behavioural addictions." J Psychiatry Neurosci., 39(3), 149-69.

M. Littel & I. H. Franken (2007). "The effects of prolonged abstinence on the processing of smoking cues: an ERP study among smokers, ex-smokers and never-smokers." J. Psychopharmacol., 21, 873-882.

M.C. Van de Laar et al. (2004). "Event-related potentials indicate motivational relevance of cocaine cues in abstinent cocaine addicts." Psychopharmacology, 177, 121-129.

M. J. Herrmann, H. Weijers, G. A. Wiesbeck, D. Aranda, J. Böning, & A. J. Fallgatter (2000). "Event related potentials and cue-reactivity in alcoholism." Alcohol. Clin. Exp. Res., 24, 1724-1729.

Miltner W. H. et al. (1997). "Event-related brain potentials following incorrect feedback in a time-estimation task: evidence for a 'generic' neural system for error detection." J. Cogn. Neurosci., 9, 788-798.

Morie K. P. et al. (2014). "Intact inhibitory control processes in abstinent drug abusers (II): a high-density electrical mapping study in former cocaine and heroin addicts." Neuropharmacology, 82, 151-160.

Nelson B. D. et al. (2016). "The impact of an unpredictable context and intolerance of uncertainty on the electrocortical response to monetary gains and losses." Cognitive, Affective, & Behavioral Neuroscience, 16(1), 153-163.

Nieuwenhuis S. et al. (2005). "Decision making, the P3, and the locus coeruleus-norepinephrine system." Psychological Bulletin, 131(4), 510-532.

Oberg S. A. et al. (2011). "Problem gamblers exhibit reward hypersensitivity in medial frontal cortex during gambling." Neuropsychologia, 49, 3768-3775.

Oliveira F. T. et al. (2007). "Performance monitoring in the anterior cingulate is not all error related: expectancy deviation and the representation of action-outcome associations." J. Cogn. Neurosci., 19, 1994-2004.

Onoda K. et al. (2010). "Feedback-related negativity is correlated with unplanned impulsivity." Neuroreport, 21(10), 736-739

Pandey A K. et al. (2012). "Neurocognitive deficits in male alcoholics: an ERP/sLORETA analysis of the N2 component in an equal probability Go/NoGo task." Biol. Psychol., 89,

170-182.

Polich J. (2007). "Updating P300: an integrative theory of P3a and P3b." Clin. Neurophysiol., 118, 2128-2148.

Proudfit G. H. (2015). "The reward positivity: From basic research on reward to a biomarker for depression." Psychophysiology, 52(4), 449-459.

Ramautar JR et al. (2006). "Effects of stop-signal modality on the N2/P3 complex elicited in the stop-signal paradigm." Biol Psychol, 72(1), 96-109.

San Martín R. (2012). "Event-related potential studies of outcome processing and feedback-guided learning." Frontiers in human neuroscience, 6, 304.

Schneider-Garces N. J. et al. (2010). "Span, CRUNCH, and beyond: working memory capacity and the aging brain." J CognNeurosci, 22, 655-669.

Schonberg T. et al. (2012). "Decreasing ventromedial prefrontal cortex activity during sequential risk-taking: an FMRI investigation of the balloon analog risk task." Front Neurosci, 6, 80.

Senderecka M. (2016). "Threatening visual stimuli influence response inhibition and error monitoring: An eventrelated potential study." Biological psychology, 113, 24-36.

Smith J. L. (2011). "To Go or not to Go, that is the question: do the N2 and P3 reflect stimulus- or responserelated conflict." Int. J. Psychophysiol., 82, 143-152.

Smith J. L. et al. (2008). "Movement-related potentials in the Go/NoGo task: the P3 reflects both cognitive and motor inhibition." Clinical neurophysiology, 119(3), 704-714.

Smith J. L. et al. (2013). "Motor and non-motor inhibition in the Go/NoGo task: an ERP and fMRI study." Int. J. Psychophysiol., 87(3), 244-253.

Sokhadze E. et al. (2008). "Event-related potential study of executive dysfunctions in a speeded reaction task in cocaine addiction." J. Neurother., 12, 185-204.

Tanji J. & Hoshi E. (2008). "Role of the lateral prefrontal cortex in executive behavioral control." Physiol. Rev., 88, 37-57.

van Dinteren R. et al. (2014). "P300 Development across the Lifespan: A Systematic Review and Meta-Analysis." PLOS ONE, 9(2), e87347.

Verdejo-Garcia A. et al. (2018). "Stages of dysfunctional decision-making in addiction." Pharmacol Biochem Behav., 164, 99-105.

Volkow N. D. et al. (2011). "Addiction: beyond dopamine reward circuitry." Proceedings of the National Academy of Sciences, 108(37), 15037-15042.

Von Stein A. &Sarnthein J. (2000). "Different frequencies for different scales of cortical integration: from local gamma to long range alpha/theta synchronization." International journal of psychophysiology, 38(3), 301-313.

Walsh M.M. & Anderson, J. R. (2012). "Learning from experience: event-related potential correlates of reward processing, neural adaptation, and behavioral choice." Neuroscience & Biobehavioral Reviews, 36(8), 1870-1884.

Xia, L., Gu, R., Zhang, D., & Luo, Y. (2017). "Anxious Individuals Are Impulsive Decision-Makers in the Delay Discounting Task: An ERP Study." Frontiers in behavioral neuroscience, 11, 5.

Zheng D. et al. (2008). "The key locus of common response inhibition network for no-go and stop signals." J. Cogn. Neurosci., 20, 1434-1442.

Zheng Y. et al. (2015). "Contextual valence modulates the neural dynamics of risk processing." Psychophysiology, 52, 895-904.

楊士隆、鄭凱寶

前　言

　　近年刑事司法與犯罪學研究日益熱絡，採用的研究方法不外乎量化或質化研究。量化研究較關心的是設計、測量以及抽樣的演繹性議題，質化研究在於原始資料的豐富性、結構以情感的歸納性議題（Neuman, 2000; 2002），大部分的社會科學研究是以一般個體為研究對象，例如，量化研究的實驗、調查、評估研究法、單案研究設計（single subject research design），以及質化研究的田野調查、參與觀察、深度訪談、焦點團體法、歷史比較研究、個案研究法（case study），較少涉及以菁英（elite）為研究對象的研究法。

　　由於菁英係專門領域的傑出專家，通常因為在專門領域的豐富經驗，而具備出眾的判斷力，在研究問題與政策擬定的預測上有良好的反饋意見，關於以菁英為研究對象，Neuman（2000）指出居於正式或非正式權位的人，研究者不能透過隨機抽樣的方式去研究他們，因為「菁英本身的特色之一就是數量稀少，難以接近，菁英們建立屏障以讓成員遠離社會的其他人」（Hertz & Imber,1993），研究途徑包括針對菁英的演說進行內容分析（Seider, 1974），探討菁英的決策網絡（Knoke, 1993）等方式，要辨識並鎖定菁英不是很容易的，所以研究的生手並不適合來研究他們（Neuman, 2000; 2002），但以匿名反饋函詢專家為特點的德菲法（Delphi method），即係最為合適的研究方法，以下分別就其簡史與適用研究主題、定義與研究類型、特性及步驟分別敘述，並舉筆者進行實證研究為例加以說明，最後並述說其研究倫理與限制。

第一節　簡史及適用研究主題

　　在德菲法提出以前，學者一直努力想改善進行預測時的準確度，1936年MacGregor的研究中發現，由群體所進行的討論，預測的準確度往往高於個人

研究所發現的預測（Loye, 1978）。同樣在1930年代，社會心理學關於團體壓力的研究中也發現，面對面時所產生的從眾壓力，使得團體成員不得不附從多數人的意見，形成所謂「樂隊花車效應」（band wagno effect），使得群體進行的決策常因人際間的壓力產生偏差。德菲法的形成與以下兩個先期研究有很大的關係，其一是1948年針對改進賭馬的成績所進行的近似德菲法的研究（Preble, 1983; Woudenberg, 1991）。其二就是Hemler與Dalkey在1950年代於蘭德（Rand）公司所進行的企圖增進團體預測準確性研究的計畫，此計畫從此確立了德菲法的研究地位（張宜慶，1998；袁建中，2008；陳珮華，2008）。本節分別敘述德菲法簡史及適用研究主題。

一、德菲法簡史

「Delphi」此字源於古希臘的名城，傳說太陽神阿波羅（Appol Pythios）曾居住在此城阿波羅神殿之Omphalos石上，此城內最有名的即是太陽神阿波羅的神諭（Apollo Oracle），而神諭是神殿中用來解惑與預測未來的工具，因此哲學家Abraham Kaplan便以此名稱命名，譬喻這種方法具有權威及預測未來的功能（Linstone & Turoff, 1975；高新發，2006）。起初德菲法的研究是一種廟宇中推測未來的工具，最早被使用於預測馬賽的結果，經一連串發展後，用來構建團隊溝通流程，採匿名發表意見，以排除互相干擾，應對複雜任務難題的技術。

德菲法是1948年，由美國加州蘭德公司（Rand Corporation）研究發展出來，起初德菲法的研究計畫是由Norman Dalkey與Olaf Helmer兩位數學家主持，當時公司在美國空軍贊助下從事一項國防研究，將其命名為德菲計畫（Project Delphi），這項計畫是使用一連串廣泛密集問卷，並輔以控制回饋（feedback）資訊，期望透過專家意見，了解蘇聯戰略設計者的觀點，衡量癱瘓美國軍需工業的最佳攻擊目標群，並估計所需的原子彈數目，以降低軍需品的數量，藉由彙集專家的一致意見，擬定因應蘇聯的戰略計畫，蘭德公司與美國空軍合作的預測研究中，選擇科學突破、人口成長、自動化、太空發展、戰爭的可能性，及其預防與未來的武器系統等六個題材進行研究。因為屬於國防機密，當時並未對外公開研究內容與結果（Linstone & Turoff, 1975；高新發，2006；張作貞，2003；戴智啓，2006）。

1960年代中期，Gorden與Helmer於1964年發表Report on a Long Range Forecasting Study，首先將德菲法引用於軍事以外的領域，工、商業界便開始逐

漸應用在企業各項事務的意見；1970年代，Linstone與Turoff於1975年亦提出政府機關、學術機構也運用此法做政策評估的方法，醫療保健問題則開始運用並進行預測（Gordon & Helmer, 1964; Linstone & Turoff, 1975；張作貞，2003）。

二、適用研究主題

並不是每個現象都需要透過嚴謹的科學的研究，才能獲得知識。例如，小孩在成長的學習來源是父母，沒有經過科學訓練的父母，亦能教導小孩基本的人際互動，畢竟知識來源不僅限於科學，而是來自於經驗累積。如同愛因斯坦所提「知識唯一的來源是經驗」（The only source of knowledge），以及「科學不過是把日常所思加以精煉」（The whole of science is nothing more than a refinement of everyday thinking），但經驗累積亦存在許多錯誤的風險，包含權威。我們可以從父母、老師及專家獲得知識，因爲經驗告訴我們，他們是權威（authority），但父母及老師的認知不見得正確，即便是專家亦有可能犯錯；其次是傳統（tradition），在過去傳統上認爲地球是平的，地球是宇宙的中心，但早在亞里斯多德於西元前330年提供地球是球形的證據，哥白尼在1514年提出地球圍繞太陽以及地球是球形證據的「短論」，輔以1519年葡萄牙探險家麥哲倫率船隊首次環繞地球的航行，並經哥白尼反系統性質宜與反覆驗證而出版「天體運行論」（De revolutionibus），傳統認知才被推翻。因此，經驗累積而得的知識，不見得能經過科學的考驗；而科學檢驗的成果，亦非知識的唯一來源。

社會科學研究方法研究步驟以Neuman歸納出七個步驟（Neuman, 2001），起於「研究主題的選擇」，研究者對有興趣的社會現象諸如離婚、犯罪等議題進行研究。其次是「研究問題的聚焦」，將聚焦在可以操作化的問題，例如「影響青少年犯罪與中止的因素」。第三在「研究的設計」，主要在選擇研究對象以及獲取資料的方式，便涉及探索性、描述性或解釋性的研究目的取向。第四爲「資料的蒐集」在量化研究上，以研究工具，例如問卷調查研究對象，研究者是客觀不涉入，資料取得的信度仰賴統計技術的信度考驗；但質化研究的資料蒐集，因爲研究者本身就是重要研究工具，資料取得沒有統計技術的協助，仰賴研究者、理論文獻與研究對象的眞誠之三角驗證法來確保資料的眞實性。至於，第五至第七步驟「資料的分析」、「資料的解釋」、「研究結果的報告」，在量化研究的資料取得後，主要轉化成數字、並以統計技術分析因果等關聯性之研究結果，加以撰寫成研究結果，並接受檢驗後完成正式

報告出版；在質化研究的資料因爲主要爲文字、圖像或實物，並以有經驗的研究者本身加以分析與解釋資料撰寫研究成果，一樣接受檢驗後完成正式報告。

　　德菲法是一種介於質性研究與量化研究之間的研究方法，因爲其採用的蒐集資料方法是問卷調查，同時運用統計方法來協助研究的進行，例如，用次數分配（或百分比分配）來比較對某一議題究竟贊成的人多？還是反對的人多？以及多多少？同時也可用t檢定了解對於同一個填答在不同次、卻是（幾乎）相同題目的問卷所蒐集來的資料之答案是否已呈現固定的型態（如果臨近兩次施測結果之差異已未達顯著，則表示施測可以停止），因此可說是頗爲類似量化的研究。不過，由於問卷的問題多爲開放式的，因此在資料的分析時，又大多是針對文字資料進行處理，故又類似質性研究。不過總括來說，由於實質上在處理的資料還是以文字爲主，因此還是將德菲法歸類爲質性的研究方法（Gupta & Clarke, 1996；潘淑滿，2003；王雲東，2021）。爰此，德菲法適用的研究主題，除了適用質性研究途徑的探索性研究，係多爲新的、極少或較少人研究，較無清晰圖像的研究主題，但爲讓研究在預測上得到有效的專家信效度，研究對象爲特定領域的專家學者等菁英，爲避免渠等互相干擾等因素，德菲法便爲最適當的研究方法。

第二節　德菲法的類型及其施測步驟

　　Murry與Hammons認爲，由專家集體討論、共同決策所產生的結果應比個別思考所得出的結論更爲周全，尤其是集體討論的成員都是該領域學有專精的專家；但若是在面對面討論的狀況下，較可能因爲許多因素干擾，例如，團體極化（group polarization）、團體思考（group think）、流行效用（bandwagon effect）等，使得集體決策無法達到原先的效果。因此，德菲法是以匿名性的專家爲集體決策的研究方法，針對某一特定的問題，經過反覆的訪談或問卷調查，在排除上述的干擾狀況下，結合專家的知識、意見，達成一致的共識（Murry & Hammons, 1995；潘淑滿，2003；楊千慧、黃美婷，2015）。

一、德菲法

　　德菲法是專家群體決策的結果，不需大量樣本，但樣本應具有代表性，以專家的直覺性主觀判斷，在研究的過程中針對所設定之議題，透過匿名專家

及不斷書面討論的方式，計量出多數專家的看法，以獲取專家群一致之意見（Dalkey & Helmer, 1963；Hartman, 1981；宋文娟，2001；楊千慧、黃美婷，2015）。運用德菲法的實施步驟，扣除研究問題的聚焦後，包括下列10個步驟（林振春，1992；潘淑滿，2003；王雲東、呂傑華，2021）：

（一）**步驟一：決定問卷的施測方式**。在匿名性原則下，尚有研究時間、空間與經費考量，因此可能施測方式包括：

　　1. e-mail方式或線上表單：時間相對節省，為最常使用方式。

　　2. 郵寄方式：較為耗時，且回覆率低，適用偏好紙本回答問卷對象。

　　3. 個別遞送方式：將紙本遞送到研究對象辦公室或住宅，俟填答後再去回收，省去研究對象郵寄回覆時間，改善回收率。

　　4. 集體散發填答方式：研究對象集會時，一次散發，惟集合研究對象的機會不多。

（二）**步驟二：選擇回答問卷對象**。研究者在選擇樣本應考慮下列因素：1.關心研究問題且有積極意願參與；2.對研究問題有足夠的認識和知識；3.在調查期間能完成回答問卷的工作；4.對德菲法蒐集資料的方式具有信心並認為具有價值。

　　　　應該由多少人參與此項回答問卷的工作，的確沒有一致的結論。如果是同質性高的團體，大約15至30人便已足夠。如果是異質性高的團體或包括多種不同性質的團體，則參與成員也有可能超過百人（潘淑滿，2003；王雲東、呂傑華，2021）。

（三）**步驟三：編制第一輪問卷**。編制問卷的方式與問卷調查大致相同，惟有下列不同方式：

　　1. 介紹函的撰寫應盡可能私人化。因為德菲法的研究對象係專門領域的專家學者，所以直接稱呼其職稱，而非稱某某先生／女士。例如，某某教授。

　　2. 第一次問卷大都採開放式問題，作者說明必須配合舉例。同時要避免引誘性的例子，而應保持中立的角色。

　　3. 減少受訪者的基本資料調查。除非研究需要，否則盡可能減少，以免匿名性受到挑戰。

（四）**步驟四：進行問卷調查**。為提高問卷回收率，可以採取電子郵件或親自遞送回收方式，倘需郵寄，應附上回郵信封。

（五）**步驟五：回收問卷與催促寄回問卷**。約在寄出問卷十天後，可以清點回

收數，在截止日期爲止，若還未回收到，應逐一拜訪催促回收。

（六）**步驟六：分析第一輪問卷**。由於受訪者係菁英群，可以透過第一輪問卷蒐集更多意見，內容較爲開放且結構相對鬆散，重點在針對評分結果，以及對意見的分析，由工作小組成員集體爲之，以避免個人主觀意見影響研究結果。

（七）**步驟七：編制第二輪問卷**。根據第一輪研究結果，將所有受訪者一致的意見再次送給所有受訪者確認；針對分歧的意見，則由受訪者再次評估作答，以便讓每一位受訪者了解到不同專家看法的異同之處。編制第二輪問卷的格式，通常包括三部分：中間的欄位是整理自第一輪問卷的分析結果，並將其轉化爲語意完整的項目或問題。右邊的欄位是要求受訪者對此項目分別作同意、不同意或質疑的填答欄。左邊的欄位則供受訪者評量這些意見的優先次序或重要性，評量等第可以採用李克特五點量表（林振春，1992；潘淑滿，2003；王雲東、呂傑華，2021）。

（八）**步驟八：分析第二輪問卷**。原則與步驟同分析第一輪問卷。

（九）**步驟九：編制第三輪問卷**。原則與步驟同編制第二輪問卷，惟第二輪問卷倘以滿足要件，則無需編制第三輪問卷。

（十）**步驟十：分析第三輪問卷及撰寫結果報告**。原則與步驟同分析第一輪問卷，但需要將研究結果呈現出來。

二、修正式德菲法

修正式德菲法企圖改善德菲法在施測上較耗時、不易控制進度、專家群的意見容易產生前後矛盾的狀況，修正式德菲法採用大量文獻所彙整之問卷，取代先統整專家意見而設計出之調查問卷，如此可節省大量時間，且能夠集中專家群在研究問題上的注意力，因此發展出「修正型德菲法」（modified Delphi method）。所謂「修正型德菲法」是擷取德菲法的精神與優點，把繁雜的問卷進行過程簡化，常見的修正方式，包括「省略開放式問項，以及設計重要性與等級評量」以縮減專家檢視下爲修正式德菲法之執行步驟（Listone & Turoff, 1975；林振春，1992；袁建中，2001；李芳甄，2002；潘淑滿，2003；何墨儀，2006；楊千慧、黃美婷，2015）：

（一）**步驟一：確定研究問題，設計問卷**。即設定目的與需求後，以文獻整理探討的方式，使用量表方式設計問卷，惟與傳統德菲法不同之處在於省略開放式問項。

（二）**步驟二：選擇專家，組成專家小組的研究象**。確認並聯繫與決策主題熟悉的專家組成專家小組，先針對主題進行詳盡解說讓專家們可以快速掌握問題的核心，以利過程順利進行。專家小組人數須以所研究的主題與範圍來決定，10到50人都是可接受範圍，以20人左右為宜（Jones & Twiss, 1978；謝邦昌，2000），參與德菲法之學者專家應具備條件（Whitman, 1990；高森永，1995；劉慧蓉，2000）：

1. 調查研究主題領域的專長，包括實務經驗及理論研究等二方面專長。
2. 擁有豐富的資訊可與人分享。
3. 被公認具某方面特殊的知識或技術。
4. 具有參與德菲研究法調查工作之熱忱。
5. 認為研究結果將包含其所珍視之資訊。

（三）**步驟三：發放問卷並回收問卷**。決定好整個德菲法研究程序的條件與標準後，將文獻回顧所設計好的問卷發給專家小組進行問卷調查，步驟與傳統德菲法一致。

（四）**步驟四：整理並分析前一回合問卷，確認專家問卷的一致性，並發展後續問卷**。彙整全體專家的個別意見後以量化分析的方式來呈現，並分別請專家答覆或補充修正，總和全體專家的意見形成一致性的共識，若全體專家的意見可綜合成一致的結果，則完成德菲法問卷調查，若無法達成共識，則修正問卷後反覆第三與第四步驟直到趨於一致。德菲法主要以統計方式呈現專家的意見並達到一致性而取得共識，其共識的取得主要在檢測專家小組對「個別題項」敘述的一致性檢定，以及對「整體問卷」的一致性檢定，一致性的檢定，不論是以眾數、中位數或四分位差，在德菲法研究並未有明確定義的標準（Anne et al., 1994；何墨儀，2006）。

（五）**步驟五：整理並撰寫研究結果**。專家小組的意見在最後一回合達成一致，並呈現穩定分布的狀態，即可中止問卷發展，撰寫報告。

三、政策德菲法

　　1960年代後期，為突破傳統德菲法的限制，並迎合政策問題複雜性的需要，於是產生政策德菲法，後者是前者的再擴大，當決策者面臨政策問題結構不良、相當複雜、資訊不足、後果難以估計時，可以邀請學者專家、行政機關代表、民意代表、當事人代表等進行德菲法作業，將團體決策的結果提供決策

者作爲選擇方案的參考，政策德菲法除了採取傳統德菲法複述原則與控制性回饋原則外，並引進其他幾項新的原則（吳定，1999；戴智啓，2006）：

（一）**選擇性匿名**：研究對象只有在預測進行的前幾回合採匿名原則，但當爭論政策替選方案時，他們必須公開爲其論點辯護。

（二）**靈通的多面倡導**：研究對象的選拔標準在「利益」與「淵博」，而非「專業知識」本身，即盡可能遴選代表各方利益的消息靈通的多面倡導研究對象參與其中。

（三）**回答統計兩極化**：在總結研究對象的判斷時，著重於各種不同意見即衝突論點的衡量，它也許用到傳統德菲法的衡量方法，但它又從個人之間與團體之間正反兩極意見的衡量予以補充。

（四）**結構性衝突**：基於衝突爲政策問題的一項正常特性之假設，特別致力於從各種不同的意見及衝突的論點，探測各種可能的政策方案及其結果。

（五）**電腦會議方式**：電腦在可能情況下，被用來處理各研究對象匿名互動的連續過程，因而可免除一連串個別的德菲回答方式。

四、模糊德菲法

　　模糊理論最早由Zadeh（1965）在資訊與控制（information and control）學術專門雜誌上發表模糊集合（fuzzy set）的論文，提出美女的集合、高個子的集合、大數目的集合來解釋所謂模糊集合，之後這樣的觀念經由不斷的研究而成爲所謂的模糊理論（Zadeh, 1965；葉晉嘉等人，2006）。模糊理論處理了不確定性與主觀性的問題特性，爾後在數學、自動控制、家電等領域應用廣泛；在社會科學，亦多有所結合，有鑑於德菲法所遭遇的困難以及限制，部分學者引用了模糊理論的觀念結合成爲模糊德菲法，主要在包含了「不確定性」及「主觀性」，Cai（1996）認爲不確定性存在任何地方，當我們無法確定目標或如何達成目標時，就表示不確定性是存在的（Cai, 1996；葉晉嘉等人，2006）。Dubios與Prade（1980）定義模糊數爲全集合的模糊集合，同時爲正規化（normality）的凸集合（convexsubset）並具有區段性連續（prerewise continous）的隸屬函數；換言之，就是一個特定的模糊集合，其實是0與1集合的拓展，例如傳統集合（classical set）認爲，某集合是介於2到6之間的實數，則1.9不屬於該集合；但模糊理論認爲，任何事情僅僅是程度上的問題，也就是屬於該集合的程度有多大。

　　傳統德菲法爲了達到收斂，必須經過多次問卷，易有耗時、增加成本與反

應率降低等問題，有鑑於此，Murrary等人（1985）首次將模糊理論與德菲法結合，採取兩階段實驗，第一階段要求研究對象使用二值邏輯回答問題，第二階段將研究對象分成實驗組及控制組，分別進行德菲法，實驗組以隸屬度的方式回答，控制組以一般統計來進行，如此重複四次，結果發現實驗組收斂情形較佳（Murrary et al., 1985；葉晉嘉等人，2006）。模糊德菲法國外的實證研究發展，至少包含Kaufmann與Gupta（1988）要求專家提供三點估計（three-point estimate）利用悲觀、中間與樂觀值，作為模糊德菲法計分方式；Ishikawa等人（1993）分別建立極大極小德菲法（max-min fuzzy Delphi method）與模糊積分德菲法（FDM ria Fuzzy Integration）。例如，先詢問專家對象對於產品價格可接受的最小值，以及最大值，建立模糊三角隸屬函數（如圖23-1，模糊三角隸屬函數示意圖；褚志鵬，2009）後，求兩者間積分，以預測方案的施行時程；Chang等人（1995）由離散（discrete）的兩點區間資料以非線性最佳化來定義其連續的模糊函數隸屬，並藉由反覆的專家諮議程序的穩定性來結束程序的準則（Kaufmann & Gupta, 1988；Ishikawa et al., 1993；Chang, 1995；葉晉嘉等人，2006）。

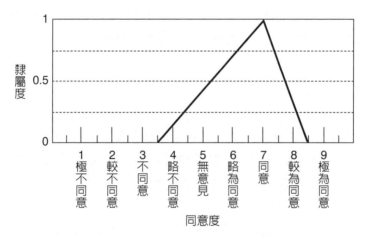

圖23-1　模糊三角隸屬函數示意圖

第三節　德菲法運用的要素及統計分析

　　德菲法在發展初期是應用於預測新的公共政策，因爲成效顯著，逐漸被廣泛運用於其他各種領域。此法在運用過程中，是以匿名性的專家爲集體決策的研究方法，針對某一特定的問題，經過反覆的訪談或問卷調查，在排除上述的干擾狀況下，結合專家的知識、意見，達成一致的共識；除了匿名式的方式之外，德菲法所使用的訪談或問卷調查結果，尚需經過統計與回饋，是以統計方式呈現集體意見，因此被認爲是一種質化與量化並重的研究方法（潘淑滿，2003；何墨儀，2006），本節介紹運用德菲法的要素及統計分析方式。

一、德菲法基本考量與運用要素

　　由於德菲法運用初期係美國軍方所贊助下的產物，目的是在解決複雜的軍事問題，惟有幾項假設前提須滿足，包括：第一，團體比個人擁有更多的資訊，所以做出的判斷較爲正確；第二，專家擁有專業知識，因此以專家來做預測或判斷是合理的；第三，一群的學者專家比其他的群體更能提供正確的資訊；第四，匿名式的訪問或問卷調查可以讓團體訪問或調查時，人際關係的負面影響因素降低，有利於眞實意見的呈現；第五，匿名式的訪問或問卷調查，使得少數意見得到尊重（Dalkey, 1967；何墨儀，2006）。爰有下列特色及運用要素：

（一）德菲法基本考量

　　Couper（1984）認爲要圓滿完成德菲法研究須有三個基本考量，包括：第一，足夠的時間；第二，參與者具有書寫表達和參考統計的能力，以及濃厚的參加意願；第三，問卷的編制以能夠誘導並整合參與者意見爲原則。因此，通常使用德菲法理論進行討論需要一個或多個下列特性（Couper, 1984；張作貞，2003；何墨儀，2006）：

1. 不明確性：當問題無法使用明確的分析技術，但能夠經由在共同基礎下主觀判斷來決定。
2. 複雜性：對於主題存在廣泛性的影響與涉及多層面事務。
3. 從眾性：越多參與之個人較面對面交流互動更爲有效，且討論效果能藉由團體溝通程序而提升。
4. 爭論性：個人間爭論會很嚴重，溝通程序必須使用仲裁或匿名。
5. 現實考量：時間和金錢花費使團體會議舉行較不可行。

（二）德菲法運用要素

德菲法運用有下列六個要素（Linstone & Turoff, 1975; Delbecq et al., 1986; Blow & Sprenkle, 2001；劉慧蓉，2001；張作貞，2003）：

1. 專家小組（expert panel）：專家的組成決定德菲法研究的最終結果。因此小組成員的遴選占相當重要的成因。由於是針對受議主題探討，所以應有各種不同背景、領域、經驗的人士參與。

2. 信度（reliability）及效度（validity）：所謂信度，是指衡量工具的正確性（accuracy）或精確（precision）。信度代表的意義有二：穩定性（stability）和一致性（consistency）。所謂效度，指測量工具能真正測出研究主題的程度。一個良好的工具應有足夠的信度與效度。在德菲法研究過程中，因採重覆施測並予以回饋控制，可以避免部分誤差變異的發生，所以信度及效度可達相當水準。

3. 匿名原則（anonymity）：為避免團體中領導人物引起從眾效應（bandwagon effect）及威權式服從（authoritarian submission）等心理因素，則採用匿名方式使專家小組成員能自由表達意見，並誘導出不同層次的考量，使表示出的看法兼具公平性。

4. 回饋控制（feedback control）：德菲法對研究工具之使用不同於一般問卷的單向溝通。於第一回合專家問卷回收後，研究人員即開始進行統計工作，並於第二回合問卷呈現出第一回合中專家個人之看法及小組之意見趨勢，目的在於使專家們了解自己上次的填答內容和群體中之填答傾向。若是專家的原始意見與群體意見不一致，但是後來對群體意見表示贊同，可於下次填答問卷時修正意見。倘若專家對自己原先意見表達堅持立場，亦可以在下次問卷中陳述原因，這是這項研究之精神所在，可以集思廣益又可以維持專家獨立判斷的能力。

5. 一致性（consensus）：德菲法是以科學的方式彙整專家的意見，以取得共同的看法，使受爭議性的主題獲得共識。

6. 研究者角色的扮演（the role of the researcher）：研究者有責任對專家解說德菲法的目的與程序，使專家能對研究主題提供個人見解，雙方採互動合作方式。

二、德菲法的問卷設計與統計分析

在設定好研究問題主軸，並建立專家學者等菁英受訪者清冊，以建立專家

小組為研究對象後，設計首輪問卷並以統計分析方式，發展後續問卷並收斂專家小組意見，以利撰寫研究成果，以下為問卷設計與統計分析簡介（Linstone & Turoff, 1975; Delbecq et al., 1986; Blow & Sprenkle, 2001；劉慧蓉，2001；張作貞，2003）：

（一）問卷設計

由於德菲法在集合專家小組意見，以探究未臻成熟的研究主題，問卷設計不像調查研究法的問卷調查，用來測量概念之間、變項之間的關聯性與因果關係，德菲法的問卷採用四種方法：

1. 開放式問題：通常用在第一回合問卷時，研究小組人員以開放式方式讓專家就研究主題本身自由發表意見，此舉目的在於不侷限其思考範圍，也就是集眾廣智。在第一回合問卷後，研究人員經內容分析（content analysis）將專家意見歸類，發展第二回合問卷。

2. 「是或否」二分法：在第二回合以後，依所需結果應用不同評量方法。「是或否」二分法為其中一種，主要是請專家對主題表示「贊成」或「反對」、「應該」或「不應該」、「可以」或「不可以」等意見，類似投票表決方式。

3. 等級法（ranking）：要求專家將研究主題按照態度或意見劃分等級，顯示重要性。

4. 量表評分法（Likert scale）：通常以李克特量表，Likert綜合尺度。其設計是將一系列要衡量態度有關的意見在一個五點尺度上標示意見程度。

（二）資料整理及統計分析

德菲法在資料整理分析上有兩項重要工作：其一是要從眾多項目中選出「重要」項目，並排列第一重要或第二重要順序，以便採取措施時優先辦理順序參考的依據；其次是評估共識性是否產生，以決定德菲法研究是否繼續進行。以上兩項工作，有賴以下描述性統計方式呈現團體意見：

1. 選定重要性項目及重要性排序（穩定性）：為使本研究結果更具有實用性，將專家意見以Likert綜合尺度衡量專家的示意程度。把重要性或合適性分成0到5個層級，分別給予評定分數0至5分。分數越高即表示越重要或越合適。以集中趨勢量數分析來求得各項目的平均數（mean）和眾數（mode），了解資料的集中趨勢，即了解專家對各項目重要性的評估情形。算術平均數是一個有效而不偏的代表數，但如果數據中出現不正常的

極大值或極小值時，算數平均數會偏離中心位置，產生誤差。是故，另一種算出中心值的方法是算出眾數。一組觀測值中出現次數最多的數值，就是眾數。眾數通常位於觀測值次數分布曲線的高峰。眾數不受數據中有不正常極大或極小值的影響，但也不能具以了解其他數據分布情形，眾數較適合定性數據的描述。是故，當部分題項未達意見一致標準時，可以問卷的整體穩定程度作為調查是否結束的決定依據，Franchack等人（1984）對穩定度的看法，當前後回合的意見平均數的平均值差距小於15%時，可視為達到穩定度標準。

2. 共識性（一致性）：另以離散量數分析，求得各項目的四分位差（quartile deviation, Q. D.）。將n個觀測值按順序由小到大重新排列後分成四等分，由小的一端算起，第一個分割點的項數 「0(Q)＝n／4＋1／2」所對應的數值稱之為第一個四分位數Q1。第二個分割點的項目也就是居中項，所對應的數值就是中位數，也稱之為第二個四分位數。四分位差具有序位尺度的統計量的特性，只說明中間一半觀測值的分散情形，也不受數據中有不正常極大值或極小值的影響。Fahety（1979）、Hollden與Wedman（1993）看法，當專家群對某能力項目的意見分布四分位差若小於0.6，則此項目專家意見具有高度一致性；若介於0.6和1.0之間，則具有中度一致性；若大於1.0，則表專家群對該題項的意見並未達到一致性的共識。倘以百分比檢定一致性，除了Murry與Hommons（1995）以75%的相同意見作為共識的標準，尚有Green等人（1999）的研究則以80%以上的專家為共識標準。並發展下一回合問卷。

3. 二組資料檢定法：為檢定第一次和第二次問卷結果有無統計上的差異，以無母數統計法（non-parametric method）中符號檢定法（sign test）來分析資料。

第四節　實證研究案例

標籤理論觀點主張，少年越早進入刑事司法體系，其將來停留在刑事司法體系中的時間亦越久，易造成其負向標籤化之影響，為避免造成少年負面標籤的影響，美國在1967年之「執法及司法行政委員會」（President's Commission on Law Enforcement and Administration of Justice, 1967）提出政府及相關單位應

提供少年服務、整合社會資源等審前轉向（pretrial）制度，日本亦有審前轉向規定，如該國少年法第6條第2項，命警察或保護人，對於虞犯少年，於直接移送或通知家庭裁判所前，認為先以兒童福利法所規定之措施為適當時，得直接通知兒童相談所處理（蔡德輝、楊士隆，2021）。惟台灣尚無審前轉向制度，考量少年施用毒品不論是動機與主要施用種類，皆與成年人不同，其主要施用的三、四級毒品，多因好奇誤用、朋友慫恿開始，而司法處遇有標籤化及司法機關的人力與專業能力不足的負面影響，倘對部分施用毒品少年有其他適當措施可替代，可考慮優先採用，以避免少年進入司法體系，影響社會復歸。爰此，楊士隆、馬耀中（2015）執行「探討少年涉毒司法處遇改以行政先行措施替代之可行性評估」，實施步驟及結果如下：

一、第一回合問卷設計

在探討國內外文獻後，透過第一階段深度訪談四組涉毒少年（女）及其家長（手足）與輔導老師（教官）共計12人之涉毒少年需求、學校學習等問題，整理成議題，再採「焦點團體座談法」，選擇少年犯罪防治之學者、專家及實務工作者，進行每場六人，共五場座談，最後根據前二階段結論，發展出「涉毒少年行政先行之可行性」計有六個概念，共計23個題項（問卷如表23-1；楊士隆、馬耀中，2015），並請受試者依適切性程度回答最低1分，最高10分的計分方式，以利集合專家意見，收斂題項，並針對問卷既有題項保留修改意見，以及其他適合測量概念的開放性欄位，以增加題項。

二、選擇回答問卷的成員及第一回合問卷施測

經以少年犯罪防治之學者、專家及實務工作者，進行每場六人，共五場座談提出相關機關，至少包括中央部會之教育部、內政部警政署、衛福部及司法院，以及地方政府的學生校外生活輔導會、少年輔導委員會、毒品危害防制中心、教育局、警察局、社會局、衛生局及其成員，並建立專家小組名冊。

三、第一回合問卷施測

由於集體散發填答方式在時間、空間與經費等選擇最具經濟效益，爰由研究者於2014年3月27日嘉義縣的涉毒少年座談會發放第一回合，包括少輔會、警察局、校外會、教育局、毒防中心、社會局、國中老師、少年觀護人、少年法庭法官、學者等實務工作者，共計11份德菲法問卷（問卷同表23-1；楊士隆、馬耀中，2015），並在同年4月30日止透過email或親自拜訪全數回收。

表23-1　第一回合「涉毒少年行政先行之可行性」德菲法問卷

概念項號	概念項目	適切性程度 ←低適切性高→										修改意見 （假如您對以下評估準則的描述或命名有不同看法時，請提供您的修改意見於此欄）
		1	2	3	4	5	6	7	8	9	10	
1.適用對象問題												
1-1	有學籍的少年初犯三、四級毒品者	☐	☐	☐	☐	☐	☐	☐	☐	☐	☐	
1-2	檢附家長同意書者	☐	☐	☐	☐	☐	☐	☐	☐	☐	☐	
1-3	同意配合學校輔導者	☐	☐	☐	☐	☐	☐	☐	☐	☐	☐	
1-4	需供出毒品來源者	☐	☐	☐	☐	☐	☐	☐	☐	☐	☐	
建議新增概念項目：												

四、分析第一回合問卷標準訂定

　　為求專家間對概念認同的適切性，以及意見是否邁向趨同（即專家意見是否達穩定一致性的共識程度），惟哪一項才為判斷專家意見收斂之最好方式，至今仍缺乏定論。吳明隆、涂金堂（2005）認為，目前較常運用的判斷準則，以適切性來說，適切程度由低至高可分為1至10分，有五種標準，分為（一）極不適切：1～2分；（二）不適切：3～4分；（三）普通：5～6分；（四）適切：7～8分；（五）極度適切：9～10分；共識性則有四種標準可供選擇，分為（一）低標準：70%或75%以上；（二）中標準：85%或90%以上；（三）高標準：80%以上；（四）最高標準：在90%以上。本研究所採適切性評斷標準為，專家所認適切程度的平均數大於7時，該概念將保留；而共識性則採低標準的專家意見共識為70%以上時，保留該概念。

五、編制第二回合問卷

　　為了解專家對本研究德菲問卷之各概念的適切程度及共識性，以平均數大於7者（專家認為該概念完全適切為10分），視為高適切性；另對於CDI值小於0.3者，即專家共識程度大於70%，視為高共識性。以下為對部分施用毒品少年以行政先行措施，替代司法處遇的六個面向及其相關概念（第一回合問卷修正

紀錄，如表23-2），依適切程度及共識性，以適用對象概念爲例，分析如下：

（一）高度適切性及共識性概念：計有二項。分別爲「檢附家長同意書者」及「同意配合學校輔導者」，在適切程度分別爲8.67分及9.22分；共識性各爲80%及91%，顯見此二概念獲得專家高度認同並有高度共識，並保留進入第二回合問卷施測。

（二）需進一步討論研議概念：計一項。「有學籍的少年初犯三、四級毒品者」的適切程度6.89分，已然接近7分之採納值，惟共識性僅53.8%，爰適用對象尚待進一步研議，並予以保留進入第二回合問卷施測。

（三）低度適切性及共識性概念：計一項。「需供出毒品來源者」在適切程度爲5.44分，共適性僅39.7%，顯見本概念對專家而言，係低適切性且爲低共識程度，應捨棄。

六、進行第二回合問卷施測

經彙整第一回合（六個面向，23題）專家意見後，沒有專家針對施測概念題目做文字修正，亦無新增題項，爰就該回合刪除不適合的題項後之第二回合問卷（六個面向，19題），另於2014年7月6日向新北市政府、台中市政府及嘉義縣政府少輔會、警察局、校外會、教育局、毒防中心、社會局，以及中央單位（內政部警政署、少年觀護人等）發出計107份問卷，並於同年8月4日止全數回收。

表23-2　第一回合「涉毒少年行政先行之可行性」德菲法問卷修正紀錄

概念	項次	題項	最小值	最大值	眾數	平均數	標準差	CDI < 0.3	專家意見共識程度%
適用對象問題	1-1	有學籍的少年初犯三、四級毒品者	2	10	9	6.89	3.18	0.462	53.8
	1-2	檢附家長同意書者	5	10	10	8.67	1.73	0.200	80.0
	1-3	同意配合學校輔導者	8	10	10	9.22	0.83	0.090	91.0
	~~1-4~~	~~需供出毒品來源者~~	~~1~~	~~10~~	~~6~~	~~5.44~~	~~3.28~~	~~0.603~~	~~39.7~~

註：1.樣本數11（人）。2.S＝標準差；$\bar{x}$＝平均數；CDI＝s/$\bar{x}$；共識性（%）＝1-CDI。
資料來源：研究者自行整理。

七、第二回合問卷分析

經刪除四個題項後的第二回合問卷計有19題，採取與第一回合統計分析標準，以下為對部分施用毒品少年以行政先行措施，替代司法處遇的六個面向及其相關概念（第二回問卷修正紀錄，如表23-3），依適切程度及共識性，以適用對象概念為例，分析如下：

（一）高度適切性及共識性概念：計有二項。分別為「檢附家長同意書者」及「同意配合學校輔導者」，在適切程度分別為7.07分及7.31分；共識性各為59%及64%，顯見此二概念獲得專家高度認同，惟共識程度不一致，需經進一步討論。

（二）低度適切性及共識性概念：為「有學籍的少年初犯三、四級毒品者」在適切程度為6.93分；共識性為58%，顯見本概念對專家而言，係低適切性且為低共識程度，應捨棄。

八、編制第三回合問卷及撰寫報告

第二回合問卷保留19個概念題項，經檢視適切性平均分數未達7分，且共識度未達60%計有四題，「行政先行的可行性問題」項下「遭警察獲的涉毒少年應移送司法機關，無裁量空間，應修法選取合適的行政先行對象及配套措施」等六題，其適切性平均分數達7分以上，且共識度達70%以上，而予採納。

其餘概念題項共識度未達70%且經討論捨棄為宜者，共有三題，以「適用

表23-3 第二回合「涉毒少年行政先行之可行性」德菲法問卷修正紀錄

概念	項次	題項	最小值	最大值	眾數	平均數	標準差	CDI < 0.3	專家意見共識程度%
適用對象問題	~~1-1~~	~~有學籍的少年初犯三、四級毒品者~~	~~1~~	~~10~~	~~10~~	~~6.93~~	~~2.94~~	~~0.424~~	~~58~~
	1-2	檢附家長同意書者	1	10	10	7.07	2.91	0.412	59
	1-3	同意配合學校輔導者	1	10	10	7.31	2.65	0.363	64

對象問題」爲例，分別爲「檢附家長同意書者」及「同意配合學校輔導者」，經進一步徵詢專家意見，有認爲當事人的意願更重要、亦有專家認爲若家長不同意，是否就不需採此措施，其適切性雖高，但共識性仍低，經觀察上開意見，審認涉毒少年的受輔導意願、學校的配合程度、輔導者的專業程度等因素，可能比是否具備家長同意書等形式要件更重要，爰捨棄。

至於未達70%且經討論採納爲宜者，共有六題，以「警察移送少年進入司法機關問題」爲例，分爲「由內政部警政署統一開發初犯連線查詢系統」及「由教育部開發學籍連線系統供查詢辨識學籍」問題。例如，有專家認爲法院才有最完整資料，少事法有保密規定。咎其原因係部分實務專家顧及少事法的保密疑慮，倘透過溝通或訓練讓部分實務專家釋疑，該二項概念預期將獲得高度共識，爰採納爲宜。

涉毒少年行政先行之可行性，經德菲法上述數個回合研究結論，自第一回合六個概念共23題，至完成時剩下五個概念共12題，在「適用對象」無共識，其餘「評估合適的協助及轉介平台」、「警察移送少年進入司法機關問題」、「個案的需求」、「安置機構的資源協助問題」等四個概念有部分題項具有共識，至於針對行政先行的問題，因遭警察獲的涉毒少年應移送司法機關，無裁量空間，爰結論爲不可行，惟可透過行政與司法併行措施，對不同施用程度的涉毒少年做不同處遇。

第五節　德菲法研究特色與限制

德菲法在研究主題未臻成熟，以及政策決定前的周延評估上，經大量文獻閱讀並設計首輪問卷，復經數回合的問卷施測，雖耗時耗力，但有賴於受試者專業背景及不厭其煩的提供意見，在議題的預測、成熟與完整性有極高的貢獻，以及匿名性特色，讓受試者不會因爲其他參與者的權威干擾，可更廣納接受意見，再加上統計技術協助收斂議題，在進一步聚焦、讓專家意見趨向一致的耗時上，更爲縮短時間；惟仍有部分限制，例如缺乏面對面討論，在需要即時的反饋回應上，往往在資料收斂的過程中，因爲受試者在等待與多回合的施測產生疲乏，而流逝寶貴意見或靈感，大體上來說，德菲法具備下列特色（優點）及限制（Debecq et al., 1975; Murry & Hammons, 1995；李芳甄，2002；張作貞，2003；潘淑滿，2003；何墨儀，2006；王雲東、呂傑華，2021）：

一、德菲法研究特色（優點）

（一）適合政策／計畫／集體目標訂定

在特定議題及事件上，德菲法可對未有明確結論之議題廣泛徵詢專家學者在專業領域的意見，且能凝聚共識，減少因個人有限背景或專業，跨領域尋求更多可能諮詢，避免個人獨擅，提供更有可信及正確的資料。

（二）匿名詢答，維持專家獨立判斷

匿名性的詢答方式讓個別意見得以表達，不受團體人際影響，也可提高問卷的信度與效度，受試者不會因為在團體成員當面表示意見時感受到威脅，或是因為礙於面子極力辯護自己所提的意見，使各個專家保持獨立判斷的能力。

（三）不受時空限制，有利菁英專家回應

打破時空隔離的困境，由於屬於菁英的專家學者時間有限，且常分處各地，不容易集中面對面討論，專家可選擇在適合場所回答問卷，並用各種通訊方式回饋給研究者，可充分節省專家時間，讓各地專家學者亦可共同參與研究，研究者亦可得以撙節研究經費。

（四）達到集思廣益的效果

專家學者所達成一致性的結果，並非個人或少數人意見，有效去除寡頭意見，另在統計方式的呈現，有效率的收斂指標建構模式，亦可透過科學性的蒐集資料，提高指標正確、可信度。

（五）研究者及參與者客觀了解議題

問卷的書面意見，可讓研究者了解及分析共同意見的形成過程，有助於研究進行，而經過多次有控制的書面意見反饋，亦可減少面對面會議中，在不重要的開叉議題上浪費時間討論，或者因為激烈討論影響參與者的情緒。

二、德菲法研究限制（缺點）

（一）德菲法的方法學，不夠嚴謹的信效度問題

德菲法的方法學與概念架構較不嚴謹，例如德菲法在停止／繼續蒐集意見的關鍵點要如何判斷？在方法學上缺乏理論架構的支持，專家學者小組成員間的知識與經驗差距難以量化衡量；另一方面，問卷的編制並未有一結構化標準，有時會有語意模糊現象，使得部分學者懷疑研究結論的可信度。因此德非法較適用缺乏文獻資料或不確定性較高的研究。

（二）耗費時間，不適合具有時效性的研究議題

由於德菲法以多回合詢答的方式進行研究，較之一般的研究方法實施期間長，對於有時效性的研究則較不適合，對於需要快速判斷的預測難以使用。

（三）多回合施測，影響回收率及信效度問題

研究時間長也容易造成問卷回收率降低，易導致受試者專家群的流失，造成共識代表性不足，對研究結果的信效度也容易造成問卷回收率降低，對研究結果的信效度也產生不同的影響。

（四）缺乏面對面溝通，可能有偏差誤導的研究結果

德菲法必須仰賴專家們的直覺知識，面對面溝通除了可以了解彼此想法，亦可激盪出不同的理念，德菲法因爲大多爲書面諮詢，研究結果除了研究者主觀編制問卷時的方向容易有引導作用，施測過程專家本身主觀判斷的干擾，亦爲問題；而量化統計的方式雖可代表多數意見，但也容易忽略少數意見，產生失眞的一致性結論，研究者在研究過程中應謹愼判斷。

（五）專家同質性高及代表性不足，產生的研究限制

專家學者同質性高時，可能缺乏較爲廣泛的面向，使得研究結果涵蓋性不足。選擇專家學者成員時，須同時考慮代表性是否符合議題不同的面向，以眞實呈現意見的全面性；參與討論的成員選擇不平均，偏見將會產生。例如，由一個過多人參與的團體所提出的優勢意見時，可能會左右整個研究結果的選擇。另外，學者專家的數量常視議題而定，無法以統計方法判斷有效誤差。

參考文獻

一、中文

Neuman, Lawrence W（2002），王佳煌、潘中道等譯。當代社會研究法：質化與量化研究途徑。台北：學富。

王雲東、呂傑華（2021）。社會研究方法：量化與質性取向及其應用。新北：揚智文化。

李芳甄（2002）。虛擬攝影棚在臺灣電視節目製作之發展與應用。國立師範大學圖文傳播研究所碩士論文。

何墨儀（2006）。財經頻道可信度之研究。國立政治大學傳播學院碩士在職專班，碩

士論文。

吳明隆、塗金堂（2006）。SPSS與統計應用分析。台北：五南圖書。

高新發（2006）。德菲法／設計研究方法。台北：全華。

袁建中、陳珮華（2008）。以網際網路科技改善德爾菲法應用於技術前瞻之問題。行政院國家科學委員會補助專題研究計畫（NSC96-2416-H-009-002）。

林振春（1992）。社會調查。台北：五南圖書。

陳珮華（2008）。線上德爾菲系統於技術前瞻之研究。國立交通大學科技管理研究所碩士論文。

張宜慶（1998）。電腦網路德菲法研究系統之建購及其可行性研究。國立交通大學傳播研究所碩士論文。

張作貞（2003）。社會研究方法專題。國立暨南國際大學社會政策與社會工作學系博士班未出版課堂講義。

葉晉嘉、翁興利、吳濟華（2007）。德菲法與模糊德菲法之比較研究。調查研究－方法與應用，21，31-58。

楊千慧、黃美婷（2015）。運用修正式德菲法及層級分析法探討團購行為之關鍵因素。中華管理評論國際學報，18（1），31-58。

楊士隆、馬躍中（2015）。探討少年涉毒司法處遇改以行政先行措施替代之可行性評估。教育部委託研究計畫。

楊士隆、馬躍中、鄭凱寶、劉倩妤（2016）。涉毒少年以行政先行替代司法處遇之可行性研究。藥物濫用防治，1（3），1-26。

褚志鵬（2009）。模糊德菲法。國立東華大學企業管理系教學講義。

蔡德輝、楊士隆（2021）。少年犯罪──理論與實務。台北：五南圖書。

劉慧蓉（2000）。長期照護保險之規劃──以德懷研究法（Delphi Technique）。國防醫學院公共衛生學研究所碩士論文。

潘淑滿（2003）。質性研究──理論與應用。台北：心理。

謝邦昌（2000）。市場調查與分析技術。台北：曉園。

戴智啟（2006）。行政機關國會聯絡人工作績效指標建構之研究。國立政治大學學校行政碩士在職專班碩士論文。

二、外文

Anne, E., Neimeyer, G. J., & Pedersen, P. B. (1994). "The Delphi technique: a methodologival discussion." Journal of Advanced Nursing, 19, 180-186.

Blow, A.J. & Sprenkle, D. H. (2001). "Common Factor Across Theories of Marriage and Family Therapy: A Modified Delphi Study." Journal of Marital and Family Theorpy, 27(3), 385-401.

Cai, K. Y. (1996). Introduction to Fuzzy Reliability. USA: Kluwer Academic Publishers.

Chang, I. S., Tsujimura, M. G., & Tozawa, T. (1995). "An Efficient Approach for Large Scale Plonning Based on Fuzzy Delphi Method." Fuzzy Education, 31(3), 417-425.

Couper, M. R. (1984). "The Delphi technique: A tool for collecting opinions in teacher education." Journal of Teacher Education, 31(3), 417-425.

Dalkey, N. & Helmer, O. (1963). "An experimental application of the Delphi method to the use of experts." Management Science, 9(3), 458-467.

Dalkey, N.C. (1967). Delphi Report. Santa Monica,CA: Rand Corportaion.

Delbecq, A. L. et al. (1975). Group techniques for program planning: A guide to nominal group and delphi processes. NJ: Scott, Foresman and Company.

Dubois, D. & Prad, H. (1980). Fuzzy sets and Sysetms: Theory and Applications. San Diego:Academic Press.

Fahety V. (1979). "Continuing Social Work Education: results of a Delphi Survey." Journal of Education for Social Work, 15(1), 12-19

Franchak, S. J., Desy, J., & Norton, E. L. (1984). Research and Development Series. The Ohio State University at Columbus.

Gordon, Theodore. J. & Helmer, Olaf. H. (1964). Report on Long-Range Forecasting Study. CA: RAND Corporation.

Hartman, A. (1981). "Reaching consensus using the Delphi technique." Educational Leadership, 38(6), 495-497

Holden M. C. & Wedman J. F. (1993). "Future issues of computer-mediated communication: The results of a Delphi study." Educational technology research and development, 4(1), 5-24.

Ishikawa, A., Amagasa, M., Shiga, T., Tatsuta, G. Tomizawa, G., & Mieno, H. (1993). "The Max-min Delphi Method and Fuzzy Integration." Fuzzy Set and Systems, 55, 241-253.

Jones, H. & Twiss, B.C. (1978). Forecasting Technology for Planning Decision. NY: Petroceli Books.

Kaufmann, A. & Gupta, M. M. (1988). Fuzzy Mathematical Models in Engineering and Management Science. Amsterdanm: North-Holland.

Knoke, David (1993). "Network of elite structure and decision-making." Sociological Methods and Research, 22, 23-45.

Linstone, H. A. & Turoff, M. (1975). The Delphi method: Techniques and applications. reading. MA: Addison-Wesley.

Loye, D. (1978). The knowledge future: a psychology of forecasting and prophecy. NY: John Wiley and Sons.

Murrary, T. J., Pipino, L.L., & Gigch, J. P. (1985). "A Pilot Study of Fuzzy Set Modification of Delphi." Human Systems Management, 5, 76-80.

Murry, J. W. & Hammons, J. O. (1995). "Delphi A Versatile Methodology for Conducting Qualitative Research." The Review of Higher Education, 18, 426-436.

Preble, J. (1983). "Public sector use of the Delphi technique." Technological Forecasting and Social Change, 23, 75-88

Seider, Maynard S. (1974). "American big business ideology: A content analysis of executive speeches." American Sociological Review, 39, 802-815.

Whitman, Nancy (1990). "The Committee Meeting Alternative;Using the Delphi Tehnique." The Journal of Nursing Administration, 20(7), 30-36.

Zadeh, L. A. (1965). "Fuzzy Sets." Information and Control, 8, 338-353.

馬躍中

前　言

　　工欲善其事，必先利其器。追求真理，必須方法正確，否則只會徒勞無功，淪爲一般市井小民之間的「抬槓」[1]。在研習刑事法學的過程中，初學者往往會犯了用直覺做出判斷，歸究其主因在於，並未接受嚴格的法學訓練[2]，因此，在討論具體個案時，認定事實而忽略其細節，可能會影響裁判的正確性；同理，在法律評價的過程中，欠缺嚴格的思考方法，也可能會造成誤判。

　　其次，在討論刑事法學研究方法，牽涉到幾個有待解決的問題，首先，法學的特性爲何？與其他學科有何不同？刑事法學是否屬於「科學」，這裡的「科學」係指所謂自然科學中的「科學」，如果刑事法學不是科學，我們應該採何種研究方法？本文僅是針對刑事法學研究方法，做初步的探討，希望藉著本論文，給予相關的刑事法學研究人員乃至於碩、博士研究生，刑事法學研究方法的基本概念。

第一節　法學的定位

　　在探討法學在定位，有幾個問題需要釐清。第一，什麼是法學，法學的本質爲何？其次，法學是科學嗎？首先，就法學的本質，依日本憲法大師美濃部達吉於其大著「法之本質」表示[3]，「法是在社會心理事實上，或依權威的規定，或依事實的慣習的力量，或依於理性的判斷，或依這些的結合，而意識其爲社會生活上，人類的意思及利益之強要的規律者。」

　　其次，法學兼具理論的認識及實踐的價值判斷，解釋在實踐的過程中，

---

[1]　這幾年，新聞媒體對於社會事件的引述，常常引用所謂的「鄉民」或「有網友表示」，以此作爲追求真理的「大前提」，恐怕無法追求真理。

[2]　同樣地，在法學課堂的討論中，同學們也常以「我覺得」之個人生活經驗作爲討論的基礎。參考：劉幸義（2015），法律推論與解釋，頁45以下。

[3]　美濃部達吉著，林紀東譯（1983），法之本質（第2版），頁7以下。

與價值密切結合，本於確信，作出最佳判斷。自康德將「事實認定」與「價值判斷」二分法之後，對於屬於事實層面的，屬於經驗性的分析，可用科學判斷；而屬於規範面的，則屬於價值判斷[4]。接下來就先分析法學在社會科學的定位，以及與其他相關學科的比較，希望能找出法學之真正定位，如此一來，才能提出正確的法學研究方法。

一、法學是科學？

　　就研究客體作區別，可分為「社會科學」與「自然科學」兩大學門。前者係以「人」為研究的對象；後者則是以「物」為研究對象。

　　法學是否屬於「科學」，進一步來說，「社會科學」是否可以與「自然科學」中的「科學」等價以觀，在文獻上產生很大的爭議[5]。針對上述「科學」的定義：一個是「再現性」（reproducibility）；另一個是「可驗證性」（verifiability）。「再現性」是科學研究的要件。科學研究報告必須清楚說明研究方法及結果，一方面揭露研究結果是在何種情境下產生，以供他人了解、討論，一方面也讓他人可以採用相同的方法來複製研究[6]。有時候，我們要認識某一事物，是從它發揮出的功能去認識。科學知識的「信實可靠」不是因為它是由某位有信譽的學者所提出、也不是由於科學家多麼辛勤的努力所感動，而是因為它應用起來成效輝煌；例如，某一實驗發現在低壓及高電位下，真空管會有電漿產生並且會作電磁輻射，於是，另外一個實驗室的研究者，只要把環境條件備齊了，同樣的事件必然發生！這類的考驗，叫科學的「可驗證性」。許多科技的發明，就是將「事件發生的必要條件設計出來，而使事件必然地發生」[7]。

　　對於法學是否為科學持批判立場者認為，社會科學研究者本身是人，研究對象也是人，與自然科學以物質或生物為對象不同。科學研究有一點很重要的是，研究者必須以客觀的態度去觀察與分析，若要保持客觀的態度，必須對於被觀察的對象保持一定的距離。社會科學家本身的思想、態度、價值觀念、社會背景、或多或少地會影響科學的準確性以及分析的正確性[8]，法學依其內涵

4　楊仁壽（2010），法學方法論（第2版），頁309以下。
5　持否定見解的學者如：林東茂（2013），猶爭造化功：追憶山田someone師，頁101以下；持肯定見解者如魏鏞（2007），社會科學的性質及發展趨勢（第2版），頁13以下；李惠宗（2018），法學方法論（第3版），頁58以下。
6　吳佳瑾（2015），科學研究現危機——多數研究結果都不可信？，科學月刊，551。
7　陳文典，「科學素養」的內涵，http://phy.ntnu.edu.tw/nstsc/pdf/book5/01.pdf（瀏覽日期：2016年4月1日）。
8　魏鏞，同註5，頁22以下。筆者本身採否定見解，但也引述了似應為否定見解之論點。

及獨特性，並不會符合科學的「可驗證性」[9]。

　　持肯定說法的學者認爲，社會科學應與自然科學一樣具有高度的科學性，主要理由有三：其一，社會科學研究，因爲研究者的設計嚴謹，其研究結果，也與自然科學具備一定的「累積性」（cumulative nature）；其次，由於著重於「經驗性研究」（empirical research），理論與資料的關係日益密切，理論之建立必須與資料相印證；資料之蒐集必須受理論的引導；最後，社會科學的科學性、經驗性的解釋也取代了「臆測性」（speculative）[10]。

　　至於法學，是否屬於「科學」的範疇，應採否定之見解。法學雖然屬於社會科學的範疇，多數的思考，還是偏向了「價值判斷」。許多推論的結果。可能會因爲不同的審判者，既便「案例事實」一致，也會產生不同的結果；其次，任何推論結果，也是客觀無法驗證。例如刑事訴訟法中的測謊，可否找出眞相？不同人的測謊會得到同樣的結果嗎？如果可以，才具備可驗證性。如果結果不會相同（不具可驗證性），那就不是科學，故測謊到底是否爲科學？法律評價不一，所以測謊必須一定的條件之下才具備證據能力，則所謂證據能力即未來可否作爲定罪依據。例：測謊通過顯示無殺人，法官不能因此認定無罪，僅能作爲補強證據。就科學層面與法學交錯研究觀之，測謊一直是爭議點，DNA亦是，有些冤案亦是因DNA驗錯造成的[11]。其次，針對再現性而言，測謊的結果也可能因爲操作者、施測者當天狀況以及其他因素，而有不同的結果。

二、刑事法學與相關學科的比較

（一）刑事法學與刑事政策

　　討論法的本質，常在實然（sein）與應然（sollen）間產生爭議。刑事政策是屬於「應該作怎樣的法」（de lege fereda）；刑事法學是指「現在存在的法，是怎樣的法」（de lege data）[12]。

　　其次，刑事政策基本上屬於立法論的問題，主要在探討一個已經在的刑事

9　林東茂，同註5，頁106以下。

10　魏鏞，同註5，頁20以下。

11　冤案申請再審無罪案例：「陳龍綺DNA重新鑑定，陳龍綺含冤1,490日終獲無罪」，http://www.tafi.org.tw/StatementDetail.php?SId=12（瀏覽日期：2016年4月1日）。

12　美濃部達吉，同註3，頁5以下；de lege fereda是屬於未來的法或尚未生效的法（nach zukünftigen Recht bzw. nach einem noch zu erlassenden Gesetz）；de lege lata即根據適用的法律——法律制度存在矛盾，並制定了衍生的改革建議。（– also nach geltendem Recht – ein Widerspruch in der Gesetzessystematik besteht und daraus abgeleitet Reformvorschläge ausgearbeitet wurden.）https://ferenda.de/de-lege/（最後瀏覽日期：2021年7月8日）。

法律規範（包括普通刑法、特別刑法以及附屬刑法）是否應該存在；或是未規範在刑事法律規範中的犯罪行為，是否應入罪化。所以，刑事政策應該是指一個犯罪行為入罪化的標準。其中牽涉到的問題能有犯罪學、司法精神醫學、刑事法學、社會學等不同領域的科際整合概念。

（二）刑事法學與犯罪學

刑事法學被稱為規範性的社會科學；而犯罪學應屬於經驗性的行為科學，犯罪是一種錯綜複雜的社會事實，犯罪學須與犯罪問題有關的學科加以整合，如法學、社會學、心理學與醫學[13]。關於犯罪構成要件之認定，有賴於犯罪學者從事實證研究，經由實證研究方法，如「量化」或「質性」研究，盡可能的涵蓋特定的犯罪現象面，描繪具體的圖象，而法學者，則是將犯罪現象面，形成具體的條文。

其次，犯罪學是否為科學？採社會學實證主義的孔德（August Comte）及其追隨者主張用科學的方法解決犯罪問題；持否定的看法如傑佛利（C. R. Jeffery）則不完全贊同，因為犯罪學除了研究犯罪人，還牽涉到刑法、犯罪矯治以及犯罪行為[14]。

（三）刑事法學與醫學

醫學到底是不是科學？它有沒有符合科學的「再現性」與「可驗證性」？精確來說，關於醫生診療的過程，不屬於科學。當然，對於醫療儀器的判定，屬於科學，應無疑議。你今天去看醫生，醫生給你開藥，他就叫你張嘴，問你幾天了，就說是感冒開藥，然後沒好三天再來，試問這個醫療行為是否為科學？假設他是科學，你吃完這包藥，感冒就應該要好，事實上，醫生在開藥時多是用經驗判斷，醫學比較偏法學，他在開藥的時候就在猜你可能某種病毒或細菌感染，所以開這個藥或抗生素，所以醫學不認為是科學，它常是經驗判斷，例如以這個個案來講，我們判斷他可能是腸病毒或感冒，醫生常常會誤判，例如幼兒腸病毒你誤判為感冒，或登革熱也可能有誤判的情形，像之前的SARS（非典型流感）[15]或MERS[16]，那種也很難去判斷，針對醫生的誤判，也不

13　林山田、林東茂、林燦璋（2012），犯罪學（增訂5版），頁11。

14　蔡德輝、楊士隆（2012），犯罪學（第6版），頁5-6。

15　嚴重急性呼吸道症候群（英語：Severe Acute Respiratory Syndrome, SARS），是非典型肺炎的一種。中國簡稱為非典，根據英文發音有沙士、薩斯病、沙斯病或煞斯病等多種譯名。https://reurl.cc/Ro7glz（最後瀏覽日期：2016年4月1日）。

16　又稱中東呼吸症候群（英文縮寫：MERS）是一種由中東呼吸症候群冠狀病毒（前稱「2012年新型冠狀病毒」）所引起的新型人畜共患的呼吸系統傳染病。患者常見的症狀為發燒、咳嗽、喉嚨痛或胸痛、腹瀉或嘔吐。http://reurl.cc/7rANQ（最後瀏覽日期：2016年4月1日）。

會有刑法上業務過失之刑責？因爲在合乎醫療常規的前提之下，醫師可以依其經驗可予適當的判斷，所以醫學並不是科學，它唯一符合科學的前提是，它用儀器檢驗之下確定感染的病毒[17]。因此，刑事法學和醫學所牽涉到的「價值判斷」與「診療判斷」不能被視爲科學。

第二節　刑事法學的研究方法

一、應採社會科學研究法？

傳統的社會科學研究方法，大致來說，分爲「量化研究」與「質性研究」，至於刑事法學是否適以傳統的社會科學研究方法，首先須探討社會科學的定義及內涵，其與刑事法學的內涵有何不同？

有關「社會科學」的定義，1980年出版的美國百科全書認爲，「社會科學」主要是指對人類關係進行學習和研究的領域，其知識範圍非常廣泛。社會科學研究的對象有三：（一）人類本身的行爲；（二）人與人之間的關係；（三）人與其生存環境的關係。

至於社會科學研究方法，依其研究設計的信質及資料蒐集的程序，可分爲「非實驗性的方法」、「準實驗性的方法」和「實驗性的方法」等三類。「非實驗性的方法」可分爲個案法以及文件分析法；而「準實驗性的方法」分爲：實地觀察、抽樣調查、心理測驗、長期縱貫性研究，以及比較性的研究；「實驗性的方法」則是指研究者對其研究對象能夠在一種特殊安排的環境中，做有控制的觀察[18]。

就刑事法學而言，多採取「非實驗性的方法」，試圖針對個案或者文件加以分析，再由「演繹法」及「歸納法」作出一定的價值判斷。

二、哲學的角度

從哲學的角度定位社會科學的研究方法，或許也可以找到正確的法學研究方法。首先，社會科學研究有四大理論淵源：實證主義、後實證主義、批判主義以及建構主義，從本體論與知識論比較，並找到相對應的研究方法[19]：

---

[17] 同樣的，如果醫學是科學，如果是開藥後應該就要百分之百痊癒，醫生應該要把病患的病治好。

[18] 魏鏞，同註5，頁122以下。

[19] 陳向明（2002），社會科學質的研究，頁18以下；Sharan B. Merriam著，顏寧譯（2011），質性研究：設計與施作指南，頁7以下。

（一）實證主義

實證主義有下述幾種基本特徵：1.以現象論的觀點為出發點。現象即實在，是有用的、確定的、精確的、有機的和相對的，與現象的這些屬性相對應；2.對經驗進行現象主義解釋，主張從經驗出發，拒絕通過理性把握感覺材料；3.把處理哲學和科學的關係作為其理論的中心問題，帶有一定程度的科學至上和科學萬能傾向[20]。從本體論觀之，現實是「真實的」，而且可以被了解；在知識論上則採二元論（客觀主義），研究結果是真實的。研究方法，則採取實驗的，操縱的方法論，對假設進行實證，主要採取量的方法。

（二）後實證主義

後實證主義的研究者，所探求的經驗客體，是基於對我們人類自身的了解上，如果要將社會實體與所處環境抽離，進行所謂的事實與價值分離的描述，是不可能存在的[21]。從本體論來看，後實證主義，採取批判的現實主義，現實是「真實的」，但只能被不完全地或是可能的被理解；就知識論者而言，採取修正的二元論，也就是客觀主義的認識，採批判的傳統，研究結果有可能是真實的；在方法上，採修正過的實驗主義，操縱的方法論，以批判的多元論對假設進行證偽，可使用質的研究方法。

（三）批判理論

批判理論起源於1929年德國法蘭克福所成立的社會科學研究所。當時該所主要成員有霍克海默、阿多諾與馬庫色，他們的理念雖未完全相同，但卻是一致對傳統作嚴厲批判。法蘭克福學派是批判馬克思主義最有力者，批判理論的後設理性雖不排斥人性的物質面，但主張人性並不是以物質為基礎，而是在自然、社會與自我三個生活面向中顯現出來[22]。就本體論而言，採歷史現實主義，真實的現實是由社會、政治、文化、經濟、種族和性別等價值觀念塑造而成，是在時間中結晶化而成；在知識論上，採交往的、主觀的認識論，研究結果受到價值觀念的過濾；研究方法上，採對話的、辯證的研究方法。

（四）建構主義

建構主義則將知識論的重心置於認知的主體──「人」，強調主體在認知過程的主動建構性作用，不刻意探討知識內容的客觀性問題。建構主義者認

20　搜尋維基，「實證主義」，網址：http://reurl.cc/2rAkgv（最後瀏覽日期：2021年8月1日）。
21　蔡勝男（2005），後實證論與公共政策之研究：由社會科學方法談起，T & D飛訊，29，頁20。
22　陳嘉陽（2012），教育概論（上冊），教甄策略研究中心，頁148-152。

為知識是人類經驗世界活動的結果，是為適應環境而創造出來的產物，故認知係指認知者就所經驗到的世界加以組織，使其更具意義化，俾可以自圓其說，於是知識就成為認知主體的一種建構[23]。

就本體論而言，採相對主義，現實具有地方性的特性，是被具體的被建構出來；在知識論上，採取交往的、主觀的認識論，研究結果是創造出來；就研究方法而言採取闡釋的、辨證的方法論。

（五）小結

就法學的研究方法，應屬於後二者，法學的本質牽涉許多價值判斷，法學的概念與詮釋，受到研究者主觀價值的影響。對於真理的追求，多採辨證的方法論。

三、應採的思考模式

（一）辨證式的思維模式

法學思維途徑經常被認為就是法律三段論法。形式犯罪的要件：構成要件、違法性以及有責任依序論證。整體的思維模式就是依其法律要件，不斷的演譯出來。就邏輯而言，小前提（案例事實）不存在，法官就無法依法判決；同樣的，若大前提（法律規定）不存在，法官應該另尋適當的法律規定，否則應作無罪之判決。

因為牽涉到價值判斷，如前所述，法學受到社會變遷影響極深，自應隨著社會脈動給與適切的解釋。傳統法匠思維，乃是技術性的操作法律，就刑事法學而言，在法釋義學的發展下，演釋出應有的真理。法學研究方法有兩種，一種為歸納法（男人會死、女人會死，所以人人都會死）；一種為演繹法（大前提→小前提→結論），大前提通常是法條依據、原理原則，再來是案例事實，涵攝後得到結論，例：刑法第271條第1項：「殺人者，處死刑、無期徒刑或十年以上有期徒刑。」A殺了B，故A可判處死刑，這就是演繹法。法律系四年多在學演繹法，比較少歸納法，所以法學通常認為所謂真理可以用邏輯思維得到答案，不需要去做實證分析。

其次，法學思維模式在演繹的過程中，尤是牽涉到「規範性的構成要件」，須由研究者或司法實務家從事價值判斷。以刑法第234條之「公然猥褻罪」之「猥褻」行為，在司法實務上認定的困擾，也可能也會隨著社會變遷，

23　朱則綱（1994），建構主義知識論與情境認知的迷思——兼論其對認知心理學的意義，教學科技與媒體，13，頁3-14。

在解釋「猥褻」概念時，產生很大的差異。2005年就曾經發生，屏東地檢署的檢察官針對「露毛」的檳榔西施，不多起訴之案例[24]。針對「猥褻」的定義，主流的見解係指：「乃指一切在客觀上，足以刺激或滿足性慾，並引起普通一般人羞恥或厭惡感而侵害性的道德感情，有礙於社會風化之出版品而言。」（釋字407）以及「係指對含有暴力、性虐待或人獸性交等而無藝術性、醫學性或教育性價值之猥褻資訊或物品爲傳布，或對其他客觀上足以刺激或滿足性慾，而令一般人感覺不堪呈現於眾或不能忍受而排拒之猥褻資訊或物品，未採取適當之安全隔絕措施而傳布，使一般人得以見聞之行爲。」（釋字617）承辦檢察官對於「猥褻」的定義係指：「以當今國內各種商業廣告、展覽、表演有裸露身軀、女性乳房及下體體毛等之圖像、行爲等比比皆是，顯見國人認知之社會風氣，已能普遍接受這些現象。」

　　價值判斷應回到「事物本質」（Sachlich）加以思考。否則，有可能會有產生與社會脫節的司法判決。著名的「謗韓案」[25]，本罪保護法益有：1.保護遺族之虔敬感情；2.保護對死者之社會評價；3.保護死者之名譽等見解，惟依立法理由，本罪乃在保護死者遺族或其後代對於死者的孝思憶念。然隨死者往生日久，後人的追思憶念，恐將日益趨於淡然，縱如本案機械式概念操作的結果，亦無法達到刑法保護法益之目的，因此刑法第312條之誹謗死者罪，及刑事訴訟法第234條第5項之適用，均應有所限制爲當[26]。

（二）法學的經濟分析？

　　社會科學最接近自然科學的學科是經濟學，經濟學追求的是，以有限的社會資源，追求最符合經濟效益的，所謂經濟學就是用最少的資源達到最大的效益，所以學經濟的人都會想說如何用最節省成本的方式達到最大的效益，但現在問題來了，法學適不適合經濟思考？台大經濟系退休教熊秉元主張，經濟學上的效率和司法學上的正義確有密切的關聯[27]。同樣的，美國法律經濟分析大師波斯納（Richard A. Posner），主張法律實用主義就是法律經濟分析，二者在相當程度上，已有「同構現象」（isomorphism）[28]，並進一步論述其核心就是

24　2015年1月5日蘋果日報，檳榔西施露毛獲不起訴，http://www.appledaily.com.tw/appledaily/article/headline/20050105/1494258/（最後瀏覽日期：2016年4月1日）。

25　1976年被告郭壽華撰文認爲韓越「曾在潮州染風流病，以致體力過度消耗」。原告韓思道（韓越第39代直系血親）以「孝思憶念」爲由依刑法第312條之「誹謗死人罪」起訴，亦受法院判決有罪。詳細的論述可參考楊仁壽，同註4，頁3以下。

26　詳細說明可參考，李惠宗，同註5，頁60以下。

27　熊秉元（2015），正義的效益：一場法學與經濟學的思辨之旅。

28　同構聯想可以是視覺上的、心理上的，也可以是經驗及認知上的，即形的同構、義的同構和覺的同

審用主義的審判，強調法官所關心的是後果，因此將政策判斷置於其上，而非基於概念主義與普遍性[29]。因此，法律實用主義的方法，係成本效益分析，經濟學家決定要遵循何種行動模式的方法，而法律人則是以一種有紀律的方式，斟酌不同行動模式的後果，並且選擇一個可能會在好結果與壞結果之間得到最大價值的模式，判決應該在兩方合法利益中找到折衷[30]。

　　然而，刑事法學是否適合以「成本效益」的方式，作為判決的基礎，而忽略其中潛在的法理基礎。是否經濟成本的考量、或是當事人之間各退一步，是法律本質上追求的價值？我們可以看到2010年最高法院為了多起「性侵幼童案」之「違法被害人意願」做出了令人匪夷所思的決議，也顯示出，判決若忽略了法理基礎，一味的只想「解決問題」，恐怕只會製造更大的問題[31]。

第三節　法學研究方法之實踐

一、文獻分析法

　　使用文獻分析法之研究人員，試圖用既存之史料、官書、報紙等資料，來印證他們對於一件事物的看法，或找出事件之真相。

　　文獻探討法主要是針對有關於本計畫研究中牽涉到的中文文獻，在文獻選擇上包括：

（一）學說論述：主要是國內外各種學術期刊、論文、學報、研究報告、專書等。

（二）立法機關文件：包括立法院公報、立法院關係文書等。

（三）政府機關出版品：主要是行政院及法務部之相關書籍。

（四）司法實務：包括司法機關之解釋、座談意見及各級法院之裁判與司法機關出版品。

構。世界上一切事物都具有相同的或者說是相類似的系統結構叫作事物的同構性。舉個最簡單的例子，九大行星圍繞太陽轉動，電子圍繞質子轉動是這兩個事物的同構性；已開發國家走過的路與開發中國家將要走的路也具有同構性。參考：https://www.easyatm.com.tw/wiki/同構性（最後瀏覽日期：2021年8月7日）。

[29] 理察．波斯納著、李忠謙譯（2010），法官如何思考，頁304以下。

[30] 理察．波斯納，同前註，頁313以下。

[31] 最高法院2010年9月7日99年第7次刑庭決議。為了解決幼童性侵案件是否「違反意願」，做出的法學推理，恐怕只會製造更多「被害人」。

二、比較法研究

　　我國法制長期以來繼受德國、日本以及美國法制。隨著全球化的開展，國際公約對於我國的影響日益重要，我們可以看到「二公約」內國法化[32]，並更進一步的影響我國司法實務判決，其次，爲了有效抗制跨國性的犯罪，我國也陸續的將國際公約內國法化，如「聯合國反貪腐公約[33]」、「聯合國打擊跨國有組織犯罪公約」內國法化[34]。隨著歐盟的整合，歐盟相關法律規範也影響各成員國的立法趨勢，德國爲歐盟的重要成員，關於歐盟的刑事立法規範也是未來須關注的重點。

　　德國從19世紀以來即有「比較法」（Rechtsvergleichung）這個概念，當時，以私法領域爲主要的比較對象，刑事法領域相對而言在這個時期，並非比較法關注的重點[35]，「比較法」是不同國家或地區的法律秩序的比較研究。它可以分爲三個不同的層次，敘述的比較法，即外國法的研究；評價的比較法，即比較不同國家的法律制度的異同及其發展趨勢；沿革的比較法，即研究不同法律制度之間的現實和歷史關係[36]。

　　然而，採取比較法研究，並不是意味著，國外的月亮比較圓，從事比較法研究，仍須注意到以下幾點：

（一）互補性原則（Komplementärdisziplinen）

　　採取比較法研究時，研究者往往會忽略或簡化了兩國（地區）對於該法治的發展史或是誤將不同時期的法治加以比較，從「法制史」與「法民族學」的角度，任何一個法律制度並不會突然發生，必須考慮當時的歷史條件，其次，當初的法律制度也牽涉到當時的傳統社會（如與原住民生活的交互影響）。因此，在作比較研究時，須探討他國當時制定該範圍時的歷史與社會條件，今天

---

[32] 正式的名稱叫作「公民與政治權利國際公約及經濟社會文化權利國際公約施行法」，兩公約分別稱之爲「公民與政治權利國際公約」與「經濟社會文化權利國際公約」，簡稱爲公政公約與經社文公約。立法院於2009年3月31日完成兩公約及「兩公約施行法」審議，總統於4月22日公布「兩公約施行法」，並於5月14日完成兩公約批准程序，12月10日施行。並於施行法第2條規定：「兩公約所揭示保障人權之規定，具有國內法律之效力。」

[33] 聯合國反貪腐公約於中華民國104年5月20日總統華總一義字第10400058151號令制定公布全文8條；施行日期，由行政院定之。

[34] 「聯合國打擊跨國有組織犯罪公約施行法」草案於中華民國104年4月由案委員莊瑞雄、吳秉叡、蔡其昌等22人提案。參考立法院關係文書，院總第1347號，委員提案17559號。

[35] Jung, Zur Rechtsvergleichung im Strafrecht, JuS 1998, 1ff. 完整的論文可參閱：http://archiv.jura.uni-saarland.de/projekte/Bibliothek/text.php?id=162（瀏覽日期：2016年4月6日）。

[36] Kaiser, Strafrechtsvergleichung und vergleichende Kriminologie, in: Kolloquium Strafrecht Strafrechtsvergleichung, im Freiburger Max-Planck Institut für ausländisches und internationales Strafrecht, aus Anlaß des 60. Geburtstag des Direktors, Prof. Dr. Dr. h.c. Hans-Heinrich Jescheck, 1975, S. 79-91.

之所以參考外國制度時，係因爲高度文化發展之國家相關制度，予以借鏡[37]。

（二）法社會學層面的分析

如前所述，法社會學係指社會和法律之間交互交錯的學門。法社會學係指人類的行爲受到規範和社會變遷的加以修正。因此，比較法研究也不能忽略法社會學的分析，如此才能認識到當時法律對於當時社會的功能，在轉化成本國法時，才能正確的加以適用[38]。我們可以看到目前立法者相當熱中的「第三人追徵」，只看到主張該制度的留德學者該制度的優勢，卻忽略了該制度曾被德國聯邦憲法法院宣告有侵害人民財產權的疑慮[39]。

（三）結構性的比較（Strukturvergleich）

盲目的法釋義學信徒，常會陷入文字辨證的迷霧，使得研究結論缺乏彈性。比較法研究被視爲「盲目法釋義學的解毒針」。比較外國法制，可使得刑事法學在解釋上更有彈性，使法律制度更具備一定的社會功能。

爲了避免研究者陷入文字辨證的迷霧，在從事比較法研究時，我們通常會用「結構性的比較」，亦即，對於要研究的法律規範，找出特定的問題點、利益和原則衝突。我們在從事比較法研究時，應先建構要研究的問題點。同時這也會涉及到，這個問題是否不但能運用在二國的法律體系中，更能運用在實務操作[40]。

三、法實證研究法

近年來，將我國各級法院之相關判決，做有系統的記載分析，已經成爲刑事法學的主流。司法院的「法律資料檢索系統」[41]，完整且大量保留了歷年來各級法院的判決，使得研究者可以輕鬆且完整的閱讀、截取以及分析法院判決，並比照理論與實務之間的落差。這種方法屬於社會科學研究法中的「非實驗性的方法」的「個案法」（case method）。這個方法的好處是，有關的研究對象資料保存完整；其缺點在於使用此種方法之人常會在敘述和分析問題上，

---

[37] Brand, Oliver, Methodik der Fallbearbeitung für Studenten: Grundfragen der Rechtsvergleichung- Ein Leitfaden für die Wahlfachprüfung, JuS 2003, Heft 11, S. 1083 ff.

[38] Brand, Oliver, Methodik der Fallbearbeitung für Studenten: Grundfragen der Rechtsvergleichung-Ein Leitfaden für die Wahlfachprüfung, JuS 2003, Heft 11, S. 1083 ff.

[39] Lackner/Kühl, Strafgesetzbuch Kommentar 27. Auflage, §73d Fn. 1. 2011; Schröder/ Textor, StGB §261, in: Komentar zum Geldwäschegesetz, 2006, Fn. 156 ff.

[40] Jung, Zur Rechtsvergleichung im Strafrecht, JuS 1998, 1ff. 論文可參閱：http://archiv.jura.uni-saarland.de/projekte/Bibliothek/text.php?id=162（最後瀏覽日期：2016年4月6日）。

[41] 司法院法學資料檢索系統，http://jirs.judicial.gov.tw/Index.htm。

犯上自圓其說的毛病。因此，個案研究法的結論中，往往會產生「因為如此（在此之後），所以如此」（post hoc ergo propter hoc）[42]。

第四節　結論

　　刑事法學的發展，隨著社會變遷、科技的進步，也擔負著新的使命，面臨新的挑戰，其繼續不斷的蛻變及變化，是必然的趨勢。其次，刑事法學與其他領域的學科之間的科際整合，也成為未來的發展趨勢。例如，近年來很熱門的「大數據」（big data）在犯罪防制的運用。前階段屬於事實層面的經驗性分析；對於後階段的資料判讀，仍有賴刑事法學以傳統的「歸納法」與「演繹法」做價值判斷。然而，如何使科際整合產生化學變化，而不是單純的物理上的資料堆砌，也是未來必須面臨的重要挑戰。因此，強化與不同學科的溝通與了解，試著去理解不同學科的語言和研究工具的操作方式，成為未來刑事法學者將來應面對的課題。

參考文獻

一、中文

Sharan B. Merriam著，顏寧譯（2011）。質性研究：設計與施作指南。台北：五南圖書。

朱則綱（1994）。建構主義知識論與情境認知的迷思——兼論其對認知心理學的意義。教學科技與媒體，13。

李惠宗（2018）。法學方法論（第3版）。興大法學叢書4，台北：新學林。

林山田、林東茂、林燦璋（2012）。犯罪學（增訂5版）。台北：三民書局。

林東茂（2013）。猶爭造化功：追憶山田師。台北：一品文化。

吳佳瑾（2015）。科學研究現危機——多數研究結果都不可信？科學月刊，551。

美濃部達吉著，林紀東譯（1983）。法之本質（第2版）。台北：台灣商務。

陳向明（2002）。社會科學質的研究。台北：五南圖書。

陳嘉陽（2012）。教育概論（上冊）。教甄策略研究中心。

理察‧波斯納著，李忠謙譯（2010）。法官如何思考。台北：商周出版。

---

[42] 魏鏞，同註5，頁122-123。

楊仁壽（2010）。法學方法論（第2版）。台北：三民書局。

蔡德輝、楊士隆（2012）。犯罪學（第6版）。台北：五南圖書。

蔡勝男（2005）。後實證論與公共政策之研究：由社會科學方法談起。T&D飛訊，29。

熊秉元（2015）。正義的效益：一場法學與經濟學的思辨之旅。台北：商周出版。

劉幸義（2015）。法律推論與解釋。台北：翰蘆。

魏鏞（2007）。社會科學的性質及發展趨勢（第2版）。台北：台灣商務。

二、外文

Brand, Oliver, Methodik der Fallbearbeitung für Studenten; Grundfragen der Rechtsvergleichung-Ein Leitfaden für die Wahlfachprüfung, JuS 2003, Heft 11, S. 1083 ff.

Jung, Heike, Zur Rechtsvergleichung im Strafrecht, JuS 1998, S. 1-7.

Kaiser, Strafrechtsvergleichung und vergleichende Kriminologie, in: Kolloquium Strafrecht Strafrechtsvergleichung, im Freiburger Max-Planck Institut für ausländisches und internationales Strafrecht, aus Anlaß des 60. Geburtstag des Direktors, Prof. Dr. Dr. h.c. Hans-Heinrich Jescheck, 1975, S. 79-91.

Lackner/Kühl, Strafgesetzbuch Kommentar 27. Auflage, 2011.

Schröder/Textor, StGB §261, in: Komentar zum Geldwäschegesetz, 5. Auflage, 2006.

陳慈幸

前　言

　　觀諸世界各國，其本國內所實施之法律皆有法系之歸屬，一般來說，主要法系有「大陸法系」、「英美法系」、「伊斯蘭法系」等。此根據國內學者之論，大陸法系依據其文彙而言，主要是指起源於歐洲大陸之法系，以著重於法律解釋之「成文法」為主要法源，具體、個別的「判例」則為輔助之地位。大陸法系與英美法系是相對之概念，英美法系之特徵以累積判例而成之判例法為主要法源，成文法為輔助之地位（黃樂宗修訂，2003：220-221）。從前述觀之，「大陸法系」與「英美法系」其法源主要為相對，主要以法源與解釋方式之不同而已。對於「大陸法系」國家而言，因較為抽象與概括之成文法為主要法源，故對於法律之解釋與詮釋，為法學家訓練之首重。我國法律主要承襲於大陸法系，其法學研究與適用方法亦著重於法律解釋、案件事實形成及法律判斷等三段論法等重要概念，關於此，本文將於後續「第一節」之部分進行詳細說明。首重於詮釋學法律適用方式之結果，或許對於法律實務家而言，於形成判決時，可利用其富含邏輯性之思維下，得致完整之理念建構，然而，對於立法而言，卻缺少科學性之實證工具進行檢測，無法得致更為完善之立法。雖國際上，法律多半以承襲其他國法律為主，然而，即使承襲於他國之法，卻應也針對本國被承襲之風土、民情進行科學性檢測，此亦是目前法律研究方法之潮流，亦是本文所著重之重點，亦是目前法律研究之重要趨向。

　　承此，本文將以後續二個主題進行探討，因本文性質主要為教科書專文引導學習者進行思辨，故以較為淺顯之引導方式進行論述，特此說明。

　　本文環繞之主題有二：

　　其一，法律實證主義之導源。此部分分為三個小議題探討，首先，從大陸法系古典主義、英美法系實證主義之研究方法闡述，此部分主要帶領學習者對於二種法系對於法律適用與研究方法之差別外，其次，法律實證主義與法律實證研究之差異進行說明。最後，並針對法學研究論文導入科學實證研究之過程

與章節分配比例進行說明。

　　其二，傳統法學研究論文如何導入法律實證研究方法之介紹。此部分將導引研究者將實證研究當中傳統之量化研究、質化研究實際導入傳統法律研究論文時，需具備哪些要素。

第一節　從古典主義、實證主義等法律研究方法運用

　　此部分針對三個議題形成論述：其一，大陸法系之古典主義與英美法系實證主義對於研究方法之運用；其二，法實證主義與法律實證研究之差別；其三，從法律研究論文與社會科學實證論文之差別，探討法律實證研究研究方法之重點為何。

一、大陸法系之古典主義與英美法系實證主義對於研究方法之運用

　　歐陸等所屬之大陸法系，即所謂的成文法系主要緣由自18世紀之古典主義，相對英美法系非成文法系所主張之判例法重要精神，主要是源自19世紀之實證主義，關於古典主義與實證主義之學派分歧，可參照以下論點。

　　我國法體制主要探行大陸法系，其主要之內涵最遠追溯於18世紀古典主義（參圖25-1）。古典學派經由時代綿延，已從18世紀傳統古典學派，轉變為新古典學派、以及目前現代新古典學派。古典主義學派主要特徵主要在於成文法，其法學精髓主要彙整於法典當中，故研究方法主要環繞在涵蓋了對於法條構成要件之論辯與注釋之概念，其內容聚焦於「法條之理論進行邏輯概念之探討，並著重多數法條或規定之競合」、「案件事實之形成與法律判斷」、「法律之適用與解釋」、以及「法官對於法的續造」……等（陳愛娥譯，1999：2-3）[1]。

　　承前述，傳統古典主義派之研究方法當中，特別著重於「法律之適用與解釋」，其法律之適用，主要與法理學當中之三段論法為重。例以刑事案件為例，成文法系之重點主要在於，所發生之犯罪案件，跟何種刑事法之法規與規範相關？並可適用哪個刑法法條？其法律如何適用……等，此即為法理學上之三段論法與「涵攝」之間問題。然而，「三段論法」與「涵攝」之間之關係，根據學者王海南之論，三段論法主要起源於蘇格拉底之理則學之論述，探討生

---

[1]　筆者參考該書，並經過個人解釋。

活事實與構成要件是否相符，主要以「涵攝」（Subsumtion）的方式進行，並以三段式之論證方法（Syllogismus），逐次討論具體生活事實（或犯罪事實）之法規範之間之關聯（李太正等人，2011：155）。再依據一般法學方法論之論述，三段論法之核心主要為，「大前提」（法律規範），「小前提」（案件事實），終成「結論」（黃樂宗修訂，2003：81），故所謂的「涵攝」之意涵，為「將案件事實的描述歸屬於該法規範之下」（陳愛娥譯，1999：37），除此之外，學者王海南針對「涵攝」之核心意涵，主要為「……法律『涵攝』不在於找尋結論，而在於尋覓第二段之小前提。最後以結論將大前提與小前提連結起來。……」（李太正等人，2011：155）總而言之，大陸法系古典主義所著重者，主要於法規範與事實之三段論法演繹與涵攝模型之建構，此與非成文法之實證學派對於法律實例之參酌與建構，截然不同。

再根據前述所示，英美法系所屬之實證學派雖亦是導源於自然說，觀測前述犯罪學理論當中所闡述與古典主義所側重之邏輯論證研究方法最大之相歧的是，其倡導以科學實證方式解釋與分析各種社會問題。在於講求科學實驗等方式進行論證，其法律研究之特徵，依據學者鄭玉波之論，「……以積集判例而成立之判例法為主要法源，成文法不過為其補助而已，此點恰與大陸法系相反……」（黃樂宗修訂，2003：221），從前觀之，與大陸法系側重法條邏輯演繹，判例法所著重之實證研究方法，使得英美法系（其中特於美國）之法制度於制定時，因採用田野調查等客觀社會科學研究，得以客觀。惟實證學派因於理論論證基礎上過於講求社會科學實證方法，於實際統計測量或質性訪談等田野調查上，若有取樣上之偏失，即會導致研究上有多層面尚不一致，造成效果上之質疑。根據此學理指出，實證學派對於犯罪原因雖強調以科學方式進行探究，然對於犯罪原因論之解讀仍較為薄弱[2]。

二、法實證主義與法律實證研究

一般來說，法律實證研究與法律實證主義究竟有何種關係？筆者認為，有理論傳承之部分相關關係，法律實證主義之概念，依據筆者之歸納主要有歐陸法律實證（凱爾生法實證派）與英美法律實證主義二派，相對於凱爾生法實證派講求規範與體系，英美法實證主義其主張依據一般哲學家之論點

---

[2] 請參考前述學理，「……在19世紀中後期，因犯罪率的持續上升，人們對古典學派的理論解決犯罪問題的能力產生懷疑，導致犯罪實證主義犯罪原因理論的興起。20世紀中葉以後，人們對實證學派的理論解決犯罪問題的能力又深感失望，使古典學派在60年代又有復活趨勢，出現當代古典主義及威嚇主義……」（黃富源等人，2002：47）。

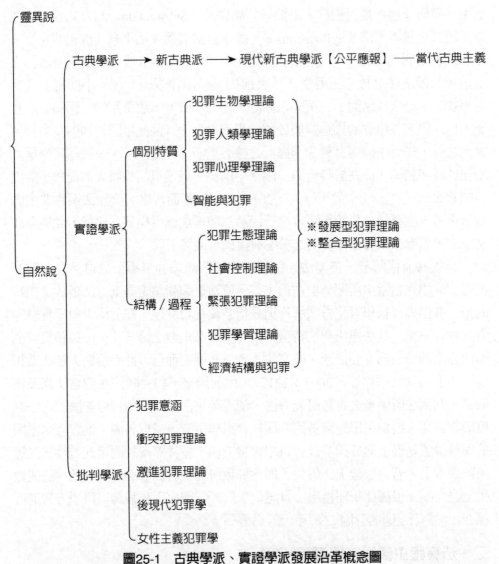

圖25-1　古典學派、實證學派發展沿革概念圖

註：筆者主要從林山田教授之原圖全架構，再增加後續黃富源教授、范國勇、張平吾教授等人
　　之見解改繪之。
資料來源：林山田等人（2002：26）；古典主義圖示參照黃富源等人（2003：35）；蔡德
　　　　輝，楊士隆（2001：25）；轉引自陳慈幸（2013：38）。

主要有兩個命題，亦即：「……英美法實證主義所主張的分別是法律與道
德之間沒有必然連結的『分離命題』（the Separation Thesis）以及主張法律
的存在與內容基本上是由社會事實所決定的『社會事實命題』（Social Fact

Thesis）。……」（王鵬翔，2009：176）除此之外，英美法實證主義理論之討論除前述命題外，尚對於德沃金（Dworkin）與哈特（H.L.A Hart）之間理論論爭等一些分析哲學之概念。近幾年我國所謂「法律實證研究」，已結合社會科學實證研究方法（例如質性訪談與量化研究），此種方式之優點主要是傳統法學註釋論文當中引入社會科學實證之探討，可使研究成果佐以科學工具再爲驗證，可得到更客觀之結果，惟此種法律實證研究已與歐陸法律實證研究、英美法律實證研究之探討有所落差，以下特針對法律實證研究之研究方法進行探討。

三、從法律研究論文與社會科學實證論文之差別，探討法律實證研究研究方法之重點爲何

　　傳統大陸法系之法學論文章節安排，主要以圖25-2構成方式進行：第一章前言或緒論之內容當中，除研究背景、目的外，尚有針對研究方法進行介紹與各章節之安排，此些研究方法，主要承襲固有注釋研究法、歷史研究法、比較研究法、哲學研究法、社會研究法……等方式形成。筆者認爲，傳統法學研究論文，於第一個章節當中非常側重對於後續各章節之論述所採行之概念邏輯，各章節之鋪陳，則由各種研究方法形成結果，故傳統法學論文之研究方法，並不僅限於一種方式，可以複數呈現之。反之，社會科學實證之論文於研究方法之採行，多數以一種研究方法，例如質性研究或是量化研究進行，少數則以二種以上之研究方法進行施測。

　　科學研究論文所採行之研究方式較爲不同，以圖25-3而言，第一章與傳統法學論文第一章大致相似，主要闡述研究背景、動機與研究目的等。惟傳統法學論文於第一章節當中針對研究方法與各章節之邏輯意識需建構完成，社會科學研究論文則於第一章節當中無此方面之建構，社會科學研究論文則側重第一章之研究目的，針對研究目的與研究問題意識進行第二章之文獻探討，此章節當中並針對相關議題進行國內外相關論文之研究分析，第三章則是實證研究施測，社會科學研究論文對於此部分如何進行施測相當著重，根據前述實證學派之觀點而言，此部分主要以科學、田野調查工具之方式進行施測，其施測方式爲符合客觀研究成果，針對施測取樣、問卷建構……等過程相當嚴謹，亦是社會研究當中一個實驗精華所在。社會科學研究之最後結果，則是對照研究研究目的、文獻探討與研究施測而形成最終結論。

　　傳統法學研究論文與社會科學研究論文之研究方式相較之下，各有其研究

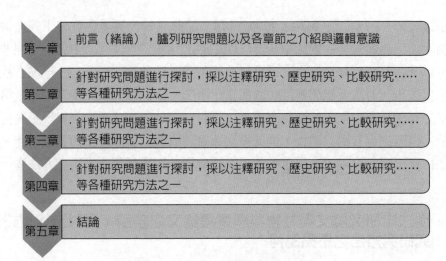

圖25-2　傳統法學論文章節鋪陳

第一章　・前言（緒論），臚列研究問題以及各章節之介紹與邏輯意識

第二章　・針對研究問題進行探討，採以注釋研究、歷史研究、比較研究……等各種研究方法之一

第三章　・針對研究問題進行探討，採以注釋研究、歷史研究、比較研究……等各種研究方法之一

第四章　・針對研究問題進行探討，採以注釋研究、歷史研究、比較研究……等各種研究方法之一

第五章　・結論

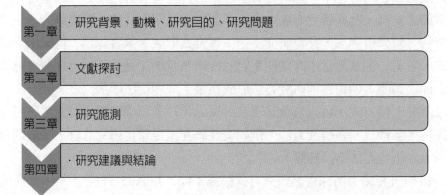

第一章　・研究背景、動機、研究目的、研究問題

第二章　・文獻探討

第三章　・研究施測

第四章　・研究建議與結論

圖25-3　社會科學研究論文之章節安排

嚴謹與精要之處，然而需說明的是，前述傳統法學研究法當中，有所謂之「社會研究法」，依據傳統學理，其定義與內涵如下：「……社會研究法主張以研究社會學的方法，以研究法律學，其內容如下：（一）研究法律制度及法律原理，對於實際社會的效果如何；（二）就法律為社會學的研究，以作立法的參考及準備；（三）研究法律在社會上如何使能發生實際的方法；（四）以社會為中心，而研究法制史及法律學史；（五）以研究法律的適用，使就社會上各種事件，能作適當的解決；（六）對於社會現在的實際生活，研究其如何能以適應於法律……（管歐，2002：24）」從前述學理之敘述當中，可客觀窺知社會研究法即與實證派所採行之社會研究方法相當類似，然而，檢視前述傳統學

理對於社會研究法之闡述，卻無針對其研究施測如何實施進行方法論上之探討。反之，社會科學實證所倡導的，即是發現問題、假設問題與精確地實驗等形成結果，此種方式恰可補足傳統法學社會研究法之不足，筆者認為，法律實證研究方法為改革傳統法律社會研究方法之新潮流，然法律實證研究當中雖可採以社會科學方法進行，然此些社會科學方法是否應比照傳統社會科學研究論文，此部分將於後續闡述。

第二節　傳統法律研究論文之導入法律實證研究之內涵

同前所述，傳統法學研究論文當中，已有所謂的「社會研究法」，然而，法律實證研究與社會研究法之差別為何？筆者試論如下：

首先，法律實證研究論文，主要以社會科學研究法之量化研究與質化研究導入，針對法律之實然面進行檢測與探究，其研究過程講求相當嚴謹之施測過程，此與傳統社會研究法相較，法律實證研究法之導入，將有助於法律研究論文結果分析更為客觀與精確。

然而，傳統社會科學實證研究論文主要章節安排以及研究方法之介紹，於前述已言，主要於第一章之部分闡述，不可因導入法律實證研究，而將傳統法律研究論文之章節鋪陳轉為前述社會科學研究論文之編排方式。筆者認為，傳統法學研究論文可於其中一個章節當中置入法律實證研究，然此種法律實證研究方法，需依照社會科學實證方式進行嚴格檢測。一般來說，實證研究方法最為常被學習者導入探究的是量化研究與質性研究，以下特針對法律實證研究方法導入量化研究與質性研究時需注意之內容探討之。

一、法律實證研究方法：量化研究[3]

量化研究（quantitative research）主要施測方法是問卷與統計方法，然而，針對法律實證研究之量化研究方法主要分為以下架構：

（一）受訪者基本資料與問卷評量尺度之選擇

1. 受訪者基本資料：包含年齡、性別、婚姻狀況、教育程度、工作年資等，

3　此部分參考量化研究資料：http://www.wunan.com.tw/www2/download/preview/1H471.PDF（瀏覽日期：2016年3月25日）、http://web.ydu.edu.tw/~alpha/%A4j%BE%C7%B3%A1%B5%7B%AB%D7%B1M%C3D%B2%CE%ADp%A4%C0%AAR%A7%DE%B3N.pdf（瀏覽日期：2016年3月27日）、http://web.ntnu.edu.tw/~cflu/Qualitative%20method.htm（瀏覽日期：2016年3月27日），筆者再自行編寫。

此部分需按照題目議題進行受訪者基本資料之擇定，並不需要包含以上各項。

2. 根據選擇研究議題之基本認知：其次，再選擇問卷評量尺度，筆者一般建議採李克特式（Likert）五點式尺度法予以評分。問卷採不記名方式由受測者依「非常不贊同」、「不贊同」、「無意見」、「贊同」、「非常贊同」五個選項勾選，計分方式依序給予1、2、3、4、5的分數[4]。

（二）研究範圍

1. 雖傳統法學研究論文已於第一章擇定研究範圍，然此部分之研究範圍則是再次重申第一章研究範圍，此部分可使得研究者可再次比對研究範圍是否一致，得致較為精準之結果。

2. 研究對象與施測方法之選定：一般來說研究對象之選定為量化研究當中最需注意之部分，以「立意抽樣」方式選定之研究母群體，再進行研究對象之選擇。為使研究能廣泛調查與，筆者認為可用紙本、E-mail及網路問卷的方式進行問卷調查。

（三）研究樣本、資料蒐集與問卷發放

此部分需要看研究者自行設計之研究對象而言，研究樣本選定後，即按照人數數量進行發放問卷，或者使用滾雪球研究方法施測，此部分尚需記載施測時間，並記述問卷樣本回收率，樣本回收後，需扣除作答不完善之無效樣本。

研究者需知道擇定之發放問卷之數量，並徵求機關或單位之知情與同意，筆者建議可以協調單位同意後，核發公文擬請同意。於發放問卷時，可由研究者本人或研究者協助發放，回收問卷後，同時進行問卷編碼、譯碼及輸入並將所回收的調查問卷資料進行統計分析及差異比較。

（四）研究分析

目前量化研究所採行的，主要是以SPSS for Windows 18.0版套裝統計軟體，並以描述性統計及推論性統計進行分析，描述性統計是以次數分配、百分比、平均值、標準差統計；推論性統計主要以卡方檢定（chi-square test）、One way ANOVA、t檢定、迴歸分析等方式探討研究問題當中之變項是否有統計上之顯著差異[5]。

---

[4] 可參考何清治等，護理人員工作滿意度與工作壓力及主管支持之相關研究：以中部某醫院為例，中台科技大學醫務管理系，http://ir.lib.ctust.edu.tw:8080/retrieve/2583/DA4A-8.pdf（瀏覽日期：2016年3月30日）。

[5] 可參考陳容方，量化研究法：SPSS統計資料分析，http://140.133.72.206:8080/7300/%E4%B8%96%E7%

　　前述法律實證量化研究導入法律研究論文所需四個基礎架構，雖較之一般社會科學研究法之量化研究之規模精簡，然此四架構已可讓法律實證研究獲得較爲精準之結果。

二、法律實證研究方法：質性研究[6]

　　與量化研究相同，質性研究（qualitative research）亦是實證研究當中一個常用之研究方法，其優點相對於以數字呈現之量化研究，質性研究可透過訪談方式，針對議題深入討論，求得更爲精緻之效果。

　　然而，跟量化研究相同，法律實證研究若使用質化研究，其規模雖可不過於依照尋常之質性研究，然卻需要符合以下架構：

（一）研究參與及資料蒐集

　　一般來說，質化研究與量化研究上，最爲重視也可突顯其研究嚴謹性，主要是抽象的方法。質化研究之抽樣方法，一般與量化研究相同主要以「立意抽樣」抽選具有代表性之對象進行訪談，此即爲研究參與之對象選擇。質性訪談對象之人數、性別不限，要視其研究議題而定，惟一般擇定訪談人數，設定編碼後並製作下表進行闡述，舉例而言，假設訪談人數爲八人，八位受訪者分別編號爲C1、C2、C3、C4、C5、C6、C7、C8，並說明其基本資料，包括：性別、年齡、教育程度、職業別、服務年資，此可參考表25-1。

　　其次，研究參與者決定後，即爲訪談問卷之製作，一般來說，訪談問卷問題之形成，主要藉由文獻分析方式，此種方式可經由作者整理與歸納，並依據研究論文之研究目的等程序後，實際形成問題後，再進入訪談程序。

（二）訪談

　　質性研究方法中最爲重要的，即爲訪談之過程。透過研究參與者與研究者之訪談互動，可使得研究議題更爲釐清。一般來說，訪談程序依據學理之論可分爲訪談前、訪談中與訪談後三個階段，可參考表25-2。

95%8C%E5%90%8D%E6%9B%B2100%0E9%A6%96/%E8%A1%8C%E9%8A%B7%E7%A0%94%E7%A9%B6/%E9%87%8F%E5%8C%96%E7%A0%94%E7%A9%B6%E6%96%B9%E6%B3%95-SPSS%E7%B5%B1%E8%A8%88%E8%B3%87%E6%96%99%E5%88%86%E6%9E%90.pdf（瀏覽日期：2016年3月30日）。

[6]　另可參考楊國樞（1998），筆者進行自我概念釐清後論述。

表25-1　參與研究個案基本資料表範例

個案	性別	年齡	教育程度	職業別	服務年資	訪問日期
C1	男	42	大學	國小老師	16年	2022.05.02
C2	男	42	大專	國小老師	15年	2022.05.08
C3	男	37	大學	國小老師	10年	2022.05.15
C4	男	33	研究所	國中老師	3年	2022.05.19
C5	男	46	專科	國小老師	6年	2022.05.22
C6	女	37	大學	國小老師	15年	2022.05.26
C7	男	35	研究所	高中老師	5年	2022.05.29
C8	男	40	專科	高中老師	14年	2022.06.01

表25-2　質性訪談程序表

訪談前
‧熟悉整個設計，做好準備：研讀研究法、預估時間、經費與適當人選。 ‧蒐集受訪者基本資料、背景，並詢求其信任與同意受訪。 ‧向受訪者說明動機與目的，並同意讓其檢視報告初稿。 ‧設計訪問問題，但不一定參照使用，一切以現場情況而定。 ‧準備紙筆、小型錄音機（帶）等，但需經受訪者同意後使用。
訪談中
‧研究者保持開放式談話態度，比較偏向依特定問題來訪問，做個引導，內容讓受訪者發揮。不作判斷、表示同理與友善支持受訪者談話。 ‧隨時注意並紓解受訪者的情緒與緊張氣氛。 ‧做簡單訪視掌握時間抄寫備忘錄。 ‧時間不宜太久，通常需要二小時；避免要求受訪者承諾花很多時間做訪談，一切以受訪者為主。
訪談後
‧做仔細的訪談日誌，在上列出每次的訪談主題。 ‧資料蒐集和分析同時持續進行。 ‧仍然和受訪者保持聯繫、或請受訪者閱讀報告初稿提供回饋和建議。 ‧將非正式訪談情況加以整理，並列入訪談日誌中。

資料來源：黃瑞琴（1999：109-173）。

（三）資料分析與檢核

　　訪談結束後，整理訪談逐字稿、編碼是質性訪談資料分析一個非常重要之程序，然而質性研究之編碼方式相當多元，研究者可參閱一般質性訪談之專書

與研究文獻。編碼方式與過程，對於研究結果之形成相當重要，編碼完成後，將可針對研究議題進行分析與討論。

　　此外，質性研究當中，因由研究者主導進行訪談，雖可得到較爲客觀之結果，然而卻也容易因研究者之個人主觀之意見與信、效度，故資料檢核之程序是一個非常重要之過程，此參照學理：「……無論是自然科學亦或是社會科學之研究，皆應講求客觀性，故對於研究所蒐集相關資料加以檢核，係保障研究成果品質之重要工作之一。……故如何減少研究者個人的主觀偏見，則成爲研究之重要守則。另在質性研究發展的歷程，面臨最大的挑戰主要來自於實證論量化研究對測量的信度與效度的質疑……（潘淑滿，2003：120）」，筆者認爲法律實證之質化研究在此部分對於研究者而言執行上較爲艱困，故使用質化研究方法時，研究者需對於質性訪談之各種步驟經過嚴謹訓練再行實施。

　　筆者已於前述提及，量化與質化研究於其社會科學研究法之領域當中，已發展出相當精細之內涵，此亦是法律實證研究引入量化與質化研究方法之重要因素，然而，如前所述，量化研究與質化研究因歲月變遷，實際所要求施測過程當中相當繁複與嚴謹，雖法律實證研究並不一定要比照社會科學實證研究進行質化或量化施測，然符合前述幾個架構後，其實已可使得法律實證研究論文保有傳統論文之邏輯分析，並可藉由實證工具之交叉檢測，得致較爲精準之結果。

　　然而筆者於前述已有說明，法律實證研究導入一般法學論文，最爲令人隱憂之點，即是研究者採樣有不客觀之狀況發生。例以質性訪談爲例，訪談過程當中，是否有依照質性訪談過程當中對於研究參與者之保密恪守研究倫理、能與研究參與者客觀對話，並觀察研究參與者等，這些都是法律實證研究工具導入傳統法學論文當中一個較爲艱深之部分，若研究者能實際遵守以上程序，法律實證研究之研究結果才會正確並有意義。

第三節　結論

　　長久以來，對於法律研究方法之精確與開拓，一直是當代法律學家努力之目標。本文逸脫於傳統法律研究方法之論述方式，回溯實證主義、古典主義起源，歸納與解釋兩種主義對於後續法律研究方法之影響。此外，傳統之法律研究方法論當中，較少針對法律實證方法導入傳統法學論文之章節架構如何編排

之闡述，為使得學習者能運用實證研究，本文同時釐清如何於傳統法律研究當中如何置入實證研究工具之章節鋪陳，使得傳統法律研究當中，藉由科學實證進行檢測，此種嚴謹之社會科學採樣，將會使得傳統法學研究論文中有較客觀之數據進行檢證。

　　傳統法律學研究當中，雖有所謂的社會研究法，然社會研究法與實證研究仍有相當程度之落差。筆者認為，傳統社會研究法並不嚴格要求如同社會科學實證之田野調查步驟等方式進行施測，常以政府統計等現象面進行論述，此種方式雖有實證之表象，惟卻無如同實證研究方法當中講求精確之採樣過程，雖後續社會研究法對田野調查步驟著重，然翻閱前述傳統法律研究方法之社會研究法內容，針對田野調查步驟之嚴謹度要求缺乏。

　　雖我國近年已有中研院、國立交通大學學術研究單位針對法律實證研究議題進行探討，此對於我國法律研究法之創新有相當程度之助益，惟我國法律訓練當中，並無編排社會科學方法之課程，此使得多數法律研究者雖認可法律實證之研究方法，卻對於社會實證研究工具之不了解，於研究時排除法律實證研究方法之運用。此外，法律實證研究導入時，因需具備施測過程之嚴謹度，會使得傳統論文於此部分之章節編排過於龐大，此部分筆者於前述已有提及若具備法律實證研究法當中量化、質性等幾個研究法中之基本要素已可求得客觀數據。然此部分仍須未來我國法律相關系所與實務單位針對社會實證研究方法增開課程與分享，即可使得我國法律實證研究更為發展。

參考文獻

一、中文

Karl Larenz著，陳愛娥譯（1999）。法學方法論。台北：五南圖書。

王鵬翔（2009）。追尋當代英美法實證主義的發展軌跡：評「法律的界線：實證主義命題群之展開」。政治與社會哲學評論，31。

李太正、王海南、法治斌、陳連順、黃源盛、顏厥安（2011）。法學入門。台北：元照出版。

林山田、林東茂、林燦璋（2002）。犯罪學。台北：三民書局。

陳慈幸（2013）。刑事政策：概念的型塑。台北：元照出版。

黃富源、范國勇、張平吾（2002）。犯罪學概論。台北：三民書局。

黃富源、范國勇、張平吾（2003）。犯罪學概論。台北：三民書局。

黃瑞琴（1999）。質的教育研究方法。台北：心理。

楊國樞（1998）。社會及行為科學研究法。台北：東華書局。

管歐（2002）。法學緒論。台北：五南圖書。

潘淑滿（2003）。質性研究：理論與運用。台北：心理。

蔡德輝，楊士隆（2001）。犯罪學（第6版）。台北：五南圖書。

鄭玉波，黃宗樂修訂（2003）。法學緒論。台北：三民書局。

二、網路資料

何清治、洪郁鈞、江佛恩、劉俞佐（2010）。護理人員工作滿意度與工作壓力及主管支持之相關研究：以中部某醫院為例。中台科技大學醫務管理系，http://ir.lib.ctust.edu.tw:8080/retrieve/2583/DA4A-8.pdf。

邱皓政（2006）。量化研究與統計分析：基礎版。台北：五南圖書，http://www.wunan.com.tw/www2/download/preview/1H471.PDF。

研究方法與理論，http://web.ntnu.edu.tw/~cflu/Qualitative%20method.htm。

陳容方。量化研究方法——統計資料分析。國立高雄應用科技大學企業管理系，http://web.ydu.edu.tw/~alpha/%A4j%BE%C7%B3%A1%B5%7B%AB%D7%B1M%C3D%B2%CE%ADp%A4%C0%AAR%A7%DE%B3N.pdf。

陳容方。量化研究法：SPSS統計資料分析。國立高雄應用科技大學企業管理系，http://140.133.72.206:8080/7300/%E4%B8%96%E7%95%8C%E5%90%8D%E6%9B%B2100%E9%A6%96/%E8%A1%8C%E9%8A%B7%E7%A0%94%E7%A9%B6/%E9%87%8F%E5%8C%96%E7%A0%94%E7%A9%B6%E6%96%B9%E6%B3%95-SPSS%E7%B5%B1%E8%A8%88%E8%B3%87%E6%96%99%E5%88%86%E6%9E%90.pdf。

侯崇文

前　言

　　研究報告（research report）是犯罪學研究方法的一環，犯罪學家從事研究工作，獲得犯罪現象的解釋與了解，並將結果用科學家共同的語言與方式撰寫出來，這便是研究報告。研究報告有一個重要的功能，提供科學家彼此之間的溝通與交流，也進而帶動科學發展。可知，研究報告撰寫的重要性，任何讀犯罪學的人都輕忽不得。

　　我們了解，犯罪學科學目的在於透過嚴謹的方法學，得到研究問題的答案。通常，在犯罪學領域裡，我們首先要訂定研究問題，提出研究假設，之後，我們擬定研究方法，選定代表性的樣本，設計問卷，進行訪問，蒐集資料。接下來的便是統計分析與解釋，並做個研究發現的犯罪學結論。

　　上面幾句話就把研究過程介紹完畢，似乎研究很簡單，其實不然，研究並不容易，除要具備專業知識外，也要投入許多的時間與精力，才能完成。

　　我們讀犯罪學，除要學習犯罪學理論之外，也要學習研究方法與統計，但這樣還是不夠，我們還要學習過去與當代的研究論文，更為重要的，我們要有想要了解問題何以發生的動機，這樣才能激發靈感，找到我們想要探討的問題。

　　有了研究問題，並不能保證研究可以走下去，可以完成。很多科學家這時會嘗試去了解，這樣的問題是否有實際支持的案例，如果找不到，科學家也必須放棄他的研究構想，再找其他研究問題。另外，如果找到了可以繼續從事研究的實證案例，研究者也決定了他所要探討的研究問題，這時，後面的工作更是艱鉅；研究者需要擬定更為清楚的研究假設，也要規劃資料蒐集的方式與統計分析方法；此外，如何取得具有代表性的研究資料，更是個嚴峻的挑戰。

　　總之，完成研究報告不是件容易的事，讀犯罪學的朋友們，心理要有準備，好好充實自己，方能寫出一篇好論文。

　　至於「什麼是一篇好論文？」我們知道，研究工作的目的是要報告研究結

果，而研究結果要越清楚越好，把我們所做的告訴大家，也要把我們為何做這樣的研究告訴大家。當然，最為重要的，就是要把研究結果清清楚楚的表達出來，讓所有讀者明白。

美國知名心理學者Fred Kerlinger（1986: 645）告訴我們，一個好的研究報告的祕方，他說：

「是否另外一位研究者可以依據你的研究報告，重複進行一次
你的研究？」

這是評估研究報告的標準，如果答案是否定的，別人無法重複進行一次你的研究，顯然，你的研究很有問題。

如何寫出一篇論文，而能讓其他的人可以重複做一次，這是我們讀犯罪學的人要學習的功課。以下說明研究報告如何撰寫，希望在讀完之後，能夠引起大家對研究以及對寫報告的興趣。

一篇研究報告的結構如何呢？我認為要有以下幾個項目：

一、首頁：通常每篇論文要有首頁，單獨的一頁，這一頁要有論文題目，也要有作者的名字以及作者服務的單位。

二、摘要：用不太多的文字，對論文做一個簡單而清楚的說明。

三、研究問題（research problem）：說明研究問題形成的背景。

四、文獻討論（literature review）：過去研究的發現，同時也要說明本研究與過去研究的差異，在理論上是否有任何的突破。

五、研究方法（research method）：樣本，抽樣方法，統計分析方法之介紹。另外，變項如何測量也在這裡說明。

六、結果與解釋（results and interpretations）：這是研究最為重要的一部分，要把結果清楚的寫出來。

七、結論（conclusions）：研究發現的犯罪學意義，以及研究發現在犯罪學發展上的價值與重要性，這些要在結論中說明。

八、參考文獻：現在就依照上面論文報告架構逐一說明，首頁與摘要部分不予討論。

第一節　研究問題

研究報告中，研究問題的提出要從科學研究的本質與目的來思考。

犯罪學作為一門科學，其目的在於發展犯罪學理論，在於解釋犯罪事實，因此，研究問題需要反應科學研究的目的，這才是犯罪學的研究問題。

我們知道，任何的研究報告都要說明研究問題形成的背景因素，如此才能突顯研究之價值，舉個例子，我們要研究「少年吸毒與學習挫折的關係」，這問題的提出，主要是因為我們發現青少年吸毒問題越來越嚴重，我們擔心這些人將來可能面臨更多社會適應的問題，因此，我們需要了解少年吸毒的本質，並探討這問題是否與青少年學習挫折有關，進而提出解決策略。

我們也要說明究問題要在科學研究上所扮演的角色，例如上面的例子，我們可以了解迷亂理論在少年吸毒方面的解釋，且這樣的問題可以增加犯罪學在吸毒研究方面的理論。因此，任何研究對於科學發展上的角色為何，可以有哪些貢獻，這方面的敘述是任何研究報告要說明者。

其次，我們也要注意研究問題是否呈現了科學研究的目的。我們知道，研究問題（research problems）必須是一種兩個以上變項關係的陳述，研究問題必須涉及兩個變項彼此之間的關係，而研究主要的目的也是要來回答這樣的問題。舉個例子，我們要來探討：「不良少年經過老師的支持與獎勵可以幫助他們的表現」，這是個研究的問題，因為它涉及兩個變項之間的關係。上面「少年吸毒與學習挫折的關係」也是個研究問題。

如果我們只是要研究少年吸毒的問題，或研究社會工作人員如何介入不良少年的輔導，這不是犯罪學的研究問題，因為這樣的研究問題只涉及單一變項，單一問題之探討。

研究報告中有關研究問題的討論，還有幾個要特別注意的地方：

一、要用科學的語言，不要用普通，人們平日對話的語言。科學語言就是研究法上建構（constructs）的概念，也是社會學上的社會事實（social facts）。

二、研究問題要清晰、清楚，不能含糊，讀者可以看得懂。

三、研究的問題必須是可以操作的問題，可以觀察，可以測量，經驗世界可以探討的問題者。

四、不要用統計的假設作為研究問題。A與B兩個變項在統計上無關，這是統計假設最普遍的方式，而用這種假設作為研究問題是不適當的，理由很簡

單：這樣的假設沒有建立在犯罪學理論的基礎上，看不到科學上的目的，也看不到研究問題對於科學研究發展的貢獻。讀犯罪學的人請牢記：不要把統計假設拿來當作研究假設。

第二節　文獻討論

緊接著，我們要討論文獻回顧問題，這也是任何研究報告需要有的內容，忽略它，報告在科學研究上的目的與的價值就沒有了。

Kerlinger（1986: 647）強調，文獻討論幫助讀者們了解研究問題在理論發展上的角色。這是很重要的，因為當我們回顧過去文獻，我們可以得知，哪些問題已經探討過了，而哪些問題是過去所沒探討者。文獻討論之後，研究者就可以釐清這問題，同時提出屬於自己的研究問題，來告訴讀者，該問題與科學發展的關係，如何可以增進哪些科學知識的發展，或彌補過去哪方面研究的真空。

很遺憾地，我們經常看到很多論文沒有討論過去文獻，直接進入研究者要探討的問題，缺少科學知識累積與發展接軌的價值。另外，我們也看到一些論文雖然探討過去文獻，但卻與研究主題無關，例如，研究者探討幫派少年與成長環境的關係，但文獻回顧卻聚焦於不良少年的交友與自我問題，偏離研究主題。尤其，許多研究報告只是陳述犯罪學理論，而缺少與研究問題有關的文獻的討論，這樣呈現學術上的文獻討論是非常不恰當的，我們一定要設法不使發生。

文獻討論之後，接下來的就是介紹研究方法。

第三節　研究方法

研究方法是每篇研究報告要有的。研究方法的目的在於告訴讀者，資料如何蒐集，並用哪些方法分析資料，回答問題。

前面說過，好的研究標準是必須能夠讓另外一位研究者重複做一次，也能得到相同的結果，這樣才是好的研究方法，也是好的論文。因此，研究方法要越詳細越好，讓其他的人可以再做一次。當然，任何的研究者也必須了解，學術期刊的空間較小，研究者研究方法不能寫得太詳細，擠壓到其他資料的呈

現。

我們要告訴讀者樣本數（sample size），不管樣本數大或小，都要加以說明。太大的樣本並非不好，事實上，大樣本較具有代表性。只是，太大的樣本並不好蒐集，費時費力，且錯誤資料也多。因此，如果要蒐集大的樣本，研究者必須要做好規劃，否則，隨便蒐集資料，只在於湊個樣本數，這樣的研究是沒有太大價值的。

統計上的大樣本是30，這是很多人知道的，但是我們從事犯罪學研究不能以為，任何的研究都只要取樣30就是大樣本。道理很簡單，如果我們的母體，例如：某個縣的國中學生，2萬人，我們要來研究這些學生，這時抽樣的樣本數為30，要用這樣本來推論母體，顯然，我們要得到母體真正值的機率不會很高。

一般來說，犯罪學的研究，樣本數在200至1,000都是可以接受的。但是，我們必須要告訴讀者，樣本的來源具有隨機性（randomness），且利用統計上被認可的抽樣方法取得。樣本大是很好，但小一點的樣本，只要確保樣本的隨機性，也是可以接受的。讀者不必要太在意一定要將樣本數蒐集到1,000，這會給自己太大壓力。

另外，樣本數有沒有代表性（representative）的問題，也要在報告中加以討論，沒有代表性的樣本，我們不能用來作為統計推論，研究結果沒有效度。

研究方法也要說明為何要蒐集這樣的樣本，例如：我們以女性幫派分子作為研究樣本，我們要說明這樣的樣本在研究上的目的，在犯罪學理論上有哪種研究價值，要檢驗哪些犯罪學理論，或要突破哪些傳統的犯罪學研究的限制。

另外，研究方法也要說明變項測量（variables measurement）的問題。在研究中，任何變項都必須是可以操作性定義的，也就是可以用行為指標，或用活動，來定義的。

如果研究是簡單的變項，我們很容易可以測量，不必要做太多，或太詳細的說明，舉個例子，我們研究的變項為教育程度，這樣的問題，受訪的人只要告訴他的教育程度，是國中，高中，大學，或者研究所，就可以了。

如果我們研究的變項涉及較為複雜，較為抽象的問題，例如：區位解組，個人自我控制程度，或個人成就，這些都不是單一問題便可得到答案的，這時，我們必須逐一說明達成變項客觀的方法，以及計算的方法。

統計分析方法也要在研究方法中明白敘述，筆者看到很多研究報告只列舉統計上我們常見的分析方法，但卻沒有說明這些方法與研究問題的關係。用這

樣的方式來呈現統計分析是無法接受的，也是研究方法的不良示範，因為研究者無法將統計分析方法與研究問題連接起來。另外，許多統計分析時必須注意的問題，例如：變異數分析的母體常態性（normality）的假設，多變量分析要避免多重線性（multi-collinearity）問題的出現，也無從得知，徒增讀者對研究正確性的質疑。

統計分析方法還有幾個需要注意的地方：

第一，不當使用統計分析方法，這是非常危險的，將造成錯誤的解釋。舉個例子，我們用卡方統計分析方法探討資優班學生與普通班學生在不當行為平均數上的差異。用卡方統計檢定兩個團體平均數的差異，顯然是錯誤的。

筆者強烈建議，讀犯罪學的人要認真學習統計學，了解概率理論，同時也要了解各種統計假設的檢定目的，切勿使用錯誤統計，貽笑大方。

第二，近來，我們看到一些研究論文提到使用SPSS（statistical package for social science），或者SAS（statistical analysis system）的統計套裝軟體，說他們用SPSS，或者用SAS來分析資料。在論文中強調以SPSS，或SAS作為研究分析方法是不適當的。

SPSS、SAS是一種電腦程式，幫助我們處理資料，也幫助我們建立可分析的資料庫，這是它們的功能，所以，我們沒有必要在研究方法中，特地來告訴讀者，說你用的是SPSS或是SAS的統計套裝軟體，這是多餘的，沒有增加任何研究報告有用的資料，也沒有增加論文的價值。當然，如果你使用的是盜版的軟體，沒有得到合法的授權，那你更是觸犯法律，是違法的。

筆者過去所寫的研究論文中，從沒有在研究方法中提到是用SPSS的統計分析方法。

總之，讀犯罪學的人要提醒自己，SPSS或SAS不是統計分析方法，是套裝的統計分析軟體，不必刻意在論文中說明你用哪種統計軟體進行分析。

第四節　結果與解釋

犯罪學是實證科學，自從義大利醫師、犯罪學之父Cesar Lombroso以來，學者皆致力於犯罪學的實證研究，從現今世界事物中找到犯罪問題的答案。犯罪學家蒐集資料，分析資料，解釋資料，犯罪學實證傳統持續至今，始終如一，從沒改變。

　　任何犯罪學研究在資料蒐集完成之後，研究者必須進行資料的整理與分析工作，並將結果呈現出來。這裡，研究的結果有沒有如研究假設所預測者，研究結果是否符合犯罪學的理論，這些問題，都要在結果與解釋中深入討論。

　　簡單地說，研究結果是論文的核心，涉及研究問題的解答，也關係學術領域的發展，也因此，任何研究者在撰寫這部分時，必須格外謹慎，將研究結果正確呈現。

　　不過，我們也必須承認，呈現研究結果是研究報告撰寫最為困難的部分，如何將結果呈現出來，如何運用適當的統計圖表，這些對於許多研究者來說，都是個挑戰，如果沒有很好的研究方法訓練是無法成就的。

　　談到研究結果，很多人寫結果時，急迫要將樣本的基本資料寫出來，這是當今犯罪學界經常看到的做法，無可厚非，除了幫助我們了解研究樣本特性以外，並可幫助我們了解樣本與母體的特性是否一致，是否樣本具代表性。只是，我們經常看到一些研究報告，逐一列舉各項樣本基本資料，呈現的都是一些與研究無關的資料，這樣的做法似乎沒有必要。我個人認為，基本資料的呈現在於敘述研究母體的特性，讓讀者明白研究樣本的社會情境，也以這些情境作為犯罪現象探討的基礎。

　　總之，研究者應該自己決定是否要呈現樣本基本資料，而不是一味要將資料呈現，以為缺少樣本基本資料是論文一大缺失。

　　研究結果主要是以統計表方式呈現。研究者整理資料，並透過統計分析方法得到結論，這時必須要利用表格把結果呈現出來。

　　統計表的呈現方法非常的多，有的也很複雜，不在此作說明。但是，統計表應該有個表頭，例如：表一、表二。另外，統計表也必須依序呈現，例如：表一、表二、表三等。再者，統計表也必須要有一些文字，簡短說明表的目的，舉個例子，「表一　本研究獨立變項間相關係數」。這樣的陳述可以讓讀者很快明白統計分析表的目的。

　　接下來自然是統計表內容的呈現，這是最為困難的部分。筆者用過去研究的一個例子，供大家參考，參表26-1。

表26-1　警察工作績效支持度的複迴歸統計分析結果

變項	迴歸係數	Beta值	t值	p值
常數	7.479		3.294	.001
與長官關係	.367	.297	5.796	.000
與同仁關係	.029	.018	.376	.707
同仁的困擾	−.113	−.055	−1.207	.228
獲得民眾支持	.270	.217	4.454	.000
家人對其工作的關心	−.259	−.109	−2.291	.022
家庭關係	.157	.084	1.695	.091
對工作的喜歡	.172	.135	2.660	.008
挫折與危險	−.116	-.097	−1.942	.053
工作受傷	.086	.036	.979	.328
升遷紀錄	.331	.033	.572	.568
懲處紀錄	.004	.005	.124	.902
服務年資	−.225	−.058	−1.328	.185
服務單位	−.118	−.041	−.898	.370
職等階級	.035	.004	.066	.948

註：$R = .678$；$R^2 = .459$；$R^2_{adj} = .441$。

　　表26-1提供我們許多統計分析結果，包括有：複迴歸係數、標準化複迴歸係數（Beta值），以及複迴歸係數的測定統計與顯著水準。在表格末端，我也呈現所有的研究變項對於依變項的解釋量，R、R^2、R^2_{adj}等統計數值，其目的在於告訴讀者，研究獨立變項總共說明了多少依變項的差異，亦即統計上的系統變異量（systematic variance）。

　　表格呈現的方式很多，由於篇幅的緣故，不能一一列舉。在這裡，給讀者一個良心的建議，親自翻翻犯罪學學術期刊，參考一下他們呈現統計分析表格的方式，這是非常有用的。

　　大家可以參考美國犯罪學期刊「Criminology」，這是美國犯罪學學會（American Society of Criminology）官方的出版品，是犯罪學者彼此溝通與交流的地方，期刊表格格式較能被犯罪學學者接受，希望讀者寫統計分析表時，也參考期刊犯罪學期刊的做法。

　　另外，關於一些常見統計表格錯誤的呈現方式，在此加以說明。首先，

表格中放置的大都是沒有用的資料，與研究問題無關的資料。其中，很多只是將統計套裝軟體的統計分析結果直接呈現，沒有做任何整理，這樣顯然告訴我們，研究者的研究能力有問題，研究結果很容易遭到質疑，讀者千萬不要效法。

　　其次，有些時候，研究者沒有將重要的統計資料呈現出來，例如：缺少樣本數，缺少平均值，或檢定統計假設的測定統計與顯著水準等，舉個例子，我們知道，統計卡方檢定在於探討兩個變項之間的關係，如果我們說，學業成績影響一個人自我控制的程度，但我們卻沒有將學業成績在自我控制的程度的條件機率（conditional probability）呈現出來，這似乎是一件很遺憾的事，因為我們看不到統計與研究問題兩者關係更為實質的內涵。

　　除統計表格之外，犯罪學者往往也利用圖（figure）來呈現資料，如圖26-1，來回答問題，這種情況也很多，讀者可以試試看。

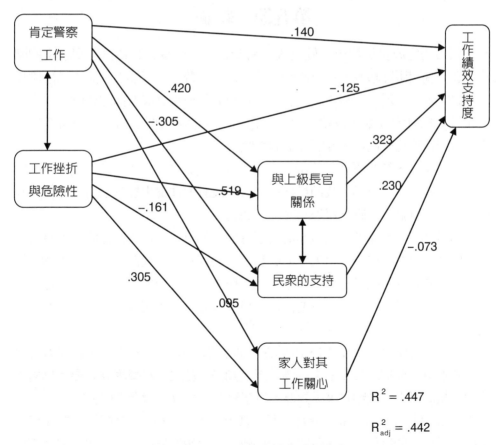

圖26-1　工作績效支持度路徑分析

統計分析告訴我們結果，其後，結果的解釋更為重要，是任何研究者要嚴肅面對的。筆者認為下列三方面是解釋時要特別深入的地方。

一、研究發現是否與研究假設一致。

二、研究發現在犯罪學上的意義，例如：研究結果支持了犯罪學的哪個理論，或者，研究結果告訴我們犯罪問題的解釋需要結合不同的理論，例如：社會學習理論與社會控制理論。

三、研究結果在犯罪學領域發展上的意義。研究結果是否增加犯罪學科學知識，是否犯罪學特定的理論需要增加社會情境條件的考量，或者是否犯罪學某個理論需要修正。這些問題的討論很重要，顯示出論文在學術上的價值。

第五節　結論

報告的完成自然需要一個結論。寫結論，我們沒有必要再回到論文的開始，逐一說明研究起源，以及研究方法，白白浪費論文篇幅。不過，結論應該要談研究重要發現，同時也該談談研究在犯罪學理論發展方面的成就，以及在犯罪現象探討的貢獻。也就是說，任何的研究都必須要回歸到科學研究的目的，研究在理論與社會事實解釋上的貢獻。

一般來說，結論需要討論研究限制。當研究完成，我們已經透過嚴謹的研究，提供答案，這時候，我們最好在別人還沒有對你提出批評之前，先行自我批評一翻，討論一下研究報告的限制與缺失。

讀者們，千萬不要認為沒有必要這樣做，哪有人自己打自己的，哪有人自己來增加自己的負擔的，這未免太愚蠢了。其實不然，我們不像政治人物，他們絕對不會對外公開承認自己的錯。在科學領域裡，犯罪學家可以不一樣，可以自我反省，這是科學家的重要價值，科學家要有自省與自覺的能力，要隨時鞭策自己，接受其他科學家的批評與挑戰。

其實，讀者不用太害怕，因為任何研究都有缺失。因此，在完成報告之前，我們有必要把缺失寫下來，讓讀者們知道。總之，科學家應該要有反省的能力，檢討得失，策勵將來，如此，科學研究方得以持續進步與發展。

研究限制（limitations）與科學研究的目的有關，研究者探討的問題無法突破科學研究的發展，或者研究本身仍無法解決犯罪學探討的問題，這些都是

研究的限制。在此必須指出，研究限制並不一定是研究方法的錯誤的問題，一個錯誤的研究方法，將喪失研究的價值，沒有必要再浪費篇幅來寫，來討論。

到底一個研究可能會遇到的限制有哪些呢？以下說明之。

首先，研究條件的限制。例如：由於時空的限制，沒有能夠進行跨國的比較，造成限制，尤其在一個越來越走向全球化的國際社區，不同社會的比較日益重要。另外，研究者可能由於經費的限制，只能蒐集有限的樣本數，無法擴及更多的成員，造成研究上的限制。

有些時候，我們可能由於人道考慮，或涉及隱私權，無法就某些特定的犯罪問題進行探討，造成研究上的限制。

研究報告又有哪些缺失（weakness）呢？任何研究都會有缺失，通常發生在研究過程中，研究者無法掌握的狀況，威脅到研究的可靠度，以及研究者是否能夠回答研究的問題。

舉個例子，研究者原先要訪問離島女性酗酒者，並進行與男性酗酒者的比較，但是後來卻找不到女性酗酒者，無法進行性別差異的比較，被迫只能分析離島男性酗酒者，造成研究的缺失。

我們在研究過程中，往往也會遇上受訪者不願意回答研究的問題，造成缺失資料，無法進行分析，成為研究重大缺失。

研究過程中缺少了前測（pretest）這個步驟，這可能讓研究者無法掌握研究是否可以獲得實質的答案。另外，沒有給予訪問員足夠的專業訓練，也容易導致訪問者對於研究問題的了解不夠，威脅資料的正確性。此外，訪問調查的時間拖太長，訪問員厭倦、勞累，沒有工作動機，都影響資料的信度，威脅研究結果，形成研究缺失。

經驗告訴我們，只要重視研究過程中品質的管制，將可大大減少研究缺失，增強研究效度，因此，每一位犯罪學研究者都必須嚴肅看待研究過程種種品質管制的問題，千萬不要貪圖一時之便，降低研究品質與水準，帶來嚴重的研究缺失，喪失研究目的。

最後，在結束本章之前，再度引用Kerlinger的方法學觀點，或許可以幫助我們完成一篇好的論文。

Kerlinger（1986: 650）強調，研究者必須注意論文品質的問題，對此，他有兩個建議，供我們參考。第一，當論文初稿完成之後，這時，你可以輕鬆一下，放自己幾個星期的假，暫時把論文擺在桌上，不要去煩惱論文修改的問題。而同時，你將論文送給你的同學，或者與你較為熟識的人，請他們對你的

論文提出批評與指教。這樣做，可以讓別人幫你找到論文錯誤之處，避免無法修正的錯誤出現。另外，你也可以讓這些幫你的人找到分析與解釋方面不足之處，使你有修改的機會，把文章寫得更好、更客觀。幫你看論文的人，縱使只是錯別字的修改，都是進步，也可以提升論文品質。

Kerlinger的第二個建議更具挑戰性。他建議直接把論文送給較爲專業的學者審查。Kerlinger說，一篇好的報告，要簡單、清楚，並用科學言語表達出來。但是，由於學術界對於論文品質有高度的期待，因此，論文批判性的審查爲學術上固定的程序（routine procedure），研究者不能刻意逃避，必須接受挑戰。Kerlinger強調，只有如此，論文品質才有保障。只是，我們知道，這並不是件容易的事，許多學術界的人拒絕接受別人對他的論文的審查。

的確，任何學術研究工作者都必須體會，學術界對於論文品質期待甚高，研究者必須好好學習科學溝通的語言，認眞撰寫，並勇敢接受別入批評與修訂，一版，二版，謹愼地修改，直到滿意爲止，方稱得上是篇夠水準的論文。

很幸運的，現在學術期刊很多，例如：警察大學的「警政學報」，以及中華民國犯罪學學會的「犯罪學刊」等，這些都是國內犯罪學的學術刊物，也都訂有嚴謹的論文審查程序。在此建議讀者們，不妨嘗試將你的論文送到上述期刊，讓專家學者們看看，是否他們同意你的研究，同意你的論點，當然，專家學者的論文審查通常也會給你一些修正的建議。

總而言之，任何論文都必須經過來自各種不同角度的批判與考驗，這是學術論文撰寫必經之路，但卻也是學術進步與成長最好歷練的方法，希望犯罪學界朋友們要有勇氣接受學術界的挑戰。

第六節　建議

完成研究報告是件相當艱鉅與複雜的工程，要有專業的犯罪學知識，也要謹愼，控制研究品質，因此，任何研究者都需要認眞，才能完成好的研究報告。筆者也建議，研究者平常要多多看些犯罪學的期刊論文，了解當代犯罪學的發展與犯罪學重要發現，另外，也要不斷增進研究方法學的知識，因爲方法學是研究工作的基礎，可以幫助你發展科學研究問題，也讓你知道如何進行一個有品質的研究。

撰寫研究的工程眞的比想像複雜，在結束本章之前，再提出幾個需要特別

注意的問題，希望有助於讀者的論文寫作：

第一，要寫論文摘要。把摘要放在本文的前面，讓讀者了解論文的目的，以及論文的結論。請記住，摘要越簡單越好，且要能引起讀者的興趣。現在有些人用兩頁，或三頁來寫摘要，這是不容許的，希望讀者們不要學習。

第二，要完成參考書目。參考書目要放在結論的後面。參考書目有很多不同的格式，犯罪學有犯罪學的格式，請讀者們參考美國「犯罪學」期刊，國內「犯罪與刑事司法研究」期刊也是依據美國「犯罪學」期刊的格式，主要的理由是犯罪學期刊是犯罪學者交換知識的地方，也是大家較為熟悉的科學語言。至於中文參考書目的格式，「犯罪與刑事司法研究」期刊也是參考美國「犯罪學」期刊，並做少許的修正，如此，中文格式與英文格式一致，沒有衝突，且也美觀。

第三，我們也要注意註腳（footnotes）的問題。註腳的使用在於對文章內容做進一步說明，有的人用註腳來感謝，有的人用註腳來說明他的論點的種種背景。再者，註腳通常直接放在文章出處那頁。

第四，研究報告紙張格式（paper format）也必須要正確。論文紙張格式也很重要，只可惜很少人注意到這問題。通常，我們把文章打在A4紙張上，且要注意左邊與右邊的空間，不能太大，也不能太小。請記得，務必要遵守紙張格式，如果繳交的論文沒有依照正統的紙張格式，老師一定會抱怨。

第五，最後要做拼字檢查（spelling checks）。在論文寫好之後，雖然最困難的工作已告結束，但還有一件事沒完成，也疏忽不得，那就是：「把你的論文送給其他的人，請他們看一遍，把錯別字找出來。」千萬不要認為你自己很仔細，你不會犯錯，你的論文絕對不會有錯別字，這是極其不正確的態度。

筆者記得很清楚，1978年初次出國，到美國德州Fort Worth攻讀碩士學位，第一次打報告，沒有做拼字檢查，結果老師把論文退了回來，說這論文「無法接受」（not acceptable）。之後，寫任何報告，一定會校對，有時校對好幾次，深怕出現任何文法，或拼字的錯誤。只可惜，國內對於論文品質要求較為寬鬆，老師發現錯誤，也都能容忍。然而，這並不符合論文寫作精神，希望大家能改進。

最後一句話：多做研究，多寫論文，多練習，這樣你的研究能力會越來越好，論文品質也會越來越好。

參考文獻

Kerlinger, Fred. (1986). Foundations of Behavioral Research. New York: CBS Publishing.

國家圖書館出版品預行編目資料

刑事司法與犯罪學研究方法／許春金等合著.
　--二版. --臺北市：五南圖書出版股份有
限公司，2022.09
　　面；　公分
　ISBN 978-626-343-334-2（平裝）

1.CST: 刑法　2.CST: 犯罪學
3.CST: 研究方法

585.07　　　　　　　　111014213

4T17
刑事司法與犯罪學研究方法

作　　　者 ─ 許春金、呂宜芬、楊士隆（312）、林育聖、
　　　　　　周愫嫻、鄭瑞隆、沈勝昂、陳玉書、黃翠紋、
　　　　　　謝文彥、黃富源、戴伸峰、曾淑萍、賴擁連、
　　　　　　邱獻輝、董旭英、林明傑、孟維德、許華孚、
　　　　　　黃蘭媖、郭佩棻、譚子文、陳巧雲、駱麟榮、
　　　　　　劉于華、鄭凱寶、馬躍中、陳慈幸、侯崇文

發 行 人 ─ 楊榮川

總 經 理 ─ 楊士清

總 編 輯 ─ 楊秀麗

副總編輯 ─ 劉靜芬

責任編輯 ─ 黃郁婷、許珍珍

封面設計 ─ 王麗娟

出 版 者 ─ 五南圖書出版股份有限公司

地　　　址：106臺北市大安區和平東路二段339號4樓

電　　　話：(02)2705-5066　　傳　　真：(02)2706-6100

網　　　址：https://www.wunan.com.tw

電子郵件：wunan@wunan.com.tw

劃撥帳號：01068953

戶　　　名：五南圖書出版股份有限公司

法律顧問　林勝安律師事務所　林勝安律師

出版日期　2016年7月初版一刷
　　　　　2022年9月二版一刷

定　　　價　新臺幣650元

經典永恆・名著常在

五十週年的獻禮 —— 經典名著文庫

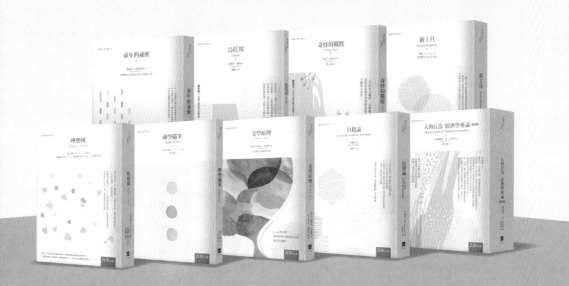

五南，五十年了，半個世紀，人生旅程的一大半，走過來了。

思索著，邁向百年的未來歷程，能為知識界、文化學術界作些什麼？

在速食文化的生態下，有什麼值得讓人雋永品味的？

歷代經典・當今名著，經過時間的洗禮，千錘百鍊，流傳至今，光芒耀人；

不僅使我們能領悟前人的智慧，同時也增深加廣我們思考的深度與視野。

我們決心投入巨資，有計畫的系統梳選，成立「經典名著文庫」，

希望收入古今中外思想性的、充滿睿智與獨見的經典、名著。

這是一項理想性的、永續性的巨大出版工程。

不在意讀者的眾寡，只考慮它的學術價值，力求完整展現先哲思想的軌跡；

為知識界開啟一片智慧之窗，營造一座百花綻放的世界文明公園，

任君遨遊、取菁吸蜜、嘉惠學子！